Anonymus

Aristotelis

Anonymus

Aristotelis

ISBN/EAN: 9783741141782

Manufactured in Europe, USA, Canada, Australia, Japa

Cover: Foto ©Thomas Meinert / pixelio.de

Manufactured and distributed by brebook publishing software
(www.brebook.com)

Anonymus

Aristotelis

Primi Voluminis Pars. III.

ARISTOTELIS
STAGIRITAE

Topicorum, atq; Elenchorum
Libri.

CVM

AVERROIS CORDVBENSIS
IN EOS MEDIA EXPOSITIONE
Abramo de Balmes, & Mantino
interpretibus.

Versa vero pagina, complexum ostendet.

VENETIIS APVD IVNCTAS.
M. D. LXII.

In Tertia Primi Voluminis parte,
hæc continentur.

ARISTOTELIS

TOPICORVM

LIBER PRIMVS,

Cum Auerrois duplici Mediæ expositionis translatione,
Abrami de Balmes scilicet, & Iacob Mantini.

SVMMA LIBRI.

De Ratiocinandi speciebus, eiusq́; partibus, ac eius instrumentis.

Quid intendit, & quæ ratiocinandi species. Cap. I.

PRopositum quidem negotij, est methodum inuenire, perquã poterimus syllogizare de omni
proposito problemate ex probabilibus, & ipsi
disputationem sustinentes, nihil dicemus repugnans. Primum igitur dicendum, quid est syllogismus,& quæ eius differentiæ, quomodo suma
tur dialecticus syllogismus: hunc enim quæri-
mus ̃fm propositum negotiũ. Est itaq̃ syllogismus oratio, in qua
positis quibusdã, aliquid aliud á positis ex necessitate accidit, per
ea quæ posita sunt. Demonstratio vero est, quando ex veris & pri
mis syllogismus erit, aut ex talibus, quæ per aliqua prima & vera,
eius quæ circa ipsa est, cognitionis principium sumpserunt. Diale
cticus autem syllogismus est, qui ex probabilibus est collectus.
Sunt autem vera & prima, quæ non per alia, sed per seipsa fidem
habent. Non enim oportet in disciplinaribus principijs inquirere
propter quid, sed secundum vnumquodq̃; principiorũ ipsam per
se esse fidem . Probabilia autem sunt quæ videntur omnibus, aut
plurimis, aut sapiēribus:& his vel omnibus, vel plurimis, vel má-
ximè familiaribus, & probatis . Litigiosus autem est syllogismus
ex ijs, quæ videntur probabilia, non sunt autem. Et qui ex probabilibus quidem , aut ex ijs quæ videntur probabilia, est apparens. Non enim omne quod videtur probabile, est probabile:ni-
hil enim eorum, quæ dicuntur probabilia in superficie, habet om
nino phantasiam, velut circa litigiosarum disputationum principia accidit se habere:statim enim , sæpius etiam eis qui parua videre possunt, manifesta ē in his falsitatis natura. Ergo prior qui-

A iij   dem

G dam eorum, q̃ui dicti sunt litigiosi syllogismi, etiam syllo dicatur: k
reliquus vero litigiosus quidem syllogismus, syllogismus autem
non, eo cp videtur quidem ratiocinari, ratiocinatur autē minime.
Amplius autem præter omnes, qui dicti sunt, syllogismos, ex ñs,
quæ sunt circa aliquas disciplinas peculiaria, fiunt paralogismi:
queadmodum in Geometria, & huic cognatis accidit se habere.
Videtur autem hic modus differre à dictis syllogismis: nam neq
ex veris,& primis colligit falsigraphus, neq ex probabilibus: nã
sub definitionem non cadit: neqp enim quæ omnibus videntur su
mit, neqp quæ pluribus, neqp sapiēribus, & his, neqp omnibus, neqp
plurimis, neqp probatissimis, sed ex peculiaribus quidem discipli
næ sumptis, non veris autem syllm facit: nam eo cp aut semicircu
los describit non vt oportet, aut lineas aliquas ducit, nõ vt dūcen
dæ sunt, paralogismum facit falso scribēs. Species igitur syllogis
H morum, vt figuraliter i... complecti, sint quæ dictæ sunt, summa- L
tim asit dicendo de omnibus prædictis, & de his quæ postea sunt
dicenda, intantum nobis determinatum sit: eo cp de nullo eorum
exactam rationem assignare deligimus, sed aliquantulum figura
liter de his volumus pertransire, omnino sufficiens arbitrātes esse
secundum propositam methodum, posse cognoscere quomodo
vnumquodqp illorum se habet.

AVERROIS EXPOSITIO

Sermo de Intentione & Divisione libri. Cap. I.

TRANSLATIO ABRAMI.

Vius Libri intētio est me
thodorum, & vniuersa-
lium, ex quib° ars topica
componitur, & illorum,
quibus perfectior & preſtantior sit,
scientiam tradere. Hæc enim ars sit
sm eius maximam perfectionē dua
bus rebus, quarum vna est scientia
rerū & methodorsi, quibus cõstrui-
tur, & altera est exercitatio illarum
īnstitutionū earumqp; vsus, adeo cp
illarum exercitium reddatur habitus,& hoc sit sicut dispō reliquarum
arrium factiuarū, prout est ars medica,& aliæ,& vt vniuersalius inqua
dicamo, hæc ars est illa ars, qua possu
mus,

TRANSLATIO MVNTINI.

Nquit Aristoteles. Pro M
positum huius Libri est
notificare Methodos, ac
quædam vniuersalia, ex
quibus ars Dialectica cõstat, preſtan
iori ac perfectiori modo, quo fieri
id possit. Nam hæc ars duabus vtiqp
perficitur rebus, altera quidē ex co
gnitione rerum, & methodica ū re
gularum ex quibus cõstat, altera ve
ro, et illarum semitarū exercitatione, vel praxi, atqp; ex frequēti vsu ip
sarum: ita vt ex huiusmodi exercita
tione, efficiatur habitus, vr in alijs
artibus practicis fieri solet: vt est ars
Medica, & reliquæ aliæ eius generis.
Generatim

ABRAM   MANTINVS

mus, qñ quærimus inſtituere ſyllſm
ex promulgatis pmiſſis, ad deſtruen
dum poſitum quod reſpondens admittit in ſua cautione, & ad cauendum oɛ poſitum vſc, quod quærens
procurat deſtrnere, quando nos re-
ſponderemus, & hoc ſecundũ quod
poſſibile eſt in ſingulis poſitis, quo-
mam non eſt conſuetudinis quærẽ
tiõ omnino deſtruere, quod reſpon
dens admittit in ſua cautione, nec ẽ
moris reſpõdentis omnino cauere
deſtructionem illius, quod cauere
admittit, ſed vtriuſq; moris ẽ, quan
do quærunt, aut reſpondent, quòd
quæſtiones & reſponſiones conſe-
rant ad vltimum cantionis, & de-
ſtructionis, quod poſſibile ẽ in hoc
illo poſito, ſicut eſt diſpoſitio artis
medicæ, quia nõ oportet medicum
omnino ſanare, quod vero ei expedit, eſt, quòd non lateat aliqua res de
his, quas ars ſerre cogit, ad hanc ægri
tudinem, quantum ei poſſibile eſt.
& quia Dialecthci nomen, apud vul
gus ſignificat orationes inter duos,
quibus vterq; ſibi proponit alterutrum vincere, quauis ſpecie oratio-
nom contigerit, tranſtulit Ariſtoteles hoc nomen ad hanc rem, quæ
rerum omnium eſt huic proxima,
ſimilis enim eſt rei, quam vulgus in
tradit, & eſt illa res, quam deſiniui-
mus: & aliquando hic liber vocatur
liber Locorum, ac iterum infra ſcies
quid ſint loca.

Diuiſio li   Partes vero huius artis ſunt tres.
bri topico   Quarum prima notificat dicta, ex
rū in tres   quibus componuntur orationes to-
partes.   picæ ſuas partes, & partium partes, vſq; ad ſimpliciſſimas illarum,
ex quibus componũtur, & hæc pars
conuuetur in Primo libro Ariſto.

In

Generatim aũt hæc ars eſt qua cum
nos argumentamur, poſſumus ſyllo
gſmum efficere ex ppónibus probabilibus ad deſtruendum oɛ problema vſc propoſitum, quod ipſe re
ſpondens aſſumit ſuſtẽtare, & id ſu
ſtentandũ quodlibet problema v ſẽ
propoſitum, quod quidem conatur
deſtruere ipſe argumẽtator, qñ nos
fuerimus reſpõdentes, & hoc prout
fieri põt in quouis problemate propoſito, nam ad arguentem non ſpe
ctat deſtruere omnino, id quod ipſe
reſpondens aſſumit ſuſtentare omnino, ſed cuiuslibet eorũ officiũ eſt,
ſi rectas afferant argumẽtationes ac
reſponſiones, vt afferãt quidẽ id qd
maxime valere poſſit ad illud propoſitũ problema ſuſtentandum vel
deſtruendũ: vt in arte medica eueni
re ſolet, nã medicus nõ tenetur ſem
per ſanare oĩno, ſed cogitur ne quic
quã omittat eius quod ipſi arti debe
tur, vt conferat ipſi morbo in oĩ re
poſſibili ei. At cũ hoc nomen Diale
ctica apud vulgũ ſignificet diſputationes, q inter duos hoĩes cõtingũt,
quorũ alter alterũ cõuincere cõten
dit, quouis genere orationũ, ac ſer-
monũ, ideo Ariſt. vſus eſt hoc noīe
ad ſignificandũ id quo vquãc nihil
cõſormius denotationi vulgi ac ſi-
milius, quã paulo ante diffiniuim':
& vocat is liber, liber Locorũ, poſt
hoc ãt ſcias adhuc qd ſint ipſa loca.

Partes autẽ huius artis ſunt tres.   † a.l. ſer-
In prima autem notificantur ratio   mones.
nes, ex quibus componuntur Diale
ctice orationes, earumq; partes, atq;
iterum partes partium, donec deueniatur ad ſimpliciſſimam partem,
ex qua componuntur: & hæc pars
continet in primo libro Ariſtotelis.

A iiij   In

C   ABRAM   MANTINVS   K

In secunda aũt parte notificantur
loca,quibus conſtituunt ſyllogiſmi
ad rei cõſtructionem & deſtructionem in omnibus ſpeciebus queſto-
rum huius artis, & hoc ſit in ſex libris Ariſtotelis. In tertia autē parte notificatur, quo modo expediat
quærere quærentem, & reſpondere
reſpondentem, & quot modis fiat
quæſtio & reſponſio,& hoc in Octa
uo libro traditum eſt.

In ſecũda parte notificant illa loca,ex,quibus ſyllõ comparant ad aſ-
firmaodã vel deſtruendã aliquam
rem in oĩbus generibus quæſitorũ,
quæ in hac arte fiunt:& hoc in ſex li
bris Ariſtotelis explicat.In tertia ve
ro parte exponitur quo paĉo debet
† interrogans interrogare,& reſpõdens reſpondere, & quot modis poteſt fieri reſpõſio & interrogatio: &
hoc in Octauo libro traditum eſt.

† alia lſa
arguẽs ar-
guere,

Ad quot Vtilis Dialectica, differndiq; diſciplina.   Cap. 1.

H   **C**Onſequens aũt eſt ex ĩs quæ dicta ſunt, dicere ad quot, &   L
quæ vtile ſit hoc negociũ. Eſt aũt ad tria,ad exercitationē,
ad colloquia,ad ea,q̃ ſecundũ Philoſophiã ſunt,diſciple
nas.Quõd igif ad exercitationem ſit vtile, ex his perſpicuum eſt:
methodũ enim habentes, facile de propoſito argumentari poteri-
mus.Ad colloquia vero,eõ q̃ multorũ annumerantes opiniones,
nõ ex extraneis, ſed ex propriis doctrinis ſermocinabimur ad eos
transmutantes, quicquid non bene videntur nobis dicere. Ad ſecundum philoſophiam aũt diſciplinas: q̃ potentes ad vtraq̃ dubitare,facile in ſingulis intuebimur verum,& falſum:præterea au
tem ad prima eorum,quæ in vnaquaq̃ diſciplina ſunt principia.
Nam ex propriis ſm propoſitam diſciplinam principiis, impoſſe
eſt dicere aliquid de ipſis, eo q̃ prima principia ſunt omnium:per
ea verõ,quæ ſunt circa ſingula probabilia, neceſſe eſt de illis tran-
ſigere.Id aũt proprium,maximéue peculiare Dialecticæ eſt.nam,
I   cũm ſit inquiſitiua,ad omnium methodorum principia viam ha   M.
bet.habebimus aũt perfectè methodum, qñ perinde habebimus
ac in Rhetorica,& Medicina,& huiuſmodi facultatibus: hoc auté
ex ĩs,quæ contingũt facere,quæ eligimus . Nã neq̃ Rhetor omni
ex modo pſuadebit,neq̃ Medicus ſanabit:ſed ſi ex ĩs, quæ contin
gunt nihil omiſerit,ſufficienter eum diſciplinã habere dicemus.

Sermo de vtilitate Dialecticer.   Cap. 2.

Tria lua-
mina ha-
rus artis.

SEd hoi⁹ artis iuuamina ſũt tria,
quorum primum eſt ad ipſum
exercitium,ſecundum aũt eſt ad pu
blicas vulgi comparationes, & tertium ad ſcientias theoricas. Ipſius
quidem iuuamen ad exercitiũ eſt,
qñ

HVius præterea artis vtilitates tres
quidẽ ſunt, vtilis enim primo
eſt ad exercitationē: ſecundo ad col
loquia popularia:tertio vero ad cõtemplatiuas diſciplinas. Conducit
aũt ad exercitationem dirigentem
ac

A

quoniã præparat ad modum fcien-
tiarum , eãq; venandum , quando
enim nobifcũ fuerint notæ methodi,& regulæ,quæ fint communes,eæ
illis procedemus ad rei conftructio-
nem & deftructionem, fit itaq; per
hanc artem nobis via difcernẽdi ad
fciendum opiniones & affertiones,
& cognitionem veritatis à falfo per
fectioris actionis, & perfectioris intentionis,quàm fit vis,quæ nobis fit
vfu fine cognitione harum methodorum:& ideo huius artis perfectio
artingitur his duabus rebus , fcilicet

B exercitio & methodorum cognitio
ne.& eft manifeftum , quòd exerci-
cium,quod per hanc artem intendi
tur,difponit ad hanc philofophiam
eo modo,quo facit exercitiũ equo-
rum equitationis in ludis, difpofitionem ad bellum.

Ipfius vero iuuamen ad vulgares
computationes eft, quia ex quo neceffitas conducens rebus publicis ad
æquitatem, & ad virtutes multas af-
fertio fit ex rebus fimilibus confe-
rentibus illis ad publica conforna,
& re exiftente, cùm impoffibile
fit,quòd incidat veritas in res fimi-

C les, nifi per vulgatas regulas, quæ
funt orationes , quibus vtimur in
hac arte, fic iterum confirmantur
apud illos res fimiles, quæ funt vulgatæ orationes, difficilioris enim cõ
tradictionis funt, quàm orationes
rhetoricæ & poeticæ,& fi fiant regulæ rhetoricæ & poeticæ vice regularum topicarum,hoc autem iam cõmonftratum eft in fcientia politica.

Ipfius vero iuuamen ad fcientias
theoricas eft multipliciter,quorum
modorum vnus eft, quia aliquãdo
volumus conftituere veritatem de
aliquo

D

ac difponent ad ipfas fcientias propterea,quia, cũ affecuti fuerimᵘ me
thodos ac femitas notas cões,ex qui
bus procedamus ad aliquid affirman
dum vel negandũ: tunc ea vis , quã
nacti fuerimus p hanc artẽ ad difcer
nendas opiniones ipfas, quæ nam,ſ
eatũ fint veræ,& ĝ falſæ,perfectiore
vtiq; actionẽ efficiet præftantiusq;
obtinebit propofitũ;, ĝ illa vis & facultas,quæ ab ipſo vſu & exercitatio
ne fola fine cognitione barũ regu-
larũ & methodorũ ortũ habuerit.
Et ob id abfolutio atq; pfectio huiᵘ

E artis hifduobᵘ vtiq; acquirit : nẽpe
exercitatione,ac methodorũ cogni-
tione.Manifeftũ aũt eft, ĝ illa exer
citatio,ĝ in hac Arte pponit, ẽ ĝdẽ
ĝdã ppratio ad ipſã philofophiã,
velut exercitatio ẽqueftrib' ludis
eft ĝdã ppratio ad militarẽ artẽ.

Eft fecũdo vtilis hęc ars ad popu-
lare colloquiũ, feu difputatiões atq;
cõgreſſus populares,quia popularis
cõgregatio pro affequenda virtute
morali, ac iuftitia, cogit verificare
multas res cõtẽplatias, ĝ ciuiles
cõgregationes cõducunt:eũ igit̃ res
ipſæ cõtẽplatiuæ nõ poffint verificari nifi p methodos & regulas pba

F biles,ĝ quidẽ funt tõnes,quæ in hac
arte fiunt, ideo oportuit vt apud ip
ſam popularẽ congregationem con
ftant et illæ res fpeculatiuæ, quæ,ſ
funt tõnes pbabiles, cum difficilius
poffint cõtradici,ĝ tõnes rethoricæ
& poeticæ:licet vtatur et qnq; & ip
ſa rethoricis ac poeticis inftitutio-
nibᵘ pro dialecticisac topicis.& hoc
iam in ſcia morali explicatum fuit.

Tertio aũt eft vtilis ad cõtẽplati
uas difciplinas pluribus de cauſis.

Prima eft,qñ,cum vos quærimus
fcire

aliquo quæsito, & sit nobis difficile
illud comprehédere, & per hanc artem possumus cóstruere de hoc quo
sito duos syllogismos mutuo repu-
gnantes, quorum vnus construat il
lud, & alter destruat, & quando hoc
fecerimus, facile hr nobis possibile se
cernere hanc partem veram duarū
illarum orationum repugnantium
à mendace, quando inferemus duorum syllogismorum præmissas demonstratiuis methodis, adeo quòd
discernamus prædicata per se ab accidentalibus, q̃ in illis fuerint, præmissæ enim syllogismorum topico
rum pro maiori rei parte non sunt
secundum se totas falsæ, neq, secundum se totas veræ. Et huius quidem
dispositio similis est illi, quod accidit in artibus factiuis, depurator enī
fecerint auri & argenti substantiam
à reliquis substãtijs illis commistis,
aurises autem est ille, qui illud pu-
rum discretum sumit, illudq, exten
dit, & ex eo conflat quod voluerit: si
autem aurises sumeret onus ambarum rerum simul, post hoc facere,
sed res esset ei grauior, & hoc modo
magis transit in res, quibus commi-
scetur quod est per se, cū illo, quod
est accidentaliter, & hoc contingit
in scientia Physica, & scientia diuina, & scientia politica, aliter quàm
res sit in scientijs Mathematicis, &
ideo raro inuenimus Aristo. quòd
proferat demonstrationem alicuius
rei harum trium scientiarum, nisi
prius præposuerit demonstrationi
dubium topicum de tali re. Et
notum est, q̃ hoc scientiæ iuuamē
sit aliud à iuuamine exercitij, quare
nus hoc est per se, & illud ē mediante vi ex ipso exercitio proueniente.

Secūdus

scire q̃ in re sit d aliquo q̃sito, q̃ tñ dif
ficile sit possit, tūc nos hac arte pos
sum' afferre duos syllos cōtradicētes
sibi inuicē, p illo q̃sito, quox alter illd
affirmabit, alter v̄ o ipm destruet: &
cū ita fecerim', facile q̃dē poterim'
distinguere id veri, q̃d in illis duab'
orationib' cōtradictorijs cōtinet, ab
ipso falso, si ṗpones vtriusq, sylloꝝ
p methodos demōstratiuas cōsece-
rimus, ita vt eorū ꝑdicata , quæ p se
sunt, ab his, q̃uæ per accñs expnsueri
mus. nam ṗpones sylloꝝ si dialecticorū, vt plurimū, non sunt otex par
te falsæ, neq, oīno veræ. Est enī hoc
nō ab sse eius, quod in Artibus factiuis cōtingere solet. nā qui artē di
uidendi aurū ab argēto, vel ab alijs
mixtuꝭ, ṗhire, separat q̃dē substam
auri & argēti ab alijs substātijs, quæ
es immixtæ sunt, sed faber aurarꝰ
vel argētarius & argyrocopus assumit illud, q̃d separatū est, ac expur-
gatū, & exquisitū, & ipm extēdit, &
in bracteas redigit, ex quo q̃dē id cō
ficit q̃d lubet. Quòd si ipse Bractea-
rius seu aurisex hęc duo onera subi
re vellet, posset vtiq, sed eet ṗfecto
ei molestius, sed hoc maxē id dicem'
in illa reb' in q̃b' id, q̃d est p se, mi-
scet cū eo, q̃d ex accidenti: hoc acci-
didit iu scia nāli, & in diuina, atq, in
morali, nō aut in sciēnis mathemati
cis: & iō raro inuenies Aristotelē af
ferre aliquā demōne de aliqua re
istarū triū scarū, quin prius ṗponat
de ea re dubiū dialecticū an ipsam
demōne. Palā aut est, q̃ hęc vtilitas,
q̃ in sciēnis habetur, nō est illa vtili
tasq̃ ex exercitatione sit: q̃m hæc in
se ipsa existit, seu ex ipsamet sit, illa
vero sit media illa facultate, quæ ex
ipsa exercitatione & vsu prouenit.

Secunda

A · ABRAM ·   MANTINVS D

Secũdus autem modus est, quia
ex quo artes ambiuntur tribus rebus, scilicet præmissis & quæsitis &
syllogismis, hic autem numerus harum rerum, qui partitur earum am
bitum ex ea parte, qua sunt vulgatæ, est facilior, quando itaq; adipiscuntur suum propositum per opus,
facilius est discernere, quod ex illis
positum est, esse verũ, an sit eo modo quo positum est, nec ne: hoc autem sit demõstratiuis methodis, ille
enim hoc modo iterum transit in
demonstrationem. Tertius autem

B modus est, quia nos iuamur præmissis diuulgatis ad artium principia, & hoc sit multis modis: quorũ
vnus est, quód sumat illa principia,
quæ non ostenduntur nisi inquisitione: ad vtendum autem inquisitione iudicet modo, qui dicitur in
hac arte. & alter est, quia aliquando
illa principia sunt de illis, quæ concipere est difficile illi, qui initiatur
in disciplina, aut asserere illa primo
affatu, & vt occurrat assertio vtius
rebus diuulgatis, quousq; ei mens
confirmetur per hoc, & ei incidat
assertio illorum, prout facit Aristo.

C in libro Peri hermenias, distinguen
do res ratione dictionum, quando
illas distinguit in nomen, verbum,
& dictionem syncategorematicam.
Quartus autem est, quia species
præmissarum, quæ subiectiones cer
tæ sunt, quæ consueuerunt in alia
arte commonstrari, præter illas artes, in quibus subijciuntur, & addiscentis opinio de illis est contra id,
quod illis supponit in illa arte, sicq;
aliqñ

Secũda causa est, qñ, cũ artes con-
templatiuę tria amplectẽt: neũpe
ꝓpõnes, seu præmissas, atq; quęsita,
ac syllos: horũ aũt numerus primo
atq; vltas eorũ, quatenus sunt ꝓba
bilia, faciliot e illis: idcirco, cum ea
obtinuerimus actu parata, facile po
tetim' discernere ac dignoscere id,
qd ill ex ipsis suppositũ fuerit ꝟ verum, vtrũ eo pacto, quo suppositum
suit se habeat vel ne: & hoc quidẽ ꝑ
demõstrationes methodos. hac. n. ratione vt quoq;, inseruire, & submini
strare ipsi demonstrationi, seu arti
demõstratiuę. Tertia causa est, qñ

E ꝓpõnes probabiles magnã afferunt
vtilitatẽ ad ipsa principia artiũ habenda, & hoc quidem varijs modis.

Primo quidẽ mõ, cũ illa principia
non pnt nõtificari, nisi ꝑ inductionem: & sic indigebim' vti inductio
ne eo mõ, quo in hac arte exposită
est. Secũdo, qa nõnunq̃ illa principia difficulter cõcipiuntur prima
illa cõceptione simplici, sicut in eõ
plexoq; (quã formatiõe Arabes vo
cant) ab ipso discipulo, q̃ nũc primũ
incipit discere, aut verificari sio initio, sicognitione cõplexorũ (quam
certitudinẽ quoq; Arabes appellãt)

F & ideo ad eorũ verificatione vtitur
ćũ eorebus publicis, donec firmetur
eius opinio de ea re, & habeat ꝑer id
eius certificatio, vt Arist. est vsus in
lib. Periher menias, dum diuidit res
per dictiones, cum diuidat eas in no
men, verbũ, & consignificatioam di
ctiõe, seu ꝓpõne. Tertio, qa, cum
illud genus ꝓpõnũ sit, quæ sunt ve
luti pnotiones, seu pfationes, q̃ qdẽ
solent in alia arte ꝓbari, & nõ in ea
in qua subijciunt, & discipulus hẽat
de eis diuersi, seu opposită opinionem

aliquãdo allicitur rebus vulgatis, vt
illas recipiat qui addiscit, donec ini-
tiatus sit in arte, in qua profertur de
monstratio de illis, & illas sciat vera
scientia. Et quintus est, quia illa re-
pelluntur Sophistæ deceptores circa
principia scientiarum, prout fecit
Aristo. in libro Primo Physicorum
contra illos, qui negabant multitudinem & motum esse. Sextus autē
est, quia ex quo demonstrationum
sunt duæ species, quædã species, quæ
verificat naturaliter ignota, & alia
species quæ verificatur per se intelligibile apud illum, qui illud negaret,
& hoc communicatur per præmissas maxime vulgatas, quibus con-
git cum hoc quod sunt vulgatæ, quod sint
etiam veraces, illæ enim iuuant hanc
rem, & hic speculãdi modus est ma-
ximus modus speculationis, qui sit
in metaphysicis in verificando prin
cipia scientiarum particularium.

Sicq́; iam diximus huius scientiæ
intentionem, & eius nominis signifi
cationem, eius q́; partitionem, & vti
litatem, & progrediemur ad oratio
nem edicendi eius partes, & incipie
mus ab oratione a prima eius parte.
Et considerabimus primo quæ sint
orationes, & ex quibus componantur, & quo modo componantur, &
quot sint ipsarum species.

nem illi, quæ habet de eis in illa arte, tunc vtitur ipse, sicut præceptor pro illa-
tis prænotionū declaratione, ac proba
tione rebus probabilibus, quas acce-
pter ipse discipulus: ita verū aggre-
dietur illa arte, quæ eas demõstrat, id
sciuerit eas vera scla. Quarto, quia
his ipsis reselluntur deceptiones Sophi-
staræ circa prima principia sclariū,
vt in 1 lib. Physi. Arist. est vsus contra eos, q́; negabãt pluralitatē entiū,
ac motū ipsi. Quinto ppterea quo duo
sunt genera demõstrationū: aliud quidē
genus est illud, quo verificat id, quod est
nã ignotū: aliud vero est, quo id quod
est de se notū, verificatur apud eū, qui
ipsm negat: & illud q́ dē declarat per
pponens maxime probabiles, q́ quidem & si sint probabiles, solent esse
veræ et: & ideo cõducūt ad hoc negotiū: & is contēplandi modus est
vtriq́; maximi momenti, qui in lib.
Meta. in vsum venit pro verifican-
dis scientijs particularibus. Iã ergo
diximus propositū huius artis, quod
nã sit, quid q́; eius nomen significet,
eius q́; partes, q́ sint, vtilitas quoq́; ip
sius, q́ nã sit. Reliquū aūt est, vt aggrediamur tractare de vnaquaque
eius partiū, sūpto, similiq́ a prima
eius parte. Primo aūt nobis cõsiderandū est, quid sint ipsæ rationes
Dialecticæ, & ex quibus constent: &
quo pacto cõponantur, & quot sint
earum genera.

Ex quibus, & quot, disceptatio dialectica constet.   Cap. 3.

Primum igitur considerandum ex quibus est methodus: si
quidem sumpserimus ad quot, & quæ, & ex quibus orationes, & de quibus syllogismi, & q́sio his abundemus, habebi
mus sufficienter propositum. Sunt autem numero æqualia, & eadem ea, ex quibus orationes, & de quibus syllogismi: sunt enim
orationes ex ppositionibus, de quibus aūt syllogismi sunt; problemata sunt.
Omnis

A Omnis autem propositio, & omne problema, aut proprium, aut D genus, aut accidens indicat: etenim differentia, cùm sit generalis, cum genere ordinanda est. Quoniam autem proprium hoc quidē quid est esse significat, illud autem non significat, diuidatur propriū in vtrasqǝ prædictas partes, & vocetur illud quod quid erat esse significat, terminus: reliquum vero secūdum communem de ipsis assignatam nominationem nuncupetur proprium. Manifestum igitur ex ñs, quæ dicta sunt, ǫ secundum præsentem diuisio nem quatuor omnia accidit fieri, aut propriū, aut terminum, aut genus, aut accidens. Nemo autem non opinetur dicere, ǫ vnumquodqǝ horum secūdum se dictum propositio, vel problema est, sed ǫ ex his & problemata, & propositiones fiunt. Differunt autē problema, & propositio, modo: nam, cūm sic dicitur, putasne animal gressibile bipes, definitio est hominis, & putasne animal genΡ B est hominis: propositio fit. Si autem, vtrum animal gressibile bi E pes definitio est hominis, an non: problema fit. Similiter autem & in aliis. Quare merito æqualia numero problemata, & propositio nes sunt: nam ab omni propōne problema efficies mutans modū.

Sermo de partitione quæsitorum in topicis secundum numerum predicatorum.   **Cap. j.**

ABRAM

ET dicimus quòd topicæ orationes vniuersaliter sūt syllogismi qui fiunt ex vulgatis præmissis, sicut demōstrationes sunt syllogismi qui fiunt ex præmissis primis naturaliter: & incipiemus ex hisin 'explicando ipsarum simplicio rem, quæ C tandem sunt problemata & præmissæ vulgatæ, ipsarumqǝ partes. Dicimusǫ quòd præmissæ & problemata sunt subiecto vnæ, & modo duæ. oratio enim enuntiatiua, quando ponitur admissa, & fit syllogismi pars, vocatur præmissa, quando vero de ea inquirimus secundum modum construendi vnum contradictionorum de ea, aut illius destructionem, vocatur problema, hoc au em sic existente cuiusqǝ præmissæ & cuiusqǝ problematis prędicatum, non euadit quin sit definitio, aut genus,

MARTINVS

Dicamus itaqǝ ǫ orationes Dialecticæ, seu Topicæ, sunt generatim syllī, qui ex præmissis probabilibus oriunt: quēadmodū demonstrationes sunt syllī, qui ex ǫǫsolibᵒ natura primis oriūtur. Incipiemus aūt à simplicioribus ipsarū, quæ quidem sunt partes ipsorū quæsitorum Ρ ac ǫǫpōnes ǫbabilesearumqǝ ptes. Dicendū igit est, ǫ ǫǫpōnes & ǫblemata sunt vnū & idem subiecto, sed duo modo ipso: nā oratio enūtiatiua si supponat per modū acceptationis, & fiat pars syllī, vocat pręmissa, seu ǫǫñ, sed si eā consideremus per modū affirmandi vnum duoyǝ contradictorioū eius, aut negādi, & destruendi, ipsum tunc vocabitur problema. Ex his itaqǝ sequitur, ǫ cuiuslibet ǫǫpōnis, & ptublematis prędicatum necessario erit vel definitio, vel

ABRAM

G nus, aut dria, aut proprium, aut descriptio, aut accidens, re aut si existente quæsita topica sunt sex specie
rum, sed Aristo. concludit driam in
genere, & posuit eam vnum, & simi
liter includit descriptionem in pro-
ptio, & cõstant quæsita topica apud
ipsum quatuor species, aut definitio
nes, aut propria, aut genera, aut acci
dentia. Et eius propositũ hic est cõmonstrare loca singulorum horũ
quatuor quæsitorum, qñ enim non
ample<ctentur quæsita, non ample
ctentur loca ipsa cum eo, φ illorũ
H est scientia simplicioris, ex quo ex
illis componũtur orationes topicæ.
Expedit itaq; nobis describere vnũ
quodq; horum quatuor secundum
descriptionem sibi cõuenientem in
hac arte, quæ sunt descriptiones &
definitiones vulgatæ : & iterum infra narrabimus, φ reliqua quæsita
includantur in his quatuor, & am-
plectantur in hoc capite.

vel genus, vel dria, vel propriũ, vel K
descriptio, aut accidēs. Sic igitʃ quæ
sita dialectica erũt. sex: verũtamē
Aristo. applicat driam ipsi generi, &
in vnũ caput ea reponit : hst & descriptionē proprio: & sic quæsita dia
lectica apud ipsum erũt quatuor, vi
delicet vel definitiones, aut propria,
aut genera, aut accidētia . Eius itaq;
propositũ est hic declarate ea loca,
quibus vtimur in singulis horũ quæ
tuor quæsitorum. Nã si non termi-
nentʃ ipsa quæsita, haudquaqʒ posset
terminari & ipsa loca. Adde eẗ, quia L
φ hoc habetur quoqʒ notitia de re
bus simplioribus, ex qbus oʃones
dialecticæ constant. Consentaneum
ergo est, vt vnũquodq; horum qua
tuor describam* iuxta descriptionē
sibi conuenientē in hac arte, & sunt
descriptiones qdē probab’les, atqʒ
definitiones famosʒ: post hoc aũt di
cemus reliqua qsita in his quatuoʃ
cõuineri, & in eorũ capitulis Icludi.

De Termino, Proprio, Genere, & Accidente. Cap. 4.

D Icendum aũt, quid Terminus, quid Propriũ, quid Genus,
quid Accidēs. Est aũt terminus quidē oratio quid erat eē
I significãs. Assignatur aũt aut oratio pro noĩe, aut oʃo pro
oratione:post est enim & eorũ, quæ sub oratione significant, quæ
dam definiri. Quicũqʒ aũt quolibet modo noĩe assignationem faciunt, manifestũ qm non assignant ñ rei definitionē, co qʒ oĩs defi
nitio oratio quædã est:accõmodatum tñ termino, & hmõi ponen
dum est:vt quod honestũ est, decens . Sist autem & vtrũ idem seri
Ius, & disciplina, an diuersum:etenim circa definitiones, vtrũ idē,
an diuersum, plurima sit immoratio . Simpliciter aũt accõmodata termino oĩa dicant, quæ sub eadē disciplina cũ definitionibus
continent. Quòd aũt omnia quæ nunc dicta sunt, hmõi sunt mani
festũ ex his. Potentes enim φ idē, & φ diuersum disputare, eodem
modo, & ad definitiones argumentari facile poterimus : nĩ osten
dentes φ non idē est, interimentes enimus definitionē, non ñ cõ-
uertiʃ quod nunc dictũ est:non enim sufficiens est ad astruendum
definitionē

& definitionem oftendere ide effe:attamen ad deftruendū, fufficiés
eft oftendere cp non idem eft. Proprium aūt eft,quod non indicat
quid eft effe,foli aūt ineft, & conuertfim prædicatur de re: vt propriũ eft hominis Grammatices effe fufceptiuum. Nā fi homo eft,
& Grammatices fufceptibilis eft:& fi Grammatices fufceptiuum
eft,& homo eft.Nemo enim propriũ dicit,quod contingit alij ineffe,vt homini dormire,neqs fi forfitan p aliquod tps ineft foli. Si
aūt forte dicatur aliquid taliũ propriũ,non fimplr: aliqñ, vel ad
aliquid dicetur :nam ex dextris quidem effe,aliqñ proprium eft.
Bipes aūt ad aliquid proprium eft dictum: vt homini ad equum,
& cane.Quod aūt eorum quæ contingunt alñ ineffe,nullũ conuer-
fim prædicaī,manifeftum eft: non enim necefariũ eft fi quid dormit,hominē effe. Genus aūt eft,quod de pluribus,& differētibus
fpecie in eo quod quid eft prædicaī.In eo quod quid pdicari ea dicuntur, quæcunqs cōuenit eí,qui interrogatus eft,reddere qd eft,
quod propofitñ eft:queadmodũ de hoíe conuenit eum, qui inter
rogatus eft, quid id eft, quod propofitum eft, dicere cp animal.
Generi aūt accōmodatum eft vtrum in eodem genere aliud alñ,
an in altero fit.Nam & hmōi fub eandem methodũ cadit cum ge
nere:difputantes enim cp animal genus hoīs,fimpliciter & bouis,
difputantes erimus qñ hæc in eodē funt genere:fi aūt alterius qui
dem oftendamus cp genus eft, alterius aūt cp non eft, difputantes
erimus qñ non in eodem genere hæc funt. Accidens aūt eft,cp nihil horũ eft,neqs definitio,neqs propriũ, neqs genus,ineft aūt rei.

Et quod contingit ineffe cuius vni,& eidē,& non ineffervt fede-
re contingit ineffe alicui eidē & non ineffe,fiſt aūt & album:nū &
idem nihil prohibet qñqs album, qñqs non album effe.Eft autem
accidentis definitionũ fecunda melior:nā cum dr prima, necefariũ eft fi debet quis intelligere,pfcire quid eft terminus, & genus,
& proprium:fecunda aūt perfecta eft ad cognofcendum , quid eft
quod dr per fe.Annectantur autem accidenti, & quæ ad feinuicē
funt comparationes quolibet modo ab accidente dictæ:vt vtrum
honeftum,an quod confert,expetibilius:& vtrum quæ eft fm vir
tutem,an quæ fm voluptatem fuauior vita: & fi quid aliud fimiliter his eft dictum:in omnibus enim talibus vtri magis prædica-
rum accidīt,quæftio fit. Manifeftum eft aūt ex his,quoniam acci
dens nihil prohibet,& quando,& ad aliquid proprium fieri.vt fe-
dere cum fit accidens,qñ quis folus fedet,tunc aliquando propriũ
erit:folo vero fedente,ad non fedentes proprium : quare & ad aliquid,& aliquando nihil prohibet accidens proprium fieri,fimpli
citer autem proprium non erit.

Serma

G   **ABRAM**   **MANTINVS**   **E**

De Defini-
tione.

Dicimus, quod definitio est oratio
significans rei quidditatem, qua
est ipsius essentia, quæ illam proprie
decernit, bifariam autem definitio
explicat: aut enim explicat quid sim
plex nomen significet, prout dicimus, an homo sit animal rationale:
aut explicat quid oratio significet,
& hęc quidem est rerum specierum,
qua aut explicat qd significet oratio, quę gerit vicem nominis, sicut
dicimus, an Lunæ eclipsis sit, q̃ ob-
scuretur. dum incidit in pyramidem
H vmbræ terræ: aut explicat quid significet ipsa descriptio, prout dicimus, an scientia receptiuum sit animal rationale: aut explicat quid significet ipsa definitio, & hoc quidé
possibile est in his, quarum sunt duę
definitiones. sonus qui sit in nubibus est extinctio ignis in nubibus,
aut diuulsio venti, qui in eis detine-
tur. ambæ enim hæ sunt tonitrui de
finitiones, & aliquãdo vtimur hac,
quando rei est definitio, & vniuscu
iusq̃; suarum partium est definitio,
& sit definitio vniuscuiusq̃; suarum
partium vice illius, quod illarũ no-
I mina significant: definitio vero,
qua est nomen nominis vice, hoc
est, quando ignoramus an significa
tio primi nominis sit secundi nomi
nis significatio, prout dicim' an pul
chrum sit ipsum præeligendum, &
bęc sub intrat genus definitionis, hoc
est, quæ sit a definitionum, & similiter descriptiones, quæ fiunt, quatenus sunt expositiones significationis ipsius nominis, non quatenus significant rem illi inexistentem, prout
dicimus, an quod vacui nomen significat, sit locus in quo nulla res ẽ.
     Et

Dicamus ergo definitionê esse,
orationê significante quiditatem rei, qua obtinet suũ proprium
esse: vt autê q̃ definitio significet p
alterũ duorũ locorum, nempe vel
notificat id quod per ipsum nomê,
simplex significat, vt cum df virum
homo est ãial rationale: vel notificet p id, quod per ipsam orationem
significat: & is iterum locus trifariã
inuenit, videlicet vel notificabit id,
quod significat p orationê, q̃ se habet veluti descriptio, vt cũ dicimus,
virũ eclypsis Lunæ sit, vt scilicet ob- **L**
scuret, qñ cadit in pyramidê vmbrę
terrę, vel notificabit id quod signifi
cet ipsa descriptio, vt cum dicimus,
virũ susceptiuum disciplinę est ãial
rõnale, vel notificabit id, quod p de
finitionê significat: & hoc qdé pot
enenire in eo, quod bẽt duas definitiones, vt cũ dicimus virũ vox, quæ
est in nube, est luc̃l a flatus reterũ in
ea: hęc enim duo sunt ipsæ definitio
nes tonitrui. Sepissime m̃ hoc venit
in vsum, vbi s. ipsa res habeat suã de
finitionê, & quælibet ei' pars quoq̃
habeat definitionê, & ponat' definitio vniuscuiusq̃; partiũ definitionis **M**
pro eo, qd significet nota ipsius. No
tificatio vero, in qua assignat' aliqã
nomê vice alterius nots. & hoc qdé
sit cũ ignorat', vtrũ idê significet
primũ nomê, quod signat secundũ.
vt cũ dicim' virũ honestũ ẽ deoes:
hoc a est ãrinẽs gñi cõsideratio nis
ipsius debõnes, id est de quęsitis desi
ninouũ. sit êt se hãc descriptiões, q
daũt, q̃ ten'sũt expões signionis ip
si' nots, ñ q̃ten' signent aliqd ẽxñã,
vt cũ dicim', virũ id, qd signat nomê vacui, sit loc' s quo nihil existit:
     tandê

A Et vt vniuersalius inquam spei, que
siti, quo quęrit, an tale sit tale ipsum
idem, aut aliud, subintrat hoc quę
situm, hoc aũt sic est, quia qui construit rem esse rei definitioę, iam
prius construxit, ꝙ sit idē sibi, & qui
construit ꝙ non sit illud ipsum, & ꝙ
sit aliud, iam destruxit definitionē,
& ideo loca de eodem & diuerso nu
merantur cum locis definitionis, &
ꝙ vbi hoc significat est, qa vulgus
opinatur ꝙ commutãdo nomen in
aliud quod notius illorum est, illud
est definitio, prout comperimus loquentes, quod definierint scientiam,
quod sit sapientia.

Proprium autem est, quod nõ significat rei quidditatē, & inest toti
rei & soli, & secum conuertitur prę-
dicatioē, verbi gratia disciplinabile
de ipso homine, quia quãdo homo
est, disciplinabile est, & quando disci
plinabile est, homo est, vulgatum
enim est de proprij dispositione, ꝙ
impossibile sit, quod insit alij quàm
illi, cuius est propriũ. & si nihil prohibeat, quod vocetur proprium,
quod est vniuersalius re, quando in
est illi soli aliquo tempore, somnus
C enim est cuiusdam hominis proprium, quando hoc tempore aut in
hoc loco sit dormit, nisi sic homo.
& aliquando vocatur propriũ quod
inest parti speciei, sed non inest alij,
sicut azurinus oculus homini inest.
Veruntamen propriũ est id, quod
definiuimus, hoc autem si dicatur
proprium est nominis aequiuoca-
tione, aut per posterius.

Genus aũt est, quod praedicatur
de multis specie differentibus in eo
quod quid sit, & fm hanc quęsiti spe
ciem, scilicet an talé sit talis genus,
subintrat

tandé hoc genꝰ inquisitionis, qua in D
qrit, & verũ hoc sit hoc idē, vel diuer
sum ad hoc ꝙ sitũ attinet, eo qa, qui
ostendit atꝙ; affirmat aliq̃ d est definõe
alicui, ostruit, vtiꝗ; primo illud esse
idē, sed ꝗ ostdit id nõ et idē, sed ꝙ è
diuersum, iꝗ; ꝗcē iã interimit atꝗ; de
struit definõe, & ideo loca sumpta ꝑ
idē & diuersum, inter loca definõis
vtiꝗ; cõnumerant, cuius rei indiciũ
tibi hoc sit, qa vulgus existimat, ꝙ
pmutare vnũ nomē in aliud notius
illo priori illud sit definõ, vt videmus
ipsos loquētes definire sapiētiã ꝑ ipsam scIam dicētes, & ꝙ sapiētia è scia. E

Propriũ aũt est, qd non significat
quidditatē rei, inest tñ toti ipsi rei ac
soli cõuersimꝗ; prædicat de ipsa re,
exēpli grã, ꝙ hõ sit disciplinæ suscep-
tiuus. nã hoc reperto, reperitur id
qd est susceptiuũ disciplinæ, & reper
to ipso susceptiuo scæ reperit & ipse homo: hoc. n. de proprio palã est,
ipsam scilicet nõ posse reperiri nisi
in habēte ipsum propriũ, licet nihil
prohibeat quin possit dici propriũ
id quod est cõiui ipsa re, si illi soli in
sit aliqñ. dormire enim est alicui
hominis propriũ, si eo ꞇ pe vel eo lo- F
co non reperiatur aliquis dormiens
præter illũ hoiem, potest tñ appella
ri propriũ id, quod in aliqua parte
alicuius speciei reperit, sed nõ inest
alij speciei, vt glaucedo oculorũ in
hoie: veruntamen propriũ est id, qd
iam definiuimus: reliqua vero, si no
minent propriũ, illud quidē æquiuoce sic notabitur, aut analogice. i.
ꝑ posterius. Genus vero est, qd de
pluribus & differentibus specie ꝑdi-
cat in eo quod quid est. huic enim
mõ inquisitionis seu interrogatiõu,
videlicet, vtrũ hoc sit genus ad hoc,

Log.cũ cõ. Auer.   B.   accõ-

ABRAM   MANTIN·VS

G subinrrat illud id, quod dicimus, an tale & tale sint sub vno genere, aut diuersis generibus, & hoc sit, vt sit quærere gratia exempli, vtrum homo & bos subsint vni generi, & commonstretur nobis, quòd homo sit animal, & bos iterum sit animal, per locum generis commonstratu erit nobis quòd subsint vni generi: si autem commonstratum fuerit, quòd sit genus vnius ipsorum, & non sit genus alterius, commonstratum est, quòd non subsint vni **H** eidem generi.

Accidens vero Arist. describit hic duabus descriptionibus, eo cp nõ sit sufficientia in descriptione alterius illarum, quæ ipsum ambit quarum vna est, quòd accidens non numeretur in vllo horum trium, scilicet neq; in definitione, neque proprio, neq; genere, cùm rei insit: secunda autem descriptio est, cp sit id, quod possibile est inesse, & non inesse vni eidem rei: prima nanq; descriptio ambit accidentia separabilia & inseparabilia, & huius descriptionis natura intelligitur ex parte priuationis, hoc est, inquantum est priuatio **I** clausularum, quæ dictæ sunt in illorum trium definitionib·, & ideo est eius scientia imperfecta. Per secundam vero descriptionem intelligit fm eius essentiam, sed ambit solum separabile, & quæ sita quæ fiunt de aliquo vtrũ sit eligibilius & digni·, subintrant capitulo accidentis, magis enim & minus sunt accidentis, & aliquando putatur, cp eis vtendum sit in cõparatione substantiæ, prout inquisiuit Aristo. in libro Prædica- mentorũ, an indiuidua substantiæ sint magis substantiæ, aut ipsæ species? & sicut

accommodatũ quidem est id, quod **K** dicitur de aliqua re, vtrũ hoc & hoc sub vno contineant genere, aut sub diuersis. vt si quæramus vel disputemus, vtrũ homo vel bos, exẽpli causa, sub eodem genere contineant, & nõ lateat nos, hominẽ esse aial, arq; bouẽ quoq; esse aial per locum à ge- nere, seu p methodũ generis, tũc nõ latebit nos ipsa sub eodẽ contineri gñe. sed si probet ipsum esse genus vni eorũ & non alteri, tunc palã erit ipsa ñ cõtineri sub vno & eodẽ gñe.

Accidens aũt hoc in loco duplt de **L** scribitur cũ vnica illarũ descriptio- num, qua describitur non sit satis. Prima itaq; descriptio hæc est, acci- dens est, qd nihil illoꝗ triũ est, nẽpe nec definitio, neq; propriũ, neq; ge- nus, inest ãt rei. Secũda vero descri- ptio est, qd cõtingit inesse cuiusꝗni & eidẽ rei, & nõ inesse. Illa itaq; pri- ma descriptio amplectit quidẽ acci- dentia separabilia atq; ſſeparabilia: huiuscemodiꝗ; descriptionis nã di- gnoscit p priuationẽ, hoc est, qa est priuatio illarũ rerũ, quæ in definio- nibus illorũ triũ dictæ fuerũt. & ideo talis notitia est impfecta. Per secun- **M** dam vero descriptionẽ notificat es- sentia, verũ separabile tm accidens amplectit. Quæstiones præterea, seu problemata, quæ siũt de aliquo verũ sit honestius vel vtilius, seu expetibi- lius annectunt quidẽ ipsi accidenti, eo ꝗa magis & min·, seu excessus & defect· iniunt quidẽ ipsi accidẽti ad ipsumꝗ; attinẽt, possent tñ quis existi mare, cp & in ipsa substantia possint fieri huiusceodi cõparationes, vt vť Aristo. quæreret in lib. Prædica- mentorũ vtrũ indiuidua substantiæ sint magis substãtia ꝗ eorũ species.

Similiter ꝗ;

ABRAM

A & ſicut eſt eius ſcrutinium an mate
ria ſit dignior vocari ſubſtantia aut
forma,& ſm hoc quæſita cōparatio
ais ſubintrant oſa ſpdicamenta:quæ-
ſitū vero an prædicatum inſit ſubie
cto tm Ariſt. cōmonſtrat, ꝙ ſubintrat ipſum accūſ:& poſuit ipm ſub-
intrare accidens,& ſi prædicauſ, qn
poniſ ineſſe ſubiecto non common
ltreſde eo ꝙ ſit accidens, neꝗ ꝙ ſit
genus,neꝗ definitio, neꝗ propriũ,
propterea quia qn commonſtratũ
fuerit,ꝙ res rei inſit,ſalté de illa poſ
ſibile eſt verificati, ꝙ ſit accidens,ſi

B non ſit vnum de illis reliꝙis,& poſuit eius vim,vim accidētis,ſicut eſt
diſpoſitio indefinitæ,cuius vis poſita eſt vis particularia.Præterea vnſ
quodꝗ illorum, ſ. definitio, genus,
& proprium,largiuntur de ſubiecto
notionis crementũ, accidentis autē
non eſt vllum crementũ notionis,
quod vero de eo quæritur, eſt, ꝙ in
ſit,& ideo ſubintrat numerũ quæſi-
torum eſſendi. Quæſitũ vero an res
ſit ſimplr,varij circa ipſum fuerunt
expoſitores, quæ ſpecierum horum
quæſitorũ ſubintret : verumtamen

C qn dicendo an hoc ſit velimus intel
ligere ſicut dicēdo an illud ſit verax,
ꝙ ſcilicer id eius, quod eſt in anima
connexum ſit illi,ꝙ eſt extra actioni,
indubitate illud ſubintrat ipſum ac
cidens,& hoc eſt magis promulgatũ
de ſenſu illius, quod ſignificat nos
dicere vtrũ res ſit,aut non ſit?& hoc
eſt illud, quod aſſeuerat Alexāder.

Aliquorum autem opinio fuit, ꝙ
hoc quæſitum ſubintret genus & de
finitionem,intelligunt enim ꝓens,
cuius eſt eſſentia, & cauſæ, quibus
conſiſtit extra animam : prima vero eſt magis vulgata.

MANTINVS

Similiterꝗ, ſ̅rit verũ mã ipſi,vel ip D
ſa ſola debeat appellari potius ſuba.
hac igir rōne quæſita ipſ° cōparatio
nis,olbus quoꝗ; ſpdicamentis anne-
ctenſ.Ariſt. tñ dicit, ꝙ ꝙ̅ſ illud,ſ.
vtrũ prædicatũ inſit tm ſubiecto,ꝙ
anne̅ctiſ ipſi accñti,ad ipſumꝗ: ani
net,& Ariſto.dicit illud anne̅cti ipſi
accidēti,quãuisex hoc,ꝙ dicimus,
ſpdicatũ ineſſe ſubiecto, nõ ꝓbeſ ip
ſum eſſe accñs,neꝗ; genus,neꝗ defi
nitio,neꝗ; ꝓptiũ: ꝓprea quia, cũ pro
baſ aliꝗd ineſſe alicui, tandē id ,ꝙ̅
ꝓdc eo vere dici, erit ſalté dicere ꝙ
ſit accñs,ſi ñ ſit aliꝙ alioꝝ triũ reli B
quoꝗ. & poſuit id bēre vim accñtis.
quēadmodũ dixit et ipſam indefini
tã bēre vim pticularis. Vnũquodꝗ;
ꝓterea horũ triũ,ſ.& ipſa de̅tiõ,& ge
nus,atꝗ, ꝓptiũ addūrit in ipſo ſubto
aliꝗ̅ notitiã , ex accidēti ꝙo nulla
habeſ maior notitiaſed ꝙ de eo re
qriſeſt, vt ſit , & iõ anne̅ctiſ nūero
eorũ ꝙ dicitē.Circa illud vero ꝙ ſi
cũ,ꝙ ſ̅rit vtrũ res ſit abſolute,diſce
ptant ſunt expoſitores, ꝙquo nã hoꝝ
quatuor ꝙ̅ſtoꝝ gūe, cōuenet & cui
eorũ annectat.Sed,ſi cũ dicim° vex
ita ſit intelligam° ac ſi dicerem°,vtrũ F
illud ſit verũ:neꝗue vt id ꝙl de ea re I
aſo habeſ correſpōdentatꝗ; concor
det eũ eo,ꝙ extra aiam eñſit, tũc
ꝑculdubio id ipſi accñti anne̅cti de
bet,& hoc ,ꝓfecto vſ maxie ſignã t
apud vulgũ,id ꝙd dicim° vtrũ res ſi.
vel nõ ſit. & bǣc eſt ſnia Alexandri
Sed aliꝗ alij putãt hoc quæſitũ au
ne̅cti ipſi generi, atꝗ definitioni.
ꝓprea quia vſ,ꝙ cũ dicimus eſt, intel
ligat id ꝙd bt eſſentiã, & cauſas qui
busconſiſtit extra animam:prior ta
men ſententia,ſeu prius dictum, eſt
magis apparens,ſeu probabile.

B ij   Quòd

G dam eorum, qui dicti sunt litigiosi syllogismi, etiam sylli dicantur: k
reliquus vero litigiosus quidem syllogismus, syllogismus autem
non, eo cp videtur quidem ratiocinari, ratiocinatur aute minime.
   Amplius autem præter omnes, qui dicti sunt, syllogismos, ex ijs,
quæ sunt circa aliquas disciplinas peculiaria, fiunt paralogismi:
quæadmodum in Geometria, & huic cognatis accidit se habere.
   Videtur autem hic modus differre à dictis syllogismis: nam neqp
ex veris, & primis colligit falsigraphus, neqp ex probabilibus: nã
sub definitionem non cadit: neqp enim quæ omnibus videntur su
mit, neqp quæ pluribus, neqp sapiētibus, & his, neqp omnibus, neqp
plurimis, neqp probatissimis, sed ex peculiaribus quidem discipli
næ sumptis, non veris autem syllm facit: nam eo cp aut semicircu
los describit non vt oportet, aut lineas aliquas ducit, nõ vt ducen
dæ sunt, paralogismum facit falso scribes. Species igitur syllogis
H morum, vt figuraliter s.. complecti, sint quæ dictæ sunt, summa- L
tim a sit dicendo de omnibus prædictis, & de his quæ postea sunt
dicenda, intantum nobis determinatum sit: eo cp de nullo eorum
exactam rationem assignare deligimus, sed aliquantulum figuraliter de his volumus pertransire, omnino sufficiens arbitrã res esse
secundum propositam methodum, posse cognoscere quomodo
vnumquodqp illorum se habet.

AVERROIS EXPOSITIO

Sermo de Intensione & Divisione libri,　　*Cap. 1.*

TRANSLATIO ABRAMI.

I Vius Libri intētio est me
thodorum, & vniuersa-
lium, ex quib' ars topica
componitur, & illorum,
quibus perfectior & prestantior sit,
scientiam tradere. Hæc enim ars sit
sm eius maximam perfectionē dua
bus rebus, quarum vna est scienria
rerū & methodorū, quibus cōstrui-
tur, & altera est exercitatio illarum
in stitutionū earumqp; vsus, adeo cp
illarum exercitium reddatur habi-
tius, & hoc sit sicut dispō reliquarum
artium factiuarū, prout est ars medica, & aliæ, & vt vniuersalim inquã
dicam, hæc ars est illa ars, qua possu
　　　mus,

TRANSLATIO MVNTINI.

M Nquit Aristoteles. Pro
positum huius Libri est
notificare Methodos, ac
quædam vniuersalia, ex
quibus ars Dialectica cōstat, prestan
tiori ac perfectiori modo, quo fieri
id possit. Nam hęc ars duabus vtiqp
perficitur rebus, altera quidē ex cognitione rerum, & methodicarū re
gularum ex quibus cōstat, altera ve
ro, ex illarum semitarū exercitatione, vel praxi, atqp ex frequēti vsu ip
sarum: ita vt ex huiusmodi exercita
tione, efficiatur habitus, vt in alijs
artibus practicis fieri solet: vt est ars
Medica, & reliquæ aliæ eius generis.
　　　Generatim

ABRAM

mos, qñ quærimus instituere syllm
ex promulgatis smissis, ad destruen
dum positum quod respondens admittit in sua cautione, & ad cauendum oē positum vře, quod quærens
procurat destruere, quando nos re-
spondetemus, & hoc secundū quod
possibile est in singulis positis, quoniam non est consuetudinis queren
tis omnino destruere, quod respon
dens admittit in sua cautione, nec ē
moris respōdentis omnino cauere
destructionem illius, quod cauere
admittit, sed virtute, moris ē, quan
do quærunt, aut respondent, quod
quæstiones & responsiones confe-
rant ad vltimum cannonis, & destructionis, quod possibile ē in hoc
illo posito, sicut est dispositio artis
medicæ, quia nō oportet medicum
omnino sanare, quod vero ei expedit, est, quod non lateat aliqua res de
his, quas ars ferre cogit, ad hanc ægri
tudinem, quantum ei possibile est.
& quia Dialectici nomen, apud vul
gus significat orationes inter duos,
quibus vterq; sibi proponit alterutrum vincere, quauis specie orationum contigerit, transtulit Aristoteles hoc nomen ad hanc rem, quæ
rerum omnium est huic proxima,
similis enim est rei, quam vulgus in
tendit, & est illa res, quam definimus
mus: & aliquando hic liber vocatur
liber Locorum, ac iterum infra scies
quid sint loca.

Partes vero huius artis sunt tres.
Quarum prima notificat dicta, ex
quibus componuntur orationes to-
piæ sm suas partes, & partium partes, vsq; ad simplicissimas illarum,
ex quibus componuntur, & hæc pars
continetur in Primo libro Aristo.

*Diuisio li
bri topico
rū in tres
partes.*

MANTINVS

Generatim aūt hæc ars est quia cum
non argumentamur, possumus syllo
gismum efficere ex apōnibus probabilibus ad destruendum oē problema vře propositum, quod ipse re
spondens assumit sustitate, & ad su
stentandū quodlibet problema vře
propositum, quod quidem conatur
destruere ipse argumētator, qñ nos
fuerimus respōdentes, & hoc prout
fieri pōt in quouis problemate proposito, nam ad arguentem non spe
ctat destruere omnino, id quod ipse
respondens assumit sustenta re omnino, sed cuiuslibet eorū officiū est,
li rectas afferant argumētationes ac
responsiones, vt afferāt quidē id qd
maxime valere possit ad illud propositū problema sustentandum vel
destruendū: vt in arte medica cueni
re solet, nā medicus nō tenetur sem
per sanare olno, sed cogitur ne quic
quā omittat eius quod ipsi arti debe
tur, vt conferat ipsi morbo in oī re
possibili ei. At cū hoc nomē Diale
ctica apud vulgū significet disputationes, q̄ inter duos hoies cōingūt,
quorū alter alteru cōuincere cōten
dit, quouis genere orationū, ac sermonis, ideo Arist. vt usest hoc noie
ad significandū id quo quidē nihil
cōformius denotationi vulgi ac similius, quā paulo ante diffinimix̄:
& vocat is liber, liber Locorū, post
hoc āt scias adhuc q̄ sint ipsa loca.

Partes aūt huius artis sunt tres.
In prima autem notificantur ratio
nes, ex quibus componuntur Diale
cticæ orationes, earumq; partes, atq;
iterum partes partium, donec deueniatur ad simplicissimam partem,
ex qua componuntur: & hæc pars
continet in primo libro Aristotelis.

*† a.l. ser-
mones.*

In
A iij

In secunda aũtę parte notificantur loca, quibus cõstituunt syllogismi ad rei cõstructionem & destructionem in omnibus speciebus quæsitorum huius artis, & hoc fit in sex libris Aristotelis. In tertia autem parte notificatur, quo modo expediat quærere quærentem, & respondere respondentem, & quot modis fiat quæstio & responsio, & hoc in Octauo libro traditum est.

In secũda parte notificãt illa loca, ex quibus syllĩcomparant ad affirmandã vel destruendã aliquam rem in olbus generibus quæsitorũ, quæ in bac arte fiunt: & hoc in sex libris Aristotelis explicat. In tertia vero parte exponitur quo pacto debet † interrogans interrogare, & respõdens respondere, & quot modis poteft fieri respõsio & interrogatio: & hoc in Octauo libro traditum est.

† alia lfa argues.

Ad quot Vtilis Dialectica, differendiq; disciplina.   **Cap. 1.**

Consequens aũt est ex hĩs quæ dicta sunt, dicere ad quot, & quæ vtile sit hoc negociũ. Est aũt ad tria ad exercitationem, ad colloquia, ad eas, quæ secundũ Philosophiã sunt, disciplinas. Quõd igif ad exercitationem sit vtile, ex his perspicuum est: methodũ enim habentes, facile de proposito argumentari poterimus. Ad colloquia vero, eõ ꝗ multorũ annumerantes opiniones, nõ ex extraneis, sed ex proprĳs doctrinis sermocinabimur ad eos transmutantes, quicquid non bene videntur nobis dicere. Ad secundum philosophiam aũt disciplinas: ꝗ potentes ad vtraꝗ dubitare, facile in singulis intuebimur verum, & falsum: præterea autem ad prima eorum, quæ in vnaquaꝗ disciplina sunt principia. Nam ex proprĳs fm propositam disciplinam principĳs, imposte est dicere aliquid de ipsis, eo ꝗ prima principia sunt omnium: per ea verõ, quæ sunt circa singula probabilia, necesse est de illis transfigere. Id aũt proprium, maximéue peculiare Dialecticæ est. nam, cum sit inquisitiua, ad omnium methodorum principia viam habet, habebimus aũt perfecté methodum, ꝗ perinde habebimus ac in Rhetorica, & Medicina, & huiusmodi facultatibus: hoc autẽ ex hĩs, quæ contingũt facere, quæ eligimus. Nã neꝗ Rhetor omni ex modo psuadebit, neꝗ Medicus sanabit: sed si ex hĩs, quæ contingunt nihil omiserit, sufficienter eum disciplinã habere dicemus.

Sermo de vtilitate Dialecticæ.   **Cap. 2.**

Tria lumina Huius artis.

Sed huiꝰ artis iuuamina sũt tria, quorum primum est ad ipsum exercitium, secundum aũt est ad publicas vulgi comparationes, & tertium ad scientias theoricas. Ipsius quidem iuuamen ad exerciciũ est, qñ

Huius præterea artis vtilitates tres quidẽ sunt, vtilis enim primo est ad exercitationẽ: secundo ad colloquia popularia: tertio vero ad cõtemplatiuas disciplinas. Conducit aũt ad exercitationem dirigentem

                2c

A quoniã præparat ad modum fcien-
tiarum, eãq; venandum, quando
enim nobifcũ fuerint notæ methodi, & regulæ, quæ fint communes, ex
illis procedemus ad rei conftruclio-
nem & deftruclionem, fit itaq; per
hanc artem nobis via difcernẽdi ad
fciendnm opiniones & affertiones,
& cognitionem veritatis à falfo per
fectioris aclionis, & perfecloris intentionis, quàm fit vis, quæ nobis fit
vfu fine cognitione harum methodorum: & ideo huius artis perfeclio
B attingitur his duabus rebus, fcilicet
exercitio & methodorum cognitio
ne. & eft manifeftum, quòd exercitium, quod per hanc artem intendi
tur, difponit ad hanc philofophiam
eo modo, quo facit exercitiũ equo-
rum equitationis in ludis, difpofitionem ad bellum.

Ipfius vero iuuamen ad vulgares
comparationes eft, quia ex quo neceffitas cooducens rebus publicis ad
æquitatem, & ad virtutes multas af-
fertio fit ex rebus fimilibus confe-
rentibus illis ad pnblica conforna,
& re fic exiftente, cũm impoffibile
fit, quòd incidat veritas in res fimi-
C les, nifi per vulgatas regulas, quæ
funt orationes, quibus vtimur in
hac arte, fic iterum confirmantur
apud illos res fimiles, quæ funt vulgatæ orationes, difficilioris enim cõ
tradiclionis funt, quàm orationes
rhetoricæ & poeticæ, & fi fiant regulæ rhetoricæ & poeticæ vice regularum topicarum, hoc autem iam cõmonftratum eft in fcientia politica.

Ipfius vero iuuamen ad fcientias
theoricas eft multipliciter, quorum
modorum vnus eft, quia aliquãdo
volumus conftituere veritatem de
aliquo

ac difponentur ad ipfas fcientias propterea, quia, cũ affecuti fuerim° me
thodos ac femitas notas cões, ex quibus procedamus ad aliquid affirman
dum vel negandũ: tunc ea vis, quã
naeli fuerimus p hanc arte ad difcer
nendas opiniones ipfas, quæ nam, f.
earũ fint veræ, & fi falfæ, per fecliore
vtiq; aclione efficiet præftantiuẽq;
obtinebit propofitũ, q̃ illa vis & facultas, quæ ab ipfo vfu & exercitio
ne fola fine cognitione harũ regu-
larũ & methodorũ ortũ habuerit.
Et ob id abfolutio atq; pfeclio hui°
E artis bis duob° vtiq; acquiritur: nẽpe
exercitatione, ac methodorũ cognitione. Manifeftũ aũt eft, q̃ illa exercitatio, q̃ in hac Arte pponitur, ẽ qdẽ
q̃dã pparatio ad ipfã philofophiã,
velut exercitatio ĩ equeftrib° ludis
eft q̃dã preparatio ad militarẽ artẽ.

Eft fecũdo vtilis hęc ars ad popu-
lare colloquiũ, feu difputationẽ atq;
cõgregatũs populares, quia popularis
cõgregatio pro affequenda virtute
morali, ac iuftitia, cogit verificare
multas res cõẽplationes, f̃ ad ciuiles
F cõgregationes cõducunt: cũ igit res
ipfæ cõtẽplatæ nõ poffint verificari nifi p methodos & regulas pba
biles, q̃ quidẽ funt rõnes, p̃ in hac
arte fiunt, ideo oportuit vt apud ipfam popularẽ congregationem con
ftant ẽ illæ res fpeculatiuæ, quæ, f.
funt rõnes pbabiles, cum difficilius
poffint cõtradici, q̃ rõnes rethoricæ
& poeticæ: licet vatur ẽ qñq; & ipfa rethoricis ac poeticis inftitutio-
nib° pro dialeclicis ac topicis. & hoc
iam in fcta morali explicatum fuit.

Tertio aũt eft vtilis ad cõtẽplati
uas difciplinas pluribus de caufis.

Prima eft, q̃, cum nos quærimus
fcite

aliquo quæ ſito', & ſit nobis difficile
illud comprehédere,& per hanc artem poſſumus cōſtuere de hoc quę
ſito duos ſyllogiſmos mutuo repu-
gnantes, quorum vnus conſtruat il
lud,& alter deſtruat, & quando hoc
ſecerimus,facile ht nobis poſſibile ſe
cernere hanc partem veram duarū
illarum orationum repugnantium
à mendace, quando inferemus duorum ſyllogiſmorum præmiſſas de-
monſtrauius methodis, adeo quòd
diſcernamus prædicata per ſe ab accidentalibus, q̃ in illis fuerint, præ-

H miſſæ enim ſyllogiſmorum topico
rum pro maiori rei parte non ſunt
ſecundum ſe totæ falſæ, neq; ſecundum ſe totæ veræ. Et huius quidem
diſpoſıtıo ſimilis eſt illi, quod acci-
dıt in arıbus factıuis, depuratur enı
ſecernit auri & argenti ſubſtantiam
à reliquis ſubſtātıǰs illis commiſtis,
auriſex autem eſt ille, qui illud pu-
ɾum diſcretum ſumit, illudq; exⁱm
dıt, & ex eo conſtat quod voluerıt:ſi
autem auriſex ſumeret onus ambarum rerum ſimul, poſſet hoc ſacere,
ſed res eſſet ei grauior, hoc autem
magis tranſıt in res, quibus cōmi-

J ſcetur quod eſt per ſe, cū illo, quod
eſt accidentaliter, & hoc contingıt
in ſcientia Phyſıca, & ſcientia dı-
uina,& ſcıētıa politica, aliter quàm
res ſıt in ſcientıjs Mathematicis, &
ideo raro inuenimus Ariſto. quod
proferat demonſtrationem alicuius
rei harum trium ſcientiarum, niſi
prius præpoſuerit demonſtrationi
dubium topicum de tali re. Et
notum eſt, q̃ hoc ſcientiæ iuuamē
ſit aliud à iuuamine exerciuij, quare
nus hoc eſt per ſe,& illud è mediante vi ex ipſo exercitio prouenıente.

ſcire q̃ i æted̃ aliquo q̃ſito, q̃ tñ dif
ficile béri poſſit,tūc nos hac arte poſ
ſum°aſferre duos ſyllos cōtradicêtes
ſibi ſuicē, q̃ illo q̃ſito, quoq; alter illd̃
affirmabıt,alter p̃ o ıpm deſtruet:&
cū ita ſecerim', facile q̃dã poterım°
diſtınguere id veri, qd̃ ın illis duab°
oratıonıb°cōtradic̃torıjs cōtınet̃,ab
ipſo falſo, ſi ꝓponês vtriuſq; ſylloꝗ
ꝑ methodos demōſtratıuas cōſece-
rimus, ita vt eotū ꝓdıcata , quæ ꝑ ſe
ſunt,ab his, q̃ue per accıſs exꝓſuerı
mus, nam ꝓponês ſyllʒorū dıalectı-
corū, vt plurımū, non ſunt oı̃es par
te falſæ, neq; oı̃no veræ.,Eſt enı̃ hoc **L**
nō ab ſıſe eius, quod ın Artibus fa-
ctıuıs cōtingere ſolet. nã qui arte dı
uidendi aurū ab argẽto, vel ab alıjs
mıxturıs ꝓſıtet̃, ſeparat q̃d̃ ſubam
auri & argẽtı ab alıjs ſubı̃lātıjs,quı
eıs immıxıæ ſunt, ſed ſaber aurat̃°
vel argẽtarıus & argyrocopus aſſu-
mıt illud, q̃d ſeparatū eſt, ac expur-
gatū, & exquıſıtū, & ıpm extẽdıt,&
ın bracteas redigit, ex quo q̃dẽ id cō
ſicit q̃d luber. Quod ſi ıpſe Bractea-
rıus ſeu auriſex hæc duo onera ſubı
re vellet, poſſet vtiq;, ſed eſt pſecto
eı moleſtıus,ſed hoc magis eligem° **M**
in illıs reb° in q̃b° id,q̃d eſt ꝑ ſe,mı-
ſcet̃ cū eo, q̃d ex accıdent:hoc aūt ac
cıdıt ıu ſcıa nãlı, & ın dıuına, atq; ın
moralı,nō aūt ın ſcıētıjs mathematı
cıs: & ıõ raro ıouenıes Arıſtotelẽ aſ
ſerre alıquã demōné de alıqua re
illarū trıū ſclarū,quın prıus ſ̃ponat
de ea re dubıū dıalectıcū añ ıpſam
deuı̃oné. Palã aūt eſt, q̃ hæc vulras,
q̃ ın ſcıētıjs habetur, nō eſt illa vtılı
tas,q̃ ex exercitatione ſıt:q̃ hæc ın
ſe ıpſa exıſtıt, ſeu ex ıpſamet ſıt , illa
veto ıt media illa facultate, quæ ex
ıpſa exercıtatıone & vſu prouenıt.

Secûdus autem modus est, quia ex quo artes ambiuntur tribus rebus, scilicet præmissis & quæsitis & syllogismis, hic autem numerus harum rerum, qui partitur earum ambitum ex ea parte, qua sunt vulgatæ, est facilior, quando itaq́ adipiscuntur suam propositum per opus, facilius est discernere, quod ex illis positum est, esse verû, an sit eo modo quo positum est, nec ne: hoc autem sit demôstrationis methodis, ille enim hoc modo iterum transit in demonstrationem. Tertius autem modus est, quia nos inuamur præmissis diuulgatis ad artium principia, & hoc sit multis modis: quot si vnus est, quod sumat illa principia, quæ non ostenduntur nisi inquisitione: ad vtendum autem inquisitione indiget modo, qui dicitur in hac arte, & alter est, quia aliquando illa principia sunt de illis, quæ concipere est difficile illi, qui instatur in disciplina, aut asserere illa primo affatu, & vt occurrat assertio vtitur rebus diuulgaris, quousq́ ei mens confirmetur per hoc, & ei incidat assertio illorum, prout facit Arist. C in libro Peri hermenias, distinguendo res ratione dictionum, quando illas distinguit nomen, verbum, & dictionem syncategorematicam. Quartus autem est, quia species præmissarum, quæ subiectiones ceræ sunt, quæ consueuerunt in alia arte commonstrari, præter illas artes, in quibus subijciuntur, & addiscentis opinio de illis est contra id, quod illis supponit in illa arte, sicq́ aliqñ

Secûda causa est, qñ, cû artes contemplatiue tria amplectent: nempe ꝓpônes, seu præmissas, atq́ quæsita, ac syllos: horû aût numerus primo atq́ vltimus eorû, quatenus sunt ꝓbabilia, facilior ex illis: idenco, cum ea obtinuerimus actu parata, facile potcrim* discernere ac dignoscere id, qd id ex ipsis suppositû fuerit ec verum, vtrû eo pacto, quo suppositum fuit se habeat vel ne: & hoc quidé ꝑ demôstrationis methodos, hac, n. ratione cîquoq́, inseruite, & submini strare ipsi demonstrationi, seu arti demonstratiuæ. Tertia causa est, qñ ꝓpônes probabiles magnâ afferunt vtilitaté ad ipsa principia ærnû habenda, & hoc quidem varijs modis. Primo quidé mô, cû illa principia non pôt nonsicari, nisi ꝑ inductionem: & sic indigebim* vti inductione eo mô, quo in hac arte exposirû est. Secûdo, qa nonnunq́ illa principia difficulter côcipiuntur prima illa côceptione simplici, (ipsorq́ incôplexoq́ (quâ formationé Arabes vocant) ab ipso discipulo, q̃ nûc primû incipit discere, aut verificantî in thisio, cognitione côplexoû si (quam, ertitudiné quoq́ Arabes appellât) & ideo ad eorû verificanoné vtitur tcû eo rebus publicis, donec firmetur eius opinio de ea re, & habeat ꝑer id eius certificatio, vt Arist. est vsus in lib.Peri hermenias, dum diuidit res per dictiones, cum diuidat eas in nomen, verbû, & consignisicatiuam dictionê, seu ꝓpônê. Tertio, qa cum illud genus ꝓpônû sit, quæ sunt velut ꝓnotiones, seu ꝓsitiones, q̃ qd̂ solent in alia arte ꝑbari, & nô in ea in qua subijciunt, & discipulus hæt de eis diuersã, seu opposità opinionem

ABRAM   MANTINVS

aliquãdo allicitur rebus vulgaris, vt
illas recipiat qui addiscit, donec ini-
tiatus sit in arte, in qua profertur de
monstratio de illis, & illas sciat vera
scientia. Et quintus est, quia illis re-
pelluntur Sophistę decipretes circa
principia scientiarum, prout fecit
Aristo. in libro Primo Physicorum
contra illos, qui negabant multitudinem & motum esse. Sensus autẽ
est, quia ex quo demonstrationum
sunt duæ species, quædã species, quæ
verificat naturaliter ignota, & alia
species qua verificatur per se intelligibile apud illum, qui illud negaret,
& hoc commonstratur per præmissas maxime vulgaris, quibus condi-
git cum hoc ꝙ sunt vulgatæ, ꝙ sint
etiam veraces, illæ enim iuuãt hanc
rem, & hic speculãdi modus est ma-
ximus modus speculationis, qui sit
in metaphysica in verificando prin
cipia scientiarum particularium.

Sicꝗ, iam diximus huius scientiæ
intentionem, & eius nominis signifi
cationem, ei usꝗ, partitionem, & vti
litatem, & progrediemur ad oratio
nem edicendi eius partes, & incipie
mus orationem à prima eius parte.
Et considerabimus primo quæ sint
orationes, & ex quibus componantur, & quo modo componantur, &
quot sint ipsarum species.

nem illi, quæ habet de eis in illa arte, tunc vtif ipse, s. præceptor pro illarũ pręnotionũ declarare, ac proba
tione rebus ꝓbabilibus, quæ accep-
ptet ipse discipulus: ita vt si aggre-
diet illã arte, quæ eas demõstrat, si
sciuerit eas vera scia. Quarto, ꝙ-
bis ipsis resellunt decęptiões Sophi-
statũ circa prima principia sciarũ,
vt in.1.lib.Physi.Arist.est vsus contra eos, ꝗ negabãt pluralitatẽ eosũ,
ac motũ ipsũ. Quinto ꝓpter ꝙ duo
sunt genera demfonũ: aliud quidẽ
genus est illud, quo verificat id, ꝙ est
nã ignotũ: aliud vero ẽ, quo id ꝙ
est de se notũ, verificat apud est, qui
ipsum neget: & illud ꝙ dẽ declarat per
ꝓpōnes maxime probabiles, ꝗ quidem & si sint probabiles, solent esse
veræ ẽ: & ideo cõducũt ad hoc negotiũ: & is contẽplãdi modus est
vúqꝗ maximi momenti, qui in lib.
Meta. in vsum venit pro verifican-
dis sciẽtijs particularibus. Iã ergo
diximus propositũ huius artis, ꝙ
nã sit, quidꝗ eius nomen significet,
eiusꝗ; partes, ꝗ sint, vtilitas quoꝗ; ip
sius, ꝙ nã sit. Reliquũ nũc est, vt ag
grediamur tractare de vnaquaque
eius partiũ, sumpto, s. initio à prima
eius parte. Primo aũt nobis cõside
randũ est, quid sint ipsæ † rationes
Dialecticæ, & ex quibus constent: &
quo pacto cõponantur, & quot sint
earum genera.

Ex quibus, & quot, disceptatio dialectica constet.   Cap. 1.

PRimum igitur considerandum ex quibus est methodus: si
quidem sumpserimus ad quot, & quæ, & ex quibus orationes, & de quibus syllogismi, & quõ his abundemus, habebi
mus sufficienter propositum. Sunt autem numero æqualia, & eadem ea, ex quibus orationes, & de quibus syllogismi: fiunt enim
orationes ex ꝓpōnibus: de quibus aũt syllñ fiũt, problemata sunt.

Omnis

A Omnis autem propositio, & omne problema; aut proprium, aut D genus, aut accidens indicat: etenim differentia, cùm sit generalis, cum genere ordinanda est. Quoniam autem proprium hoc quidē quid est esse significat, illud autem non significat, diuidatur proprium in vtrasq; prædictas partes, & vocetur illud quod quid erat esse significat, terminus: reliquum verò secūdum communem de ipsis assignatam nominationem nuncupetur proprium. Manifestum igitur ex ijs, quæ dicta sunt, q̃ secundum præsentem diuisio nem quatuor omnia accidit fieri, aut propriū, aut terminum, aut genus, aut accidens. Nemo autem nos opinetur dicere, q̃ vnumquodq; horum secūdum se dictum propositio, vel problema est, sed q̃ ex his & problemata, & propositiones fiunt. Differunt autē problema, & propositio, modo: nam, cūm sic dicitur, putasne animal gressibile bipes, definitio est hominis, & putasne animal gen⁹

B est hominis propositio fit. Si autem, vtrum animal gressibile bi- E pes definitio est hominis, an non? problema fit. Similiter autem & in alijs. Quare merito æqualia numero problemata, & propositiones sunt: nam ab omni propōne problema efficies mutans modū.

Sermo de partitione quæsitorum in topicis secundum numerum prædicatorum. Cap. I.

ABRAM

ET dicimus quòd topicæ orationes vniuersaliter sūt syllogismi qui fiunt ex vulgatis præmissis, sicut demōstrationes sunt syllogismi qui fiunt ex præmissis primis naturaliter: & incipiemus ex his in'emph caādo ipsarum simpliciorem, quæ

C tandem sunt problemata & præmissæ vulgatæ, ipsarumq; partes. Dicimusq; quòd præmissæ & problemata sunt subiecto vnæ, & modo duæ. oratio enim enuntiatiua, quando ponitur admissa, & sit syllogismi pars, vocatur præmissa, quando vero de ea inquirimus secundum modum construendi vnum contradictionum de ea, aut illius destructionem, vocatur problema, hoc autem sic existente cuiusq; præmissæ & cuiusq; problematis prædicatum, non euadit quin sit definitio, aut genus,

MANTINVS

Dicamus itaq; q̃ orationes Dialecticæ, seu Topicæ, sunt generatim syllt, qui ex præmissis probabilibus oriunt: quēadmodū demonstrationes sunt syllt, qui ex apponibus natura primisoriūtur. Incipiamus aūt à simplicioribus ipsarū, quæ qui dem sunt partes ipsorū quæsitorum F ac appones probabiles earumq; ptes. Dicendū igit est, q̃ appones & pble mata sunt vnū & idem subiecto, sed duo modo ipso: nā oratio enūtiatiua si supponat per modū acceptationis, & sit pars syllt, vocat præmissa, seu appo, sed si ea consideremus per modū affirmandi vnum duoꝗ contradictoriorū eius, aut negādi, & destruendi, ipsum tunc vocabitur pro blema. Ex his itaq; sequitur, q̃ cuiuslibet apponis, & problematis prædicatum necessario erit vel definitio,

vel

Gnus, aut dria, aut proprium, aut descriptio, aut accidens, re aut sic existente quæsita topica sunt sex specie
rum, sed Aristo. conclusit dram in
genere, & posuit eam vnum, & simi
liter inclusit descriptionem in proprio, & cõstant quæsita topica apud
ipsum quatuor species, aut definitio
nes, aut propria, aut genera, aut acci
dentia. Et eius propositũ hic est cõmonstrare loca singulorum horũ
quatuor quæsitorum, qñ enim non
amplecterentur quæsita, non ample
cterentur loca ipsa cum eo, q illorũ
est scientia simplicioris, ex quo ex
illis componũtur orationes topicæ.
Expedit itaq; nobis describere vnũ
quodq; horum quatuor secundum
descriptionem sibi cõuenientem in
hac arte, quæ sunt descriptiones &
definitiones vulgatæ: & iterum infra narrabimus, q reliqua quæsita
includantur in his quatuor, & am-
plectantur in hoc capite.

vel genus, vel dria, vel propriũ, vel
descriptio, aut accidēs. Sic igit qu
sita dialectica erui...ser: verũtamẽ
Aristo. applicat dram ipsi generi, &
in vnũ caput ea reponit: hr & descriptionẽ proprio: & sic quæsita dia
lectica apud ipsum erũt quatuor, ñ
deluet vel definitiones, aut propria,
aut genera, aut accidẽtia. Eius itaq;
propositũ est hic declarare ea loca,
quibus vtimur in singulis horũ quæ
tuor quæsitorum. Nã si non termi-
nent ipsa quæsita, baudquaq; posset
terminari & ipsa loca. Adde et, quia
p hoc habetur quoq; notitia de re
bus simplicioribus, ex qbus oẽnes
dialecticæ constant. Consentaneum
ergo est, vt vnũquodq; horum qua
tuor describam iuxta descriptionẽ
sibi conuenientẽ in hac arte, & sunt
descriptiones q dẽ probabiles, atq;
definitiones famosæ: post hoc aũt di
cemus reliqua qsita in his quatuor
cõtineri, & in eorũ capitulis Icludẽ.

De Termino, Proprio, Genere, & Accidente. Cap. 4.

Dicendum aũt, quid Terminus, quid Propriũ, quid Genus,
quid Accidēs. Est aũt terminus quidẽ oratio quid erat eẽ
significans. Assignatur aũt aut oratio pro nose, aut oro pro
oratione: post est enim & eorũ, quæ sub oratione significant, quædam definiri. Quicũq; aũt quolibet modo noie assignationem fa
ciunt, manifestũ qm non assignant ñ rei definitionẽ, eo q ois definitio oratio quædã est: accõmodatum tñ termino, & hmõi ponere
dum definiri: vt quod honestũ est, decens. Sisi autem & vtrũ idem sen
sus, & disciplina, an diuersum: etenim circa definitiones, vtrũ idẽ,
an diuersum, plurima sit immoratio. Simpliciter aũt accõmoda
ta termino oia dicant, quæ sub eadẽ disciplina cũ definitionibus
continent. Quõd aũt omnia quæ nunc dicta sunt, limõi sunt mani
festũ ex his. Potentes enim q idẽ, & q diuersum disputare, eodem
modo, & ad definitiones argumentari facile poterimus: nã osten
dentes q non idẽ est, interimentes erimus definitionẽ, non tñ cõ
uertit quod nunc dictũ est: non enim sufficiens est ad astruendum
definitionẽ

definitionem ostendere idé esse:attamen ad destruendu ,sufficies
est ostendere φ non idem est. Proprium aūt est,quod non indicat
quid est esse,soli aūt inest , & conuersim prædicatur de re: vt propriū est hominis Grammatices esse susceptiuum . Nã si homo est,
& Grammatices susceptibilis est:& si Grammatices susceptiuum
est, & homo est. Nemo enim propriū dicit,quod contingit alij inesse, vt homini dormire,neqз si forsitan p aliquod tps inest soli. Si
aūt forte dicatur aliquid taliū propriū,non simplr: aliqñ, vel ad
aliquid dicetur: nam ex dexteris quidem esse,aliqñ proprium est.
Bipes aūt ad aliquid proprium est dictum: vt homini ad equum,
& cane.Quod aūt eorum quæ contingunt alij inesse,nullū conuersim prædicat,manifestum est: non enim necessariū est si quid dor
mit,hominé esse. Genus aūt est,quod de pluribus,& differétibus
specie in eo quod quid est prædicat.In eo quod quid fidicari ea di
cuntur, quæcunqз conuenit eū,qui interrogatus est,reddere qd est,
quod propositū est:queadmodu de hoie conuenit eum, qui inter
rogatus est, quid id est, quod propositum est, dicere φ animal.
Generi aūt accómodatum est vtrum in eodem genere aliud alij,
an in altero sit.Nam & hmõi sub eandem methodū cadit cum ge
nere:disputantes enim φ animal genus hois,simpliciter & bouis,
disputantes erimus qñ hæc in eodé sunt genere:sj aūt alterius qui
dem ostendamus φ genus est , alterius aūt φ non est , disputantes
erimus qñ non in eodem genere hæc sunt. Accidens aūt est,φ nihil horū est,neqз definitio,neqз propriū, neqз genus,inest aūt rei.
 Et quod contingit inesse cuius vni,& eidé,& non inesse:vt sede
re contingit inesse alicui eidé & non inesse,sir aūt & album:nã &
idem nihil prohibet qñcφ album,qñqз non album esse.Est autem
accidentis definitionũ secunda meliorná cum dñ prima, necessariũ est si debet quis intelligere,fjcire quid est terminus, & genus,
& proprium:secunda aūt perfecta est ad cognoscendum , quid est
quod dr per se.Annectantur autem accidenti , & quæ ad seinuicé
sunt comparationes quolibet modo ab accidente dictæ:vt vtrum
honestum,an quod consert,expetibilius:& vtrum quæ est fm vir
tutem,an quæ fm voluptatem suauior vita: & si quid aliud similiter his est dictum:in omnibus enim talibus vtri magis prædicatum accidat,quæstio fit. Manifestum est aūt ex his,quoniam acci
dens nihil prohibet,& quando,& ad aliquid proprium fieri,vt se
dere:cum sit accidens,qñ quis solus sedet,tunc aliquando propriū
erit:solo vero sedente,ad non sedentes proprium : quare & ad aliquid,& aliquando nihil prohibet accidens proprium fieri,simpli
citer autem proprium non erit.

Sermo

G   K

De Defini-
none.

ABRAM

Dicimus, ꝗ definitio est oratio
significans rei quidditaté, qua
est ipsius essentia, quę illam proprie
decernit, bifariam autem definitio
explicat: aut enim explicat quid sim
plex nomen significet, prout dicimus, an homo sit animal rationale:
aut explicat quid oratio significet,
& hęc quidem est trium specierum,
qoia aut explicat qd significet oratio, quę gerit vicem nominis, sicut
dicimus, an Lunę eclipsis sit, ꝗ ob-
scuretur. dum incidit in piramidem

H vmbrę terrę: aut explicat quid significet ipsa descriptio, prout dicimus, an scientię receptiuum sit animal rationale: aut explicat quid significet ipsa definitio, & hoc quidé
possibile est in his, quarū m sunt duę
definitiones. sonus qui sit in nubibus est extinctio ignis in nubibus,
aut dinussio venti, qui in eis detine-
tur, ambę enim hę sunt tonitrui definitiones, & aliquándo vtimur hac,
quando rei est definitio, & vniuscu
iusꝗ suarum partium est definitio,
& sit definitio vniuscuiusꝗ suarum
partium vice illius, quod illarū no-

I mina significant: explicatio vero,
qua est nomen nominis vice, hoc
est, quando ignoramus an significa
tio primi nominis sit secundi nomi
nis significatio, prout dicim°, an pul
chrum sit ipsum pręligendum, &
hęc subintrat gen° definitionis, hoc
est, quę sit a definitionum, & similiter descriptiones, quę fiunt, quatenus sunt expositiones significatio
nis ipsius nominis, non quatenus significant rem illi inexistenté, prout
dicimus, an quod vacui nomen significat, sit locus in quo nulla res é.

Et

MANTINVS

Dicamus ergo definitioné esse,
orationé significanté quiditatem rei, qua obtinet suū proprium
esse: vt auté ꝗ definitio significet p
alterū duorū locorum, nempe vel
notificat id quod per ipsum nomé,
simplex significat, vt cum dr vtrum
homo est aīal rationale: vel notificet p id, quod per ipsam orationem
significat: & is iterum locus trisariā
inuenit, videlicet vel notificabit id,
quod significat p oratione, ꝗ se habet veluti descriptio, vt cū dicimus,
vtrū eclypsis Lunę sit, vt scilicet ob- L
scuret, qñ cadit in pyramidé vmbrę
terrę, vel notificabit id quod signifi
cet ipsa descriptio, vt cum dicimus,
vtrū susceptiuum disciplinę est aīal
rōnale, vel notificabit id, quod p de
finitioné significat: & hoc qdé pōt
enenire in eo, quod hęt duas definitiones, vt cū dicimus vtrū vox, quę
est in nube, est lucta flatus reteti in
ea: hęc enim duo sunt ipsę definitio
nes tonitrui. Sępissimé tñ hoc venit
in vsum, vbi C ipsa res habeat suā de
finitioné, & quęlibet ei° pars quoꝗ
habeat definitioné, & ponat definit M
tio vniuscuiusꝗ partiū definitionis
pro eo, qd significat nota ipsius. No
tificatio vero, in qua assignat aliꝗd
nomé vice alterius nois. & hoc qdé
sit cū ignoram°, vtrū idé significet
primū nomé, quod signat secundū.
vt cū dicim° vtrū honestū é decen
hoc n.est actioes gñi consideratione
ipsius defōnis, id est de quęsitis defi
nitionū. sīt et se hūr descriptiones, ꝗ
dant, ꝗ ten°ūt exponūt significatio
sī° nois, ñ ꝗten° significant aliꝗd exōs,
vt cū dicim°, vtrū idꝗd signat nomé vacui, sit loc° ꝗ quo nihil existit:
tandé

ABRAM

Et vt vniuersalius inquam spés, quæ siû, quo quærit, an tale sit tale ipsum idem, aut aliud, subintrat hoc quoq firum, hoc aût sic est, quia qui construit rem esse rei definitione, iam priùs construxit, q fit idé sibi, & qui construit q non sit illud ipsum, & q sit aliud, iam destruxit definitioné, & ideo loca de eodem & diuerso nu merantur cum locis definitionis, & q vbi hoc significat est, qa vulgus opinatur q commutâdo nomen in aliud quod notius illorum est, illud est definicio, prout comperimus loquentes, quod definieriut sciétiam, quod sit sapientia.

de pprio.

Proprium autem est, quod nô significat rei quidditaté, & inest toti rei & soli, & sécum conuertitur prædicatiôe, verbi gratia disciplinabile de ipso homine, quia quâdo homo est, disciplinabile est, & quando disci plinabile est, homo est, vulgatum enim est de proprij dispositione, q impossibile sit, quod insit alij quàm illi, cuius est propriû. & si nihil prohibeat, quod vocetur proprium, quod est vniuersalius re, quando in est illi soli aliquo tempore, somnus enim est cuiusdam hominis proprium, quando hoc tempore aut in hoc loco nô dormit, nisi hic homo. & aliquando vocatur propriû quod inest parti speciei, sed non inest alij, sicut azurinus oculus homini inest. Veruntamen propriû est id, quod definiuimus, hoc autem si dicatur proprium est nominis æquiuocatione, aut per posterius.

De Gñe.

Genus aût est, quod prædicatur de multis specie differentibus iu eo quod quid sit, & fm hanc quæsiti spe ciem, scilicet an talé sit talis genus, subintrat

MANTINVS

tandé hoc gen inquisitionis, qua in qrit, L vtrû hoc sit hoc idé, vel diuer sum ad hoc q sirû attinet, eo qa, qui ôñdit atq, affirmat aliqd eé deñôué alicui, altruit, vtiq, primo illud esse idé. sed q ôñdit id nô eé idé, sed q é diuersum, is q eé iâ interimit atq; de struit deñône, & ideo loca sumpta p idé & diuersum, inter loca deñônis vtiq; cônumerant, cuius rei indiciû ibi hoc sit, qa vulgus existimat, q pmutare vnû nomé in aliud notius ibo priori illud sit deñô, vt videmus ipsos loquêtes definiue sapiétiâ p ipsam sciam dicêtes, L q sapiétia é sciâ.

Propriû aût est, qd non significat quiditaté rei, inest tô toti ipsi rei ac soli côuersimq; prædicat de ipsa re, e xêpli gra, q hô sit disciplinæ suscep priuus. nâ hoc reperto, repetitur id qd est susceptiuû disciplinæ, & repe to ipso susceptiuo scîz reperit & ip se homo: hoc. n. de proprio palâ est, ipsum scilicet nô posse reperiri nisi in habête ipsum propriû, licet nihil prohibeat quin possit dici propriû id quod est côiuspsa re, si illi soli in sit aliqâ. dormire enim est alicui hominis propriû, si eo t pe vel eo lo co non reperiatur aliquis dormiens præter illû hôem, potest tô appella ri propriû id, quod in aliqua parte alicuius speciei reperit, sed nô inest alij speciei, vt glaucedo oculorû in hôe: veruntamen propriû est id, qd iam definiuimus: reliqua vero, si nominent propriû, illud quidé æquiuoce sic notabitur, aut analogice. i. pposterius. Genus vero est, qd de pluribus & differentibus specie prædicat in eo quod quid est. huic enim mô inquisitionis seu interrogationis, videlicet, vtrû hoc sit genus ad hoc, Log.eé cô.Auer. B. accô-

ABRAM

G ſubintrat illud id, quod dicimus, an
tale & tale ſint ſub vno genere, aut
diuerſis generibus, & hoc fit, vt fit
quærere gratia exempli, vtrum homo & bos ſubſint vni generi, & cō-
monſtretur nobis, quòd homo ſit
animal, & bos iterum ſit animal,
per locum generis commonſtratu
erit nobis quòd ſubſint vni generi:
ſi autem commonſtratum fuerit,
quòd ſit genus voius ipſorum, &
non ſit genus alterius, commonſtratum eſt, quòd non ſubſint vul

De Acci-   H eidem generi.
dentie.

Accidēs vero Ariſt. deſcribit hic
duabus deſcriptionibus, eo φ nō ſit
ſufficientia in deſcriptione alterius
illarum, quæ ipſum ambit quarum
vna eſt, quòd accidens nun numeretur in vllo horum trium, ſcilicet
neq; in definitione, neque proprio,
neq; genere, cùm rei inſit: ſecunda
autem deſcriptio eſt, φ ſit id, quod
poſſibile eſt ineſſe, & non ineſſe vni
eidem rei: prima nanq; deſcriptio
ambit accidentia ſeparabilia & inſe-
parabilia, & huius deſcriptionis na-
I tura intelligitur ex parte priuationis, hoc eſt, inquantum eſt priuatio
clauſularum, quæ dictæ ſunt in illorum trium definitionib', & ideo eſt
eiuſcientia imperfecta. Per ſecundam vero deſcriptionem intelligiſ
fm eius eſſentiam, ſed ambit ſolum
ſeparabile, & quæſita quæ ſunt de
aliquo vtrū ſit eligibilius & digni',
ſubintrant capituſū accidentis, magis enim & minus ſunt accidentis, &
aliquando putatur, φ eis vtendum
ſit in cōparatione ſubſtantiæ, prout
inquiſiuit Ariſto. in libro Prædicamentorū, an indiuidua ſubſtantiæ
ſint magis ſubſtātiæ, aut ipſæ ſ̄es
& ſicut

MANTINVS

accommodatū quidem eſt id, quod K
dicitur de aliqua re, vt ſi hoc & hoc
ſub vno contineant genere, aut ſub
diuerſis. vt ſi quæramus vel diſpute-
mus, vtrū homo vel bos, exēpli cauſa, ſub eodem genere contineant, &
nō lateat nos, hominē eſſe alal, atq;
bouē quoq; eſſe alal per locum à genere, ſeu p methodū geneis, tūc nō
latebit nos ipſa ſub eodē contineri
gñe. ſed ſi probet' ipſum eſſe genus
vni eorū & non alteri, tunc palā erit
ipſa ñ cōtineri ſub vno & eodē gñe.

Accidens aūt hoc in loco dupl' de- L
ſcribitur cū vnica illarū deſcriptio-
num, qua deſcribitur non ſit ſatis.
Prima itaq; deſcriptio hæc eſt, accidens eſt, qd nihil illoꝝ triū eſt, nēpe
nec definitio, neq; propriū, neq; genus, ineſſāt rei. Secūda vero deſcriptio eſt, qd cōtingit ineſſe cuiuſ vni
& eidē rei, & nō ineſſe. Illa itaq; prima deſcriptio amplectit' quidē acci
dentia ſeparabilia atq; iſeparabilia:
huiuſcemodiq; deſcriptionis nā dignoſcit' p priuatione, hoc eſt, qa eſt
priuatio illarū rerū, quæ in definiō
bus illorū triū dictæ fuerūt, & ideo
talis notitia eſt imperfecta. Per ſecun- M
dam vero deſcriptionē notificat ef-
eſſentia, verū ſeparabile tm̄ accidens
amplectit. Quæſtiones ſi eterea, ſeu
problemata, quæ ſūt de aliquo vtrū
ſit honeſtius vel vtilius, ſeu expetibi
lius annectunt quidē ipſi accidenti,
eo ꝗa magis & min', ſeu exceſſus &
defect' inſunt quidē ipſi accidēti ad
ipſumq; attinet, poſſet ñ quis exiſti
mare, φ in ipſa ſubſtantia poſſint
fieri huiuſcemodi cōparationes, vt
vt Ariſto. quærere in lib. Prædica-
mentor ſi vtrū indiuid. a ſubſtantiæ
ſint magis ſubſtātia ꝗ eorū ſpecies.
Similiterq;

ABRAM   MANTINVS

& sicut est eius scrutinium an mate
ria sit dignior vocari substantia aut
forma,& sub hoc quæsitu cōparatio
nis subintrant ora pdicamenta: que
situ vero an prædicatum insit subie
cto eum Arist. cōmon stant, q̇ subintrat ipsum accns:& posuit ipsm subintrare accidens,& si prædicatū, qn
ponit inesse subiecto non common
iteresde eo q̇ sit accidens, neq; q̇ sit
genus,neq; definitio, neq; propriū,
propterea quia qu commonstratū
fuerit,q̇ res tei insit,satef de illa pos
sibile est verisicari, q̇ sit accidens,si
non sit vnum de illis reliquis,& posuit eius vim,vim accidētis,sicnt est
dispositio indefinitæ,cuius vis posita est vi particularis.Præterea vnūquodq; illorum, s. definitio, genus,
& proprium,largiuntur de subiecto
notionis crementū, accidentis autē
non est vllum cremento notionis,
quod vero de eo quæritur, est, q̇ in
sit,& ideo subintrat numerū quæsitorum essendi. Quæsitū vero an res
sit simpl, varij circa ipsum fuerunt
expositores, quā specierum horum
quæsitorū subintret: verumtamen
qn dicendo an hoc sit velimus intel
ligere sicut dicēdo an illud sit verax,
q̇ scilicet id eius, quod est in anima
connexum sit illi,q̇ est extra animā,
indubitare illud subintrat ipsum ac
cidens,& hoc est magis promulgatū
de sensu illius, quod signihcat nos
dicere verū res sit,aut non sit.& hoc
est illud , quod asseuerat Alexāder.
Aliquorum autem opinio fuit, q̇
noc quæsitum subintret genus & de
finitionem,intelligunt eoim p ens,
cuius est essectia , & causæ, quibus
consistit extra animam : prima vero est magis vulgata.

Similiterq; q̇rit verū mā ipsa,vel ip D
sa sola debeat appellari potius suba.
hac igir rōne quęsita ipsū cōparatio
nis,olbus quoq; pdicamentis annec
ctenf.Arist. rn dicit, q̇ q̇sitū illud,s.
verū prædicatū insit eni subiecto,q̇
annecthf ipsi accnti,ad ipsumq; ani
net,& Atisto.dicit illud annecti ipsi
accidēti,quāuis ex hoc,q̇ dicimus,
pdicatū inesse subiecto, nō ,pbef ip
sum esse accns,neq; genus,neq; desi
nitio,neq; propriū: ppea quia, cū pro
bat aliq̇d inesse alicui, tandē id ,q̇d
pt de eo vere dici, erit satē dicere q̇
sit accns,si ñ sit aliq̇d aliorū triū reli E
quoq. & posuit id hēre vim accntis.
quēadmodū dixit ēt ipsam indefini
tā hēre vim pticularis.Vnūquodq;
prętcrea horū triū,s.& ipsa definis,& ge
nus,atq; ,ppriū addūt in ipso subto
aliquā notitiā , ex accidēti ṗo nulla
habef maior notitia:sed q̇d de eo re
gri est, vt sit, & iō annecthf nsicro
eotū q̇ dicūt eē. Circa illud vero q̇si
tū,q̇ q̇rit verū res sit absolutē,disce
prati sunt expositores, I quo nā hoq
quatuor q̇siroq gūe, cōuenit & cui
eorū annectaf.Sed,si cū dicim' ves F
ita sit tntelligam' ac si diceren',verū
illud sit verū:nēpe vt id q̇d de ea re I
alo habef correspōdeat atq; concor
det cū eo,q̇ extra alam ensist,tūc
peuldubio id ipsi accnti annecti de
bet,& hoc pfecto vi maxie signa at
apud vulgū,id q̇ dicim' verū res si.
vel nō sit. & hęc est sola Alexandri
Sed aliqui alij putāt hoc quæsitū an
necti ipsi generi, atq; definitioni.
ppea quia vt,q̇ cū dicim us est, intel
ligat id q̇d hēt essentiā, & causas qui
bus consistit extra animam:prior ra
men sententia,seu prius dictum,est
magis apparens,seu probabile.

B ij   Quod

Quod contra praedicata aliquid clauslant eorumque definitio continet. Cap. 3.

NOn lateat autem nos, quin quae ad propriū, & genus, & acci
dens omnia dicuntur, & ad definitiones conuenier dici.
Ostendentes enim quin non ei soli inest, quod est sub defini
tione (queadmodū & in proprio) aut quin nō genº quod assignatū
est in definitione, aut quin nō inest aliquid eorū quae in definitione
dicta sunt, quod quidē & in accidente dici pōt, interimentes eri
mus definitionē. Quare frm prius assignatā rationem omnia erunt
quodammodo definitioni accommodanda, quae numerata sunt.
Sed non pp hoc vnam in oîbus vkm methodum quaerendum,
neqz enim facile inuenire hāc est:& si inueniat, oîno obscura, & in
suauis plane fuerit ad propositū negocium. Propria vero in vno
quoqz terminatorū generum assignata methodo, facile ex ħa quae
circa vnumquodqz propria sunt, decursus propositi fieri possit.
Quare vîr figura quidem, quemadmodū dictum est prius, diui
dendum est:reliquorum aūt ea, quae maxime sunt singulis peculia
ria, annectendum, definitioni & generi accommodata ea nuncu
pantes:penè autem adiuncta sunt, quae dicta sunt ad singula.

Sermo De aliena quaesitorum partitione secundum vetus & noua. Cap. 3.

ABRAM

EXpedit autem te scire quòd hæc
quatuor quaesita fiunt duobus
modis quaestionis, quorum vnus est
quòd illo explicetur quòd nomen
rei ipsius quaesiti, prout dicimus an
tale sir definitio talis, aut non sir il
lius definitio : & alter est, quòd non
I explicetur. Et dicamus, quòd dicen
do an sic & sic, sensus sir, an sic sir ta
lis definitio, aut genus, aut propriū,
aut accidens, & hoc quando sensus
fuerit ex copula, quando vero ibi
non fuerit copula, hoc propositum
numeratur in quaesitis esleudi sim
pliciter solum : hic itaqz est nume
rus specierum quaesitorum topico
rum & qoe numerantur subintrare
singulas ipsorum species, quae vero
numerant

MANTINVS

NEc te lateat hæc quatuor qsita
bifariā quaeti. primo qdē , cū
p ipsum exponit:ac declarat nomen
apsuemet qsiti . vr si dicat vrū hoc
sit definitio huius, vel nō sir eiº defi
nitio:secūdo vero mō, quum nō de
clarat p ipsum, & hoc qdē sir cū fue
rint noca ipsa signa, id est ,ppōnes
seu noce cōsignificatiue, qa ipsis co
gnitis signatio est cognita & clara.
Dictdū ergo, q cū dicimº, vrū hoc
sit hoc, ītelligimº vrū hoc sir desiō
huiº rei, vel sir genº vel ppriū vel ac
cidēs.& hoc cū fuerit intellm adiun
ctū. hoc ē si ītelligat cōiūctiem & co
pulatim, sed si nulla def ibi cōiūctio
īter illud ,ppositū negociō. rūc illud
qsitū, īter qsita de relle absolute trū
& simplr cōnumerabit. Hæc itaqz
sunt gña qsitorū seu ,pblematū dia
lecticoq, seu topicorū, q enumerata
sunt.

ABRAM

umerantur fubincitare collectium lorum, ſcilicet quatuor ſpecierum radicularum, ſunt quæſita vnius & lterius, vnam enim & aliud ſunt omnia æquiuoca, quæ multifariã icuntur, ſed non euadit ſecundum uemuis illorum modorum ſigni‑ cet, quin referatur ad illas ſpecies, : hoc oſtenditur nobis diuidenti‑ us quid ſignificet vnius nomen, & oc ſecundum quòd expedit huic rui, ſermo vero de hoc perfecte ha‑ ctus in Metaphyſicis.

MARTINVS

ſunt, & ſ numerant annexa ſingulo **D** generi eoꝛ:ea vero, ſ numerant in nexa oſbᵒ illis quatuor gᵘibᵒ dictis, ſunt ſ dẽ illa, ſ dicunt ſ ſita de eodẽ & de diuerſo : idẽ enim & diuerſum ſunt nota æquiuoca, ſ multifariã di cunt: nihil m̃ probibet, quin repe‑ riat aliquid ibi, ſ ſignificet illud re duci ad illa gñia : hoc tñ ſatis patebit in nſa diuiſione de varijs ſignifica‑ tis ipſius nota, eiuſdẽ, quot modis, ſ ſignificet hoc nomen idẽ, prout ad hanc artẽ attinet, ſed in libro Meta‑ phyſicæ exacte de hoc tractatur.

Quæ modis Idem dicatur.   **Cap. 6.**

PRimum aũt omnium de eodẽ determinandũ, quotiex dicit. Videbitur aũt idẽ , vt figuraliter ſit ſumere , tripkr diuidi. Numero enim, aut ſpecie, aut genere idẽ ſolemus appellare. Numero quidẽ, quorũ nomina plura, res aũt vna: vt indumentũ, < veſtis. Specie aũt quæ cũ ſint plura, indifferentia ſunt ſm ſpeciẽ: 't homo homini, equus equo: nam hmõi ſpecie dicunt eadẽ, quæ unꝗ ſub eadẽ ſpecie ſunt. Sſr aũt & genere eadẽ, quæcunꝗ ſub odẽ genere ſunt: vt equus homini. Videbitur aũt ab eodẽ fonte qua, quæ eadẽ dicit, habere aliquã dſiam præter dictos modos: on tñ, ſed & hmõi in eodem ordinei ſ ꝗs quæ ſm vnã ſpeciẽ quo‑ uomodo dicta ſunt:oſa enim talia cognata, et affinia ſibiinuicem ideni eſſe:nã omnis aqua omni aquæ eadẽ ſpecie dr, eo ꝗ habeat 𝔉 ꝗuandã ſimilitudinẽ: ab eodem aũt fonte aqua quæ eadẽ dicitur, ullo alio differt, ꝗ eo ꝗ vehementior ſit ſimilitudo : quare nõ ſe‑ aramus idem ab iꝗs quæ ſm vnam ſpeciẽ quoquomodo dicunt. Maxime aũt indubitanter quod vnũ eſt numero, idem ab omnibᵘ ridetur dici. Solet autem & hoc aſſignari multipliciter:propriſ‑ ime aũt, & primo, qñ nomine, vel termino idem aſſignarũ fueriti 't veſtis indumento,& animal greſſibile bipes, homini. Secundũ utem, qñ proprio: vt diſciplinæ ſuſceptibile, homini, & quod na‑ ura ſurſum fertur, igni. Tertium vero, qñ ab accidente:vt ſedens, 'el muſicum Socrati:omnia enim hæc vnũ numero volunt ſigni‑ care. Quod aũt verũ ſit quod nunc dictũ eſt, ex tranſſumentibus uncupationes maximè quis diſcat:ſæpe enim præcipientes noſe 'ocare aliquẽ ſedentiũ, tranſſumimus, qñ forte is nõ intelligit cui

             B iiij   Præceptũ

G præceptū facimus, tanquā ab accidente ipso magis intelligente:&
iubemus sedēte, vel disputātē vocare ad nos, manifestum cp vt
eundem opinantes,& sm nomen,& sm accidens significare.Ergo
idem quemadmodum dictum est, t tripliciter diuidatur.

Serino de vuo.   Cap. 6.

ABRAM

ET dicimus, cp nome vnius dr de
trib° significatis, & vnāquodcp
horū triū diuidit in multas partes:
quorū vnum est vnum numero , &
hoc quidē diuidit in sex partes : aut
vnum nōie, vt dicim° agnū & agnū
vnum idem: aut vnum definitione,
prout dicimus aial rōnale, & aial qd
cōmertijs vtit vnū nōie : aut vnum
nōie & definitione, prout dicimus
hoīem,& aial rōnale vnum idē: aut
vnū proprio, prout dicim° disciplï-
nabile & risibile vnū idē:aut vnum
nōie,& ppria, prout dicim° hoīem
& risibile vnū idē:aut vnū definitio
ne & proprio, prout aial rōnale & ri
sibile vnū idē. Secūda aūt pars primæ diuisionis est vnū prædicato , &
hoc partim in tres partes: aut vnū ge
nere, vt homo & equus sunt anima-
litate vnus: aut vnū specie,sicut Socrates &Plato sunt humanitate vn°,
& Græci & Romani sunt humanitate vni : aut vnū accidēte, sicut nix
& calx sunt vnū albedine. Tertia
vero pars primæ partitionis ē vt ana
logia vnā, vt Alchalipha maurorū,
& Cæsar Romanorū sunt vnus, cp
proportio illius qd significat Alcha
lipha apud mauros, est idē pportio
ne illi, qd significat Cæsar apud Romanos, & aliqñ dicimus cp aeris sere
nitas & maris trāquillitas sint vnū.
Hi itacp sunt modi quib° dr vnū.
Et notum est cp aliud dicimur sm illorum numerū: vnicuicp enim signi
ficato vnius opponit aliquod aliud.
Et

MANTINVS

Dicamus igit, cp hoc nome idē,
primo quidē tria signat,quou
quodlibet diuidit in plures partes:
primū eorū est id,quod dr idem nu
mero: & hoc qd diuidit in sex par-
tes:quarū prima est, cū dicimus idē
nōie,vt eū dicim° veste & indumen
tum esse idē. Secūda est idē definicõe,
vt eū dicimus aial rōnale, & animal
Emax & Vendax,seu venditarium,
sunt idē. Tertia est idē proprio, vt cū
dicim°,disciplinabile & risibile sunt
idē. Quarta,est idē nōie & definõe,
vt cū dicimus hoīem & aial rōnale
sunt idē. Quinta, idē nōie & ppria,
Sexta, idem definitione & proprio.
Secūda vero pars primæ diuisionis
est id, quod dr, idem pdicato. & hęc
pars diuidit in alias tres partes. Prima est,idē gñe, vt cū dicimus homi
nem & equū,esse idē in aialitate.Se-
cūda est,idē specie, vt eū dicimus So
cratē & Platonē cēidē humanitate.
Tertia est, idē accidēti, vt calcē & niuem dicim° esse idē albedine.Tertia
vero pars primę diuisionis est idem
pportione, vt cū dicim° Alchaleffā
madris idē esse,quod Cęsarē Roma
nis, ac si dicas cp idē respōdet & sigñi
ficat Alchaliffā apud mauros qd re
spondet Cęsar apud Romanos,&cū
dicim° quiescere in aere, & ociari in
mari esse idē. Hi ergo sunt modi,
quib° hoc nome idē significat. Manifestū aūt est, cp hoc nomen diuer-
sim tot modis dr, quot dr & ipsum
idē, &cp cuilibet significato ipsui
eiusdē,

ABRAM

:non lateat te quo modo fiat illo-
m reductio ad illas quatuor spes:
ium enim numero subinirat capi
lum definitionis, & quæ secum nu
erantur, & vnum genere, & acci-
:nte, & analogia, notum est q sub
treat illa capitula.

MANTINVS

eiusdē, opponit aliquod diuersum. D
Necte lateat quo pacto respondeat
illis quatuor gñib. Idē enim nũero
annecti seu accōmodat ipsi definitioni & his, q cũ ipsa numerant, idē
vero gñe, & accidēre, ac pportione,
constat ipsa annecti his capitibus.

*Omnem disputationem dialecticam esse ex termino, proprio, genere, aut acci-
dente, & vbi illa reperiantur.* Cap. 7.

Voniam aūt ex prius dictis sunt orationes, & p hæc, & ad
hęc vna quidē fides est p inductiōe. Si enim qs cōsideret,
vnāquanq ppōnum, & problematū, apparebit aut â
rmino, aut â proprio, aut â genere, aut ab accidēte facta. Alia aūt
des p syllim necesse est enim oē quod de aliquo prædicat, aut con E
ersim de re pdicari, aut nō: & si cōuersim prædicat, terminus erit,
el propriū. Nã si significat qd est esse, est terminus: si aūt nõ signi
cet, propriū: hoc.n. erat propriū, quod cōuersim pdicat, nõ signi
cãs quid est esse. Si aūt non cōuersim pdicat de re, aut ex hs q in
esiōne subiecti dicunt, est, aut nõ: & si est ex ĥs, q in definitione
icunt, genª, aut dria erit, eo q definitio ex gñe, & differētijs est: si
ero ex ĥs nõ est, q in definitione dicunt, palã est qm accidēs erit
â accōs dicebat, quod neq terminus, neq genª, neq propriū, in
st aūt rei. Post hæc aūt oportet determinare gña prædicamēto-
um, in qbus sunt t dictę quatuor dñiæ: sunt hęc aūt numero decē: t a.t. dicti
d est, quantū, quale, ad aliqd, vbi, qñ, situ esse, habere, facere, pati. quatuor
enim enim accidēs, & genª, & propriū, & definitio in vno pdica- loca.
nentorū horū erit: nam oēs ab his ppōnes, aut qd est, aut quale ē, F
ut quantū, aut aliorū aliquod pdicamentorū significat. Manifestū
st aūt ex eisdem, qm q quid est significãs qñ q quidē substãtiam
gnificat, qñq aūt quale, qñq vero aliquod aliorū prædicamen-
orū: nã qñ posito hoie dixerit q positū est homine esse, vel aliali
ē qd est dicit, & significat substãtiã: qñ colore albo posito dixe-
it q positū est albū esse, vel colore, quid est dicit: & quale significat.
imr aūt & si cubitali magnitudine posita dixerit q positū est cubi
alē esse magnitudine, & quid est dicit, & quantū significat: sili au
em & in alijs. Vntiquodq enim taliū siue idē de eodem dicat, siue
enus de hoc, quid est significat: qñ aūt de alio, nõ quid est signifi-
at, sed quantū, aut quale, aut aliquod aliorū prædicamentorum.
Quare de quibus sunt disputationes, & ex quibus, hæc & tot sunt.
Quō aūt sumemus, & per quæ copiosi erimus, post hæc dicendū.

B iiij Sermo

ABRAM

HÆc itaq; sunt oës species quæsitorum & præmissarum, & est
species illorum, quæ ex illis componuntur. Et perinde expedit cp diri-
gamus ad viam quæ incidat veritas,
solùenim hic est illorû numerus,
nec plus neq; minus. Et dicim'hoc
apparere duobus modis:quotû vn°
est inquisitio,& alter est syllogism°.
Qui quidem euenit ex inquisitione,
incidit inquirendo singulas præmis
sas & quæsita. Qui verò fit syllñ &
partitione hoc modo videtur, quia
omnis prædicati aut cöuertitur præ
dicatio reciproce, aut non conuertitur, & hoc quidê est per se euidês:
& si conuertitur illud, est definitio,
aut proprium, & hoc manifestatur
ex eo quod præfatum est in descriptione definitionis & proprij, illud
enim significat rei quidditate, & est
proprie illa decernês, & sic est oratio
significans rei rönem,qua ipsa est, &
hæc è definitionis definitio,put sup
positû est:aut non signat rei quiddi
tatê, & cû hoc proprie ipsam concer
nit,& sic vt cp sit propriû : id enim ad
quod prolit inquisitio, est id, quod
positum est in proprij descriptione.

Si verò pdicatû non conuertat præ
dicatione,non euadit quin sit de his
q;sumunt in subiecti desñone , aut
nô sumit : si fuerit de his q sumunt
in subiecti desñone,notû est cp est ge
nus ex his q prælibata sunt in gñis de
scriptione.id.n.quod sumit in subie
cti definitione, & è vniuersalius eo,
vt cp sit prædicatû de plurib° specie
differêtibus in eo cp quid sit. si verò
fuerit de his quæ non sumuntur in
subiecti definitione, & est vniuersa
lius subiecto, notû est cp est accidês:
id

MANTINUS

HÆc igit sunt oïa gña q suotû
& proönum,oïáq; partes eorû
ex quibus componuat. Consentaneum aût est de lceps , vt dirigamur
ad eam methodû,qua veritas habea
tur:nã quæsita & proönes tot tantû
sunt,nõ plura neq; pauciora. Dicê
dum itaq; de hoc duabus vijs & me
thodis posse haberi fidê, vna qdê in
ductiõe,altera verò sylso,& diuisio
ne:fidetaût,cp p inductiõe habet,
sit qdê pquirêdo vnâquâq; proönû
& problematû,fidet vero,cp p syllm &
diuisioné habet , hac vtiq; sit röne,
nêpe , qa oê, qd de aliqua re pdicat,
aut cõuersim pdicat de ea re,aut nõ,
pdicat cõuersim, & hoc est pspicuû
de se.& si cõuersim pdicat, tunc vel
erit definitio vel propriû.& hoc pa
lam est ex descriptiõe superius data
de ipsa desñone,ac proprio. Nã, si si
gnificet quidditatê rei & sit qd ei pro
priû, tûc erit oïo signans ipsam rê,
in qua existit, & hæc è vtiq; ipsa defi
nitio,vt fuit iã dictû.Sed,si nõ signi
ficet quidditatê rei,sit tñ quid ei pro
priû,tûc vt esse ipsam propriû:& hoc
qd ex vi ipsius diuisionis sequit, est
vtiq; id,qd in descriptione ipsi° pro
prij positû fuit. At si non prædicet
cõuersim de re,tûc vel erit oïno ali
qnid ex his,cp in desñone subiecti su
munt,vel non,& si sit aliquid,qd in
grediè definitionê subiecti, tunc il
lud eê gen° manifestû est ex ipsa de
scriptiõe ipsi° gñis superius tradita,
id aût,qd ingredit desñõe subiecti,
sed est cõius, vt qnidê pdicat de
pluribus differêtibus specie in eo cp
quid est. At si sit aliquid,quod non
ingrediatur definitionê subiecti, &
sit cõius subiecto , tûc manifestû est
ipsum

ABRAM

l. n. qd denominat hæc denominat
one, notum est de se ꝙ deſcribitur
eſcriptione qua deſcriptũ eſt acci-
ens, ꝙ ſit id qd non eſt genus, ne-
ue definitio, neꝗ proprium, & po
:ſt ineſſe & non ineſſe ſubiecto, res
ero, quarum ſunt hæc pdicata ſm
: omnia collective, ſunt decē ptæ-
icamenta, fingula n. prædicamen
s inſunt definitiões, & propria &
ccidentia. Sicꝗ tam locum ſumus
e rebus ex quibus componuntur
uzfita & præmiſlæ, hoc eſt, præ-
icata & eorum ſubiecta.

De Propoſitione Dialectica.

MANTINVS

ipſum eſſe accidens, qm id qd ita ſe D
hét, deſcribet ꝑculdubio ea deſcriptione, qua deſcribit ipſum accñs,
quæ. Ceſt, ꝙ non eſt genus, neꝗ definitio, neꝗ proprium, & ꝙ pñt ineſt. & nõ ineſſe ſubiecto : res vero,
ꝗbus inſunt hæc pred cata oīa, ſunt
ipſa decem prædicamenta. nam in
quolibet prædicamentorũ dant definitiones & propria atꝗ, accidẽtia.
Ii ergo habes ea, ex quibus cõſtant
diſputationes, ſeu problemata, atꝗ
propoſitiones, hoc eſt ipſa prædicata atꝗ ſubiecta eorum.

Cap. **I.** E

PRimum igitur determinet quid eſt propoſitio dialectica: et
quid problema dialecticum. Nõ. n. oẽm propõnem, nec om
ne problema, dialecticum ponendum: nullus. n. offeret, qui
ſentem habeat: qd nulli vr̄. nec proponet qd omnibus eſt ma-
ifeſtũ vel plurimis : nã hæc quidẽ non hñt dubitatione: illa auem nemo ponet. Eſt aũt propoſitio dialectica, interrogatio pro-
abilis aut omnibus, aut plurimis, aut ſapientibus, & his vel ol-
ous, vel plurimis, vel maxime ſamiliaribus non inopinabilis. Po
:et. n. aliquis quod vr̄ ſapientibus, niſi id cõtrarium ſit multorũ
:pinionibus. Sunt aũt propõnes dialecticę, & ea quæ probabili-
ous ſunt ſimilia, & contraria ꝗs quæ videntur eſſe probabilia ſm
ontradictionẽ protenſa, et quęcunꝗ opiniones ſunt ſm artes in-
entas. Si. n. probabile eſt eandẽ eſſe contrariorum diſciplinam, **J**
& ſenſum eundem eſſe cõtrariorũ probabile apparebit: & ſi vna
umero Grammaticem eſſe, et Tibicinariã vnã: ſi aũt plures Grã-
naticas, & plures Tibicinarias: oīa. n. ſimilia & cognata hæc vi-
ſení eſſe. Similiter aũt & ea ꝗ probabilibus ſunt contraria ſm cõ
radictonem protenſa, probabilia videntur : ſi. n. probabile eſt ꝙ
oportet amicis benefacere, & ꝙ nõ oportet amicis maleſacere, ꝓ-
abile eſt : eſt aũt contrarium quidem, ꝙ oportet maleſacere ami
:is, ſm contradictionem autem, ꝙ non oportet amicis maleſace-
e. Similiter aũt & ſi oportet amicis benefacere, inimicis nõ opo-
et : eſt autem & hoc ſm contradictionem contrarium: nam conrarium eſt ꝙ oportet inimicis beneſacere. Similiter autem et in
dñs. Probabile autem & in ſimilitudine apparet et cõtrariũ de
:ontrario: vt ſi oportet amicis benefacere, & inimicis oportet
male:

ꝗ male : apparebit & contrarium hoc quod est amicis benefacere, K
ei q̃ inimicis male. Vtrũ autem ſm veritatem se habeat, an non,
in ñs quæ de contrario dicentur, oſtendetur. Palam autem qm &
quæcunꝗ opiniones ſm artes ſunt dialecticæ propoſitiones ſunt.
Ponet enim aliquis ea, quæ videntur ñs, qui in eis probati ſunt:
vt de his quidem quæ in Geometria, vt Geometer, de illis autem
quæ in Medicina, vt Medicus.

Sermo de præuiſſa ſeu propoſitione topica. Cap. 8.

ABRAM	MANTINVS
ET expedit ꝗ dicamus qd ſit p̃miſſarũ ſm se, & ſuarũ ſpecierũ inquãrũ ſunt præmiſſæ topicæ, ac ét quæſitorũ & ſuarũ ſpecierũ, quare noꝰ ſunt ꝗ ſitu topica, & quæ ſit differétia inter p̃miſſam topicam, & ꝗ ſi ſirũ topicũ. Et dicimus, ꝙ nõ conuenit ꝙ in hac arte pouamus quãtis rem, quæ cõtigerit, ſ̃ miſſam topicã, neꝗ; qualuis ré, quæ cõtigerit, quæſirũ topicũ. nullios.n intelligéris eſt ponere aliquam ré, quam non aſſeuerat aliquis, quæ ſit huius artis præmiſſa, neꝗ; ét quærete de hoc illo, qd eſt norum oibus hominib̃, aur ipſorum maiori parti, in hoc.n.non eſt dubitandũ, neꝗ; etiã numeratur vllo vnquã tẽpore: hoc aũt ſic exiſtére, topicã præmiſſa eſt oratio diuulgata, quæ recipitur in queſtiõe, & ponitur ér pars ſylli. Et hæc quidé eſt multarũ ſpecierũ, ꝗ rũ primæ ſunt diuulgatæ apud oés, vt ꝙ Deus ſit, aut apud maioré partem, prærer ꝙ reliqui renuantillis. aur diuulgatæ apud Sapiétes & Philoſophos, ꝗter ꝙ vulḡ illas renuat, prout eſt id, qd Philoſophus aſſeuerat de aĩc ppetuitate, aut diuulgatæ apud Sapiétes, prærer ꝙ reliqui illas renuant, aut noté apud potiores ſapiétes, prærer ꝙ ſi opinio ſicta, i. contraria hiũ quæ vulgus aſſeuerat. Et præmittũ; ex parte, ꝗ experiméto com-	NVacaũt de ipſis propõnibus ac de earũ generibus quaté ſunt ꝓpõnes dialectiæ, de ipſis quoque ꝓblematib̃ ac de eorũ gñib̃, quatenus ſunt problemata dialecti ca, & qd ſ̃ terea interſit ír ꝓpõne dialecticã, & problema dialecticũ differendũ eſt. Dicamus ergo, ꝙ in hac arte nec ꝗ ſuiq; ꝓpõ cõrigerit, neꝗ; qãcunꝗ problema cõuagat, ponendũ eſt: qm nullus, ꝗ mété habeat, debet offerre velut ꝓpõ né in hac arte id, ꝗd nulli vſ, vel ꝓponere, interrogareꝗ; id, ꝙd oĩbus, vel plurimis manifeſtũ é, cũ id aul lã habeat dubitatiõe. nulloꝗ; tepo re fiet ex ipſo aliꝗd ꝗ ſitũ. Propó er go dialectica eſt oĩo ꝓbabilis ſumpta in interrogatione, ꝗ efficit pars M ſylli, ꝗ plura obtuner gña. Primũ genus eſt ipſarũ propõnũ, quæ ſunt probabiles apud oés, vt ꝙ Deus eſt, vel ꝗ ſunt probabiles apud plures, ꝓ ter hoc, qd negecat reliqui hoĩes, vel ꝗ ſunt ꝓbabiles apud plures ſapiétũ, ꝗs vulgus nõ recuſet. vt é id, qd Sapiés, ſeu Philoſophus opinaſ de immortalitate aĩe, vel ꝗ ſunt ꝓbabiles apud plures Sapientũ, quas reliqui nõ negãt, vel id qd eſt ꝓbabile apud maximos Sapiétes, & nõ ſit opinio ſiſa. hoc eſt contrarium ei, qd vulgus opinatur: genus vero propõnũ, quæ experiméto ꝓbaræ ſuat.

ABRAM

HANTINVS

omprobantur in artibus Theori-
is & factiuis, funt diuulgatæ, prout
ft id, quod eft in arte Medica, cp
ca monea foluat choleram & colo-
ynnida ipfum phlegma, & ficut id,
quod eft in fcientia Aftronomiæ,
quod Lunę fint quiq; motus, & So
is fint duo motus. Et iterum qd
imile eft diuulgato eft diuulgatū:
nuius autem funt duę fpecies, quod
ft fimile motuum proportionali-
ate, ac etiam quod eft fimile diuul
.ato. vt fi eft fenfus contrariorum,
.ft vnus, ficq; contrariorum fcien-
ia eft vna, quia proportio fenfus
.d fenfarum eft fimilis proportio-
.i fcientiæ ad ipfum fcitum. Secunda autem fpecies eft fecundum
aliquod accidentium, vt fit noui-
er factio fit partiū animalis & plan
æ & mineralis, ita eft & orbiū cœ-
eftium, ambit enim illos corporei
aris ratio: & iterū quia repugnans
contrario diuulgato eft diuulgatum. quando enim diuulgatum
.ft cp expediat amicis benefacere,
& illius contrario exiftente, oper pe
liat inimicis benefacere, huic cōtra
to repugnans eft dicere, cp non expediat inimicis benefacere: & iterū
contrarium diuulgati eft diuulgatum quando illi prædicato eft, fubiecto contrarium fuerit. V.g qn be
nefacere amicis eft laudabile, & ini
micis malefacere eft laudabile.

Et

funt quæ exptas, feu expietiales vocat, & funt illę cp experiētia verifi-
cant, in ipfis artibus fpeculatiuis ac
factiuis, feu practicis, inter gña oba
bilium cōnumerat. vt l arte Medica,
cp fca monia purgat flauā bilē, colo
cynthida oro pituitā, & l arte Aftro
nomica, cp Luna hēr qnq, mot", &
Sol duos. Sit ēt id, qd eft hīe ipū p
babili eft vtiq; probabile: & hoc eft
duplex nēpe. Primo vero mō qd ē
fīfe fm cōparatione, vt ei dr fi cō-
trariorū idē ē fenfus, ergo cōtrario-
rū eadē erit difciplina, & fcia, qm cō
paratio fenfus ad ipfum fenfibile E
fimilis cōparatiōi, quę fit lr er fcla,
& fcibile. Scōo vero mō fit p id, qd
e fīfe p aliqd accidēs: vt fi partes ani
malis & ftirpiū, atq; ipfius mineralis, & inanimati fiūt nō iter factæ
& productę, ergo & corpa cœleftia
ēt, qa cūicūr & cōuenriūt in ipfa cor
poreitate. Prętereaid, qd cōtradicēt
obtrario ipfius rei pbalilis ē vtiq;
probabile: nā, fi eft pbabile dicere,
cp opj amicis benefacere, et huius
cōtrariū fit, oportet benefacere inimicis, tūc cōtradictoriū huius cōtrarij erit pbabile, qi eft dicere, nō F
opj benefacere inimicis: contrariū
quoq; ipfius pbabilis pōt effe ēt p-
babile, qn f cōuertur cū eo in fubiecto & pdicato. exēpli grā, fi eft optimū benefacere amicis, erit quoq;
optimū malefacere inimicis. Arift.
aūt iubet in hoc loco, ne id fiat nifi
fit adiunctum, feu protenfum cum,
ipfo contrario, quia fic erit magis
probabile. vt exempli grā, fi volumus affirmare, cp oporteat malefacere inimicis, debemus vtiq; id cō-
firmare, cum dixerimus, quoniā
benefacere amicis eft conuenient.

Ideo

ABRAM

Et Arist ſcipit de hoc loco ⱷ nõ ſiat niſi cõtrario connexũ, hoc. n. eſt
vehemẽcius diuulgatũ. v. g. qa, qñ
pronim° ⱷ expediat inimicis maleſacere, expedit hoc ſuſtẽtare eo ⱷ
expediat amicis bñ facere. Inſtituit
aũt hic hoc ſcepto illi° repetitionē
ob ipſi° remiſſionē diuulgatiõis re
ſpectu optimi, dico reſpectu repugnã
tis cõtrario. Picſiſlãtior ãt harũ ſpe-
rũ eſt diuulgatarũ apud oẽs, & deſi-
de diuulgatarũ apud maiorẽ partẽ,
ⱷ aũt ſpter has ſuõt numerant in di
uulgatis. Quia oẽs aut maior pars

H opinant de eis, ⱷ expediat eas recipere, oẽs. n. aut maior ps opinauſ,
ⱷ ſapiẽtiũ dicta debeã t recipi, & de
hoc videuſ pſeuerare vnã enuntia-
tionẽ. Sicⱷ; ẽt diuulgatũ eſt, ⱷ cõtraria nõ coincidatĩ vno ſubiecto,
& ⱷ ſi expediat amicis bñ facere, nõ
expediat amicis maleſacere, & ſiſt
cõtrariũ cõtrario. diuulgatũ. n. ẽ ⱷ
enũtiatio cõtrarij rei, ⱷ enũciamus
ãl aliⱷ re, ſit cõtraria illi° enũtiatiõi.
bẽ itaⱷ; ſũt ſpes ſmiſlaⱷ topicarũ.

MANTINVS

Ideo iuſſit hoc Ariſt. de hoc ⱷbabi **K**
li, quia eſt min° ⱷbabile ⱷ ſit illud
ſcedens, videlicet, ⱷd ſit per cõtradi
ctorium contrarij. Inter oĩa tñ hⱷc
genera ⱷbabiliũ preſtantiora ſunt,
quⱷ oĩbus vũr eſſe probabilia: ſcõ
loco. ⱷ pluribus: reliqua vero ſter
hⱷc dñr probabilia, quia vel oĩbus
vel plurimis videnſ debere accepta
ri: & hoc ⱷpea quia omœs vel plures putant verba ſapientum debere accepari: & hac ratione videtur ipſa ſimilia habere idem iudicium: ſimiliter quoqⱷ; illa probabilia, in quibus contraria non con **L**
gregãtur in eodem ſubiecto : & ⱷ
ſi debemus beneſacere amicis, non
debemus maleſacere amicis: & ſimiliter contrarium per contrariũ.
Nam probabile vtiqⱷ videtur,
vt id, quod iudicamus de aliqua re,
ſeu enunciamus, iudiciũ illius contrarij, ſeu enunciatio debet eſſecon
trarium iudicio illius. Hⱷc ergo
ſunt genera propoſitionum Diale-
cticarum.

De Problemate dialectico, & poſitione dialectica. Cap. **9.**

1 P Roblema autem dialecticum eſt ſpeculatio intendens vel **M**
ad electionem, & fugam, vel ad veritatem, & ſciam, aut per
ſe, aut vt adminiculans ad aliquid aliud talium, de quo aut
neutro modo opinantur, aut contrarie pleriqⱷ ſapientibus, aut ſapientes pleriſcⱷ, aut vtriſcⱷ ĩdem eiſdem. Quædam. n. problematum vtile eſt ſcire tm ad eligendum, vel fugiendum, vt vtrum vo
luptas ſit eligenda, an non ꝝ Quædam aũt ad ſciendum tantũ, vt
vtrũ mundus ⱸternus ſit, an non ꝝ Quædam verõ ipſa per ſe quidem ad neutrum horũ, amminiculantia aũt ſunt ad aliqua taliũ.
Pleraqⱷ. n. ipſa quidem per ſe nõ volumus cognoſcere, ſed aliorũ
gratia, vt per illa aliud quippiam cognoſcamus. Sunt autem problemata, & de quibus contrarĩ ſunt ſyllꝝ: dubitationem. n. habẽt
vtrum ſic ſe habent, an non ſic, eõ ⱷ de vtriſcⱷ ſunt rationes ſua-
ſibiles. Et de quibus rationem non habemus, cũm ſint magna,
difficile

lifficile arbitrantes esse propter quid assignare: vt vtrum mun- D
dus sit æternus, an non: nam hmõi quæret aliquis. Problemata
rgo & propositiões (vt dictum est) determinata sunt. Positio est
ipinio admirabilis alicuius familiarium fm philosophiam: vt
p nõ est cõtradicere, queadmodũ dixit Antisthenes: & q̃ omnia
nouentur fm Heraclitum: aut q̃ vnũ est ens, queadmodũ Me-
issus dixit (nam de quouis contraria opinionibus proferente, eu
am habere stultũ est) aut de quibus oratione habemus contrariã
ipinionibus: vt q̃m non oẽ quod est, vel factum est, vel æternũ,
quemadmodũ sophistæ dicunt. Nam musicum, grammaticũ eẽ,
neq̃ factum, neq̃ esse æternum. Hoc. n. & si alicui non videat, vi-
lebitur vtiq̃, eoq̃ ratione habeat suasibilem. Est igitur & post-
io quidem problema, non aũt oẽ quæda
problematũ talia sunt, de quibus neutro modo opinamur. Quod E
.ũt est & positio problema, manifestum est: necesse est enim ex
is quæ dicta sunt, aut plures sapientibus circa positionem dubi-
are, aut vtroslibet sibimet, eo q̃ opinio quædam admiranda po-
itio est. Penè aũt nunc oĩa dialectica problemata, positiones vo-
antur. Differat autem nihil quomodolibet dictum: non. n. no-
nen effingere volentes diuisimus sic ea, sed vt non lateant nos, cũ
quædam eorũ sunt dfiæ. Non oportet aũt omne problema, nec
innem positionem considerare, sed quam dubitabit aliquis eo-
um, qui ratione egent, & non pœna, vel sensu. Nam qui dubi-
ant vtrum oporteat deos honorare, & parentes diligere, an non,
ixna indigent: qui vero vtrum nix alba, an non, sensu. Neque
vero quorum propinqua est demonstratio, neque quorum val- F
le longè: nam illa quidem non habent dubitationem. hæc aũ-
em magis quàm secundum facultatem exercitatiuam.

Sermo de quæsito topico, ut positiones topica. Cap. 9.

ABRAM

QVæsitum vero topicũ est ex-
pediés esse id cuius veritas nõ
est nota p̃ se secũdum diuul
gationem, sed ei euenit dubium ali
quod secundum id quod diuulgatum est, quando autem hoc ita est,
& arrestatio dubio incidẽn in illud
it causa casus peccat in præmissas
iuulgatas, oportet quod causa du-
ij cadentis in illud sit dissensus ar-
restationis, vel ablatio arrestatio-
nis

MANTINVS

PRoblema aũt Dialecticũ est id,
cui° veritas nõ est nota p̃ se fm
probabilitatẽ seu apparẽtiã, sed de
eo pot haberi aliqua dubitatio l ipsa
probabilitate: si ergo res ita se ha
beat, & ipsum testimoniũ licet ob
quã habeatur veritas & certificatio
propõnum probabiliũ, ergo oportet, vt causa ob quã contingit dubitare de ipsis, proueniat propter con
trarietatem ipsius testimonij, aut
*ex

ABRAM · · · · MANTINVS

G nis que est de illo, aut controuersia *ex priuatióe ipsius testimonij de
syllorum, aut syllogismo contra- eis, vel *ex contrarietate sylloru,̄ **al.t. q̄m
rietas attestationi illius, & aliquan- aut quia syllŝ contrariatur testimo- nullā bā
do congregantur plureſq̄ vna ha- nio, q̄d de eis habetur. Et nõqua͡q berur·
rum causarum, & aliq̄n huiuscau- cõcurrunt plures ex̄ his:nonnuq̄ **al.l. quia
sa est difficultas inueniendi syllm̄, vero huius rei cũ est, quia est diffi- sylȳ sunt
vna cum magna necessitate illius, cile Tuenire syllm̄ de ipsis, ac rõnū, contrarij.
& multo illius desiderio, prout dici licet sint maxime necessariæ maxi-
·mus, an mundus sit nouiter factus, meq̄; a nobis desiderentur sciri. vt
nec ne. Quando autem illiustesti- virū mundus sit creatus, vel non:
·moniam dissentit est trium specie- Tria præterea sunt gña restium quæ
rum, quarum quædam est, ꝗ Phi- inter se contrarij existunt circa ipsa
losophi mutuo contendant de illo, problemata, & ꝑpónes: primū est
proutest esse partem impartibilé, id, quo ipsi Philosophi iter se sunt
H & sicut aliquibus videtur, ꝗ opes contrarij. vt an deſpars aliqua indi- L
siut præeligendæ paupertati, & ali- uisibilis, quã atomũ vocant:fm̄,in
quibus visum est, ꝗ paupertas sit quo cõtrariant inter sese ipsa mal-
'præeligenda diuitijs: & quoddam titudo & vulgus, vt sunt aliq̄ eoru,̄
est, in quo Philosophi contendunt q̄ putāt diuitias esse q̄d eligibilius
cum vulgo, prout Philosophis vi- paupriate, ac ꝑstantius alij vero cõ-
detur ꝗ virtuscum mala uita & de tra,paupcrraté diuitijs:tertiũ,I quo
pressione eligibilior sit bonæ vitæ Philosophi contrariant multitudi-
& honoribus cum virtutis caren- ni & plebi, vt cũ Philosophi existi-
tia, vulgo autē videtur huiuscon- met seligendã ee virtute simul cū
trarium Et de hisest quod opina- calamitate & inopia, arq̄ insinuā-
tur aliquis vir notus in scientia, q̄n te,q̄ opulētia & honore cũ priuatio
repugnat illi quod videtur vulgo, ne virtutis: vulgus tā q̄ò multi-
prout videtur Pythagoræ de opi- tudo oppositũ cēset. Ex his aut suae ›
I nionibusꝗ res secundum se sint se- aliqua, q̄ v̄r alicui viro in scia no- M
cundum fides, quæ de eiseuoniunt to & ꝑbato, & famoso,arq̄ simila
singulis fidelibus. Et hanc Arist. ri,q̄ contrariaſopinioni multitudi
vocat opinionem fictam extraneã, nis,vt Pythagoræs putabat res ita se
& iterum vocat ipsam propne po- habere in se ipsis, sicut existir͡antē
sitionem: positio.n.quando com- esse apud vnuquemq̄: credetiũ. Et
munius fertur dicitur de omnibus hãc vocat Arist.opinionē fictã, vel
quæ siin topicas,quando autem fer- inopinabilē, ac pónē proprie eã vo
tur proprius,dicitur de hac. Id ve- cat etiã. Nam,cũ ipsa positio dr̄ ge-
ro circa quod est controuersia syl- neraliter, tūc dr̄ de cunctis proble-
logismorum, est prout dicimus, matibus dialecticis,sed cū dicat pro
an mundus sit æternus? aut noui- prie, tunc dr̄ de hac. Ea vero, in qui
ter factus? id vero in quo testimo- bus syllŝ sunt contrarij, sunt vtiq̄
nium vt cum dr̄, vtrum mundus sit æter-
·nus, vel creatus. Id ꝑterea, in quo
ipsum

ium diffinerit fyllogifmo, eft ora-
o quę non repugnat diuulgato, ip
um autem proferenti non eft diuulgatum, immo ei eft de illo ve-
emens dubium, prout funt dubia
Ioannis Grammatici contra Peri-
paticos de eſſendo potentiā priorum actu in motus noua factione,
ſi vero qd nemini eft diuulgatum,
ec de illo eft fyllogifmus id eft, qd
ocatur oftentatio & follicitudo,
t nemo prae ſe fert ſibi gloriā, vt il-
id ponat quęfitū, de quo ſcrutanti-
um ſit in hac arte. Id vero, quod
on queritur, ex quo nondum ſcru-
atum eft de eo, nec alius protulit
rmonem de illo, hoc fit pro tem-
orum diſcrimine. verbi gratia,
p confueuerunt Mathematici no-
tri aeui ſcrutari motum trepidatio
is ſtellarum fixarum. Hae itaque
unt ſpecies quaeſitorum in hac ar-
e quatenus ſunt quaeſita. Ex quo
utem primum propoſitum huius
rtis eft iuuare Philoſophiam, aut
u uare vulgus, expedit φ non pro-
onatur quaerere in hac arte, niſi qd
uuat reliquum trium, aut philoso
hiam actiuam, aut philoſophiam
heoricam, aut quod eft inftrumē-
um ſciendi, quod eft harum dua-
um artium, quę eft ſcientia Logi-
æ: & φ non proponat quaerere &
ſcrutari quod vni illorum fuerit
oxium, vt exemplum nocentis
ctioni eft, quod gymnaſticae ſeru
tur, an expediat ſeruire Deo? nec
ae? & exemplum noxij in ſcientias

ipſum teſtimoniū opponit rōni, vt **D**
ſyllo, eft illud dictū, qd diſſentit ab
ipſo probabili, ſeu famoſo, & illi q il
lud dixit, nō e famoſum, ſed habet
aliquā rōnē validā, ſeu ſyllm, vt ſūt
illa argumēta, q affert Ioānes Grā-
maticus cōtra Peripateticos aſſerē-
tes dari potētiā pcedentẽ t pe ipſum
actū in generatione, ſeu pductiōe
ipſius motus. Id vero, qd nō eft probabile alicui hoī, nullaq; habet de
eo rō vel ſylm, vocat potius oſtēta-
tio, ſeu pluſq; deceat ſapere, ſiq id
pblema poſuerit : ſed nemo eft, q
tanta vt aſ iactantia, vt id tanq pro- **E**
blema pponat, & interroget, vel ę-
rat in hac arte. & nō qtetēt, qa nōdū fuit ſcrutatū d eo, & nemo de ip
ſo tractauit: & hoc qdem fiet iuxta
varietatē temporū. vt gra exēpli id,
qd hac noſtra tēpeſtate Mathematici ſcrutari ſolēt, nēpe de motu an-
ticipatiōis & poſtpoſitiōis, ſeu retro
ceſſiōis ipſarū ſtellarū fixarū. Hae
igit ſunt gña pblematū huiº artis,
quatenº ſunt pblemata. Cū aūt pri
mū ppoſitū huius artis ſit opē ferre
re ad iuuare ipſam Philoſophiā,
vel ipſam multitudinē & plebē, ni- **F**
hil credū eft in hac arte niſi id , qd
cōducit in vna triū: nēpe vel in
ipſa Philoſophia actiua, ſeu practica, vel in ſpeculatiua, vel in ea re, q
eft inſtrm ad adpiſcendā ſciam eo
rū, q I his duabus cōtinent artibus,
quę quidē eft ipſa ſcia Logica: & vt
nō pponat qrere & inueſtigare id,
qd nocet alicui illarū rerū. Exemplū aūt eius, qd nocet ſactiua Philoſophia, vt cū qreret ſ Dialectica,
verū debeamus Deū colere, vel nō.
Exemplū vero eius, quod nocet in
ſcientijs ſpeculatiuis eft, vt cū quę-
ri t

tias Theoticas est, an sensibilium
sit veritas aliqua? nec ne? & an accidentia sint permanentia duobus
temporibus? nec ne prout scrutatur loquentes nostri æui. Et etem
plum nouij in scientiam Logicam
est, vt qui scrutatur, an affirmatio
& negatio discernant verum & falsum in omnibus rebus, nec ne? aut
an omnis res indigeat cōmonstratione? aut inueniantur aliquæ res
p̄ se notæ. Iuuans vero ipsam actio-
nem est, vt dicimus an oblectamen
tum sit virtus? nec ne? & iuuans
theoriam est, an mundus sit nouiter factus? nec ne? & iuuans logicam est, vt an figuræ cathegoricæ
sint tres, aut quatuor? & au definitio acquiratur diuisione, aut compositione, aut demonstratione. Et
expedit te scire cp non deceat ponere in hac arte quæsitum secundum
modum exercendi in Philosophia,
id cuius est nimis firma demonstratio, vt triangulum æquilaterū
constituere, neq; iterum cuius demonstratio est nimis remota, aut
cuius in hac arte non sunt præmissæ quibus construatur vel destruatur, prout sunt plura propria Deci-
mi libri Elementorum Euclidis linearum irrationalium, sicq; iam
locuti sumus de speciebus præmissarum & quæsitorum topicorum.

rit v̄tū ipsa sensibilia veritate aliqui habeant, vel non? & vtrum ip
sa accidentia ex tent firma duobus
temporibus, vel non? vt quærunt
de hoc Theologi loquentes hac no
stra ætate. Exemplū eius qd nocet I
scia Logicali, vt cū qrit, vtrū affirmatio & negatio diuidāt v̄rū à fal
so in ōibus rebus, vel nō? & vtrū q-
libet res indigeat p̄bātōe? aut deū
rur aliqua q sint de se nota. Ea vero
q iuuāt in Philosophia actiua sunt,
vt v̄rū voluptas seu delectatio sit
virtus, vel nō? Vtile aūt in Philoso
phia speculatiua, vt cū d̄ v̄rū mū-
dus sit creatus, vel nō? Id vero, qd
cōducit I Logica vt v̄rū figuræ Pe-
ripaeticæ sint tres, vel.iiij. & vtrum
definitio habeat p̄ diuisione, vel p
cōpositiōe, vel per demōstrātiōe. Nec
te lateat, cp in hac arte nō debet p-
poni aliqd problema, seu qstiō m
exercitatiōe & v̄sum conducentū
I ipsa Philosophia, si illud p̄blema
sit demōne manifestissima p̄ba-
tū, vt cp d̄ triāgulus æquilaterus:
neq; debet ēt p̄poni problema, cuius demō sit valde præmota, & I ma
nifesta: vel cp I hac arte nō dent p-
pōnes, quibus possit illud cōfirma-
ti, vel destrui, vt sunt multa, q I.10.
lib. Euelydis reperiuntur de p̄prie-
tatibus linearū irrationalium: ia er
go sumus locuti de generibus p̄pō
num atq; p̄blematū dialecticorū.

De speciebus Differendi, dialecticæque Disputationis.   Cap. 10.

DEterminatis autem his oportet diuidere, quod dialectica-
rum disputationum sunt species. Est autem inductio qui
dem hęc, illa autem syllus. Et syllus quidem quid est, di
ctum est prius. Inductio vero est à singularibus ad v̄na accessio:
vt si est gubernator eruditus, optimus, & auriga: & omnis, qui
est eruditus in vnoquogq, optimus. Est autem inductio verisimi-
liter,

iter, & clarior, & fecundum fenfum notior, & plãribus commu D
nie: fyllꝰ autem *valentior, & ad contradicentes efficacior. Er- ℞.I.violẽ
go genera, de quibus difputationes, & ex quibus, quemadmo- qor.
dum ante dictum eft, determinata fint.

Sermo de fpeciebus orationum topicarum, & earum partitione. Cap. 10.

ABRAM.

Qvod autẽ reliquum eft nobis
huius partis, de quo dicendũ
fit, ẽ notio fpecierũ otonũ to
picarũ, ꝗ cõftruũr ex his ꝓmiffis de
his quæfitis, ꝗ dinumerauimus. Dicimus itaꝗ, ꝗ fiot plurium fpecierum, f. fyllꝰ, & inquifitio. Et fyllꝰ
quidem vniuerfaliter eft, vt diffinitus eft in Libro Priorũ, in quo cum
pofitæ fuerint plures res ꝗ vna, ex
illis fequitur alia res præter illas neceffario. Topicus autem fyllꝰ eft
fyllꝰ, qui conftituitur ex duabus
præmiffis diuulgaris, velut demon
ftratio eft fyllꝰ, qui conftituitur
ex duabus præmiffis veris primis:
fyllꝰ enim ex parte fuæ formæ eft
vnus in tribus artibus, quæ confide
rant quæfita communia, f. demon-
ftratio, & topica, & maior pars ora
tionum Sophifticarum. Differentia vero eft ex parte materiæ, quoniam fyllꝰ demonftratiuus ũt ex
præmiffis veris primis, & topicus
ex diuulgaris, & fophifticus ũt ex
præmiffis quæ putantur effe diuulgatæ, cùm non fiot diuulgatæ, aut
putatur de illis ꝗ fint veraces, cùm
non fint veraces. Syllogifmus autem fimpliciter, qui eft definitus,
eft vt genus fyllogifmi, factis in his
tribus artibus. loquifitio vero eft
tranflatio enuntiatiõis alicuius rei
de partibus, quæ includuntur in ali
aliqua re, ad enuntiationem illius
res de hac illa vR. ẽ nuntiationis. ꝰ
tranflatio

MARTINVS

Eliquũ adhuc eft tractate I hac
parte de cognitiõe generarũ
otonũ dialecticarũ, quæ ex his pro-
põbus componunt pro his ꝓble-
maticibus, & quæfiris à nobis enume
ratis. Dicamus ergo ipfa effe duo E
genera, nẽpe fyllꝰ, & inductio. Syllꝰ
aũt vñr, vt in lib. Priorũ Analyti
corum fuit diffinitus, eft oratio, in
qua quibufdã plurib' pofitis neceffe eft aliquid aliud euenire. Syllꝰ
aũt dialecticus ẽ ille, qui ex duabus
præmiffis probabilibus cõftat, quẽ
admodũ demõ eft fyllꝰ, qui ex dua
bus præmiffis veris primis cõftat:
fyllꝰ. n. ratione fuæ formæ eft vtiꝗ
idẽ in ipfis tribus artibus, & funt illæ, quæ tractant de vñbus quæfitis,
videlicet de monftratiua, & topica,
feu dialectica, & maior pars oratio
num Sophiftarum. Differt cñ rõne F
materiæ, qm fyllꝰ demonftratiuus
ũt ex propõnibus veris, dialecticus
vero ex probabilibus: fophifticus
autem, feu elẽchus ex propõnibus,
quæ vident effe probabiles, cùm cñ
non fint probabiles, vel videanius
effe veræ, cum non fint veræ: fyllꝰ
vero abfolutus, qui iam fuit diffinitus, eft veluti genus ad reliquos
fyllꝰos, qui in his tribus artibus hũt.
Inductio autem eft acceffio, feu ꝓ
greffio aut tranflatio *iudicij alicu
ius rei ex partibus fingularibus ali- *a.Lenũn
cuius vñs* ad iudiciũ eiufdem rei uiauõs .
circa illud vñe. Nam transferre iu- *a.Lenũ
Log. cũ cõ. Auerr. Ç diciũ, uiauone .

ABRAM

translatio ab aliqua re in aliquam
ré . non euadit tres modos: quorú
vnus est translatio enútiationis ab
vniuersaliter in particulare, & hic
est ipse syllogismus, cóclusio enim
potestate continetur in maiori præ
missa, eo modo quo pars coninie-
tur in toto: secunda est tradslatio
ab omnibus particularibus, aut ex
maiori ipsarum parte ad vniuersalem , & hæc est ipsa inquisitio, prout dicimus φ artsex peritus sit excellens , quia peritus nauta sit excellens, & similiter peritus miles sit
excellens. Differentia autem est inter hác inquisitionem & illam quæ
facit acquirere veritarem : in hoc
enim transfertur enuntiatio ad vni
uersalem topicæ, quia sustentatur
in illud essendo in particularibus;
in altera autem euenit nobis veritas præmissarum vniuersaliú post
inquisitionem, præter φ hæc sulten
tetur ipsa inquisitione : inquisitio
vero est huius causa fon quandam
speciem accidentis, nó quod faciat
per se adipisci illam vniuersalem :
sermo autem de hoc cóuenientior
est in Libro Posteriorum. Tertia
autem est translatio ab aliqua particulari ad particularem sibi similem . & hæc nota est in exemplo, siue fuerit processus ab vno particulari ad vnam particularem , siue à
multis particularibus ad vnam par
ticularem, ex quo huius enuntia-
tionis translatio est ad vnam particularem, vtcunque sint, sunt vnius
conditionis, prout enuntiamus de
celo φ sit generabile, quia enuntiamus generatione de partibus plan
tæ & animalis & inanimati. Inquisi
tio aút sit i hac arte duobus modis;
quorum

MARTINVS

dicíũ, seu enuntiationem de aliqua
re l aliquá rem, neccssario fiet vno
trium modorú. Primo transferendo iudiciũ ex ipso vli ad singulare,
& est quidem ipse syllus, in cóclusio cóntinetur virtute in maiori p-
missa eo pacto, quo pars cótinetur
in ipso toto. Secundo transferendo
iudicium ex omnibus partibus vel
pluribus earũ ad ipsum vle : & hæc
est ipsa indubtio, vt cũ dicitur, φ p-
fessor artos eruditus est vtiqi optimus, quia natura eruditus est optimus, & auriga eruditus est quoqı
optimus. Differt aũt hæc inductio
ab illa, quæ veritatẽ præstat p hoc,
qd in hac transfertur iudiciũ ad ipsum vle dialecticæ, quia est funda-
mtum super id, qd habet suum esse in
ipsis particularibus, in illa vero habetur veritas per propositiones vni
uersales post inductionem, licet nõ
fundetur illud in ipsa inductione,
immo ipsa inductio est eã illius per
accidens, non φ ipsa præstet per se
illud vle, sed tractare de hoc negotio magis spectat ad Librum Posteriorum. Tertio vero est translatio,
& progressio, quæ sit ex singulari
ad singulare sibi simile, quæ exemplum appellatur, siue ille pgressus
fiat ex vno particulari ad vnũ particulare, siue ex multis particularibus ad vnum particulare, dum fuerit progressio huius iudicij ad aliqd particulare, qd sit eiusdé cõsor-
ti, vt cũ fecerim' iudiciũ de cœlis,
φ sint geniti: ppea qa iudicam' p-
tes plãtarũ, & animaliũ, atqı mine-
raliũ eé genitas, indubtio aút in hac
arte sit dupliciter. Primo quidé mo
do verificando vlem propóné per
ipsum syllm, & hoc vt in pluribus.
Secundo

ABRAM

|norum vnus est in verificando p-
aissam vsem sylsi : & hoc sit pro
oaiori parte, & aliqñ raro vtis hoc
o verificando ipsummet quæsitú.
yllusautem in hac arte præstan-
ior est inquisitione, prout in arte
Rhetorices signú in est præstantius
xemplo, & gestire in arte Poetica
rzibuntus est q̃ similitudo. Inqui
itio antem evidentior est sylsio, ex
quo sustentatur sensusro: & ideo ip-
ius vsus vtilior est vulgo, & est faci
ioris oppugnationis: syllus autem
it cõtra hanc minus vtilis, pcipue
pud vulgus, & imbecillioris oppu
;natiõis, & ideo ipsius vsus vtilior
ũ exercitatis in hac arte. Sicq̃ iam
ocuti sumus de speciebus ofonum
opicarú, & ex quibus cõponátur.

MANTINVS

Secúdo vero m5 verisicãdo ipsum
met q̃sitú, seu pblema : sed hoc sit
raro, & in paucioribus. Syllsparvea
in hac arte é valétior, ac psslátior ip
sa inductióe, quéadmodú entryme
mae psslátius exéplo in arte Rhet-
rica, & gestus in arte Poetica é pssl-
tior insinuatióe. Inductio vero est
verisimilior, seu magis psersrus q̃
sit syllks, cũ fundet sup sensum: & io
vti ea cũ multitudine, & vulgo magis obducit, facile tñ pôt cõtradicit
syllks tñ opposito mõ se habet: népe
cũ min’ cõferat, psertim apud vulgũ, minus tñ potest cõtradici: & io
vti ipso cum probaemibus hac arte
magis conducit. Iam ergo sumus
locuti de generibus rõnum dialecti
carum, & de his, ex quibus constat.

INstrumenta aũt, p que abundemus *syllks, sunt quatuor. Vnũ
quidé, propōnes sumere. Secundú autê, quotupliciter vnum-
q̃q̃ dr̃, posse distinguere. Tertiũ, differētias suenire. Quartũ
autê, similitudinis cõsideratio. Sunt aũt et mõ quodã tria horum
propōnes. Est. n. vnumq̃q̃ eorú propōnē facere, vt q̃d eligendũ
st honestũ, vel delectabile, vel vtile: & q̃ differt sensus à discipli-
ia, eo q̃ amittenti eã possibile est rursum sumere, illum autem
mpossibile. Et q̃m similiter se habet salubre ad sanitatê, & habi-
e ad bonã habitudinê. Est aũt prsa propositio, ab ĥs q̃ multipli-
iter dicuntur, secunda à differentijs, tertia vero à similibus.

Sermo de Instrumentis Topicis.   Cap. 11.

ABRAM

RElinquit nobis dicendũ de in
strumétis, q̃o adipisci facit̃
vsm. Quæ quidé instrumēta suut
jtuor, quorũ vnũ est, posse sumere
imissas, ex q̃bus cõponit syllb. Se-
undũ aũt est posse discernere sin-
;ula nomina, & quot modis dican-
ur. Termũ est dfiarum edultio. Et
Quartũ est ex verisimili scrutiniũ.

MANTINVS

REliquũ nũc est tractare de in
strumētis, q̃bus ipse syllks habe
tur. Quæ qdé instrumēta sunt q̃a-
tuor. primũ eorũ ĕ hśe faculuté inueniēdi propōnes, ex q̃bus ipse syllb
cõstat. Scd̃ y ĕ hśe iudiciũ, quo vnsi-
q̃dq̃; nomē dignoscat, quot modis
dicat. Tertiũ é adsuenire ipsasdfias
quartũ y̆o é, sisitudinē cõsiderare,

C · ij   De

Ca.huius
s.libri.

ERgo propositiones quidem eligendum quotquot modis de
terminatum est in propositione: aut omnium opiniones
proponenti, aut plurium, aut sapientum, & horum vel om
nium, vel plurimorum, vel notissimorum, aut etiam contrariæ
apparentibus, & quæcunque opiniones secundum artem sunt:
at oportet protendere contrarias apparentibus probabilibus se,
cundum contradictonem, quemadmodum dictum est prius. Ve
le autem & facere eas in eligendo non solum quæ sunt probabi,
les, sed & similes eis, vt cp contrariorum idem est sensus: nam et
scia contrariorum est eadem. Et cp videmus suscipientes aliquid,
non emittentes: nam & in alijs sensibus sic est, nam & audimus
suscipientes aliquid, non emittentes, & olfacimus eodem modo:
H similiter autem & in alijs. Amplius, quæcunq in ofbus, vel plu
rimis vident, sumendum vt principium, & apparentem positio,
nem: nam ponunt qui non conspiciunt, in aliquo non sic. Elige
re autem oportet & ex scriptis disceptationibus. Descriptiões au
tem facere in vnoquoq genere supponentes seorsum, vt de bono,
aut de animali, & de bono omni, incipientem à quid est. Annota
re autem & singulorum opiniones, vt cp Empedocles quatuor di
xit elementa corporum esse: ponet enim aliquis, quod ab aliquo
probato dictum est. Sunt autem (vt figuraliter sit complectū) pro
positionum, & problematum partes tres: nam aliæ sunt mora,
les propositiones, aliæ naturales, aliæ rationales. Morales qui
dem huiusmodi, vt vtrum oporteat parentibus magis, an legi
bus obedire, si dissentiant. Rationales vero, vt vtrum contrario,
I rum eadem disciplina, an non. Naturales autem, vt vtrum mun
dus sit æternus, nec ne. Similiter autem & problemata. At vero
quales sint singulæ earum, quæ dictæ sunt, definitione quidem
non facile assignare est de ipsis. Est autem ea, quæ per inductio
nem est, assuetudine tentandum cognoscere vnamquanque ea,
rum, secundum prædicta exēpla consideranti. Ad philosophiam
igitur, secundum veritatem de his negociandum, dialectico au
tem modo, ad opinionem. Sumendæ autem quàm maxime vni
uersales propositiones omnes, & vna facienda multæ: vt quòd
oppositorum eadem disciplina, deinde quòd ad aliquid. Eodem
modo & ipsæ rursum diuidendæ, quousque contingere potest
diuisio: vt quòd boni, & mali, & albi, & nigri, & frigidi, &
calidi, similiter autem & in alijs. De propositionibus igitur suf
ficiant prædicta.

Sermo

terꝯ de quantitate premiſſarum, ſeu de facultate propoſitionum inueniendarum, quæ eſt primum inſtrumentum. **D**

Cap. II.

Quantitas vero ꝑmiſſarum vl̃t
eſt ſeu ſpecierum vulgatarũ
ꝑmiſſarum commemo-
rationem, & ipſarum diſcrimen ex
reliquis præmiſſis, & hoc quidem
primo fit ſcrutinio, & commemo-
ratione opinionum vulgi, & ſimiliter opinionis maioris partis ipſorum, & opinionum Philoſopho-
rum ipſorumꝙ, magnarum, & quã
ex libris collegerimus omnes opiniones, quæ ſunt in artibus, & ſimiliter iterũ collegerimus deſtructio
nem rerum repugnantium famoſis, illasꝙ intelligemus, & ſimiliter
de illis quæ famoſis ſunt veriſimi-
les, hoc vero expedit fieri in ſingulis generibus præmiſſarũ, quæ ſunt
ſingularum artiũ. V. g. quia in moralibus præmiſſis conuenit eundẽ
actum ſæpe colligere, & ipſarũ fa-
moſiores f̄m illarum gradũ, illasꝙ
intelligere, & obſeruare, ſicꝙ etiã
naturalibus & in logicis & in reliqs
artibus, quas poſſibile eſt Topicam
artem conſiderare, & f̄m hoc opus
& exerciciũ eueniet nobis poteſtas
ſumendi quaſdam præmiſſas vulgatas: illa.u. eſt apud nos methodus, qua poſſibile eſt diſcernere vul
garum à non vulgato, & ſpecies vul
gatarum à ſe inuicem, ſiue illarum
moralium à naturalibus, aut Logi
cis, prout in arte demſionis fit nobis poſſibile diſtinguere præmiſſas
veras, præter ꝙ illas ponamus ſimiles illis, quas tradidimus in ſingulis ſpeciebus præmiſſarum, prout
ſunt methodi diſtinguẽdi reliquas
ꝑræmiſſarum ſpecies, ꝙ nobis red-
dantur

MANTINVS

Facultas autẽ ad ipſas propónes
inueniendas ſeu aſſumẽdas, ha
betur quidẽ, ſi intelligant & ſimiliter teneant genera propónũ proba
biliũ, eaꝙ ex reliquis generibus ꝓ-
pónũ ſeligantur & adnumiant: &
hoc fit primo, ſi cõſiderent inueſti-
genturꝙ vulgi opiniones, atꝗ cuſtodiant, ſimiliterꝗ opiniones plu
rimorũ eorũ, & opiniones philoſo
phorũ olum, atꝗ maiorũ ipſorũ:
& ſi colligant ex ipſis libris quoꝗ **E**
oẽs opiniones, quæ in ipſis artibus
reperiunt, ſimiliter quoꝗ ſi ſumatur cõtradictio rerũ ꝙ contrarianſ
ipſis probabilibus, rectéꝗ intelligã
tur & ꝙ ipſis probabilibus ſimilan-
tur. Hoc t̃n neceſſe eſt vt fiat vnoquoꝗ genere propónũ, ꝙ in ſinga
la arte reperit. Exempli grã, oportet vt hoc met officiũ fiat in ipſis ꝓ
pónibus moralibus, ex quibus eli-
gmũ & ſumãſ quæ ꝓbabiles ſunt
f̄m ordinẽ earũ, & intelligant exa-
ctéꝗ cuſtodiant, identidẽ in phyſicis, atꝗ logicaliũ fieri debet, ac **F**
in reliquis artibus, de qbus ipſa ars
Dialectica cõſiderare pōt. hoc.n. of
ficio ac exercitatione adipiſcemur
facultatẽ illã, qua aſſumamus & ac-
quiramus propónes probabiles. nã
nõ habemus regulã, qua poſſimus
diſtinguere ꝓbab. le à nõ ꝓbabile,
neꝗ genera ꝓbabiliũ inter ſeſe, vel
ipſã morales ab ipſis phyſicis, aut
logicalibus, quẽadmodũ poſſum̃
diſtinguere propónes veras in arte
demſarariã, ꝑter hoc, ꝙ ponamus il
las ſimilitudines, ſeu exẽplaria, quæ
poſſuimus in vnoquoꝗ genere ꝓ-

C iij pōnũ,

A B R A M   M A N T I N V S

G dantur nobis comparantibus illas, reducentibus ad illas, adeo ǫ̃ p hoc enũciemus illas, quę nobis redduntur cuius speciei sint, an vulgatarum apud omnes, aut apud maiorem partem. & an sint naturales, aut logice, aut alterius speciei præmissarum ipsorum artificum. Quã do enim exercitati fuerimus I hoc opere repetitis vicibus, eueniet nobis potestas inueniendi præmissas, ex quibus fiunt huius artis syll. Id autem, quod hanc rem iuuat, est, ǫ̃ exerceamur in acceptione pmiſ **H** sarum communium vulgatarum, quanto vniuersalius poterimus, dein de illas partiamur quoad poſ sibile fuerit, donec finiamus in vltimas species, hoc enim coaptat nobis sumere plures pmissas, ex quo species vulgatarum præmissarum sunt etiam vulgatæ. vt. v. g. ǫ̃ proponamus dicere ǫ̃ oppoſitorũ scia sit vna, & illam diuidamus in contraria, & relatiua, & reliqua oppoſi ta, cõtrariaǫ̃, ipsa diuidamus in frm olfactum contraria, & in visu contraria, & in tactu contraria, & simi **I** liter vnumquodǫ̃; quatuor oppoſitorũ: & hinc eueniet nobis abundare in pluribus præmissis, scilicet ǫ̃ contrariorum scientia sit vna, & relatiuorum scientia sit vna, & frm hoc diuisio contrariorum, & vniuſ cuiuſque oppoſitorum faciet nobis euenire plures præmissas. exem pli gratia, quia ex contrariorum diuisione eueniet nobis, quòd caloris & frigoris scientia sit vna, & albi & nigri scientia sit vna: hoc itaque modo nobis eueniet potestas extrahendi præmiſſas.

pōnũ, vt sunt illę regulę datę ad di **K** ſtinguẽdũ reliqua genera, ǫ̃ppōnũ, ǫ̃ reducunt ad nos, vt cõparem’ ea illis, & ita reducant vt p hoc iudica mus de eo genere, ǫ̃d reductũ ẽ ex eis, cuius nã sit generis, vrtũ. Cen ǫ̃ babilibus apud oẽs, aut apud plu res, & vtrũ sint phyſicę, vel logica les, vel ex aliquo alio genere propō nũ proferſortũ alicuius artis nã si p ſeuerem’ in hoc officio, ſepiſſimeǫ̃ à nobis repetat, adipiscemur pſe **L** cto ex ipso facultatẽ inueniendi ǫ̃ pōnes, ex quibus syll fiunt in hac arte. Cõducet aũt ad hoc negociũ, si aſſueri fuerimus, seu exercitari in aſſumẽdis ipſis propōnibus vſibus probabilibus vhori mõ, quo aſſu mi poſſint, mox diuidam’ eas, quo ad fieri poterit, donec peruenicam’ ad vltimas ſpẽs: sic. n. poterimus aſ sumere plures propōnes, poſtǫ̃ ſpe cies propōnũ probabiliũ sunt et ǫ̃ babiles. Exẽpli gra, si aſſumamus propōne noſtrã, ǫ̃ cõtrariorũ eadẽ eſt diſciplina, & nos diuidamus ipſo oppoſita in oppoſica cõtraria, & relatiua & reliqua oppoſita, diuida **M** musǫ̃; inſup cõtraria i cõtraria frm visũ, & cõtraria frm tactũ, & sic de ſingulis quatuor oppoſitis oibus: & sic multas aſſumemus ǫ̃pōnes: ne pe, ǫ̃ ſcia cõtrariorũ eſt eadẽ, & ſcia telatiuorũ eadẽ: & ſimiliter et obtinebimus ex diuiſione ipſius cõtrarij & vniuſcuiuſǫ̃; oppoſitorum multas propōnes. exempli gra nos aſſumemus ex diuiſione & contra riorum, ǫ̃ ſcia calidi & frigidi eſt eadem, & ſcia de albo & nigro eſt eadem: hac ergo via, & rõne adi piſcemur facultatem aſſumendi ip ſas propōnes, atǫ̃; iuueniendi eas.

De

A mō cō-
trariorū.

Pſum autem quotupliciter negociandum eſt, non ſolùm quæcunq dicuntur ſm alium modum, ſed & rationes eorum tentandum aſſignare, vt non ſolum ꝗ bonum alio quidem mo-
lo dicitur iuſtitia, & fortitudo, habile autem, & ſalubre, ſed ꝗ
& illa quidem eo quòd ipſa qualia quædam ſunt, hæc autem eo
juòd effectiua alicuius, & non eo ꝗ qualia quædam ſunt: ſimiliter
ũt & in alïs. Vtrum aũt multipliciter, aut vno mō ſpecie dicit, ꝗ
ıꝗc conſiderandũ. Primũ qd ē in contrario perſpiciendũ, ſi multı
liciter dr, ſiue ſpē, ſiue nole diſſonet. Quædã. n. ſtatim et nominı-
ıuſ alia ſunt: vt acuto in voce contrarium eſt graue, in magnitu-
line autem obtuſum: patet igitur, ꝗ contrarium acuto multipli-
iter dicitur: ſi autem hoc, &, acutum. Nam ſm vtrunꝗ horum
ıliud erat contrarium: non enim idem acutum erit obtuſo, & gra

B

ıi contrarium, vtriꝗ autem acutum contrarium. Rurſum gra-
ıi voce quidem contrarium acutum, magnitudine autem leue:
ꝗuare multipliciter graue dicitur, eo ꝗ & contrarium. Similiter
ıutem & pulchro, & quidem quod in animali turpe: ei vero, qd
ſt in domo, perniciosum: quare æquiuocum pulchrum. In qui-
ıuſdam autem nominibus quidem nullo modo diſſonat, ſpecie
ıutem maniſeſta in eis ſtatim differentia eſt, vt in claro, & obſcu-
o: vox enim clara, & obſcura dicitur. Similiter autem & color.
ːrgo nominibus quidem nihil diſſonant, ſpecie autem mani-
eſta in eis ſtatim differentia eſt. nō. n. ſimiliter & color clarus di-
itur, & vox clara: maniſeſtum autem id eſt, & per ſenſum: nam
orum, quæ eadem ſunt ſpecie, idem ſenſus: at clarum, quod eſt

C

n voce, nō eodem ſenſu iudicamus, ſed hoc quidem
ʼiſu, illud autem auditu. Similiter autem & acutum, & obtuſum
n humoribus, et in magnitudinibus, ſed hoc quidem tactu, illud
ıutem guſtu. Nam neque hęc diſſonant nominibus. neq in ſeip-
is, neque in contrariæ: obtuſum enim eſt cōtrarium vtriꝗ. Atꝗ
ʼlius, ſi huic quidem eſt aliquid contrarium, illi autem ſimplici-
er nihil: vt ei, quę eſt à potu delectationi, ea, quæ eſt à ſiti triſti-
ia, contrarium, ei autem, quæ eſt ab eo quod eſt conſiderare ꝗ
liameter eſt coſtæ incommenſurabile, nihil: quare multiplici-
er delectatio dicitur. Et ei quidem quæ eſt ſecundum mentem
mare, odiſſe contrarium eſt: ei autem quæ eſt ſecundum cor-
ꝟoralem actum, nihil: maniſeſtum ergo quoniam amare æqui-
ıocum. Præterea in medïs. Si huic quidem eſt aliquid me-
lium, illi autem nihil. Aut ſi vtriſque quidem eſt, non idem auem: vt clari, & obſcuri in coloribus quidem aliquid eſt mediũ,

C iiij ſuſcum,

Locus ab-
lïs. Iꝗbus
repꝑ alıꝗ
rū cōtra-
rium.

Locꝰ à me
dïs eruē.

D fuscum, in voce autem nihil. Aut si forte raucum, quemadmodū
quidam dicunt raucam vocē, mediū esse: quare equiuocum clā-
rum: similiter & obscurum. Insuper si horū quidē plura media,
illorum autem vnū, vt in claro & obscuro. Nam in coloribus plu
ra media, in voce autem vnū, raucum. Rursum in eo quod secun
dum contradictionem opponitur considerandū: si multipliciter
dicitur. Nam si hoc multipliciter dicitur, & quod huic opponitur multipliciter dicetur. Vt non videre multipliciter dicitur,
vnum quidem non habere visum, alterum autem non operari vi
su. Si autem hoc multipliciter dicitur, necessarium est & videre
multipliciter dici, vtrique enim non videre opponitur: vt ei quidem, quod est non habere visum, habere: illi autem quod non
est operari visu, operari. Amplius, in his quæ secundum priua-

A priua-
tioē. & ha-
bitu.

tionem, & habitum dicuntur, perspiciendum. Si enim alterum
multipliciter dicitur,& reliquum: vt si sensibile multipliciter dicitur, & secundum animam & corpus, & insensibile multipliciter dicetur, & sm animam & corpus. Quod autem sm priuationem & habitum opponuntur, quæ dicta sunt manifestum: eo
cp nata sint vtrunque sensum habere animalia, & secundum animum, & secundum corpus. Amplius autem in casibus conside-

A cōca.

randum. Nam si iuste multipliciter dicitur, & iustum multipliciter dicetur secundum vtrunque enim iustorum est iustum:
vt si iuste dicitur, & secundum sui cognitionem iudicare, & vt
oportet: similiter & iustum. Eodem autem modo & si salubre
multipliciter dicitur, & salubriter multipliciter dicetur. vt si salu
bre dicitur hoc quidem sanitatis effectiuum, illud autem conser
uatiuum, quoddā vero significatiuū: & salubriter vel effectiue,
vel conseruatiue, vel significatiue dicet. Similiter autē & in aliis,
qñ ipsum multipliciter dictum fuerit, et casus ab eo multipliciter
dicetur: et si casus, & ipsum. Consideranda autem & genera sm
nomen pdicationum, si eadem sint nominibus. Nā si nō eædē, ma
nifestum est, qñ æquiuocum est qđ dř: vt bonum in cibis quidē
effectiuum est voluptatis, in medicina aūt effectiuū sanitatis, in
anima vero qualē esse: vt castā vel fortē, vel iustam: sīt aūt & in
homine, aliquoties autem & qñ, vt in tempore bonū (bonum.n.
dicitur in tempore) plerunq aūt quantum in mediocri (dicitur
.n. & mediocre bonum) quare æquiuocum bonum. Similiter aūt
et candidū: in corpore quidē color, in voce autem bene audibile.
Similiter aūr & acutum: non.n. similiter idem in omnibus dicitur: nam vox acuta quidem velox (sicut dicunt, qui secundū nu
meros armonici sunt) angulus autem acutus, qui minor est recto:

gladius

à diuo vero, qui est anguli acuti. Considerāda etiā & genera eo‑ A pūcipe oruum.
rū, quæ sunt sub eodem nome, si diuersa, & non subalterna sunt:
equus, hoc aūt animal, & hoc vas: diuersa enim, quæ ſm nomen
:horū ratio: nam hoc quidē aīal, quid significat, illud vero vas,
ıale quid. Si aūt subalterna sint genera, non necessariū diuersæ
'e rōnes: vt corui animal, & auis genus est: qñ autem coruum di‑
mus auem esse & aīal, quid dicimus eundē esse: quare vtrāqɜ ge‑
ra de eodem prædicantur. Similiter aūt & qñ animal volatile bi
:s coruum dicimus: dicimus aūt eandem esse: & sic ergo vtraqɜ
nera de curuo prædicant, & ratio eorū. In non subalternis gene‑
ous non accidit hoc: neqɜ enim qō vas dicimus, animal dicimᵖ:
ıp qñ animal, vas. Considerādum aūt non solum si in proposito
uersa sunt genera, & non subalterna: sed & in contrario. Si enim
ıntrariū multipliciter dr̄, manifestum qm̄ & propositi. Vtile au
m ad definitionē inspicere, quæ de cōposito fit: vt candidi corpo
s, & candidæ vocis: nā sublato proprio, eandem rōnem oportet
linqui. Hoc aūt non accidit in æquiuocis, vt in ijs quæ nūc dicta
nt: nam hoc quidē erit corpus habēs talem colorē, illud aūt vox
:ne audibilis: sublato igif corpore, & voce, nō idem in vtraqɜ re‑
ıquitur: at oportet si vniuocū esset candidū, quod in vtraqɜ dē
se idem. Sæpe aūt & in ipsis definitionibus latet assequens æqui
ıcum: quapropter & in definitione cōsiderandū, vt si quis signi‑
:atiuum, vel effectiuum sanitatis, cp moderate se habet ad sanita‑
m, dicat esse, non resutandū: sed inspiciendū quid moderate qui‑
m ſm vtrūqɜ dixit: vt si hoc quidē tale significat, vt facere sani‑
tem, illud aūt tale, vt significare qualis quidē sit habitus. Adhuc Locꝰ à cō‑ paratione signi ficationum.
ıon cōparabilia sunt ſm magis, & minus, vel sit: vt clara vox,
ıra vestis: & acutus humor, & acuta vox: hæc enim neqɜ sit di‑
nt clara, vel acuta, neqɜ magis alterū: quare æquiuocū clarum, et
utū: nam vniuocum oē, comparabile: aut enim sit dicetur, aut
agis alterū. Quoniam aūt diuersorum generum, & non subalter Idē à ante pdicamē tis ca. 4. A dīia
ıum positorū diuersæ spēs sunt, & dr̄iæ, vt animalis, & scientiæ
iuersæ enim horum dr̄iæ) considerandum, si quæ sub codē sunt
ıe diuersorum generum, & non sustalternorū diuersæ dr̄is sint,
ıcurū vocis, & magnitudinis: differt enim vox à voce, eo quod
uta sit: sit & magnitudo à magnitudine: quare æquiuocū acu‑
m: diuersorū enim generum, & non subalternorū diuersæ diste‑
ntiæ sunt. Rursum si eorūdem, quæ sunt sub eodē nomine, diuer
: dr̄iæ sunt: vt coloris qui est in corporibus, & in melodijs. Nam
ıs, qui est in corporibus, cōgregatiuum, & disgregatiuum visus:
us vero, qui in melodijs, non eædē dr̄iæ: quare æquiuocū color:
nam

G nam eorundem, eædem differentiæ. Amplius, qm species nullius A
est differentia, inspicere oportet, si eorum, quæ sub eodem sunt no
mine, hoc quidem species est, illud autem differentia : vt clarum,
quod in corpore quidem, species coloris, quod autem in voce, differentia. Differt enim vox à voce, eo q̃ clara sit. De eo igitur, quod
multipliciter dicitur, per hæc, & huiusmodi perspiciendum.

*Color in
methodis,
q̃ & chiro
mãçã ôt ê
erãcorda
perdunt
ẽ duo ho-
midronis,
& urbemi
uorum.
Id aut̃ ex
malicia.*

*Sermo de Multiplicis, seu Æquiuoci distinctione, quod est secundum
instrumentum. Cap. 11.*

ABRAM

A D potestatê vero distinguendi nomen æquiuocum Arist.
tradidit quindecim regulas. Quæ
dam sunt, quæ sumuntur ab essen
tia rei, & illæ sunt quæ sumuntur ab
illius definitione, & ab eius genere,
eiusq̃ differentia. Et quædam sunt,
quæ sumuntur ab ipsa re, quæ extra
est, & sunt illæ, quæ sumuntur ab
ipsis rem recipientibus & à comparationibus & à similitudinib̃, & in-
cæpit & tradidit cõtrariorum quin
decim regulas. Prima regula est,
quòd consideremus contrariam illarum rerum, de quibus dicitur nomen, quoniam si huius contrarium
nomen occurrat de singulis nominis æquiuocatione, illud nomen dicitur nomen æquiuocatione, hoc au
tem nobis ostenditur duobus modis, quorum vuus est, quòd illis cõtrarijs non sit vnum nomen, sed no
mina diuersa. Verbi gra, quia acui-
tas significat dispositionem cultri,
& dispositionem vocis, quando autem velimus scire, an quod significat in vno sit aliud ab eo, quod significat in altero, primo consideramus nomen contrarij in vtroque
illorum, siq̃, in voce inuenimus
grauitatem, & in cultro inuenimus
grossitiem, siq̃, scimus acutiei nomen esse illis æquiuocum,

Secũdus

MANTINVS

A D adipiscendam aũt facultatê
distinguendi nomê æquiuo-
cũ, Aristoteles tradidit quindecim
Regulas, quarũ quędam sumuntẽr
substãtia rei, & sunt illę, quæ sumun L
tur ex ipsa diffinitione rei & ex eius
genere, & ex eius dria : quędam vero
sumũtur à rebus extrinsecis, & sunt
quidem res, quæ sumuntur ex oppo
sitis ipsius rei, & ex cõparatione, &
ex similitudinib̃. Incepit aũt Arist.
dare quinq̃ regulas, seu locos, quæ
sumuntur ab ipsis cõtrarijs. Prima
ergo regula est, vt consideremus cõ
trarium illarũ terũ, de quibus illud
nomen di nam, si nomen illius cõtrarij dicat de singula earum æquiuoce, tunc illud nomen dici̇ de illis
rebus æquiuoce. hoc tñ bifariã inno
tescit nobis : primo quidê modo vt M
si illa contraria non habeant vnicũ
nomen, sed noia varia & distincta.
exempli gratia hoc nomen acutũ,
quod quidê significat aliquid in gla
dio & aliquid in voce. & cũ voluerī
mus scire, vtrũ id quod significatur
in vno illorũ, sit diuersum ab eo q̃
significat in alio, tunc cõsiderare de
bem̃ primo nomê ipsius cõtrarij in
singulo eorum, & tunc inuenimus
contrarium eiusin voce esse igraue,
& I gladio obrusum. & sic scim̃ hoc
nomen acutum esse eis æquiuocũ.

Secũdo

: ABRAM

Secundus ali modus est, cp cõsideremus dispositionem ipsorum in ei cõ
trarioru, quo et indigemus, qñ fuerit vnu nomen, gratia exempli vox
clara, & aqua clara, qñ consideram°
illius cõtrarium, inuenimus vnum
nomé, quod est turbidum: qñ vero
inspicimus turbulentiam aquæ, inuenimus illã quãdam rem, que accidat ei fm visum: turbulétia vero vo
cius st res, quæ fm auditum euenit, &
scimus cp claritudo est nomen æqui
uocum. Capitur auté iuuamen per
hanc regulam, qñ huius distinctio
in contrario fuerit notior q illius di
stinctio in rebus, in quibus primo
quærebam° cognitionem nominis
æquiuoci, prout per primam regulam recipiebatur iuuamen, qñ contrariorum nomina erunt diuersa.

Tertia regula est, cp consideremus
ambas res ex quibus capiebatur indi
tium de nole, quia si vni illarum fue
rit contrarium, & non fuerit alteri,
scimus cp nomen est æquiuocu, sicut
est oblectamentu, quod euenit ob la
burem, & ob aquæ potu: voius enim
est contrarium, quod est ipsa sitis, al
terius vero non est aliquid contrarium. Quarta autem regula est, cp
consideremus res, quas significat no
mine ipsum cõtrariu: quia si vni sit
cõtrarium immediatum, alteri aut
medratum, nomen est æquiuocum.
Verbi gratia, dulcis sermo, & dulcis
sapor, qñ inter dulcedinem, & ama
ritudinem sermones nõ est mediu,
inter saporis vero dulcediné, & ama
ritudinem est medium, vt salledo &
cæteri sapores. Quinta regula est,
cp voius ierú sit contrarium, inter
quæ si vnú mediú, alterius aut sit
cõvariú, inter quæ sunt plura media.

Sexta

: MARTINVS

Secudo modo vt dignoscamus si-
gnificatú ipsorumet contrarioru, &
hoc et est nobis necessariu scire, qñ
vnum tm fuerit nomen. exempli cau
sa vox clara, aqua clara. nã si quæra
mus contraria horu, inueniemus eã
habere vnú nomé, nempe turbulen
tia: sed, cu cõsideramus turbulentiã
in aqua, inuenimus eã esse quid acci
dens ei in visu. Turbulentia vero in
voce est quid accidés in ipso auditu,
& sic nouim° hoc nomen, s. clarum
esse æquinocú. Hæc aut secunda Re
gula est vtiqz vtilis, qñ huius distinctio p contrariú fuerit notior, q sit
distinctio eius p illas res, de quibus
quærebamus notitiã nominis æqui
uoci prius: quéadmodm illa prima
regula iuuat, qñ nota ipsoru contra
siorum sunt diuersa. Tertia regulã
est, vt cõsideremus vnu illoru duor
significatoru de quibus assumitur
significatio illius nominis: nã si vnú
illoru habuerit conrarium, alteru ve
ro nõ, tunc scimus illud nomen esse
æquiuocum, vt est delectatio, quæ à
scla habet, & quæ à potu aquæ: nam
hæc habet cõtrariu, videlicet sitim,
illa vero nõ habet cõtrariú. Quarta Regula, vt cõsideremus significa
ta illius nois propositi, verum vnum
eoru habeat contrariú mediatum,
aliud vero mediat si, tõc nome illud
est æquiuocum. exempli gratia dulcis eloquétia, & dulcis sapor: nã inter dulcediné sermonis & eiusama-
ritudinem nullum datur medium,
sed inter dulcé & amarú saporé dat
medium, videlicet salsum, & reliqua
genera saporum. Quinta Regula
est, si vnú significatorum habet con
trarium habens vnum mediú, aliud
vero contrariú habeat plura media

Sexta

Sexta autem regula est ab oppositis, quæ sunt fm contradictionem,
quæ est, ꝙ si consideremus an oppo
situm vnius rerū dicatur nominis
æquiuocatione cum alterius rei opposito, scimus ꝙ nomen est equiuo
cum. Verbi gratia, vidēns est oppositum quod est non videns, hoc autem dicitur de duabus diuersis reb',
quarū vna est, ꝙ non sit illi visus,&
altera ꝙ non vtatur visu: hinc itaꝗ
est manifestū, ꝙ videns cum opposito dicitur æquiuocam. Septima
regula est secundum modum priua
tionis & habitus: nam si oppositum
dicatur multipliciter, res, quam nomen significat, dicit multipliciter.
Verbi gratia, si sentire de anima &
corpore dicatur dupliciter, priuatio
sentiendi etiam dicitur dupliciter,
sicꝗ si sanitas dicatur de illis æquiuoce, scilicet de anima & corpore
ægritudo itaꝗ de illis dicitur æquiuoce. Octaua regula est à casibus,
vt si iustū dicatur multipliciter, iustitia dicitur multipliciter. Sed tꝫ regꝫ
Læ sumptæ ab ipso genere sunt tradi
tæ ab eo duæ numero, quarum vna
est, ꝙ genera rerū, de quibus sumitur indicium de nominibus, sint distincta, dico genera vniuersalia, pro
ut dicimus laudabile de saporibus,
& laudabile de morib', & laudabile
de pluuia: laudabile enim saporum
est duorum prædicamentorū actionis,& passionis, ex quo ille agit, aut
patitur in corpore laudabili passione, morum autem laudabile est fm
qualitate, vt formido & virtus, pluuia autem laudabilis est pro τ̄pore.
Secunda autem regula est, ꝙ consi
deremus genera illarū rerū de quibus sumuʒ indiciū, dico ipsa ꝓxima,
          qñ

Sexta Regula est sumpta ab oppositis fm contradictionē, videlicet vt
cōsiderem' quoqꝫ ipsum oppositi,
nam si oppositū vnius illorū signifi
catorū dicatur æquiuoce, cum nole
oppositi significati alterius, tunc sci
mus illud nomen esse æquiuocam:
exempli gratia videns, cuius oppositum est non videns, quod quidē habet duo significata distincta, vnum
est, quod nō habet visum, aliud vero quod non vtif visu: patet ergo ꝙ
hoc nomen videns est æquiuocum.
Septima regula est sumpta etiā ab
opposito fm priuationē & habitū: E
nam si oppositum dr multis modis,
id quoqꝫ, qd significat illud nome,
dicef multis modis. exēpli gratia, si
sensatio fm animam & fm corpus
dr duobus modis, priuatio i.insensa
tio dicef quoqꝫ duobus modis: pari
rōne si sanitas dicitur de anima &de
corpore æquiuoce, ægritudo quoqꝫ
dicefde eis æquiuoce. Octana regu
la & locus sumif ab ipsis casibus seu
denominatiuis: nā si iuste de multis
dicaf casibus, iustitia quoqꝫ de multis casibus dicef. De locis aūt & re-
gulis sumptis ab ipso genere. Arist.
dat duas regulas. Prima est, vt gene
ra illorū significatorū, quæ p illud
nomen significant sint diuersa: hoc
est, ipsa genera vsia, vt cum dicimus
bonū in cibis, & bonū in pluuia: nā
bonū in cibis in duobus existit prædicamentis, videlicet agere, & pati, cū
agat vel patiaᵗ in corpore passionē
bonā, bonum vero in moralib' existit in ipsa qualitate, vt fortitudo &
castitas, bonū quoqꝫ in pluuia existit in ipso τpe. Secūda Regula est,
vt cōsiderenᵗ genera illarū rerum,
quæ per illud nomen significantur,
          videlicet

ABRAM

 MANTINVS

lando aſcendunt ad gratiā ipſum
premium, aut ad medium est, & ſu
:crmo, etſi illa genera fuerint diſtin
a , & viuum non ſubincrat alteriū,
:que hoc nomen ſignificat illas res
inquantum cōueniunt in ſupremo
enere, hoc nomen est æquiuocum.
erbi gratia, a huic dicitur de quo
am vaſe quod arte fit ex ligno, &
e animali, illorū enim genera pro
ima ſunt diuerſa, ſcilicet animal, &
lanta, & neutrum illorū alteri ſup
onitur, nec aſini nomen illa ſignifi
at, inquantum connectūtur ſupre
no genere quod est ſubstantia, quia
i illa ſignificaret inquantum ſunt
n prædicamento ſubstantiæ, dice
:etur de illis vniuoce. Verbi gratia,
paſſer & pennatum ad auem, ſunt
tnim duo illi’ genera diſtincta, quæ
ad vnum genus aſcendant, auis au
tem non dicitur nominis æquiuo
catiō: de eis, ex quo paſſer couti
netur in habēt pennas. Vndecima
regula ſumitur ex definitione : hæc
autem fit in definitionibus rerum
compoſitarum, quæ ſignificant ſin
gulas partes compoſitorum per ſim
plices dictiones, prout dicimus eclip
ſim Lunæ & ecliptim Solis, nos eas
quando cōſideramus & meditamur
talia, auferimus rem qua differunt
omnia ſubiecta, & definimus id, qd
est illis commune, & inuenimus il-
luā diuerſum: nomen itaq; est æqui
uocam, vt ſi definiremus eclipſim
Lunæ & com erimus illam, quod
fit illius caſus in vmbræ puramidē,
& definiremus eclipſim Solis, & illā
comperimus eſſe Lunæ interibitiō
inter

videlicet ppinqua, ſi ptingat ea aſce
dere ad aliqd gen’, ſiue ad ipſmmet
ſupremū, ſiue ad illud qd est mediū
Izer ipſa & ipſum ſupremū, & ſi illa
gña ppinqua fuerint diſtincta, & al
terū eoꝝ nō ſubalternat alteri, neqi
illud nomē ſignificet illas res, ea rō
ne, qua cōuenit in gñe ſupremo, tūc il
lud nomē est æquiuocū. Exēpli gria,
hoc nomē aſinus, quod dr de initio
ſeu vaſe arte cōfecto ex ligno, & de
ipſo alali: nam genera eorū propin
qua ſunt vtiqi diſtincta, & alterum
nō ſubalternat alteri, neqi illud no
men aſin’ ſignificat eas res ea rōne,
qua cōtinent in genere ſupremo,
quod est ſubstātia: nā ſi ſignificaret
eas ea rōne qua ſunt in pdicamento
ſubstātiæ, tunc nomen aſini dicereſ
de eis vniuoce: ſit quoq; ſi illa duo
gña propinqua ſubijcerenſ alterū,
tūc illud nomen diceret de eis
vniuoce. Exempli gria auis & penni
tū de ipſo volatili, ſunt enim ei duo
genera diſtincta, qd ad vnū aſcēdunt
genus: volucre aūt non dr æquiuo
ce, cū auis cōineat in ipſo pennato.
Vndecima Regula est ſumpta ab
ipſa diffinitione : & hoc videlicet in
diffinitionibus rerū cōpoſitarū, quæ
ſignificāt vnāquāq; particulā ipſum
cōpoſiti p dictionē ſimplicē, vt cum
dicimus eclypſim Lunæ, & eclypſim
Solis: qñ enim nos cōſideramꝰ ſigni
ficata horū, & auferimus id, quo di
uerſificant, hoc est ipſum ſubiectū,
& definimus id qd est eis cōe, & in
uenimus ipſum diuerſum, tūc illud
nomē est æquiuocū, vt ſi diffiniamꝰ
eclypſim Lunæ, ſeu deliquiū, & in
ueniamus ipſum eſſe, cū cadit in py
ramide ipſius vmbræ, & diffiniamꝰ
deliquiū Solis & fueniamꝰ ipm eſſ,
cū

inter nos & illū, sicq; scimus eclipsis nomen illis esse æquiuocū. Et aliqñ est verū, cp nota partiū definitionis dicantur æquiuoce, & expedit cp in illis pcedamus prout processim' in ipsis definitionibus. Regula duodecima ē sumi ex eo cp ē magis & minus & æquale, hoc ē, cp cōsiderem' alterā duarū rerū, de qua dr illud nomen, etsi inter illā & alterā nō fuerit cōparatio i suis subitis fm magis aut min', aut æqle, illas duas res signat. eg uoce. V.g. acuties vocis, & cultri nō dr cp vnius acuties sit alteri' acutiei æqualis, aut magis. Et duæ regulæ sunt ex ipsa dria, quarū vna est, cp consideremus an res, quas vno nole significat, sint dix supremorū generum diuersorū, aut mediorum, quorum virunq; ascendat ad vnū supremum aliud, ab illo ad qd ascēdit alterum. Nam si ita erit, illud nomē est æquiuocū. V.g. acuties vocis & cultri: vocis.n. acuties est alia, & discrimen acuniei ē de differētijs prædicamenti qualitatis, culter aūt acuties & acutiei discrimen ē de differētijs pdicamenti subie: secūda aūt regula est, cp cōsideremus res quas significat illud nomē, & si ipsarū dix ipsas diuidentes fuerint diuersæ, nomen erit æquiuocū. V.g. digestum dr degustata te & de ea quæ addicitur:dix enim diuidentes rem, quæ addicit, sunt dr iz diuidentes disciplinam, & illā cōtinentes:digestum aūt, quod significat rem gustatam, nō diuidit' his differentijs. Alia aūt postrema regula est, qñ vna harum duarū rerum, quas significat nomen, sit differentia, & altera sir speciei. Hæ itaq; sunt regulæ quas tradidit in dignoscendo nomina æquiuocum.

est Luna interponit' inter visum nrm, & ipsm Solē, tūc scim', cp nomē deliquij, vel eclipsis est eis æquivocum. Inqt:Qñ cp partes detiōnis dnr æquuoce, & tūc ops vt pcedam' in eis si cut pcessim' in ipsis rerum detiōnib'. Duodecima Regula quoq; ē sumpta ab eo,qd est fm magis vel min', aut fm æqualitatē, nēpe vt consideremus alterā duarū rerū de quib' dr illud nomen, & si nulla det' cōparatio iter vnā & alterā, i suis subiectis fm magis vel min' vel fm æqlitatē, tūc illæ dnę res æquiuoce signant, exepli gra'acurn vox, acur' gladij': nā nō dr cp acur altera acuities esse æqualē alteri, neq; maiore ea. Et duæ regulæ dant' de ipsa dria, vna ē, vt pfiderem' verū illę res, cp p vnū nomē signanr, sint drię generū supremorū diuersorū, aut mediorū, & vnaquæq; earū ascēdat ad vnū gen' supremū diuersum ab illo, ad quod ascēdit altera, exepli gra acuties i voce & acuties i'gladio: nā in voce acuues & inacuties est de differētijs pdicamenti qualitatis, sed i gladio acuries & acuries sunt ex differētijs pdicamenti subdę:secūda regula est, vt cōsiderem' illas res, quas illud nomē significat: & si earū drię diuisiuæ fuerint diuersæ, tūc illud nomē est æquiuocū:exepli gra cū dr cibus de te gustabili & d re disciplina bili, qui drię, quæ diuidūt rem disci plinabile, sunt drię, quæ diuidunt di sciplinā & cp eā cōtinēt:sed cib', quo q dr signat res gustabilis, nō diuidit' illis differētijs. Exm & alia dria, nēpe cū vua illarū duarū rerū, quæ per illud nomē significant', fuerit dria, altera vero fuerit spēs. Hæ itaq; sunt oēs regulæ, quas Arist. tradidit pro dignotione nominis æquiuoci.

De

De Differentiarum inuentione, Similium consideratione, & vtilitatibus Instrumentorum. Cap. 14.

Ifferentias autem in ipsis generibus ad seinuicē perspiciendum: vt quo differt iustitia à fortitudine, & prudentia à tēperātia: hæc enim omnia ex eodem genere sunt, ex virtute.
t ex alio ad aliud, vt in ñs quæ non nimiū differunt: vt in quo dif
ert sensus à scientia: nam in ñs, quæ multum differunt, manifestæ
nt omnino dñæ. Similitudinem aūt considerandum in ñs quæ
nt in diuersis generibus: vt sicut alterū ad alterum quidem, sic
liud ad aliud: vt sicut sciētia ad scibile, sic sensus ad sensibile: & vt
lterum in altero aliquo, sic aliud in alio: vt quemadmodum visus
n oculo, mens in aīa, & vt tranquillitas in mari, serenitas in aere:
trunq enim quies. Maxime aūt in ñs, quæ multum distāt exer
eri oportet: facile enim in reliquis poterimus similia inspicere.
Considerandum aūt & ea, quæ sub eodem sunt genere, si quid in
st oībus idē: vt homini, & æquo, & cani: nā si inest aliquid eis idē,
n eo sunt similia. Vtile aūt ipsum quidē, quod quotupliciter di-
itur, considerasse, ad dilucidatātē maxime aūt quis sciet quid po-
iatur, manifesto facto quotupliciter dicitur. Et ad fieri secundum
em eandem, & nō ad nomen syllogismos: si enim immanifestum
it quotupliciter dicit, contingit non ad idem ēt qui respondet, &
qui interrogat, ferre intellectum: manifesto aūt quotupliciter dici-
ur, & ad quid ferens ponat, ridiculus videbitur interrogans esse,
i non ad hoc sermonem faciat. Vtile eriā, & vt non falsa rōne deci
iamur, sed decipiamus potius: nam sciētes quotupliciter dicitur,
on allucinabimur, sed sciemus si nō ad idem sermonem faciat is,
qui interrogat, & ipsi interrogantes poterimus apparenti ratiocinatione fallere, nisi is qui respondet agnoscat quotupliciter dicitā
Hoc non in omnibus semper possibile, sed qñ fuerint eorum, quæ
nultipliciter dicuntur, alia quidem vera, alia autem falsa. Est autē
proprie non conueniens modus hic dialecticæ: quare omnino vi-
anda dialecticis huiusmodi ad nomen disputatio, nisi quis aliter
ion possit de proposito disserere. Differentias aūt inuenire vtile,
X ad syllogismos de eodem, & diuerso, & ad cognoscendum quid
st vnumquodq. Quod aūt ad syllogismos de eodem, & diuerso
vtile, manifestum: inuenientes enim dñam propositorum quamli
xet, ostendentes erimus, qm non idē. Ad cognoscēdum aūt quid
st vnūquodq, eo q proprīā substantiæ, cuiusq rationē, ñs, quæ
irca vnūquodq sunt, accōmodatis differentijs separare solemus.
Similitudinis aūt consideratio vtilis est ad inductiuas rationes,
X ad syllogismos ex suppositione, & ad assignationē definitionū.

Ad

G Ad inductiuas quidem rationes, eo φ circa singula in similibus in
ductione, vt existimamus inducere : non enim facile est inducere
ignorātes similia. Ad syllogismos ex suppositione, eo φ probabile
est quemadmodū in vno similiū se habet, sic & in reliquis. quare
ad quodcunφ eorum facultatē habebim us disputandi, profitebi-
mur quemadmodum in his se habet, sic & in proposito habere. id
enim ostēdentes, & propositū ex suppositione ostendentes erim⁹:
supponentes enim quo in his se habet, sic & in proposito se habere
demonstrationē faciemus. Ad definitionum aūt assignationem,
eo φ potentes conspicere quid in vnoquoφ idē, non dubitabim⁹
ad quid oporteat genus. cum definiem⁹ propositū, collocare: nam
cōmunium quod maxime in eo quod quid prædicat, genus erit.
Similiter aūt & in multum distātibus vtilis ad definitiones simi
litudinis consideratio: vt quod idē tranquillitas in mari, & sereni
tas in aere: vtrūφ enim quies: & quī punctum in linea, & vnitas
in numero: vtrūφ enim principiū : quare cōe in omnibus genus
assignantes, arbitrabimur nō extranee definire. Penē aūt & defi-
nientes sic solent assignare: nam & vnitatē principium numeri di
cunt esse, & punctū principiū lineæ : manifestū igitur, quī ad cōe
vtroriūφ genus collocant. Instia itaφ, per quæ sunt syllīs, hæc sunt:
loci autem, ad quos vtilia sunt prædicta, ī sunt qui dicendi sunt

Sermo de potestate summendi Differentias, de Similium consideratione, &
Vtilitatibus instrumentorum. Cap. 14.

ABRAM

Potestas vero sumēdi driam eue
nit exercitio sumēdi driam rex
vehemētis similitudinis vnius earū, ī
vit sunt tres spēs. quarū Vna est simi-
tudo acceptionis driarū rerū, ī subsunt vni generi proximo, prout sunt
fortitudo & æquitas: suū enim gen⁹ ē
vnū, Eipsa vitt⁹, sed fortitudo ē circa res timēdas, & equitas ē circa res
ī fiunt hominū cōmertijs, & hæ sūt
illarū dsiæ, quib⁹ differsit. Secunda
aūt spēs est, φ sumamus drias rerū,
ī subsūnt vni generi remoto, prout
est prudentia & temperantia, suum
enim remotū genus est ipsa virtus,
sed prudētia est in parte cogitatiua,
& tēperantia in parte cōcupiscente.

MANTINVS

Facultas vero assumēdi dsias ne-
quirit, quidem exercitatione &
vsu in assumēdis differētija rerū val
de similiē, quarum tres sunt modi:
Primus est, cū sumuntur dsiæ rerū,
quæ sub vno genere propinquo ob-
tinent, vt fortitudo, & iustitia: nam
genus propinquū ipsarū est vnū, vi
delicet virt⁹: verū ipsa fortitudo cō-
sistit in rebus humorosis, iustitia vē
ro in cōmertijs & actionibus, quæ
inter hoies fiunt: & hæ sunt earū dsi
serentiæ quibus distinguunt. Secun
dus modus est, cū sumunt dsiæ rex
quæ in vno genere remoto obtinen
tur, vt prudētia in virtute intellecti
ua, & tēperātia I parte cōcupiscibili.

Et   Tertius

ABRAM

Et tertia species est dñarum rerum, quę subsunt generibus supremis, qñ illis rebus conuenerit ꝗ sint similes, prout est consideratio illius, quo differt sensus à scientia, cùm hoc ꝗ sensus sit de prędicamēto relationis, & scīa de ſprędicamēto qualitatis, simi litudo enim inter illos ē nimia: proportio enim sensus ad sensibile est proportio scientiæ ad ipsum scibile.

Potestas vero sumendi verisimilitudinē, fit exercitio sumendi similitudinē inter res distinctas, ꝓut sit potestas sumendi dñas exercitio sumendi dñas rerum similiū. Similitudo aūt est dupliciter, similitudo fm modū proportionalitatis, aut secundum rem, quæ ambiat ipsa similia, & aliqñ comperiuntur in vna eadem re ambæ similitudines simul. V g. sensus, & intellectus sunt siles, quatenus sunt quædam conceptiones, nec nō tōne proportionalitatis: quia dispō intellectus ad animā est, sicut dispōne sensus ad visum. Hę itaꝗ sunt res, quæ nobis cōstant po terūt horum quatuor instrorum.

Trium autē horum instrorum, quæ sunt nominis æquiuoci dignotio, & dñarum acceptio, & similitudinis sumptio, est iuuamen cōe, & iuuamen propriū. Commune quidem iuuamen ē, quo facilior fit edutio præmistarū ipsarumꝗ inuentio, qñ enim nos diuiserimus nomē æquiuocū iu sua significata, & hoc in subiecto præmissæ, aut ipsius prędicato, aut vtroꝗ, vna præmissa redit nobis plures præmissæ: sicꝗ, qñ diuiderimus rerū differentias, quas putauerimus primo esse vnam, red ditur vna præmissa dua, & hinc nobis eueniunt duæ præmissæ.

Singulis

MANTINVS

Tertius modus sit, si sumant dñre tēre D rum, quæ sub generib' supremis cō tinent, si cōtingat illas reselle siles, vt cū cōsiderat, in quo nam differat sensusab ipsa scīa, licet sensus sit ex ſpdicamēto relationis, & scīa ex ſpdicamēto qualitatis: qñ inter ipsa ma gnæ ꝯtæ similitudo. nam eadē est proportio & tō ipsius sensus ad sensi bile, quæ est scientiæ ad scibile.

Facultas vero ad assumendā siltitudinē acquiritꝰ ex vsu assumptiōis siltitudinis inter res diuersas, ꝗad modū facultas, quā habem' ad assu mēdas dñas, oritꝰ quidā in nobis ex E vsu assumēdi dñas rerū siltū. siltitu do ꝓter ea duplex. vel ve lfm ana logiā, vel est similitudo fm aliquid cōe ipsis similibus: qñꝗ tamen repe riuntur in eadem re vtraꝗ; similitu do simul. ex ẽpli gratia, sensus, & intellectus: sunt enim similes, quatē' sunt cognitiones, & fm analogiam: nam ita se habet intellect' ad aiam, sicut sensus ad visum. Hęc itaꝗ sunt ea, quæ præstant nobis faculatem in his quatuor instrumentis.

Tria autē horum instrorum, vide F licet distinctio notis æquiuoci, & dif ferentiarū inuctio, ac siltitudinis cōsideratio, pstant qdē vtilitatē cōem, atꝗ vtilitatē propriā. Cōis autē vtili tas est, quia ꝑ hæc facile ꝓpones su mentur, ac inuenientur: nam, cum distinxerimus nomen æquiuocū in sua significata, & hoc siue subiectū ꝓpōnis, siue prædicatū eius, siue in vtrisꝗ, vna propositio efficietur plu res: similiter quoꝗ, si inuenerimus differentias rei, quā existimauimus primo ipsam esse vnā, tunc illa vna propositio euadet plures, & sic habe bimus ex hoc duas propositiones.

Log. cū cō. Auer. D Vili-

ABRAM   MANTINVS

G Singulis vero horum trium iuuamina propria sunt: æquiuoci quidem nominis cognitioni vna cum
præfato, tria iuuamina. Primum
quidem iuuamen parens est manifestatio, & hoc quidem iuuat quærentem & respondentem: quærētis quidem iuuamen est, quia quando quę
ritur nomine æquiuoco, intelligeret ex illo admissione alterius duorum significatorum, quæ significat, & interdum abstineret illud admittere ob cauendum significatum
illi commune secundum nomen, &
H putaret ợ quæsiuisset de hoc quod
est apud eum impossibile, quærens
autem hoc opere illi ostenderet significatum quod intenderat admit
tendum, & illud admitteret.

Respondenti vero iuuamen est,
quia aliquando quæreretur ab eo
significatum, quod non nuceret ei
illud admittere, & cum illo in nominis significatione inclusum esset
significatum, quod redderetur ad
destruendum eius positionem. Pos
set enim ille admittere quod significat nomen æquiuocum absq; di
I stinctione, & nō crederet quod quę
rens illi inferret destructionem eius
positionis. Secundum vero iuuamen est, quod quærens & respondens non ferant orationem de duobus rebus distinctis, & putent inter
loqui de vna re, & quod est in mēte
vnius sit aliud ab eo, quod ē in men
te alterius, & quod vnus destruit, sit
aliud ab eo, quod destruit alter: hoc
autem est manifestum, ợ eueniat
illi, qui ignorat quid significet nomen æquiuocū absq; distinctione.
Terium autē iuuamen est, ne erret
audiens, neq; loquis in syllogismo,
quādo

Vtilitas vero æ pria singulis horū **K**
triū hæc vtiq; est: nēpe ợ cognitio
nos æquiuoci pter id quod iā prædi
ctū fuit, habet quid: tres vtilitates.
Prima vtilitas est diluciditas & manifestatio, & ex hoc suscipient iuuamentū opponēs, & respōdens: oppo
nens a sit, siue interrogās, idem iuuat
ex hoc, quia cū ipse interrogat aliqd
per nomen æquiuocū intelligit per
ipsum vnū quoddam significatū ex
illis significatis, quæ significat illud
nomen, & q̃isq; respondens recusat
acceptare illa significata, quia recusat illa significaq̃ua æquiuoca fm no **L**
men, & putat ợ ille interrogauit de
il'o significato recusato ab ipso, qd
est apud eū impossibile, & hoc officio declarat ipse interrogans ipsi re
spondenti illud significatum, quod
ipse intendit & acceptabit ipsum.

Respōdenti quoq; est id vtile, pro
pterea quia multocies interrogabit
de aliqua re, quā si concesserit, & acceptauerit, nihil ei nocebit, in quā ta
men re continebit fm significationem illius nois, aliquod significatū,
quod iterū destruet illius suppositio
nem, quia ipse cōcessit id quod signi **M**
ficat illud nomen æquiuocū sine di
stinctione, & nō crediderit ợ ex hoc
ipse interrogās inferat destructionē
suæ positionis. Secūda vtilitas est
ne interrogās & rñdens disputēt de
duab' rebus distinctis, & putēt se de
vnica re disputare, & id, qd est in ala
vnius, est aliud ab eo, qd in alio alterius existat, & id, qd destruit alter eo
rū, est aliud ab eo, qd destruit sit altero: manifestū aūt est hoc contingere illi, q ignorat, qd significet no
men æquiuocū. Tertia vtilitas est,
ne decipiat audiēs & loquēs i syllogi
nam,

ABRAM

quando illius præmiſſæ ſignificant
nomine æquiuoco, & quoddã illorum ſignificatorũ, quæ ſignificant
illud nomen, ſit verũ, & aliquod fal
ſum. & poſſet putari falſum eſſe verum, & verũ eſſe falſum, & diuulga-
um eſſe abſonũ, & abſmum eſſe di
uulgatũ, & putaret de eo quod non
ſt ſyllꝰ, ꝙ ſit ſyllꝰ: putaret enim ꝙ
pſum idem prædicatũ minoris ſit
abiectũ maioris, cum ipſum eſſet
liud, & putaret ꝙ ibi ſit concluſio,
ũ ibi nulla res ſit illata: quaten̄ aũt
x nomine æquiuoco poſſet euenire
allacia, qua homo poſſet decipere
liũ, hoc opus prius eſt ſophiſticũ ꝙ
opicum: ipſe vero topicus indiget
lo, dũ reſpondens extorquetur de-
niando extraneis riſionibus, & ſũt
li difficiles, & abſtinet ab admitten
o rem, de qua reciperet ſuuamen,
c de hac re quæreret ab illo nomine
quiuoco, quod ſignificaret illã, &
liã ré, de qua nõ caperet iuuamen,
: reſpõdens admitteret illud puta
e eo, ꝙ ex quo hoc nomẽ ſignificat
:m, quæ nõ iuuat quærentẽ expedit
i concedere hoc nomen ſm hoc ſi-
nificatũ, quod conſert quærenti iu
amen, & ex illo inferret ipſe quæ res
:m, quæ ab initio rei propoſuerat,
uã admittere cauebat, niſi ꝙ hoc
pus deceptoriũ ſit in hac arte pac-
dens. Verũtamẽ poteſtas ſumendi
rias conſert conſtitutioni definitio-
is ſingularũ rerſi, ipſamꝙ noſſe fa
t per id, quod proprie ipſam cõcer
it, eo ꝙ dñia eſt, qua ſpeciei ꝑ ſe di
inguiſ à ſpecie ſecum conuenienti
i genere, & conſert iterũ iuuamen
:cis de eodem, & de alio, quando
rim manifeſtantur differentiæ, ſit
anifeſtum ipſum aliud.

Iuuamen

MANTINVS

nam, cũ ꝑmiſſæ fuerint æquoca, &
illarũ verũ, ꝗ ſignificant ꝑ illud nomen, aliqua ſit falſa, aliqua vera, po-
teri exiſtimari id, ꝙ eſt falſum eſſe
verũ, & verũ eſſe falſum, & ꝙ impoſſe
ſit ꝓbabile & ꝓbabile impoſſe, & id,
ꝙ nõ eſt ſyllꝰ, ꝙ ſit ſyllꝰ ſi ꝗm poterit exiſtimari ꝙ illud met ꝑdicatũ,
ꝙ eſt in minori ꝓꝑõne ſit ſubiectã
in maiori, cum in ſit aliud, & exiſti-
mabit, ꝙ adſit ibi concluſio, cum tã
nihil ſit ibi illarũ: p id aũt ꝙ, cõtin
git deceptioõin ex noſe æquiuoco,
potenit ꝗs alios decipere: verũ hmõi
officiũ principalius é in ſophiſticia,
ſeu elenchia, ꝗ in dialecticis. Verũ ei
erit coacť vt hoc officio ipſe dialecticus qñ ꝑdens peruerſe cauillat
cõtra ipſum rãtiouibus incongruis,
ꝗ ſunt apud eũ difficiles, & ſic nõ po
teri recipere, & acceptare id, ꝙ ꝑõt
vtilitaté afferre: & ſic interrogabit
de ca re aliquo noſe æquoco ſigniſi
cãte eã, & aliã rem, ꝗ nullã affert vti
litaté, & acceptabit illud ipſe ꝑdẽt,
eũ putet, ꝙ poſtꝙ illud nomẽ ſigniſi
cat illã rem, ꝗ nullã affert vtilitatem
ipſi interrogãti, ꝑõt acceptare illud
nomẽ iuxta illud ſignificarũ, ꝙ aſ-
fert vtilitaté ipſi interrogãti, & tunc
ipſe iterrogãs iſteret ea hoc illã rem,
quã ꝓpoſuerat ab initio ꝓbare, &
nõ poterat eã cõcedere. Verũ in hoc
eſſi eſt ſophiſticũ, in ſit in hac arte
ꝑaccũs. Vtilitas vero facultatis iuue
tionis diarum cõducit ad aſſigna-
tionẽ diffinitionis vniuscuiuſꝗ rei,
& cognitionẽ rei, ꝗ eſt ei ꝓpria, cũ
ipſa dñia ſir, qua diſtinguiſ ſpes ꝑ ſe
à ſpe diuidẽte ipſam ꝑ gen͂: & hoc
eſt vtiꝗ; vti ad loca, ꝗ ſunt de eodem, & diuerſo quoꝗ;: uã notifica-
ns differẽtijs notificant & diuerſis.

D ij Vtilitas

ABRAM

G Iuuamen vero poteſtatis ſumendi ſimilitudinem decet tribus rebus: quarum vna eſt ipſa inquiſitio: ſecunda ſunt ſyllogiſmi, qui proprie poſitiones nominantur, hoc eſt conditionales: & tertiá ſunt ipſæ definitiones. Huius vero iuuamen ad inquiſitionem patet, quia ſciendo ſumere ſimilitudinem ipſius conſimilitudinis euenit ſyllogiſmus poſitionis. hic enim manifeſtationis modus fit ſecundum modum credulitatis, quando enim aliquid alicui ineſſe, aut ab aliquo auferre oſtē-
H dere proponimus: hanc commonſtrationem transferimus ad huius ſimile, de quo eſt notum, quòd id, quod ſequitur huius rei ſimile, ſequatur hanc ipſam eandem rem. Definitionibus autem conſert iuuamen, quia per eam oſtenditur proximum genus, quod in definitione ponitur, ſicut per ſcientiam differentiæ dignoſcitur id, quod proprie ipſam concernit, & vt vniuerſalius inquam, niſi ſumeretur ſimilitudo, impoſſibile eſſet cuipiam euenire vniuerſale aliquod tanto minus eſ-
I ſentiale: & ideo exercitium ſumendi ſimilitudinem & differentiam eſt, quo nobis ipſi conſtamus de acceptione rerum eſſentialium in ſyllogiſmis demōſtratiuis. Et aliquando etiam ſumitur iuuamen de ipſa ſimilitudine ad acceptionem definitionum rerū nimis remotarum ſecundum ſuam eſſentiam, ex quo inter illas ſuerit proportio aliqua, & ponitur hæc res, qua proportionantur, tanquam illarum genus.
Verbi

MANTINVS

Vtilitas vero facultatis inuectionis, & conſiderationis ipſorū ſimiliū ad triṅ ſe extēdit. Primo ad ipſam Idaction ē faciendā. Secūdo ad ſylſos, q ppriè dicunt ſylli ex ſuppoſitione, ſeu hypotheſi, hoc eſt conditionalis. Tertio ad ipſas diffinitiōes aſſignandas. Eſt itaq; manifeſte vtilis cōſideratio ſimiliū ad ipſam inductionē, propterea qa notitia ſimilitudinis, q̄ eſt inter res, de q̄b̄ fit inductio, verificat inductionē: nam ſi nō fuerit nota illa ſiſtudo, q̄ inter eas exiſtit, nulla apparebit ibi inductio. Eſt præ-
L rea manifeſte vtilis ad ſylſos conditionales, qa cognita cōſideratione, & inuentione ſimilitudinis efficietur ſylſa ex ſuppoſitiōe, & is modus probationis eſt ſm modū permutatiōnis, nā, cū volumus probare aliquid ineſſe alicui rei, vel denegari ab ea, re, tūc trāſferim̄ º hū ſi probauonē ad ſimilitudinē ei, quia ſcim̄ q̄ id, q̄ d infert ſimilitudinē huius rei, inſeret, ipſam inerit rē. Ad diffinitionū quoq; aſſignatione vtilis eſt ſimiliū cōſideratio, ppea quia p̄ hoc manifeſtat genus propinquū, quod in diffi-
M nitione ponit, q̄ eadmodū cognita dūia dignoſcit id, q̄ d eſt ei propriū, & vt verbo dicā, ſi nō cōſideraretur ipſa ſimilitudo, nō poterit q̄s habere aliquid vtē, ſeu cōe longe minus aliquid p̄ ſe, & eſſentiale: hinc eſt, q̄ exercitatione & vſu cōſiderationis ſimiliū, acdūiarum deuenim̄ in cognitione rerū, quæ ſunt p̄ ſe in ſylſis demſtatiuis. Conſit præterea cōſideratio ſimilitudinis ad aſſignādas definitiones rerū, q̄ valde diſtāt inter ſe, cū exeat iter ipſas aliqua analogia, & proportio, & illa res, q̄ hēt analogiā ad eas ponatur veluti genus ad eas.

exēpli

ABRAM

A Verbi gratia, quia ex quo proportio punctiad lineä in magnitudine est proportio vnius ad numerü, eo quia principiü:sicq; quando proponimus habere lineæ, aut vnius definitioné, ponimus hanc similitudiné, vt genus illorum,& dicimus de puncto, ʠ sit lineæ principiü, & de vno, quód sit numeri principium.

Hæcitaq; sunt infra, quib' educantur particulariora loca singulorum quæsitorü ex locis cóibus, quæ infra narrabit. Et hic explicit oratio de prima parte huius scientiæ,& maior pars illius, cuius meminimus, est, quod dictum est in Primo libro vocaminis Topicorum Aristotelis.

MANTINVS

exempli gra, cum eadem sit rö vel D pportio, seu analogia ipsius puncti ad lineä, quæ est iph' vnitatis ad numerum, cü illud sit principiü. Ideo cü voluerimus assignare definitionem pücti, vel vnitatis, tüc ponemus hmöi similitudine veluti genus eis, & dicimus punctü esse principiü lineæ, & vnitaté principium numeri.

Hæc ergo sunt infra, quibus inueniuntur loca particularia vniuscuiosq; quæsiti locorum vniuersaliü, quos post hoc narrabit, & hic finit tractatus primæ partis huius scilæ,& maior pars eorü, quæ de hoc tractauimus, amplectit quicquid Aristoteles dixit in Primo libro Topicoʠ. E

Aristotelis Libri Primi Topicorum, cum Auerrois notula expositione finit.

Tractatus de Locis ad intelligentiam eorum, quæ in Reliquis Topicorum libris ab Aristotele dicuntur.

ABRAM

Xpedit quód primo dicamus quid sit locus, & secundo quód sint finitä inclusa, & tertio modos disciplinæ, qui possunt de eis fieri, & modum quo Aristo. processit hic. Dicimus itaq; quód Alexander & Theophraltus definiunt locum, quód sit principium & sedes, vnde sumuntur præmissæ singulorum syllogismorü, qui fiunt de omnibus particularibus quæsitis singularum artium,& per hoc intendit ʠ sint dispositiones & attributa communia, & regulæ quibus procedimus ad acquirendum particulares præmissas singulorü syllogismorü.

Et.

Alexandri & Theophrast. opinio.

MANTINVS

Onsentaneum nunc est primü determinare ʠd sit locus:secüdo, ʠ loca sunt finita determinataʠ; tertio tractate de modis doctrinæ, qui possunt fieri in ipsis, & modo,quo vsus é Arist. in tractatione de loco. Dicimus itaq; ʠ Alexander & Theophrastum definiunt locü sic:locus est principium quoddä & elementü, à quo sumuntur ppónes cuiuslibet syllogismorum, qui fiunt de problematibus particularibus in vnaquaq; arte:ac ü velint locos ipsos cü significatione ac affect' quos dam vles ; & communes, atq; ordines & regulas, à quibus procedimus ad adipiscendas propositiones particulares in singulo syllogismo.

D iij Et

ABRAM

Et hoc est quod Abumazar Alpharabius intendit per locum, & ideo ex quo ipse est illa praemissa, cuius partes proprie concernunt partes praemissae, quae ei subest: cuius pars praedicata praemissae praedicatum tantum obtinerat, & subiectum est aliud: praemissae vero, qua concernitur pars, substantia est ipsius subiectum alterius praemissae, cum pars praedicata sit alia: continens itaque illarum non est locus, neque contenta est praemissa particularis, sed contenta est conclusio duarum praemissarum, quarum maior est continens, & minor est contenta secundum eius subiectum. prout dicimus Socrates est animal, & omnis homo est animal. Et putatur quod haec definitio, qua definierunt haec loca, sit affinis definitioni qua ea definierat Arist. in libris Rhetoricorum: ille enim dixit, quod loca sint bases syllogismorum, & putatur quod inter illa sit differentia, quia si locus est basis syllogismi, syllogismus est illius forma, quae est eius figura, eius autem materia est ipsius praemissae: expedit itaq; quod locus sit, qui largiatur syllogismorum praemissas & formam, & hoc est ipsa veritas, quia invenimus syllogismos facere ambas res simul, aut invenimus de illis qui faciat alteram duarum rerum, & de illis, qui faciat alteram rem: & hoc quidem est manifestum de locis universalibus, quae Arist. tradidit in Posterioribus Analyticis.

Themisti'

MANTINVS

Et hoc idem sentit Alpharabius de ipso loco: & ideo dicit, q est propositio, cuius partes simul terminant proprias partes propositionis, quae sub ea continetur, vel cuius pars, que est praedicatum, continet praedicatum propositionis tantum, subiectum tamen est unum in ea. At illa propositio, cuius pars, quae est subiectum, terminat proprium subiectum alterius propositionis, pars tamen, quae est praedicatum, est una, tunc eius universalis & communis non est locus, neq; ipsa terminata, seu contracta erit propositio particularis, sed ipsa terminata, & contracta est utiq; conclusio duarum praemissarum, quarum maior est ipsa universalis communis, seu continens, & minor est subiectum ipsius terminatae & contractae, vel contentae: ut cum dicimus Socrates est animal, & omnis homo est animal. Haec autem definitio, qua illi definierunt hac loca videtur esse fere eadem cum ea definitione, qua Arist. definivit ea in libro Rhetoricorum. Inquit enim ipse ibi, loca esse elementa syllogismorum: posset tamen dici, q differunt aliquo pacto inter se, qm si locus esset elementum syllogismi, cum ipse syllogism habet formam, quae est eius figura, atq; materiam, quae est propositio eius: locus ergo debet praestare propositiones syllogismorum, & figuram eorum: & hoc utiq; est verum. nam invenimus ipsos syllos fungi utroq; munere simul, vel invenimus aliquos eorum fungi uno illorum duorum officiorum, aliquos vero altero: & hoc perspicuum est ex illis locis universalibus, quos tradidit Arist. in libro Priorum Resolutivorum.

Themisti'

THEMISTIVS

THEMISTII OPINIO

Themistius vero edixit q̄ locus sit vniuersalis præmissa, quæ est in syllogismo, quæ verissima est præmissarum syllogismi. & dicit, q̄ tali præmissa aliquando vtimur secundum se in syllogismo, & aliquando vtimur sua sententia, & potestate Eius. autem argumentatio ad hoc est, q̄ in rebus, quibus Arist. vtitur in tractatu locorū huius libri, comperiuntur ambæ species simul, prout dicimus, q̄ eligibili⁹ sit apud nos quod est diuturnioris temporis, & prout dicimus q̄ eligibile per se sit eligibilius quàm eligibile per aliud. de re itaq̄ horum & similium videtur, q̄ numerati sint vt fiant maioris præmissæ singulorum syllogismorum quæsitorum particularium: prout dicimus ebrietatis delectatione esse eligibiliorem delectatione coitus, quia sit diuturnioris durationis.

Alexandri vero argumentatio ad hoc est, quia præmissæ, quæ sūmunt in illis syllogismis, sunt infinitæ, & non inclusæ collectæ in vnum, siq̄; non euenit finitus indiuiduis aliqua res vniuersalis, ex qua procedat ad res particulares infinitas, cui⁹ modis est dispositio regularum, quæ traduntur in hac arte: vniuersales vero præmissæ particularium præmissarum sunt finitæ: & dum attigerim⁹ ipsarum vniuersaliores, possibile sit nobis procedere ad particulariores quæ eis subsunt, & euenient nobis præmissæ particulares, quæ sunt in potentia infinitæ aduentu vniuersalium, quæ sunt finitæ: & hæc quidē est natura regulæ, vt regula est, & ideo loca sunt, quæ per se largiuntur potestatem faciendi syllog. sinos, & particulares præmissas maioris singulorū

MARTINVS

Themistius vero dicit, q̄ locus est ppō vlis, quæ est verior cæteris propositionib⁹ sylli, & dicit, q̄ illa ppō, quæ ita se habet, q̄nq̄; ponitur ipsamet in syllo, q̄nq̄; vero eius significatū, & vis eius. Et huius rei rationē affert ipse Themistius, l. propterea, quia ea, quæ à b Aristotele tradunt in hoc libro in Tractationib⁹ de Locis, inueniens ea esse ex vtroq̄; genere horū simul, vt cū dicim⁹, q̄ quicq̄ diutius pdurat est præstantius apud nos, & cū dicim⁹ q̄ id, q̄d est de seipso pstantius, est vtiq̄; pstantius q̄ id, q̄d est pp aliud pstantius. Hæc ergo & eoꝝ vsu vident connumerati & ordinari hic, vt ex eis fiant ppōnes maiores ī singulo syllo problematū particulariū: vt cū dicim⁹, q̄ delectatio ebrietatis est pstātior delectatiōe venerei actus, cum diutius pduret.

Alexandri tñ ratio cōtra hoc est, q̄ ppōnes, quæ reperiunt in ipsismet sylis, sunt infinitæ & indeterminatæ eo q̄ aut q̄d est infinitū, & interminatū, nō possum⁹ ex scia de indiuiduis finitis eoꝝ adipisci aliq̄d vsē, a quo procedat ad particularia infinita, vt fieri solet p regulas traditas ī in hac arte. At ppōnes vlēs, quæ particulares ppōnes amplectūtur, sunt vtiq̄; finitæ, sub quibus continentur partes infinitæ, & cū peruenerimus ad earū vsē, poterim⁹ vtā vtiq̄; re ac procedere ab eis ad particulares, q̄ sub ipsis continent: & sic obtinebimus particulares ppōnes infinitas potentia, cum obtinuerimus vlēs finitas. Hæc enim est natura ips⁹ methodi seu regulæ, quatenus est methodus, & regula: & ideo ipsa loca præstant per se facultatem efficiendi syllos, ac propositiones particulares magnas

D iiij in

gulorum fyllogifmorum, nõ quõd
ipfarum naturę fit hic actus. Et ideo
id quod dicit Alexander, & qui ve
ipfe affeuerat, eft proprior veritati,
quàm Themiftius.

Et Abumazar dicit eũ hoc, ɋ illa
fit opinio Ariftotelis, quam preffius
ponit, ɋ̃ fecũdum quod dicitur loci
nomen apud vulgus, & illa eft res
vnde trãftulit hoc nomen: ita enim
oportet, ɋ fit res ad quã nomen trãf
fertur in arte, vnde translatũ fuerit.
Verbi grã, quia nos inuenimus loci
nomen apud vulgus, ɋ eo fignificet
H aliquã difpofitionem, vel aliquam
rem cuiufɋ orationis, de qua fit fer
mo, occafione cuius difpofitiõis vel
rei prouenit huius orationis cõftru
ctio, aut deftructio: & hoc quidẽ ap
paret ex inquifitione locorum, quæ
vruntur hoc nomine, quia cõfueue-
runt dicere hic eft locus confideran
di, & locus a ftutie, & locus decepio
nis, & locus dependentiæ fimilitudi
nis: & hęc eft fimillima rerum fin
fignificatũ quod nomen loci figni
ficat apud Alexãdrum. Et funt res,
quæ dum apud nos fuerint fecundũ
I orationem aliquam, poffibile eft no
bis ex illis procedere ad id, quod hęc
oratio conftruit, aut deftruit.

Et hinc dicimus, ɋ Ariftoteles nõ
vocaret præmiffas vtes, ex quibus
acquiruntur præmiffæ particulares
demonftrationum, loca, ex quo de-
monftratio non eft apta fecundum
modum quæftionis & refpõfionis,
& Ariftoteles excufatur de fimilib'
illatum præmiffarum, quibus vtitur in fuo libro, de quibus putaret
ɋ fint maiores præmiffæ particulares, quæ fiant in fingulis fyllogifmis
de particularibus præmiffis dicẽdo,
ɋ hæ

in vnoquoɋ fyllo, nõ ɋ ex eartũ nã lę
fit efficere hmõi officium, hoc eft, ɋ
fint ipfemet de fe ppõnes magnæ,
fed præfidẽt methodũ. Et ideo vt re-
ctius locutus fuiffe Alexãder & qui
eius fequi fententiã, ɋ̃ Themiftius.

Alpharabius vero dicit, ɋ eft hoc,
ɋ hęc fit opinio Ariftotelis, quã intendit in hoc libro, fumpta à figna-
tione loci apud vulgũ, adhuc oportet, vt exter ɋdã fimilitudo inter illud
fignificatũ, ad qɋ̃ translatũ eft illud
nomẽ parte, & fignatũ apud vulgũ.
Et dicit, ɋ nos fueniem' nomẽ foci
fignificare apud vulgũ aliɋd figni- K
catũ, vel aliquã rem in ɋ ofone, de
qua cõtingat fieri aliqua enũtiatio
ppillud fignificatũ, vel illã rem, ɋ af
fera affirmationẽ illi' ofonis, vel ei'
deftructionẽ, & hoc fatis patet, fi recte pɋairant loca, in quibus hoc no
men in vfum venit apud eos: dicũt
enim hic ẽ locus cõtẽplationis feu
cõrẽplãdi, & locus ingeniofitatis, vt
ita loquar, feu verfutiæ, & locus fal
lacie, & hoc'depẽdẽrię, & ɋter ofa hoc
vtiɋ, & qɋ̃ magis fimilar illi fignato
qɋ̃ pnomẽ loci fignat apud Alexã.
Et funt qdẽ illa fignata, ɋ̃, cũ in ali- M
qua ofone ea habuerim' poterimus
vtiɋ procedere ab eis ad id, qɋ̃ affir
mer hmõi orationẽ, vel eã deftruat.

Et ideo dicendũ eft ɋ illæ ppõnes
vtes, à quibus adipifcimur ppõnes
particulares in ipfis demõtio', Ari
ftoteles nõ vocat eas loca, cũ ipfa de
monftratio fit res, quæ non eft apta,
vt in ea fiat literrogano & refpõfa:
immo Arifto. excufat fe, cur vtatin
fuo libro illis ppõnibus, quia viden
tur effe propofitiones magnæ parti
culares, quæ fiunt in fingulo fyllõ
pro aliquib' quæfitis, particularib'.

Inquit

ABRAM

A ꝗ hę numerentur inter loca, ratione qua sua prædicata sunt aliquo modo vniuersaliori prędicatis mul torum quæsitorum particularium, & proceditur ex cis ad particulares præmissas, quæ fiunt maiores prę missę singulorum syllorum, & pro pterea possunt esse regulæ, & digno sci in hoc libro. Et huius exemplū est id, quod dicimus, quod est diu turnioris duratiõis, est eligibilius: & est locus, ex quo ex eo procedimus ad id, ꝗ est diuturnioris durationis, ꝗ sit eligibilius : id vero,

B de quo Aristoteles meminit de his orationibus, præter id cuius meminimus, est vt dicere expediens est explicare, quas rerum conueniat vocare, sicut illas vocat ipsum vulgus, & quas non : & sicut dum dicit postquam trãstulerimus rei nomen ad nomen alterius rei expedit, ꝗ cõsideremus adeo quòd nomen quo vocat sit conuenientius quàm nomen subiecti. Hę enim non sunt præmisłæ, sed sunt dispositiones, & attributæ præmissarum, ex quibus progreditur ad illas: & ideo omnes

C expositores conueniunt.ꝗ hęc non sint loca, ac si essent positiones, & directiones ad modum inuendi præmiflas,& res iuuantes eas.hęc itaꝗ est explicatio quid sint loca. Modi vero disciplinæ, ꝗbus vtimur in hac arte viden?ex eo ꝗd dici, ex quo.n. oē quæsitum est ꝑ dictionē an sit, aut quærif ꝑ ipsam,an res sit sim ptr, ꝑ ut dicim°,an vacuū sit, & ꝩn tale sit tale? ꝑut dicim°,an agn° sit mortu°!aut an tale seĩ sit ma gis ꝗ inesse tali, vel an tale in sit tali, aut sm ꝗ sit definitio, aut gen°, aut ꝓpriū, aut accidens,& similia : &

vniuf-

MANTINVS

Loqr.n.ipse, ꝗ illæ dñr loco ppeæ, quia earum ꝓdicata reperiunt mõ quodã vñiori, ꝗ sint ꝓdicata multa pticularia, & procedif ab eis ad paꝶ ticulares propõnes, ꝗ efficiunf proꝶ põnes magnę Ī singulo syllo: & hac tõne ꝑñt esse regulę & methodi, & pōt de eis tractari in hoc lib. Exem pli gfa cū dicimus,ꝗd diuturniusē, eligibilius est,seu ꝑłātius,hoc.n.dī eē locus,quia ab ipso ꝓcedif & trã situr ad hoc, vt dicamus, ꝗ ꝗcꝗd ē diuturnius,ē eligibilius apud uos.

Id vero, ꝗd Arił.affert de his ofo

R nibus,est aliud,ꝗ id,ꝗ nos narraui mus,vt cū dicit : cõsentaneū aūt eł vt declarem°,ꝗ nõ sint illa,ꝗ nos de bemus notare vt nomina vulgus, & ꝗ ñ:& cū dicit & iã opj, vt dispu temus, seu rōnes afferamus, postꝗ trãstulerimus nomen rei ad aliud nomē : ita vt cõuenientius sit illud nomē, quo nos nominam° illī rē, ꝗ łuī nomē łibi imposuū. Hæc.n. nõ sunt ꝓpōnes, sed słt ꝗdã affect° & disꝓnes ipsaꝶ ꝓpōnū,& ꝗdam via, qua ꝑgit ab eis ad illas:& iõ oēs expositores cõueniūt, ꝗ hęc nõ słt loca, sed sunt veluti ꝗdã suppōnes, & regulę, ac directiōnes dirigētes ad īuētionē ꝓpōnū,& sunt res ꝗ ad il las cõferūt. Hęc ergo ē locorū expõ, ꝗd nã sint.Modi vero doctrinę, ꝗ Ī hac arte sūt, ꝗ nã sint,statim decla rabo nã cū ꝗślibet ꝑblema, ꝗd ꝑ dictionē an, vel virū ñr, ꝗr̄ vuꝗ ꝑ ipsūm, virū res sit absolute,& sim ptr, vt cū dicim° virū vacuū sit, vel virū hoc sit hoc, vt cū dicim°, virū ala sit mortalis, vel virū hoc sit po ttushuic, ꝗ huic, & si hoc iest huic, virū sit definitio, vel gen°, vel ꝓ ptiū, vel accidēs, & vnūqꝗ; horū

bēt

ABRAM

G vniuscuiusq; horū sūt loca ppria,
& loca cōia, possibile est, cp oīa loca
iūcta singula horū qsitorum nu
merēt sola, & si sit repetitio lo
corū cōmunium . hic tñ est facili-
mus modorū, & proximus eorū, &
firmissime obseruationis ipsorū, &
sic inuenimus fecisse Aristotelē, nisị cp ipse posuit loca qsitorū essendi
simplr̄, & loca accidentis in vnum
idē, ob cūm quā prędiximus, & decreuit illis vnū tractatū: deinde po
suit loca quęsitorum syllorum sim
pliciter tñ, & decreuit illis vnū tra
ctatum: deinde posuit loca generis,
& decreuit illis ēt vnum tractatū, &
sic fecit de locis qsitorū proprij, &
definitionis, quia vtriq̄ horum de
creuit vnū tractatum . Et possibile
ēt esset hæc loca fieri altero mō : nu
merauit aūt primo quid oībus illis
sit commune, prout sunt loca similitudinis & contrarij, & cætera : de
inde posuit qd est cōe quatuor ipso
irū, deinde trib°, deinde duobus, &
numerauit loca ppria singulis horū solis: & iā pose ēct, cp numerarē-
tur respectu ad definōe, ster cp est
plicet y illa definitio alicuius qsitu
de his qsitis, loca. n. generica iuuāt
definitionē, ex quo īpose ē, qn sit in
ea definōe ipsum gen°: sicq̄ & loca
ppria ex quo cōdonis ipsius defiōnis est, cp sit appropriata: & sis̄t loca
accidētis, ex quo īpose est, qa defiō
inis̄ definito. Et sm hoc vt q̄ loca
destructiua horū, singula destrua̅t
definōe, & cōstruetia, singula horū
sint cōstructa, & ịdā sunt de cō-
dōnib° ipsị defiōnis, nisi cp ex quo
nō oīa loca, cp destruu̅t ị gen°, aut sin
gula horū destruā̅t definitionē, sị
de illis est, q ipsam cōstruā̅t & de-
strua̅t:

MANTINVS

hēt loca ppria & loca cōia : iō oīa ☓.
loca, cp sunt vtilia vnicuiq; horū p̄
blematū, pn̄t seorsū numerari: l yın
hoc fiat repetitio locorū cōiū . & is
ē facilior modorū, & ppinqoı eorū, atq; cōstātior cp custodia & cau-
tiōe: & sic videm° Arist. fecisse, nisị
cp posuit loca pblematū de inee ab
solute, & loca accidētis in vnicū ser
mone pp eām id à nobis dictā, & seorsū fecit de eis vnū sermonē, mox
posuit loca pblematū cōparariōis
absolute seorsū, & fecit de eis quoq̄
vnū tractatū : & idē quoq̄ fecit de
locis pblematū ppri; & definitiōis, L
vcị cp fecit de singulo horū duorū
tractatū seorsum . Pñt tñ hæc loca
ordinari sēdo mō, ac numerari. Nā
possum° primū ordinē ponere, qd
sit ipsis oīb° cōe, vt sunt loca à simili, & à cōtrario, & alia id gen°, dein
de id, qd ē cōe quatuor illorū, mox
trib°, mox duob°, post hoc ordinare loca ppria vnicuiq; illorū seorsū. Pñt adhuc numerari, & ordinari alio mō : nēpe vt ponan̄t oīa l pre
defiōnis: licet non declaret p ea de
fiō alicui° horū pblematū: nā loca
generū cōducūt ipsi definitiōi, cū l M
ipsa defiōne sit necessariū reperi ge
nus: itidē & loca ppri; cū ea cōdō-
nib° ipsị defiōnis hęc vna ē, s vt sit
ppria: sis̄tō; loca accidētis, cū ipsa
defiō necessario īsit definito. pị ergo cp loca, cp destruū̅t vnūqdq̄ horū, destruū̅t ipsā defiōne, & cp as-
firmant vnūqdq̄; illorū, affirmant
vnā ex cōdōnib° defiōnis. At cū nō
oīa loca, cp destruā̅t gen°, vel aliqd
illorū destruant ipsā defiōne, Imo
aliqua eorū affirmant ipsā, atq̄ destruit. Exēplū ei°, qd destruit ge-
n°, & affirmat defiōnē : vt cū aliqd
fuerıt

ABRAM

struit:exéplo illius, q cóstruit definitioné, & destruit gen' é, ɋ res sit de re ꝑdicata in eo ɋ qd sit, & illi ꝓ prie ꜹcernat. Quod vero ambo sit destruit é noru, qñ.n.destruit, ꝗ sit ꝑdicatu l eo ꝗ qd sit, destruit ꝗ sit genus, & táto fortius ɋ non sit definitio, sicꝗ, suenit dispó oíum locorū destructiú singula horū, & nó é dicin oíbus locis, q̈bus sit genus, aut aliud illorū, q cōstruat definitioné, aut aliquá definitionis cōdōné, sed ipso ū est, q cōstruat genus, & destruat definitioné. V.g. qñ oñdit de aliquo ꝑdicato, ɋ sit in eo ɋ qd sit ꝑdicatiōe vñ. Notū itaꝗ, est, ɋ cōstruat, ɋ illud sit gen', & destruat, ɋ sit definitio: hinc itaꝗ, sit difficile ea dinumerare ac preipsius definiōiscū hoc, ɋ qñ sumerent hæc loca respectu ad definitioné & dinumerarent quatenus hæc sit pria intétio de illis, nó euadit in multis istorū, quin occulter ipsᵒ inuamé, aut lminus̄ɋon aut vnusɋsꝗ, sume nes̄ in parté, qoꝗ ipsum ꝓprie cōcernat, inuamé sit manifesth' & parentius. Hæc itaꝗ, suit ei, qua Arist. renuit illa dinumerare definitiona, & ia dictā est, ɋ Theoph. fecit hoc. Quód vero ipsi sint collecta finita, euidés sit, ex eo q̈ dicemᵒ. M.n. cōmōstraui é ɋ oé q̈rū cōmōstrat ꝑ alia ré,ɋ sit ꝓter illud, & ɋ nulli dubiū sit, ɋ ster hāc ré accepta ad illi' cōmōstrationé, & q̈rū sit nex' q̈dā, & si impossit sit, ɋ et inde apparet l aliq̈ re q̈sūi cōstructiō aut destructio: hoc aūt sic exōte, nulli dubiū é ɋ reuera q̈ cōmōstrat, ɋ res ɋ sira sit talis denominatiōis, aut nó sit, q̈en'é cōne xa, sit aut res sūpta ex q̈sūi eūtia, aut res sumpta ab aliquo

horu

MANTINVS

fuerit ꝑdicatū de aliquo in eo ɋ qd é, & sit ei ꝓpriū, id v̈o, qd destruit ea, sit é manifestū: ná cū destruat ipsum eé ꝑdicatū l eo qd qd, destruet ꝑfecto ipsum eé genus: longe ergo magis destruet ipsū eé definitionés & hâc rōne, ꝓcedet negociū in cunctis locis, q destruūt vnūqdꝗ, illorū. Neꝗ, oía loca éт, q̈ affirmāt genus, vel aliqd illorū affirmabūt definitione, aut aliquá ex cōdōnibus definitiōis: Imo dat aliqd eorū, q̈ affirmabit genus, & destruet definitioné. Exépli gra, cū fuerit declaratū, ɋ aliqd ꝑdicati ꝑdicet ꝑdicatiōe vñ, tūc manifestū erit illud esse gen', & sic destruiet, ac erit falsi, ɋ sit defiō: hæc ergo rōne erit difficile numerare ea l pre definiōis: adde éт, ɋ si capiant hæc loca ex pre definitiōis, & ordinent ea rōne, qua illud sit primú appositū eorū, nihil ꝓhibebit, q̈ n multis eorū occultet velitas, vel minuat. S 3 si qd liber eorū capiat ea rōne qua é ꝓpriū, tūc velitas erit notior & manifestior. Est hǽc é rō, ob quā noluit Arist. ponere, ac essacere ea definōes: et iā suit dictū, ɋ Theoph. fecit illud. Quód aūt sint terminata, & finita, ex his, ɋ nūc dicā satis constat: ná cū tā ꝓbatū sit, ɋ qdlibet ꝓblema, seu ɋ sitū declarat ꝑ aliqd aliud ster ipsum, & q̈l iter illā é sumptā ꝓ declaratiōe illi' alterius, & ipsū q̈sitū extat oíno aliq̈ cōiūctio, seu adhærétia: ast. n.nó posset apparere ex ea in re q̈sita affirmatio, vel negatio seu destructio. Ergo res ꝑ indubio q̈ ꝓbet, ɋ res q̈sita ita se hǽat, vel ñ se hǽat ea rōne q̈ ꝓbata, v'erit véi q̈; aliq̈ súptū ex eētia ips̄ q̈siti, vel sumptū ex ei' accidétibᵒ & cōse

queūtibus,

ABRAM

suorū euētorū, aut accidētiū, aut rerū,
q̄ deforis sūt, inter q̄s & ipsū q̄sitū ē
habitudo q̄dā, & sifitudo, aut rerū
mediarū inter res, q̄ deforis sunt, &
q̄ ex rei essentia sunt. Et ex quo omne q̄sitū partitur in p̄dicatū & subiectū, & loca quæ sumuntur ex rei
essentia, aut sumunt ex essentia p̄-
dicati, aut subiecti, aut ex parte aliqua suarū definitionum. Et ex genere, aut differētia, aut cp sint ipsæ partes p̄dican, aut subiecti, hoc est, species prædicati aut subiecti, oportet
necessario cp loca sumpta ex rei es-
H sentia sint loca definitionis, aut generis, aut driæ, aut loca partitionis,
hoc est, quibus partitur p̄dicatū aut
subiectū in suas species. Et ex quo
rei euenta sunt accidentia, aut propria, quæ oībus nouem prædicamē-
tis insunt, expedit ēt hæc loca eē huius numeri. Et ex quo res quæ deforis sunt, aut eis attestatus fuerit ali-
q̄s testis, & hic est aut vnus accept̄,
aut multi, aut oēs homines, aut dispositiones sint, q̄ dispōnes sint quæ
deforis sunt, similes, aut oppositæ,
aut cōpositæ ex illis. seq̄ (necessario.
I cp illæ q̄ deforis sunt, ī hac partitiōe
includ̄q̄ sint, cōpositæ aūt ex illis sunt
loca, ex eo cp ē magis & min̄, & opposita, vt p̄latū ē, sunt q̄tuor, & sifitudo ē duarū sperū. Loca vero media īter res q̄ deforis sunt, & q̄ sunt
ab eēntia rei, putat cp sint loca à cau
b̄, & loca à coniugatis, & vt vh̄° inq̄
oīs locus nō euadit, qn sit aut subit-
trās has partitiōes, aut media īter illas, & vlterius īspiciē nobis hui° cō-
mōstratio ingsitiōe apd cōstitōe ip
forū locorū: sicq̄; ē hoc qd sponēdū
ē ante loca, & p̄cedem̄ au illorū di
numeratiōe m̄ Philosophi iter,
eiusq̄; ordinē, & hīc īcipit liber. ij.

MANTINI

q̄ētib°, vel ex reb° extrinsecis, inter q̄s & ipsū q̄sirū extat aliq̄ rō &
pportio, seu analogia, & sifitudo,
aut ex reb° medijs īter res extrinsecas
& res, q̄ sūt ab eēntia q̄siti. Et cū q̄
libet q̄sitū diuidat ī p̄dicatū & subiectū: loca āt sūpta ex eēntia rei, vel
sumunt ex defiōne p̄dicati, vel subiecti, vel ex pte defiōis eorū, tunc
vel erūt genā, vel driæ, vel erūt ipsæmet ptes p̄dicati vl subūri, hoc ē spē-
p̄dicati, vl subūti: necessario ergo loca sūpta ex eēntia rei erūt vl loca d-
fiōnis, vel gn̄ris, vel driæ, vel loca di
uisiōis, vc̄ cp diuidunt p̄dicatū vel
subūtū ī suas spēs, & hoc ī p̄dicame-
to subtilitiæ tm. Et cū ipsa cōsequē-
tia, q̄ rē cōsequunt, sint vl accentia,
vel pria, & hoc ī cūctis reputē p̄di-
camētis: idcirco cōsentaneū ē, vt
hæc loca sint tot nūero. Rursū cū d-
ex trīsecis vel hēat testimoniū, & illud vī ēvnū ā receptū & fid dignū,
vel plura, vel oīa vc̄ oēs hoīes, vel
res ipsē: res aūt extrīsecæ vel sunt similes, vel oppositæ, vel cōpositæ ex
his: idcirco necesse ē vt extrīsecā cō-
plectanē ī hac diuisiōe, cōpositæ v̄o
ex his erūt loca excessus & defect°,
seu magis, & min°, opposita, ēr vt p̄
dictū suit, sēt q̄tuor, & sifitudo v̄o ē
duplex. Loca vero media īter res ex
terriores, & eēntiā rei vār vc̄ loca cō
cretorū & loca abstractorū. Et vt
sūmatī dicā, necessario oīa loca cō
tinebunt ī sub his diuisiōib°, v̄erūt
media īter illas. S j hui° inductiōis
adhuc se offerret nobis aliq̄ clarior
ex p̄ō, qn de ipsis locis tractabimus.
Hactē° de his q̄ p̄fanda erāt ad an
tē q̄ locorū dinumeratiōe deueni
rem°, nūc v̄o ad cōn numeratiōe
aggrediamur iuxta methodū Arī
atq̄; ei° ordinē.

Arisfo-

ARISTOTELIS TOPICORVM

LIBER SECVNDVS.

SVMMA LIBRI.

De locis abſolutis accidentis ſuæ ad refellendum, deſtruendumque. ſuæ
ad aſſerendum, conſtruendomque.

De problematibus vniuerſalibus, & in quibus prædicatis ineſſe,
& eſſe conuertuntur.   Cap. I.

Vnt aut problematum hęc quidẽ vſia, illa vero particularia: vſia quidem, vt omnis voluptas bonũ eſt,
& nulla voluptas bonum: particularia vero, vt aliqua voluptas bonum, & aliqua voluptas non bonum. Sunt autem ad vtraque genera problematum
communia vſia:& conſtructiua,& deſtructiua. Oſtendêtes.n.qᵈ
omni ineſt,& qᵈ alicui ineſt oſtendentes erimus: ſimiliter autẽ et
ſi qᵈ nulli ineſt oſtenderimus, & qᵈ non omni ineſt oſtendentes
erimus. Primũ ergo de vſibus deſtructiuis dicendum, eo ǫ communia ſint hmõi ad vſia, & particularia, & quia magis poſitiôes
afferant in eo quod ineſt,ǫ̃ non: diſputantes autem deſtruant.

Eſt autem difficillimum côuerti ab accidente propriam nominationem: nam aliquo modo & non vñ in ſolis contingit accidentibus. à Definitione enim, & proprio, & genere neceſſarium
eſt conuerti: vt ſi ineſt alicui animal greſsibile bipes eſſe, conuer
tentem verum erit dicere, quoniam illud animal greſsibile bipes
eſt. Similiter autem à genere: nam ſi animal ineſt alicui, animal
eſt. Eodem autem modo & in proprio eſt: ſi.n.alicui ineſt grammatices ſuſceptiuum eſſe, grammatices ſuſceptiuum erit. Nam
nihil horum contingit ſm quid ineſſe, vel non eſſe: ſed ſimpliciter vel ineſſe, vel non ineſſe. In accidentibus autem nihil prohibet ſecundum quid ineſſe, vt albedinem, vel iuſtitiam. Quare
non ſufficit oſtendere quoniam ineſt albedo, vel iuſtitia, ad oſten
dendum ǫ albus, vel iuſtus eſt: nam habet dubitationem, quoniam ſecundum quid albus, vel iuſtus eſt, quapropter non neceſſarium eſt in accidentibus conuerti. Determinare autem oportet & peccata, quæ ſunt in problematibus: nam ſunt duo, vel in
eo quod falſum dicunt, vel in eo quod tranſgrediuntur poſitam
locutionem. Falſum etenim dicentes, & qui quod non ineſt, inee
alicui dicunt, peccant:& qui extraneis nominibus res appellant
(vt *platanum hoiem) tranſgrediuntur poſitam nominationem.

Sermo

A conuer-
ſione.

A definitio

C

A genere.

A proprio.

Sermo de locis accidentalibus, de quibus fit mentio in secundo libro, & scẽt loca ipsarum essendi simpliciter. Cap. I.

ABRAM

T dicimus, ꝙ quædam
qͤones sunt vͤs, & quæ-
dã particulares, & harũ
vtraꝗ; aut est affirmati-
ua, aut negatiua. Qͤones inꝗ; fiunt
qͣtuor (specierũ: affirmatiua vͤs,
ꝗ ut est dicere omnis delectatio est
bona, & vͤ. negatiua, prout est di
cere, nulla delectatio est bona, & affirmatiua particularis, prout est dicere, aliqua delectatio est bona, aut
delectatio quædã est bona: & negatiua particularis, prout est dicere,
aliqua delectatio non est bona, aut
nõ ois delectatio ẽ bona. Et ex quo
qͦnum vͤiũ consideratio continet
particulares, qͥ. n. cõstruimus rem
vͤem cõstruimus illã particularẽ, &
huiõi qͥ illã destruimus vͤem, destruimus eam particularẽ, conside
ratio hic fit de qͦnibus vͤibus ex-
ceptis particularibus. Præterea, quia
positiones topicæ sunt vͤes, & moris topicorum est illas cõstruere vͤ
constitutione, aut ipsas destruere
vͤ destructione, ex quo præmissæ
diuulgatæ sunt vͤes, quia particulares non suut diuulgatæ, & iterum
quia positiones topicæ sunt diuersæ variæ, & inuariabiles fͫ diuul-
gationẽ. Et vnãqͥdꝗ; quatuor qͥ-
torum, hoc est, ꝗsitu definitiõis, &
quæsitũ generis, & quæsitum proprij, & quæsitũ accidentis, destruiꝝ
destructione vͤ, & particulari, excepto accidẽte, quia ipsum destruitur destructione vniuersali, quando. n. commonstratur. ꝙ res nõ insit omni, commonstratũ est, ꝙ nõ
est genus, neꝗ; proprium, neꝗ; defiõ,

MANTINVS

D Icamus ergo ꝙ proble-
matũ alia sunt vͤia, alia
ꝙo particularia & vniꝋ-
qͩqꝗ; eorũ vel ẽ affirma
matiuũ, vel negatiuũ: & sic problemata erunt quatuor generũ, vt ꝗ affirmatiuum vͤe, vt cũ dicimus, oͥs
voluptas est bona, vͤe negatiuum,
vt cũ dicimus nulla voluptas est bo
na: negatiuũ autem particulare, vt
cum dicimus aliqua voluptas non
est bona, affirmatiuũ vero particu
lare, vt ꝗdã voluptas est bona, vel
aliꝗd voluptatis est bonũ. Sed cũ
tractatio & cõsideratio de problematibus vͤibus amplectitur & ipsa
particularia, qͥ affirmato vͤ affirmatur & particulare, destructo-
que vͤ destruitur & particulare, in
hoc loco considerantur problema
ta vͤia præter particularia. adde ẽt,
ꝙ positiones dialecticæ sunt vͤiꝗ;
vͤes: dialectici autem solent affirmare affirmatione vͤ, vel destruc-
te destructione vͤ, cũm propositiones probabiles sint vͤes. nã particulares sunt variæ & mutabiles,
non seruantes probabilitatem: qdlibet autem quatuor quæsitorum,
videlicet quæsitum definitionis, &
quæsitum generis. & quæsitum proprij, atꝗ; quæsitum accidentis continet destructionem vniuersalem,
& particularem, præter ipsum accidens, quod quidem destruitur de
structione vniuersali. Nam, cum
fuerit probatum, quod res non insit omni, seu non dicatur de omni,
manifestum erit, quòd non sit genus, neꝗ; proprium, neꝗ; definitio,

res   sed

res vero accidentis non est hmõi: inest enim subiecto particulari, p̃ut dictum est: & ob hoc idem põt p̃ illud construi accidens constructio ne particulari, & impossibile est de aliquo illorum, s. de genere, & proprio, & definitione, ɋ cõstruantur constructione particulari, ex quo prædicantur de toto subiecto: totum aũt hoc euidens sit ex eorum præcedentibus definitionibus. Error autem cadit in qõnes Topicas duobus modis: quorum vnus est, ɋ sint mendaces, aut ɋ loquat̃ de illis noïe inusitato in notione idiomatis, & apud vulgus non significaɩ illam rem pro qua illo vtunt̃, proͅut dicẽdo hoïem vegetabilem, aut consimili nomine de nominibus, ɋ sunt aliter, q̃ idioma significet.

sed non ita res se habet de ipso acci, denũ quia ipsum quidẽ reperit̃ par̃ticulare in ipso subiecto, vt dictum est: & ob hãc causam accidẽs potest affirmari affirmatione particulari, sed illa alia, videlicet genus, ꝓpriũ, & definitio non possunt affirmari, nisi vl̃t, cum prædicentur de omni, s. subiecto. Et hoc perspicuũ est ex eorum definiõibus antedictis. inquit: Contingit autem peccare in ipsis problematibus Dialecticis bifariam: nẽpe vel vt sint falsa & mẽdacia, vel ɋ transgrediantur cõsuetam nominum denominatione in illa lingua et nõ significet apud vulgũ illud qɩ solet apud eos significare, vt si hõ appellaret̃ bestia, & si sit noɩa, ɋ sign̄ant contrarii ũ sign̄arŭ, quo solet in illa lingua significari:

Lori problematum quod quicquam insit, vel non insit.   **Cap. 2.**

Vnus aũt locus est inspicere, si quid s̃m aliquem alium mo, dum inest, vt accidens assignauit. Peccatur autem maxime id circa genera. vt si quis albo dicat accidere colorem esse nõ. n. albo colorem esse accidit, sed genus eius color est. Contingit autem & s̃m nominationem determinare cum qui ponit: vt quod accidit iustitiæ virtutem esse. Sæpe autem & cũm non determinet, manifestũ ɋ genus, vt accidens assignauit: v̄t si quis albedinem colorari dixerit, vel ambulationem moueri: à nullo enim genere denominatiue prædicatio de specie dicitur, sed omnia vniuoce genera de speciebus prædicantur: nam & nomen, et rationem generum suscipiunt species: qui igitur coloratum dixit album, neque genus assignauit, quoniam denominatiue dixit neɋ vt proprium, vel vt definitionem: nam definitio, & proprium nulli alĩ inest, sunt autem colorata, & pleraɋ aliorum, vt lignum, lapis, hõ, equus: manifestum igitur quoniam, vt accñs assignauit. Alius locus est inspicere ea, quibus inesse aut omnibus, aut nulli dictum est: & considerare s̃m species, & non in infinitis. Nam translcu magis, & in paucioribus consideratio:oportet autem considerare, & incipere à primis, deinde consequenter vsque ad indiuidua. vt si oppositorum eandem disciplinã quis dixerit

Prim̃ locus. Declaratio.

L. Locus Declaratio.

Hic loc̃ õ obstructio est & destructio.

G dixerit esse, perspiciendum si eorum quæ sunt ad aliquid, & contrariorum, & quæ sm priuationem & habitum, & quæ secundum contradictionem dicuntur eadem sit disciplina: & si in his
nondum manisestum est, rursum ea diuidendum vsq ad indiuidua: vt si iusti, vel iniusti, vel dupli, vel dimidñ : vel cæcitatis,
vel visus: vel esse, vel non esse. Nã si in aliquo ostendatur q̃ non
eadem, interrimentes erimus problema: similiter autem & si nulli inest: iste autem locus conuertitur ad construendũ & destruen
dum. Si.n. in omnibus videatur cum diuisionem proserimus, vel
in pluribus, postulandum est autem vlr̃ ponere, aut instantiam
serre in aliquo non sic esse: nam si neutrum horum saciat absur-

5. Locus.
Declara-
tio.
dus apparebit, qui non poner. Alius est, definitiones facere accidentis, & eius cui accidit, aut vtriusq̃ de vtroq̃, aut alterius: de

H
A definit.
inde considerare si quid non verum in definitionibus, perinde ac
verum sumptum sit. Vt si est Deum iniustitiam facere, quid iniustitiam facere: si enim nocere sponte, manisestum, quoniã non
est Deum iniustitiam facere, non.n.contingit nocere Deum : & si
inuidus sit studiosus, quis inuidus, & quæ inuidia. Nam si inuidia est tristitia in apparenti prosperitate alicuius proborũ, manisestũ est q̃ studiosus non est inuidus, prauus.n. esset: et si indignãs
inuidus, quis vterq̃ eorum: sic.n. manisestum erit vtrũ verii, an
falsum sit quod dictum est. vt si inuidus quidem sit qui tristatur
in bonorum prosperitatibus, indignans autem, qui in malorum
prosperitatibus tristatur, manisestũ q̃ non erit inuidus indignãs.
Sumere autem & pro ijs (quæ in definitionibus sunt) nominibus
definitiones, & non desistere donec ad notum deuentum sit: nam

I
Quartr̃ lo
cus.
Declara-
tio.
Ab inisti-
tia.
5. locus.
Declara-
tio.
6. locus
Declara-
tio.
A multi-
plici con-
structione
& definit-
one apr̃.
sæpe cum tota quidem definitio asignata sit, nõ manisestum est
quod quæritur: pro aliquo autem eorũ, quæ in definitione sunt,
nominum, definitione dicta manisestum sit. Amplius problema,
propositionem sibi facientem iustare. Nam instantia erit argu-
mentũ ad positionem. Est autem locus hic pene idem ei, quo cõsiderare quibus inesse, vel oibus, vel nullis dictum est, differt autẽ modo, Amplius, determinare quæ oportet dicere, vt plures,
& quæ non. Vtile.n. & ad construendum, & ad destruendum: vt
ij̃quod nominationibus quidẽ res nuncupandũ vt plures: quæ au
tem sunt talia ne, an non talia, non amplius attendendum ad plu
res. vt salubre quidem dicedam effectiuum sanitatis, ceu plures
dicunt, vtrum autem propositum effectiuum sit sanitatis, an nõ,
non amplius vt plures dicendi, sed vt Medicus. Amplius, si mul
tipliciter dicatur, positum autem sit qm̃ inest, aut qm̃ non inest:
alterum monstrare eorum quæ multipliciter dicunt, si nõ vtraq̃
contingat.

contingat. Vtendum autem in ñs quæ latent: nã ſi non lateat mul- **A**
tipliciter dictum , inſtabit qm̄ non monſtratum eſt id quod ipſe
dubitabat , ſed alterum . Hic autem locus conuertitur & ad conſtruendum,& ad deſtruendum : nam conſtruere volentes oſtendemus qm̄ alterum ineſt, ſi non ambo poterimus: deſtruêtes autem qn̄ non ineſt alterum oſtendemus , ſi ambo non poterimus :
verum tamen deſtruenti quidê nihil oportet ex cōceſſione diſpu
tare, neq̃ ſi omni,neq̃ ſi nulli dictum ſit ineſſe : nam ſi oſtenderimus qm̄ non ineſt quodcunq̃ id ſit , interimentes erimus omni
ineſſe:ſimiliter autem & ſi vni oſtenderimus ineſſe,interimemus
nulli ineſſe. Conſtruentibus autem præconfitendũ , quod cuius
ineſt , omni ineſt, ſi veriſimile ſit poſtulatum . Non ſuſficit. n. ad
oſtendendum q̃ omni ineſt,in vno diſputaſſe: vt ſi hominis anima immortalis eſt, propter hoc,anima omnis immortalis: quare **B**
præconfitendum, q̃ ſi quæcunq̃ anima immortalis, omnis ſmor
talis: hoc autem non ſemper faciendum , ſed quando non facil e
poſſumus communem in omnibus vnam rōnem dicere : quêad-
modum Geometer, q̃ triangulus duobus rectis æquos habet tres
angulos . Si autem non lateat q̃ multipliciter dicit,diuiſum quo- 7. Locus
tupliciter dicitur , & interimendum,& conſtruendũ . Vt ſi decẽ Declara-
eſt vtile, aut honeſtum , tentandum ambo conſtruere, vel inte- tio.
rimere de propoſito : vt quod honeſtum,& quod vtile, vel quod A multi-
neq̃ honeſtũ, neq̃ vtile. Si autem non contingat vtraq̃,alterum tione.
oſtendendum , annotato q̃ hoc quidem eſt, illud autem non : eadem autem ratio,etiam ſi plura ſint in q̃ diuiditur . Rurſum quæ-
cunq̃ nō ſm̄ æquiuocatiōe dicunt multipliciter , ſed alio modo.
Vt diſciplina vna plurium, aut vt finis ,aut vt eius q̃d ad finem: Octauus .
vt medicina eius quod ſanitatem facit, vt quod cibat, aut vt am- Declara-
borũ finiũ, velut contrariorũ eadem diſciplina(nihil.n. magis fi- tio.
nis alterũ altero) : aut vt eius quod per ſe eſt,& eius quod per ac- **C**
cidens:Vt per ſe quidê q̃ triangulus duobus rectis æquales habet A fine &
tres angulos,p accidẽs aũt q̃ æqlaterus: qm̄.n.accidit triãgulo æq- medio ad
laterũ triãgulũ eē,p hoc cognoſcimus q̃ duobus rectis æquales ha dẽs.
bet.Si ergo nullo mō cōtingit eadẽ eſſe pluriũ diſciplinã , manifeſtũ qm̄ oĩno nō contingit eſſe, aut ſi aliquo mō cōtingit, manifeſtũ q̃d contingit. Diuidere aũt quotupliciter, vtile: vt ſi voluerimus cōſtruer e, talia præſtatuenda ſunt q̃cunq̃ contingunt, et diuidendum in ea tm̄, quæcunq̃ vtilia ſunt ad conſtruendum:ſi au
tem deſtruere,quæcunq̃ non contingũt,reliqua vero omittenda.
Id autem faciendum in ñe cũm latuerit quotupliciter dicuntur:et
eſſe hoc quidem huius , aut non eſſe ex eiſdem locis aſtruendum :

* al.l. aut
vt eorī. q
ıtı p ſe,
aut vt eo-
rū, ꝗ ſunt
ſedm ac-
cidens.

vt diſciplinam, huius quidem aut vt finis, * aut vt eorum ꝗ ſunt
ad finem, aut vt eorum quæ ſunt ſecundum accidens, vel turſuͫ
non eſſe aliquid ſm aliquem dictorum modorum: cadem autem
ratio, & in deſiderio, & quæcunꝗ alia dicuntur plurium. Eſt .n.
deſiderium huius aut vt finis, vt ſanitatis: aut vt eorum quę ſunt
ad finem, vt medicinæ conficiendæ, aut vt eorum ꝗ ſunt ſm accidens, vt in vino amicum dulce, non quia vinum, ſed quia dulce eſt: nam per ſe dulce deſiderat, vinum autem per accidens: ſi
.n. auſterum fit, non amplius deſiderat: per accidens ergo deſide-
rabat. Vtilitas autem locus hic, & in ꜧs ꝗ ſunt ad aliquid, pene .n.
talia ea, ꝗ ad aliquid ſunt. Amplius transferre ad euidentius no-

Nomī.
Declara-
tio.
Ab euidē-
tiore ap-
pellaūōe.

men. Vt pro exacto in opinione clarum, & procurioſitate cupi-
ditas ſuperfluarum rerum: euidentiori .n. facto quod dictum eſt,
bene argumentabilis eſt poſitio. Eſt autem hic locus ad vtrunꝙ
communis: ad conſtruendum, & ad deſtruendum. Ad oſtenden-

H

dum autem contraria circa idem ineſſe, conſiderandum in gene-

Decimus.
Declara-
tio.
A genere.

re. Vt ſi volumus oſtendere ꝙ eſt circa ſenſum rectitudo, & peccatum: ſentire quidem iudicare eſt, iudicare autē eſt recte, & non
recte, & circa ſenſum erit rectitudo, & peccatum: nunc ergo ex
genere circa ſpeciem demöſtratio fit: nam iudicare eſt genus ſen

11 . decla-
ratio.
A ſpecie.

tire: qui nanꝙ ſentit, aliquo modo iudicat. Rurſum, ex ſpecie
generi: quæcunꝙ enim ſpeciei inſunt, & generi. Vt ſi diſciplina
praua eſt, & ſtudioſa, & diſpoſitio praua & ſtudioſa: nam diſpoſitio, diſciplinæ genus. Primus autē locus falſus eſt ad conſtruē-
dum, ſecundus autem verus: non.n. neceſſarium quæcunꝙ generi inſunt, & ſpeciei ineſſe: nam animal eſt volatile, & quadrupes,
homo autem non. quæcunꝙ vero ſpeciei inſunt neceſſario & generi: ſi enim homo ſtudioſus, & aſal ſtudioſum eſt. Ad deſtruen-

I

dum autem & primus quidem verus, ſecundus autem falſus: quęcunque enim generi non inſunt, neꝗ ſpeciei: quæcunꝙ vero ſpe-

11. decla-
ratio.

ciei non inſunt, non neceſſe eſt generi non ineſſe. Quoniam autē
neceſſarium de quibus genus prædicatur, & ſpecierum aliquam

A genere
& ſpecie.

prædicari: & quęcunque habent genus, vel denominatiue dicuntur a genere, & ſpecierum aliquam habere neceſſe eſt, vel denominatiue ab aliqua ſpecierum dici. Vt ſi de aliquo diſciplina prędicatur, & grammatica, vel muſica, vel aliqua diſciplinarū aliarum prædicabitur: & ſi aliquis habet diſciplinam, vel denomina
tiue a diſciplina dicitur, & grammaticam habebit, aut muſicam,
aut aliquam aliarum diſciplinarum, vel denominatiue ab aliqua
earum dicetur, vt grammaticus, vel muſicus: ſi igitur aliquid
dictum a genere quoquo modo, vt animam mouen, conſiderandum

dum est si secundum aliquam specierum motus contingit animã A
moueri, vt augeri, vel minui, vel corrumpi, vel generari, aut q̃-
cunque aliæ motus species sunt : nam si secundum nullam, manifestum est quod non mouetur. Hic autem locus communis ad
vtrunque, & ad construendum, & ad destruendum : si enim sm̃
aliquam speciem mouetur, perspicuum est quoniam mouetur: et
si sm̃ nullam specierum mouetur, manifestum q̃ non mouetur.
Cum autem facultas non assit argumentationis ad positionem, *Declaraf.*
intendendum ex definitionibus aut quæ sunt propositæ rei, vel *tertius.*
quæ videantur, & si non ab vna, etiam à pluribus. Facile enim *Declara-*
definientibus argumentari erit : nam ad definitiones facilis argu- *tio.*
mentatio. Considerandum autem in proposito, quoniam existen- *14. declara*
te necesse est positum esse, aut quid est ex necessitate, si proposi- *ratio.*
tum est. Construere quidem volenti, quo existente propositum B
erit ex necessitate: nam si illud ostendatur esse, & propositum
ostensum : erit destruere autem volenti, quid est si propositũ est :
nam si ostenderimus consequens propositum non esse, interimen
tes erimus propositum. Amplius, ad tempus inspiciendum si ali *15. decla-*
cubi dissonat. Vt si quod nutritur, dixerit quis ex necessitate au *ratio.*
geri: nutriuntur enim semper animalia, augentur autem nõ sem
per. Similiter autem & si scire dixerit quis reminisci: hoc enim
præteriti temporis est, illud autem præsentis, & futuri : scire. n̄.
dicimur præsentia, & futura, vt quoniam erit Solis defectus, reminisci autem non contingit aliud q̃ præteritum. Amplius so- *16. decla-*
phisticus modus ducere ad id, ad quod plurimam habemus ar- *ratio.*
gumentorum facultatem. Hoc autem erit quandoq̃ quidem ne- *A facultas*
cessarium, quandoq̃ autem apparens necessarium, quandoq̃ au- *re copinia*
tem neq̃ apparens, neq̃ necessarium: necessarium quidem, quan- *argumento*
do negante eo qui respondet aliquid vtilium ad positionem, ad il *rum.* C
lud rationes facit: contingit autem id talium esse ad quæ copio-
sam argumentorum facultatem habemus, similiter autem & qñ
inductionem ad aliquid per positum faciens, interimere conatur:
hoc enim interempto, & propositum interimitur. Apparens autem necessarium est, quando videtur quidem vale, & accom-
modum positioni, non est autem ad id ad quod fiunt disputationes, siue negante eo qui disputationem sustinet, siue ab inductione probabili, per positionem ad idem factam interimere conetur
idipsum: reliquum vero quando nec necessarium est, nec apparens ad id ad q̃ fiunt disputatiões, & sine causa accidit redargue
re respõdentem. Oportet autem deuitare postremum dictorum
modum: oĩno.n̄.semotus, & extraneus videtur esse à dialectica.

E ij Quare

D Quare oportet & respondentem non grauiter ferre, sed ponendo
quæ non vtilia sunt ad positionem significare quæcunq́ non videntur, ponit tñ: nam magis perplexos esse vt plurimum contin
git eos, qui interrogant, qñ omnia hmõi ab eis posita fuerint, si
non concludunt. Amplius, omnis qui dixit vnumquoduis, quodam modo multa dixit: eo qᵽ plura vnicuiq́ ex necessitate con
sequentia sunt (vt qui hominem dixit esse, & qᵽ animal est dixit,
& qᵽ animatum,& qᵽ bipes, quodq́ mentis,& disciplinæ suscepti
uum) quare quouis vno consequentiũ interempto, interimitur
et quod in principio est: cauere autem oportet in huiusmodi, difficilioris assumptionem facere. Nam qñqᵽ facile est consequens
interimere, quandoqᵽ idipsum propositum. Quibuscunqᵽ aũt ne
cesse est alterum tantum inesse, vel non inesse, vt homini ægritudinem, vel sanitatem: si alterum facile poterimus disputare quod
E inest, vel non inest, & ad reliquum facile poterimus. Hoc autem
conuertitur ad vtrunqᵽ: ostendentes. n. quod inest alterum, quod
non inest reliquum ostendentes erimus: si autem quod non inest
ostendamus, reliquum inesse ostendentes erimus: manifestum
igitur quòd ad vtrunque vtilis hic locus est. Amplius argumen
tari transferendo nomen in orationem: cum longe magis consentaneum visum fuerit transsumere quàm vt ponitur nomen. Vt magnanimum non fortem (vt ponitur) sed ma-
gnum animum habentem: quemadmodum fidentem, bona spe-
rantem. Similiter autem & ingeniosum. cuius fuerit genius studiosus. quemadmodum Xenocrates inquit, ingeniosum eũ esse,
qui animam sortitus est studiosam: ipsam enim vnicuiqᵽ esse ge-
nium. Quoniam autem rerum aliæ quidem sunt ex necessitate,
F aliæ autem vt in pluribus, aliæ vero vtrumlibet, si quod ex necessitate est, vt in pluribus ponatur, aut quod vt in pluribus, ex necessitate: aut ipsum, aut contrarium ei quod est in pluribus, sem
per dat locum argumentationis. Nam, si quod ex necessitate est,
vt in pluribus ponatur, manifestum quoniam non omni dicit in
esse, cum instt omni: quare peccauit: siue, quod in pluribus dicitur, ex necessitate dixit, omni dixit inesse, cum non insit omni:
silit aũt & si contrarium ei qd in pluribus est, ex necessitate dixit,
sēp. n. in paucioribus dicitur contrariũ ei, qd est vt in pluribus.
vt si vt in pluribus praui hoſes, boni in paucioribus, quare mul
to magis peccauit, si bonos ex necessitate dixit esse: similiter autē
& si qd vtrūlibet est, ex necessitate dixit, vel vt in pluribus: neqᵽ
.n. ex necessitate vtrunlibet, neqᵽ vt in pluribus: contingit autē
& si nõ determinans dixerit vtrum vt in pluribus, an ex necessitate

A tate dixit: fit autem res vt in pluribus disputare. vt si ex necessitate is dixerit. Vt si prauos exhæredandos dixit esse, non determinans, tanq̃ ex neceßitate is dixerit, disputare. Amplius, & si idẽ
sibi accidens posuerit vt alterum, eò q̃ alterum sit nomen. Quem
admodum Prodicus diuidebat voluptatem, in gaudium, & iucun
ditatem, & lætitiam: hæc .n. omnia eiusdem (id est voluptatis)
nomina sunt: si ergo aliquis gaudere, ei quod est lætari ponat ac
cidere, idem vtique sibiipsi dicet accidere.

11. Decla-
ratio.

Sermo de Locis quæstionum de Inesse, & non Inesse. **Cap. 1.**

Initium autem locorum, q̃ enim
riauit Arist. est, q̃ consideremus
prædicatum positi. si enim fuerit
in suo subiecto, secũdum q̃ vnum
illorum prædicatorum excepto ac
cidente, non fit accidens, & si deno
minauerit illud denominatione, q̃
sit accidens subiecto, errauit nomi
nis appellatione. vt si diceret q̃ albe
dini acciderit, quòd sit color, color
enim est albedinis genus, non acci
dens. Et aliquando cadit error in
generis prædicatione de subiecto,
q̃ prædicetur prædicatum acciden
tis, quod est, q̃ de suo subiecto præ
dicatur nomine denominatiuo, vt
si quis diceret q̃ albedo sit colorata: notum enim est, q̃ qui hoc fecerit, prædicauerit accidens prædicatio ne accidentis, non prædicatione generis: genus enim prædicatur
de specie prædicatione, qua conuenit eius nomen, ip siusq̃; definitio,
non prædicatione proprij & definitionis: hæc enim sunt propria rebus,
de quibus prædicantur: hoc est q̃
non insunt alijs ab illis, coloratum
autem inest alij ab albedine. Notũ
itaque est quòd qui hoc fecerit de-
nominauerit genus q̃ sit accidens.
Secundus

Primus loc', de quo fecit Arist.
mentionẽ, est vt inspiciamus q̃
dicatum propositi: nã, si insit subiecto suo, quatenus est vnũ ex reli
quis alijs præter accidens, tunc non
erit accidens: q̃ si quis denomina-
uerit ipsum esse accidens subiecto,
iam errauit in nominis denomina
tione. vt si quis dixerit, q̃ accidit al
bedini, vt sit color: nã color est genus albedini, non accidens. Potest
quoq̃, committi error in prædicatione generis de suo subiecto: nem
pe si prædicetur prædicatio ne acci
dentis, & q̃ prædicetur de suo subie
cto nomine denominatiuo, vt si q̃
dixerit albedinem esse coloratam:
nam manifestum est, q̃ qui ita fece
rit, fecit vt genus prædicetur prædi
catione accidentis, non prædicatione generis, quoniam genus prædicatur de specie prædicatione vniuoca, videlicet q̃ eius nomen & de
finitio vniuoce dicuntur: neq̃; præ
dicatur prædicatione proprij, ac de
finitionis, quoniam hæc propria
sunt illis rebus, de quibus prædica
tur, itavt nõ insint alijs: sed colora
tum alijs inest, quàm ipsi albedini.
Qui ergo hoc fecerit tum denominauit, & descripsit genus quatenus
est accidens.

C Secundus autem locus sumitur
Locus I. ex rei eentia, qui est locus sumptus
ab essentia partitionis: qñ.n.noi vo
lumus per hunc locum procurare
prædicatum inesse subiecto, aut nõ
inesse, partimur subiectum in suas
species, deinde in suarum specierũ
species, donec finiant in sua indiuidua: deinde inspicimus inesse prædicatum illis, si commõstratũ fuerit ꝙ insit omnibus illis, aut suis pri
mis speciebus, aut specierum specie
bus, aut iudiuiduis, si non insit spe
ciebus, aut omnibus illis, aut maio-
H ri parti illatum, commonstratum
fuerit illud inesse toti subiecto: &
componitur ex hoc oratio inquisitiua, non demonstratiua, ex quo
syllo demonstratiuo commonstra
tur particulare per vñe, hoc aũt cõ-
monstratur vñe per particularia:&
si commõstratum fuerit, ꝙ illud
sit negatũ ab omnibus illis,cõmon
stratum est, ꝙ prædicatum sit nega
tũ à toto subiecto: & ex hoc oppo-
neret secũda species primę figurę:
si autem commõstratũ fuerit, ꝙ illud sit negatũ ab aliquibus illorũ,
I cõmonstiat illius destructio ab illo
in tertia figura.vt v.g.si ꝗrerentus,
an oppositorũ scia sit vna, diuidere
mus oppositia in quatuor species, ꝗ
sunt affirmatiuũ & negatiuũ, & cõ
traria, & relatiua, & priuatiuo & ha
bitus: & si de his cõmonstratũ fue
rit, ꝙ olum ipsorũ scia sit vna, cõmonstratũ est, ꝙ oppositorũ scia
sit vna:hoc.n.itinere procederetur
de olbus oppositorũ speciebus:si aũt
cõmõstratũ eet, ꝙ nõ eet vna scia
ipsorũ scia, cõmõstratũ inde eet ne
gatiuũ vñe l̃ prīa figura:& si cõmõstratũ eet, ꝙ scia quorũdã ipsorum
nõ

Secũdus locus est sumptus à rei **K**
essentia, & substantia, & est locus
sumptus per viã diuisionis:nã cum
volumus l hoc loco respicere vtrũ
ꝓdicatũ insit subiecto, vel nõ insit,
diuidim⁹ subiectũ in suas spẽs, mox
in spẽs specierũ eius donec desinãt,
& finiant ola iudiuidua eius, deinde inspicimus in eis inesse ipsam ꝓ
dicatum,& si notũ suetit ipsum inesse olbus illis, siue primis specieb⁹,
siue speciebus specierũ vel ipsis indiuiduis, si non suerit manifestũ ip
sum inesse speciebus, siue osbus ipsis, siue maiori parti eorũ, tunc con **L**
stabit ipsum inesse toti subiecto, &
constituetur ex hoc oratio inducti
ua,non demonstratiua, cũ in syllo
demonstratiuo declaret particulare per vñe,in hoc vero manifestatur
vñe per particularia:at si cõstet ipsum negari ab omnibus illis,tũc cõ
stabit ipsum prædicatum esse quoque negato à toto subiecto,& constituetur ex hoc secũdus modus prī
figurę.Quõd si constet ipsum esse
negatũ ab aliquibus illorum, seu à
parte ipsorũ,tunc constabit eius de
structio in tertia figura. Exempli **M**
causs,si ꝗramus vtrũm scia oppositorum sit eadẽ, tunc.n. diuidemus
ipsa oppositia in quatuor sua gña, ꝗ
sunt affirmatio & negatio &ipsa cõ
traria,& ipsa relatiua, & priuatio &
habitus:& si in his constabit ̃ciam
de omnibus illis esse eandẽ,tũc con
stabit sciam oppositorũ esse eandẽ,
& hoc inductiue de olbus generibⁿ
oppositorũ:& si cõstet sciam olum
eorũ non esse eandẽ,tũc cõstabit ꝗ
hoc vñs negatiua in prima figura.
At si constet sciam quorundã eorum non est eandem, tunc constabit

A non effet vna, cõmonftratũ eft negatiuum, qd cõcluderet particulare in tertia figura. Si aũt in primis
fpeciebus oppofitorum nulla res de
hoc nobis cõmonftraret, vnũqdq;
ipforũ diuideremus ad fcdas ipfius,
& fi hinc cõmonftratũ nobis fuerit,hoc ipfum eft,qd ,pponebam',
finanế & illas diuidimus quoufq;
ad indiuidua proceffus finiatur.

Locus. j. Tertius aũt locus fumitur ex de
finitione, & eft demonftratiuus ex
rei effentia: hic aũt fit duobus mo
dis: aut ợ definiamus quæfiti fub
B iectum, & fi cõperiamus quæfitum
effe ibi, commõftratũ eft in prima
figura,ợ infit fubiecto,& fi cõmon
ftraret ợ fit ab illo negatũ, cõmõ
ftruur ợ negetur ab ipfo fubiecto
in prima & fecũda figura. V.g.an
aĩa fit mortalis, & dicimus, aĩa eft
fubftãtia, quæ ex feipfa mouetur
continuo motu, qd autế eft hmõi,
eft immortale,aĩa itaq; eft immortalis: fecundus autem modus eft,
quõd definiamus ipfummet prædicatum , & fi ipfum inuenire --
mus in fubiecto, cõmonftratũ eft
C ợ prædicatum infit toti fubiecto in
fecunda figura: definitio. n. conuer
titur, nifi.n.hoc effet, nõ concluderet: fieret.n.ex duabus affirmatiuis
in fcda figura. Si aũt cõmonftratũ
eết,ợ ipfius definitio eết negata ab
ipfo fubiecto concluderet negatiuã
vlem in fcda figura. V.g.an ftudiofus fit inuidus, & fuemimus inuidũ
no xiũ rei ,pfperitatis,ftudiofum au
xế ñ nocere rei ,pfperitati,cõcludið
itaq; ftudiofũ nõ eế inuidũ. Si ãt fi
eết aliqd explicitũ de defiõne ,pdi-
cati & fubiecti, faemus de ,ptib' definitiõis, ,put fecimus de fubiecto,
aut

bit ex hoc negatiua, ợ inferet parti D
culare in tertia figura. Quõd fi nihil huius rei conftet in primis fpeciebus oppofitorũ,tunc diuidemus
oẽfpecies eorũ:& fi ex his conftet,
habemus intentũ, qd volumus : &
fi non, tunc diuidemus eas donec
deuenia̅ur ad indiuidua.

Tertius locus eft fumptus à defi-
nitiõe,& eft demonftratiuus fubftã
tiæ rei : & fit dupliciter: primo mõ
vt definiat fubiectũ problematis,
& fi inueniaf prædicatum ineffe ei,
tunc oftendit ɫ prima figura ipfum
ineffe fubiecto : at fi ,pbetur ipfum E
effe negatũ ab eo, tunc probatur ip
fum effe denegatũ ab ipfo fubiecto
in prima & in fecũda figura. exempli gra, verum aĩa eft mortalis,& di
catur aĩa eft fubftantia mobilis per
fe motu continuo : id autem, quod
ita fe habet,eft ĩmortale: ergo anima eft ĩmortalis,fecundo vero mo
do fit, vt definiatur ipfummet prædicatum,& fi inueniatur ineffe fub
iecto,tunc conftat prædicatum ineffe toti fubiecto in.ij. figu.quia de
fiõ eft cõuertibilis,alias.n. nõ concluderet, quia conftaret ex duabus F
affirmatiuis in fecunda figura: at fi
conftet, quod eius definitio negetur à fubiecto , tunc concludet negatiuam vniuerfalem in fecunda fi
gura. exempli gratia, verum ftudiofus fit inuidus: & inueniemus
inuidũ triftan in profperitatibus,
ftudiofus vero non triftatur profperitatibus: concludetur ergo, ftu
diofus non eft inuidus. At fi nihil
definitionis prædicati & fubiecti
nobis declaretur, tunc idem faciemus de partibus definiõnis, quod
fecimus de fubiecto, vel de præ---

E iiij dicato

& aut de ipso pdicato, hoc est, de defi
nitiõe partiũ alterius illorũ, & illã
consideramus eo mõ, quo hoc con
siderauimus de ipso subiecto, aut p'
dicato, & sic vsq; ad simplicissimã
partium definitiõis: hoc aũt sit, qñ
non fuerit nobis cõmonstratũ per
id, qd ante hãc propositum fuerat.

Locus. 4.   Quartus autem locus est ꝗ ꝗra
mus contradictoriũ ei, quæ posita
fuerat, & quo ad hoc ꝑcurabimus.
quantum possibile fuerit. Si autem
illi non fuerit contradictoriũ, aut
si illud inuenerimus, iam ipsum de
H structerimus, verificatum est ip
sum positũ. Vis aũt hmíns loci est,
vt visloci, qui inquisitione est ali
quid verificatum: contradictionis
.n. priuatio sit ipso sensu. & aliꝗã sit
inquantum non est sylłs, qui illi
contradicat: & hic non est locus,
sed est præceptum iuuans construc
tionem subiectionum diuulgata
rum, nec ét est demonstratiuus: nõ
enim sequitur, qñ alicui rei nõ fue
rit contradictorium, aut ꝗ illius cõ
tradictio destruatur, ꝗ illa sit ꝓ se
vera: posset enim aliquando esse il
I li aliud contradictorium, præter ꝗ
nos estimemus illud.

Locus. 5.   Quintus autem locus est à par
te dictionum, ꝗ significetur res no
mine diuulgato apud vulgus, non
nomíe ficto huic rei, siue apud vul
gus significet aliquam rem, siue nõ
lignihcet. Et ille qñdé est topicus
iuuans constructionem, & destru
ctionẽ: nisi res sit illius, cui nõ est
nomen apud vulgus, & est ei nomé
in scientia alicuiusartis: expedit n.
ꝗ illo vtamur, prout sit apud artifi
ces illi'' artis, & aliud esset præce
ptum, non locus.

Sextus

dicato ipso, nempe, quòd capie- R
mus definitionem partium defini
tionis vnius eorum, & experiemur
eam eo pacto, quo tetauimus illud
in ipsomet subiecto, vel prædicato:
& sic ꝓcedemus donec deueniatur
ad simpliciorem partium definitio
nis: & hoc, si non declaretur, & cõ
stet nobis id, qd volebamus añ hoc.

Quartus locus est, vt queramus
instantiam rei, quæ fuit, & vtamur
in hoc magna diligentia, quantum
fieri potest, & si non innenerimus
instantiam, vel si inuenerimus, iam
destruxerimus eam, tunc verifica- R
tur ipsa pohtio, seu positam. Locus
autem hic eandẽ habet vim, quam
habet locus, qui per inductionem
verificatur: qm priuari instantia,
vel accidit ea sensu, vel ꝓpter quia
non datur aliquis syłłs, qui contra
dicat ei: & hoc non est locus, sed p
ceptum, quod iuuat ad confirma
tiones positionum probabiliũ: ne
que est ér demonstratiuus, propte
rea, quia non est necessarium, si res
non habeat instãtiã, vel ꝗ destrua
tur eius instãtia, vt ꝓpterea sit ve
ra in se, quia forte ille habet instan- M
tiã, licet nos non aduertamus eam.

Quintus locus est sumptus ab ip
sis denominationibus. seu nomini
bus rerũ: & quo res significat no
mine famoso apud vulgares, nõ no
mine ficto ad significãdã illã ré, si
ue significet apud vulgus aliã ré, si
ue non. Est aũt locus is dialecticus
valés ad cõstruédũ & destruédũ: ni
si forte illa res nõ hãt nomé apud
vulgares, sed hãt nomé apud scta ꝗ
alicuius artis: tunc. n. debemus vti
eo, vt vtitur ipso professor illius ar
tis: & est vtiq; præceptũ, non locus.

Sextus

ABRAM

MANTINVS

I

Locus. 6.

A Sextus locus, qui et est ex ipsis dictionib', qui e vt positis, quod que-
rit an sit, aut nõ sit, dicat nos æquiuocatione, & qñ id nõ estimat respõ
dens, possit errare: quærens itaq; distinguat rem æquiuocã in oîa signi
ficata, de quib' dr, quia hęc e diuisio
generis in ei' spēs: deinde commonstret modo quodã simili inqsitioni,
ợ prædicatum insit roti subiecto, eu
quo inest maiori parti significator,
aut osbus, in quæ distinguitur nomē:
& hoc sit, qñ proposita fuerit õstru
ctio. Quando aũt ợpolita est destru
ctio, commonstratur, ợ prædicatũ
nulli illorum significatorum insit.

Et vt hic locus est sophisticus, id
autem quod de hoc expedit topico,
est, vt fugiat vsum huiusloci, & qñ
ei inciderit, distinguat omnia significata, de quibus dicitur ipsum æqt
uocam, deinde proferat illorum ve
rum distinctum à non vero: & hoc
idem expedit ei facere de nominib'
analogis, deinde taudem proferat
quod illorum sit verum & quod fal
sum. Expositores autem numerant
hunc locum septimum omnem. Llo
cum, quo sit nomen analogum, cũ
sto veritatem nec ille, nec ipsum pre
cedens sit locus topicus.

Locus. 8. q
& nõ' in
Auctore

Octauus aũt locus est, ợ oporteat
traducere nomē rei, qñ latet, ad id,
quod est notius illo, prout vice illi'
quod dicimus cogitatu, certum poneremus ipsum verum hoc autē est
præceptum inuãs facilem inuentionem syllogismi, & non est locus.

Locus. 9. q
& decim'.

Nonus locus est, ợ õsiderem' ge
nus subiecti, & si in illo inuenirem'
iặm pdicatõ, enũtiam', ợ illud insit
subto: & pcipue qñ proponi mus cõ
mõstrare, ợ cõtraria pdicatũ de vna
re,

D

Sextus locus sumptus quoq; ab ỳp
sis nominibus & est, cùm ipsum posi
tum, de quo quærit verum reperiat
vel non reperiat, dicatur æqñiuoce,
& cùm respõdens nõ aduertat illud,
tunc poterit decipi opponens: tunc
ergo diuidat illa res æquiuoca in oîa
significata, de quibus dr, quia hęc e
diuisio generis in suas spēs, deinde
exponat p viam similem inquisitio
ni, ợ prædicatũ reperitur, seu inest
toti subiecto, cũ insit maiori parti re
rum, in quas diuidit illud nomen,
vel in oîs hoc aũt sit, cùm quærit af
firmare seu cõstruere: sed cũ vult de
struere, probabit tunc subiectũ non
inesse alicui illorũ significatorum.

Et tandem hic locus est sophisticus.
Dialectic' ergo dbet euitare vsum
huius loci: ợ si in eũ inciderit, tunc
diuidat oîa significata, de quibus dr
illud æquiuocũ, eaq; distingat, mox
declaret quod illorũ sit verũ, & qd
non verũ: & hoc idē debet facere in
nominib' dubiis, quæ analoga solēt
vocare, mox declarare, seu distinguere verũ à falso. Expolitores aũt
numerant hunc locum septimũ, C
locum, qui sit per nomē analogum,
seu dubiũ, qui quidem non est dialecticus nec ipse, neq; præcedens ei.

E

F

Octauus locus est, vt transferam'
nomē rei, quod sit ignotus, ad aliud
nomē magis notũ illo, vt cũ diximus
vice huius, nominis i certo in cogita
tione, dicat verum: hoc m̃ est præ
ptum conducens ad ipsum syllã fa
cile inueniendum, & non est locus.

Nonus locus est, vt õsiderem' ge
nus ipsius subiecti, & si inuenerim'
pdicatũ inesse ei, tũc iudicam' ipm
inesse sũbto, præserum cũ voluerim'
probare cõtraria inesse cidē rei, nã si
insint

G re, quia quæ infunt fuo generi, infunt & illi. vt qp fenfus fit rectum, &
error, quia cogni non is fit rectum &
error. Cognitio enim eft genus ipfius fenfus, & fenfus eft illius fpes, &
ille eft locus veridicus, quia demon-
ftratio fpeciei per genus, eft cõmon
ftratio partis per ipfum totũt, & ille
eft demonftratiuus, prout præpofi-
tum eft. Et poffet ferri de mẽo de ge
nere p fpecie conftruendo: quicqd
enī ineft fpeciei, ineft generi: & hic
componitur per fyllm cõditionalẽ.
H Verbi gēa, quia fi homini infit ipfa
ratio, aiali ineft ratio: hæc aũt de-
monftratio non euenit et negatiue:
qñ enim homini nõ ineft rõnis priuatio, non fequit qp animali nõ infit rõnis priuatio: demõ vero fpeciei ex genere per fyllm conditiona
lem eft poffibilis, negatiue: quicqd
enim negat ab ipfo genere, negatur
ab ipfa fpecie, quia fi animali nõ infit rõ, nec homini ineft rõ, licet impofe hoc fit affirmatiue: qñ enim ra
tionis priuato ineft animali, nõ ineft rationis priuano ipfi homini.

I Decimus autem locus eft. qp cõfi
deremus quæfiti prædicatõ, quia fi
fit genus & prædicet de quæfiti fubiecto, neceffario fequitur qp fubiecto
infit pars aliqua fpecierum huius ge
netis. Si eqꝗ quicquid denominam°
per hoc gen°, vt fi diceremus, an ani
ma moueat: quia fi poffit moueri,
neceffario fequitur, qp moueat per
aliquã fpecierũ motuum, quæ funt
quatuor, videlicet, tranflatio, alteratio, augmentũ & decrementũ, & ge
neratio & corruptio: hoc aũt loco
connectitur nexus, fi cõcludens fuerit affirmatiuum, vt qp aia moueat,
in prima figura: fi aũt fuerit negatiuum,

K in fint generi ei° infunt eit vt qp circa
fen fum reperitur rectitudo, & pecca
rum, quia circa iudicium, feu appre
benfionem errat rectitudo, & pecca
tum: iudiciũ enim hic, eft genus ad
fenfum, fenfus vero eft fpeiei, & eft
vtiqꝫ locus verus demonftratiuus:
nam demõ de fpecie per genus eft
declaratio partis p totum, vt prædictum fuit. Fit aũt demõ de genere
per fpeciem ad conftruendũ, feu af-
firmandum, qñ quicquid ineft fpe
ciei ineft generi: hoc aũt componit
per fyllm hypotheticum. exẽpli gra
L tia, fi homini ineft ratiocinũ, ergo
animali ineft ratiocinũ: fed hæc de
monftratio non fiat p negationẽ,
nã fi homini non ineft irrationalitas, non ꝓpea fequit, qñ infit ipfi ani
mali irrationalitas. At dem fo de fpe
cie p genus in fyllo hypothetico po
teft vtiqꝫ fieri per negationem, qñ
quicquid negat de genere, negatur
de fpecie: nam fi animali nõ infit ra
tiocinũ, neqꝫ ipfi homini quoqꝫ inerit ratiocinũ: fed hoc non fiet per
affirmationẽ: nã fi irrationalitas ſeſt
aiali, irrationalitas non inerit hoĩ.

M Decimus locus eft, vt refpiciam°
ꝓdicatũ ipfi° quefiti, qñ fi fuerit genus, & fuerit ꝓdicatũ de fubiecto qſ
ti, tũc neceffario oportebit ſe ſe ipſi
fubiecto aliquã fpeciẽ illius generis:
fiſtꝗ quodcunqꝫ nome illius generis impofuerit, vt fi dicaſ, vtrũ aĩa
moueaᵗ, nam fi eſt poſſibile eã mouen, neceffario vtiqꝫ oportebit eam
moueri aliqua fpecie quatuor mo-
tuũ, q funt traslationis, alterationis,
incremẽti, gnationis & corruptiõis,
huius aũt loci componetur fyllfr, vel
cõcludens affirmatiuã, qp aia mo-
ueᵗ, & in prima figura: vel cõcludẽs
negatiuũ,

Locus.18.
q eft vnde
cimus, &
duodeci-
mus.

ABRAM

druum, vt ꝙ anima non moueat, &
per conditionalem subiunctiuam.
Verbi gra, ꝙ dicamus, si anima mo
uentur, aut crescit, aut alteratur, aut
transfertur: Deinde repetatur conse
quens, scilicet ꝙ nullo horum mo
tuum mouetur, & concluditur, ꝙ
anima non mouetur: & aliqñ con
cluderet in secundæ figuræ aliqua
specie, si concluderet duabus con-
uersionibus: sed in prima figura nõ
concluderet, quia minor sit negatiua, & hic locus est demõstratiuus
& sumitur ex rei essentia.

B Vndecimus autem locus sumitur
ex consequentibus, hic autē sit duobus modis: quorum vnus est, ꝙ con
sideretur quæ sit illa res, quæ quando est necessario sequitur esse positum, & hic locus semper est constru
ctionis: quãdo enim ponimus rem,
quæ quãdo est, sequitur esse ipsum
positum antecedēs, & quæsitum esse
consequēs. deinde repetatur ipsummet
antecedens, & concludatur ipsummet consequens. Verbi gratia,
si quæramus an vacuum sit, & dicatur si motus sit, vacuum est: sed mo

C tus est, vacuum itaq; est. secūdus autem modus est, ꝙ cõsideremus quæ
sit res quæ est quæsita, quæ est, quan
do positum est, & hic locus est semper destructionis, hic autem sit ponendo quæsitum antecedens, & res
consequens ipsum esse, & sit: deinde
repetamus oppositum consequentis, & concludatur oppositum antecedentis. Verbi gratia, ꝙ nostrum
quæsitū sit, an vacuum sit, & dicat,
si vacuum esset, corporis dimensiones essent separatæ: deinde repetat,
sed dimensiones nõ sunt separatæ,
concludatur, vacuum itaq; non est.

Hæc

MANTINVS

negatiuam. s. ꝙ anima non mouet. **D**
& p hypotheticā conditionalē seu
cõiunctiuā. exempli gratia, si dicat
si ala mouet, ergo vel crescit, vel alte
rat, vel transfert localiter, mox repe
tat oppositū consequētis, quod est,
ꝙ nõ mouet aliquo illorū motuū,
& sic cõcludet, ꝙ anima nõ mouet:
poterit ō concludere in secūda figura in aliquo ei us modo, quæ proba-
bitur p duas conuersiones, & erit secundus modus: at si prima figura nõ
concludet, quia minor esset negatiua, iste autem locus est demõstratiuus,
& est sumptus ā substantia rei. **E**

Locus vndecimus est sumptꝰ ab
affirmationibꝰ seu cõsequētijs, & sit
duobꝰ modis: primo, vt cõsiderem̄,
ꝙ sit illa res, qua data oporteat necef
sario dari, ꝑpositū quæsitū: & is locus est semp affirmatiuus, seu cõstru
ctiuus: & hoc cū posuerim̄ re, quæ
data, oporteat dari posui aña, & quæ
sitū cõsequens: deinde repetaī illud
met aña, & concludat: illudmet cõse
quēs, exēpli gratia, quæsitū, seu problema sit, vtrū det vacuum: & dicamus si motꝰ dat, vacuū dat: sed mo
tus dat, ergo vacuum datur: secūdo **F**
mõ sit, si cõsideremus eā rem, ꝙ dabit quidē dato ipso ꝑposito ꝙto:
& is locus est semp destructiuus, &
hoc, s. si ponamus quæsitum pro an
tecedente, & id quod sequitur ad ci⁰
esse pro cõsequēti: mox repetamus
oppositū cõsequētia, & cõcludat op
positū antecedentis, exēpli gra, si sit
quæsitū, vel problema: vtrum detur
vacuū, & dicamus, si vacuū daretur,
ergo dimēsiones corporis essent separatæ: mox repetamus, sed dimensiones nõ repetiunt separatæ, & con
cludetur, ergo vacuum non datur:

hi aūt

ARGVM.   MANTINVS

G Hæc quidem loca sunt demonstratiua, sed prout dictū est de conditionibus syllī conditionalis est, qñ sit ꝗ
connexio sit commonstrata per syl
logismum cathegoricum, aut repe-
ritum, si connexio esset per se nota.

Locus 12. Duodecimus locus sumi ex par-
& est deri te pis, & hic quidem fit, ꝗ, qñ prędi
uigatus catū & subiectū fuerint in aliqua re
in Aristot. varia fm tempus, non semper verificatur prædicatum inesse subiecto:
hoc autem fit, qñ inuenitur in illa
subiectū semper, prędicatum autem
non semper. Verbi gratia dicēdo, an

H nutribile necessario augeatur, nec
ne, & dicat, ꝗ non augeatur necessario, quia nutribile semp nutritur, &
non semper auget, & hoc quia subiectum est tpe alio à tempore quo
est ipsum prędicatum. Verbi gratia,
an addiscere sit reminisci: addiscere

I enim est illius, quod erit futurum,
reminisci autem est illius, quod fuit
tempore præterito. Hic autem locus
est demonstratiuus, & sumit ex acci
dentibus inseparabilibus, & syllogis
mus, qui eo constituitur, sit ex figu
ris cathegoricis in secūda figura: me
dium enim illius est ipsum tempꝰ,
& prædicatur de vno extremo affirmatiue, & de altero negatiue.

Locus 13. Tertiusdecimus aūt locus est, ꝗ
& est deci quærens omittit destructionem po
mustust. siti, quod respōdēs admiserat in sua
cautione, & transferatur ad destructionē alterius rei, & hæc altera res
non euadit, quin ipsius destructio
sit necessaria ad poni destructionē,
aut non sit. & vltra dum fuerit necessa
saria, non euadit, quin sit fm veritatem, aut cogitant: qñ vero fuerit ne
cessaria fm veritatē, ille est demonstratiuus, ꝗ res, quæ transfertur ad locutionē

hi aūt loci sunt demonstrationi, verū
tñ vt iam suit dictum ex conditioni
bus syllogismi hypothetici, seu conditionalis cū sit vt coniunctio, seu
illatio, vel consequentia in eo sit
nota per syllm cathegoricum, vel ip
sum antecedens si consequentia, seu
coniunctio fuerit de se nota.

Duodecimus locus est sumptus à
tpe, nempe vt si inestet prædicatum
& subiectum alicui rei sit diuersum
tpe, tunc nō erit verū dicere prædi-
carū inesse subiecto semper: & hoc,
siue subiectū insiter semper, & pdica
tum nō semper. exēpli gratia, si quis L
dixerit, verū quod nutritur augeat
ex necessitate, vel nō, & dicat ipsum
non augeri ex necessitate, qñ quod
nutrit, semper nutrit, sed non auge
tur semper, siue subiectū reperiatur
tpe, quo non reperiatur prædicat:
exempli gratia, si quis dixerit vtrū
scire sit reminisci, & dicat, scire non
esse reminisci, qñ scire est futuri tēporis, reminisci vero prēteriti: hic aūt
locus est demōstratiuus sumptus ab
accidentibus inseparabilibus: & syllogismus, qui ex eo componitur, est
ex figuris cathegoricis in secunda fi
gura: nam mediū in eo est tempus, M
& prædicatur de altero extremorum
affirmatiue, & de altero negatiue.

Decimustertius locus est, cū inter
rogans omittit destructionē positio
nis, quā acceptauit respōdes pro sua
cautela, & transfert se ad destruendā
aliā rem, & illius alterius rei destructio vel sit necessaria omnino ad de
struendā positionē, vel non sit necessaria: mo si fuerit necessaria, vt erit
re vera necessaria, vel fm opinionē:
si re vera, tunc est locus demonstratiuus. vt cū illa res, ad quā transfert
sermo,

ABRAM

4 cutionem de ea, fit præmiffa neceffa
ria in fyllo deftructionis, & iterum
hoc opus eft neceffarium arû topicæ
qñ refpondens negaret aliquã rem
de his, quæ iuuaret quærentem quo
ad pofitum. Quando vero præmiffa, ad quã quærens transfert orationem, non effet neceffaria ad pofiti
deftructione, nec cogitatu, nec fm
veritaté, opus itaq; effet fophifticú.
Qñ vero fuerit cogitatu non fm ve
ritatem, fi illa cogitatio effet diuulgata,hic itaq; eft topicus. Si aût cogitationis caufa fuerit error affeue-
B rationis huius, & putaretur qp effet
ipfamet res, illa effet fophifticus: hic
autem non eft locus, fed præceptum
in uâs inuentioné fyllogifmi, & cau
tionem ab operibus fophiftarum.

Locus. 14.
q eft deci-
musocta-
uus.
Quartufdecimus aût locus eft, qp
confideremus res, quibus ineft altera duarum rerû oppofitarum folû,
prout fiunt contraria immediata, fi
cut falutem & morbum ineffe hoî:
qñ enim commonftratum fuerit alterum contrariorum ineffe, cômon
ftratum eft nobis alterum cõtrariû
effe negatum, & hic eft deftructio-
C nire contra autem fi commonftra-
retur nobis alterum contrariorum
effe negatû, commonftratum nobis
eft alterum contrarium effe: & hic
quidem locus eft conftructionis &
deftructionis, & fit ex reb' quæ funt
deforis: & fyllogifmus illo conftitu-
tus fit per conditionalem fubiun-
ctiuum & difiunctiuum.

Locus. 15.
q eft deci-
musnonus.
Quintufdecimus autem locus eft
præceptum trâslationis nominis in
oratione ea, quæ gerat vicem ipfius:
hoc eft, qp qui transfert, quando hoc
facit, pouret, qp oratio fignificet naturam, quam fignificat nomen, non
rem

MANTINVS

fermo, fit ppofitio neceffaria in fyl- D
logifmo deftruere: & illud officiû
fit quoq; neceffariû in arte Dialecti
ca, cûm refpõdens negauerit aliqd,
per quod iuuetur arguês in ipfa po-
fitione. At fi illa ppõ, ad quã tranf-
fert interrogans fermoné fuum, nõ
fuerit neceffaria pro deftructiõe po
fitionis, nec fm opinionem, neq; re
vera, tunc illud officiû eft fophifticum: fed fi fuerit fm opinioné, feu
cogitationé, fed non re vera, tunc fi
illa opinio eft probabilis, tûc eft dia
lecticû: fed fi caufa illius opinionis
fuerit error cogitationis in ea re, & E
exiftimauerit illud effe eandé rem,
tunc eft fophifticum: & hoc nõ eft
locus, fed eft præceptum in uans ad
inuêtionem fyllogifmi, & ad cauen
dum ab officiis ipforum fophiftaqç.

Quartufdecim' locus eft, cûm re-
fpicimus eas res, quib' ineft vna dua
rum rerum contrariarum tantum,
vt funt contraria, quæ non habent
mediû, vt fanitas, & ægritudo: nam,
cûm fcimus vnum illorû contrario
rum ineffe, fcim' profecto alterum
effe priuatû, & hæc eft deftructio: è
contra vero, fi fcimus vnum contra F
riorum non ineffe, fcimus quoq; alterum ineffe: & is locus eft ad con-
ftruendum, & deftruendû, feu affir-
mandum & negandum, & eft ex rebus extraneis: & fyllogifmus, qui cõ
ftat et propofitionibus ab eo fum-
ptis, fit per condicionalem coniun-
ctiuam, & difiunctiuam.

Decimufquintus locus eft præceptum in transferendo nomen in ora
tione, eius vicem gerentem: hoc eft,
vt ipfe transferens, vel transfumens,
cû hoc ferent, curet vt illa res fignificet eam naturâ, quã fignificat illud
nomen,

ABRAM

G rem extra illius rei naturam, super-
addens illi aut imminuens ab ea, sicut qui ferret fortitudiné esse boná
animæ, est enim fortitudinis aliqua
res superaddita bono animæ: tales
autem orationes non conuenit nobis sumere vice ipsius nominis.

Locus. 16.
q̄ est vige-
timus.

Locus autem decimussextus sumitur ex natura modi inessendi præ
dican ipsi subiecto, prædicatũ enim
aut inest subiecto necessario, aut ei
inest vt in pluribus, aut inest ei con-
tingenter. aut quouis modo disposi
tionũ, qui contigerit æqualiter: qui

H enim poneret q̄ id, cuius conditionis sit q̄ ipsum sit necessariũ quod
esset pro maiori parte, notum est q̄
assereret id, quod est semper, nõ esse
semper. & é contra, qui posuerit q̄
est pro maiori parte, q̄ sit necessarium, iã asseruit, quod non est semper, q̄ esset semper: & hĩc qui posue
rit id, quod est ʃm quamuis dispositioné, quæ contigerit esse, æqualiter
esse necessario, aut de his quæ sunt
pro maiori parte: sicq̄; etiam qui po
suerit contrariũ illius, quod est pro
maiori pai te esse necessarium, con-

I trarium enim illi, quod est pro maiori parte, est esse vt in paucioribus.

locus 17.
q̄ est vige-
timus pri
mus.

Decimuseptimus locus est, q̄ ca
ueamus ponere réinesse sibiipsi, vt
si inesset alij, hoc est dictu, q̄ res præ
dicetur de seipsa: hoc autem contin
git quando rei sunt duo nomina synonima, prout diceretur, q̄ gaudio
insit lætitia,& iocunditas, ac si gaudiũ esset alia res á lætitia, siue q̄ illi
esset accidens, aut aliud de ipsis præ
dicatis, & ille est locus sophisticus,
quem iam cauit in libro Elenchoꝝ.
Sicq̄; explicit nominis controuer-
siæ distinctionem.

MANTINVS

nomen, non aliquid alienum á natura rei, nec addens ei, neque mi-
nuens ab ea, vt si quis dixerit fortitudinem esse bonitatem animi : nã
fortitudo habet quid superadditũ
& in plus se habens, quã in animi bo
nitas: & non debemus sumere huiuf
modi orationes vice nominis.

Decimussextus locus est sumpt.
ex natura modi inhærendi prædica
tum ipsi subiecto: nam prædicatum
vel inest subiecto ex necessitate, vel
inest ei vt in pluribus, aut inest ei cõ
tingenter, vel aliquo eorum, quæ cõ
tingunt ad vtrũlibet, seu æqualiter,

L vel indifferenter : si igitur quis dixe
rit id, quod est ex necessitate, esse vt
in pluribus, palam est . q̄ dixit rem
semper existentẽ non semper existe
re:& é cõtra, si quis dixerit id, quod
vt in pluribus est, esse ex necessitate,
iam dicit id quod non est semp, esse
semp : similiterq̄; si dixerit, q̄ aliqd
eorũ, quæ solent contingere ad vtrũ
libet, ex necessitate fieri, vel vt ĩ pluribus: similiterq̄; si dixerit, q̄ cõtrarium eius quod est, vt in pluribus sit
id, quod est ex necessitate : nam rei,

M quæ est vt in pluribus, contrariatur
quæ est vt in paucioribus.

Decimuseptimus locus est, vt ca
ueamus, ne ponamus id quod de se
sibi ipsi inest, ac si alteri inesset, hoc
est vt res prædicetur de se ipsa: & hoc
contingit, qñ vna res habet duo nomina synonima, vt si q̄s dixerit ipsi
gaudio inesse iucũditatem, & lætĩ-
tiam, ac si iucũditas esset aliud á gau
dio, siue illud sit accidens illi, siue ali
quod aliud prædicatorum : & est locus sophistic., de quo admonuit in
libro Elencorum sophisticorum, in
ibiq̄; perfecit eius diuisionem.

De

A   *De eisdem terminandis problematibus, loci alii.*   *Cap. 3.*

Q Voniam aũt contraria connectuntur quidem sibi͡nuicem   22. decla-
sex modis, contrarietatem aũt faciunt quadrupliciter com-   ratio.
plexa: oportet accipere contraria quocũq modo vtile
fuerit & destruenti & construenti. Quòd aũt ex modis complectuntur, manifestũ: nam aut vtrunq contrariorũ vtriq contraria
rum connectitur, hoc aũt dupl͝r, vt amicis benefacere, & inimicis
male: vel ecõuerso, amicis male, & inimicis bene: aut qñ vtraq de
vno: dupliciter aũt et hoc vt amicis benefacere, et amicis male, vel
inimicis benefacere, & inimicis male: aut vnum de vtrisq, & hoc
quoq dupl͝r, vt amicis bene, & inimicis bene: vel amicis male, &
inimicis male. Primæ aũt duæ dictæ cõplexiones non faciunt con
trarietatẽ: nam id, quod est amicis benefacere, ei quod est inimicis
male facere, non est contrariũ, vtraq enim eligenda sunt, & eiusdẽ
B   moris: neq id quod est amicis male, ei quod est inimicis benè: nã
& hæc vtraq fugienda, & eiusdem moris. Non videtur aũt fugien
dum fugiendo contrariũ esse, nisi hoc quidem s͞m superabun-
dantiam, illud aũt s͞m defectum dictum sit. nam super abundantia fu
giendorum v͞r esse, similiter aũt & defect⁹. Reliqua vero quatuor
omnia faciunt contrarietatẽ: nam id, quod est amicis benefacere, ei
quod est amicis male, contrariũ: nam à cõtrario more sunt, & illud
quidẽ eligendum, hoc aũt spernendum. s͞i͞t autem & in aliis. Nam
in vnaquaq coniugatione vnũ eligendum, & alterũ fugiendum:
illud quidẽ boni moris: hoc aũt praui. Manifestum igitur ex ͡iis quæ
dicta sunt, q eidem plura cõtraria accidunt fieri. nam ei, quod est
amicis benefacere, id quod est inimicis benefacere, & id quod est
amicis male, contrarium est. Similiter aũt & aliorum singulis qui
C   bus͡q eodem modo considerantibus, duo contraria apparebũt: acci
pere igitur contrariorum quodcunq, erit ad positionem vtile.

Amplius si est aliquid contrariũ accidenti, considerandum est si   23. decla-
inest ei, cui dictũ est accidens inesse. Nam si hoc inest, illud non in-   ratio.
erit: impoße enim simul cõtraria eidem inesse. Aut si quid tale di-   24. decla-
ctum est de aliquo, quod cũm sit, necesse est contraria inesse: v t si   ratio.
ideas in nobis quis dixerit esse. Nam & moueri, & quiescere easdẽ
accidet, & et sensibiles, & insensibiles esse. nam vident ideæ quiescere, & immobiles, & intelligibiles esse ͡iis, qui ponunt ideas esse: Modo no-
attamen, cũm sint in nobis, impoße est immobiles esse. nam motũ   bis necessa-
nobis, necessarium est & quæ in nobis sunt omnia simul moueri,   rium est ona
manifestum aũt qm & sensibiles, si in nobis sunt: nam per sensum,   moueri q͡
qui circa visum est, eam quæ in vnoquoq est formã cognoscim⁹.   25. Locus.
  Rursum, si positũ est accidens, cui est aliquid contrariũ, conside-   Declara
                               randum

randum ſi & contrarij ſuſceptiuum,quod & accidētis eſt:nam idē **O**
cōtrariorum ſuſceptiuum : vt ſi odiū hærere iræ quis dixerit, erit
odiū in furoris ſpecie,illic enim ira:inſpiciēdum igitur,ſi & cōtrarium in furoris ſpecie,an in cōcupiſcentia:nam ſi nō,ſed in concu-
piſcibili eſt,nō cohæret odiū iræ. Similiter aūt & ſi cōcupiſcibile
ignorare dixerit:nam erit & diſciplinæ ſuſceptiuum, ſiquidem &
ignorātiæ : quod quidem nō videtur concupiſcibile ſuſceptiuum
eſſe diſciplinæ. Deſtruēti ergo, quēadmodum dictū eſt, vtendū:
aſtruēti vero quod ineſt quidem accidēs nō vtilis locus , quod au
tem cōtingit ineſſe vtilis. Oſtēdentes enim φ nō ſuſceptiuum eſt
cōtrarij, oſtendentes erimus φ neφ ineſt accidēs,neφ cōtingit in
eſſe:ſi aūt oſtenderimus φ ineſt cōtrarium, aut φ ſuſceptiuum eſt
cōtrarij,nondum oſtēdentes erimus φ & accidēs ineſt, ſed φ con
tingit ineſſe in tantū ſolum oſtenſum erit. Qm autem oppoſitio- **E**
nes ſunt quatuor,cōſiderandum ex cōtradictionibus, ecōuerſo ex
cōſequētia,& interimēti,& cōſtruenti:ſumere aūt eſt inductione,
vt ſi homo,animal,nō animal:non homo : ſimiliter aūt & in alijs.
Hic enim ecōuerſo cōſequentia:nam hominē,animal ſequitur,nō
hominem aūt,non animal,nequaquam,ſed econuerſo,nō animal,
nō homo. In omnibus igitꝭ tale eſt exiſtimādum . vt ſi bonū, ſuaue:& nō ſuaue,nō bonum,ſi autem nō hoc,nec illud.Similiter aūt
& ſi nō ſuaue,nō bonum:bonū,ſuaue. Manifeſtum igitꝭ φ vtrūφ
tōuertitur,quæ ſm contradictiōe eſt cōſequentia ecōuerſo facta.
In cōtrarijs aūt conſiderādum ſi cōtrarium, cōtrarium ſequatur,
an cōtra ſeipſa cōſequētia,an ecōuerſo,& interimēti, & cōſtruēti.
Sumere aūt & talia eſt ex inductione quātum vtile eſt , contra ip- **F**
ſum cōſequentia eſt,vt in fortitudine,& timiditate : nam illā quidem ſequitꝰ virtus,hanc aūt vitium:& illa quidem ſequitur eligen
dum,hanc aūt fugiendum:igitur cōtra ſeipſa & horū cōſequētia:
cōtrarium enim eligēdum fugiendo:ſilt autem & in alijs. Ecōuer
ſo aūt conſequentia, vt bonam quidem habitudinē ſanitas ſequiꝭ,
malam aūt habitudinem ægritudo nequaquam, ſed ægritudinem
mala habitudo:manifeſtum igitur qm ecōuerſo in his conſequen
tia ſit.Raro aūt ecōuerſo accidit in cōtrarijs, ſed in pluribus in ſe
ipſa conſequētia:ſi ergo neφ cōtra ſeipſa cōtrarium ſequitur con
trarium,neφ ecōuerſo , manifeſtum qm neφ eorū quæ dicta ſunt
alterū ſequitur alterum:ſi aūt in cōtrarijs, & in ijs quæ dicta ſunt
neceſſe alterū ſequi alterum. Silt autem cōtrarijs, & in priuationibus,& habitꝰbus reſpiciēdum. Verūtamen nō eſt in priuationibus ecōuerſo:ſed cōtra ſeipſa conſequentiam neceſſariū eſt ſem
per fieri:veluti viſum ſequi ſenſum , excitatem aūt inſenſibilitatē:
  ōpponitur

margin left notes:
1 6.Locꝰ
Deſtruēs.

17.Locꝰ
Deſtruo.
A contra-
riorū cōſe
quentia.

28.Locꝰ
Deꝰ priuatione.

A opponitur enim fenfus infenfibilitati,vt habitus & priuatio:nam
illud horũ quidem habitus, hoc aũt priuatio eſt. Similiter aũt ha
bitui & priuationi,& in ñs quæ funt ad aliquid,vtendum:cõtra fe
ipſa enim,& horũ confequẽtia, vt ſi triplũ multiplũ , & fubtriplũ
fubmultiplum dr̃:dicitur enim triplũ quidẽ ad fubtriplum,multi
plũ aũt ad fubmultiplũ.Rurfus,ſi ſcĩa opinio: & fcibile opinabile:
& ſi vifus fenfus,& vifibile fenfibile. Inſtãtia, ꝙ non neceſſe eſt in
ñs,ꝗ funt ad aliquid,cõſequentiã fieri,quẽadmodũ dicr̃i eſt: nam
fenfibile fcibile eſt,fenfus aũt non eſt fcientia.Non t̃ri vera inſtantia v̄r eſſe:multi enim non dicunt fenfibiliũ eſſe fcĩam.Infuper aũt
ad contrarium non minus vtile quod dicr̃i eſt: vt ꝙ fenfibile non
eſt fcibile,neꝗ enim fenfus fcientia. Rurfus in coniugatis,& in cã
fibus:& interimẽti,& cõſtruenti.Dicuntur aũt coniugata h̃rmõi,
vt iuſta,& iuſtº iuſtitie:& fortia,& fortis fortitudini.Similiter au
B tem effectiua,& conferuatiua,coniugata illi cuius funt effectiua,&
cõferuatiua,vt fanatiua fanitatis,habituatiua habitudinis:eodem
aũt modo & in aliñs:cõiugata igĩt talia folent dici.Cafus aũt,vt iu
ſte,& fortiter,& fanatiue,habituatiue,& quæcũꝙ eodẽ modo di-
cuntur.Videntur aũt & quæ funt f̃m cafus,cõiugata eſſe,vt iuſte
iuſtitiæ,& fortiter fortitudini.Coniugata aũt dicuntur f̃m eandẽ
coniugationem omnia,vt iuſtitia,iuſtus,iuſtum,iuſte:manifeſtũ
igitur qñi vno quouis oſtenfo eorum:quæ f̃m eandem cõiugatio-
nem dicunt,vt bono,vel laudabili:& reliqua omnia oſtenfa funt:
vt ſi iuſtitia eſt laudabilium, & iuſte, iuſtus, iuſtum laudabilium:
dicetur aũt iuſte & laudabiliter f̃m eundem cafum,nã à laudabili,
quemadmodum iuſte & iuſtitia. Confiderandum aũt non folum
in eo quod dictum eſt,fed & in contrario contrarium. Vt ꝙ bonũ
non ex neceſſirate fuaue,neꝙ enim malũ triſte: aut ſi hoc,& illud:
C & ſi iuſtitia fcĩa,& iniuſtitia ignorantia: & ſi quod iuſte eſt, fcien-
ter & experienter eſt,quod iniuſte eſt,ignoranter & inexperiẽter
eſt:ſi autem hæc non,nec illa,velut in hoc quod nũc dictum', nam
magis vtiꝙ apparebit ꝙ iniuſte experienter,ꝗ inexperienter.hic
autem locus dictus eſt prius in contrariorum confequentiis,nihil
enim aliud nunc oſtendimus, ꝗ contrarium fequi contrarium.

Amplius in generationibus ,& corruptionibus, & effectiuis,&
corruptiuis,& interimẽti & aſtruenti. Quorũ enim generationes
bonæ funt,& ipſa bona funt:& ſi ipſa bona funt, & generationes
bonæ aũt gñationes male,& ipſa mala.in corruptionib' aũt ecõ
trario:nã,ſi corruptiones bonæ,ipſa mala,ſi aũt corruptiões male,
ipſa sũt bona. Eadẽ rõ & in effectiuis,& corruptiuis:quorũ.n.eſſe
ctiua bona,& ipſa bona:quærũ vero corruptiua bona, ipſa mala.

19. Locus
Lect.fm̃o.
A coniuga
tis & caſi-
bus.

30. Locus
Declaratio.

31. Locus
Declaratio.

ABRAM

Locus. 18. q cst nge=
mus secū=
dū, & vi=
gesimꝰ ter
tiui.

Decimus octauus locꝰ sumitur ex contrarijs, & constituitur per ipsum sex loca, duo inferētia, & quatuor non inferentia. Manifesta autem res est, quod ex illis fiant sex modi compositionis. Aut enim sumetur vtcunq; contrariorum cū alterutro contrario sibi opposito, scilicet in prædicato & subiecto ambarum simul, quod fit secundum duas species: quarum vna est, vt dici mus, si expediat amicis benefacere, expedit inimicis malefacere: & secū

H da est huic contraria, vt dicamus si malefacere amicis expediret, benefa cere inimicis expediret. Aut ꝙ ambo contraria sumantur de vno subiecto, & hic etiam fit duobus mo dis: quotum vnus est, ꝙ ponamus quoduis contrariorum in subiecto recipienti alterū contrariū, in oppo sita enunciatione: & secūdus modus est, ꝙ couertamus ipsam rē, hoc est, ꝙ ponamus in secunda contrarium, quod sumit in prima, & quod est in secunda, in prima: vt dicamus, si expediat benefacere amicis, non expe dit eis malefacere: & si laudabile sit

I amicis malefacere, amicis benefacere est illaudabile. Aut sumatur vnū prædicatum de duobus subiectis cō trarijs, & hoc iterum fit dupliciter: vt si benefacere amicis expediat, be nefacere inimicis non expedit, aut si malefacere amicis expediat, malefa cere inimicis non expedit. Duæ au tem primæ combinationes non fa ciunt repugnantiam, immo simul faciunt illationem. & ille est locus di uulgatus non demonstratiuus, pro ut infra dicemus: quatuor vero, quæ illis succedunt, faciūt repugnantiā.

51

MANTINVS

Decimus octauus locus est sum ptus ex ipsis cōtrarijs, & sex lo ci coniunguūt in eo: nempe duo affir matiui, & quatuor non affirmatiui: manifestum autē est, ꝙ exoriūtur ex ipsis sex modi cōpositionis: nā vel su mit vnūquodq; contrariorū cum alio contrario sibi opposito, & hoc tum in subiecto, tum ēt in prædica to vtriusq; ꝑponis simul: & hoc fit duobus modis, primo, vt si dicamꝰ, si benefacere amicis est necessariū, ergo malefacere inimicis est neces sariū: secūdo vero, vt si dicaf cōtra

L riū illius primi modi, vtcū dicimꝰ, si malefacere amicis est necessariū, ergo benefacere inimicis est necessa riū: vel sumanf ōna contraria eiusdē subiecti, & hoc si ētiā duobus mo dis: primo, vt ponaf quodcūq; con trariorū cōtingent esse oppositū al teri cōtrario in ꝓpone sibi opposi ta: secundo, vt opposito mō res se ha beat: nēpe, vt illud cōtrariū, quod su mit in prima, ponatur in secūda, & quod in secūda, ponaf in prima: vt cū dicimus si benefacere amicis est

M coueniens, ergo malefacere eis nō est coueniēs, & si malefacere amicis est laudabile, ergo benefacere eis est illaudabile. Vel sumaf vnū prædica rum de duobus subiectis contrarijs, & hoc ēt fit duobꝰ modis: primo, vt cū dicimus si benefacere amicis est coueniēs, ergo benefacere inimicis est in conueniens: & illæ duæ primæ cōiugationes nō pariūt destructio nē, sed pariunt cōstructionē, seu af firmationē: & is locus est locus pro babilis, nō demōstratiuus, vt postea dicef. Illæ vero quatuor, ꝗ sequunt post istas, pariūt ꝗdē cōtradictionē: nam

ABRAM

L Si enim fuerit contrariorum imme-
diatorum coaptantur cöstructioni
& destructioni, & sunt demonstra-
tiui, nam si dicere Socrates est æger
sit verum', dicere quòd ille non sit
sanus, est verum. Quando verò fuerint de contrarijs mediatis, est mendax in constructione, quia non infertur, quòd si res non sit alba, quòd
sit nigra, sicut infertur quando est
alba, quòd non sit nigra. Et syllogismi, qui constituuntur his locis, sunt
conditionales, si ex inferétibus sunt
coniunctiui, si autem ex non infe-
rentibus sunt disiunctiui.

B

I. 19. Nonusdecimus autem locus est,
vigo- quòd consideremus positi prædica-
quar. tum, & si inuenerimus quòd ex essendo positum sequatur, quòd contraria sint simul, scimus quòd prædicatum negetur à subiecto. Et huius exemplum est, quod dicitur de
ideis abstractis à sensatis, qa ex hoc
ille infert, cp essent sensatæ & ignotæ simul, & moueantur & quiescāt
simul: ex parte enim qua positæ sunt
abstractæ, non sunt sensatæ, nec mo-
uentur, ex parte autem qua sunt in
sensatis, oportet eas esse sensatas, &
quòd moueantur: & syllogismus
huius loci constituitur sicut syllogismus ducens ad impossibile.

Locus 20. Vigesimus autem locus est quòd
q est vige- consideremus an prædicatum sit ac-
simus. cidens, aut sine contrario, & si ei sit
contrarium, an subiectum illud recipiat, aut non recipiat illud, si autē
subiectū illud recipiat, possibile est
cp prædicatum insit subiecto, quia
vnū est subiectū cötrariorum, si autem non fiat hoc in illo, impossē est
prædi-

MANTINVS

nam si fuerint ex cötrarijs nö habé- D
tibus mediū, tunc accömodabitur
ad constructioné & destructionem,
& tunc erunt demönes: nam si dice
re, Socrates est ægrot', sit verū, ergo
dicere, cp non est sanus, erit verum:
& si dicere cp non est ægrotus, sit verū, ergo dicere cp sit sanus, erit verū:
sed si fuerit ex contrarijs habétibus
mediū, tūc erit falsum in cöstructio-
ne seu affirmatiöe: nā quod è nö albū, nö sequit, vt sit nigrū: quēadmo
dū sequit si sit albū, cp nö sit nigrū.
syllī, aut qui ex his locis cöponunt,
sunt cöditionales, seu hypothetici, E
quorū qdē affirmatiui sunt coniū-
ctiui, seu copulatiui, nö affirmatiui
verò sunt disiunctiui seu diuisiui.

Locus decimusnonus est, vt inspi
ciamus subiectū ipsius positi: & si vi
deam' ex inuentione ipsius suppositi
seq inuétione cötrariæ simul, tunc
scimus pdicatū negari à suböto. exépli gra, q asserūt ideas, seu formas se
paratas esse sensibilibus, qñ ex hoc
sequeret, vt eæ nsensibiles & intelligi
biles sit, & nobiles atq, quiescentes:
nā ea röne, qua dicunt esse separatæ,
non sunt sensibiles, neq, mobiles, ea F
verò röne, qua dicunt inesse sensibi
lib', oportet eas eē sensibiles, & mobiles, nā si sunt sensibiles, sunt reiq,
mobiles: & syllī huius loci cöstat ex
syllogismo ducente ad impossibile.

Vigesimus locus est, vt cösiderem',
vtrū alicui pdicato insit aliqd accns,
vel aliquod aliud habens contrariū,
qd si habeat cötrarii, tūc inspiciendum è, vtrū subiectū, sit susceptiuū
ipsius, vel nö: & si subiectū sit susceptiuū ipsius, tūc pdicatū poterit inesse subto, qm cötrariorū idem est
subm: sed si hoc nö ita se habuerit,

F ij tūc

ABRAM

G prædicatum inesse subiecto . Verbi
gratia, quòd consideremus an odiū
sit in parte animæ irascibili , & si
amor, qui est odio contrarius, non
sit in illa, sed est in parte concupisci-
bili:odium itaq; necessario non est
in parte irascibili animæ. Et hic qui
dem locus in destruendo est necessarius, sed in construendo est contin
gens: quando enim in aliquo subiecto est vnum contrariorū, possibile
est illi inesse alterum contrarium.

Locus. 11.
q est. 16.
17. & 18.
in Arist.

Vicesimusprimus locus est, quòd
consideremus quatuor opposita, sci
licet affirmatiuum & negatiuum, &
H contraria, & relatiua, & priuationē
& habitum , & consideremus in illis modum illationis: oppositorum
nanque illatio est contraria illatio-
ni mutuo se inferentium, nam in
mutuo se consequentibus esse sequi
tur esse, vel ablatio sequitur ablatio
nem . In oppositis vero aolatio infert esse,& esse infert ablationem, &
locus, qui præpositus est de contrarijs, est pari huius loci . Horum autem oppositorum illatio sit secundum duas species, scilicet illatio con
uersa,& hæc quidem sit, illatio
I res oppositæ comparantur vni rei,
aut vna res duabus rebus oppositis,
sicut prædictum est de contrarijs, &
illatio non cōuersa quæ vocatur recta,& illa sit cp oppositum inserat ip
sius oppositum,& hoc iterū fit duobus modis, quorum vnus est, quòd
subiectum orationis inferetis sit op
positū subiecto orationis illatæ ab
illa,& prædicatum oppositum prædicato : secundus autem modus est,
quòd subiectum secundæ sit oppositum prædicato primæ , & prædicatum illius oppositū illius subiecto,
&hic

MANTINVS

tunc non poterit prædicatum inesse K
subiecto. exēpli gratia inspiciamus,
vtrū odium insit parti irascibili alæ
& amicitia, quæ est contraria odio,
vel inimicitiæ,non insit ei ,sed insit
parti cōcupiscibili, tunc necessario
odiū non inerit parti irascibili alæ.
Is adt locus est ad destruendū neces
sarius, ad cōstruendum vero possibi
lis: qñ si vnam contrariorum insit
alicui subiecto, poterit vtiq; alterū
contrarium eidem inesse.

Locus vigesimus prim° est, vt cō
siderem° quatuor oppositiones, quæ
sunt, affirmatio & negatio, & con- L
traria, & relatiua,& priuatio & habi
tus , & inspiciamus modum conse-
quentiæ in eis: qñ consecutio in op
positis contraria modo se habet , cū
consecutione in affirmatiuis : nā in
ipsis affirmatiuis, Chypotheticis cō
iunctiuis, sequit affirmatio ex affirmatione, vel negatio ex negatione,
sed in ipsis oppositis sequit ex nega
tione affirmatio, & ex affirmatione
negatio. Locus vero contrariorū,
qui præcessit, est vtiq; pars huius loci,
& cōsecutio in his oppositis sit duabus modis: nēpe, vel erit consecutio M
ē cōuerso facta: vt si duæ res oppositæ comparent ad vnā rem , vel vna
res ad duas oppositas, vt paulo ante
fuit dictum de cōtrarijs. Cōsecutio
vero facta non ē cōuerso, quæ dī recta consecutio, est illa, in qua vnum
oppositū sequit ex alio, & hæc quoq;
sit duob° modis: primo, vt subiectū
orationis affirmatiuæ sit oppositū
subiecto orationis, q ex ea sequit, &
pdicatū ēt opponat prædicato illius:
secūdo vero, vt subiectū secundæ sit
oppositū prædicato primæ , & eius
prædicatū opponat subiecto illius.
Et

ΕΡΡΑΜ

ΜΑΝΤΙΝΥΣ

A & hic quidem locus notior est in af firmatione & negatione, sed est de monstratiuus, & iste est locus, qui vocatur conuersio contradictorij. Verbi gratia dicendo, si homo sit animal, quod non est animal, non est homo, & hoc secundum destructionem. Exemplum autem illius construendo est dicere, si quod non est animal non sit homo, quod est homo est animal. Exemplum autem conuerse illationis in ipsis con trarijs est dicere, si ille, qui est bonæ habitudinis, est sanus, qui est malæ

B habitudinis est æger: & ambo hæc loca sunt demonstratiua, & differunt diuulgatione secundum ipsas subiectiones. Et ideo expedit quod vulgatum de illo procedat recte, si cuer dicendo, si visus sit sensus, oculus est sensus priuatio, & hic locus est diuulgatus non demonstratiuus, qa non sequitur, quando vident ell vi uum, quod non vident sit mortuu. Et quando vulgati illatio fuerit se cundum relationem illatio sit re cte, prout dicimus, si scientia sit opi nio, sensum est opinatum, & si visus

C sit sensus, visum est sensatum: huius autem loci instantia est, qua si sen sium sit scitum, non sequitur quod sensus sit scientia.

Locus autem vicesimus secundus est sumptus ex coniugatis & casi bus. Intelligo autem per coniuga ta, nomina, quæ sunt exemplaria primitiua, & nomina denominata ab illis, quæ significant primitiua exemplaria adhærentia subiecto,

prout

Et is locus est magis probabilis in af D firmatione, & negatione, sed est de monstratiuus, & vocat locus sm nō varietate cōtradictorij, ex ph gfa, cum df, si hō est aial, ergo qd nō est aial, non est hō: & hoc in destruedo, Exemplū vero in cōstruendo, vt cū dicimus, si id qd nō est aial, non est hō, ergo id, qd est hō est aial. Exēplū aūt cōsecutionis e cōuerso factæ in ipsis cōtrarijs, vt cū dicim°, si qui est bonæ cōstitutionis est sanus, ergo q est malæ constitutionis est ægrotus. Et vterq, horū duorū locoū est nō demōstratiuus, sed differūt in probabili E tate pro rōne suppositorū, & iō pro babilitas i hoc debet pcedere pro rōne vniuscuiusq, suppositi. Consecutio vero, si fiat ipso habitu & priuatiōe, illa, q est probabilis, fit sm rectitudi nē, vt cū dicim°, si visus est sensus, er go oculus e priuatio sensus. Hic lo cus e probabilis, nō dem̄stratiuus nō seq̄, si vides e aial, seu viuũ, ergo nō vides est mortuū: & par rō est de cōsecutione probabili facta in ipso re latiuo, seu ad aliq d, sm est cōsecutio recte facta, vt cū dicim°, si sciēia est opinio, ergo scibile est opinabile: & F si visus est sensus, ergo visibile e sen sibile. Sed j error qui in hoc loco cō mitti pōt, est qa si sensibile e scibile, nō ppea sequit, vt sensus sit scientia.

Locus vigesimus secūdus e sum ptus ab ipsis coniugatis nobus abstra ctis & absolutis, dicunt prima exē plaria & principalia, & ab ipsis cōno tatiuis, vel concretis. Intelligo aūt p ipsa abstracta ipsa nōia, q sunt prin cipalia exēpla. Nota vero denotatiua sunt deriuata ab illius, q significāt eandē rem, q signantur q illa prima exēplaria cōiugata est ipso subiecto,

F iij **& con-**

Locus vice sim[9] secū dandū, & re geūm° no bus, & re gebimus.

ABRAM

G prout rectitudo est exemplare primitiuum, & rectum est denomina-
tiuum ab illo. Verbi gratia, si recti-
tudo sit laudabilis, rectus est laudabilis, & si iniquitas sit illaudabilis,
iniquus est illaudabilis: & ille quidem est construendi & destruendi.
Et aliquando res, quam commonstrare proponimus, est vulgatior de
denominatiuo quàm sit de primi-
tiuo exemplari, & ponimus illam
inesse denominatiuo antecedens, &
illam inesse primo exemplari consequens: deinde repetimus antece-

H dens & concludimus consequens, vt
si iniquus sit turpis, iniquitas est tur
pis. Casus vero sunt dictiones, quæ
mutantur à dictionibus, quæ sunt
primitiuum exemplare mutatione
significante modum in essendi præ-
dicarum ipsi subiecto. Et in arabico
idiomate non inuenitur hoc, nisi ex
primatur per dictiones significan-
tes illum modum, prout dicimus,
si quod medicæ sit iuuat, medicina
iuuat. & sicut putamus de contrarijs, quòd si contrarium prædicari
insit contrario subiecto, prædica-

I tum inest subiecto, vt dicendo si bonum sit suaue, malū est contristans:
similiter imaginamur de contratio
ram coniugatis, quia contrariarum
rerum contraria sunt coniugata,
prout dicimus, si æquitas sit sciētia,
iniquitas est ignorans.

Locus autem vigesimusterius est
sumptus ex generatione & corruptione, & rebus generabilibus &
corruptibilibus, & est ad destruendum & construendum. Et(prout ait
Themistius)huic expedit, ꝙ conne
ctamus efficiētes, & fines, & operatio
nes, vt res quarū generatio ē bona;

sunt

MANTINVS

& cōiuncta. vt iustitia, ꝙ est primū K
exēplar, & iustus, ꝙ deriuat ab ipsa.
vt exēpli grā, si iustitia ē laudabilis,
ergo iustus erit laudabilis,& si iniustitia est illaudabilis, iniustus quoꝗ
erit illaudabilis:& sic sit constructio
& destructio:& qñꝗ; id, ꝗd volum°
declarare p nomē concretū, & deno
minatiuū,est ꝑbabilius eo,ꝗd p ipsum abstractū,& primitiuū exēplar
significat, & tūc ponim° ipsum de-
notariuū, seu cōnotatiuū, & cōcretū
pro antecedēti, & primitiuū exēplar
atꝗ; abstractū pro consequēti:mox
reperit añs,& infert consequēs. vt si L
iniustitia est illaudabilis, ergo iniustus erit illaudabilis Ipsa aūt cōcreta,seu connotatiua sunt dictiones, ꝗ
variant ab illis dictionib°,ꝗ sunt abstracta & prīa exēplaria quadā varie
tate indicāte p modū inhærētiē ipsī°
ꝑdicati in ipso subīto : & is mod° nō
reperit̄ l lingua arabica,sed declarat̄
p dictiōes significātes illū modū,vt cū
dicimus si id, quod p vis medicatio
nis sit,ē vtile,ergo medicinaē vtilis:
& queadmodū nos cōscrim° cōtraria inter se,ita vt,si contrariū subiecti insit cōtrario ꝑdicati,tunc ꝑdica-
rū inest subiecto. vt est dicim°, si bo

M nū est suaue,ergo malū est triste:ita
quoꝗ, cōferimus ipsa cōcreta cōtra
ria īter sērnā rersi cōtrariariū cōtraria sunt ēr eatum cōcrets seu coniu
gāta : vt cum dicimus, si iustitia est
sciētia,ergo iniustitia est ignorārīa.

Locus vigesimusterti° est sumpt°
ā gnatione & corruptione, & ex rebus gnabilibus & corruptibilib°: &
hoc iā ad interimēdū & cōstruēdū,
(vt dicit Themistī°) debet annectī
huic ipsa agētia & fines,atꝗ, æxlibes,
nam res, quarū generatio est bona,

ipsæ

ARRAM

A funt bonæ, & quæ funt bonæ, ipfarű generatio eft bona. Qui vero fumi‑ tur à corruptione eft contra illum, quorum enim corruptio eft bona, illa funt mala,&quorum corruptio eft mala, illa funt bona, & fimiliter res,quarum efficiens eft bonus, illæ funt bonæ,& res, quarum cotrum‑ pens eft bonus,illæ funt malæ,& hic quidem locus eft diuulgatus, quia non oportet qʒ efficiens malum fit malus, neqʒ qʒ efficiés bonum fit bo nus,& fimiliter fitdeßuibus & ope rationibus, & horum exempla funt B proxima manifefta.

MANTINVS

ipfæ quoqʒ funt bonæ, & fi ipfæ funt D bonæ earű gńatio eft bona.ea vero q̃ fumunt à corruptione oppofito mŏ fe habét: nam quorű corruptio é bona,ipfa funt mala. & quorű cor ruptio eft mala,ipfa funt bona,& ea dem eft rŏ de ipfis effectiuis,nã quæ efficiűt bonű,funt bona,& quorum corrupriuű eft bonű: ipfa sűt mala. Is aűt locus eft probabilis, qñ non videtur effe neceffariű, vt id, quod eft effectiuum mali,fit malű,neque effectiuű boni bonű.parqʒ eft ratio finium,& actionum,& horű exem pla funt fatis fimilia & manifefta. E

Ex Similibus, Appofitione. Magis, Minus, Simpliciter, & fecun‑ dum Quid, loci. Cap. 4.

RVrfum in fimilibus fi fimiliter fe habēt. Vt fi difciplina vna plurium,& opinio:& fi vifum habere eft videre:& auditű habere eft audire:fimiliter aűt & in alñs,& in his quæ funt, & in ñs quæ videntur. Vtilis autem hic locus ad vtrunqʒ: nam fi in aliquo fimilium fic fe habet,& in alñs fimilibus:fi autem in ali‑ quo non,nec in alñs fimilibus. Confideráldum autem & in vno, & in pluribus fi fimiliter fe. habet. Aliquoties enim diffonat:vt fi C fcire eft cogitare, & multa fcire eft multa cogitare: hoc autem non verű,conůngit enim plura fcire, cogitare auté non : fi autem non hoc, nec illud quod in vno, qʒ fcire eft cogitare. Amplius, ex mi‑ nus & magis. Sunt autē eius, quod eft magis', loci quatuor. Vnus quidem fi magis fequitur magis:vt fi voluptas bonű,& magis vo luptas,magis bonű:& fi iniuriam facere,malű, & magis iniuriam facere,magis malum.Vtilis autem ad vtrunqʒ hic locus:nam fi fe‑ quatur ad fubiecti incrementum,accidentis incrementum, quem admodum dictum eft,manifeftum quod accidit : fi autem non fe‑ quatur,non accidit:hoc autem inductione fumédum. Alius,vno de duobus dicto,fi cui magis videtur ineffe non ineft, nec cui mi‑ nus: & fi cui minus videtur ineffe ineft, & cui magis. Rurfum, duobus de vno dictis:fi quod magis videtur alñ ineffe noa ineft, neqʒ quod minus, aut fi quod minus vr ineffe ineft, & qŏ magis. Amplius,duobus de duobus dictis, fi,quod alteri magis vr ineffe

non

F iiij

11. Locus. Declaratio.
13. Decla ratio.
14. Decla ratio.
15. Locus.
16. Locus.
17. Locus.

38. Locus
Declarad.

non ineſt, nec reliquum reliquo: aut ſi quod minus videtur alteri
ineſſe ineſt, & reliquum reliquo. Amplius, ex eo quod ſimiliter
ineſt, vel videtur ineſſe, tripliciter: quemadmodum in eo quod
magis: vt in poſterioribus trib⁹ dictis locis dicebatur. Siue enim
vnum quoddam duobus ſimiliter ineſt, aut videtur ineſſe, ſi alteri non inſit, nec alteri: ſi autem alteri ineſt, & reliquo. Siue duo ei-
demſimiliter, ſi alterum non inſit, nec reliquum: ſi autē alterum,
& reliquum. Eodem autem modo & ſi duobus duo ſimiliter inſunt: nam ſi alterum alteri non ineſt, nec reliquum reliquo: ſi autē
ineſt alterū alteri, & reliquū reliquo: ex eo igitur quod eſt magis,
& minus: & qͦ eſt ſiſt, tot modis contingit argumētari. Amplius
autē ex appoſitione, ſi alterū ad alterum appoſitū faciat bonū, vel
albū, cùm non fuerit prius albū, vel bonū, quod appoſitū eſt, erit
eiuſmodi: ſiſt autē & in aliis. Vtilis autē non in omnibus hic locus,
ſed in quibus ipſius magis crementū accidit fieri. Iſte vero locus
non conuertitur ad deſtruendū: nam ſi nō facit quod appoſitū eſt,
bonū, nondum manifeſtū, ſi ipſum non bonū. Nam bonū malo
appoſitū, non ex neceſſitate bonū totū facit, nec album nigro, nec
dulce amaro. Rurſum ſi quid magis & minus dicitur, & ſimplici
ter ineſt. Quod enim bonū vel albū non eſt, neꝗ magis & minus
bonū vel albū dicetur: nā malū de nullo magis, vel minus bonū,
ſed magis malū vel minus dicetur. Non conuertitur autē hic locus
ad deſtruendū: multa enim eorū quæ non dicuntur magis, ſimpſr
inſunt: nā homo non dicitur magis & minus, ſed non propter hoc
non eſt homo. Eodem aūt modo conſiderandū & in iis quæ ſm
quid, & qū, & vbi. Nam ſi ſecundū quid contingit, & ſimpliciter
contingit: ſimiliter aūt & quando, & vbi: nam quod ſimpliciter
eſt impoſſibile, neꝗ ſecundum quid, neꝗ ſecundum vbi, neꝗ ſecundum quando contingit. Inſtantia: quoniam ſecundum quid
quidem ſunt natura ſtudioſi, vt liberales, vel caſti, ſimpliciter aūt
non ſunt natura ſtudioſi, nam nullus natura prudens. Similiter au
tem & quando contingit corruptibilium aliquid non corrumpi,
ſimpliciter aūt non contingit non corrumpi. Eodem aūt modo &
vbi expedit quidem tali obſeruantia victus vti, vt in morboſis lo
cis, ſimpliciter aūt non expedit. Adhuc autē, alicubi quidē vnum
tantum poſſibile eſt eſſe, ſimpliciter autē non poſſibile vnum tantum eſſe. Eodem autē modo & alicubi bonū eſt quidem patrem
ſacrificare, vt in Tribalis, ſimpliciter aūt non bonū. an in hoc quidem nō vbi ſignificat, ſed quibuſdā: nihil enl refert vbicunꝗ ſint:

39. Decla-
ratio.

40. Decla
ratio.

41. Decla-
ratio.

42. Decla-
ratio.

Inſtantia.

vbiꝗ

vbiq̃. n. erit eis bonum in Tribalis. Rursus quidem expedit me-
dicari, vt quando ęgrotat, simpliciter autem non. An neq̃ hoc
qñ significat, sed in eo q̃ afficitur aliquo modo? nihil enim refert
quandocunq̃, dummodo sic affectus sit. Simpliciter autem est, q̃ **Dilutio.**
nullo addito dicis q̃ bonum est, aut contrarium: vt patrem sacri-
ficare non dicis bonum esse, sed quibusdam bonum esse: non ergo simpliciter bonum: sed Deos honorare bonum dicis nihil addens: simpliciter. n. bonum est. Quare quod nullo addito videtur
esse honestum, vel turpe, vel aliquid talium, simpliciter dicetur.

Sermo de locis ex Similibus secundum magis & minus, & ex Æ.qua-
litas. **Cap. 4.**

Vigesimusquartus locus sumitur à simili, simile aũt est duobus modis, prout prędictũ est. aut
simile fm accidens, aut fm proportionem: simile quidẽ secũdũ accidens, vt dicimus si sit vna scia mul-
tarum rerũ, opinio est vna multa-
rum rerũ, simile vero fm proportionem est, vt dicimus, si proportio regis ad ciuitatẽ est proportio
nautę ad nauim, & non conueniat
nautę inebriari, nec Regi cõuenit
inebriari. Themistius autem ponit similiter eũ locum, qui sumitur metaphorice, & ex translatione, quando. n. nos proponimus aliquam rem de aliqua re, & eius ex-
positorio p simile fuerit magis diuul
gata, transferimus cõmonstratio-
nem ad simile, q̃ est magis diuulgatum, & quando in illo fuerit cõ-
monstrata hæc res, illam transferimus, prout fecerunt Arist. & Plato
de ciuitatis & animæ iustitia. Locus vero, quo dicitur quòd expediat cõsiderare, an res sit secundum
vnum, & secundum multa, quia pa-
tatur de illo, quòd subintret locus

Locus vigesimusquartus ẽ sum
ptus ab ipsis similibus: ipsum
autẽ simile bifariam dr̃, vt iam in
superionibus fuit ostẽsum. nempe,
vel simile per accidẽs, vel simile fm
proportionẽ: simile autẽ per accidens est, vt cũ dicimus si scia vna est
plurium rerum, ergo & opinio erit
vna pluriũ rerũ. simile vero fm p-
portionẽ est, vt cũ dicimus, si eadẽ
est proportio & ratio regis ad ciuitatẽ,quæ est ipsius nautici ad nauẽ,
sed non decet nautici inebriari,er-
go neq̃, Regẽ decet inebriari. Themistius autẽ facit tertiũ locũ ipsiũ
simili, & est, qui sumitur ex pmu-
tatione, & translatione: nã cũ nos
volumus attribuere aliquid alicui
rei, cuius probatio per simile sit p-
babilior, tũc trãsferimus illã pba-
tionẽ ad ipsum simile, q̃ probabilius est: & ea re sic probata p illud,
tũc transferimus illud ad aliud notius, vt vsus est Plato, cũ probat iu-
stitiã I ciuitate ex iustitia in ala. locus aũt ille, in quo dr̃, q̃ oportet cõsiderare vtrũ si vna res insit vni, q̃
insit et pluribus: nam vt, q̃ is locus
subingrediatur illa loca, q̃ sunt sum
pta

ABRAM

G ab operationibus & euentis rei, &
est demonstratiuus in destructione,
vt in scientia sit imaginatio, & dica
tur, φ non sit imaginatio, quia ad-
discimus multas res simul, & ipossi
bile est φ imaginemur multas res
simul, & iam possibile est, φ ponatur locus alius per se.

Locus.25
g est. 14.
15.16. &.
17.

· Vigesimusquintuslocus est, qui
sumitur ab eo, qd est magis & minus, & ipsi sunt quatuor loca: quorum vnus est, φ consideremus predicatu quæsiti, eiusq; subiectum, si
eo, quo auget pdicatu, auget subie-
H ctu, predicatu dicimus inesse subie
cto: in destructione autem fit contra hoc, si imminuit, quanto augetur subiectum, enunciamus φ non
insit subiecto. V.g. in destruendo,
si quod est delectabilius, sit minus
bonum, delectabile nõ est bonum .
Et similiter etiã, si inuenimus prædicatum inesse subiecto, enuntiamus φ ex quo augetur subiectum,
augeatur prædicatum. V.g. si dele-
ctario sit bona, quod est delectabilius, est melius, hoc autem non est
verum in rebus, quarum excessius
I exit æqualitatem, quia si & commo-
tio & calefactio sint vtiles, non infert φ magis commoueri & calefieri
sit vtilius: secundus autem est, quan
do dicitur vnum prædicatum de
duabus rebus, & ipsum inesse vni
est conuenientius q ipsum inesse al
teri, & inest cui non est conuenien
tius esse, inest etiam illi cui conuenientius est ipsum inesse, & econ-
tra, si non insit illi, cui conuenientius est inesse, nec inest cui non est
conuenientius inesse, & qñ propositionis

MANTINVS

pta ab actiõibus ipsis & ab ipsis cõ- K
sequentibus, seu accidentibus. Et ē demõstratiuus I destruedo. vt exēpli
gra, vt rũ scia sit imaginatio, vel cogitatio, & dicat φ nõ ē imaginatio,
qñ nos multas res sil discim', cũ cũ
nõ possint plures res vna imagina-
ri: & is locus posset sensum poni.

Locus. 25. ē sumptus ex magis &
min', & het qtuor loca. Prim' ē, vt
respiciam' pdicatu supposti, & ei
subiectũ, & st tuenerim' id, quo suf
cipit Iceremetũ ei subiectũ, & Iue-
niat I ea illud Iceremetũ, seu illd ma
gis, & reperiat I eo ei subisi & ma- L
gis, tũc dicim' pdicatu inee subto.
In destruedo φ o hai' opposita, nã
si tuenerim' ipsum minui pid, qd
addit I ei subto, tũc iudicam' ipsū
nõ inee subto. exēplu I cõtruedo,
vt si dicam', si id, qd ē magis voluptuosū, ē magis bonũ, ergo voluptas ē bonũ, I destruedo φ o, vt si id,
qd ē magis voluptuosū, sit min' bo
nũ, ergo voluptas ē qd bonũ. sit
quoq;, si Iueniam' pdicatu inee su
biecto, tũc enũciam', φ id, quo subiectũ auger, eodē Iueniet pdicatu
augeri. exēpli gra, si voluptas ē bo- M
nũ, id, qd ē magis voluptas, erit ma
gis bonũ: hoc aũt nõ est verū I his,
Iqbus excessus trãsgredit æquatē:
nã & si exercitiũ & calefactio sint
vtilia, nõ seq sppea, vt id, qd ē maioris exercitii & maioris calefactio-
nis, sit vtili'. Sed us ē, cũ dē vnũ pdicatũ de duab' reb' & cõuenietū insit vni q alteri, mox insit ille, cui ineē nõ ē cõuenietū, & insit ē illi, cui
cõuenictius ē ineē: & ē cõtra. si igit
si repiri in eo, I quo cõuenieti' ē repiri, neq; repiet et I eo, I quo nõ est
cõuenieu' repiri: & cũ volueris destruere,

G sitionis destructione ponas antecedens locū excessu, & conuenientiori ris. V.g. in construendo si diuitias non esse bonas conuenientius sit, q̄ salutem non esse bonam, & diuitię sunt bonę, salus itaq; est bona. & in destruendo sit contra hoc, qa si cōuenientius sit saluté esse bonā, & salus non sit bona, & diuitię conuenientius est non esse bonas. Tertius autem est, qñ dicuntur duo prædicata de vno subiecto, si qd ratius in est, aut non sit conueniennus, aut si viliusinest, illud itaq; qd primum

H aut magis pro maiori parte, aut no bilius inest: & in destruēdo sit contrariunt. V.g. si cœlesti orbi nō insit naturalis quies, cōnenientius est q̄ ei non insit quies violenta. Quartus autem est qñ dicuntur duo prædicata dē duobus subiectis, si prædicatarum qd conuentius est inesse alteri duorum subiectorum non insit, qd non est conuenientius inesse non inest, & ē contra si qd est conuenientius non inesse inest, qd con nenientius est inesse necessario in

I est. Exempli gratia, si vacuum conuenictius est inesse aeri q̄ inesse terræ, & vt v̄ius inquam corporibus raris q̄ corporibus densis, & nō inest raris, sicq; nō test dēsis. Et cōtra hoc in cōstruendo, si sit in dēsis, est itaq; in raris. Hęc aūt loca (p̄nt ait Themist.) cōstituunt ex sū & opposito, q̄ric̄.n. simile subiecto, & dislerūt fm magis & minus, & sunt diuulgata. Auicasit dicit q̄ aliqñ fiūt demsatiua, qñ prius illorū fuerit prius nāliter. Ego aūt dico q̄ estimesq̄ Arist. v̄sus sit illo in. 1 lib. de Cœlo & Mundo, qñ dicit: si figure circulari est aliqd cōtrariū ręt figura recta

MANTINVS

struere, tūc pone ipsū ancedēs p̄ ip so excessu & p̄ cōuenictiori. Exemplū q̄ o ī cōstruēdo, vt si diuitię nō v̄ vt sint magis bōę, q̄ ipsa sanitas, & ipsę diuitię sūt bonę, ergo & sanitas ē bōa. Destruēdo quoq; p̄ oppo sitū sit, vt si sanitas cōuenieti est vt sit bōa, & sanitas n̄ sit bona, ergo & ipsę diuitię cōuenieti ē vt n̄ sint bonę. Tertius ē, cū dicunt duo p̄dicata de vno sūbto. nā, si illi qd min⁰ inē, v̄ n̄ ē cōuenieti⁰, aut ē ignobili⁰, & test, ergo id, qd prio īcē v̄ v̄ vel plurib⁰ inēe, v̄ qd nobili⁰ ē. serit. In destruēdo q̄ o ē cōtra. exēpli

L gfa, si nālis qes n̄ test corpi cælesti, ergo lōge magis nō dēt ei inēe q̄ei violēta. Quarte, qñ duo p̄dicata di cunt de duob⁰ subiectis, nā si illd p̄ dicatū, qd v̄ magis incē alteri illorū duorū sūbtorū nō isit, ergo nee illd, qd min⁰ v̄ īcē alteri, serit illi, & ē cōtra si illud qd magis v̄ nō incē īsit, ergo illud, qd magis v̄ incē, in erit olno. exēpli gfa si vacuū v̄ ma gis inē acri, q̄ terrę, & vt verbo dicā, corporib⁰ raris magis q̄ dēsis, & nō test raris, ergo neq; dēsis inerit: & ē cōtra cōstruēdo, si densis test,

M ergo & raris serit. Hęc aūt loca (vt inqt Themisti⁰) cōstāt ex sū & op posito, qa hāt similitudinē cū ipso subiecto, differūt tn fm magis & minus & sūt p̄babilia. Auicc. tn dicit q̄p̄nt ē demsatiua, qñ primū eorū est prius nā. Et ego dico q̄ pt existimari Arist. fuisse v̄sum hoc l loco l . 1. lib.de Cœlo & Mūdo, cū dicit si motui circulari inest cōtrariū, tunc moti⁰ rect⁰ v̄ magis sie ei cōtrari⁰, q̄ circularis, deinde cū p̄bat mot⁰ rectū nō hēre cōtrariū, p̄bat q̄ cir cularis minus dēt hēre contrariū. si itaq;

Gra recta dignior, vt sit illi contraria.
Et qñ conuenictius in ea suerit sm
veritatē ēdemsatiuus,qñ aūt suerit
sm opinionem est diuulgatus.

Locus. 26
qui d. 36.

Locus. 26. est sumptus ab æqualitate,aut sm veritatem, aut sm opi
nionem,& constituuntur tria loca.
quorum vnus est,qñ vnum prædicatum dr de duobus subiectis æqualiter, & est in vno illorū, sicñ; & alteri inest. V.g. aditus Græcorum in
adeptione sciæ fuit,sicut aditus Cal
deorū, & enuntiatio est de Græcis,
ꝗ insit,sicñ; inest Caldeis. Scds us au

H

tē est,ꝗ subiectū sit vnū. de quo dicant duo ſdicata æqualiter, ꝗa qñ
illi inest vnū illorū,inest alterū , &
ꝗñ non inest vnū,non inest alterū.
V.g. dispositio horum in recipiēdo
virtutes moralecest,sicut ipsorū in
adipiscendo virtutes intellectiuas,
& insunt eis morales, sicñ; isunt eis
& intellectiuæ. Tertius aūt est,ꝗ in
ueniant duo ſdicata,ꝗ dicantur de
duobus subiectis æqualiter, quia si
vni illorū insit illorū vnū, alteri in
est alterū, & è cōtra in destruendo.
V.g. si dispō incolarū calidarū re-

I

gionū in scta spiritalium esset sicut
dispō incolarū regionū frigidarū,
spiritaliū scia inest incolis regionū
calidarū. Et aliqñ in his locis qui ē
borū de magis & minus & æqualiter ē sm ꝗ uitatē, & ahꝗñ sm opinio
nē,& tūc cōuenient è ꝗ sint diuulgati. Vigesimus septimus locus est

loc. 27.
ti d. 39. &
40.

sumptus ex appositione & subtra-
ctione qñ.n. apponitur aliqua res
rei,& nomen sui ſdicati inest huic
rei , præter ꝗ suerit in ea,hoc itaꝗ;
prædicatum inest huic subiecto. V.
gratia,si opponatur delectabile ipsi
aquæ, & ponat ipsam bonam, delectatio

itaꝗ; id, ꝗd vr magis inest suerit verū, tunc erit locus demsatiuus, sꝫ si
suerit opinabile , tūc erit ꝑbabilis.
Locus aūt. 26. Esumptus ab æqualitate, seu ex silr se hñtib°,siue vere,
siue sm opinionē, & sic cōponunt
tria loca. Primus est, cū vnū ſdicatū dr de duob° subiectis æqualiter:
si igit vni eorū insit, & alteri quoꝗ;
inerit, exēpli gra si Græci eodē mō
suscipient iudiciū, sicut Babilonici,
sed ipsum iudiciū seu ius inest Græ
cis,ergo & Babilonicis inerit. Secū
dus est, cū vnū subiectū dr de duobus ſdicari æqualiter, ita vt si illi ei
vnū eorū, insit & alterū, & si nō insit vnū, nō insit & alterū. exēpli gra
si holes ita recipiunt virtutes morales, sicut suscipiunt speculatiuas ,
ergo si insint eis virtutes morales,
inerunt eis, & contemplatiuē. Tertius est, cū duo ſdicata dicuntur de
duobus subiectis æqualiter: nam, si
vnū inest alteri,ergo & alterū inе-
rit alteri : & è cōtra ī destruēdo. exempli gra, si colentes ciuitates calidas ita obtinēt scias spirituales, sicut colētes frigidas obtinēt scias nō
spirituales,ergo si habitantibus ter-
ras frigidas insunt selꝫ nō spirituales,inerunt vriꝗ; spirituales habita-
ribus calidas, & in his locisꝗñ; reperit sm magis & minus & æqualiter vere,& aliꝗñ sm opinionē, & tūc
videntur esse potius probabiles.

Locus aūt. 27. est sumptus ex appositione & demptione , vel detra-
ctiōe, vt si apponat aliꝗd subtū alicui rei, ꝗd ꝗdē saciat illius ſdicatū
inesse illi rei,ꝗd nō inerat ei, tūc illud ſdicatū inerit illi subiecto. exēpli gra, si addat delectatio ipsi cibo
& saciat ipsum bonū,ergo delectatio

ABRAM

A Cratio itaqi eſt bona,& ſimiliter qñ
apponimus ſubiectum aliquod ali.
cui rei,& illius prædicatum ineſt il
li, & illiuc prædicati nomen magis
ineſt, q̃ inerat ante hanc appoſitio
ne, p̃dicatũ itaqi inest ſubiecto. V.
g.ſi apponamus delectatione ipſi ci
bo,& illum poſuerimus vtiliorem,
delectatio itaqi eſt vtilis. Et hic qui
dem locus non conuertitur in deſtruendo, quia qñ aliqua res appo-
niſ alicui rei,& non ponit illam bo
nam,non inſertur,ꝙ appoſitũ non
ſit bonũ,q̃ ſi apponeret aliq̃ rei
B alicui rei albæ, & nõ augeret ipſius
albedo,nõ ſſeiſ q̃ hęc res ñ ſit alba

Locus aũt vicesimuoctauus ſumitur de eo,ꝙ dr̄ cõditionaliter, &
capit dici ſimplr̄,& hæc cõditio aut
eſt ex parte illius, q̃ eſt frn magis
vel minus, aũt frn tẽpus,& horã, &
diſpõnem,& locũ, aut frn aliã conditione:& hic quidem locus eſt ſophiſticus, id.n.q̃ eſt nobilius, aut
maius tali, nõ oportet ꝙ ſit nobile
aut magnũ ſimpliciter. Et ſimft in
eo q̃ eſt ex pte loci, ꝗ nõ ſequiſ,
q̃ é vtile quarto clima,ꝙ ſit vti
le ſimplr̄,nec qil eſt vtile aliquo ꝑe
C ſit vtile ſimplr̄,neꝗ q̃ eſt bonũ frn
aliꝗ cõſuetudine, ſit bonũ ſimplr̄:
& hic quid ẽ loc° nõ cõſert iunamẽ
I deſtruedo,ꝗ nõ ſeqr̄, ꝙ id q̃ nõ
eſt frn magis & minus, nõ ſit ſim-
plr̄,humanicra.n.nõ iuẽ hoi frn ma
gis & minus,& inẽ ei ſimplr̄,qñ aũt
q̃ denominaret aliquo attributo,
& nõ ſit fallacia I eo ꝑ appoſitione
& annexione, ille d̃ nomilaſ frn hãc
rẽ ſimplr̄. Hęc itaqi ſunt oĩa loca,
ꝗ Ariſt. numerat I cõſtructiõe rei,
& illi° deſtructiõe ſimplr̄,ꝗ cõtinet
ſed us Liber ſuu voluminis I topicis.

D tio eſt bona : pari quoqi rõne ſi ad-
datur ſubiectũ alicui rei, cui ſit ipſum p̃dicatũ,ſed reddat illud p̃dica
tũ eius maius in ea re ꝗ eſſet ante il
lã additione,tũc p̃dicatũ ineſt ſubiecto. exẽpli cã, ſi addaſ de ectatio
ipſi cibo, & reddat ipſum magis in
uatiuũ, ergo delectatio eſt iuuati-
ua.In tñ locus nõ cõuertiſ I deſtruã
do,nã ſi apponaſ aliquid alicui rei ,
& nõ reddat ipſam magis bonũ,nõ
ppea ſequiſ, quin illud appoſitũ ſit
bonũ, nã ſi addaſ aligd albũ alicui
rei albæ,& nõ addideriſ eius albedi-
nẽ,nõ ſeqſ ppea qn illa res ſit alba.

E Locus 2 8.eſt ſumptus ex eo,q̃ dr̄
frn hypotheſim,& ſubiectionem,i.
frn q̃. & ſumaſ ac ſi eſt dictũ ſim-
plr̄,& illa hypotheſis, vel cõdõ inſit rõne magis & minus, vel rõne tẽ
poris, vel diſpoſitionis, vel loci reli
quartũ cõdõnd I & is locus eſt vtiꝗ
ſophiſt cus & deceptorius,nã id,q̃
eſt p̃ſẽtieus aliꝗ aut maius, nõ ſeqſ
ppea vt illud ſit p̃ſẽtis, vel magnũ
ſimplr̄ ſimiliterꝗ ratione loci, nã
nũ ſeqſ ſi aligd eſt iuuatiuũ I quar
to clymate, vt ſit iuuatiuũ ſimplr̄,
neꝗ q̃ é vtile ſaliquo ṫpe, ſit vtile
M ſimplr̄, neꝗ q̃ eſt bonũ in aliqua
cõſuetudine, ſit bonũ ſimplr̄: & is
locus nõ cõducit ad deſtruendũ,nã
nõ eſt neceſſariũ,ſi aligd nõ ſit frn
magis & minus, ꝗn poſſit inẽ frn
ſimplr̄,nã humanicra nõ ineſt homini
frn magis,& mu°,& tñ ineſt ei ſim
plr̄ : inquit, illud ſit eſſe ſimplr̄, q̃
cũ deſcribiſ, vel denominaſ, nulla
indiget additione, vel cõiunctiõe .

Hæc itaqi ſunt oĩa loca, quæ Ariſ.
numerauit ad conſtruendũ al q̃ ,
vel deſtruendũ ſimpliciter, quæ in
lib. Secũdo Topicorũ explicata ſunt.

Ariſtotelis

ARISTOTELIS TOPICORVM
LIBER TERTIVS.

IVMMA LIBRI.

De Locis Comparationum, qui accidentibus adscribuntur : & de
plerisque locis absolutis accidentis.

De Meliorum, Eligibiliorumq́; problematum locis. Cap. I.

Trum aūt eligiblius, aut melius duorū, pluriumue
ex his perspiciendum. Primum autem determine
tur quod considerationem facimus non de plurium
distantibus, & magnā adinuicem dr̄iam habēribus
(nullus enim dubitat, vtrum felicitas, an diuitiæ ex

H petibiliores) sed de ñs quæ propinqua sunt, & de quibus dubita
mus, vtrum oporteat apponere magis, eo q̄ nullam videmus al
terius ad alterum præeminenciam? Manifestum igitur in his q̄
ostensa vna præeminentia, vel pluribus, constituetur intelligen

Primū lo- tia, q̄ id eligiblius est, quod eorum est præeminens. Primum igi
cus. tur quod diuturnius stabiliusue, eligiblius eo quod minus hu
2. locus. iusmodi. Et quod magis eligit prudens, vel bonus vir, vel lex re
cta, vel studiosi circa singula delecti quatenus tales sunt, vel in
vnoquoq̄ genere periti, vel quecūq̄ plures, vel omnes, vt in me
dicina vel ædificatoria, quę plures medicorum vel omnes vel q̄
cunq̄ omnino plures, vel omnes, vel omnia, vt bonum:omnia.n.
bonum appetunt. Oportet autem ducere ad id q̄ fuerit vtile, q̄

3. Locus. dicendum est. Est autem simpliciter quidem melius, ac eligibi
Quare lo- lius, quod ſm meliorem disciplinam: alicui autem, quod ſm p-
cus. priam. Deinde q̄ idipsum quod est (eo q̄ non) in genere est:
Declara- vt iustitia iusto. Nam illa quidem in genere bono, hoc autē non,
tio. & illa idipsum quod est. bonum est, hoc aūt non. nam mihi dicit
idipsum quod genus est, q̄ non est in genere. Vt albus homo nō

5. locus. est id q̄ color. similiter autem & in aliis. Et quod pp se eligen
Declara- dum, eo eligendo quod pp aliud eligibilius. Vt sanum esse q̄ ex
6. locus. ercitari: illud.n. propter se eligendum, hoc autem pp aliud. Et
Declara- quod per se, eo q̄ per accidens. Vt amicos iustos esse, eo q̄ inimi
tia. cos: illud.n. per se eligendum, hoc autem p accidēs eligimus. Nā
inimicos iustos esse ſm accidens eligimus, vt nihil nobis noceāt.
Est autem hoc idē ei q̄ ante hoc, differt aūt modo: nam amicos
quidē iustos esse, pp se eligimus, et si nihil nobis debeat fore, qui
uis apud Indos sint: inimicos aūt pp alterum, vt nihil nobis no
ceant.

ceant. Et qd caufa boni per fe, eo cp per accidens caufa. Quemadmodum virtus, fortuna, nam illa quidem per fe, hæc autem per
accidens eft caufa bonorum, & fi quid aliud hmōi. Similiter autem & in contrario. Nam quod per fe eft caufa mali, fugibilius
eft eo quod per accidens, vt vitium q̃ fortuna: nam illud quidē
per fe malum, fortuna autē per accidens. Et quod fimpliciter bonum, eo quod alicui eligibilius. vt fanum fieri, q̃ incidi. nã hoc
quidem fimpliciter bonum, illud autem alicui indigentium inci
ftione : & quod natura eft, eo quod non natura. vt iuftitia, iufto:
illud. n. natura, hoc autem acquifitiuum. Et quod meliori, et ho
norabiliori ineft, eligibilius: vt Deo, q̃ homini: animæ, q̃ corpo
ri. Et quod melioris proprium, melius q̃ quod peioris. Vt quod
Dei, q̃ quod hominis: nam fecundum communia vtriufqꝫ nihil
differunt abinuicem, proprijs autem alterum alteri differentȳs fu
pereminet. Et quod in melioribus, vel prioribus, vel honorabi-
lioribus, eft melius. Vt fanitas robore, & pulchritudine: nã illa
quidem in humidis, & ficcis, & (vt fimpliciter dicatur) ex qui
bus prius conftitutum eft animal, hæc vero in pofterioribus: nã
robur in neruis, & offibus: pulchritudo autem membrorū que
dam commenfuratio videtur effe. Et finis ȳs quæ funt ad finem
eligibilior videtur effe. Et duorum, quod propinquius eft fini. Et
omnino quod ad vitæ finem, expetibilius, q̃ quod ad aliud aliquid: vt quod ad felicitatem contendit, q̃ quod ad prudentiam:
nam quod ad felicitatem contendit: eligibilius. Et poffibile im-
poffibili. Amplius, cùm duo fint effectiua, cuius finis melior, et
ipfum melius. Cùm autem fit effectiuum, & finis: ex proportione, quando pluri fuperat finis finem, q̃ ille proprium effectiuũ.
Vt felicitas pluri fuperat fanitatem, q̃ fanitas falubre. quare effectiuum felicitatis melius fanitate: nam quantum felicitas fuperat
fanitatem, tantũ et effectiuum felicitatis, falubre fuperat. fanitas
autem falubre minus fuperabat, quare plus fuperat effectiuum
felicitatis falubre, quàm fanitas falubre: quapropter effectiuum
felicitatis melius fanitate: manifeftum igitur, quod eligibilius effectiuum felicitatis, quàm fanitas: nam idem plus fuperat. Amplius, melius eft quod propter fe, & honorabilius, & laudabilius.
Vt amicitia diuitȳs, & iuftitia fanitate, & robore: nam illa quidem propter fe honorabilium, hæc vero non propter fe, fed propter aliud: nullus enim honorat diuitias propter fe, fed propter aliud: amicitiam vero propter fe, & fi nihil nobis debeat
aliud ab ea effe.

Sermo

A
7.Locus.
Declara-
tio.

8. Locus.
Declara-
tio.

9.Locus.
Declara-
tio.
10.Decla-
ratio.

11.decla-
ratio.
12.Locus.
B

13.Locus.
14.Locus.
15.Locus.
16.Locus.
17.Locus.
Declara-
tio.
18.Locus.
19.Decla-
ratio.
C

10.Locus.
Declara-
tio.

Sermo de Locis qua sit eorum ipsarum comparationum, qua narrantur in Tertio sui voluminis. **Cap. I.**

ABRAM

ET dicimus, q̃ hæ comparationes vñt sunt triũ specierum, aut q̃ comparetur vnũ prædicatũ duobus subiectis, hoc est, cui illorũ magis inest ipsum prædicatum.v. g. quod est eligibilius/ pulchrũ, aut vtile? & quę suauior vita sit, q̃ virtute fungitur, aut illa quę voluptatibus? Et hæc species comparationũ est, quæ magis venit in vsu, & illa est, quã intendit Arist. & loca tradita in hoc libro sunt fm hanc speciem: qñ.n.euenerint nobis loca, q̃ bus acqrit̃ hæc species cõparatiõis, adsunt nobis loca, quibus acquirũtur duæ aliæ species: vna duarũ specierum est comparatio duorũ prędicatorum vni subiecto. V.g. si pin guis sit vtilis, & delectabilis, quid ei magis insit vtile, aut delectabile: secunda aũt species é cõparatio duorum prędicatorũ duobus subiectis. V.g. si humanitas facit acquirere pacẽ, & regũ familiaritas facit acquirere morte, quid magis sit pax per humanitatem, aut mors per regũ familiaritatẽ? Hę itaq, species sunt quęsitorum fm ipsarũ cõparationẽ. Subiecta vero horum quęsitorum illi expositores, quorum tractatus ad nos venerunt, dicunt, q̃ sunt in accidenti: quia accidens est, quod recipit magis & minus, & intendunt per accidens hic, non accidens definitum in primo libro huius voluminis, sed accidens definitum in principio libri Prędicamentorum,

MANTINVS

Dicimus, q̃ generatim haru̅ cõparationũ genera sunt tria: primũ q̃ cũ cõparac̃ vnũ pdicatum duobus subiectis, videlicet cui nã eorũ magis insit pdicati. exẽpli gr̃a, vt si delectabile sit eligibilius ipso vtili, & qd sit delectabilius, an vita q̃ in virtute cõsistit, vel vita, q̃ ĩ voluptatibus cõsistit, vel exercetur. Et hoc genus comparationis venit plus in vsum: & de hoc considerat Arist. loca nũc, q̃ in hoc libro tradũtur, sunt hoi generis, qm̃ cũ habuerimus ea loca, ex q̃bus adipiscimur hoc genus cõparationis, facile poterimus inuenire ea loca, ex q̃bus adi piscimur illa alia duo genera. Primũ itaq, genus reliquorũ illorum duorũ generũ est, cũ comparantur duo prędicata vni subiecto exẽpli cã si gaudiũ est delectabile, & vtile qd nã horũ magis inest ei, verum? si vtile, vel delectabili? Scẽm genus é, cũ cõparant̃ duo pdicata duob' subiectis exempli gr̃a, si mansuetudine acquiris pax, & cõuersatione regũ acquiris mors, qd nã istorum magis inest, vtrũ s.pax mansuetudini, vel mors cõuersationi regum hæc itaq, sunt genera pblematũ cõparationis. subiecta vero horũ pblematum, vt dicunt oẽs expositores, quos vidimus, sunt ea, q̃ reperiunt in ipso accidente, qm̃ accidẽs suscipit magis & miñ? & intelligũt hic p accidens, non illud accidens, qd̃ fuit definitum in.1.lib. huius operis, sed illud accidens, qd̃ in principio libri prędicamentorũ definitũ fuit,

ABRAM

torum, & est qd est in subiecto, nõ de subiecto. Hoc aũt sic existẽt, cõ parationes Itaqꝫ quæsita sunt de accidētꝫ prius definito, & de ꝓprio, & genere & definitione, qñ definitũ non fuerit ꝑdicamẽti substãtiæ.

Verumtñ Abumazar Alpharabius opinatur, ꝗ hæc cõparationis species sit in prædicamento substãtiæ, & argumentatur ad hoc, ex eo ꝗ facit Arist. in lib. Prædicamentorum in cõparando indiuidua substãtiæ ad suas species, quæ illorum digniora sint esse substãtiã : & sic est comparatio materiæ ad formã : & sin hoc comparationum quæsita sunt quinqꝫ quæsita, q̃orũ summa sunt esse simplꝝ, & ꝗsitum accidentꝫ, & quæsitum proprij, & quæsitũ generis, & quæsitum definitionis : & sin hoc verificatur dici de illis ꝗsita comparationũ simpliciter, prout dictum est de quæsitis construendi & destruendi, ꝗ sint ꝗsita cõparationũ simpliciter, nisi ꝗ hæ cõparationes magis in veniunt in accidẽti definitio in. 1. lib. huius voluminis. Et ideo inuenimus Aristo. ꝗ numerauerit quæsita comparationũ in quæsitis accidentis. Fortasse autem ipse fecit hoc, quia ꝑ sciam multorum horum locorũ eueniũt loca comparationum simpliciter, sicut ꝑ sciam locorũ accidentis eue nit sciã quæsitorum simpliciter, qui busquæritur esse, aut non esse uñ. Ex horũ quæsitorum, quæ dicuntur in comparationibus, quædam sunt, quæ quærunt in rebus naturalibus & diuinis, & quædam sũt, ꝗ querun tur in rebus arbitrarijs, & hæc sunt ꝗ magis vsitanr in hoc genere. Et loca, ꝗ hic numerantur, quædam sunt
que

MARTINVS

fuit, & est illiud, qd df esse in suõto, nõ de suõto. Sic igitur ꝓblemata cõparationis reperiunt in ipso acci dente definito prius & in ipso proprio, ac genere, atqꝫ definitione: cũ ipsum definitũ non fuerit ex ꝑdi camento substãtiꝫ. Alpharabius ñ dicit problemata cõparatiua pos se reperiri in prædicamento substã tiæ, qd probat eo, quia Arist. in li bro Prædicamentorum comparat indiuidua substãtiæ suis speciebus, f. qd nam eorum debeat esse magis substãtia: similiterꝗꝫ cõparat ma teriam ad formã : & sic problema ta cõparatiua repient in ipsis quin que ꝗsitis, videlicet in problemate de inesse simplꝝ & problemate acci dentis, & problemate generis, & ꝓ prij, atqꝫ definitiõis: sistꝗꝫ vere di cẽt problemata cõparationis abso te, & simplꝝ, queãdmodũ & proble mata constructionis & destructiõis dicunt ꝓblemata absoluta, seu sim plꝝ. Verecũ huiuscemodi compara tiones magis reperiunt in ipso acci dente, qd in. 1. lib. huius operis definitũ fuit. Et ideo videmus Arist, nũ merasse problemata cõparatiua in ter problemata accidẽs: & fortasse ipse quoqꝫ ideo ita fecit, qa ex scia multorũ horum locorũ habent loca cõparatiua absoluta, de q bus vi delicet quæritur esse, vel no eũ uñ. Horũ aũt locorũ, quæ dicuntur sin comparationẽ, quædam quæruntur in rebus naturalibus, & diuinis, quæ dam vero in rebus voluntarijs, & ꝗ sunt huius generis magis in vsum veniunt. Locorũ vero, quæ hic nu merant, quædã sunt cõia cunctis re bus tũ naturalibus, tũ volũtarijs, ꝗ dã vero sunt ꝓpria ipsis eligibilibꝰ

Log.cũ cõ. Auer. G rebus,

ABRAM

ß quæ ambiunt omnes species comparationum secundum quod esse fuerint, an secundum modum nobilitatis & virtutis, aut ex parte vitij, & quæ species essendi facit esse comparationem.

Et expedit te scire, ꝗ hoc ꝗsitum non ꝗꝶde rebus nimis remotis, ꝑ ut est oso dicentis, ꝗ res sit ꝑeligenda beatitudo, aut diuitiæ: sed ꝗ̃ ꝗ̃ fit de rebus propinquis, de quibus eueniet nobis ambiguitas, ꝗ illarum sit nobilior, & ut vꝶr ioquam, dispositio huius speciei ꝗ̃bnis est, sicut dispositio reliquorū ꝗsitorū, & sicut Hoc est non ꝗrim̃ꝰ vꝶū hoc insit huic, aut non insit, ꝗꝶ hoc fuerit ꝑse norum, & non quærimus hic au tale sit nobilius tali, quãdo excessus fuerit secundum se notus. Expedit au tem quod circa hæc loca procures tres res, quarum vna est quis illorum sit proprior ipsis eligibilibus, & quis includatur in omni eo, quod dicitur de comparationibus: secunda autem est, quis illorū sumatur ex rei essentia, & quis sumatur à rebus, quæ sunt deforis, aut ex rebus medijs inter hæ duas: & tertia est, quis illorum coaptatur, ut fiat Iin demonstratione, & quis illorum non.

Themistius aũt dicit, ꝗ accidit his similis, ꝗ ipsarū distinctio sit difficilis ob ipsarū consimilitudinem, & modicam diuulgationē dꝶiz, ꝗ est inter illas. Horū itaꝗ locorum initiū, ex quibus incœpit Arist. ē ꝗ id, ꝗ̃ fuerit diuturnius, aut sit mieus sit eligibilius, ꝗ̃ id ꝗ̃ fuerit breuioris ꝶpis, & min̄ꝰ firmū: & ambo hæc loca sunt cōia olbus quæsitis, ꝗ procedūt fm modum comparationum.

Et

MARTINVS

rebus, quædã vero alia sunt cōia esse ꝯtis ꝗnibus cōparationis quocunꝗ fuerit mõ, f. vel tõne prioritatis, vel rõne psstātiæ, & rõne † dignitatis, ꝶ tõne imꝑfectionis, seu ignobilitatis vel quis alia rõne comparationis.

Scire autem debes, ꝗ non ꝗitur himõi ꝗsitum in rebus valde discrepantibus, ut si dicatur quid est eligibilius, an fœlicitas, an diuinæ: sed himõi interrogatio sit in rebꝰ affinibus, de quibus dubitatur, ꝗ̃si ipsarū sit præstātior, & (ut verbo dicã) ita res se hɜt in hoc gne in quæstionis, sicut se hɜt in reliquis quæsitis: nã quemadmodū non non ꝗrimus vꝶū hoc insit huic, vel non insit, cū illud fuerit de se notum, ita si aliꝗ fuerit nobilius aliquo, cū illa nobilitas, ꝗ inter ipsa existit, fuerit de se nota. Tria præterea cōsideranda sūt circa hæc loca: primū est, quid nam eorum dicitur eligibilius, & quid eorum dicatur vtse, seu rõe cunctis rebus, quæ fm comparationem dicitur: secundum est, quid illorū sumatur ex essentia rerum, & quid ex rebus exterioribus sit sumptum, aut ex rebus medijs inter hæc duo: tertium vero est, quod nã eorum est idoneum, ut ex eo fiat demonstratio, & quod non.

Themistius aũt dicit, ꝗ id cōtingit, ut hæc loca difficile diuidant, ꝗa sunt inter se sita, parūꝗ inter se discrepare vꝶr. Arist. aũt sumpsit initiū horū locorū ab eo, ꝗ̃ ē ꝶpe diuturni, auᵭꝗ fuerit firmi, stabiliusꝗ: nempe, ut diuturnius sit eligibilꝰ eo, ꝗ̃ ē minus deuturnū, & stabilius eo, ꝗ̃ ē min̄ꝰ stabile, & firmū: hæc aũt duo loca amplectūt oia, pꝶlata, ꝗ fm comparationem procedunt.

Primum

ABRAM

MARTINVS

A Et primus quidem sumitur ab eo
quod differt, & est secundum modum temporis. Et secundus sumitur ex rei essentia, & est constructio,
& est diuulgatus: aquila enim non
est eligibilior homine, & si diutur-
nior sit q̃ ille, vt diceretur, si hoc verificaretur.

Tertius autem locus est quod eligit, & estimat vir nobilis, aut lex, aut
sapiens, aut quod eligant plures homines, & magis artificiosi, aut quod
omnes eligũt, omnesq; illud cupiũ,
est nobilius: & hic locus sumitur ex
rebus, quæ deforis sunt, ex quo est
B sumpta à testimonio, qui est diuulgatus vniuersalis.

Quartus autem locus est, q̃ illud,
quod est nobilius secundum scientiam, sit nobilius & eligibilius, sicut
quod inest ipsi Deo excelso, eligibilius est, q̃ illud quod inest ipsi homini: & similiter quod proprium fuerit alicui nobiliori, est nobilius, &
id quod est rerum nobiliorum &
priorum est nobilius & prius, sicut
salus est pulchritudine nobilior, qa
salus est membrorum, quæ sunt no
biliora. Et ille est communis omni-
C bus quæstionibus comparationum,
& ille sumitur à rebus essentialibus,
quia non sumitur à rebus, quæ defo
ris sunt, neque ab ipsis rebus, & sunt
vulgaria: & licet loca sint multa, ve
tamen illorum est vis vnius loci.

Quintus autem locus est, q̃ quicquid subintrat genus nobile, secundi q̃ sumitur in hoc genere, & subest

Primum quidem est sumptum à D
re extrinseca, videlicet à temporis
diuturnitate. Secundum vero ab essentia rei: nempe ab ipsa firmitudi-
ne & est vtiq; locus probabilis, qm
aquila non est eligibilior hõie, licet
diuti⁹ viuat eo, vt fert, si id verũ sit.

Tertius locus est sumptus ab eo,
quod magis eligitvir studiosus, vel
ipsa lex, vel ipse sapiens, aut qd plures hões eligunt, & p̃sertim periti l
aliqua arte, aut quod ões eligunt, &
quod ões appetũt, illud quidem est
præstantius. Is aũt locus est sump⁹
à rebus exterioribus, cum sumatur
ab ipso testimonio: & est vtiq; pro- E
babilis vniuersalis.

Quartus locus est sumptũ ab eo,
quod est præstantius, nam id, quod
est fm disciplinam præstantiorem,
est vtiq; præstantius, vt est scientia
Diuina: & sic id, quod inest alicui rei
præstantion, est vtiq; præstantius,
atq; eligibilius, vt id, qd inest Deo,
est vtiq; præstantius, eo quod inest ĥo
hoi: similiterq; id, quod est p̃proriũ
alicui rei præstantiori, est vtiq; præ
stantius. Id quoq;, quod est ex reb⁹
præstantioribus & prioribus, seu p-
cedentibus, est vtiq; præstantius, sic
p̃cedentius, vt sanitas, q̃ est præsti F
rior pulchritudine, quia sanitas con
sistit in membris præstantioribus:
& amplectitur omnia problemata
comparationis & est sumptus à rebus medijs, qm non est sumptus à
rebus exterioribus, neq; ab ipsismet
rebus: & sunt res probabiles. & licet
horum loca sint plura eamẽ habent
vim vnius loci.

Quint⁹ locus est, q̃ quicquid exi
stit sub genere eligibili, eo quia est
sumptũ ex illo genere, est vtiq; eligi

G ij   bilius

ARGYR.

¶ est ei, illud est nobilius q̄ id, q̄d non
est pars huius generis. g̃ra exempli,
quia æquitas ex quo est pars virtu-
rum, & species quædam illarum spe
cierum, & nobilior q̄ equus, qui su
mitur ab ipsis rebus, & continet spe
cies cōparation ū : & est locus , qui
estimatur esse verus, qñ sumit prædicatum de subiecto in eo q̄d quid
est, prout caperetur equū, inquantū equū est, nō inquantū ē alia res.

Loc⁹. 6. q̄
e. 1. & 6.
1e. & 9.ſ
Arist.

Sextus autem locus est, quia q̄d
ob seipsum eligit, eligibilius est, q̄
q̄ eligitur propter aliud. vt salus eſt

H gibilior est commotione, quia cō-
motio eligitur ob aliud, salus autē
propter seipsam. Et eligibile per se
est eligibilius q̄ eligibile per accēs,
vt amicos esse iustos eligibilius est,
q̄ inimicos eē iustos, amicis. n. hoc
eligitur p̄ se . Et ideo ait Arĩstot. q̄
hæc res sit eligibilis, & si eēnt apud
Indos, inimicos vero eligimus esse
iustos, ne ab illis nobis eueniat dānū , & ideo si esset tēpore quo non
eueniret nobis ab illis dānū, nō eli-
geremus hoc Et q̄d est nāliter eligi
bile, ē eligibili⁹ illo, q̄d nō ē nāliter.

I prout æquitas est eligibilior equo,
quia æquitas est naturaliter vtilis,
iustus vero ſm habitum . Et q̄d est
eligibile simpliciter, est eligibilius,
q̄ id quod est eligibile apud aliquē
hominem, aut aliquo tempore, aut
secundum aliquam disposionem,
aut aliquod accidens: cibus enim
eligitur simpliciter , medicina autem est aliquo tempore eligibilis:
omnium autem horum locorum
vis est vna Themistius autem dicit, q̄ sumantur ab ipsarum re, &
sunt proptia comparationibus.

Septimus

MANTINVS

bilius eo, q̄ non est pars illius ge- K
neris. exēpli gratia, cū ipsa iustitia
sit pars virtuūm , & vna ex earum
speciebus erit vtiq; eligibilior ipso
iusto. Et est locus sumptus ab ipsis
rebus, & est ex iis omnibus speciebus
comparationis: & est locus, qui videtur esse verus, cūm prædicatum
dicitur de subiecto in eo q̄d quid :
vt cūm iustus sumitur quatenus eſt
iustus, non quatenus est alia res.

Sextus autem locus est, vt id, q̄d
est eligibile pp̄ se, sit eligibilius eo,
quod est eligendum pp aliud. vt sanitas, quæ eligibilior est ipsa exer- L
citatione, cū exercitatio sit eligibilior pp aliud, sanitas vero propter
se. Id præterea, quod est eligendum
per se, est eligibilius eo q̄d est eligibile per accidens: vt amicos esse iustos eligibilius est, q̄ inimicos esse
iustos, qñ hoc est eligibile p̄ se in
amicis. Et ideo dicit Arist. hoc esse
eligendū in ipsis etiam, si apud Indos sint. sed eligimus inimicos esse
iustos, ne noceant nobis: & ideo si
eēnt in aliquo tēpore, in quo nihil
possent nocere, tunc non esset hoc
eligendū. Id iterū, quod est natu- M
ra eligendū, est vtiq; eligibilius eo,
quod non est natura eligendum, vt
iustitia, quæ quidē eligibilior est ip
so iusto, eo quia iustitia iuuat natu
ra, iustus vero habitu. Id quoq; q̄
simpliciter est eligibile , eligibilius
quidem est eo, q̄d est eligibile alicui homini, aut in aliquo tempore,
vel i aliqua dispōne, aut i aliquo lo
co: nā cib⁹ ē eligibili⁹ simpſr, medi-
camē ȳ o ē aliquo ſpe eligēdū. Vis
authorū locorū eadē est. Themist.
iñ dicit, q̄ sunt loca sumpta ab ipsa
re, & sunt ppria rebus eligibilibus.

Septimus

ABRAM

A Septimus autem locus est, quod est causa boni per se eligibilius est illo, quod est causa boni per accidens sicut virtus eligibilior est quàm bona fortuna, hæc enim est causa beatitudinis per se, & hæc per accidens. Et similiter est dispositio no nij, illud enim, quod est causa dam ni per se, magis est fugiendum, q̄ illud quod est causa per accidens.

Octauus locus est, q̄ finis eligibilior sit his quæ adminiculantur desiderio finis. Et si fuerint duæ res, quarum sit desiderium vt conducant ad finem, illi propior est eligibilior. Et quæ conducit ad præeligendam rem est eligibilior, verbi gratia quia quod iuuat ad fœlicitatem eligibilius est, quàm quod iuuat ad prudentiam, & eligibilius est quod conducit ad vitam, quàm quod conducit ad pulchritudinem: & hic quidem locus est communis omnibus comparationum speciebus.

Nonus autem locus est, q̄ possibile sit eligibilius impossibili, & est electionibus proprius, verbi gratia, quia ars Medica eligibilior est arte Alchimiæ.

Decimus locus est, quando duæ res fuerint effectiuæ, cuius finis est nobilior, est eligibilior. v.g. exercitiū efficit sanitatē, & disciplina efficit scientiam, sicq; disciplina nobilior est quàm exercitium: & ille est communis.

Vndecimus autem locus est ex comparatione duorum efficientium ad duos ipsorum fines, quia si excessus finis ad finem sit maior excessu illius ad suum efficiens, sic efficiens

MANTINVS

Septimus locus est, vt id, q̄uod est causa boni per se, eligibilius sit eo, quod est eius causa per accidens, vt virtus, quæ quidem eligibilior est ipsa fortuna, quia illa est causa felicitatis per se, hæc vero per accidens. Parq; est ratio de ipso nocumento, nam id, quod est causa mali per se, fugibilius est eo, quod est eius causa per accidens.

Octauus locus est, q̄ id, quod est finis, eligibilius est eo quod excitat desideriū ad finem. Et si sint duo, quæ desiderantur vt deducant ad finem, id profecto quod est propinquius fini, est eligibilius. Id autem quod ducit ad rem eligibiliorē, est vnq; eligibilius. exempli gratia, id quod confert ad fœlicitatem eligibilius est eo, quod confert ad virtutem, & id quod ducit ad cibum, seu victum, vtilius est eo, quod ducit ad pulchritudinem: & hic locus est communis cunctis generibus comparationis.

Locus nonus est, vt quod possibile est, eligibilius est eo quod non est possibile: & is locus est proprius ipsis rebus eligibilibus. exempli gratia ars Medica eligibilior est arte fusoria, quam Alchimiā vocant.

Decimus locus est, cū sunt duæ res effectiuæ, illa cuius finis est præstantior, est vtiq; & ipsa eligibilior. exēpli grā exercitatio efficit sanitatem, disciplina vero sciam: ergo disciplina, seu discere, præstantior est ipso exercitio: & est loc comunis.

Vndecimus locus est sumptus ex comparatione duorum effectiuorum ad duos fines: nam, si vnus finis superet alium finem, plusquàm superat suum effectiuum, seu agés,

G iij tunc

efficiens excellentiorem finé est digibilior fine, qué alter excedit. v.gr.
si maior é excessus beatitudinis ad
sanitatem, q̃ sit excessus sanitatis ad
ipsam agens, sic & efficiens beatitudinem eligibilior est sanitate : hoc
autem sic,quia proportio efficientis
beatitudinem ad beatitudinem est
proportio agentis sanitatem ad sani
tatem,& excessus beatitudinis ad sanitatem suit maior excessu sanitatis
ad suum efficiens, & excessus sanitatis ad ipsam efficiens, est sicut excef-
sus beatitudinis ad suum efficiens,
sicq̃; excessus beatitudinis ad sanita
tem est maior illius excessu ad ipsa
efficiens, & quando hoc fuerit efficiens beatitudinem,præstantior est
sanitate.Quando enim vna res pro-
portionatur duabus rebus diuersa
proportione,illa, ad quam proportio est minor,ipsa est maior.&hicq̃
dem locus communis est omnibus
quæstionibus comparationum.

tunc agens illius finis melioris eligi
bilius erit, q̃ finus ille, qui superatur
ab alio fine.exempli gratia, si felicitas superat sanitatem plusquã superat sanitas suum effectiuum,ergo est
sectuum felicitatis erit magis elige
dum, q̃ ipsa sanitas : qm proportio
ipsius efficientis felicitatè ad ipsam
felicitatem,est proportio ipsius effectiui sanitatis ad ipsam sanitatem,
sed felicitas plus exuperat sanitatem
q̃ exuperet sanitas suum efficiens,&
sanitas ita exuperat suum effectiui
sicut superat felicitas suũ effectiuũ:
ergo plus superabit felicitas sanitatem,q̃ superet suum agens:& sic esse
ctiuum felicitatis erit præstãtius ipsa sanitate,quia qñ vna res comparatur duabus per commutatã ppor-
tionem,tunc illa res, ad quã minor
est pportio,seu cõparatio,erit maior q̃ illa ad quam est maior pportio. Et is locus est communis cũctis
quæsitis comparatiuorum.

Alij ciusdem problematis loci. Cap. 2.

AMplius, qñ duo aliqua fuerint valde sibimetipsis similia, &
non poterimus præeminentiam aliquam conspicere alteri⁹
ad alterum,videndum ex ijs quæ sequuntur.Nam cum cõsequens est maius bonum, hoc eligibilius,si autem sint consequen
tia mala,cui consequens minus malum,hoc eligibilius.Nam,cùm
vtraq̃ sint eligenda,nihil prohibet molestum aliquid sequi: dupli
citer autem ab eo quod sequitur consideratio,nam & prius,& posterius sequitur:vt addiscentem ignorare prius,scire aũt posteri⁹:
melius aũt vtpsm, quod posterius sequitur; sumendũ igit eorum
q̃ sequuni quodcunq̃ fuerit vtile.Amplius,plura bona paucioribus, vel simplr, vel qñ altera alteris insunt, vt pauciora in plurib⁹.
Instantia, si alicubi, alterum alterius gratia:nihil enim eligibiliora
vtraq̃ qñ vnũ:vt sanũ fieri,& sanitas, q̃ sanitas, eo cp sanum fieri
pp sanitatem eligimus.Et non bona,bonis nihil prohibet eligibiliora esse,vt felicitatem:& aliud aliquid quod nõ est bonũ,iustitia
&

& fortitudine. Et eadem cum voluptate magis, ĝ sine voluptate:
& eadem cum indolentia, ĝ cum tristitia. Et vnuquodĝs in quo
tempore magis valet, in hoc etiam eligibilius. Vt carentia tristitiæ
in senectute magis, ĝ in iuuentute: magis enim in senectute valet.
Secundum hæc autem, & prudentia in senectute eligibilior: nemo enim iuuenes eligit duces, eo quòd non constat eos prudentes
esse. Fortitudo autem è contrario: in iuuentute enim magis necessaria secundum fortitudinem operatio: similiter autem & in temperantia, magis enim iuuenes ĝ senes concupiscentiæ molestan-
tur. Et quod in omni tempore, vel in pluribus vtilius. Vt iustitia,
& temperantia, fortitudine: nam illæ semper, hæc autem aliquando vtilis. Et quod, cum omnes haberemus, nihil altero indigeremus, quàm quòd cùm haberemus, indigeremus reliquo. Vt in iustitia & fortitudine: nã si omnes essent iusti, nihil vtilis fortitudo,
si vero omnes essent fortes, vtilis iustitia. Amplius ex corruptionibus, & abiectionibus, & generationibus, & sumptionibus, & contrariis. Quorum enim corruptiones malæ, ipsa eligibiliora: similiter autem & in abiectionibus, & in contrariis: nam si abiectio, vel
contrarium fugibilius est, ipsum eligibilius: in generationibus autem, & sumptionibus è contrario. Quorum enim sumptiones, &
generationes eligibiliores, ipsa quoque eligibiliora. Alius autem
locus est. Quod propinquius bono, melius, atque eligibilius. Et
quod similius est bono, vt iustitia, iusto. Et quod meliori eorum
est similius, quemadmodum Aiacem Vlysse dicunt aliqui meliorem esse, eo ĝ similior est Achilli. Instantia huius est, quòd non verum simili: nihil enim prohibet non qua ratione optimus est Achilles, eadem similiorem esse Aiacem, cum erit alter quidem bonus,
non similiter autem. Considerandum autem si & in ridiculosiori-
bus sit simile: vt Simia homini ĝ equo, cum non sit simile: non
enim est Simia melior: similior tamen est homini. Rursum in duobus si hoc quidem melior, illud autem peiori est similius, erit melius quod meliori est similius. Habet autem & hoc instantiam: nihil enim prohibet hoc quidem meliori parum simile esse, illud autem peiori valde: vt sit Aiax quidem Achilli parum, Vlysses autem Nestori valde: vt si hoc quidem meliori in peioribus: illud autem peiori in melioribus: vt equus, asino, & simia hoc. Et ĝ maxime insigne, eo quod minus tale. Et quod difficilius: magis enim
amamus, cùm habemus, quod non est facile adipisci. Et quod magis proprium, eo quod communius. Et quod malis incommuni';
nam magis eligendũ quod nulla molestia sequitur, ĝ quod sequit'.
Amplius, si hoc illo melius, & omnino optimũ eorũ, quæ in hoc

G iiij melius

(marginal notes:) 24. locus. 25. locus. 26. locus. Declaratio / 27. locus. Declaratio. 28. locus. Declaratio. / 29. locus. Declaratio / 30. locus. Declaratio. 31. locus. Declaratio. 32. locus. Declaratio / 33. locus. 34. locus. 35. locus. 36. locus. / 37. locus.

melius eo quod iñ altero optimũl. Vt ſi melior eſt homo q̃ equus, & optimus homo optimo equo melior. Et ſi oprimum optimo melius, & ſimpliciter hoc illo melius: vt ſi optimus homo optimo equo melior, & ſimpliciter homo, ſimpliciter equo melior. Amplius, ea quæ volumus amicos participare, eligibiliora, quã quæ non. Et quæ ad amicum agere malumus, q̃ quæ ad quemlibet, illa eligibiliora. Vt iuſte agere,& benefacere, magis quàm videri : nam amicis benefacere volumus magis quàm videri t quibuslibet autem è conuerſo. Et quæ ſunt ex circunſtantia neceſſariſs meliora, aliquando autem & eligibiliora. Melius enim quàm viuere bene viuere : bene autem viuere eſt ex circunſtãtia: ipſum autem viuere neceſſarium. Aliquando autem meliora nõ etiam eligibiliora: non enim ſi meliora, neceſſario cp eligibiliora: philoſophari ſiquidem melius quã lucrari, ſed non magis eligendum indigenti neceſſariſs. Ex circunſtantia autem eſt , quando exiſtentibus neceſſariſs, alia quçdam adſiciuntur bonorum. Fere autem ſortaſſe eligibilius quod neceſſarium eſt, melius autem qd ex circunſtantia . Et quod non eſt ab alio ex quirere, quàm quod eſt , & ab alio . Quale ſuſtinet iuſtitia ad fortitudinem . Et ſi hoc quidem ſine illo eligêdum, illud autem ſine hoc non. Vt poteſtas ſine prudentia non eligenda, prudentia vero ſine poteſtate eligenda. Et duorum, ſi alterum negamus, vt reliquum videatur nobis ineſſe: illud eligibilius, quod volumus nobis videri ineſſe. Vt laborem diligere nos negamus, vt ingenioſi eſſe videamur. Amplius, pro cuius abſentia minus increpandi ſunt moleſte ferentes, hoc magis eligendum. Et pro cuius abſentia non moleſte ferentem magis increpandum : id eligibilius :

Sermo de aliis locis eiuſdem quæſiti. **Cap. 2.**

ABRAM

DVocemus aũt locus eſt ſum ptus ex ipſus illationibus. Qñ a. ſunt duæ res connexæ, & nõ poſſumus commõſtrare cp vna ipſarũ ſit eligibilior altera , per aliquam rem omnino ex ipſiſmet: ſicq; expedit, cp conſideremus illanone illarum, quia cuius cõſequens eſt melius, illa eſt eligibilior. v.g. facilitas actionis, & facilitas paſſionis, quia facilitatem actionis ſequitur vincere, & facilitatem paſſionis vinci.

MANTINVS

LOcus aũt. r 2. eſt ſumptus ab ip ſis cõſequêtibus. nã, cũ fuerint duæ res comiunctæ,& non poſſimus iudicare alterã earum alterã ſupera re in vlla re rõne ſua, tunc op ; reſpi cere eas, ſi en illis ſequuñt̃ia illa res, ad quã ſequif maius bonũ , et it eligibilior, & illa, ad quã ſequif minus maĩd,ẽ quoq; eligibilior. exẽpli cã, facilis actio, & facilis paſſio : nã ad facilitatê actiõis ſeq; ipſu vicere, ad facilitatê ẏo paſſiõis ſeq; ipſu vſci.

Et   Exemplum

B. Loca Declaratio.
33. dedi ratio.
40. Loc
41. Dcũ ratio.
41. Loc
43. Lora
44. Lrm Declaro.
45. Lora Declaratio.
46. Loc
47. Loc

C
Locul. 12. g t. 21. & t.1 Auſc.

P

ARRAM

A Et exemplum illius quod sequitur malum minus est viuere latenter, & viuere propatulo, quia vita, quæ est latenter, sequitur spretus, & vitam quæ propatulo est, sequitur inuidia. Consequens autem aliquam rem aliquando quoddam est prius, & quoddam posterius, sicut discipulum sequitur ignorantia & scientia, ignorantia enim illius quod addiscendum est prior est in illo, & scientia posterius inest ei, vltimum autem consequens pro maiori rei parte est præstantius: expedit au-
B tem quòd sumamus de consequentibus quod vilius fuerit, hoc est, si vilius fuerit prius, sumemus illud, & si posterius sumemus illud. Et hic quidem locus est proprius eligibilibus, & est necessarius.

Tertiusdecimus locus est, quòd bona plura sunt eligibiliora, quàm quæ pauciora sunt, quando subintrant pauciora ea quæ sunt plura. & ille est diuulgatus, & est mendax, quando vnum bonorum est propter
C alterum, quia non fit verum quòd illorum aggregatum sit eligibilius altero illorum. verbi gratia, dicendo sanari & sanitatem, quia illorum aggregatum non est eligibilius altero eorum, scilicet ipsa sanitate: eligimus enim sanari propter sanitaté. Oportuit autem apponere huic loco duas conditiones: quarum vna est, quòd pauciora sub sint pluribus, quia non sequitur plures drachmae esse eligibiles paucioribus aureis: & secunda conditio est, quòd res pauciores contineantur non sint perfectiones rerum plurium continentium, & continentes quædam sint perfectiones, & quædam prope perfectiones.

MANTINVS

Exemplum illius rei, ad quod sequitur D minus malum, est clandestina vita, & vita partes publicæ. nam ad vitam occultam sequitur ignominia, ad parenté vero vitam sequitur inuidia. Id præterea, quod sequitur aliquam rem, aliq; est prius & præcedens, ali qn est posterius. vt ad ipsum addiscentem sequitur ignorare, & scire: nam ignorantia rei, quam discit, erat prior antequàm disceret eam, scia eius vero est posterior, & id quod sequitur vt plurimù in vltimo, est præstantius; & ex ipsis consequentibus debem' sumere, quod vtilius est eorum, ita vt E si quod vtilius est, fuerit prius, & præcedens, tunc suminus ipsum, sed si posterius, tunc & illud capimus. Et iste locus est proprius ipsis rebus eligibilibus, & est necessarius.

Tertiusdecim' locus est, q plura bona eligibiliora sunt paucioribus bonis, si illa pauciora bona cóineunt in illis pluribus bonis, & est locus probabilis, & est falsus, qn aliquod illorum bonorum fuerit gratia aliorum, quia tunc non est verù dicere, q ag gregatú eorum sit eligibilius vno illorum. exempli gra, sanum fieri, & F ipsa sanitas: nam horú aggregatum non est eligibilius ipsa sanitate, qm sanum fieri eligitur pp sanitatem. In hoc tn loco oportet supponere duas conditiones, vna est, vt illa pau ciora contineant sub illis pluribus nam non sequit, vt plures drachmæ sint eligibiliores paucioribus denarijs, altera códitio est, vt illa paucio ra contenta non sint pfectiones, seu actus verò continentrinm, & rerum continentrinm quædam sint perfe diones, seu actus, quædam verò reddant versus ipsos actus.

A B R A M

Locus.14.
qui eſt.15.
& 16.

Q. Quartus decimus locus eſt, quod id, quod fit cum delectatione, ſit eligibilius illo quod ſine delectatione fit. huius exemplum eſt medicina dulcis cum medicina amara, ambæ vero iunæt. Et quod eſt abſq; dam no eligibilius eſt eo, quod eſt cum damno, prout cibus inſipidus eligibilior eſt amaro.

Locus.15.
g eſt.17.

Quintus decimus locus eſt, quia quælibet res cuius eſt tempus ipſam proprie concernens, quando eſt ſuo tempore eligibilior eſt, q̄ nam quando eſt ſine ſuo tempore, ſicut canescere caput ſenet eligibilius è quàm canescere iuuenes, & ſimiliter eſt ſcientia. Fortitudo vero eſt contrariæ diſpoſitibis in illis, maior enim eſt neceſsitas paris fortitudinis, & ſic etiam eſt de temperantia.

Locus.16.
g eſt.18.

Sextus decimus locus eſt, q̄ vtilius pluribus temporibus eligibilius eſt vtiliori quodam tpe. verbi gꝭa, vt fortitudo, & iuſtitia, & temperantia: iuſtitia enim & temperantia vtiles ſunt ambæ vtriſq; temporibus, fortitudo vero iuuat quando ſunt aduerſarij: & illa eſt neceſsaria.

Locus.17.
qui eſt.19.

Decimus ſeptimus locus eſt, quia quando nobis eſt res aliqua indigemus illa prima. verbi gratia, vt iuſtitia & fortitudo: omnes enim homines quando eſſent iuſti, non eſſet eis vtilis fortitudo, quando autem eſſent ſottes, eſſet eis vtilis iuſtitia, & indigerent ea, & ille eſt demonſtrariuus, & ſumitur ex ipſis rebus.

Locus.18.
g eſt.10.
11.& 12.

Decimus octauus locus ſumit ex corruptione & abiectione, & amiſsione, & acquiſitione, & contrarietatibus: res enim, quarū corruptio eſt magis fugienda, ſunt eligibiliores.

Et

Locus decimus quartus eſt ſump-
ptus à voluptate, nā quod cū voluptate é, eligibilius quidē eſt, q̄ quod ſine voluptate, exempli gꝭa medicamen dulce & amarū: licet. n. vtrūq; cōducat, eligibilius tñ é dulce. Idē id qd̄ ſine nocumēto é, eligibilius é eo, qd̄ cū nocumēto, ſeu triſtitia: vt cib' inſipid' eligibilior cibo amaro.

Locus decimus quintus eſt ſumptus à reb' habētibus tps proprium ſibi, nā quæcūq; res hēt tps ſibi proprium, cū reperitur in ſuo tpe, eligibilior eſt, q̄ ea, quæ non reperit in ſuo tpe. vt eligere ſenet duces eligibilius eſt, q̄ eligere eos iuuenes: idēq;, dicendū eſt de eorū prudentia, fortitudo vero cōtrario modo ſe habet, nam operatio fm̄ fortitudinē eſt magis neceſſaria in iuuenibus ſimiliterq;, & ipſa temperantia.

Locus decimus ſextus eſt, q̄ id, qd̄ eſt vtilius in pluribus temporib' eligibilius eſt eo, qd̄ eſt vtile in aliquo vno tpe. exempli gratia, fortitudo, iuſtitia, & temperantia: nam temperantia & iuſtitia vtraq; earū eſt vtilis omni tempore, fortitudo vero in ſtantib' hoſtibus; & eſt neceſſarius.

Locus decimus ſeptimus eſt ſumptus ab indigētia, vt cū aliquā habemus rē, nō indigem' alia, tūc illa eligibilior é, q̄ illa alia, quā licet habeamus, adhuc indigem' illa priori, exēpli gꝭa, iuſtitia & fortitudo: nā, ſi oēs holes eēnt iuſti, nihil ꝓduceret eis fortitudo, ſed ſi eēnt fortes ꝓduceret eis iuſtitia. eaq; Idigerēt, & iſt é locus dimittatiu' ſūpt' ex ipſiſmet reb'.

Locus decimus octauus eſt ſumpt' ex corruptione, & abiectiōe, atq; dimiſsiōe, & gnatiōe, ſeu acqūtiōe, vel aſsūptiōe, & ipſo ꝫtrario quoq; nam

ABRAM

A Et similiter è dispositio omissionis, & abiectionis: id enim, cuius omissio & abiectio est magis fugiēda, illud est eligibilius. Dispositio aūt generationis & acquisitionis est cōtra hoc, res enim, quarū generatio & acquisitio est petigēda, sunt eligibiliores: & hic quidē locus continet multas res, quarū quædam sūmūt ex rebus q̃ deforis sunt, & ille sūt rethoricus, & non est necessarius, qm̄ non oportet sequi, si cæteras sit magis fugienda q̃ remissio acutiei visus, cp̄ visus sit eligibilior, q̃ acuties ipsius visus.

B Verū tamen, q̃n processus & trāslatio frn̄ hunc locum fuerit à genito ad genitū, & à corruptione ad corruptionē, aut à generatione ad genitum, & ex via ad corruptionē ad ipsammet corruptionē, ille subintrat ipsammet rem, & aditū habet vt sit scientificus, quia translatio nō fit ex oppositis, sed ex rebus proximis essē riæ rei. v.g. quia si sanari eligibilius est q̃ ægrotare, sanitas eligibilior est q̃ valitudine. Et similiter sit q̃n ibi nō est penitus cōtrarium: si enim melius est ædificare quàm fuere, ædifi-

C cium melius est quàm futura.

tex. 19.
cap. II.
k. 14

Decimusnonus locus est, quia q̃ bono propinquius est, illud est præstantius, & quod nobili simile est, id est nobilius: & hic sit dupliciter, aut cōparatione duorum ad vnum, prout dicimus, quòd exponere se periculis sit præstantius pusillanimitati, hoc enim similius est fortitudini, quæ è præstantior pusillanimitate: aut cōparatione duorum ad duo, prout dicimus q̃ virtutes intellectiuæ sint eligibiliores moralib', illæ enim magis similes sunt possessis rebus, & hæ similiores sunt rebus humanis.

Ethic

MANTINVS

D nam ea, quoq̃ corruptio fugibilior est, eligibiliora q̃dē sunt similiter q̃, recte sit de abiectione & amissiōe: nā id, cuius abiectio fugibilior è, vel eius contrariū fugibilius, illud q̃dē eligibilius est: è cōtrario vero sit in ipsa gñatione & sumptione rerum, quī ea, quorū generatio, & assūptio è eligibilior, sunt vtiq̃ eligibiliora. Is aūt locus plura cōtinet, quorū aliqua sunt sumpta à reb' exterioribꝰ, & est rethoricus: nā non sequi si ca citas est fugibilior, q̃ imbecillitas vi sus cp̄ ꝑterea visus sit eligibilior, q̃ acies visus. At si t hoc loco fieret pro

E cessus & trāsitus ex ipsa gñatione ad generatū, vel ex corruptione ad corruptū, aut ex ipsa generari ad ipsam gñationem, vel ex ipsa via ad corrū ptione ad ipsammet corruptionem, tunc ingrediē ipsammet re: itaq̃, ingrediē vt fiat scienificus, propterea quia nō fit tūc trāsitus ex ipsis oppositis, sed ex reb' propinquis essentiæ rei. vt exēpli gr̄a, si sanari è eligibilius, q̃ ægrotari, ergo sanitas è eligibilior ægritudine: sitq̃, vbi nullū dē contrarium, nam si ædificare sit me-

F lius, q̃ fuere: ergo ædificium er. it me lius, q̃ sumꝰ ia quod futurū est.

Locus decimus non' est, cp̄ id, q̃ est ꝓpinquius bono, è vtiq̃; ꝓstantius, & id, q̃ est simile rei nobili, è nobilius: & hoc duplr̄ sit, primo p̄ cōparatione duorū ad vnū, vt cùm dicimus audaciā esse præstantiorē timiditate, ꝓpterea quia è similiꝰ fortitudini, q̃ quidē est ꝓstantior timiditate: secūdo p̄ cōparatione duoꝗ ad duo: verū dicimꝰ virtutes cōtēplatiuas esse eligibiliores moraliꝰ, ꝓpterea qa illæ sunt similiores reb' acquisitis, hæ vero reb' humanis sunt similiores.

Et

ABRAM

§ Et hic locus continet oēs species cō-
parationum, & sumitur à reb', quæ
defortis sunt, & est vulgaris, non demonstratiuus, nihil enim prohibet
quin similius ꝑstantior nō sit ꝉb simili ea parte, qua est ꝑstantius. prout dicimus, ꝗ simia sit similior homini ꝗ equus, & tamē simia non est
præstantior equo. & sist nihil prohibet in cōparatione duarū rerum ad
duas res, quin similis ꝑstantiori sit
modicŭ sisis, & altera viliori sisis sit
multū sisis, aut vna illarū sit similis
præstätiori ex ea parte, qua est præ-
H stantior, prout dictum est de simia.

Locus 10. Vigesimus locus est, quia quod ē
g est 31. euidentius, & magis diuulgatum est
eligibilius illo, quod est remissius secundum hanc dispositionē. hic autem locus sumitur ab attestatione,
& sit mendax in multis rebus, esset
enim Orator eligibilior Geometra,
& astutus, quàm Philosophus.

Locus 21. Locus aūt vigesimus primus est,
g est 36. quia quod est difficilioris acquistio-
g 37. nis est eligibilius: magis enim gau-
demus, vt ait Arist. qñ acquisiueri-
mus quod difficilius est esse. Et ex-
§ pedit ꝗ difficile acquistu sumæ de
rebus eligendis, sin aūt multæ res difficile acquistu, non sunt eligendæ,
eo magis nō sunt eligibiliores alijs,
t ab. t hæc   ꝗ ascendere enim montes est eligibi
parucula   lius, ꝗ planus progressus terræ.
affirmati- § Vigesimus secudus locus est, quia
ue, Mino quod est minoris conuenientiæ cū
vero nega malis rebus, aut quod illa priuatur,
tiue, ꝗ me est eligibilius, ꝗ illud, quod est cōue-
lior multi niens, seu magis conueniens est illis.
ni videt. id enim, cui non euenit aliquid ab
horrendŭ & renuendū, est eligibil'
illo, cui euenit, & id cui minus euenit eo cui plus euenit, est eligibilius.

Et

MANTINVS

Et is locus est cōis cunctis generib' K
comparationū, & est sumpt' à rebus
exterioribus, & est ꝓbabilis, nō demonstratiuus: nā nihil ꝑhibet, qn
id, quod est similius ꝑstantiori, non
sit sise ei, quatenus est ꝑstantius. vt
cū dicim' simiam esse similiorē homini, ꝗ equum, cùm tn simia nō sit
ꝑstantior equo : & sic nihil ꝑhibet,
quin cū duæ res comparant duabus
rebus, vt id, qd est sise præstātiori, sit
parum sise, & aliud quod similæ viliori, sit multū sise, vel vt vnū illorū
similetur præstantiori, quatenus est
ignobilius: alterū vero similet igno- L
biliori ea rōne, qua est præstantius.

Locus vigesimus est, ꝗ id, quod
est magis notū magis ꝗ famosum,
eligibilius est eo, quod est in eadem
re minus notū, & famosum. Et is locus est sumptus à testimonio, & est
falsus in multis rebus: nā tunc Orator ect eligibilior Geometra, & Mo-
ralis eligibilior Philosopho.

Locus vigesimus prim' est, ꝗ id,
qd difficilius acquiritu, est vtiꝗ eligi
bilius: nā (vt inquit Arist) nos maio
ri afficimur delectatione, cū id anim
gimus, qd difficilius inuenit, sed de- M
bet hoc intelligi de reb' eligibilib',
ꝗ difficulter acquirunt : alias enim
multa datent difficilia. ꝗ non essent
eligēda, tñ absit, vt sint eligibiliora
alijs: nā ascēdere mōtes nō est eligibilius, ꝗ ambulare in plenā terram.

Locus vigesimus secundus est, ꝗ
id, quod minus cōicat rebus malis,
vel est expers earū, est eligibilius eo,
quod illis cōicat, vel quod est cōica-
bilius: nā id, ad quod nihil moleitiæ,
& tristitiæ sequit, eligibilius est eo,
ad quod hæc insequunt, & id, ad qd
minus ea sequuntur, eligibilius eo,

ad

ABRAM

MANTINVS

Et hic quidem locus pōt sumi pro prius, & cōis in oibus rebus, prout suū ne sanitas, &c. qñ non cōicant suis contrarijs, aut minus cōicant illis, qñ id, quod suæ naturæ est propriū, plus illis fuerit: & hic quidem locus subest locis sumptis ab oppositis.

Vigesimus tertius locus est, quia quod simplr præstantius est alia re, in hoc illo genere est primū nobilitate nobilius est primo sm nobilitatem in altero genere. v.g. si homo sit simplr nobilior equo, id, quod e primum sm hominum nobilitate, præstantius est sm nobilitatem ipso equo. Et ecōtra, si primū nobilitate in hoc genere fuerit nobilius primo alterius generis, hoc itaq; genus est nobilius illo altero genere. hic vero locus est oratorius pp proportionalitatē sumptā ab æqualitate, ex quo enim proportio generis ad genꝰ est fietur proportio nobilioris huius generis ad nobilius alterius generis potest esse oratorius: sed iam vt, ꝙ non sit demonstratiuus, studiosissimus enim interitus, sicut est interitus iniqui apud nos, nobilior est studiosissimo progressu, vtē cursus ad domū orationis, aut ad aliū cultum studio sum, sed non sequir ꝙ interitus simpliciter sit nobilior, pgressu simplr, interitus enim dignitas nō est ei ex ea parte qua interitus est, sed precleclo ad interitū, vt est iniquus, & aptꝰ ad maleficia. Hic autem locus communis est præeligendis, & alijs.

Vigesimus quartus locus est, quia in quo cōicant amici, pstantior est eo, in quo non communicant, sicꝗ virtus pstantior est sanitate, & diuitiæ præeligēdæ sunt generositati, & modestia præeligenda est delitijs.

Et

ad quod multo plusipsa sequuntur. Et is locus potest sumi pprius, aut cōis eunctis rebus: vt sanitas, & reliqua alia, quibus non cōicant sua cōtraria, vel q bus minus cōicant, cum scilicet id, quod inest ei sex nā sua, fuerit magis pprū, & locus is inclu dit sub locis sumptis ab oppositis.

Locus vigesimus tertius est, vt id, qd est melius aliquo alio simplr, illud quidē, quod est optimū in illo genere, erit melius eo, quod est optimum in alio gñe. exempli gra, si hō est simplr melior equo, ergo optimus hō erit melior optimo equo. Et e cōuerso, si optimū in vno genere sit meliꝰ optimo, qd existit alio genere, tūc illud genꝰ est melius illo alio genere. Isaūt locus est Rhetoricus pp cōparationē, vel pportionē sumptā ab æqualitate: nā, cū eadem sit rō, seu proportio, vel cōparatio generis ad genꝰ, quæ est ipsius melioris in hoc gñe ad id, qd est melius in altero gñe, sic pōt esse Rhetoricus: sed tandem vt ꝙ non sit demōstratiuus: nā optima mors, vt est mors iniquorū apud nos, melior quidem est optima deambulatione, vtē cita deambulatio ad oraculū, vel aliquē aliū cultū probum: non tñ sequie, vt mors simplr sit melior ipsa deambulatione simplr: qm illud optimū, qd inest morti, nō inest ei ea rōne, qua ē mors, sed inest ei rōne illi, cui eligie mors i tali re, qui, ꝭest ipse iniquus, & malo deditus. Isaūt locus est cōis ipsi eligibilibus, & alijs.

Locus vigesimusquartꝰ est, vt id, in quo cōicant amici, melius est eo, in quo nō cōicant: & sic virtꝰ eligibilior est sanitate, & diuitiæ nobilitate generis, & morigeratio, seu virtꝰ mo rauts

oenesbas.
qui est.38.

oc est.23.
qui est.38.
e 40.

Locus.24.
qui est.42.
& 43.

ABRAM

C Et iterum quod expedit facere ami
cis magis q̃ alijs viris,eligibilius eſt,
q̃ quod expediat fieri omnibus hominibus,prout cõtigerit,quaeenim
amicæ eligimus, illis eligimus ſecun
dum ſcientiæ cognitionem,cuiq̃,ve
ro contigerit,eligimus et oƥare maxime indigẽt. Et ambo hi loci ſunt
proprij eligendi, ipſorumq̃; vis eſt
vna:nemo enim(vt ait Ariſt.)quan
do ei euenerint cætera bona eligeret eſſe ſine amicis,ex quo res,quib'
ſecum ſit communitas, præeligendæ ſunt his, qui bus ab illis abſoluit.

H & hic quidem repetitus eſt firmio-
ris orationis,quàm primus: primus
enim ponit diuitias eligibiliores ſa-
nitate:hic autem ſecundus locus eſt
primo contrarius: in primo enim
communiuſ eſt eligibilius proprio,
& in ſecundo proprium eſt eligibilius communi.

Locus. 35.
qui cõ.45

Vigeſimuſquintus locus eſt,quia
res, quæ inueniuntur ex præſtantiæ
circunſtantia,eligibiliores ſunt reb'
q̃ ſunt ex circunſtantia neceſſitatis.
Dicimus autem rem,quæ eſt ex præ
ſtantiæ circunſtantia,illud,quod non
eſt neceſſariũ in eſſendo res per ipſum denominata,illud vero eſſe eſt
ſecundum cõplementi & perfectionis modum,prout eſt membrorum
decus. per neceſſarium autem intelli
gimuſ,ſine quo rem eſſe eſt impoſſi
bile, prout eſt principalia membra
ineſſe ipſi homini. Expedit autem
te ſcire,ǫ ſuapte natura præſtantius
ſit aliud,q̃ apud nos præſtantius.nõ
enim oportet qd ſuapte nã eſt præſtantius,eã apud nos eligibilius:phi
loſophari enim non eſt eligibilius,
q̃ opes acquirere ipſi inopi, opum
enim indigentia inopi eſt æligẽda.
Qſi

MANTINVS

ralis eligibilior eſt voluptate`. Et id ik
quoq̃,qd cũ amico magis agere de-
bem`,q̃ cũ alijs hotb`,eligibilius in
quã ẽ eo, qd debem` agere cũ olbus
hotb`, & quibuſcũq̃; alijs cõtigerit:
nã, quos in amicos eligimus,& eos
vtiq̃; ſapiẽtes eſ eligim`,ſed ebgim`
pecunias diſtribuere ƥ quouis indi
gẽti cõtigerit. Et hæc duo loca ſunt
ƥpria ipſis eligibilib` eandẽq̃; vim
obtinẽt:nã vt ingt Ariſt.nemo eoƥ
q̃ eligit ſibi bona, nõ eligit aliqd bo
nũ ſibi,qd amici quoq̃; nõ obtineãt
illud.Cũ ea,q̃ b` cõicam` cũ eis,ſint
eligibiliora his, q̃ ſunt ƥpria.& is ſe la
cũd` loc`hẽt maiorẽ vim rhetoricã.
prío, qñ in prío ponunt diuitiæ eli
gibiliores ſanitate,in ſkõ vero econ-
tra. Eſt ãt is ſecũdus locus oppoſitus
primo:ƥpterea,qa in primo,quod cõe
ẽ eligibilius eſt:in ſecundo vero, qd
proprium eſt eligibilius,eſt ipſo cõi.

Locus vigeſimus quint`eſt, q̃ ea,
q̃ reperitur ƥ præſtantiorem,ſeu
meliorẽ rõnẽ ,eligibiliora ſunt his,
quæ ƥ neceſſitatem reperiuntur.
Intelligo aũt pid,quod ƥ eſſe præſtantius, vel melius reperi,quod nõ
eſt neceſſariũ pro eſſe illius rei, cui ik
illud melius aſcribit,ſeu addit,ſed re
perit in ea ƥfectionis, ſeu præſidij, &
melioris notæ gfa, vt eſt pulchritudo in mẽbris. ƥ neceſſariũ vero intel
ligo id,ſine quo nõ põt res reperiri:
vt ſunt mẽbra principalia in hoīe.
Scire iñ debes, ǫ id, qd eſt ex ſui nã
præſtãs,vel nobile, & id qd eſt ƥſtãs
apud nos differũt inter ſe : nã id,qd
eſt ex nã ſua dignũ,nõ oportet vt ſit
ekgibilius apud nos:nã philoſophari nõ eſt eligibilius ipſo lucrari, ſeu
ditari ipſi pauperi, qa vſus diuitiaƥ
eligibilior eſt apud ipſum indigẽtẽ,
Si

ABRAM

A Quando aut per eligibilius intelligeret non quod est apud nos, sed qd̄ ꝙ se est possibile, sit, ꝙ hic locus, & verax, & mendax sit: verax quidem, quia bene viuere eligibilius est, ꝙ viuere, bene viuere autem nobis inest ex parte præstantiæ circunstantiæ, vita autem ex parte necessitatis: Ipsius vero mendacium est, quia scientia non est eligibilior apud ægrum, ꝙ ipsa sanitas. Si vero dixerit hic eligibilius quod est sua natura eligibilius, quod per præstantiā significat, est verus. Si autem dixerit eligibilius, quod apud nos ē eligibilius, sic quasi ipsum necessariūm erit eligibilius apud nos, & quod ex præstantiæ circunstantia est, præstantius.

B

Vigesimus sextus locus est, quia quod impossibile est quenꝙ ab alio acquirere, eligibilius est illo quod possibile est acquirere ab alio: prout est dispositio fortitudinis cum opibus. Et de hoc loco putatur, ꝙ ponat pulchritudinē eligibiliorē modestia.

Vigesimus septimus locus est, qa quod est eligendū sine hac re eligibilius est illo, quod nō est eligendū sine ea. v.g. quia custodia sine prudentia nō est eligēda, prudentia au tem sine custodia eligenda est. Vis aūt horū locorū est vna, vis, s. ꝙ pro prius prius sit dignitate cōiori.

C

Vigesimus octauus locus est, qn̄ abnegamus vnam duarum rerum, vt de nobis putetur altera nobis inesse illa est eligibilior, verbi gratia, quia nos negamus studium, & disciplinam, vt intellectus claritas puret nobis inesse, id enim quod putatur ꝙ velim° nobis putari inesse est intellectus claritas: & hic locus est ex rebus, quæ sunt deforis.

MANTINVS

Si igt̄ sīntelligat Arist. p ipm eligibilius id, qd̄ apud nos ē magis eligēdū, nō ex se, tūc hic locus poterit ēe vere° & falsus: verus qdē, qa bene viuere eligibilius ē, ꝙ viuere, ipm aūt bene viuere, test nobis melioris notæ gra, seu dignitatis, viuere vero ex necessitate ipsa: falsus vero, qa scia nō ē eligibilior apud ægrotū, ꝙ ipsa sanitas. Si vero stelligat hic p ipsa eligibili° id, qd̄ ex nā sua ē eligibilius, vt p dictione p̄stātius signari vt, tunc erit verus, si vero ipm eligibilius intelligat id, qd̄ apud nos ē eligibilius, tūc certe erit eligibilius apud nos id, qd̄ ē necessariū, & id, qd̄ ex p̄stantia, seu dignitate, sit dignius atꝗ; p̄stantius.

D

E

Locus vigesimus sextus est, ꝙ id, qd̄ nō pōt aliquis exquirere ab alio, eligibilius est eo, quod pōt ab alio acqrere: vt se hēt rustica cū fortitudine. Et hic locus pōt ēe falsus, quia ponit pulchritudinē esse cōuenientiorē, & eligibiliorē ipsa modestia.

Locus vigesimus septimus est, ꝙ id, qd̄ est eligibile sine aliquo alio, eligibilius ē eo, qd̄ nō eligit nisi cū illo alio: exēpli gra, custodia non eligit sine prudētia, sed prudētia eligit vt iue custodia, vis aūt horū locorū est eadē: nempe quod est magis pro priū, est prius dignitate ipso cōiori.

M

Locus vigesimus octauus est, ꝙ cū duas res negam° vnā, vt existimet, ꝙ altera insit nobis, tunc illa altera, quā cupim°, vt credat esse nobis eligibilior erit, exēpli gra, cū negamus nos scibere studio literario, & cōtēplatiōi ad hoc vt credat, nos obtinet pspicacitatē, seu p̄spōtitudinē itellt̄: nā id, quod cupim°, qd̄ credat inesse nobis, est intellect° pspicacia: & hic locus est sumptus à re extrinseca.

Alij

Alÿ Meliorum, Eligibiliorumÿ: loci.   Cap. J.   **G**

4 8. Locus.
4 9. Locus.

AMplius eorum, quæ funt fub eadem fpecie, quod habet propriam virtutẽ, eo quod non habet, vtrifqɜ autẽ habentibus, quod magis habet, eligibilius. Amplius, fi hoc quidẽ facit bonũ illud cui a-left, illud autem non facit: quod facit, eligibilius. Quẽadmodum & calidius quod calefacit, eo quod non . Si autem vtrũqɜ facit, quod magis facit, aut quod melius, & principalius fa

50. Locus.
Declaratio.

cit bonũ: vt fi hoc quidem animã, illud autem corpus. Amplius au tem à cafibus, & vfibus, & actionibus, & operibus, & hæc ab illis. Sequuntur enim fefe inuicẽ: vt fi quod iuftẽ eft eligibilius q̃ quod fortiter, & iuftitia fortitudine eligibilior: & fi iuftitia q̃ fortitudo eligibilior, & qɜ iufte, quàm qɜ fortiter: fimiliter autem & in alÿs.

51. Locus.

Amplius, fi aliquo eodem hoc quidẽ maius bonum eft , illud aũt minus: magis eligẽdum maius, aut fi maiore maius fuerit alterũ.

52. Locus.

Sed & fi duo quædã vno aliquo fint eligibiliora: quod longe eli- **H** gibilius, eo quod minus eft eligendum, eligibilius. Amplius, cuius eft fuperabundantia eligibilior, & Ipfum eligibilius. Vt amici-

53. Locus.

tia pecunÿs: nam eligibilior fuperabũdantia amicitiæ, q̃ pecuniarum. Et id cuius magis eliget quis: vt ipfe fibi cã fit, q̃ cuius alter.

54. Locus.

Vt amicos pecunÿs. Amplius, ex appofitione fi eidem appofitũ aliquid, quod totũ eligibilius facit . Cauere aũt oportet ex tendere

55. Locus.

ad ea, in quibus altero quidem appofitorũ vtitur cõe, vel alio quo libet modo cooperatiuum eft, reliquo aũt non vtitur, neqɜ cooperatiuum eft: vt ferra, & falce cũ arte fabrili: nam eligibilior ferra cõ

56. Locus.
57. Locus.

fociata, fimpliciter aũt non digibilior. Rurfum, fi minori appofi- cum aliquid, quod totũ maius facit. Similiter aũt, & ex ablatiõe:

58. Locus.

quo rurfum ablato ab eodem, quod reftat eft minus, illud maius erit quod ablatum, reliquum minus facit. Et fi hoc quidẽ propter fe, illud aũt propter gloriam eligẽdum. Vt fanitas pulchritudine: ex- **I** minus aũt cius, quod eft ad gloriam, quod nullo confcio , non ftu-

59. Locus.
60. Locus.

deret ineffe. Et fi hoc quidẽ propter fe, & propter gloriam eligen dum: illud aũt propter alterum tantũ. Et vtrũuis magis propter fe honorandum, hoc & melius, & eligibilius . Honorabilius vtiqɜ fuerit fm fe, quod cùm nihil aliud debeat effe , propter fe eligimus

6 . Locus.

magis. Amplius, diuidendum quoties quod eligendũ eft dicit, & quorum gratia: vtilis, vel honefti, vel delectabilis. Nam quod ad omnia, vel ad plura eft vtile, eligibilius fuerit eo , quod non fie. Si aũt eadem vtrifqɜ infunt, vtri magis infint confiderandum . Vt

62. Locus.

vtrũ delectabile, an honeftum, an vtile magis. Rurfum, quod pro pter melius eligibilius. Vt quod propter virtutẽ, q̃ quod propter

63. Locus.

delectationem. Similiter aũt , & in fugienda. Nam magis eft fu- giendum,

A giendum, quod magis impedit virtutes, vt ægritudo turpitudine: **D**
nã & voluptatis, & eius, quod est studiosum esse, prohibentior est
ægritudo. Amplius ex similitudine monstrari põt sugiendū, &
eligendū quod propositū est. Nam minus eligendum hmõi, quod
æque & eligeret aliquis & sugeret altero quod eligendū est tantū.
ad seinuicé igit comparationes (queadmodum dictū est) faciendū,

Sermo de alijs locis Meliorum, Eligibiliorumq. Cap. 3.

ABRAM   MANTINVS

Locus. 29. q est. 47. & 46.

VIgesimus nonus locus est, q nia
res, quam grauiter ferentem,
& abhorrentem vulgus eligit increpando, eligibilior est re, quam grauiter ferentem vulgus non aufugit
increpando. Et res, cuius defectu &
destructione cõtristatum vulgus nõ
nimis increpat, eligibilior est re, cuius defectu contristatum vulgus increpat, quod nimis sit.

Locus. 30. q est. 49. & 50.

Trigesim' locus est, quia quæ res
fuerit illarum, quæ alicui speciei sub
sunt, & eius sint dignitates, quæ proprio hanc speciem concernunt, illa
est eligibilior, quàm illa cui non in
sunt illæ dignitates. verbi gratia, eximius vir eligibilior est mediocri, &
vili. Quãdo autem omnibus insunt
dignitates, ille eligibilior est, cui ma
gis insunt: huius exemplo Aristoteles eligibilior est Platone. Et hic
quidem locus sumitur ab ipsamet
re, & est demonstratiuus, & non est
proprius eligibilibus, sed conuenit
omni comparationi.

Locus. 31. qui est. 51. & 52.

Trigesimus primus locus est, qñ
fuerint duæ res, quarum vna potuit
esse, quã inuenerit esse se mediante
est eligibilior illa, quæ nõ redderet
aliã rem esse fin se, calor enim qui
aliud calefacit, præstantior est illo q
nõ calefacit aliud. & p hunc locū vir
tutes eligibiliores sunt diuitijs. Et
his locus est cõis oībus cõparationibus, & sumitur ab ipsis rebus.

Trige-

LOcus vigesimusnonus est, q id,
pp qd vulgus maxime increpat
eū, qui illud moleste fert atq; abhor
ret, eligibilius é eo, pp quod vulgus
nõ maxime increpat eum, qui illud
fert moleste. Id quoq;, de quo vulg' **E**
nõ maxime increpat eum, qui mole
ste fert amissionem illius rei, seu pri
uatione, eligibilius quidé est eo, de
quo vulgus maxime increpat eum,
qui moleste fert priuatione illi' rei.

Locus trigesimus est, q eorum, q
sub eadé specie existũt, illud quidé,
quod obtinet oẽs dignitates, seu vir
tutes, q sunt propriæ illi speciei, eligi
bilius est eo, qd non obtinet illas di
gnitates. exẽpli gfa, vir q ignus eligi
bilior é viro mediocri, ac indigno.
Si vero oībus virtutes insint, tũc ma
gis eligendus erit ille, qui plures eaz **F**
obtinet. exempli gfa, Aristoteles ma
gis est eligēdus, q Plato. Is aũt locus
est sumptus a ipsamet re, & est de
monstratiuus, & non est proprius
ipsis eligibilibus, sed cõcordat cum
qualibet comparatione.

Locus trigesimus prim' est, q, cũ
duarũ rerũ vnũ sit, qd producit, &
in ei' pductione efficiat ipm bonũ,
tũc illa res erit eligibilior, q altera, q
nõ facit bonũ aliud aliud: & p hunc
locũ virtutes erũt eligibiliores ipsis
diuitijs. Et locus is est communis
omni comparationi, & est sumptus
ab ipsis rebus.

Log. cũ cõ. Auer.   H   Loc'

ABRAM

G Trigefimus fecundus locus è fum
ptus à cafibus,& coniugatis , & actibus,& operibus: & eft de locis communibus omnib° fpeciebus quinqi
quæfitorum. verbi gratia, fi iuftitia
fit eligibilior fortitudine, iuftus eft
eligibilior forti.

Trigefimus tertius locus eft, quia
qñ fuerint duæ res, quaẜ vna fit me
lior quadã vna eadem re, qua altera
fit minus bona , melior itaq; eft eligibilior. v. g. qa fcia excedit fenfum
maiori exceffu, q̃ recta opinio , fic
fcia eft præftatior ipfa opinione, &
ille eft demõftratiuus, & fit ex cõpa
ratione duorũ ad vnum: & eft cõis.

Trigefimus quartus locus eft, cuius fuperabundantia eft eligibilior
fuperabundantia alterius , illud eft
eligibilius. Verbi gratia, quia amici
tia eft eligibilior opibus, quia fuper
abundantia amicitiæ eft eligibilior
fuperabũdantia opum. Et vis huius
loci eft vis illius loci, de quo dictum
eft, quando excellentia generis fuerit eligibilior, quàm excellentia alterius generis, illud genus eft eligibi
lius illo altero genere.

Trigefimus quintus locus eft res,
quam quis eligit qua fibi fimilis fit,
& per feipfam illã cupit , eligibilior
eft quàm illa quàm eligit , non qua
fibi ut fimilis, aut qua illam cupiat
mediante alia re, prout amici eligibiliores funt opibus.

Trigefimus fextus locus fumitur
ex appofitione, quando duæ res ap-
ponuntur vni eidem rei, & collectũ
cum vna eft eligibilius quàm cum
altera, illaẜ eligibilior quàm altera.
Et quæ quando fubtrahitur ab vna
eadem re, ponit illam imperfectio-
rem quàm altera, illa eft eligibilior.

Et

MANTINVS

Locus trigefimus fecũdus eft fum K
ptus à cafibus,& ab vfibus, & actionibus, atqi operibus: & eft ex locis
communibus omnibus quinq; ge-
netibus quæfitorum. exempli gra,
fi iuftitia eft eligibilior fortitudine,
ergo iuftus eft eligibilior forti.

Locus trigefimus tertius eft, cum
duarum rerũ vna eft magis bona,
altera ex fe, alia vero min° bona, ma
gis bona vtiq; eligibilior eft. exempli gratia, cũ fcia fuperet ipfum fenfum plusq̃ fuperat recta opinio eũ,
ideo fcia eft præftantior opinione.
& eft demonftratiuus, qui fit ex cõparatione duoẜ ad vnũ , & eft cõis.   L

Locus trigefimus quart° eft, φ id,
cuius fuperabũdantia, feu exceffus,
eft eligibilior fuperabundantia alte
rius, eft vtiq; illud eligibilius. exẽpli
gratia, amicitia eft eligibilior pecunijs: qñ fuperabundantia amicitiæ,
eligibilior eft fuperabundantia pecuniarum. Et is locus habet eandem
vim cum eo loco, in quo ducitur, φ
fi dignitas vnius generis eft præftan
tior dignitate alterius generis illud
genus eft eligibilius illo altero.

Locus trigefimus quintus eft, φ   M
id, quod eligit aliquis propterea qa
fimilaẜ ei, & defiderat illud per fe ip
fum, eligibili° eft, q̃ id, quod eligit,
ppterea quia non fimilaẜ ei, & defiderat illud habere p aliquod aliud , vt
amici q̃ fuut eligibiliores pecunijs.

Locus trigefimus fextus, qui eft
fumpt° ex appofitione, & eft, cũ fue
rint duæ res, q̃ addunt ſuper vnam
met rem, & totũ illud fit eligibilius
cũ vna illatũ, q̃ cum alia, illa eft eligibilior altera. Ft fi minuaẜ vna illarũ ab eadẽ re, ita vt reddat totũ ip
fuẜ eẜ min°, illud è quoqi eligibili°.

Sed

Locus. 31.
q eft. 52.

Locus. 33.
qui eft. 53.

Locus. 34.
qui eft. 56

Locus. 35.
qui eft. 57

Locus. 36.
qui è. 58.
59. 60.

ABRAM

A Et expedit obseruare in appositione, ꝗ non sit res substantia, idest res, cui sit appositio vtens vna apposita & non altera. Carpētarius enim eligibilior est cum inuentione serræ, ꝗ sit cū inuentione falcis, & nō sequit̄, ꝗ serra sit eligibilior falce, carpenta rius enim non vtitur falce. Themistius autem & Theophrastus omise runt hunc locum ob illum esse nimis patentem, maior enim res est, qua res sit maior, quando ei apponitur & minor, quādo ab illa imminuitur: & ille est communis omni

B bus quæsitus comparationis.

Locus.37.
qui è. 61.
& 62.

Trigesimus septim⁹ locus est, qñ fuerint duæ res, quarum vna fuerit eligibilis p̄ se, & altera propter estimanonem, illa quæ eligitur pp̄ se, eligibilior est, eligibilis aūt propter estimationem definitio est, ꝗ non festinetur ad eius factionem, qñ cer tam fuerit ꝗ nesciat alius ꝗ ille illā faciet, & aliquando sit præter res voluntarias, prout sanitas est præstantior pulchritudine: & ille est de mo abstractiuus sumptus ab essentia rei, & subintrat loca, quibus compa

C ratur inter rem, quæ est pp̄ se, & inter rem quæ est propter aliam rem. Locus vero, de quo dī, ꝗ cuius electio fuerit pp̄ eius essentiam, & propter estimationem, illud sit eligibilius, ꝗ cuius electio fuerit propter aliud, subintrat etiā locum quo dicitur, ꝗ id cuius sunt plura bona sit eligibilius, illo cuius sunt pauciora.

Locus.38.
qui è. 64.

Verūtamen trigesimus octauus locus est, dum dicitur, oportet ꝗ ex plicetur quot modis dicatur ipsum eligibile, quia dicitur de tribus rebus, de vtili & delectabili, & honesta, & illa est naturaliter eligibilis: eligibile

MANTINVS

D Sed oportet cauere in hmōi additione: nēpe, ne id, qd̄ est eī subiectū, videlicet ipsa res sub addita ei, vraꝶ vno super additorū, & non vra altē to: nā faber lignarius eligibilior est cōsociata ei serra, ꝗ cōsociata ei falce: sed nō sequit̄, propterea, vt serra sit eligibilior falce, q̄n faber lignariusnon vtit̄ falce. Themistius aūt, ac Theophrastus putant laudē huꝐ loci esse manifestissimā, qm̄ res maior est illa, in qua est alia res maior, & qñ minuit ab illa, reddit̄ ex huiuÍ modi diminutione minor: & est locus cōis cūctis quæsitis cōparationis.

E Locus trigesimus septimus est, ꝗ eū fuerint duo: quorū vnū est eligē dum pp̄ se: alterū vero pp̄ gloriam, illud quod est pp̄ se, est vtiꝙ eligibi lius. Definitio aūt rei, quæ est pp̄ glo riam, est, vt quis non sit diligens in actione sua, cū certe norit neminē aliū esse cōsciū illius actionis, quā ipse agit: & hoc quidē pōt et fieri in rebus nō voluntarijs, vt ꝗ sanitas sit præstantior pulchritudine, & est locus de mo abstractiuus sumptus ex rei essen tia, & est ex summa locorū, quib⁹ sit cōparatio inter id, quod est pp̄ se, &

F id quod est pp̄ aliud. Locus vero ꝗ hunc sequit̄, qui quidem est ꝗ si alii quid est eligendum pp̄ se, & propter gloriam illud est eligibilius, ꝗ id, quod est eligibile propter aliud, in cludit sub eo loco, qui dicit, ꝗ quicquid habet plura bona, eligibilius ē eo, quod pauciora bona obtinet.

Locus vero trigesimus octauus, vbi dicit diuidendū esse ipsum eligi bile, quot modis dicatur: qm̄ tripli dicitur: nempe quod vtile est, & qd̄ delectabile, & quod honestū: quod quidem honestum est nā eligibile:

H ij horū

ABRAM · MARTINVS

G eligibile aůt apud aliquem homine̅ eſt aliud ab eligibili apud aliů, hone ſtum enim eſt eligibilius apud ſapie̅ tes, & vtile eſt eligibilius apud politi cos, & delectabile e̅ eligibilius apud deliriofos. Quando aůt proponim̅ʲ commonſtrare de aliqua re, q̇p ſit eli gibilior altera, co̅uenit diſtinguere quot modis dicatur eligibile, & ſi il lam inuenerimus eligibiliorem al tera ſecundum omnes, aut ſecundů duos, aut ſecundum vnum illorum, enunnam̅ʲ quòd illa ſit eligibilior. H ne & eſt proprius eligendi.

borum aůt, quod eligibile eſt apud alique̅ vnum homine̅, non eſt eligi bile apud alique̅ alium: nam hone ſtum eligibilius eſt apud ſapientes, vtile vero eligibilius apud ciues, de lectabileq̅, apud delicatos magis eli gendů. Cum igi̅r volumus oſte̅dere aliquid eſſe eligibilius aliquo alio, · op̅s vt diuidamus, quot modis dica̅ʲ ipſum eligibile, & ſi iuenerim̅ʲ illud eſ̅ eligibilius aliquo alio o̅lb̅ʲ hi̅s ra tionib̅ʲ vel duab̅ʲ, vel vnica earum,· tůc iudicabim̅ʲ illud eſſe eligibili̅ʲ. Et hic locus eſt ſumpt̅ʲ ab ipſa diui ſione, & e̅ ᵱprius ipſis eligibilibus.

De eligendis, & fugiendis, documenta, & loci communes. Cap. 4.

Documen ru prinu.
I Dem aůt loci vtiles, & ad demonſtrandů, quoduis eligēdum, & fugiendů. Nam auferre ſolů eam oportet (quæ ad alterů eſt) præeminentiā: ſi enim quod honorabilius, eligibilius: & hono rabile eligendů: & ſi quod vtilius, eligibilius: & vtile eligendum: ſiſt aůt. & in aliis quæců̅q̅ʲ hmōi habent comparatione̅. In aliqui bus aůt ſtatim ſm eā, quæ ad alterů eſt comparatione̅: & quod eli gendů vtrů̅q̅ʲ, vel alterů dicimus. Vt q̅ſi hoc quidem natura bo num, illud aůt non natura bonů dicimus: nā quod natura bonů, manifeſtů q̅m eligendum eſt. Sumēdum aůt q̇i maxime vtes lo cos de eo, quod eſt magis & minus: nā ſic ſumpti, ad plura vtiles

Vtes loci.

erunt. Fieri aůt poteſt, vt eoru̅, qui dicti ſunt, quoſdā vtes magis

Primus. quis faciat parů tranſmutans ſm appellatione̅. Vt quod natura tale, eo quod nō natura tale, magis tale. Et ſi hoc quidem facit, il lud aůt non facit quod habet tale cuiců̅q̅ʲ inſit: magis tale quod interdů facit tale q̇i quod non facit. ſi aůt vtru̅q̅ʲ facit, quod ma

6. Locus. gis facit tale. Amplius, ſi eode̅ aliquo, hoc quide̅ magis, illud aůt minus tale. Et ſi hoc tali magis tale, illud vero nō tali tale, mani feſtum q̅m primů magis tale. Amplius, ex additione: ſi eide̅ addi

7. Locus. tum, aliquod totů magis tale facit. Aut ſi ei quod minus eſt tale
8. Locus. additů, totum magis tale facit. Siſt aůt & ex ablatione: nam quo
9. Locus. ablato reliquis reliquů, minus tale, ipſum magis tale. Et quæ co̅
Declatio. tra̅s ſunt impermixtiora, magis talia. Vt albius quidē nigro im

5. Docu
menum. permixtius. Amplius, præter ea q̇ dicta ſunt prius, quod magis ſuſcipit propriā propoſiti ratione̅. Vt ſi albi eſt rō, color diſgrega-
tiuus

A tiuus visu albioris est, color magis disgregatiuus visus. Si aute
particulariter, & nõ vt problema ponat, primũ quide dicti vt
cõstructiui, vel destructiui loci oẽs vtiles. Vt enim interionenses,
vel cõstruentes, & particulariter monstrato nĩ, si oт inest, & ali
cuiꝰ si nulli inest, nec alicui. Maxime aũt opportuni, & cões loci, qui sunt ex oppositis, & cõiugatis, & casib9. Nam sit probabile est existimare, si oïs voluptas bonũ, & tristicia omnẽ malũ esse:
& si aliqua voluptas bonũ, & tristicia aliquã esse malũ. Itẽ, si aliquis sensus nõ est potestas, & insensibilitas quædã nõ est impoten
tia, & si quoddam opinatũ disciplinarũ, opinio quædã disciplinæ:
rursum, si aliquod iniustorũ bonũ, & iustorũ aliquod malũ : & ali
quod eorũ, quæ iniustẽ, malũ, & aliquod eorũ, quæ iniuste bonũ:
& si quoddã delectabile fugiendũ, & delectatio quædã fugienda:
ĩn hæc aũt & si aliquod delectabile vtile, delectatio quædã vtilis.

4. Docu-
mentum.
Declatio.

B
Et in corruptiuis aũt, & generationibus, & corruptionibus sĩt.
Nã, si aliquod corruptiuũ delectationis vel disciplinæ bonũ est,
erit quædã delectatio, vel disciplina malorum : sĩt aũt & si corru
ptio quædã disciplinæ bonorũ, vel generatio malorũ, erit quædã
disciplina malorũ. Vt si obliuisci ꝗ quis turpia egit bonorum est,
vel reminisci malorũ, erit scire ꝗ quis turpia egit, malorũ, sĩt aũt
& in aliꝗ in oтbus enim sĩt probabile. Amplius, ex eo quod est
magis & minꝰ, & sĩtꝓ enim magis quide eorũ quæ sunt ex alio
genere aliquid tale, illorũ aũt nihil ẽ, neꝗ quod dictũ est erit tale.
Vt si magis quidẽ disciplina quædã bonũ, ꝗ voluptas: nulla aũtẽ
disciplina bonũ, nec voluptas bonũ erit: & ex eo quod est sĩt qui
dem & minus eodẽ modo. Nã erit & interimere, & cõstruere: ve
rumꝗ ex eo quod est sĩt, vtraqꝫ ex minus aũt, cõstruere solũ, de-

5. Docu-
mentum.
Declatio.

6. Docu-
mentum.
Declatio.

C
struere aũt nonsi enim sĩt potestas quædã bonũ, & disciplina: est
aũt queꝺã potestas bonũ, & disciplina: si aũt nulla potestas bonũ,
nec disciplina: si aũt minus quædã potestas bonũ, ꝗ disciplina: est
aũt quædã potestas bonum, & disciplina: at vero, si nulla potestas
bonũ, nõ necesse est & disciplinã nullã esse bonũ: manifestũ igit,
ꝗn construere solũ ex eo quod minus est. Non solum autem ex
alio genere est destruere, verũ & ex eodem: dum sumit quis quod
maxime tale est. Vt si positũ est disciplina quædã bonum, ostenda
tur aũt ꝗm prudentia non bonũ, nec alia vlla erit, quia nec ꝗ maxime videt. Amplius, ex suppositione sĩt postulante si vni, & of
inesse, vel nõ inesse. Vt si hois anima immortalis, & alias : si aũte
hæc non, nec alias. Si igit inesse alicui positũ est, ostendendũ ꝗm
alicui non inest, nã consequetur per hypothesin nulli inesse: si aũt
alicui non inesse positũ est, ostendendũ ꝗm inest alicui: nam & sic

7. Docu-
mentum.
Declatio.

8. Docum.
Declatio.

conse-

consequentur omnibus inesse. Manifestū igif est, qp qui hypotheſi vtitur, facit problema vlt, particulariter posiuit: nam particulariter confitentem vlt postulabit confiteri, eo qp vni, & oſ siſt poſtu-

9. Docu-
mentum.
Declaro.
lauerit inesse. Cùm aūt indefinitū est problema, vno modo de-struere cõtingit. Vt si dixerit voluptatē bonū esse, vel non bonū, & nihil aliud quicquā determinauerit: nā, si aliquā voluptatē dixerit bonū esse, ostendendū vlt qp nulla, si debeat interimi propo-situm: siſt aūt & si aliquā dixerit voluptatē non esse bonū, osten-dendū vlt qp omnis, aliter vero non contingit interimere: nam, si

10. Docu-
mentum.
Declaro.
ostenderimus, qm est quædā voluptas bonū, vel non bonū, non-dum interimiſ propositū. Manifestū igitur qm interimere qui-dem vno modo dř, construere aſit dupliciter: siue enim vlt osten-

11. Docu-
mentum.
Declaro.
derimus, qp ois voluptas bonū, siue qp est quædā voluptas bonū, ostensum erit quod proposiſitū est. Siſt aſit & si oporteat disserere

12. Docu-
mentum.
Declaro.
qp elt quædā voluptas non bonū: st ostenderimus qp nulla bonū, vel qp quædā non bonū, ostendentes erimus vtrunqp & vlt, & par-ticulariter, qp elt quædā voluptas non bonū. Cùm aūt determi-nata fuerit positio, duplr interimere erit. Vt si ponatur alicui qui-dem inesse voluptati bonū esse, alicui aūt non inesse: nam siue ois ostendaſ voluptas bonū, siue nulla, interemptū erit propositum.

13. Docu-
mentum.
Declaro.
Si aūt vnam solam voluptatē posuerit bonū esse, tripliciter con-tingit interimere. Nam oſtēdentes qp ois, vel nulla, vel qp plures

14. Docu-
Declaro.
iſ vna bonū, interimentes erimus quod proposiſitū est. In pluri-bus vero positione determinata (vt qp prudēria sola est virtutum scientia)quadrupliciter est interimere. Nam ostendo, qp ois virt-scientia, vel qp nulla, vel qp & alia aliqua, vt iustitia, vel qp eadem

15. Docu-
Declaro.
prudentia non scientia, interemptū erit propositū. Vtile autem

16. Do.
Declaro.
& inspicere in singularibus, in quibus inesse aliquid vel non, di-ctum est, quemadmodum in vniuersalibus problematibus. Am-plius autem & in generibus inspiciendum, diuidenti ſm species, vſqp ad indiuidua, sicut prius dictū est. Nam si omni appareat in-esse, siue nulli multa proſerenti, postulandum vlt confiteri, aut ſe-

17. Docu-
Declaro.
re instantiam in aliquo non sic. Amplius, in quibus possibile est aut specie, aut numero determinare accidens, inspiciendum si nul lum horum inest. Vt qp tempus non mouetur, nec est motus, an-numerandi quot sunt species motus: nam, si nulla earum inest tem pori, manifestum quoniam non mouetur, nec est motus: similiter autem & quod anima non est numerus: diuidenti quoniam om-nis numerus aut impar, aut par: nam, si anima neqp impar, neque par, manifestum qp non est numerus: ad accidens igitur per talia, & hoc modo argumentandum.

Sermo

A   *Sermo de Locis communibus Eligendis, Fugiendisq́; & Documentis.* Cap. 4.   D

ABRAM   MANTINVS

Locus.39.

Ocus vero trigesimus non° est, cuius contrarium est magis fugiendum, q̃ contrariū alterius, illud est eligibilius. gratia exempli, quia sanitas é eligibilior pulchritudine, quia ægritudo est magis fugienda, quàm turpitudo. Et ille subintrat loca oppositorum, de quibus iā prę sate sunt multæ partes in hoc libro.

Locus.40.

Quadragesimus locus est, cuius electio & fuga est similiter, min° eligendum est, q̃ id, quod est tantum eligendum absq̃; fuga aliqua.

B

Hæc itaq̃, est summa omniū locorum, quę Arist. dinumerauit, quę traduximus vt illa intelleximus, in quibus est considerandū. Et his eisdem locis commonstratur q̃ res sit tantum eligibilis. q̃n enim cōmonstratum fuerit, q̃ aliquis sit alio eligibilius, commonstratur, q̃ sit eligẽdum, q̃n enim aufertur ab eis excessus vnius ad alterū ambo relinquuntur eligenda. In aliquibus aũt rebus scimus ex comparatione essentia, q̃ res sint eligendæ vtraq̃; aut altera, vt qui dixerit, q̃ hoc sit hac eligibilior, quia fm ipsius naturam sit melior, & altera non sit secundum eius

C

naturam, ex quo enim est naturæ af finis, noscitur, q̃ sit eligibile tantū. Et expedit q̃ sumam° hæc loca quatenus possibile nobis est sumere ipsorum communitatem, transferentes illa ab eligibiliori ad maius, hoc autem fit ponendo dictiones multiplicationis in eis quadā modica declinatione: quãdo enim sumuntur secundum hanc dispositionem sunt pluribus rebus vtilia, v.g. quia dicere q̃ id, quod naturaliter est, eligibilius est q̃ quod non est naturale, q̃n vice

Octus trigesimus non° est, q̃ id, cuius contrarium est magis fugiendū, q̃ cōtrariū alicuius alteri°, illud vtique est eligibilius illo alio. exēpli gra, sanitas eligibilior est pul chritudine, q̃a ægritudo est fugibilior turpitudine. Et is locus includit sub locis oppositorū, quorū aliquæ diuisiones iā præsserūt in hoc libro.

Locus quadragesim° est, q̃ id, q̃ simili rōne, seu indifferenter est eligendū, atq̃; fugiendū, illud quidem min° est eligibile, q̃ id, quod est tan tum eligendum, & nō fugiendum.

E

Hi itaq̃; sunt oēs loci, quos Arist. numerauit, & nos sum° interpretati eos, prout nobis fuit cōeesta eorū in telligẽtia, qui tū consideratione indigent magna. Inquit: Et eisdēmet locis nūc dictis pōt probari, q̃ res sit tū eligibilis. nā, cūm fuerit probatū a'iquod esse eligibilius aliquo alio, probabit° & illud esse eligibile, qū ablato excessu vnius eorū sup aliud, relinquuntur oēa eligibilia. In nōnullis vero cōtingit vt ex essentia cōparationis cognoscamus res eē eligibiles, vel oēs, vel vnā earū. vt cū quis

F

dixerit hoc esse eligibilius illo, quia hoc est nā melius, illud vero non na tura: nam eo quod est bon ū nā scis ipsum esse eligibile tm. Inquitq̃: Sumendi aũt sunt ij loci quammaxime fieri poterit v ̄res, si transmute mus eos ex eligibiliori ad maius, & ad plus: & hoc quidem fiet, si parū per. transmutemus dictiones: nā si hac rōne sumantur, erunt vtiq̃; vti les multis rebus. exempli gratia, si di camus aliquid quod est fm naturā, est eligibilius eo quod nō est secun dum naturā, si sumamus vice illius,

vice   H iiij   &

ABRAM

G vice illius sumerem' quod id, quod
naturaliter est secundum aliquam di
spositionem, sit magis secundū hāc
illam dispositionem q̄ illud, quod
est secundum illam dispositionem
præter naturam, tunc hic locus esset
communis multis rebus alijs à reb°
eligendis,& subintraret hunc ipsum
numerus multorum locorum de illis, quæ prædicta sunt. Et similiter
dum diximus, quod est minus mi-
stum contrario est eligibilius, eius
vice sumerem' quod est minus per-
missum contrario in essendo ali-

H quam rem est magis secundum illā
rem, hic locus esset communis mul
tis locis alijs ab eligibilibus, vt quod
quanto res magis alba fuerit minus
mista nigredini, est intensioris albe
dinis,& similiter si sumeres hanc cō
munitatem in loco ab appositione
& ablatione,& in multis locis, quæ
proposita sunt. Et hoc significauit
apud nos, q̄ dignius sit, quod dictū
est de loco, q̄ non sumatur per ipsum præmissa in syllogismo particulari. Et sicut constituuntur hæc
loca in constructione & destructio-

I ne quæstionū vniuersalium, sic etiā
constituuntur in destructione & cō
structione particularium: qui enim
destruxerit vniuersale, il struxit par
ticulare, & qui construxerit vniuer
sale, construxit particulare. Et iterū
loca communia excessuum, prout
sūt quæ fiant ab oppositis,& à prio
ri, & digniori, & coniugatis, & casibus, constituuntur in constructione
& destructione particularis, sicut cō
struūt sunt in constructione & destructione vniuersalis: diuulgatio
enim horum locorum secundum
hanc rem est vna.

MANTINVÍ

& dicamus, quod est secundum na- K
turam in aliqua re illud quidem est
magis in ea re, quàm sit in eadem re
non secūdum naturam, tunc huiusmodi locus est communis multis re
bus citra res eligibiles : & sic inclu-
dentur sub eo multa loca eorū, quæ
præcesserunt. Similiterq̄, cùm dicimus,quod id , quod est impermit-
tius ex contrario, dum in tali re existit,est vtiq; eligibilius in ea re, tunc
is locus est quoq; communis multis rebus præter res eligibiles. vt cùm
dicimus, quod quanto res alba fuerit minus mixtior nigredini , erit L
vtiq; albior, pariq; ratione fieri poterit, si captamus huiusmodi vniuer
salitatem per locum ex additione &
ablatione,& per plures locorum præ
dictorum. Et ex hoc videtur Arist.
velle, quod id, quod debet magis nō
minari locus, est id, quod non sumitur in propositione syllogismi
particulari, Inquit: Et quemadmodum, vtimur his locis ad constructionem , & destructionem problematum vniuersalium, ita quoque
possumus eis vti ad destructionem
& constructionem particularium: M
nam, si quis vniuersale destruat, ipsum quoq; particulare destruit, &
si vniuersale construit,& particulare ipsum etiā construit. Loca quoq;
vniuersalia vtilia, vt quæ ex oppositis fiunt, & ex priori, & ex conuenientiori, atq; ex casibus & vsibus
vel coniugatis, ita veniunt in vsum
ad cōstructionē particularis, eiusq;
destructionem , vt ad constructionem vniuersalis, eiusq; destructionem : nam probabile circa hoc est
vtique idem.

. Arist.

ARISTOTELIS TOPICORVM
LIBER QVARTVS.

SVMMA LIBRI.
De locis quibuſq́ generis ſimul atque de differentiæ locis perpensis.

Problematum generis aliquot loci.   Cap. I.

OST hæc autem de ijs, q̃ ad genus, & proprium, inſpiciendũ, ſunt autem hæc elementa eorum, quæ ſunt
ad terminos, & his ipſis raro conſiderationes fiũt di
ſputantibus. Si ergo ponatur genus alicuius exiſten-
tium, primũ quidem inſpiciendũ ad oĩa, quæ cogna
ta ſunt ei, quod d̃, ſi de alio non p̃dicat: quemadmodũ eſt in accidente. vt ſi voluptatis, bonum ponat̃ gen⁹, ſi aliqua voluptas nõ
bonum. Nam, ſi hoc, manifeſtum eſt q̃n non genus bonum voluptatis: nam genus de oĩbus quæ ſunt ſub ipſo ſpeciebus prędicat̃.
Deinde ſi non in eo quod quid eſt prædicat̃, ſed vt accidens. Quē
admodum album de niue, de anima, à ſeipſo agitatum. Neque
enim nix idipſum quod eſt, album: quapropter non eſt genus album niuis: neque anima idipſum quod eſt, agitatum: nam
accidit ei moueri, quemadmodum & animali frequenter & ãm
bulare, & ambulans eſſe. Amplius, agitatum non quid eſt, ſed
quid faciens, vel patiens ſignificare vr̃: ſit aũt & album: nõ enim
quid eſt nix, ſed quale quid eſt indicat: quare neutrum horum in
eo quod quid eſt prædicatur. Maxime aũt in accidentis definitione inſpiciendum, ſi aptatur ad dictum genus. Vt ad quæ nunc dicta ſunt: contingit enim quippiam mouere ſeipſum, & non ſimili
ter autem & albũ eſſe, & non: quare neutrum horum gen⁹, ſed accidens, eo cp̃ accidens dicimus, quod contingit idem ineſſe alicui,
& non. Amplius, ſi non in eadem diuiſione eſt genus, & ſpecie,
ſed hęc quidem ſubſtantia, illud aũt quale: aut hoc quidem ad aliquid, illud autem quale. Vt nix quidem, & cygnus ſubſtantia, album aũt non ſubſtantia, ſed quale: quare non eſt genus album niuis, neq̃ cygni. rurſum diſciplina quidem ad aliquid, bonum aũt,
& pulchrum quale: quare non eſt genus pulchrum, vel bonum di
ſciplinæ: nam genera eorum, q̃ ſunt ad aliquid, & ipſa ad aliquid
oportet eſſe: vt in duplici. etenim multiplex eſt genus duplicis, &
ipſum eorum, quę ſunt ad aliquid eſt. Vt vr̃ autem dicat̃, in eadẽ
diuiſione oportet genus eſſe ſpeciei: nam, ſi ſpēs ſubſtantia, & genus: & ſi quale quippiam ſpecies eſt, & genus quale quippiã: vt ſi
album

1. locus. Declaratio.

2. locus. Declaratio.

3. locus. Declaratio.

4. locus. Declaratio.

G album quale quippiam,& color. Similiter autem & in aliis. Rur
sum,si necesse fuerit,vel si contigerit genus participare quod post
tum est in gñe.Terminus aũt eius,quod est participare,est suscipe
re participati rationem.manifestum igitur,qm species quidē par
ticipant genera,genera aũt species non. nam species suscipit gene
ris rationem,genus autem speciei non : considerandum igitur si
participat,vel contingit assignatũ genus participare speciem : vt
si quis entis,vel vnius,genus quippiã assignauerit , accidet enim
genus participare speciem:nam de omnibus,quę sunt,ens,& vnũ
prędicantur:quare & ratio eorum.Amplius,si de aliquo as signa
ta species vera est,genus autem non. Vt si ens,aut scibile opinabi
lis genus ponatur:nam de non ente opinabile prędicabitur:nul
ta enim non entia opinabilia sunt.at q ens,vel scibile non prędica
tur de non ente,manifestum:quare non est genus ens,neq scibile,
opinabilis:nam de quibus species prędicatur, & genus oportet
prędicari. Rursum , si nullam specierum contingit participare
quod positum est in genere.Nam impossibile est participare ge
nus,quod nullã specierum participat, nisi aliqua secundũ primã
diuisionem specierũ sit,illę aũt genus solum participant: si igitur
motus genus voluptatis ponatur,considerandum si neq corru
ptio,neq alteratio voluptas,neq vllus reliquorum,qui assignari
solent,motum.manifestũ enim,qm nullam specierum participa
bit,quare neq genus,eo q necessarium est quod genª participat,
& specierũ aliquam participare:quare non erit species motus vo
luptas,neq indiuiduorũ,neq eorum quicquam , quę sub specie
motus sunt:nã & indiuidua participant specię,& genus:vt quidã
homo,& hominem participat,& animal. Amplius,si de pluribª
dicitur q̃ genus,quod in genere positum est.Vt opinabile, q̃ ens:
nam & ens,& non ens,opinabile:quare non erit opinabile species
entis:de pluribus enim semper genus, q̃ species prędicatur. Kur
sus,si de ęqualibus genus & species dicuntur.Vt si eorũ, quę om
nia consequuntur,hoc vnum species,illud autem genus ponaĩ:
quemadmodũ ens,& vnũ:omne enim ens,& vnum :quare neu
trum neutrius genus,eo q de ęqualibus dicuntur.Similiter autē
& si primũ,& principiũ ad seinuicē ponantur:nam & principiũ,
primum,& primũ,principiũ:quare aut vtraq quę dicta sunt idē
sunt,aut neutrũ neutrius genus.Elementum aũt est ad omnia hu
iusmodi,quod de pluribus genus q̃ species,& differentia dicitur:
de paucioribus enim etiã differentia dicitur q̃ genus. Vident au
tē etsi alicuius indifferentium specie non sit genus quod dictũ est
genus,vel non videatur.Cõstruenti aũt si est alicuius:idem enim

olum

omnium indifferentiū specie genus: si igitur vnius mōstretur, ma
A nisestum qm omniū: & ll vnius non, manisestum qm nullius, vt si D
quis insecabiles ponens lineas, indiuisibile genus earum dicat eē :
nam linearū habentium diuisionē non est quod dictū est, genus,
cum sint indifferentes sm speciem : indifferētes enim subinuicem
secundum speciem, rectæ lineæ omnes.

Sermo de locis ipsius generis, & sunt illæ de quibus sit mentio in Quarto lib. Cap. I.

ABRAM

Enerisautem loca vni-
uersaliter vtilia sunt definitionibus, quoniā de
finitiones constituunt,
vt dictum est, ex genere & differēn
B tia: & in hoc libro Arist. connectit
loca differentiæ locis ipsius generis
ob illorum paucitatem: maior autem pars scrutinij, quod faciunt To
pici de re, est an sit, aut non sit, nunquid vero sit genus, aut proprium,
aut definitio, raro id faciunt. Sed ge
neris scrutinium vniuersaliter vtile est huic arti, & arti demonstratio
nis: possibile enim nobis est ex his lo
cis colligere loca demonstratiua.
Bases autem horum locorū (vt ait
Themistios) sunt quatuor: quarum
prima est, quòd genus sit insepara-
C bile à re, cuius est genus, immo eius
prædicatio sit necessaria, quia si esset
separabile, esset accidens : secunda
autem est quòd prædicetur de toto
eius subiecto, sicut est prædicatio
animalis de omni homine : & tertia, quòd prædicatione superet sub
iectum, hoc est, quòd sit vniuersalius illo, non illi æquale: sicut animal superat hominem, quia si esset
æquale, esset proprium, aut differētia: quarta aūt cp prædicet de subiecto in eo cp quid sit, quia nisi esset I
eo cp quid sit, non esset genus, & qñ
desuerit

MANTINVS

Oca sit generis vti sunt
vtilia ad ipsas definitiones, qm, vt dictū est, ipsæ definitiones ex gene
re, & dria constāt: I hoc aūt Quar-
libro annectit loca ipsius dria locis E
generis, quia sunt pauca admodum
vt plurimum aūt ipsi Dialectici ing
runt de ipsa re, vtrum sit rm, vel non
sit, sed vtrum sit genus, vel propriū,
aut definitio raro id quærunt. verū
inquisitio per genus, deniq; conducit in hac arte & arte demōstratiua:
nam ex his locis possumus colligere
loca demonstratiua, elementa autē
horum locorum (vt inquit Themistius) sunt quatuor: primum est, ve
ipsum genus sit inseparabile à re, cu
ius est genus, sed eius prædicatio dē
ea sit necessaria, nam si esset separabile esset vtiq; accidens: secundū, vt
pdicetur de omni subiecto eius, vt
est prædicatio aīalisde omni homi
ne, nam si prædicaret particulariter,
esset quoq; accidens: tertium, vt in
sua pdicatione superet, ac excedat ip
sum subiectum, hoc est, vt sit communius eo, & non æquale illi, sicut
animal excedit super hominem: nā
si esset æquale ei, tunc esset propriū,
vel differentia: quartum est, vt præ
dicetur de subiecto in eo quod
quid, quoniam, si non esset in eo
quod quid, non esset genus. Cum ea
desuerit

defuerit generi vna harū quatuor
conditionū, interimiť eſſe gen', &
non ſit verum ipſum eſſe gen', niſi
inuentione olim in eo. Et ideo deſtructio generis facilior eſt ipſi' cō-
ſtructione, quia p̄dicatur res de aliqua re in eo ꝗ quid ſit, p̄ſet ꝗ ſit illius genus, ſed ſit nomen commuta
rum loco alterius nominis, & oratio
commutata vice noſis, vt dicimus in
reſponſione ad quid ſit vacuum, ꝗ
ſit locus in quo non eſt corpus. Et
non ſufficit ei ět, ꝗ ſit inſeparabile,
neꝗ ꝗ ſuperet ſuū ſubiectū, aut ꝗ
ſit p̄dicatum de toto: multa.ṅ. accidentia ſunt harum conditionum.

H Sicꝗ principium locorū, de qui
bus meminit Ariſt.eſt, ꝗ diuidam'
ſpēm, de qua p̄dicatur res, ꝗ eſt illi'
genus: & ſi inuenerimus aliquas ſpe
cies, aut indiuidua, I quæ diuiditur
hæc ſpecies, de qua non præ dicatur
hæc res, quæ poſiē eſt eſſe illius genus, manifeſtum eſt, ꝗ non ſit illi'
genus ex quo generis conditionis
eſt ꝗ prædicetur de tota ſpecie. verbi gratia, vt ſi quis ponat bonum ge
nus delitiarum, diuidim' delitias in
ſuas ſpecies, & inuenimus quaſdam
non eſſe bonas: hinc oſtēſo eſt, bonum non eſſe genus delitiarum. Et
I ille eſt locus demonſtratiuus ſumptus ex rei eſſentia: & compoſitio fi
gurę ſyllogiſticæ huius loci eſt in ſe
cuuda ſpē ſecundæ figurę. exempli
gratia, ꝗ dicamus bonū non p̄dicaē
de omni delitia, vniuerſali prædica
tione, genus autē p̄dicaē de ſuis ſpe
ciebus vniuerſali p̄dicatione: ſicque
duabus conuerſionibus cōcluditur,
ꝗ bonum non ſit genus delitiarum
& vlt impoē eſt huic loco, quin in-
ſerat dictio generis in ipſo ſyllo.

Secun-

defuerit vna harum quatuor cōdi-
tionū generi, nō erit amplius gen',
neque erit vere genus, niſi obtineat
oēs has conditiones: & ideo facilius
eſt deſtruere p genus, ꝗ conſtruere,
qm̄ pōt prædicari aliquid de aliquo
in eo qd quid, & tń non erit genus,
ſed erit nomen ſumptū vice alteri'
noſis, & oratio ſumpta vice vni' no
minis: vt cum ad Iterrogationē qd
ſit vacuum reſpondem', ꝗ eſt loc',
in quo nō eſt corp'. Neꝗ: ſatis quo
que eſt ipſum eſſe inſeparabile, neꝗ
vt non ſuperet ſuum ſubiectum, vel
vt ſit prædicatū de oī, quia multa dā
tur accītia, ꝗ has cōditiōes obtinēt.

Primus ergo locorū ab Ariſt.hic
poſitus eſt, vt diuidatur ſpēs, de qua
p̄dicatur aliqua res, ꝗ eſt genus eius:
& ſi inuenerimus aliquas ſpēs, vel in
diuidua, in ꝗ diuiditur illa ſpēs, de
qua non p̄dicatur illa res, ꝗ fuit poſi
ta pro genere, tunc manifeſtum eſt,
ꝗ ipſa non eſt genus, cū vna ex conditionibus ipſius generis ſit, vt p̄di-
ceē de oī ſpecie. vt exempli gratia, ſi
quis dicat, ipſum bonū eſſe gen' vo
luptatis, tuc diuidemus voluptatē
in ſuas ſpecies, & ſi inuenerimus aliquam voluptatum non eſſe bonā,
tunc concludimus ex hoc, ipſum bo
num non eſſe gen' voluptati. Et eſt
locus demonſtratiuus ſumptus ex eſ
ſentia rei, & cōponit figura ſyllogi-
ſtica huius loci in ſecundo mō ſecū
dæ figuræ. exempli cauſa, vt dicam'
bonum non p̄dicatur de oī volupta
te, ꝗ ſumitur pro eius ſpē p̄dicatio-
ni vſi, ſed genus prædicatur de ſuis
ſpēbus p̄dicatione vſi, ergo concluditur p duas conuerſiones, bonū nō
eſſe genus voluptatis: & tandem im
poē eſt in hoc loco, quin dictio generis

A
Locus 2. Secundus locus est, si quod positum est genus, non pdicetur de illo quod positum est esse illius spes: eo qp quid sit, non est illius genus, prout est prædicatio albedinis de niue, & prædicatio mouendi ex seipsa de ipsa aia: albedo. n. non pdicatur de quiditate niuis, neqz mobile ex seipso de ipsius aiæ quidditate. Et hic locus est demonstratiuus ex rei essentia, est enim pars illi', quod sumptu est in generis definitione.

Locus 3.
Tertius aut locus est, qp consideremus, quod positū est pro maiori parte, & an illa non inuenerimus in vno pdicamento, & an illi cōueniat accidentis definitio: sicqz illud non est pro maiori parte, quia inest sub iecto, & non inest. sicut motus aiæ: pofe nanqz est illam moueri, & non moueri: genus aut est inseparabile.

B

Locus 4.
Quartus locus est, qp cōsideremus illa, qp posita sunt genus & spes, & si il la non inuenerimus in vno prædica mento, destruimusqz sit genus illi' speciei. v.g. qui posuerit albedinem gen' calcis & niuis, cal z enim & nix sunt in prædicamento substantiæ, & albedo in prædicamento qualitatis.

C
Et hic quidem locus est demonstra tiuus in destructione: qn enim ge nut esset in alio pdicamento à prædicamento, in quo est species, non pdicaretur de illa in eo qp quid sit. De dubijs autem, qp occurrunt hoc prædicamento relationis inter reli qua pdicamēta, iam expleta est oratio de illis in lib. Prædicamentorū: ipse enim opinatur ibi, qp sint qdam res, quæ sunt pars qualitarū, & earū genera sunt ad aliquid: sicut est scri ptura & grammatica, quarū genus est ipsa scientia: accidit autem hoc, quia

D
generis sit ordinata in ipso syllo.
Locus secund' est, si suppositum fuerit genus, quod non prædicet de ea re, quæ fuit posita pro eius specie, in eo qp quid, tunc illud non est eius genus, vt cum album prædicat de ni ue, & id quod mouetur ex se, de ipsa aia, qm album non significat qd est nix, neqz quod ex se mouetur, signi ficat quid sit aia. Et loc' is est demō stratiuus sumptus ex essentia illius rei, quæ est pars rei sumptæ in defi nitione generis.

E
Tertius locus est, vt inspiciamus id quod pro genere positum est, & si conueniat ei definitio accidentis, E tunc non est genus, hoc est, qp insit suo subiecto, & non insit. vt est ipse motus ipsi aiæ, qm ipsa potest moue ri & non moueri: genus vero est in separabile.

Locus quartus est, vt cōsideremus id quod pro genere & specie assigna tur, & non reperiatur in eodē pdica mento, tunc destruemus illud esse genus. exempli gra, si quis assignet albedinē esse genus ad ipsam calcē, ac ad niuem. nā calx & nix sunt in p dicamento substantiæ, albedo vero in prædicamēto qualitatis, & hic lo cus est demōtratiuus in destruendo: qm, cūm ipsum genus fuerit in alio pdicamento qp in eo, in quo est spes, non pdicabit de ea in eo, qd quid.

De dubijs vero, q insurgunt circa hoc, maxime in pdicamento relatio nis inter cætera, iā exacte fuit expli catum hoc negocio qp in lib. Prædicamentorū: nam ibi visum est aliqua esse, q ex qualitatibus sunt, quorum tñ genera sunt ex pdicamēto ad ali quid: vt grammatice, & scriptoris sūt cultas, quarū genus est scia: hoc aūt ita

A quia natura relationis euenit ot̄b' prædicamenti,& accidit illis: & aliquando significatur species nomine prædicamēti subiecti relationis, & genus significatur nomine significante conceptum relationis. Et fit ambiguitas, quomodo vna species fit in vno prædicamento, & ipſi' genus in alio prædicamento: hoc autē fit ob nominis appellationem.

Locus. 5.   Quintus autem locus eſt, q̄ consideremus, an speciei definitio fit vera de genere, ſicut definitio generis eſt vera de ipsa specie, quia tunc q̄d positum eſt eſſe genus, non eſt genus,quoniam oportet q̄ genus prædicetur de pluribus, q̄ ipsa species: gratia exempli, vt qui poſuit vnum genus entis, quia de paucioribus q̄ de quibus eſt verum ipsum ens, eſt verum ipsum vnum, & similiter q̄ nomen multitudinis ſit genus numeri.

Locus. 6. qui eſt 6. & 7.1 Ari.   Sextus locus eſt,'quando quicqd eſt positum eſſe species cuiuſdā generis,& non eſt vna specierum, in quas hoc genus diuiditur,neque remota neque proxima, neque illis communis,id,quod positum eſt genus,non eſt genus. v. gr. qui poſuit motum genus voluptatis, ſi voluptas non ſit translatio, neque alteratio,neque crementum,neq; generatio,nec vlla specierum,in quas diuiduntur singulæ species motus : ipse itaque motus non eſt voluptatis genus. Hic autem locus eſt demonſtratiuus,quia neceſſario de quo prædicatur genus de ipso, prædicatur aliquid de specieb' generis, aut ipsum eſt vna de speciebus generis:ſin aūt, prædicaretur de illo prædicatione accidēus. Et hic locus redit ad illud, cui

ita contingit,quia natura ipſius relationi inſequit oīa p̄dicamēta, eisq; accidit: & nōnunq̄ ſignatur species p̄ nomen p̄dicamenti, quod eſt ſub iectum ipſius relationis,& genus ſignificatur p̄ nomen indicans ipm̄ relationē.Et tunc oriſ̄ ambiguitas, qualiter vna ſpēs ſiet vno p̄dicamēto,& eius genus in alio p̄dicamēto: hoc ſi cōtingit pp nominis appellationē.

Locus quintus eſt, vt inſpiciamus verum definitio ſpeciei verificatur de ipso genere, ſicut definitio generis vere dr̄ de ipsa ſpecie,tunc id, q̄d fuit aſſignatum pro genere, non eſt genus,propterea quia oportet vt ge nus p̄dicetur de pluribus,q̄ p̄dicatur ipſa ſpēs: vt qui dicunt ipſum vnum eſſe genus ad ipſum ens, nā paucio ra ſunt illa,de quibus vere dr̄ vnū,q̄ ea de quibus vere dr̄ ens : pari ratione,qui dicit multitudinem eſſe genus ad numerum.

Locus ſextus eſt, q̄ quicquid aſſignatur pro ſpecie alicui ſuis gn̄is, que non ſit vna ex ſpēbus, in quas diuidit illud genus,tū propinquis, tum remotis, neq; cōicat cū eis,vū illud, quod aſſignaſ pro genere,nō eſt ge nus,exempli grā,ſi quis dicat, motū eſſe genus voluptaris: nam ſi volu ptas non ſit tranſlatio, neq; alteratio,neq; incrementū, neq; gn̄atio, neq; aliqua ſpecierū, in quas diuidi tur quodlibet genus motus, tūc mo tus ipſe non erit gen' voluptatis. Iſ tū locus eſt demīatiuus, propterea, quia neceſſe eſt, vt id,de quo p̄dicaſ genus,p̄dicetetiam de eo aliq̄d ſpē rū gn̄is, vel vna ſpērū gn̄is , alias n. p̄dicaret de eo p̄dicatione accn̄is. Et rūr locus is reduceretur ad eum locum, in quo prædicatio deficit ā

præ-

ABRAM

A cui deficit prædicatio in eo q̃ q̃d sit.

Locus 7.
q̃d eſt.
&.5.

Septimus vero locus eſt q̃ conſi
deremus an ſpecies dicatur de pluri
bus, q̃ dicatur genus, illud nõ eſt ge
nus, verbi grana, qui poſuit ens ge
nus imaginabilis: imaginabile enim
eſt vniuerſalius ente: & ſimiliter ʃt
ſi genus & ſpecies dicantur reciproce, vt dixit, qui poſuit principium
genus primi: quando enim inuenitur ſpecies ſecundum vnam harum
duarum diſpoſitionum, quod poſitum eſt non eſt illius genus, quãdo
ſcilicet fuerit generi æquale, aut il-
B lud ſuperans. Et hic locus redit ad ſe
dem, quæ eſt, quòd genus ſuperet
ſpeciem.

Locus 8.
qui eſt 10.

Octauus locus eſt, q̃ conſideremus quod poſitum eſt genus alicui
ſpeciei: quia ſi illud inuenireatus q̃
non ſit genus vlli rerum, quæ non
differunt ſecundũm ſpeciem, dico
ʃm ſpecies huius ſpeciei, id quod po
ſitum eſt eſſe genus, non eſt genus:
& ſi illud inuenerimus genus vnius
illarum, eſt genus omnium. Hic n.
locus ſit ad conſtructionem, & deſtructionem, exempli gratia in con
ſtructione, quia ſi animal fuerit ge
nus Sciharum, illud eſt omniũ ſpe
C cierum hominum: huius autem
exemplum in deſtructione eſt, vt
qui poſuit impartibile genus linearum indiuiſibilium: indiuiſibile
enim non verificatur de lineis diui
ſibilibus: diuiſibiles autem & indiui
ſibiles ſunt vnius ſpeciei. Hunc autem locum eſſe demõſtratiuum in
deſtructione eſt notũ ex prædictis:
genus. n. eſt vnũ idem oſum rerum
q̃ ſunt vnæ ſpecie, & ſi ſit quarundã
eſt omnium: eſt enim genus aliqua
rum ex parte qua eſt genus oſum.

MANTINVS

prædicatione in eo quod quid. D

Locus ſeptimus eſt, vt inſpiciam⁹,
vtrum ſpẽs dicatur de pluribus, q̃ ip
ſum genus dſ: nam tunc illud nõ eſt
genus. exepli gr̃a, ſi quis dicat, ens eſ
ſe genus ad opinabile. nam opinabile cõis eſt ipſo ente: pari rõne, ſi genus & ſpẽs dicant ſ̃ æqualiter, vt q̃ dicit ipſum principiũ eſſe genus ad ipſum primũ: nam, cũ inuenerimus
ſpẽm vnius illarũ duarum rerũ, tũc
illud, quod poſitum eſt pro p̃ñe, nõ
erit genus, ſ. quia erit id æquale generi, vel ſuperabit illud: Hic aũt lo-
E cus reducet ad illam regulã, in qua
dicitur q̃ genus ſuperat ſpeciem.

Locus octauus eſt, vt inſpiciam⁹
id, quod poſitum eſt pro genere ali
cuius ſpeciei, & ſi inuenerimus ipſũ
non eſſe genus alicui rerũ, quæ nõ
differunt ſpecie, hoc eſt ſpecieb⁹ hu
ius ſpeciei, tunc illud, quod ponitur
eſſe genus, nõ erit genus: ſi vero inuenerimus ipſum eſſe genus vni illarum, erit vtiq̃ idem & oſbus: nam
is locus facit ad conſtruendum & de
ſtruendũ: ad conſtruendum quidẽ,
vt cum dicimus, ſi animal eſt genus
ad æthiopes, tunc erit genus cunctis
F ſpeciebus hoſum: ad deſtruendum
vero, vt ſi quis dicat ipſum indiuiſibile eſſe genus ad lineas indiuiſibiles, quoniam indiuiſibile non vero
dicitur de lineis diuiſibilibus: diuiſibiles autẽ & indiuiſibiles ſunt eiuſ
dem ſpeciei. Quòd autem is loc⁹ ſit
demõſtratiuus in deſtruendo, ſatis patet ex prædictis, q̃ñ genus eſt
idem cunctis rebus, quæ ſunt eiuſdem ſpeciei: & ſi ſit alicui earum ge
nus, erit vtiq̃ & omnib⁹, q̃ñ eſt ge
nus quibuſdam earum ea rõne, qua
eſt genus cunctis earum.

De

Onsiderandum autem,& si quod aliud genus est assignatæ **11. Locus.** **Declratio.**
speciei,quod neqʒ continet assignatum genus,neqʒ sub illo
est.Vt si quis iustitiæ sciam ponat genus:est enim virtus ge
tus,& neutrum generū reliquum continet:quare non erit sciētia
genus iustitiæ.Videt enim,qñ species vna sub duobus generibus
est,alterū ab altero cōtineri. Habet aūt dubitationē in quibusdã
quod hmōi est:nam vt quibusdam prudentia,& virtus,& sciē
tia esse,& neutrum genus à neutro contineri:non tñ ab omnibus
conceditur prudentiam scientiam esse.Si igitur quis admittat qd
dictum est verum esse,attamen subalterna,vel sub eodē ambo fie
ri quæ eiusdē sunt genera necessariū videbit esse,qyeadmodū &
in virtute & in scia accidit:vtraqʒ enim sub eodē genere sunt:nam
H vtrunqʒ eorum habitus,& dispositio est. Considerandū igitur,si **12. Locus.** **Declratio.**
neutrum est in assignato genere.si enim neqʒ subalterna sunt ge
nera,neqʒ sub eodem ambo,non erit quod assignatum est genus.
Cōsiderandum autem & genus assignati gñs,& sic semper supe **13. Locus** **Declratio.**
rius genus,si oīa prædicant de specie,& si in eo quod quid est præ
dicantur.Nam omne superius genus,prædicari oportet de specie
in eo quod quid est:si ergo alicubi dissonet,manifestum,qñ non
est genus quod assignatum est.Rursum,si genus participat spēm
vel ipsum,vel aliquod superiorum generū.Nam nullum superio **14. Locus** **Declratio.**
rum participat quod inferius est.destruenti igitur quemadmodū
dictum est vtendū,astruenti autem si consideratur quidem inesse
speciei quod dictum est genus,at vt genus inest dubitetur,sufficit
ostendere aliquid superiorū generum in eo quod quid est,de spe
cie prædicari.Vno enim in eo quod quid est p̄dicato,oīa & supe
I riora illius,& inferiora,si p̄dicant de spē in eo qd quid est p̄dicabū
tur:quare & assignatum genus in eo quod quid est prædicabitur:
q̇ autem vno in eo quod quid est prædicato,oīa etiam reliqua (si
prædicant)in eo quod quid est prædicabunt,per inductionem su
mendum.Si aūt simpliciter inesse dubitetur assignatū genus, nec
sufficit ostendere aliquod superiorū generum in eo quod quid est
de specie prædicari:vt si ambulationis genus quispiam assignauit
lationem,non sufficit ostendere q̇ motus est ambulatio, ad osten
dendum q̇ latio est,eo q̇ & alij motus sunt: sed ostendendum,q̇
nullum participat ambulatio eorum quæ sunt ɓm eandē diuisio
nem,nisi lationem:nam necesse est quod genus participat, & spe
cierum aliquam partici pare ɓm primam diuisionem:si enim am
bulatio neqʒ augmentationem,neqʒ diminutionē,neqʒ alios mot°
par-

A participet, manifeſtum qm lationem participabit:quare erit gen‑
latio,ambulationis. Rurſum,de quibus ſpecies,quæ poſita eſt vt
genus prædicatur, conſiderandum ſi & aſſignatum genus in eo
quod quid eſt,de ipſis eiſdem prædicatur,de quibus & ſpecies: ſi‑
militer autem & ſi omnia quæ ſupra genus ſunt. Nam, ſi alicubi
diſſonat,manifeſtum, quoniam non eſt genus quod aſſignatum
eſt:ſi enim eſſet genus, omnia & ſuperiora illius, & ipſum, in eo
quod quid eſt prædicarentur de ʜꜱ, de quibus & ſpecies in eo qd
quid eſt prædicatur:deſtruenti igitur vtile, ſi non prædicetur ge‑
nus in eo quod quid eſt de quibus & ſpecies prædicatur: aſtruen‑
ti autem ſi prædicetur in eo quod quid eſt,vtile: accidet enim ge‑
nus & ſpeciem de eodem in eo quod quid eſt prædicari : quare &
idem ſub duobus generibus ſit:neceſſe eſt igitur ſubalterna gene‑
ra eſſe. Si igitur oſtendatur quod volumus genus aſtruere non
B eſſe ſub ſpecie , manifeſtum quoniam ſpecies ſub hoc erit: quare
oſtenſum erit,quoniam genus hoc. Conſiderandæ autem & ra‑
tiones generum,ſi aptantur ad aſſignatam ſpeciem, & ad partici‑
pantia ſpeciem. Neceſſe eſt enim generum rationes prædicari de
ſpecie,& de ʜꜱ,quæ participant ſpeciem : ſi igitur in aliquo diſſo‑
net,dilucidū quoniā non eſt genus quod aſſignatum eſt. Rurſus,
ſi differentiam vt genus aſſignauit. Vt ſi immortale, genus Dei:
nam differentia eſt aſalis immortale,eo ꝙ aſalium alia mortalia,
alia immortalia:manifeſtum igitur,qm peccant,nullius enim dif‑
ferētia eſt genus. Quod autem hoc verū, manifeſtum:nulla enim
differentia ſignificat quid eſt, ſed magis quale quid, vt greſſibile,
& bipes. Et ſi differentiam in genere poſuit tanꝗ ſpeciem.Vt im‑
parem quidem numerū:differentia enim numeri impar,& non
ſpecies eſt:neꝗ videtur participare differentia genus:nam omne,
C quod participat genus,vel ſpecies,vel indiuiduum eſt:differentia
autem neꝗ indiuiduum,neꝗ ſpecies:manifeſtū igitur qm nō par
ticipat genus differentia,quare neꝗ impar ſpecies erit, ſed differē
tia,qm non participat genus. Amplius,ſi genus in ſpecie poſuit.
Vt contiguitatem idipſum quod eſt cōtinuitatem: aut mixturam
idipſum,quod eſt temperamentum:aut(vt Plato definiuit) latio‑
nem ſm locum mutationem:non enim neceſſarium contiguitatē
continuitatem eſſe,ſed è conuerſo,continuitatem contiguitatem:
non enim omne contiguum continuatur, ſed quod continuatur,
contiguum eſt:ſimiliter autem & in alijs: nam neꝗ mixtura ō̄,
temperamentum:nam ſiccorū mixtura non eſt temperamētum ,
neꝗ ſm locū mutatio omnis,latio:nam ambulatio nō videtur la
tio eſſe:penè enim in ʜꜱ quæ inuoluntarie locū ex loco ꝑmutāt,di

15.Locus. Declaratio.
16.Locus. Declaratio.
17.Locus. Declaratio.
18.locus. Declaratio.
19.locus. Declaratio.

G citur latio, quemadmodum inanimatis accidit: manifeſtum auté, ꝗm & de pluribus ſpecies dr̄ ꝗ genus in aſſignatis, cum oporteat é contrario fieri. Rurſum, ſi differentiam in ſpé poſuit. Vt immor tale idipſum quod eſt Deum, nam accidit de æqualibus, aut pluri bus ꝗ ſpeciem dici: differentia aūt ſemper de æqualibus, aut pluri bus ꝗ ſpecies dicitur. Amplius, ſi in differentia genus poſuit. Vt colorem idipſum quod eſt congregatiuum, aut numerum quod impar. Et ſi genus vt differentiã dixit. Poſſibile eſt enim aliqué talem ſuſcipere poſitionem, vt temperantié, mixturam dr̄iam: aut lationis, ſm locum mutationem: inſpiciendum autem oīa ꝗ ſunt huiuſmodi, per eadem: cõicant enim loci: de pluribus enim genus ꝗ differentiam oportet dici, & non participare differentiã. Sic au tem aſſignato, neutrum eorum, quæ dicta ſunt, poſſibile eſt acci dere: nam & de paucioribus dicetur, & participabit genus differé H tiam. Rurſum, ſi nulla differentia generis prædicatur de aſſigna ta ſpecie, nec genus prædicabitur. Vt de anima neꝗ impar, neque par prædicatur: quare nec numerus. Amplius, ſi prius eſt natura ſpecies, & ſimul interimit genus. Videtur enim contrarium. Am plius, ſi contingit relinquere dictum genus, vel differentiã (vt ani mam, moueri, opinionem: verum, & falſum) neutrum erit dictorū genus, vel differentia. Videtur enim genus & differentia ſequi quandiu fuerit ſpecies.

Lʒ cōꝗd
10. locus Dect boo.
11. locus Declaɯo.
12. locus Declaɯo.
13. locus Declaɯo.
14. locus Declaɯo.
15. locus declaɯo.

Sermo de ꝗ locis generis. Cap. L.

ABRAM

N Onus autem locus eſt, ꝗ cõſi deremus ſpém, quæ poſita eſt ſub aliquo genere, ſi illius eſt aliud genus, quod non contineat gen⁹ po ſitum, nec ipſum cõtineat poſitum genus: quia ſi hoc ita fuerit, ꝗd poſi tum eſt, genus non eſt. Verbi gr̄a, quia ſi quis poneret ſciéiam genus iuſtitiæ, & inueniamus virtuté acti uam, quæ eſt genus iuſtitiæ non cõ tinere ſcientiam, ueꝗ ſciétia ipſam continet: per hoc itaꝗ deſtruitur, ꝗ ſcientia ſit genus iuſtitiæ. Quod autem ꝗn ponunt duo genera vni rei, oportet vnum illorum conti nere alterum, hoc apparet in multis rebus. Verbi gratia auis & aīal ſunt genera eorū: auis autem continetur in

MANTINVS

L Ocus nonus eſt, vt cõſiderem⁹ ſpém aſſignatã ſub aliquo ge nere, verum habeat aliud genus, ꝗd non cōtineat illud genus poſitum, aut non contineat ab illo poſito: nã ſi ita reſe habuerit, tūc id, ꝗd ꝗ ge nere aſſignatum fuit, non erit geī⁹. exempli gr̄a, ſi quis dicat ſciam eſſe genus iuſtitiæ, & inueniamus virtu tem actiuam, ꝗ eſt genus ad virtuté, nõ cōtinere ſciam, neꝗ ab ipſa ſcié tia contineri, tunc ꝗ hoc deſtruitur ipſam ſciam eſſe genus virtutis, vel li quis poſuerit duo genera vni rei, tūc ét oportebit vt vnū eorū conti neat alterū. & hoc pſpicuū & I mul tis rebus, exépli gr̄a auis & aīal ſunt duo gña ad ipm eorū, & corū⁹ cõ tine-

M

Locus. 9.
qui eſt. 11.

ABRAM

MANTINVS D

A in animali: & similiter ambulans & progressiuum sunt duo genera bipedis, quorum vnum continetur in altero: destruit autem hunc locum, quia virtus & scientia sunt duo genera prudentiæ, & neutrum continetur in altero. Si autem hoc confesserimus oportet addere illi, quod adiectum est, cp vnum alterum continent, vt ambo subsint vni eidé generi: scientia enim & virtus omnes subsunt habitui, & quod deficit generi in hoc loco est, cp illius prædi-

B catio non sit in eo, cp quid sit: aut dicamus cp in virtute intellectiua continetur scientia & prudentia, & cp prudentia non continetur in virtute actiua.

10. Decimus autem locus est, cp consideremus genus supremum illius

12. quod positum est esse genus, quod si non prædicetur de specie in eo cp quid sit, quod positum est genus, non est genus: hoc autem fit, quando notum est genus inesse speciei, & non dubicatur, nisi an sit genus necne: si autem non fuerit notum inesse, posset mentiri. Verbi gratia qui

C poneret progressiuum genus ambulantis, & sumetet ad hoc inditium, quia motus prædicatur de progressu & ambulare in eo quod quid sit, quia nisi notum esset, aut iam commostratum sit ambulationem esse progressum, posset ambulatio esse alia spes motus, sed verax est hic locus, cum fuerit esse notum. Sicq; etiam considerabimus huic simile i rebus, quæ

tinet sub alsali: sistq; gressile & transmutabile sm locu suat duo genera ad bipes, quorū alterū sub altero cō rinet. Sed hic locus bet istatiū, cum virtus & scia sint duo gña ipsi9 prudétiæ, neutrū in ipsorū cōtinet sub neutro corū: si igf hoc pcedat, oportebit addere illi cōditioné, i qua dixit, alterū debere sub altero cōtineri, cp ola existāt sub eodé gñe : nam scia & virtus ambæ sub habitu cōcinent, i hoc tū deficit ipsum genus in hoc locū, cp pdicatio eius nō est i eo

qd qd. vel erit dicendū, cp sub virtu te contéplatiua continet scientia & E prudentia, & cp prudentia non continetur sub virtute actiua.

Locus decimus é, vt cōsideremus supius gen9 assignati gñis, & si nō p dicet de ipsa spé i eo qd qd, tunc id, qd fuit positū p gñe, nō erit genus & si pdicet i eo qd qd, tunc qd positū é genus, erit genus. Et is locus valet in destrucédo, & cōstruendo: nã, si illud fuerit genus, tūc genus assigna tū pdicabit de hoc gñe i eo qd qd, & pdicabitur quoq; de illa spé in eo qd quid, & ipsum genus assignatū pdicabit de spé i eo qd qd. Hoc aūt F ita fiet, cū ipm gen9 manifeste isit ip si spéi, & nihil dubij heat de eo, nisi virū sit genus, vel nō. At si nō sciat certe ipm illi esse, tūc poterit i meda cū cōmittere, exépli g. si q dicat ip sā lauoné ee genus ipsi9 gressibili, & hoc pbet ppea, cp mot9 pdicat de ipsa gressione, & translatioé i eo qd qd: nã si nō sit notū, vel fuerit iā notū i catū ipsa gressioné ee lauione, tunc gressio posset cōtineri sub aliq alia spé tū motus. Sed locus is erit verus, qñ notū sit illud esse: pari rōne cō siderādum est illud idé in illis reb9,

ABRAM

G quæ ſubſunt ſpeciei, quæ de illis p̄di
catur in eo cp̄ quid ſit, quia ſi quod
poſitum eſt fuerit genus, prædicatur de illis in eo cp̄ quid ſit: ſin autē,
non eſt genus.

Locm. 11.
qui eſt. 14

Vndecimus locus eſt, cp̄ conſide-
rem' generis definitionem, quia ſi
non conueniat ſpeciei, quæ ei ſuppo
ſita eſt, aut reb' quę ſpeciei ſubſunt,
illud non eſt genus: generis enim de
finitio expedit cp̄ conueniat ſuę ſpeciei: & ideo continentia non eſt vir
tus, quia virtutis definitio non conuenit continenti. Sicq; nec ſcientia
eſt genus virtutis, quia illi non con

H uenit eius definitio, quæ eſt cp̄ ſit ha
bitus, qui impoſſibile eſt aliter eſſe
quàm eſt.

Loc'. 11. q̄
615. & 16.

Duodecimus locus eſt, ſi differen
tia poſita fuerit vt genus, illa nō eſt
genus. Verbi gratia, ſi immortale po
ſitum fuerit genus angelorum: per
immortale enim diuiditur animal,
quoniam quoddā animal eſt mortale, & quoddā immortale. Hic autem locus eſt verax, quia deeſt illi p̄-
dicatio in eo, cp̄ quid ſit: gen' enim
prædicatur in eo cp̄ quid ſit, non in
eo cp̄ quale. Sicq; etiam errat, qui
ponit genus differentiam vice ſpe-

I ciei, & genus prædicatur de illa, qua
tenus differentia eſſet illius ſp̄ēs, de
quocunque enim p̄dicatur genus
in eo quod quid ſit, eſt indiuiduum
aut ſpecies, differentia autem neutra
harum eſt. Locus autem eſt verax,
quando differentia ſumitur denu-
data à materia, quia quando ſumeretur cum materia, eſſet ipſa met ſpe-

Locus. 11.
qui ē 17
18. 19. &
10.

cies verbi gratia, qui ponit animal
genus rationalis recte ponit.

Tertiusdecimus locus eſt, cp̄ conſideremus an poſitū ſit gen'i ſix̄ in.

H uius

MANTINVS

quæ exiſtunt ſub illa ſpecie, q̄ predi K
catur de eis in eo quod quid, nam ſi
illud poſitum fuerit genus, tunc p̄di
cabitur de illis i eo quod quid : alias
enim non erit genus.

Locus vndecimus eſt, vt conſide
rem' definitionem generis, nam ſi
non conueniat rei, q̄ eſt poſita pro
ſpecie ſub eo, vel reb' ordinatis ſub
illa ſp̄ē, tunc non eſt genus, q̄i deti-
nitio generis debet cōcordare cum
ſua ſp̄ē: & ideo ipſe cōtinēs non erit
ſtudioſus, quia definitio ſtudioſi nō
cōuenit definitioni, continentis : & L
ſit ſcia non erit genus virtutis, q̄i
definitio ſciæ, q̄ eſt habitus, qui nō L
poteſt aliter ſe habere, non conuenit definitioni virtutis.

Locus duodecimus eſt, ſi ponat
differentia p̄ genere, tunc non eſt
genus, exēpli ḡ fa, ſi ponat immorta
le eſſe genus a.i angelos, q̄m p immortale diuiditur aīal, cum a aliū
aliud mortale ſit, aliud immortale.
Is autem locus eſt verus, quia nō ha
bet prædicatioē in eo quod quid :
nam genus prædicatur in eo quod
quid, non in eo quod quale. Similiterq; peccat, qui ponit differentiam
generis vice ſpeciei, & prædicaret genus de ea, eo quod ipſa differētia ſit M
eius ſpecies: nam de quocunq; prædicat' gen' in eo quod quid, vel eſt
indiuiduum, vel ſp̄ēs, ſed differentia
nullum horū eſt duorū. Is autē locus erit verus, ſi capiatur, ipſa differentia expers materiæ : na ſi cum ma
teria ſumeret, tūc eſſet ipſamet ſp̄ēs
exēpli ḡa, ſi quis ponat aīal eſſe genus ad rōnale, tunc ponit differētia
vice ſp̄ē, ſed ſi ponat aīal eſſe genus
ad rationale, tunc recte id ponit.

Locus decimustertius eſt, vt inſpi
ciamus

ABRAM

A Huius autem significatu est, q̃ posi ta sit species sui generis: genus hoc est illius quod positum fuerat eius gen'. v.g. si quis poneret hominem genus animalis, & continuum gen' contiguit: communius enim est con tiguum continuo. Quod itaq; posi tum est genus huius cōditionis nõ est genus: genus enim, prout dictũ est, ipsum est vniuersalius specie: & prope hoc etiam est, si posita fuerit differentia in speciem: & hui' signi ficatũ est, q̃ species posita fuerit ge nus suæ differentiæ. v.g. q̃ ponatur

B angelus genus immortalis, aut ho mo gen' rationalis, huc hæc species fuerit differentiæ æqualis, aut diffe rentia fuerit vniuersalior, q̃ illa. Et similiter si sumeretur genus, vt dif ferentia, non est differentia: vt si su meremus animal differētiam mor talis, & sicut qui definiuit sonum es se aerem, quia pulsatio est soni ge nus. Et hic locus proprius est destru ctioni differentiæ: & hæc loca redu unt ad vnam basim, s. q̃ semper ge nus dicatur de pluribus, q̃ dicat spe cies, aut differentia, & q̃ prædicetur de differentia in eo q̃ quid sit.

C Quartusdecimus locus est, q̃ con siderem', q̃ si nulla dr̃iarũ g̃nis po siti sdicet de ipsa spẽ, nec genus sdi cat de illa. v.g. q a de aĩa non verifi catur, q̃ sit par, aut impar: sicq; nec numerus est ipsius genus: dr̃iæ. n. ge neris diuisiuæ, q̃n cũ g̃ne cōponunt, faciunt spẽs. Et ideo necessario expe dit, q̃ cũ spẽ posita sub genere cõue niat aliqua dr̃iarũ generis. Et ideo motus nõ est genus tp̃is, qa tp̃i non inest aliqua dr̃iarũ ipsius motus, q̃ sunt velocitas & tarditas: hic aũ lo cus est de locis sumptis s̃m pdi tione.

Quin-

MANTINVS

D ciamus vtrum genus sit positum in spẽ, hoc est, vt spẽs ponat pro gene re g̃nis sui, i. pro eo, q̃d fuit positum p eius g̃ne. exempl gra, si ponamus hoĩem esse genus aĩalis, & continui tatẽ genus cōtiguitatis, q̃n cōtigui tas plus continet, q̃ continuitas. Qui igit posuerit genus hoc pacto, non erit genus, quia genus (vt dictũ est) cõius est spẽ, neq; hui' absimile est, si quis ponat dr̃iam in spẽ, hoc est, vt ponat spẽs genus ipsius dr̃iæ. exẽ pli gra, q̃ ponat angelũ gen' ad im mortale, vel hoĩem genus ad rõna le, q̃n ipsa spẽs vel est æqualis dr̃iæ, vel dr̃ia est cõior ea. Similiterq; si

E sumat genus pro differētia, nõ erit profecto dr̃ia, vt si sumat aĩal dif ferētia ad mortale, & vt si q̃ diffiniat sonum dicens, q̃ est aer pcussus, q̃n ipsa pcussio est genus ad sonũ, & hic locus est proprius in destruēdo dif ferentiam. Hæc tñ loca reuertuntur ad vnam regulam, seu fundamẽtũ: nempe q̃ genus de pluribus semper dr̃, q̃ dicatur spẽ, vel dr̃ia, & q̃ pdica tur de differentia in eo quod quid.

Locus quartusdecimus est, vt in spiciamus vtrũ vna ex differētijs ge neris assignati nõ sdicet de spẽ, tuc

F neq; ipsum genus de ea sdicabitur. exẽpli gra, si de aĩa nõ vere dicat', q̃ sit par vel impar, ergo neq; ipse nu merus erit genus eius, propterea qa differentiæ diuisiuæ generis, si com ponant cũ genere, pariunt spẽs: & ideo necesse est oĩno, vt spẽa, quæ sub genere existit, conueniat cum ea ali qua dr̃iarum generis. Et ideo mot' non est genus tẽporis, quia non in est tẽpori vna differentiarũ motus, q̃ est velocitas, & tarditas: & hic loc' est sumptus ab ipsa diuisione.

I iij Locus

Topicorum

ABRAM

G
Quintus decimus locus est, si species sit naturaliter prior genere, &
propterea velit auferre genus illius
ablatione, quod positum est genus
non est genus: genus enim naturaliter pri° est specie, & illa é posterior:
genus enim de pluribus dicitur, q̃
ipsa species: & ei° vis est vis loci, quo
genus seritur ordine sub eius specie.

Locus.16.
qu est 24

Sextusdecimus locus est, considerare si genus auferatur, & non auferatur species, illud non est genus.
verbi gratia , si motus aufertur ab
anima, & anima sit, motus non est
animæ genus: hic autem locus vtilis est differentiæ, vt si auferatur ani
ma, & opinio sit. Themistius autem
opinatur, q̃ vis huius loci sit vis loci præcedentis: hic autem locus verax est, quia ipse posuit genus & dif
ferentiam inseparabiles.

Locus.17.
qui est 25

Decimus septimus locus est, si species admittat contrariū illius quod
positum est genus, illud non est possibile illi, sicq̃, non est genus', quoniam si esset genus , possibile esset
duo contraria inesse speciei, ex quo
genus non separatur . Verbi gratia,
si diceremus, q̃ bonum sit sanitatis
I genus, sanitati enim posset malum
euenire: quando autem vellet aliquis hūc locum esse veracem, apponenda est ei conditio, q̃ euentus cō
trarij ipsi speciei sit per se : sin autē,
accideret hinc, q̃ sanitas non esset
bona, prout in præcedenti exemplo
diximus.

MANTINVS

K
Locus decimusquintus est , si spe
cies sit prior natura ipso genere, intelligit aūt p hoc, vt ipsa ablata auferatur genus, tunc illud quod positum est pro genere, non erit genus:
qm genus natura prius existit ipsa
spé: & hic locus reducit ad eū, I quo
dicebat, q̃ genus in plus se hēt q̃ species, & hēt vim illius loci, in quo ge
nus sub sua specie est ordinatum.

Locus decimussextus est, vt inspi
ciamus si ablato genere species non
auferat, tunc non erit illud genus.
exempli gratia, si separato motu ab
anima ipsa anima adhuc reperiatur
tunc motus non erit genus animæ :
L & hic locus confert in ipsa differentia, quoniam, si differentia tollatur,
& non tollatur species, tunc illa non
erit differentia: vt si quis dicat iustitiam esse differētiam ipsius, opinionis. nam potest tolli iustitia remanente ipsa opinione. Themistius au
tem dicit, q̃ is locus , & pcedens hūc
eandem vim : & est verus is locus,
quia ipse ponit genus, & differentiā
esse inseparabilia.

Locus decimus septimus est, si spe
cies alicuius assignati generis participet, vel possit participare contrariam illius dari generis, tunc illud
nō erit genus: qm si esset genus, tūc **M**
duo contraria essent simul in ipsa
specie, cum genus sit inseparabile .
exempli gratia , si quis dicat ipsum
bonum non esse genus sanitatis, qa
malum potest inesse sanitati : sed si
quis velit hunc locum fieri verum,
oportet, vt in eo hanc subijciat conditionē: nēpe vt illud contrariū insit p se ipsi speciei, alias enim sequeretur, q̃ sanitas non esset bona, vt di
ximus in præcedenti exemplo.

De

De genere, loci aliq. Cap. j.

A INſpiciendũ aũt & ſi quod in genere poſitum eſt, participat aliquid contrarium generi, aut ſi contingit participare. nã idem
contraria ſimul participabit, eo ꝗ ipſum, genus quidẽ nunquã
relinquit: participat aũt & contrariũ, aut contingit participare.
Amplius, ſi quippiã cõicat ſpẽs, quod impoſſibile eſt oĩno ineſſe
ĩs, quę ſunt ſub genere. Vt ſi aĩa vitæ cõicat, numerorum aũt nullum poſſibile eſt viuere, non erit ſpẽs numeri aĩa. Conſiderandũ
aũt & ſi æquiuoca ſit ſpẽs generi elementis vtenti, ĩs ꝗ dicta ſunt
ad æquiuocum. Vniuocum enim genus, & ſpecies. Qm̃ inſpiciendum aũt ois generis plures ſpẽs, inſpiciendum ſi non contingit ali-
teram ſpeciem eſſe dicti generis. Nam ſi non eſt, manifeſtum qm̃
non erit genus oĩno, quod dictum eſt. Conſiderandum etiam eſt
ſi quod translatitiè dictum eſt, vt genus aſſignauit. Vt temperan-
B tiam conſonantiam. nam oẽ genus proprie de ſpeciebus prædicatur: conſonantia vero de temperantia non proprie, ſed trãslatitiè:
ois enim conſonantia in ſonis. Amplius, ſi ſit contrarium ſpeciei
aliquid, conſiderandum. Eſt aũt multiplr̃ conſideratio. Primum
quidem ſi in eodem genere contrarium ſpeciei, cũm non ſit cõtra
rium generi: oportet enim contraria in eodem genere eſſe, ſi nihil
ſit contrarium generi. Cũm autem eſt contrarium generi, conſide
randum ſi contrariũ in contrario. Neceſſe eſt enim contrarium
in contrario eſſe, ſi ſit contrarium quidẽ generi: manifeſtum autẽ
eſt vnumquodꝗ eorũ p inductionem. Rurſum ſi oĩno in nullo
genere quod ſpeciei eſt contrariũ, ſed ipſum genus. Vt bonum, nã
ipſi hoc non in genere, nec contrarium huius in genere erit, ſed ip
ſum genus, quẽadmodum in bono & malo accidit: neutrũ. n. horum in genere, ſed vtruncꝗ eorum genus. Deinde conſiderandum
C ſi contrariũ eſt alicui & genus, & ſpẽs: & horũ quidẽ eſt aliqd me
dium, illorum aũt non. Nã ſi generum eſt aliquid medium, & ſpe
cierum: & ſi ſpẽrũ, & generũ: vt in virtute, & vitio: & iuſtitia, &
iniuſtitia: vtrorumꝗ. n. eſt aliquid mediũ. Inſtantia huius, qm̃ ſa
nitatis & ægritudinis nihil eſt mediũ: mali aũt & boni aliqd mediũ. Amplius, ſi eſt quidẽ aliquid vtriſꝗ mediũ & ſpẽbus, & generibus: non ſũt aũt, ſed horum quidẽ ſm negationẽ, illorũ vero
vt ſubiectũ. probabile. n. ſũt & in vtriſꝗ. Vt in virtute & in vitio,
iuſtitia, & iniuſtitia: vtriſꝗ. n. ſm negationẽ mediũ. Amplius, qm̃
non eſt contrariũ generi: conſiderandũ non ſolũ ſi contrariũ in eo
dem gñe, ſed & mediũ. In quo. n. extrema, & mediũ, vt in albo &
nigro: nam color genus & horũ, & mediorũ colorum omnium.

16. locus. Declatio.

17. locus. Declatio.

18. locus. Declatio.

19. locus. Declatio.

20. locus. Declatio.

21. locus. Declatio.

22. locus. Declatio.

23. locus. Declatio.

24. locus. Declatio.

25. locus. Declatio.

G Inſtantia, qm̄ defectus quidē & ſuperabundantia in eodē genere
(in malo. n. ambo) mediocre aūt, cū ſit mediū horū, non in malo,
ſed in bono eſt. Conſiderandum etiam, ſi genus quidē contrariū
eſt alicui, ſpēs aūt nulli. Nam ſi genus eſt contrarium alicui, & ſpe
cies: quemadmodum virt⁹ & vitium, & iuſtitia & iniuſtitia: ſiſt
autem & in alijs conſideranti, manifeſtum vr̄ eſſe. Inſtantia. in ſa
nitate & ægritudine: ſimpliciter enim ſanitas ægritudini cōtraria:
aliqua autem ægritudo, cum ſit ſpecies ægritudinis: nulli contra
rium: vt ſebris & ophthalmia, & vnumquodq̄ aliorum. Interi
menti igitur tot modis inſpiciendum: ſi enim non inſint quæ di
cta ſunt, manifeſtum autem non eſſe genus quod aſſignatum eſt.
Conſtruenti vero tripliciter: primum quidem ſi contrarium ſpe
ciei ſit in dicto genere, cum non ſit contrarium generi. Nam ſi con
trarium in hoc, manifeſtum quoniam & quod propoſitum eſt.
Amplius, ſi medium in dicto genere. Nam in quo medium, & ex
trema. Rurſum, ſi ſit & contrarium quidem generi, conſideran
dum eſt & ſi contrarium In contrario. Nam ſi ſit, manifeſtum q̄
& propoſitum in propoſito.

Sermo de nonnullis etiam locis Generis. Cap. 5

ABRAM

Decimus octauus locus eſt, q̄
conſideremus ſi ſpēs admittat
rē, quam impoſe eſt penitus eſſe ge
nus, id, quod poſitum eſt, non eſt ge
nus. Verbi gratia ſi anima admittat
vitam, & impoſsibile ſit vllum nu
merum eſſe vitam animæ, gen⁹ nō
eſt ipſe numerus. Et hic locus eſt de
locis ſumptis fm diuiſionem.

Locus decimusnonus eſt, quia
ex quo genus diuiditur in plures,
quam in vnam ſpeciem, notum ita
que eſt, quòd niſi poſito generi ſit
alia ſpecies à ſpecie, cui poſitum eſt
genus, illud non eſt genus: ſicut qui
poſuit quòd impoſsibile ſit ſuperfi
ciem, & lineam nō eſſe duas ſpecies,
quia ſubſunt longitudini: & hoc io
eo deeſt generi, ꝗ ſit prædicatum de
multis, cum illud ſit vnum, aut quia
ſi illud.

MANTINVS

Locus decimusoctauus eſt, vt in
ſpiciamus vtrū ſpēs cōicet, vel
participet aliꝗd, q̄d non poſsit vllo
ineſſe ipſi generi, tunc id, q̄ſuit aſ
ſignatum ꝓ gn̄e, non erit genus: vt
exēpli gratia, ſi aīa participat vitā,
& nullus numerus eſt vita, ergo nu
merus non erit genus eius. Iſa aūt lo
cus eſt ex locis ſumptis à diuiſione.

Locus decimusnonus eſt, q̄, cum
genus diuidat in plures ſpēs vna, er
go manifeſti eſt, q̄ ſi non reperiat
alia ſpēs in illo genere aſsignato, ꝗ
illa poſita illi generi, tunc illud ge
nus non erit genus. vt ſi quis dicat
lōgitudinem eſſe genus lineæ, qm̄
ſuperficies, & linea forſaſſe nō erāt
duæ ſpēs ſub longitudine poſitæ: &
in hoc loco deeſt, vt dicatur q̄ illud
genus ſit prædicatum de pluribus, &
eſt idem, vel ſere idem.

Locus

Vige

(margin notes: 16. locus Declaratio. 17. locus Declaratio. 18. locus Declaratio. 19. Locus Declaratio. 40. Locus Declaratio. Locus 18. qui eſt 16. Locus 19. qui eſt 18.)

A Vigeſimus locus eſt, ꝙ Inſpiciamus quod poſitū eſt gen’, ſi nomē
de eo dictū dicatur accōmodatio-
ne, illud nō eſt gen’. vt qui dicebat,
ꝙ ſcīa ſit lux : lux nanꝗ eſt vere in
orbe cœleſti, & igne : & ꝙ huic deeſt,eſt,ꝙ genus dicatur de ſpecie vni
uoce, & in eo ꝙ quid ſit.

Vigeſimus primus locus ſumiᵗ
ex cōtrarijs,& hic quidē locus parti
tur in plures modos: quorū quidā
ſunt prope rei naturā, & quidā ſunt
vulgares,& ex rebus ꝙ deꝯris ſunt.

Primo itaꝙ conſiderabimus, ꝙ ſi
B ſpeciei ſit cōtrariū,non euadit,ꝗn
illi generi ſit contrarium, aut nō ſit
illi contrarium: ſi autem non ſit illi
cōtrarium, oportet ꝙ illa ſpecies,&
eius cōtrarium ſint in genere,ſin au
tem, illud non eſt genus. Secundus
autem locus eſt, ſi illi fuerit contrarium,oportet ꝙ ſpeciei contrarium
ſit in generis cōtratio. Tertius locus eſt,ſi ſpeciei contrariū non ſit ꝑe
nitus in aliquo genere,ſed ſit ſupre-
mum genus ᷑m ſe:& ſpeciei non eſt
genus,& illorum ᷑t eſt ſupremū ge
nus ᷑m ſe:gratia exempli, quia bo-
C num non eſt ſpēs alicuius generis,
nec eius contrario, quod eſt malū,
eſt aliquod gen’.Et hæc tria loca di
cit Themiſtius, ꝙ ſint prope rei na-
turā:hoc eſt, ꝙ ſint veracia:contra-
ria enī ſine dubio, aut ſunt ſub vno
eodem genere, aut ſunt ſub duobus
cōtrarijs generibus,aut ſunt duo ge
nera contrariarū rerū,& hæc eſt di
ſpoſino ſpeciei cū eius cōtratio,hoc
eſt, ꝙ non euadat tres partitiones,
hoc autem inquiſitione ſit euidens.

Horum vero locorū oratoria ſunt,
ꝙ conſideremus,ſi generi fuerit cō
trarium,& ſpeciei fuerit cōtrarium,

&

D Locus vigeſimus eſt, vt cōſidere
mus id, ꝗd pro genere eſt poſitū, &
ſi ſi illius nomē dictū metaphorice,
tunc non erit genus. vt ſi quis dicat
ſciam eſſe lumē: nā lumen re vera ē
in corpe cœleſti,& in igne:deeſt ergo hic,vt dicat,ꝙ illud gen’ dicatur
de ſpecie vniuoce,& in eo ꝗd ꝗd eſt.

Locus vigeſimusprim’ eſt ſumpt’
ab ipſis cōtrarijs,ꝗui quidē locus va
rijs modis diuidit,quorū aliqui ſunt
ꝓpinqui naturæ rei,aliqui vero ſūt
ꝓbabiles,& ſumpti ex reb’ exterio-
rib’. Primo iglt cōſiderandū,ſi ſpe
cies habeat contrariū,tūc neceſſe eſt
vt genus habeat contrariū, vel non
habeat contratiū:ſi nō habeat con
trariū,tunc oportebit vt illa ſpēs, &
ei’ cōtrariū ſint in illo genere: aliās
enim nō erit gen’. Secundus vero
locus eſt, ꝙ ſi habeat cōtrariū, tunc
oportebit,vt contrariū ſpeciei ſit in
cōtratio ipſius generis. Tertius locus eſt, vt ſi cōtrariū ſpeciei nō repe
riaᵗ olno ineſſe alicui generi, ſed ip
ſa ſit de ſe gen’ ſupremū, tūc illa ſpe
cies nō eſt gen’, & eſt ēt genus ſu
premū de ſe.ex ēpli gfa,ſi bonū non
F fuerit ſpēs alicuius generis, tūc eius
quoꝗ cōtrariū non habebit genus,
ꝗd eſt ipſum malū. Themiſtius ēt
dicit,hos tres locos eſſe propinquos
nāꝗ rei,hoc eſt, ipſos ēt veros,qm ip
ſa cōtraria ꝑculdubio, vel ſunt ſub
vno & eodē gñe, vel ſub duob’ gene
ribus cōtrarijs, vel ſunt duo genera
reb’ cōtrarijs:& hæc eſt nā ipſi’ ſpe
ciei cū ſuo cōtrario,hoc eſt, ꝙ opor
tet vt in his locis ſiant hæ tres diui
ſiones:& hoc patet ꝑ inductionem.

In horū vero locorū ꝑſuaſiuis, ſeu
rhetoricis cōſiderandū eſt,qm,ſi ge
nus habeat contrariū, & ſpēs habet
cōtrariū,

ABRAM

G & vniusillorū contraria fuerint me
diata, & alterius cōtraria fuerint im
mediata, quod positum est, non est
genus, vulgatam enim est, ꝙ, si iter
species sit medium, inter genera sit
medium. v.g. diuitiæ, & iniquitas,
quarū altera est sub præstantia,& al
tera sub vitio,& vtraꝗ; sūt mediata.
    Huius autem loci instantia est, qa
sanitas, & morbus sunt duo contraria immediata , & subsunt bono &
malo,inter quæ est mediū. Et alter
locus est huic similis diuulgatione,
scilicet, ꝙ consideremus si species sit

H mediata,& generis contrarium mediatum, sed medium vtriusꝗ; non
significatur similiter:hoc est,ꝙ vnū
exprimatur per negationem ambo
rum extremorum, & alterum expri
matur suo nomine ei° comparatione: perinde significatur ꝙ vulgatū
sit,ꝙ oporteat medium vtriusꝗ; similiter esse exprimendū. verbi gra,
de medio inter iustitiam & iniustitiam,& medio inter virtutem & vitium. Et alius locus est,ꝙ considere
mus, ꝙ, si contrario speciei sit medium,oportet subintrare genus. di-

I vulgarum enim est,ꝙ rescuius sūt
duo extrema,oporteat ei° esse & me
dium. verbi gratia, quia nigrum,&
album,& media, quæ inter ea sunt,
omnia colori subsunt. Huius autē
loci instantia est, quia pusillanimi-
tas, & expositio sui ad pericula sunt
sub vitio,& fortitudo inter eas ē sub
virtute. Et alius locus est si generi sit
contraria aliqua res, & speciei nō sit
contrarium,illud non est genus,qñ
si generi sit contrarium,speciei etiā
est contrarium, sicut est dispositio
virtutis,& vitij,& iustitiæ,& iniusti
tiæ,quæ eis subsunt.

MANTINVS

contrariū,& cōtraria vniuseoꝗ; ha- K
beāt mediū , alia vero cōtraria non
habeāt mediū,tūc id, ꝙ fuit positū
gen°,nō est genus,qm manifestam
est,ꝙ si iter spēs dat mediū, ꝙ inter
genera quoꝗ; dabit mediū.exempli
gfa,iustitia,& iniustitia, ꝗ quidem
vna sub virtute locat, altera ꝑo sub
·vitio,& inter vnūquodꝗ; eoꝗ adest
mediū . Hic tñ locus habet instātiā,
qm sanitas,& ægritudo sunt duo cō
traria immediata, ꝗ tñ sub bono &
malo cōtinentur,ꝗ quidē habēt me
dium.Dat & alius locus siĩis huic in
ꝓbabilitate: nempe,vt cōsideremus°, L
virū cōtraria speciei sint mediata,&
cōtraria generis quoꝗ; mediata,ve-
runtū nō eodē modo monstrēt me
diū,hoc ē, ꝙ vnū eoꝗ monstrēt per
abnegationē duoꝗ extremorū, alte
rū vero ꝑ nomē indicēs habitū , seu
participationē:manifestū enim ē, ꝙ
oportet vt mediū inter ipsa eodē te
nore ē habeat.exēpli gfa, medium
iter iustitiā,& iniustitiā,& medium
inter vitiū &virtutē. Alius adhuc lo
cus ē:nēpe,vt cōsiderem°,si cōuraria
ipsi° speciei habēt mediū,tūc oporte
bit ipm cōtineri sub eodē gñe: nam M
manifestū est, ꝙ vbi sunt duo extre
ma, ibidē existit mediū. exēpli gfa,
albū,& nigrum,atꝗ eoꝗ media,oĩa
inꝙd sub colore ꝓuenēt. Habet tñ
instantiā hic locus,qm pusillanimi-
tas,& audacia sub vitio locant,forti
tudo tñ , ꝗ est mediū inter ipsa sub
virtute cōtinent. Alius ꝑterea locus
ē,vt si gen° sit ꝓrariū alicui rei, speꝗ
vero nulli rei sit cōtraria, tunc illud
nō est gen°:nã,si gen°hēt cōtrariū,
spēs quoꝗ; habebit cōtrariū:vt si vir
tute & vitio sit,atꝗ ĩ ipsa iustitia &
iniustitia,quæ sub illis continentur.

Themi-   Themi-

ABRAM

A Themiſtius autem dicit, ꝙ hic lo cus ſit demonſtratiuus, & ꝙ eo vſus ſit Ariſt. commonſtrando ꝙ tẽpus non ſit motus, quia motui eſt cõtra ria quies, tempori autẽ nihil eſt con trariũ: & ſicut eſt demõſtratio, qua commonſtrauit, quòd connexio, & ordo non ſint genus anime, quia cõ nexioni eſt contraria non conne xio, anime autem nihil eſt contra rium. Et Ariſto. in ſuo libro dicit, quòd huiuſloci inſtantia inuenitur in ſanitate & ægritudine, quia ſani taté eſt ægritudini contraria, & alicui

B ægritudini, vt eſt ophthalmia, & ſeb. quæ non habent aliquid contrariũ.

Et de hoc eſt perſcrutandum: ve riſimile enim eſt, ꝙ ſingulis paribus ægritudinũ ſit ſanitas contraria, & ꝙ hæc inſtantia ſit vulgaris, quia pluri bus ſanitatib' oppoſitis ſingulis ægri tudinibus nõ ſunt noîa. Ipſe autem diceret, ꝙ diſpõ ſanitatis & ægritu dinis ſit ſicut diſpõ boni & mali, & vt bonũ eſt vnum, & mala ſunt mul ta, ſic ſanitas eſt vna, & ægritudines ſunt multæ. Ait Ariſto. hi quidem modi ſunt, quibus ſcrutaſ à contra

C tio, qui intendit deſtructionẽ, qui vero intendit conſtructionẽ, illius ſunt tres modi: quoꝗ vnus eſt, ſi ſpe ciei contrarium fuerit in genere præ fato, generi aũt non fuerit contra rium, illud eſt ipſius ſpeciei genus: ſe cundus eſt, ſi mediũ inter ſpecies cõ trarias fuerit in præfato genere, ſpẽs eſt in genere præfato: & hic quidem eſt diuulgatus in obſtructione, ſicut in deſtructione: tertius eſt, ſi generi fuerit contrarium, & ſpeciei ſit con trarium, & inuenerimus ſpeciei con trarium in generis contrario, genus eſt ipſius ſpeciei.

MANTINVS

Themiſtius aũt dicit hunc locũ **D** eſſe demſtatiuũ, qm Ariſto. vſus eſt ipſo in aliquib' locis, præſertim vbi probauit tps nõ eſſe motũ, cũ quies contarieſ motui, tẽpus aũt non ha bet cõtariũ, & vbi demõſtrauit har moniã, & cõſonantiã nõ eſſe genus aîe, propterea quia cõſonantie con traria ſit incõſonãtia, anima vero nul lum hẽt contrariũ. Ariſt. tñ dicit in hoc loco in libro ſuo, hunc locũ ha bere inſtantiã in ipſa ſanitate, & ægri tudine, qm ſanitas eſt cõtraria ægri tudini: aliqua tñ ægritudo, vt lippi tudo, quam ophtalmiam vocant, & **E** ipſa febris non habet contrarium.

Hoc tñ aliqua indiget conſidera tione, qua vt vt ipſe intelligat, ꝙ vna quæꝗ ægritudo habeat ſanitaté ſi bi cõtrariã, & ꝙ hæc obiectio, ſeu in ſtantia eſt probabilis: ppea, quia plu res ſunt ſanitates, ꝗ ſunt oppoſitæ ali quibus morbis, ꝗ non habeãt nomẽ: & vt dicere, ꝙ eadẽ eſt ratio ſanita tis, & ægritudinis, ꝗ eſt boni & maliî nã ꝙ eadẽmõ bonũ eſt vnũ, mala vero ſunt plura, ita quoꝗ ſanitas eſt vna, morbi vero plures. Inꝗt Ariſt. hi ſunt modi, ꝗ quærunt ex ipſis cõ **M** trarijs ab eo, qui vult deſtruere & in terimere. Sed modi oſtructiui ſũt tres: prim' modus eſt, ſi cõtrariũ ſpe ciei ſit in genere aſſignato, gen' vero nullũ habeat cõtrariũ, tũc illud é ge nus illius ſpeciei: ſecundus, ſi mediũ ſit inter ſpecis, & ei' cõtrariũ in illo gñe aſſignato, tũc ſpẽs erit i ipſo ge nere aſſignato, & hoc eſt probabilis in cõſtruendo, vt erat in deſtruďotiõe: tius, ſi generi inſit cõtrarium, ac ipſi ſpeciei cõtrariũ quoꝗ, & ſi uenerim' cõtrariũ ipſ' ſpeciei ineſſe cõtrario generis, tũc illud gen' ineſt ſpeciei.

De

6
De Genere, loci alij. Cap. 4.

R Vrſum in caſibus,& coniugatis,ſi ſiſt ſequuntur:& Interimenti,& conſtruenti. Simul enim vni,& oſbus inſunt, vel
non inſunt:vt ſi iuſticia ſcía quædam,& iuſte ſcienter,& iu
ſtus ſciens:ſi aũt horum aliquid non ineſt,nec reliquorum vllum.
Rurſum,in ñs quæ ſiſt ſe habent adinuicem.Vt delectabile ſiſt ſe
habet ad voluptatẽ,& vtile aɔ bonũ , vtrunɋ enim vtriuſɋ effe-
ctiuum:ſi igiʰ voluptas quiddam bonũ , & delectabile quiddam
vtile erit:manifeſtũ enim qm̄ boni erit effectiuum,eo ɋ voluptas
bonũ.Siſt aũt,& in generationibus,& corruptionibus. Vt ſi ædi
ficare eſt operari, ædificaſſe,operatum eſſe:& ſi diſcere eſt reminiſci,& didiciſſe,recordari eſſe:& ſi diſſolui eſt corrumpi,& diſſolu
tum eſſe,corruptum eſſe,& diſſolutio, corruptio quædam. Et in
generatiuis vero,& in corruptiuis, ſiſt & in potentñs, & vſibus,
& omnino ſm quamlibet ſimilitudinem , & interimenti , & con-
ſtruenti:inſpiciendum,quemadmodum in generatione,& corruptione diximus.Nam,ſi corruptiuum diſſolutiuum,& corrumpi
diſſoluti:& ſi generatiuum eſt effectiuum,& generari fieri,& gene
ratio factio:ſiſt & in potentñs,& vſibus,& oĺ no,ſi potentia diſpo
ſitio,& poſſe,diſponi, & ſi alicuius vſus eſt actus-, & vti agere,-&
vſum eſſe,egiſſe. Si aũt ſit priuatio id,quod opponiʰ ſpeciei, duo
bus modis eſt interimere. Primum quidem ſi in aſſignato genere eſt oppoſitũ.Aut enim ſimpliciter in nullo genere eodem priua
tio,aut non in vltimo:vt ſi viſus in vltimo genere eſt,ſenſu : cæcitas non erit ſenſus. Secundo aũt,ſi & generi,& ſpeciei opponitur
priuatio, non eſt aũt oppoſitum in oppoſito: nec quod aſſignatũ
eſt,in aſſignato erit . Interimenti igitur , queadmodum dictũ eſt,
vtendum.Conſtruenti aũt vno modo:nam ſi oppoſirũ in oppoſito, & propoſiti in propoſito eriᵗ. Vt ſi cæcitas inſenſibili:em quædam,& viſus ſenſus. Rurſum, in negationibus conſiderandum ẽ
eõuerſo,quemadmonum in accidente dicebatur.Vt ſi delectabile
quod bonum,quod non bonum non delectabile:nam ſi non ita ſe
habet,erit contra,non bonũ delectabile:at impoſſibile eſt,ſi bonũ
genus eſt delectabilis, eſſe quicɋuã non bonum delectabile:nam
de quibus genus non prædicatur, nec ſpecierũ vlla². & conſtruẽti
etiam ſiſt inſpiciendum,nam ſi non bonũ,non delectabile,delecta
bile bonũ:quare genus bonum,delectabilis. Si aũt ſit ad aliquid
ſpecies,conſiderandũ ſi & genusad aliquid. Nam ſi ſpecies ad aliquid,& genus,vt in duplici,& multiplici:vtruncɋ enim ad aliqɔ.
Si aũt genus ad aliquid, non neceſſario & ſpẽs . Nam diſciplina
ad aliquid,grammatica aũt non. An nec quod prius dictũ eſt ve
rum

rum videbitur:nam virtus ipsum quod bonû, & ipsum quod ho
A nestum:& virtus quidē ad aliquid, bonum vero & honestum nõ
ad aliquid,sed qualia. Rursum,si non ad idem dicitur spēs, & se- *10.Locus Declaтio.*
cundum se,& sm genus. Vt si duplum dimidū dicitūr duplum,
& multiplum dimidū oportet dici:sȳaũt non,non erit multiplum
genus dupli. Amplius,si non ad idem & sm genus dicitur,& sm *11.Locus Declaтio*
omnia genera.Nam si duplum dimidū multiplū est, & abundans
dimidū dicetur,:& simpliciter sm omnia superiora genera ad dimidium dicetur.Instantia:quod non necesse est sm se, & sm gen*
ad idem dici:nam sciētia scibilis dicitur:habitus aũt & dispositio
non scibilis,sed animę. Rursum,si sitt dicitur genus,& spēs secun *12.Locus Declaтio*
dum casus.Vt si alicui,aut alicuius,aut quolibet modo aliter dicit:
nã vt species,& genus,velut in duplo,& in superioribus: alicuius
enim & duplum,& multiplum:sitt aũt & in sciētia,alicuius enim
B & hæc,& genera:vt dispositio,& habitus. Instātia aũt, q aliquo *13.Locus Declaтio*
ties non sit:nam differens,& contrarium alicui, diuersum autem,
cūm sit genus horũ,non alicui,sed ab aliquo:diuersum enim dicit
ab aliquo. Rursum,si sitt ad aliquid sm casus dicta, non sitt con-
uertuntur.Quemadmodum in duplo,& multiplo: vtrunq enim
horum alicuius:& idem etiam sm conuersionem dicitur:alicuius
enim & dimidium,& submultiplum. Similiter aũt & in disciplina,& opinione:nam & hæ alicuius,& conuertitur:sitt & discipli-
natum,& opinabile alicuius:si igitur in aliquo non sitt conuertit,
manifestū est non esse genus alterum alterius. Rursum,si non ad *14.Locus Declaтio*
ęqualia species,& genus dicitur.Sitt enim, & ęqualiter vtrũq vt
dici,quēadmodum in dono & datione: nam & donũ alicuius ali-
C cui dicitur, & datio alicuius &alicui dicitur : est aũt datio genus
doni,nam donũ,datio est irreddibilis. In aliquibus aũt non acci
dit ad ęqualia dici:nam duplū alicuius duplum, abundans aũt &
maius alicuius & aliquo:omne enim abundans, & maius aliquo
abundat,& alicuius abundat : quare non sunt genera, quæ dicta
sunt,dupli,eo q non ad ęqualia dicuntur specie,aut non vtr verû,
ad ęqualia specie & genus dici. Videndum aũt & si oppositi est *15.Locus Declaтio*
oppositū genus. Vt si dupli multiplū, & dimidū submultiplum:
oportet enim oppositū oppositi genus esse: si igitur ponat aliquis
scienti ā idipsum quod est,sensum,oportebit & scibile id quod est
sensibile esse,sed non est:non enim oē scibile sensibile:nam intelli
gibilium quædam scibilia:quare non est genus sensibile scibilis:si
aũt hoc non,neq sensus scientię. Quoniam aũt eorũ, quæ ad ali- *16.Locus De:faтo*
quid dicuntur,alia quidem ex necessitate in eis, aut circa ea sunt
ad quę dicũtur,vt dispositio,& habitus , & cõmensuratio (in alio
enim

G enim nullo poſſibile eſt eſſe quæ dicta ſunt, q̃ in eis, ad quæ dicun K̅
tur:)alia aūt non neceſſe eſt quidem in eis eſſe,ad quę dicunt, con
tingit aūt,quemadmodum ſcibile eſt in anima(nihil enim prohi
bet ſui ſcientiã habere animam,non neceſſarium aūt:poſſibile eſt
enim & in alio eſſe hanc eandem) alia vero ſimplr̃ non contingit
in eis eſſe,ad quæ dicuntur(vt contrariũ in contrario : neqȝ ſcien
tiam ſcibili,niſi ſit ſcibile anima,vel homo:)conſiderare igit opor
tet ſi quis in genere ponat quod tale eſt, in non tali. Vt ſi memo
riam immanſionē ſcientię dicat: nam omnis immanſio in mente,
& circa illud:quare & ſcientiæ immanſio,in ſcientia:memoria igi
tur in ſcientia, eo q̃ immanſio, ſcientiæ eſt:hoc aūt non contingit:
memoria enim om̃nis in anima. Eſt aūt qui dict⁹ eſt locus & acci
dens cõis:nihil enim reſert, memorię genus immanſionē dicere,
aut accidere dicere illi hoc:nam ſi quouis modo eſt memoria, im
manſio ſcientię,eadem aptabitur de ipſa ratio.

17.Locus.
Verſatio.

H

L

Sermo de locis aliis generis.   *Cap. 4.*

ABRAM

Locus. 22.
q̃ eſt 41.
in Ariſto.

V Igeſimus ſecundus locus ſumi
tur à caſibus, & coniugatis: &
notum eſt, q̃ ſit de locis communi
bus, & prædicantur in conſtructio
ne, & deſtructione. verbi gratia, ſi
ſcientia ſit genus iuſtitiæ , ſciens eſt
genus iuſti, & ſi illa non ſit genus,
nec ille eſt genus.

Locus. 23.
qui eſt.42

Vigeſimus tertius locus ſumitur
à ſimili proportionaliter. v.g. ſi ſue
ri proportio ſuauitatis ad volupta
tem proportio iuuantis ad bonum,
vtrunqȝ enim illorum efficit vtriſqȝ
iſtorum : & cum voluptas ſit bona
quatenus bonũ ſit:illius genus:ſicȝ
ſuaue eſt etiam iuuans, quatenus iu
uans ſit eius genus : conſtitutio au
tem huius ſyllogiſmi concludentis
per hunc locũ,eſt primæ ſpeciei con
ditionalis coniunctiui.

Locus.24
qui eſt. 43
& 44.

Vigeſimus quartus locus ſumit à
generatione,& corruptione, & geni
to & corrupto,& ſiſt à virtutibus,&
mutationibus: exempli gratiam ge
neratione, ſi hominem ædificare
habet

MANTINVS

L Ocus vigeſimus ſecũdus ē ſum
ptus à caſibus, & à cõiugatis:&
ſatis cõſtat ipſum eē ex locis cõmu
nib⁹,ſeu ęquocis, fiũtȝ; ad cõſtruen
dum,& deſtruendũ.exempli gratia,
ſi ſciē eſt genus iuſtitiæ , ergo ſciens
eſt genus ad ipſum iuſtum, & ſi ipſa
non fuerit genus,neqȝ ille erit gen⁹.

Locus vigeſimus tertius eſt ſum
ptus ab ipſo ſimili ſm proportionē.
exẽpli gratia , ſi eadē eſt proportio
delectationis ad voluptatē,quę ē ip
ſius vtilis ad bonũ, cum vtrãqȝ ipſo
rum ſit effectiuum vtriuſqȝ:eoȝ, vo
luptas vero ſit bonũ, quatẽ⁹ ipſum
bonũ eſt gen⁹ ipſius, ergo, & ipſum
delectabile erit quoqȝ vtile,quatẽ⁹
vtile ē genus e⁹. Componit aũt hic
ſyllĩs concludens in hoc loco in !pri
mo modo cõditionalis cõiunctiuæ.

M

Locus vigeſimus quart⁹ eſt ſum
ptus à generatione & corruptione,
& à generato & corrupto, aut ab ip
ſis potentijs, & tranſmutationibus.
Exemplũ de generatione, vt ſi ædifi
care

habet genus efficere, iam ædificaſſe habet genus iam fecıſſe, & ſi genus ædıſcendı ſit reminiſci, geñ illıus, quod eſt didiciſſe, eſt meminiſſe. Et ſimiliter in corruptione, ſi genus illıus, quod eſt dirui, ſit deſtrui, genus illıus, quod eſt dırutum eſſe, eſt deſtructum eſſe : & ſimiliter ſi genus corrumpentıs ſit diſſoluens, genus corruptionıs eſt diſſolutio : & ſi genus geniti ſit factum, factio eſt genus generationıs ; & ſi genus potentiæ ſit diſpoſitio quædam rei, quę

B eſt in potentia, genus eſt hæc diſpoſitione pati : & ſi vſus alicuıus rei genus ſit actio quædam agendi, genus eſt agere hac actione, & illıus, quod eſt vſum eſſe, genus eſt egiſſe. Vt autem horum locorum eſt vna, & illa eſt ſimilitudo, quæ illis ineſt proportionaliter : ſicut enim ædificare ſe habet ad facere, ſic ædificaſſe ad feciſſe : & ſimiliter proportio corrumpentıs ad corruptionem, eſt ſicut diſſoluentıs ad diſſolutionem. Et ſimiliter inuenitur proportionalitas in reliquis ipſorum : & hi qui-

C dem loci ſunt ad conſtructionem, & deſtructionem.

Locus. 23. qui è. 45 & 46.

Locus vigeſimus quintus, qui ſumitur ab oppoſitis ſecundum modum priuatıonıs, & habitus, ſit duobus modis. Quorum vnus eſt, ꝗ priuatio ſpeciei ſit in priuatione generis poſitu, qñ enim priuatio ſpeciei fuerit in priuatione generis, quod poſitu eſt genus non eſt genus. v.g. ſi viſus ſit ſenſus, cęcitas non eſt non ſenſus. Sectidus autem eſt, ſi ſpeciei, & generi fuerit oppoſitum priuatiue, & ponitur ſpecies in genere, experidit, quod oppoſitu ſit in oppoſito, verbi

D care eius genus eſt operari, ergo ędıficaſſe eius genus erit operatu iam eſſe, & ſi diſcere è reminiſci, ergo didiciſſe eius genus erit recordatum fuiſſe. Similiterꝗ dicedu eſt de corruptione, nam ſi demoliri rem, eius genus ſit corrupere, ergo demoliti fuiſſe, eius genús erit corruptu fuiſſe : pari rõne ſi genus corruptıoi ſit ipſum diſſolues, ergo genus corruptioıs erit ipſa diſſolutio : & ſi ipſıus geniti genus ſit innouatu, ſeu ortu, ergo innouari, ſeu oriri, erit genʼ ipſıus generationıs, & ſi ipſıus potentıa genʼ ſit quædam diſpõ, ergo genus

E rei, ſi eſt in potetia, erit pati ſ aliqua diſpone, & ſi vtı aliqua re eius genʼ ſit operatu fuiſſe aliquid, ergo ipſʼ vtei, genus erit operabit tale opus, & dicere iã vſum ſuiſſe, eiʼ genʼ erit iã operatu fuiſſe. Horu aũt locorũ eade eſt via, nempe ſimilitudo ipſa, quæ eis ineſt ſm proportione : nam eadem eſt proportıo ipſıus ædificabitad ædificaſſe, quæ eſt ipſius operabitur ad operatu eſſe, ſimiliterꝗ, proportio corrumpentıs ad corruptionem, quæ eſt diſſoluentıs ad diſſolutionem : ſimiliſꝗ, proportio re-

F periitin reliquis : & hæc loca poſſunt eſſe conſtructiua, & deſtructiua.

Locus vigeſimus quintus, qui eſt ſumptus ab oppoſitis ſm priuatione & habitũ, ſit duobʼ modis. Primo, vt priuatio ſpeciei ſit priuatio generis aſſignati : nã, qñ priuatio ſpeciei fuerit in generis priuatione, tunc id, quod ſuit poſitũ genus, non erit genus. exempli gfa, ſi viſus eſt ſenſus, cęcitas nõ eſt ſenſus. Secũdũ, ſi ſpecies, & genʼ habuerint oppoſitũ pri uatiuum, & ponatur ſpes in genere, tũc & ipm oppoſitũ erit ỉ oppoſito, exempli

C verbi gratia, si cęcitatis genus est pri
maũ sensus, aut non sensus, visus ge
nus ẽ sensus. Et ambo hæc loca fiẽt
in destructione. In cõstructione ve
rø fit hic secundus solum. Et notũ
est, quòd constitutio loci destruen-
tis sit secundæ speciei conditionalis
coniunctiui,in qua repetitur oppositum consequentis, & concluditur
oppositum antecedentis. Secundus
autem cõstituitur ex prima conditionalis tõ iunctiui in constructione, in destructione verò in secunda.
Et horum locorum vis est à rebus
H quæ sunt deforis.

Locus 26.
§ cti. 47.
Vigesimus sextus locus sumitur ex
illatione oppositorum secundũ mo
dum negationis cõuersionis, qui no
tus est in conuersione contradictorij, de quo loco iam prædictum est
in quæstiũ accidentis. Veruntamen
differentia inter illa est, quia ibi fit
in cõstructione & destructione: hic
autem fit in destructione solum, &
est demõstratiuus, & in constructione est vulgaris: exemplum in de
structione, si suaue sit bonum quod
dam eo ø bonum sit ipsius genus, qd
non est bonum, nõ est suaue. Dein
I de repetimus ø id, quod non est bo
num, sit suaue: sieq, concluditur in
secunda conditionalis coniunctiui,
ø suaue non sit bonum. In constru
ctione verò est huius contrarium,
si quod non est suaue, non sit bonũ,
suaue est bonũ. Excepto quòd hinc
sequitur, quòd bonum iusit suaui,
non quòd ei insit, prout vndiq; sit
ipsius genus: si enim quod non est
coruus non sit nigrum, non infertur ø nigredo inhæ coruo, vt sit ip
sius genus. Sic asseuerat Themisti*,
& in eo est considerandum.

Vigesimus

extempli gratia, si genus cęcitatis sit **K**
priuatio sensus, ergo genus ipsius vi
sus erit ipse sensus. Et hæc duo loca
fiunt ad interimendũ, Sed ad construendũ fit tantũ is secundus patet
a fit hmõi compositionẽ loci interi-
mentis fieri in secũdo modo ipsius
hypotheticæ coniunctiue, in quo re
perit oppositũ cõsequentis, & infert
oppositũ antecedẽtis. Secũdus verò
locus componif in primo mõ hypo
theticę, seu cõditionalis cõiunctiuæ
ad cõstruendũ, ad destruendũ verò
in secũdo. Et vis horũ locorų est vis
corų, qui sumũof à reb* extrinsecis. **L**

Locus vigesimus sextus est sumptus ex affirmatiõe oppositorų facta
p negationẽ fm contrarietatẽ, & est
ille,qui dẽ per contrariũ fm cõtradi
ctionẽ, qui locus iã præcessit in pro
blematibus accũtis, sed differunt, qa
ibi fit cõstruendo, & destruendo, hic
verò ad destruendũ tũ, & est tunc
demõstrarius, ad cõstruendũ verò est
pbabilis. Exẽpiũ in destruẽdo, vt si
delectabile ẽ bonũ quoddã, eo ø bo
nũ sit gen*, ergo qd nõ est bonũ, nõ
ẽ delectabile, deide repetim*, sed id,
qd nõ est bonũ, est delectabile, & sic **M**
cõcludetur in secũdo mõ ipsius hypo
theticæ cõiunctiue, ø nõ ẽ delecta
bile sit bonũ. Ad construendũ verò
contrario modo se habet sic, si id, qd
nõ est delectabile, nõ est bonũ, ergo
delectabile est bonum: veruntamẽ
id, quod sequitur ex hoc est, ø bonũ
insit ipsi delectabili, non ø insit ei
quatenus est eius genus omnino: ã
si id, quod non est coruus, nõ est ni
grum, ergo nõ sequitur, vt oporteat
nigredinem inesse coruo, quatenus
est eius genus. Ita dicit Themistrus,
sed indiget consideratione.

Locus

A
Locus.27.
q eft. 48.
4 8.51.51.
52.53.54.
55.56. &
57.

Vigefimus feptimus locus fumitur à relatione, & ipfins funt multi
loci. quorum Primus eft, fi fpecies
fit relatiua, expedit fuum genus effe
relatiuũ: & ille eft demonftratiuus,
oportet enim vt dictum eft, fpeciem
& genus effe vnius prædicamenti:
fi autem genus fit relatiuum, vulga-
riter putatur, quod nõ oporteat fpeciem effe relatiuam, quia fcientia eft
relatiua, & grammatica ei fubeft, &
non eft relatiua: hoc vero accidit ob
nominis appellationem: Veritas autem eft, quod, quando genus fuerit
relatiuum ipfius, etiam fpecies eft relatiua.

B Secundus locus eft, fi fpecies referatur ad vnã eandem rem,
expedit genus dici in comparatione
huius ipfius rei: fin autem, non eft
genus, exempli gratia, fi duplum dicatur relatione ad medium, expedit eius genus, quod eft multiplex,
dici etiam relatione ad medium: fi
autem non diceretur relatiuũ ad medium, fed ad aliquam aliam rem, illud non eft genus. Cuius inftantia
eft, quia fuperat eft dupli genus,
& non dicitur relatiue ad medium,
fed relatione ad fuperatum, quod
C eft medij genus. Tertius autem locus eft ex parte dictionum habitudinis, qui latine fecundum cafus nominatur: & eft quando fpecies attri-
buitur alicui rei relatiuæ fecundum
habitudinis dictiones: hoc eft, fecundum cafus, expedit & genus illa ipfa habitudinis dictione dici. Verbi
gratia fi dicatur dupli dimidio duplum, per lamed acquifitionis, id-
eft per datiuum, fimiliter dicitur
multiplex. Huius autem locus inftantia eft, quia contrarium dicitur tali
contrarium: aliud autem quod eft
ei gen*,

D
Locus vigefimus feptimus è fumptus à relatiuis, & habet plura loca,
quoæ Primus eft, fpes fuerit ad aliquid, tũc eius genus debet effe ad aliquid & eft locus demõftratiuus, qñ
fpecies & genus, vt dictũ eft, debent
effe eiufdẽ prædicamẽti, & fi genus
fuerit ad aliqd, tũc vt probabile fpecies non effe ad aliquid: nam fciẽtia
eft ad aliquid, & grãmatica continet
fub ea, & tñ non eft ad aliqd: fed hoc
cõtingit pp nominis appellationẽ
fed re vera, qñ genus eft ad aliquid,
tius quoq; fpes eft ad aliquid. Secũ-
E dus locus eft, fi fpes dici in relatione ad aliquid idẽ, gen* quoq; debet
dici in relatione ad eandẽ rem: alias
enim nõ erit genus. exempli gratia,
fi duplum dr in relatione ad dimidiũ, ergo eius genus, quod eft, ipfum
multiplũ, debet quoq; dici in relatione ad dimidiũ: & fi non dica in
relatione ad dimidiũ, fed in relatione ad aliqd aliud, tũc nõ eft gen*.
cuius tũ inftantia dar, qñ ipfum fu-
peraddit feu abundans eft gen* ad
duplũ eius, & tñ non dicit in relatione ad dimidiũ, fed in relatione ad di
F minutũ, quod eft genus ad ipfum dimidiũ. Tertius locus eft fumpt* ex
dictionibus relationis. i. in cafuũ:
nẽpe, vt cùm fpes refertur ad aliqua
rem relatiue pr aliquã dictionẽ relationis, tũc & ipfum genus debet referri ad eã pr eande dictionẽ relationis. exẽpli gratia, fi duplum dicat eẽ
duplũ ad dimidiũ per hanc dictionem, f. propofitionem ad, tunc & ipfum multiplũ eius genus debet referri ad dimidiũ per pofitionẽ ad: fed
hic locus habet inftantiã, pr ea qã
cõtrariũ dr contrariũ fm fe iolũ, fed
ipm aliud feu diuerfum, qd eft gen*
ei,

ABRAM   MANTINVS

eius genus, dicitur aliud à tali, non
per literam acquisitionis, hoc est
non per datiuum. Quartus locus
est huic affinis quòd vtraque illa di
cuntur sine vlla habitudinis dictione, ad alterutra illorum, & non con
uertantur reciproce, sicut conuertitur. scientia scibilis scientia, & scibile scientiæ scibile. Quartus locus
est, si vnum illorum dicatur duobus modis habitudinis casualis, &
alterũ non dicatur illis modis, quod
positum erat genus non est genus:
donatio enim, ex quo est actus illius
vnde deriuatur arabice, & flectitur
dupliciter, aliquando dictione acquisitionis, idest datiuo, & aliquando sine acquisitionis dictione: dicimus enim condonaui eum, & condonaui ei: prout dicimus dedi eum,
& dedi ei: datio est donationis gen⁹:
datio enim aliqua est cum reditu,
& aliqua est sine reditu: donatio au
tem arabice dicitur sine reditu.

Tota hæc pars in Abrami translatione
desideratur, quoniam à Iacob mantino conuersam esse videmus.

eius, dicitur siue aliqua præpositione,
scilicet obsignificatiua relationis, sed
dr hoc est aliud frn se, seu in geniti-
uo, vel in datiuo & nõ in accusatiuo
p præpositione ad. Quartus locus,
qui est quinquagesimus primus, est
sr supcedenti, nempe, vt quodlibet
eorũ dicatur frn aliquem casum seu
propositione relationis, sed q vaũ
eorũ non conuertit conuersione re
latiua ad alterũ, sicut conuertit, cum
dicimus scientia est scibilis scta, & sci
bile est sciêtiæ scibile. Quint⁹ locus
est, vt si vaũ eorum dicat duob⁹ mo
dis relationis, & alterũ nõ dicat illis
duob⁹ modis, tũc id, quod fuit positum pro genere, nõ erit genus: nam
cũ verbũ deductũ à donatione dupliciter l lingua arabica vtimur eo,
nam qñqȝ cũ casu, vel pronomine,
qñqȝ sine aliquo casu, vel pronoce:
nam dicimus cũqȝ; donaui ei, & do-
natũ est ad ipsum, sicut et dicim⁹ de
di ei & dedi ipsum, idest ad ipsum,
datio autẽ est genus ad donationẽ:
qm datio aliqua est reddibilis, aliqua vero irreddibilis. Sed donũ est
irreddibile in lingua arabica.

Existimat igitur vt hoc idem sit
necessariũ in ipso genere, & vt refera
tur ad suũ correlatiuũ cõsimili modo, quo refertur species. Hæc tũ loca
sunt inualida in persuadendo, quia
sunt sumpta ex dictionibus: & opor
tet vt in hoc loco ipsum superans sit
gen⁹ ad duplũ, quia dr ipsum super-
abundans duplõ ad hoc, & superadditũ, superadditum ad hoc, sit & ip
sum maius, dici l ratione eni in mai
hoc. Themistius aũt iudicat hæc lo
ca debere ab arte pp hoc refelli. Ali⁹
locus sumpt⁹ est à relatione, qui tol
lit ne sensus sit genus scientiæ, qñ si
           esset

ADRAM MARTINVS

esset genus, tunc oporteret, vt ipsum D
sensibile esset genus scibilis, quod tñ
non est verum : qm aliquod dat'intelligibile, quod nõ est sensibile, vt
ipsa intelligẽtia, vel intellectus. is tamen locus est valde rhetoricus, seu
persuasious. Alius locus est, quia cũ
ipsa relatiua tripliciter reperiantur.

Primo, ea, quæ ex necessitate sſunt
rebus, ad quas dicunt correlatiuæ, vt
iustitia, quæ semp inest iusto. Secũ
do, ea, quæ possunt qñqꝫ inesse suis
correlatiuis, qñqꝫ vero his, quæ sunt
extra ipsa, exempli gſa, scientia, quæ
dſ in relatione ad scibile, & ad aliam
scientiã:scientia itaqꝫ reperit in alia, E
& in ipso scibili, quod quidem est ex
tra animam, & nõ potest aliter esse:
qm, cum contingit contemplatioẽ
fieri in anima, tunc scientia est omnino ſ ipso scibili. Tertio, ꝙ impos
sibile est vllo pacto, vt ipsum relatiuum reperiatur in suo correlatiuo:
vt contrarium, quod quidem dicit
in relatione ad suum contrarium, &
tñ non potest inesse ei : si ergo res ita
se habeat, consentaneum est, cum ex
proprietatib' ipsius relationi hæc vna
sit:nempe, vt has tres obtineat differentias, vt inspiciamus, si species relata habeat vnam earum, genus ve- F
ro non, tunc non est genus, exempli
gratia, si quis dicat memoriam esse
mansionem scientiæ, ita, vt sit eius
genus, qm omnis mansio est in manente, cum ipsum manens denomi-
netur p ipsam, ergo mansio scientiæ
est in ipsa scia, & memoria ipsa erit
ergo in ipsa scia, q̃ ipsa est mansio:
memoria vero est in alia, ergo mansio scientiæ nõ est genus memoriæ.
Omnia autem hæc loca sunt manifeste persuasiua, seu rhetorica.

K ij De re

58. Locus.
Dec.Pauo.

RVrsum, si habitum in actu posuit, aut actum in habitu, nõ
est genus quod tale est. Vt si sensum, motum per corpus: nã
sensus habitus, motus autem actus. Similiter autē, & si memoriam habitum contenti uũm opinionis dixerit: nam nulla memoria habitus, sed magis actus. Peccant aũt & qui habitum in eõ

59. Locus.
Dec.Pauo.

sequentem potentiam ordinant. Vt mansuetudinem, continentiã
iræ & fortitudinem, & iustitiam, timorum, & lucrorum cõtinen-
tiam: nam sortis, & mansuetus, perturbatione vacans dicitur, eõ
tinens autem, qui perturbatur, sed non ducitur: fortasse igitur talis potentia sequitur vtrunq, vt si perturbetur, non ducatur: verum continere non hoc est, hunc quidem sortem, illum autē mansuetum esse: sed omnino perturbari ab huiusmodi nihil. Aliquo-

60. Locus.
Dec.Pauo.

ties autē & quod sequitur, quouis modo: vt genus ponũt. Vt tristitiam, iræ & opinionem, fidei: vtraq enim prædicta sequuntur
quidem quodam modo assignatas species, neutrum autem eorũ
genus est: nam qui irascitur, cõtristatur, priore in eo tristitia facta,
non enim ira tristitiæ, sed tristitia iræ causa est: quare simpliciter
ira non est tristitia. Secundum autē hæc, neq fides opinio: contingit enim eandem opinionē etiam non credentem habere: non con
tingere autem hoc, si fides esset species opinionis: non enim cõtin
git idē amplius permanere, si ex specie oĩno permutatum sit: quēadmodum nec idem aĩal qñq homine esse, & qñq nõ. Si quis aũt
dicat ex necessitate opinantē etiam fidē habere, de æqualibus opinio & fides dicet: quare neq sic erit genus: de pluribus enim opor
et dici genus. Videndum aũt et si in aliquo eorũ nata sint vtraq

61. Locus.
Dec.Pauo.

fieri. In quo enim speciē, & genus, vt in quo album, & color, & in
quo Grãmatica, & disciplina: si igitur verecundiam timorē dixit, aut iram tristitiam, non accidit in eodem speciē & genus esse:
nã verecundia quidē in rationali, timor in irascibili, at tristitia in
contupiscibili: nã in hoc, & voluptas, ira aũt in irascibili: quare nõ
sunt genera, quæ assignata sunt, eo q non in eodē cũ speciebus nata sunt fieri: sic autem & si amicitia in concupiscibili, non erit voluntas quædã: omnis enim voluntas in rõnali. Vtilis aũt hic locus
& ad accidens, & id cui accidit: in eodē enim accñs, & cui accidit:

62. Locus.
Dec.Pauo.

quare nisi in eodē videatur, manifestũ qñ non accidit. Rursum,
si fm quis spēs dictum genus participat: non enim videtur fm qd
participari genus. Nam non est homo fm quid aĩal, neq grãmatica, fm quid disciplina: sit aũt & in alijs, considerandũ igĩt si in
aliquibus fm quid participat genus, vt si aĩal quod sensibile vel
visibile dici: nam fm quid sensibile, vel visibile animal, secundũ
corpus

A corpus enim fenfibile,& vifibile,frn animam aũt non:quare non
erit genus,corpus vifibile,& fenfibile animalis. Latent aũt qñq̃, [†] 65.Locꝰ et.
Declaratio.
& totũ in parte ponentes.Vt aĩal,corpus animatũ:nullo enim mo
do pars de toto prædicaĩ:quare nõ erit genus corpus animalis, eo
quod pars eſt. Videndum aũt fi quid vituperandorũ,aut fugien- 64.Locꝰ.
Declaratio.
dorũ in poteſtate,aut potente poſuit.Vt Sophiſtã,vel calumniato
rem,vel ſurẽ eum,qui poſſit aliena latenter ſurripere : nemo enim
prædictorũ in eo q̃ poſſit, aliquid horũ talis dicitur : pōt enim &
Deũ,& ſtudioſus,praua agere:non ſunt aũt hmõi:nam oẽs praui
frn electione dicũtur.Amplius oẽs poteſtates eorũ ſunt,quę ſunt
eligendæ:nam prauorum poteſtate eligendæ,eo q̃ Deũ & ſtudio
ſum habere dicimus eas,potētes enim dicimus eos eſſe, praua age
re:quare nullius vituperabilis erit genus poteſtas.Si aũt non,acci
det vituperandorī quiddam eligendũ eſſe nã,erit quædam pote- 65.Locꝰ.
Declaratio.
66.Locꝰ.
Declaratio.
ſtas vituperabilis.Et ſi quid pp ſe honorabilium vel eligibiliſī,in
poteſtate vel potente,vel effectiuo poſuit.Nam oẽs poteſtas, & oẽ
potens,aut effectiuum,pp aliud eligendum.Aut ſi quid eorũ,quę
ſunt in duobus generibus vel pluribus in altero poſuit.Quædam
enim non eſt in vno genere ponere:vt fraudulentum , aut calum-
niatorẽ:neq̃ enim qui eligit,impotens aũt,neq̃ qui poteſt, at non
eligens,calumniator,aut fraudulentus: ſed qui vtraq̃ hæc habet,
quare non ponenda ſunt in vno genere, ſed in vtroq̃ eorum quæ
dicta ſunt. Amplius,aliquoties e conuerſo, genus quidem vt dif- 67.Locꝰ.
Declaratio.
ferentiam,differentiam autem vt genus aſſignant,Vt ſtuporem,
ſuperabundantiam admirationis, & fidem vehementiam opinio
nis:nam neq̃ ſuperabundantia,neq̃ vehementia genus,ſed diffe
rentia:videtur enim ſtupor, admiratio eſſe ſuperabundans: & fi
des,opinio vehemens,quare genus admiratio,& opinio eſt:ſuper
abundantia autem,& vehementia differentia. Amplius,ſi quis ſu
perabundantiam,& vehementiam,vt genera aſſignet,inanimata
fidẽ facient,& ſtupefacientẽ,cuiuſq̃ vehementia, & ſuperabun
dantia illi adeſt,cuius eſt ſuperabundantia,& vehementia:ſi ergo
ſtupor ſuperabũdantia eſt admirationis,aderit admirationi:qua
re admiratio ſtupefaciet:ſit aũt & fides aderit opinioni, ſi vehe
mentia quidẽ opinionis eſt: quare opinio fidem faciet. Amplius,
accidet ſic aſſignanti vehementiam vehementem dicere,& ſuper
abundantiam ſuperabundantẽ: eſt enim quędã fides vehemens:ſi
ergo fides vehementia eſt,vehementia erit vehemens : ſiſt autem
& ſtupor quidam & ſuperabundans:ſi ergo ſtupor eſt ſuperabun
dantia,ſuperabundantia erit ſuperabundans : vt autem neutrum
horũ, quemadmodũ nec diſciplina diſciplinatũ, nec motus motũ.

G Quandocp aūt peccant, & passionē in genere eius quod passum ē
est ponentea. Vt immortalitatē vitam sempiternā dicētes esse passio enim vitæ & accns immortalitas vr̄ esse : cp aūt verū sit quod
dicitur, manifestū fiet, si quis admittat aliquē ex mortali fieri im-
mortalē:nullus enim dicit alia vitā eū sumere, sed accns aliquod,
vel passionē huic eidem aduenire: quare non genus vita, immor-
talitatia. Rursum, si passionē cuius est passio, illius genus dicit eē.
Vt spiritū aerem motum: magis enim motus acris, spiritus: nā, aer
idem permanet, & qn̄ mouetur, & qn̄ stat, quare non est omni no
aer spiritus: esset enim & non moto aere spiritus, siquidem idē aer
permanet, qui quidem erat spiritus: similiter aūt, & in alijs hmōi.
Si igitur, & in hoc oportet admittere cp aer motus, est spiritus, nō
tamen de omnibus huiusmodi est assignandum, de quibus nō ve

H rificatur genus, sed de quibuscuncp vere prædicatur assignatum
genus: nam in quibusdā non videtur verificari, vt in luto, & niue:
nam niuem dicunt esse aquam coagulatam, lutum autem terram
humido temperatam: est autem necp nix aqua, necp lutum terra:
quare neutrum assignatorum generum erit genus: oportet enim
genus verificari semper de omnibus speciebus : similiter aūt necp
vinū est aqua putrefacta (sicut Empedocles dicit, in ligno putruit
vnda) nam simpliciter non est aqua.

Sermo de alijs Generis locis.   Cap. 5.

ABRAM	MANTINVS
Vigesimus octauº locus ē, quan do quis ponit habitum genus actus, aut actum genus habitus. Exē plum positionis habitus genus actº, est sermo dicentis, quod medicina sit genus regiminis conualescen̄tiū: conualescen̄tium nancp; regimen nō est species medicinæ, sed ipsum re- gimen est ipsamet medicina. Exem plum autem huius, qui ponit actū genus habitus est, prout qui dixerit genus febris esse actionum nocu- mentorum autem est, quod qui po neret genus huiusmodi, abstulerit ab eo prædicationem in eo cp quid ſit. Et ideo hic locus est demonstra- tiuus in destructione.	**V**igesimus octauus locus est, si aliquis ponat habitū esse genº ad actū, vel actū ad ipsum habitū. exempli gratia, qui ponit habitum esse genus ipsius actionis, seu actus, est, vt si dicat medicinam esse genº ad regimen conualescentium: quo- niam regimen conualescentium nō est vna specierum artis medicæ : sed ipsum regimen est ipsamet medici- na. Exemplum vero eius, qui ponit ipsum actum genus ad habitum. vt si quis dixerit, genus ipsius febris eē læſionem operationis. Manifestum autem est, quod qui ita deſcribit gē nus, tollit prædicationem in eo qd quid est: & ideo is locus est demon- ſtratiuus in deſtruendo.
Vigesimus	Locus

(margin left) 68. Locus Declaro.

69. Locus Declaro.

Locus. 18. qui l. 18.

A

com.19.

ca t. 19.

c. 40.

Vigesimus nonus locus est, quia ponere rem illud consequentem, in ditione est ponere in potentia habitum consequentem ipsam : hoc est ponere potentiam genus ipsius habitus. verbi gratia, qui poneret man suetudinem & fortitudinem continentiam ab ira & timore, & constantiam à fuga: fortis enim & mitis est aliud, q̃ continet : fortis enim est, quem non aggreditur timor: cõstans autem est qui se cohortatur ad ferendum res terribiles : & similiter continens est, quem nõ aggreditur

B irãcundia : constans autem est, quẽ aggreditur accidens it aracundiæ & se detinet in illa. Et ideo dicitur quòd habens habitum sit, quem non aggrediuntur accidentia, constans autem est, quem aggrediuntur accidentia, & detinet se in illis, & vt uniuersalius inquam, constare anima est causa in essendi habitum constanti. Et ideo, quando est habitus, sequit̃ necessario q̃ sit potentia præcedens ipsam, & nõ sequitur, ex quo constantia præcedit habitum q̃ sit il lius genus : hoc autem est per se no

C rum. Et hinc ponendum est tristitiã esse genus iræ, & opinionem, genus assertionis: tristitia enim sequit̃ ab essendo iratum : impossibile enim est irascentem non contristari, & tristitia est causa iræ. Neq; etiam opinio est genus assertionis, & si præcedat esse ipsam, & hæc illam sequatur: veritas enim primo suit opinio: quan do aut aucta & roborata est, sit asser tio. Nullum autem genus est huius conditionis, hoc autem existentie, vt præscripsimus, cõsequens, quod sallit ponentem genus secundum basim, est tripliciter, aut q̃ cõsequẽs sit ficut

D Locus vigesimus nonus est, si po nat res pro re, quæ ad illã sequit̃, vt q̃ ponat habitus pro potentia, ad illã sequit, hoc est q̃ ponatur potẽtia ge nus ad habitũ . Exempli grã, si quis ponat mansuetudinẽ esse continen tiam iræ, & fortitudinẽ continentiã timoris, & abstinentiã à fuga. Nam ipse fortis ac mansuetus differt ab ipso continente, nã fortis est, qui nõ afficit̃ amore, cõtinens vero, qui resistit rebus incutientibus timorem : itq̃, & mansuetus, qui ira non affi cit, ab eaq̃; se abstinet, cõtinens ve

E 10 , quẽ aggreditur aliquod accidẽs iræ, & tñ non perturbatur ab ea, sed resistit ei : & ideo dr̃, q̃ qui habet ali quem habitũ, est ille, quẽ non aggre diunt passiones, seu casus ipsi:sed cõ tinens est ille, quẽ perturbationes ag grediuntur, & infestant, sed nõ per turbat ab eis, sed resistit eis, & (vt ver bo dicã) ipsa cõtinentia est causa, vt reperiat habitus in ipso continente: & ideo, si reperit ipse habitus, necesse est omo, vt reperiat potentia, que eũ præcedat: neq; propterea sequit̃, si cõtinentia præcedit habitum, vt

F propt rea sit eius genus: & hoc per spicuum est. Similiter q̃; ponere tri stitiã genus ad irã, & opinionẽ gen° ad fidem, quia tristitia necessario se quit̃ ad ipsam irã, q̃m, qui irascitur, impossest, quin contristetur, & ipsa tristitia est causa iræ, neq; opinio ẽt est gen° fidei, licet præcedat eius esse, sequit̃ aũt ad ipsam, q̃m fides primo est opinio, postea vero ipsa aucta & firmata sit fides, sed nõ dar̃ mõi ge nus: si ergo res ita habẽt, sequit̃ illud consequẽs, in quo peccat, qui ponit ipsum et gen°, est vnũ horõ triũ: né pe vel vt ipsum cõsequẽs sit in po

K iiij   tentia

ABRAM

G Scut potentia ad habitum, prout est
potentia ad cæterua terribili um,
quæ est habitus, qui est ipsa fortitudo, aut sicut causa alicuius rei, prout
tristitia efficit iracundiam, aut sicut
res remissa debilis virtutis, prout est
opinio cum assertione: opinio enim
est debilis assertio : & hinc erruit q
posuit progressum genus cursus.

Locus 30.
qui est. 6 L.

Trigesimus autem locus est, q̃ cõ
sideremus, an motis speciei & generis sit, q̃ sint in vno subiecto, in quo
est species, in illo sit genus: sin aut̃,
illud non est genus, prout sunt albedo & color, quia in quo est albedo,
in illo est color: si quis autem poneret tumorem genus pudoris, & tristi
tiam genus iræ, non esset genus illud,
quod poneretur : pudor enim est in
parte cogitatiua, & tumor in animi
excitariua, & tristitia in concupiscibili, & ira & contentio in irascibili.
Hic aut locus est demonstratiuus : si
enim spes insit alicui subiecto, scm
q̃ inter ea est essentialis habitudo,
genus necessario inest illi. Et hic locus iuuat et ipsum accidens : vulgatum enim est, q̃ accidens & res qua
accidit, insunt vni eidem rei : si aut̃
non insint vni rei, illud non est acci
dens. Et huius loci instantia est, quia
rubor pudetis & pallor timetis sunt
duo accidentia, quæ insunt faciei, &
consequuntur ob animæ affectum.

Locus 31.
q est. 6 L.

Trigesimus prim' locus est, q̃ cõ
sideremus, si genus non prædicet de
specie simpliciter, sed prædicetur de
ea adiectione couneæ clausulæ, &
conditionis, illud non est genus : &
hanc ob causam senties & vides nõ
est genus animalis: animal enim sen
tir p̃ eius partem, quæ est ipsius ala.
Et ille locus est demonstratiuus.

Trige-

MANTINVS

entia ad habitu, sicut ē poentia sup K
cõgregatione terribiliũ, q̃ reperitur
in ipsi habitu, qui est sortitudo: vel
vt sit ēt rei futuræ, vt tristitia, q̃ effi
cit it̃, vel vt res exigua imbecillis rei
bqru, vt est opinio ad ipsam bdē, seu
certitudinē : nã opio ē debilis fides,
vel certitudo debilis hinc errat, qui
ponit ambulatiõis gen' ipm cursũ.

Trigesim' locus e, vt inspiciamus
virũ genus & spes sint, apta nata esse
in eodē subiecto, sic enim l quo reperit spes, reperiet & genus: alias. n.
nõ est genus, vt albedo & color, nã
in quo inest albedo, in eode reperit L
& color. Et si quispiã dixerit timorem esse gen' verecũdiæ, & tristitia
gen' iræ, nõ recte assignauit genus,
qm verecũdia est in parte rõnali, timor verõ in irascibili, & tristitia in
eõcupiscibili, & ira in irascibili. Isq̃;
locus ē demõtratiuus: ãt, si spes reperi
tur in aliquo subiecto, p̃ pea q̃ habent inter se quandã habitudine de
monstratã, sic de necessitate gen'
reperiet in eo. Is aut locus ē vilis ad
ipsum accns, nam manifestũ est, q̃
accidens, & id, pp quod ipsum acci
dit, sunt in eadem re: te, & si nõ exi M
stant in eadē re, tunc erit accidens:
sed huius loci instãtia est, qm rubor
verecũdi, & pallor timetis sunt duo
accidentia, quæ existunt in facie, &
ñi insequuntur animæ passionem.

Locus trigesimus prim' est, vt cõ
sideretur: nã, si genus non prædicet
de specie simplr, sed prædicet de ea
scm quid, & cum conditione, tunc nõ
est genus: & ob hanc causam nec ipsum sensituum neq̃, visiuum ē genus ad animal, qm animal est sensi
tiuum parte eius, quæ est anima : &
est locus hic demonstratiuus.

Trigesimus

A Trigefimus fecundus locus eft, q̃ rerum ponatur in parte, hoc eft, q̃ rerum ponatur pars ut fpecies, prout qui pofuit lutum genus terræ: nam terra eft pars luti. Et hic locus eft, quo ideeft prædicatio in eo quod quid fit.

Trigefimustertius locus eft, q̃ cõ fideretⁿ an pofuerit aliquam rerũ turpium, ã quarũ fuga eft in poten tia illiusquem illæ attingunt: pro quo quis poneret fophiftã illũ, qui adipifceret opes & magiftratus per fctam, & latronem illum, qui pofſet furari: hic enim denominauit ali quem ſm aliquam rem in actu, in eo q̃ quid res fit, quatenus illa ineft illi in potentia. Eximius enim ſerſi ſtudiofus præpotens poffet praua fa cere, fed non faceret malum. Et ite rum, quia potentiæ funt eligendæ, ipſæ enim inefle habentibus poten tas fit ob duarum operationũ præ ſtitiorem. Si aũt fecerit malã.i. per accidens: & ideo non funt turpes fe cundum fe. & fimiliter fit, fi pofue rit aliquam rerum eligendarum in potentia ad illas. Potentia enim eft eligenda propter aliud. Et vniuerfa liter hic locus reditad eum, in quo ponitur pro re ipfius euentum.

Trigefimusquartus locus eft, q̃ confideremus fi ipſes fit de illis, qua rum moris eft efle in pluribus, q̃ in vno gñe. & ponere fi in vno, illud nõ efler genus: prout latro, qui eft eli gens & potens, non.n. eft latro qui eligit, & non põt, neq; iterũ qui põt & non eligit. Themiftius aũt dicit, q̃ hic locus eft falfus, qĩn non inue niut aliqua res, quæ fubſit duobus generibus fupremis ex vna parte: & hoc eft ſpoſſibile nifi in ſdicamẽto rela-

Trigefimus fecundus locus eft, fi ponat totum in parté, i. vt ponat to tũ fpecies partis. vt fi quis poneret genus ipſius luti ipſam terram, ter ra fit pars luti, & in loco deeft prædi catio in eo quod quid eft.

D

Locus trigefimustertius eft, vt in fpiciamus fi ponatur aliquid vitupe randorũ, vel fugiendorũ in poten tia, vt propterea pueniant actu: vt fi quis ponat, fophiftam efle qui põt diuitias præſtare, ſcientiamq; appa tenẽ tradere, & fãrẽ qui poſſit alie na furripere bona. Qĩn non deno minabit aliquis aliqua re actu, eo modo, qũ deiⁿſlatur, quatenuseſt In potentia ad illam rẽ. Nã Probus Rex habẽ poteſtaté, põt vtiq; ma lum agere, fed non aget malũ. pote ſtates præterea eligunt p fe, qĩn re periunt in habentibus ipſam poteſta tes pp meliorem dуat ũ actionũ, & fi agantur in malam parté, illuderit p accidens, & idto, illa non funt per fe vituperãda: fimiliterq; fi quis po fuerit aliquid eligibilium in poten tia, qĩn potentia eligit pp aliud: & tandem hic locus reducit ad eũ, in quo ponitur res pro eius confequen te, vel accidente.

E

Trigefimusquartus locus eſt, vt infpiciamus vtrum ſpẽs aliqua poſ fit ex natura fua poni fub pluribus generibus vna, & ponat fub vnico genere, túc illud non eft genus: vt ſur, qui eft eligés, & potens, nã nõ ẽ fur qui eligit, & non eft potens, neq; qui eft potens, & non eligit. I hemi ſtius aũt dicit, q̃ hic locus eft falſus, qĩn non reperitur aliquid, quod in cludatur fub duobus generibus fu premis vnica & eadem ratione: hoc aũt non põt fieri, nifi in ſdicamẽto rela-

F

relationis, ex quo illud euenit oīb° prædicamentis. Et dicit, ꝗ si ponat latro in electione, & potestate est er ror circa illum, qua ponitur res in suum euentum, nec illorum aggregatum est illius genus. Hoc autem est considerandum.

Locus 35 qui est 68 & 69. Trigesimusquintus locus est, ꝗ ponatur patiens genus ipsius passionis, prout diceretur ꝗ priuatio mor tis sit vita æterna, ꝗ stimatur enim, ꝗ priuatio mortis sit accidens, aut pas sio vitæ æternæ: si aūt priuatio mor tis esset vita, priuatio esset ipse habi tus: & sisi qui diceret, ꝗ ventus sit aer motus, prius enim esset, ꝗ ventus esset ipsius aeris motus, aer. n. est aer, siue quiescat, siue moueatur, & si ventus esset aer, esset ventus illo quiescente. Huius autem basis est, quia genus verificatur de speciebus in eo ꝗ quid sit. Huius aūt loci con trarium est, vt qui posuit aerē mo tum, esse ipsum ventum.

relationis, quia consequitur omnia prædicamenta. Dicit igitur, ꝗ, si po nat sit p electionem & potestatem, peccat, propterea quia ponitur res p suum cōsequens: illorum enim ag gregatum non est suum genus, hoc tñ indiget consideratione.

Locus trigesimusquintus° est, cùm ponit ipsum patiēs genus passionis. vt si quis dicat immortalitatem esse vitam sempiternam, qm immortalitas vr̄ esse accidens, vel passio ipsi° vitæ sempiternæ, si igitur ipsa immor talitas esset vita, tunc ipsa priuatio esset habit°. similiterꝗ qui dicit vē rum esse aerem motū, ꝗm potius vē tus est motus aeris, cùm ipse aer sit aer iam quiescens, ꝗ motus: sed si vē tus esset aer, tunc esset ventus, dum quiescit: & huius rei fundamentum est, ꝗ genus vere dr̄ de speciebus in eo quod quid est. sed huius loci con trarium est, si quis posuerit aerem motum esse ventum.

De Genere, loci alij. **Cap. 6.**

76 locus. Declaratio. **A**Mplius, si omnino quod assignatū est, nullius est gen°. Ma nifestum enim, qm neꝗ eius, quod dictū est. Consideran *71. locus. Confiratio.* dum aūt ex eo quod nihil eorū differt specie, quæ participant assignatū genus. Vt nihil alba differūt specie, ipsa à seinuicē omnis aūt generis sunt species differentes: quare nullius erit albū *72 locus. Declaro.* genus. Rursum, si quod omnia sequitur, genus, vel differentiam dixit. Plura enim sunt, quæ omnia sequuntur: vt ens, & vnum eo rum sunt, quæ omnia sequunt: si igitur ens genus assignauerim°, manifestū, qm osum erit genus, eo ꝗ prædicatur de eis: de nullo enim genus ꝗ de speciebus prædicatur: quare & vnum spēs erit entis: accidit ergo de oībus, de quibus genus prædicatur, & spēm prædicari, eo ꝗ ens, & vnum de oibus simpliciter prædicantur: oportet autem de paucioribus speciē prædicari. Si aūt quod om nia sequitur, differentiam dixit, perspicuum qm de æqualibus, vel de pluribus differentia ꝗ genus dicetur. Nam, si & genus omnia sequitur, de æqualibus: si vero non omnia sequatur genus de plu ribus

A ribus differentia dicetur q̃ ipsum genus. Amplius, si in subiecta
specie est, quod assignatũ genus dicit. Vt album in niue:quare ma
nifestum q̃m non erit genus:de subiecta enim specie solũ gen⁹ dr̃.
Considerandum autem etiam est, si non vniuocum sit genus spẽi.
Nam de oĩbus speciebus vniuoce genus prædicatur. Amplius,
q̃ existente & speciei,& generi contrario,si quod melius contrariorũ est,in peiori genere ponit. Nam accidet reliquũ in reliquo
esse,eo q̃ contraria in contrarijs generibus : quare quod deterius
est,in meliori erit:ac vt melioris, & genus melius esse. Et si eodẽ
sit:ad vtraq̃ se habente,in priore,& non in meliore genere ponit.
Vt asam ipsum quod est agitationem,aut agitatum:nam pari mo
do eadem statua,& agitatiua esse vt:quare si melius statio,in hoc
oportet genere ponere.Amplius,ex magis,& minus. Destruenti
quidem,si genus suscipit magis,spẽs autem nõ suscipit , neq̃ ipsa,
neq̃ quod ab ipsa dicitur:vt si virtus suscipit magis,& iustitia,&
iustus:dicitur enim iustus magis alter altero:si igitur assignatum
quidem genus:magis suscipit,species autem non suscipit, neq̃ ipsa,neq̃ quod ab ipsa dicitur,non erit quidem assignatum genus.
Rursum,quod magis videtur,vel similiter,non est genus: manifestum,q̃m nec quod assignatum est. Vtilis autem hic locus in talibus maxime,in quibus plura videtur de specie in eo quod quid
est prædicata,cõm non determinatum est,neq̃ promptum nobis
est dicere,quodnam eorum genus:vt de ira, tristitia,& opinio par
uipendemus,in eo quod quid est prædicari videtur: contristatur
enim iratus,& opinatur paruipendĩ. Eadem autem cõsideratio,
& in specie:ad aliud aliquid comparanti.Nam,si quod magis,aut
similiter videtur esse in assignato genere,non est in genere, manifestum,q̃ neq̃ assignata omnino species erit in genere: interim
B igitur quemadmodum dictum est, vtendum.Astruenti vero si
quidem suscipit magis quod assignatum est genus,& species,non
vtilis locus:nihil enim prohibet vtrorumq̃ suscipientium non ei
se alterum alterius genus:nam bonum & album suscipit magis,et
neutrum neutrius genus.Generum autem , & specierum ad sein
uicem comparatio, vtilis:vt si similiter hoc,& hoc genus:si alterũ
genus,& alterum:similiter autem & si quod minus , & quod ma-
gis:vt si continentiæ,magis potestas,quàm virtus genus, virtus
autem genus,& potestas.Eadem autem & de specie conuenit di-
cimam:si similiter hoc,& hoc propositi species:si alterũ species,&
reliquum:& si quod minus videtur,spẽs est,&q̃ magis. Amplĩ,
ad construendum:perspiciendum si de quibus assignatum est genus,in eo quod quid est prædicatur:cum nõ sit vna assignata species,

73. locus
Declratio.
73. locus
74. locus
Declatio.
75. locus
Declatio.
76. locus
declaratio.
77. locus
declaratio.
78. locus
declaratio.
79. locus
de 3.&o

cies, sed plures, & differentes . Nam manifestum qm̄ erit genus .
20. locus declaro Si autem in assignato species est, considerandum & si de aliis speciebus genus in eo quod quid est prædicatur. Nam, rursus accidet
21. locus declaro de pluribus,& differentibus idem prædicari. Qm̄ autem videtur
in quibusdam,& differentia in eo quod quid est de speciebus præ
dicari, separandum est genus & differentia, vtenti ijs quæ dicēt
elementis. Primum quidē, qm̄ genus de pluribus dr̄ q̄ differētia.
Deinde, qm̄ frm eius (quod quid est) assignationem, magis conuenit genus, q̄i differentiam dicere. Nā, qui animal dicit hom̄, magis indicat quid est homo, q̄ qui gressibile. Et qm̄ differentia qui
dem qualitatem generis semper significat:genus aūt, differentiæ
non. Nā qui dicit gressibile, quiddā animal dicit: qui vero animal
dicit, non dicit quale quiddam gressibile:differentia igitur à gene
22. locus declaro re sic separanda . Qm̄ autē vr̄ Musicum, qua Musicum est , sciens
esse:& Musica scientia quædā est,& si ambulās eo q̄ ambulat mo-
uetur, ambulatio motus quidem est: considerandū in quo genere
vult quippiam construere secundū dictū modum. vt si scientiam
ipsum quod est fidem:si sciens quatenus scit, fidit:manifestū enim
qm̄ scientia fides quædā erit:eodem aūt modo,& in alijs huiusmo
23. locus declaro di. Amplius;qm̄ quod sequitur aliquid semper, & non conuertit,
difficile est separare, q̄ non sit genus, si hoc quidem illud sequitur
omne, illud vero hoc non oē. Vt tranquillitatem quies,& numerū
diuisibile, è conuerso aūt non:nam diuisibile non oē, numerus, ne
que quies ois, tranquillitas: ipso quidem est vtendum, vt genere
quod est semper consequens, cūm non conuertatur alterum: cūm
autem alterū se extendit non in oibus, obsequendū. Instatia autē
huius: qm̄ non ens sequitur oē quod sit (nā quod sit non est) nō cō
I uertitur (non:n. omne quod non est, fit):attamen non est genus hoc
ens eius quod sit:simplr enim non sunt non entis species. De gene
re igitur quemadmodum dictum est, transeundum.

Sermo de nonnullis alijs locis Generis. **Cap. 6.**

Locus 36. cll. 70. Trigesimussextus locus est , si
res denolatæ per genus nō dif-
ferant per aliquam differentiarum,
prout qui poneret album genus re
rum albarum.

Locus 37. qui est 7 L & 7 L Trigesimusseptimus locus est , q̄
ponatur consequens omnes res ge-
nus alicuius rei: vt qui poneret vnū
& ens genus decem prædicamētorum:
         oportet

Locus trigesimussextus est , cū
ea, quæ pro genere assignantur
non differant aliqua differentia, ve
si quis dicat album esse genus rerū
albarum .

Locus trigesimus septimus est , cū
poni quod sequit ad oēs res esse ge
nus alicuius rei, vt si quis ponat vnū
& ens esse genus decē p̄dicamētorū,
         quia

ABRAM

A oporteret enim, ꝗ ens esset genus vnius,& vnum genus illius, ex quo vtrunque eorum verificatur de alterutro,& esset vna eadem res, relatione vniuseiusdem rei, aliquando genus,& aliquando species: hoc autem est falsum, quia genus prædicatur de pluribus, ꝗ prædicetur species. Sicque etiam errat qui poneret talia consequentia differentias: consequens enim rem sicut non largitur ipsius quidditatem, sic non largitur qualis res sit: & ob hoc sequeretur,ꝗ differentia esset æqualis gene

B ri, aut eo vniuersalior.

Locus 18. qui est 71

Trigesimus octauus locus est, si genus denominatum dicatur in subiecto, non de subiecto, & species de subiecto, illud non est genus, sin autem, accidentia essent genera substantiarum,

Locus 19. qui est 74

Trigesimus nonus locus est, ꝗ considerimus, in specie sit cõtrarium, & generi sit contrarium, & species præstantior illarum posita fuerit generis vilioris illorũ, illud quod positum est genus, non est genus. Et

C ex hoc loco intulit Socrates errorê m Libro de Republica, quem sensit deceptor, quia ex quo excellentius est contrariũ iniustitiæ,& bona electio contraria est malæ electioni,& iustitia est excellentior, & iniustitia & bona electio excellentior est malæ electione, litigiose & paralogistice errastit,iustitiæ genus esse malam electionem. Ait Themistius hic locus est vulgaris, sed fortasse vis huius loci sumitur ab essentia rei, quod est ex quo genera insunt speciebus secũdum sui essentiam: accessariũ itaꝗ est,

MANTIVS

quia tunc oportebit ipsum ens esse D genus ad ipsum vnum,& vnum gonus quoꝗ; ad ipsum, cum alterutrũ eorum vere dicat de alterutro: & sic vna & eadem res, in relatione ad eãdem rem ꝗnꝗ; erit genus, ꝗnꝗ; vero species: quod est falsum, quia genus de pluribus prædicatur ꝗ spes. Silr quoꝗ; errat qui ponit huiusce modi consequentia esse diffirêtiat, quia quemadmodum id, quod consequitur rem, non præstat eius quiditatem, ſ. vt significet quid sit, ita ẽt neꝗ; quale sit illud, & sequeretur ex hoc, vt ipsa differentia esset æqualis E ipsi generi vel vniuersalior ipso.

Locus trigesimus octauus elt, si genus assignatum dicat esse in subiecto, & nõ de subiecto, species vero de subiecto, tũc illud non erit genus, alias enim accidentia essent genera substantiarum.

Trigesimus nonus locus est, vt inspiciamus, si spes habet contrarium, & genus quoꝗ; habeat contrarium, & ponat species illorum melior in genere deteriori, tunc id, quod fuit positum genus, nõ erit genus. Et ex hoc loco probauit Socrates in lib. F de Republica errorem cuiusdã sophistæ, quia cum iustina sit contraria iniustitiæ, & bona electio contraria malæ electioni, & iustitia sit melior iniustitia, & bona electio melior mala electione, ideo intulit contra ipsum instantiam & impugnationem, quia ponebat genus iustitiꝗ esse malam electionem. Inquit Themistius, hic locus est probabilis rethoricus : sed fortasse vis huius loci erit sumpta ex essêtia rei, cũ ipsa genera insint spêb" ſm essentiã suam: necesse ergo ẽ, vt ipsum melius atꝗ ipsum

est, ꝙ præstantior & vilior res sequa
tur in vtrisꝗ, vno eodem modo. Et
dixit: huius loci instãtia est, ꝗa vermis & musca est viliori imagine Lu
næ facta ex ære. Hæcaũt non estin-
stantia, quia nulla res inanimata est
ꝑstantior, ꝙ afata, Lunæ aũt imago
est præstant ſm positionē, nõ nãr.

Quadragesimus locus est, si fue-

Locus 40
qui est 71

rit vna res attributa duabus rebus
vna habitudine, & vna illarũ fuerit
ꝑstantior ꝗ altera: res aũt illa ponit
in viliori, non in præstantiori, illud
non est genus, prout est de anima,
quia ei inest motꝰ, sicut ei inest geꝰ,
& ex quo quies est permanentia, ꝑ-
stantior est illi ꝗ inesse ei motum.
Sicꝗ; qui posuit eam in motu errauit: hic autem locus est vulgaris.

Quadragesimus primus locus sir-
mitur ab eo quod est magis & mi-

Locus 41.
qui est 76

nus & æquale, & est de locis commu
nibus omnibus quæsitis, & sumitur
à rebus, quæ sunt deforis. Numerus
autem locorum qui sunt huiꝰ loci,
est proximus numero locorum, qui
siunt de quæsito accidentis. Primus
itaꝗ; locus destruens quidem est
si genus recipiat additionem, & species non recipiat id, de quo dicitur
ꝙ genus, non est genus: & hic locus est demonstratiuus. Et hinc accidit error illius, qui definiuit dubium, ꝙ sit æquilibra oppositarum
opinionum: æquilibra enim non su
scipit additionem, dubium aũt suscipit illam. Et ille est debilis in con
structione, quia quando vtraꝗ; su
scipiunt magis & minus, non sequitur quod vnum sit alterius genus,
prout sunt albus & pulcher & intelligens & prudens. Secundus autem
locus est, si quod magis aut æqualiter

ipsum deterius eodem modo sequi
tur vtrunꝗ; eorũ. Dixitꝗ; instãtia
huius loci est, quia vermis & musca e deterior imagine Lunæ Ænex.
Sed hæc non est instantia, ꝗm nullũ
inanimatum est melius aliquo ala-
to. Imago aũt Lunæ erat præstãs &
nobilis ſm positionē, non ſm nãam.
Locus quadragesimus est, vt inspiciamus si vna & eadem res referaſ
ad duo eadem relatione, & vnũ illorum sit melius altero, & res ponatur
in deteriori, non in meliori, tunc illud non erit genus, vt afa, quæ hēt
motum, quemadmodũ & quietem,
sed cum quies sit statio, seu sirmitas
melior quidem est ei, ꝗ motus, ergo
qui ponit eam habere motum, peccat: & hic locus est probabilis.

Locus quadragesimus primus, est
sumptus ab eo, quod est ſm magis
vel minus, vel æquale, & est ex locis
communibus cũctis problematibꝰ,
& est sumptus à rebus exterioribus,
& tot sunt sere loca huius loci, quot
sunt ea, quæ numerauit problema
ribus accidentis. Primus aũt locus
destructiuus quidem est, vt inspici
mus vtrum genus suspiciat magis,
spes vero non recipiat ipsum, tunc,
quod dſ de specie non erit genus, &
hic locus est demonstratiuus. Hinc
errauit, qui diffiniuit dubitationē,
esse æqualitatem contrariarum co-
gitationum, ꝗm ipsa æqualitas non
suscipit magis, dubitatio vero ipſa
suscipit. Est tñ hic locus debilis in'cõ
struendo, ꝗm licet vtrunꝗ; eorũ suscipiat magis & minꝰs, non propterea sequit, vt vnum eorũ sit genꝰ ad
alterum: vt album & bonestum, seu
pulchrum, & intelligens & prudēr
secundus locus est, si illud qd vſ esse
magis

A ter putatur esse genus, non sit gen°, uec quod positum est esse genus est genus: & hic quidem locus vtilis, est in rebus, de quibus putatur, ꝗ prædicetur de vna re, nua tenus sint illius genera, absꝗꝗ nobis constet, ꝗ illarum sit genus fm veritatem. Cu ius exemplum est, quia tempus estimatur, ꝙ sit motus, & ꝙ sit numer°, & similiter ira estimatur, ꝙ sit tristitia, & ꝙ sit pp cogitationem, ꝗm ꝗ irascit cōstat, & cogitat, ꝙ aggressus ei fuerit spretus, & fm hanc speciem scrutinij scrutaret de ipsa specie cōparando ipsam ad indiuiduū,

B quia si ꝙd magis aut æqualiter æsti ma esse species, non sit species, quæ posita est ipsa non est ipse. Et cōstru ctio iternam profert his locis: si enl hoc & hoc, de quibus putat ꝙ sint genera silr, & vnum illorū est gen°, alterum etiam est genus: & silr si illud, de quo min° erat opinio, est ge nus, id, de quo magis est opinio, est genus. v. g. si potestas magis sit con tinentiæ genus ꝙ virtus, & virtus est genus, potestas etiā est genus: & hæc eadem verba dicereť de constru ctione spēi: ola aūt hæc loca sunt p suasiua, nisi prius fuerit nāt prius.

C Quadragesimusfecundus locus ē de differentia, ꝗ est inter genus, & differétiam. Primo, quia genus prædicatur de pluribus, ꝗ prædiceť differentia. & Secundo, quia genus ma gis significat rem, ꝗ differétia, & dif ferentia significat qualitatem, gen° autem non significat qualitatem, ꝗ enim diceret progressiuum, diceret alal qualificatum, qui autem diceret alal, & non diceret progressiuū, non qualificaret: hoc autem generis & differentiæ discrimē est diuulgatū,

D magis genus, vel silr, non sit genus: ergo illud, ꝗd positū est ꝑ genere, non erit genus, & hic locus est vtilis in rebus, ꝗ vr ꝑdicari de aliqua re, ꝗ tenus sunt gña eius, licet nos igno remus, quod nā illorum sit vere ge nus exempli gra t° pus existimat esse motus, atꝗ numerus: sustꝗ ira exi stimat esse tristitia, atꝗ esse ꝑ opi nionem, ꝗm qui iratur cōstat, & opi natur recepisse paruipēdentiam, seu vituperiū: & hocmet genere consi derationis considerat ipēs, prout cō paratur ipsi indiuiduo, ꝗm si id ꝗd existimat esse magis ipēs, vel æqua liter non sit ipēs, tunc illa species assi

E gnata, non erit species: In constrtē do etiam, vtimur his locis. nā si hoc & hoc quod existimat esse genus si mili ratione, & vnum eorum fuerit genus, tunc aliud quoꝗ; erit genus similiterꝗ, si minus opinabile fue rit genus, ergo magis opinabile erit genus, exempli gratia, si potestas est magis continentiæ, magisꝗ virtus, & virtus sit genus. ergo & ipsa potē stas erit genus: & hæc eadem dr ad construendā spēm: ola autem hæc loca sunt probabilia: verum primus est prior natura.

F Locus quadragesimusfecundus ē, quo separaƚ genus à dfia: & primo, ꝗm genus prædicaƚ de pluribus ꝗ ꝑ diceƚ differentia: secundo vero, ꝗm genus magis significat quiditatem rei, ꝗ differétia. Differentia vero si gnificat qualitaƚ: genus autem non si gnificat qualitaƚ. Nā cum dr gressi bile, dr alal qualificatum, seu quale quid: sed qui dicit animal, & non di cit gressibile, non dicit quale quid: & hæc diuersitas, quæ est inter gen°. & differentiam est probabilis.

Locus. 4ª qui est 77

ABRAM

MANTINVS

Ioru.
que est ro-
bqua bil
loca.

G Quadragesimus tertius loc° est, q̃ quicquid ipsum esse sequit esseñ do sp̃em, aut seq̃r sp̃em esse esseñ tiil ipsum, estimat de illo q̃, sit geñ & difficile sit distingueio inter ip̃m & ip̃m geñ°. Huius aũt instãtia est, q̃a quod est in gñatione, est nõ eñs, & non ens nõ est genus illius, quod est in generatione. & rursus, quia si hoc sit esset genus, connexa esseñt genera. Expedit aũt te scire, q̃ loca proptiorum generi euidens sit ipso rũ disciplina, reducendo oĩa ad illa ad quatuor bases, quas diximus q̃ sint sedes lŏcorum generũ. Prima eñim

H basis, s. q̃ genus inesse speciei oportteat esse necessariũ, sumit sub se lo cŏ, quo di, si q̃uod ponit genus conueniat definitioni accidentis: & q̃ si q̃d positũ est I genere, inpose sit, q̃ conueniat vlli harũ specierũ: & q̃ si nulla diarũ diuidentiũ genus pdi cet de illo, q̃uod positum est sp̃ẽ: & q̃ si sp̃ẽ conueniat alicui rei, q̃ nul lo pacto insit rebus, quæ subsunt ge neri: hæc enim quatuor continet, q̃ id q̃nod positum est genus, non sit speciei: sicq̃; continent circunstã ul, sicut destructiones, & in omnibus quæsitis simp̃r excepto primo. Se

I cunda vero basis est, s. q̃ expediat genus pxdicari de tota specie, & q̃ quicquid pxdicatur de parte non est genus: & subest illi primus loc°, quem ordine inseruit Aristo. & est locus patritionis solum. Tertia aũtẽ basis est, s. q̃ expediat genus superã re in essendo ipsam speciem, q̃ illud quod pxdicatione non superat spe ciem, non sit genus, & subintt eant il lam plura loca: quorum primus est, si conneĉtatur generi definitio sp̃ẽi, quia si conneĉtatur, æquatur illi,

aut

Locus quadragesimus tertius est, K vt quodcunq̃; det̃ data sp̃ẽ, sed non oporteat sp̃ẽm dari dato illo, existi mat q̃ de illud eẽ geñ°: & erit diffici le distingueie inter ip̃m & ip̃m geñ°. Sed huius instãtia est, q̃m quod sit, non est eñs, sed non ens non est ge nut ad id q̃d sit: preterea si hoc esset si mile generi, tunc & ipsa consequen tia essent gñia. Scire aũt debes, q̃ lo ta propria ip̃s generi possunt disci reducédo ea oĩa ab illa quatuor prĩ cia, seu eñata, q̃ diximus esse fundã mẽta locorũ genericorũ: Nãm sub primo loco, qui erat, q̃ genũs inest necessario ip̃s sp̃ẽi, includit locus il L le, in̄quo dicebat, vtrum id q̃d poni tur esse genus conueniat definitio ni accidentis: & vtrum id, q̃d ponit pro genere, possit esse cõe alicui illa rum sp̃erũ: & vtrum vna ex differé tijs diuisiuus gñis, non pdicet de eo, quod fuit positũ pro sp̃e : & vtrum sp̃ẽs sit cõis alicui rei, q̃ nullo pacto põt reperiri in rebus subiñe existẽ tibus: Hæc.n. quatuor hñt hoc lter se cõe, q̃ id quod ponit esse genus, non inest sp̃ẽi: ergo cõicunt io mo do destruendi in oĩbus problema bus absolutis præter primum. Secũ M dum vero fundamentũ est, q̃ q̃r vt genus pdicari de oĩbus sp̃ẽbus, & q̃ illud quod pdicat de aliqua, non est genus, includit sub eo, primus lo cus, quem Arist. narrauit, & est loc°. à diuisione tm̃. Sub tertio aũt fun damento, quod est nẽpe, q̃ oportet genus superare sp̃ẽm tm̃ suum esse, & q̃ id, quod non superat frm̃ suum esse ipsam sp̃ẽm, non sit genus, Iclu dunt quidẽ multa loca : primus lo cus est, vtrum coniungat generi de finitio speciei: nã si adiungat, tunc

erit

A ·ABRAM·

aut superat illud:secūdus aūt est, q̄
spēs diceretur de pluribus, q̄ dicat
genus,aut æqualiter:tertius est,si po
fueris genus in specie:&quartus est,
aut differentiam in specie: & quintus,aut genus in differentia : & sextus,aut differentiam in genere:& se
primus,si generi non sit alia spēs.

Quarta vero basis est, qua dictum
est,q̄ expediat genus prædicari de
spē in eo,q̄ quid sit,& q̄ id quod nō
prædicatur hoc modo non sit gen°ı
& subintrant ipsam plura locā nimis,& sunt destruentia & construē
B tia contra reliqua loca: quorū primus est secūdus locus,& loca p̄cedē
tia,sed ille ē ipsamet basis,ille,quo
dictum est,q̄ id,quod positū est ge
nus non prædicetur in eo q̄ quid sit
sed prædi.atione per accidens:secū-
dus,si genus & species sint vnius p̄di
camenti: & tertius:si quod enuntia
mus esse genus, non prædiceī in eo
q̄ quid sit de aliquo indiuiduorum
ipsius spēi:& quartus,si acciderit spe
ciei,q̄ ei sit aliud genus vltra genus
positum,& neutrū alteri subiit, nec
ambo subiint alii geueri ,si genus,
C quod positum est genus,&o̅a gene
ra quæ supra ipsum sunt,prædicenī
de specie in eo q̄ quid sit vno simili
modo:& sextus,si definitiones gene
rum conueniant speciei, & omnib°
rebus subordinatis illi: septimus, si
posueris differentiam in genus : &
octauus,si posueris habitum in dif-
ferentiam:nonus, si posueris habitum in potētiam consequentē illū:
decimus si posueris totū in suas par
tes:vndecimus , si posueris affectus
& passiones in patiente: & duodecimus,si posueris aliquam rem de vi-
libus,aut turpibus in potentia: ter-
tius·

D ·MARTINVS·

erit æquale ei,& non superaret ipsā:
secundus,vtrū spē̄s dicaī de plurib°,
q̄ dicaī genus indifferenter, seu equa
liter:tertius vtrū ponaī genus ī spē,
hoc ē sub ipso:q̄rtus vel dīa in spē:
quintus vel genus in dīa:sextus vel
dīa in genere.septimus si genus nō
habeat aliam spēm: Quartum vero
fundamentum est, in quo dicebaī,
q̄ oportet genus præ.licari de spē in
eo quod quid,& q̄ quicquid nō p̄-
dicaī hoc modo,non est gen°, mul
ta includit loca sub se , quæ quidem
sunt destructiua, & construcua cō
E tra id,quod iī alijs contingit locis :
primus aūt locus eorū est locus secundus ex locis præcedentibus, immo est ipsummet fundamentū, &
est ille,in quo dī q̄ genus non præ
dicaī in eo quod quid, sed p̄dicatio
ne accidentali:secundus, si genus &
spēs non sint in eodem p̄dicamēto :
tertius,si id,quod iudicamus q̄ genus,non p̄diceī in eo quod quid de
aliquo indiuiduorū spēi:quartus, sī
contingat spēm h̄e aliud genus p̄-
ter illud positum , & nullū eorū sit
sub altero,hoc est alterum sub altero , neq; vtrunq; sub ł vnico gene-
F re:quintus , sī illud genus, qı̄ poniī
esse genus,cū o̅ibus alijs g̅nibus,q̄ sī
supra ipsum,p̄diceī de spē in eo qd̄
quid est eode t̄more:sextus,si defini
tiones generū conueniant ipsēi : sep
timus,si dīa ponaī in g̅ne:octauus,si
habitū ponaī in ipsa dīa:nonus, si
habitus ponaī ī re sequente ip-
sum:decimus, si totū ponaī ī suis
partibus: vndecim°, si impressiones
& passiones ponant in passo:dunde
cimus, si ponanī aliqua vituperādo
rum & fugiendorū in potentia:ter-

Log.cū cō.Auer. L tiuſ-

ABRAM

G niusdecimus, si posueris connexum consequens omnem rem in genus, prout est vnum & ens:quartusdecimus,si enuntiaremus rem, quæ accommodatione dicitur esse genus: quintusdecimus est, in quo dictum est, si moris generis & speciei suerit, ꝙ iosint vni subiecto, illud cui inest species, inest ipsum, genus: sextusdecimus, si genus prædicetur de specie adiectione connexæ clausulæ non simpliciter: decimusseptimus, quãdo generi, & speciei suerint contraria, & præstantius contrariorū poneretur in vilius & vilius in præstantius.

Hæc itaq; triginta loca, sunt loca propria generi : reliqua autem loca quæ relata sunt in hoc libro sunt cõmunia, ambientia omnia quæsita, videlicet quæ sumuntur ab oppositis & sumpta a casibus, & coniugatis, & sumptæ æt similib', & sumpta ab eo quod est magis & minus. Iam autē explicauimus omnia loca generum sicut nobis constitit, & Deo iuuante procedamus ad loca ipsi° ꝓprij.

MANTINVS

tiusdecimus, si ponatur id, quod sequitur ad vnamquãq; rem esse genus, vt vnũ & ens: decimus quart°, si iudicamus illam rem, quæ ꝙ metaphorice esse genus: decimusquint° est ille, in quo dicebat, si gen° & species sint apta nata esse vni subiecto, ꝙ id, in quo teperitur species, reperietur & genus: sextusdecimus si genus prædicetur de specie fin quid, & nõ simpliciter: decimusseptim°, si genus, et species habeant contraria, tunc ponatur melius contrariorum in deteriori & deterius in præstantiori Hæc itaꝗ sunt triginta loca, quæ sunt propria ipsi gener: reliqua vero loca, quæ in hoc tractatu narrantur, sunt ex vniuersalibus cõmunibus cũctis problematibus, hoc est, ea quæ sunt sumpta ab oppositis, & sumpta a casibus, & a coniugatis, & a similibur, & quæ sumuntur a magis & minus. Et sic exposuim° omnia loca generica vt nobis suit concessa eorum intelligentia, nunc aggrediemur loca ipsius ꝗ prij Deo optimo Maximo annuente.

Præcedentium Quatuor librorum Topicorum, Candide Lector, mediam Auerrois expositionem cum duplici translatione legisti, Abrami scilicet de Balmes, & Iacob Mantini, Reliquorū vero cum sola Abrami translatione leges : Quandoquidem Iacob morte præuentus, perficere illos non valuit.

ARISTOTELIS
TOPICORVM

LIBER QVINTVS.

SVMMA LIBRI.

De modis, & Locis Proprij: necnon de non
multis locis, communibus omnibus q́ue
sunt quæ ab Oppositis, aut a Simili, aut
ab eo, quod est Magis, & Minus, & æqua
le, aut a Casibus, & Coniugatis, aut a ge
neratione, & corruptione sumuntur.

De modis Proprij. Cap. 1.

Trum aut propriū,
an non propriū est
quod dictum est, p̄
hæc considerandū.
Assignat aūt proprium
aut p̄ se, & semper, aut ad aliud,
aut aliqñ. Per se quidem, vt hominis, aial mansuetū natura : ad
aliud aūt, vt aiæ ad corpus : qm̄
illa quidem imperare nata, hoc
autem parere: semper autem, vt
Dei, animal immortale : aliqñ vero, vt alicuius hominis ambulare in gymnasio. Sunt autem p̄-
prij, quod ad alterum assignatū
est, aut duo problemata, aut quatuor. Nam si de hoc quidem assignatum quippiam fuerit, de il
lo vero negatum idipsum, duo
dūtaxat problemata fiunt: quem
admodum hominis ad equum
proprium est quod bipes est: nā
& q̄ hō non bipes est argumen-
tabit quispiā, & q̄ equus bipes:
vtrinq aūt removet proprium.
Si aūt de vtroq vtrūq assignatum fuerit, & de vtroq negatū:
quatuor problemata erunt; vt

hois proprium ad equum, q̄ ille quidē bipes, hic aū quadrupes est: nam, & q̄ hō non bipes
est, & q̄ esse quadrupes natur-ē,
argumentari est, & q̄ equus bipes, & q̄ non quadrupes, possibile est argumentari : quolibet
igif modo ostenso, interimif q̄
propositum est. Est autem p̄ se
quidem proprium, quod ad oīa
assignat, & ab oī separat(quemadmodum hois animal mortale disciplinæ susceptiuum) ad
aliud autē, q̄ nō ab oī, sed ab aliquo statuto determinat(vt virtutis ad disciplinā : qm̄ illa quidem in pluribus, hæc in rationa
li solo, & in habentibus rationē
nata est fieri) semp autem, quod
sm̄ omne tempus verificatur, et
nunq̄ relinquitur quemadmodum animalis ex anima & corpore compositum esse, aliqñ ve
ro, quod secundum aliquod tē-
pus verificatur, & non ex necessitate semper consequitur: vt ali
cuius hominis, ambulare in fo-
ro. Est autem ad alterum proprium assignare : differentiam
dicere, aut in omnibus, & semper, aut vt multum, & in plurimis. Et in omnibus quidem &
semper, quemadmodū hois p̄-
prium ad equum qm̄ bipes : nā
homo quidem & omnis, & sem
per est bipes : equus autem nul
lus est bipes, & nunq̄ vt multū
autem & in plurimis, quemadmodum rationalis propriū prī-
cipare ad concupiscibile, & ira
scibile, eo q̄ illud quidem impe-

rat,

L ii

Crat, hæc aũt parentiam neqʒ ra
tionale semper imperat, sed quã
doqʒ illi imperatur: neqʒ concu
piscibili, & irascibili semper im
peratur, sed imperant quãdoqʒ,
cum fuerit hominis anima flagi
§. Locus tiosa. Propriorum aũt ea maxi
Duratio. me logica sunt, quæ per se, & æ
per, & q̃ ad aliud. Nam eius qd̃
ad aliud est proprium, plura pᵇ
blemata sunt: quemadmodum
diximus & prius: nam aut duo,
aut quatuor ex necessitate fiunt
H problemata, plures autem ora
tiones fiunt ad hæc: quod autem
per se est, & semper, ad multa est
argumentari, & ad plura tẽpo
ra obseruare: quod per se ꝙdem
ad multa, nam ad vnumquodqʒ
eorum ꝗ sunt, vtpote cui opor
tet inesse proprium: quare si nõ
ab omni separat, non erit bene
assignatum proprium: quod au
tem semp, ad plura tempora est
obseruare, & siue non inest, siue
non infuerit, siue non inerit, nõ
erit proprium. Qubd vero ali
quando, ad illud (quod nunc di
citur) tempus, cõsideramus: nõ
igitur sunt rationes ad istm plu
res. Logicum autem est proble
ma, ad quod rationes sisit & cre
bræ quidem, & bonæ. Ad aliud
igitur proprium dictum, ex ñs
quæ sunt de accidẽte locis inspi
ciẽdum, si huic quidem accidit,
illi vero non. De ñs autem,
quæ semper, & quæ
per se, per hæc
considerã
dum.

Proprium I vniuersum
est trium specierũ, aut
proprium per se & sem
per, & est illud, quod di
stinguit id, quod proprie concernit
totam rem, prout dicimus de homi
ne risibile, aut proprium, quod dī
in cõparatione ad aliud ens, & hoc
proprium distiguit illud ab hoc en
te iñ, & hoc sit ꝑn duas species, aut
semper necessarium, prout dicimus
ꝙ homini proprium sit dum refer
tur ad equum ꝙ sit bipes, aut ꝑ ma
iori parte, vt ꝙ pars cogitatiua de
partibus aľ sit ei propria dum refer
tur ad concupiscibilem, cogitatiua
enim imperat, & concupiscabilis cre
dit: quare aliquando inuenitur res
contra hoc in sœlestibus viris: aut
est proprium, cum referſ sub quo
dam tempore, prout ire ad templũ
est ꝓprium eunti tempore suæ am
bulationis, quando non variaſ hoc
illo tempore ab eī ambulatione ad
templum. De proprio autem, quod
dicitur in comparatione ad aliam
rem, qñ ipsum prædicatur de re, siũ
duæ quæstiones, aut quatuor: duæ
quidem, qñ propriũ afhrmatur de
vna, & de altera negatur. Verbi gra
na, dum dicimus de proprio homi
nis dum refertur ad equum, ꝙ sit bi
pes, & secundo, ꝙ equus non sit bi
pes: quatuor autem, qñ affirmatur
de vtraqʒ; illarum, aut negaſ de vtra
que illarum, gfa exempli, qñ dicimᵘ
de hominis proprio respectu equi,
ꝙ sit ipse bipes & non quadrupes, &
ꝙ equus sit quadrupes, & non sit bi
pes. Destructio autem intelligereſ
hic quatuor modis, quorum vnus
est, ꝙ homo, gratia exempli, non sit
bipes, aut ꝙ ipse sit quadrupes, aut

A q̃ equus sit bipes, aut q̃ non sit qua drupes. Et hæc quidem species proprij, quando dicitur ad relationem, vis eius est vis accidentis. Et ideo lo ca, quibus constituitur, & quibus de struitur sunt loca accidentis. Verun tamen proprium, cuius loca hic quæ runtur, est proprium sempiterni es se simpliciter, quod nõ est propriũ respectu alicui° entis, aut temporis, sed omnium rerum, quarum est p prium, & omni tempore. Et propte rea de illius dispositione quærũtur duo, quarum vnum est, an sit pro prium nec ne: secundum autem est, si fuerit proprium an bene positum

B sit proprium perfectissimo modo, quo possibile est poni, aut positum est proprium imperfecte. Et hęc res propriæ secernit proprium & defini tionem a genere & accidenti: pro ptio enim & definitioni, quoniam illa deseruiunt scientię rei ipsiusq̃; dignotioni ab omni, quod est aliud ab illa, euenit in hac re perfectio & imperfectio: generi vero & acciden ti, quoniam sunt prædicata de mul tis, non aduenit eis hæc res, & q̃ inue niatur in dispositionem imperfe ctiorem & secundum dispositionẽ perfectiorem.

C

De locis Proprij. Cap. 1.

6. Locus Declaro.

PRimum quidem an non bene assignatum est pro prium, an bene. Eius autẽ, quod est non bene, aut bene, est vnum quidem, si non per notio ra, aut per notiora positum est proprium : destruenti quidem, si non per notiora: at construen

7. Locus Declaro. ti, si per notiora. Eius autem quod non per notiora est, hoc

D quidem si omnino ignotius po situm est proprium, quod assi gnauit, illo cuius proprium di xit. Non enim erit bene positũ proprium: nam propter notitiã proprium facimus : discendi. n. causa, & proprium, & definitio nes facimus: per notiora igitur accipiendum : sic enim magis erit sufficienter cognoscere . vt puta qui ponit ignis proprium esse simillimum animæ, ignotio re q̃ ignis vtitur, anima : magis enim scimus quid est ignis, quã qd anima : non igitur erit bene

E positum proprium ignis, simili mum animæ. Aliud autem, si non notius est hoc huic inesse. Oportet enim non solum noti° esse re, & huic inesse, notius esse nam qui non scit si huic inest, ne que si illi soli notius inest cogno scit: quare cum quoduis horum acciderit, obscurum sit propriũ: vt quia qui ponit ignis, ppriũ, in quo primo anima nata est es se, ignotiore vtitur q̃ sit ignis, eo q̃ ignotius est, si l hoc est ani

F ma, & si in hoc primo est : non erit itaq̃ bene positum propriũ ignis, in quo primo anima nata est esse. Construenti autem, si p notiora positum est proprium, & si per notiora secundũ vtrun que modum. Erit enim bene se cundum hoc positum p roprium: nam cõstructiuorum locorum eius quod bene, alij quidem se cundum hoc solum, alij autem simpliciter monstrabunt quod bene: vt quia qui dixit animæ

8. Locus Declaro.
9. Locus Declaro.

L. iij lis

lis proprium sensum habere, p notiora, & notius assignauit ppriū secundum vtrūnqz modūt:quare erit bene assignatū secūdum hoc animalis propriū sensum habere. Deinde destruē ri quidem, si quod nominum quae in proprio sunt assignata multipliciter dicitur, vel etiam tota oratio plura significat. Nō enim erit bene positū propriū, vt quoniam sentire multa signi ficat, vnum quidem sensum habere, alterum autem sensu vti non erit animalis proprium bo ne positum quod natum est sē cirequapropter non vtendum est, neqz nomine, quod multipli citer dicitur, neqz oratione, quę plura significat: quia quod mul tipliciter dicitur, obscurum fa cit quod dictum est, dubitante eo qui debet argumētari, quod nam dicit eorum quae multipli citer dicuntur: nam proprium discendi gratia assignatur. Am pli⁹ autem ad hoc necessarium est redargutionem aliquam fie ri cūm sic assignant proprium: quando in dissidente quispiam conficiet syllogismum, de eo qd multipliciter dicitur. Construe ti autem, si non plura significat, neqz nominum quippiam, neqz tot ratio. Erit enim secundum hoc bene positum proprium: vt quia neqz corpus plura signifi cat, neqz totum quod ex his cōpositū est: erit bene po situm fm hoc ignis proprium

corpus mobilissimū in superio rem locum. Deinde destruenti quidem si multipliciter dicitur illud, cuius propriū assignatur: non determinatur autē cui⁹ eo rum ponatur proprium. Non enim bene erit assignatum pro priū: ob quas aut causas non im manifestū est ex ijs quę prius di cta sunt: nam eadem accidere ne cessarium est, vt quia scire hoc plura significat: vnū enim scien tiam habere hoc, alterum autē scientia vti hoc, aliud vero scien tiam esse hui⁹, aliud autem scie tia vti huius, non erit eius quod est scire hoc, bene assignatum, p prium nulli, non determinato, cuius horum ponitur propriū.

Construenti vero, si non dicit multipliciter hoc cuius propriū ponitur, sed est vnū, & simplex. Erit enim bene positum secun dū hoc propriū: vt quia homo simpliciter dicitur erit bene po sitū fm hoc hominis propriū, animal mansuetum natura. De inde destruenti quidē, si freque ter dictum est idem in proprio (sępe enim latent hoc facientes & in proprijs, quemadmodū & in terminis) non erit bene posi tum quod hoc sustinet, ppriū. Cōturbat enim audiēte, quod frequenter dicitur: obscurū igit necessarium est fieri, & praeter id nugari videntur. Eueniet au tem frequenter idē dicere duo bus modis: vno quidē, qñ nomi nauerit frequēter idem: vt si qs propriū assignet ignis, corpus tenuis-

A tenuissimū corporum: hic enim frequenter dixit corpus. Secundo autē, si quis assumat orationes pro nominib°: vt si quis reddat terræ propriū, substantiam, quæ maxime corporū fm naturam fertur in inferiorem locū: deinde assumat pro corporib°, huiusmodi substantias: vnum enim & idē est corpus, & huiusmodi substantia: erit ergo hoc modo substantia frequenter dicta, quare neutrum erit bene positum propriū. Construenti vero, si nullo vtitur frequenter nomine eodem. Erit enim secūdū hoc bene assignatū propriū, vt quia q dixit hominis propriū, animal disciplinæ susceptiuum, non vsus est frequenter eodē nomine: erit vtiq̃ fm hoc bene assignatum hominis proprium.

Deinde destruenti quidē, si tale aliquid assignauit in pprio nomen, quod oĩbus inest. Inutile enim erit, quod non separat ab aliquo: quod autē in proprijs dicitur, separate oportet: quemadmodū & quæ in terminis: non igit erit bene positū proprium: Vt quia qui posuit scientiæ proprium opinionē indiuisibile a ratione, vnum existens tali aliquo vsus est, pprio (vno inquā) quod omnibus inest: nō erit vtiq̃ bene positū scientiæ ppriū.

Astruenti autem, si nullo vsus est cōi, sed quod ab aliquo separat, erit bene positū fm hoc proprium. Vt quia qui dixit animalis proprium animam habere,

nullo vsus est communi: erit secundū hoc bene positū propriū animalis: animam habere. Dein de destruenti quidem si plura propria assignat eiusdem, non determinans q̃ plura ponit. Nō enim erit bene positū propriū: nam quemadmodum nec in terminis oportet præter eam, quæ indicat substantiam, oratione, adiungere quippiam plusculū, sic nec in proprijs præter eam, quæ facit propriū quod dicitū est, oratione, quicquam coassig nandū: inutile enim sit eiusmodi. vt quia qui dixit proprium ignis, tenuissimū, & leuissimū, plura assignauit propria (vtrum que enim de solo igne verū est dicere) nō erit bene positū proprium ignis, corpus subtilissimū, & leuissimū. Astruenti vero si non plura eiusdem propria assig nauit, sed vnū: erit enim secundum hoc bene positū proprium. vt quia qui dixit humidi proprium, corpus quod in omnem figuram diducitur, vnum assig nauit proprium, & non plura, erit secundum hoc bene positū humidi proprium. Deinde destruenti quidem, si eodem vsus est, cuius proprium assignauit, aut eorum quæ sunt illius aliquo. Non enim erit bene positum proprium: nam discendi gratia assignatur proprium: idem autem eidē similiter ignotum est: id autem quod aliquid eorum est, quæ sunt eius, posterius: non igitur est notius:

L iiij quare

15. Locus Declaratio.
16. Locus Declaratio.
17. Locus Declaratio.
18. locus Declaratio.
19. locus Declaratio.
20. locus Declaratio.

G quare non fit vt per hoc quiſcͣ magis quippiam diſcat. vt qa qui dixit animalis propriū, ſubſtantiam, cui⁹ ſpecies eſt homo aliquo vſus eſt eorum quæ ſunt animalis, non erit bene poſitum proprium. Conſtruenti aūt ſi neqͥ eodem, neqͥ eorū quæ ſunt ipſius aliquo vtitur. Erit enim bene ſm hoc poſitum propriū. vt quia qui poſuit animalis proprium ex anima & corpore cōpoſitum eſſe, neqͥ eorum cͣ ſunt ipſius aliquo vſus eſt, erit vtiqͥ bene ſm hoc, aſſignatū animalis proprium. Eodem aūt modo & in alijs conſiderandū eſt, ͦ nam non faciunt, aut faciunt notius. Deſtruenti quidem ſi aliquo vſus eſt, aut oppoſito, aut omnino ſimul natura, aut poſteriore aliͦ. Non.n. erit bene poſitū ppriū: nā oppoſitū ſimul natura, qͣ aūt ſimul natura, & poſterius, non efficit notius: vt qa qui dixit boni proprium, quod malo maxime opponitur, oppoſito eſt vſus boni: non erit profecto bene aſſignatum boni proprium. Conſtruenti autem, ſi nullo vſus eſt neqͥ oppoſito, ne que omnino ſimul natura, neqͥ poſteriore. Erit enim ſecūdum hoc bene aſſignatum propriū. vt quia qui poſuit diſciplinæ proprium, opinionem maxime facientem fidem, nullo vſus eſt ne que oppoſito., neqͥ oͥno ſimul natura, neqͥ poſteriore: erit ſm hoc bene poſitum diſciplinæ proprium. Deinde deſtruenti qui

dem, ſi non quod ſemper ſequitur proprium aſſignauit, ſed id quod ſit quādoqͥ non propriū. Non enim erit bene pronunciatum proprium: nam neqͥ I quo deprehendimus ineſſe ipſum, de hoc & nomen ex neceſſitate verificatur, neqͥ in quo deprehenditur non ineſſe, de hoc ex neceſſitate non dicetur nomen: quare non erit bene poſitum proprium. Amplius autem ad hæc, neqͥ quando quiſquam aſſignauerit proprium, erit manifeſtū ſi ineſt.ſiquidem tale eſt, vt qū ipſum relinquere poſſit: non igitur erit clarum eſſe proprium. vt quia qui poſuit animalis proprium moueri quādoqͥ, vel ſtare tale, aſſignauerit proprium quod ſit quandoqͥ non propriū nequaquam erit bene poſitum proprium. Aſtruenti vero, ſi quod ex neceſſitate ſemper eſt, proprium aſſignauerit. Erit enim bene poſitum ſecundum hoc proprium. vt quia qui poſuit virtutis proprium quod ha bentem facit ſtudioſum, quod ſemper ſequitur, proprium aſſignauit: erit vtiqͥ ſecundum hoc bene aſſignatum virtutis propriū. Deinde deſtruenti qdem ſi quod nūc propriū ē aſſignāꝫ non determinauerit ꝙ nō proprium aſſignat. Non.n. erit bene poſitū propriū: primū qdē qͣ qͣ ꝓter conſuetudinē ſit oē, ſem ꝑ determinatione indiget: ſolēt aūt vt plurimum oēs, quod ſꝓ ſequitur proprium aſſignare.

Secundo

A Secundo aūt, quia īmanifeſtū
eſt qui nō determinauerit, ſi qd
nunc eſt propriū voluerit pone
re:nō igitur dāda eſt obiurga
tionis occaſio: vt quia q̊ poſuit
alicuius hominis propriū ſedere
cum aliquo homine, quod nunc
propriū eſt poſuit, nō bene pro
prium aſsignabit, ſi nō determi
nans dixerit quod nunc. Con- **17. Locus. Declaratio.**
ſtruenti aūt, ſi nunc propriū aſ
ſignans determinādo poſuit, qd
nūc propriū poſuerit: erit enim
bene poſitum f̄m hoc propriū:
vt quia qui dixit cuiuſdā homi
nis propriū ambulare nunc ali
cubi, diſtinguens poſuit hoc, be- **18. Locus. Declaratio.**
neerit poſitū propriū. Deinde
deſtruenti quidē ſi tale aſsigna
uit propriū, quod manifeſtum
non eſt aliter ineſſe q̄ ſenſu, nō
enim erit bene poſitū propriū:
nam oē ſenſibile extra ſenſum fa
ctum, manifeſtū eſt latens enim
eſt ſi adhuc ineſt, eo q̊ ſenſu ſolū
cognoſcitur. Erit autē verū hoc
C in ijs, quæ nō ex neceſsitate ſem
per conſequuntr. vt quia qui po
ſuit Solis propriū, aſtrum quod
fertur ſuper terrā lucidiſsimum:
tali vſus eſt in proprio (ſuper ter
ram inquā ferri) quod ſenſu co
gnoſcit:non vtiq̃ erit bene Solis
aſsignatū propriū. imanifeſte
ſtum enim erit cū occidet Sol, ſi
adhuc feratur ſuper terrā, eo q̊
nos tunc deſeruimus ſenſum. **19. Locus. Declaratio.**
Conſtruenti vero ſi tale aſsigna
uit propriū, quod non ſenſu eſt
manifeſtū: aut cum ſit ſenſibile,
ex neceſsitate intelle manifeſtū e.

D erit enim f̄m hoc bene poſitum
proprium. Vt quia qui poſuit ſu
perficiei propriū quod primum
coloratum eſt:ſenſibili quidē ali
quo vſus eſt (coloratum eſſe in
quam) tali quidē quod manifa
ſtum eſt ineſſe ſemp:erit f̄m hoc
bene aſsignatū ſuperficiei pro
prium. Deinde deſtruenti qui- **20. Locus. Declaratio.**
dem,ſi terminū vt propriū aſsi
gnauit.Non enim erit bene poſi
tum proprium : nam nonoportet
indicare quod quid eſt eſſe, pro
priū: vt quia qui dixit hominis
proprium animal greſsibile bi
pes,quod quid eſt eſſe ſignificās
aſsignauit hominis propriū, nō
vtiq̃ erit hoc hois propriū bene
aſsignatum. Conſtruenti autē, **21. Locus. Declaratio.**
ſi quod conuerſim quidē prædi
catur aſsignauit propriū:nō au
tem quod quid eſt eſſe indica.
erit enim f̄m hoc bene aſsigna
tum propriū:vt quia qui poſuit
hominis proprium, aſal manſue
tum natura,quod cōuerſim qui
dem prædicatur, aſsignauit pro
prium , nō quod quid eſt quidē
indicans: erit f̄m hoc bene aſsi
gnatū proprium hominis. Dein **22. Locus. Declaratio.**
de deſtruenti quidē, ſi non quip
piam in quid eſt ponēs, aſsigna
uit proprium.Oportet enim I pro
prijs, queadmodū in terminis,
primū aſsignari genꝰ, deinde ſic
iam addere reliqua, & ſeparare:
quare quod non hoc modo poſi
tum eſt proprium,non erit bene aſ
ſignatū: vt quia qui dixit aꞁalis
proprium animā habere, nō po
ſuit quicquā in quo vt in quid,
eſt

13. Locus Declaratio.

G est animal: non erit bene positū animalis propriū. Construenti vero si quis quippiam, quod in quid est ponens eius cuius propriū assignauit, reliqua adiūgit. Erit enim sm hoc bene assignatum propriū: vt quia qui posuit hominis proprium animal disciplinæ susceptibile, quippia qd in quid est ponēs, assignauit proprium: erit sm hoc bene positū propriū hominis. Vtrum igitur bene, an nō bene assignetur proprium, per hæc inspiciendum.

14. Locus Declaratio.

H Vtrum vero propriū est oīno quod dictū est, an non propriū ex ñs considerandū. Nam simpliciter construentes proprium quod bene positū est, loci ñdem erunt ñs qui propriū omnino saciunt in illis igitur dicentur. Primum ergo destruenti quidē inspiciendum ad vnum quodqȝ eorum cuius propriū assignauit. Vt si nulli inest, aut si nō de hoc quidē verificatur, aut si non est proprium cuiuscȝ eorū, sm illud cuius proprium assignauit, non enim erit proprium, quod positū est esse propriū: vt quia de Geometra non verificat indeceptibilem sit ab oratione (nā decipit Geometer cùm pseudographiā facit) non erit hoc scientis proprium, non decipi ab oratione.

15. Locus Declaratio.

Construenti autē si de omni verificat, & qua de hoc verificat. erit enim proprium, quod positū est esse propriū. vt quia animal disciplinæ susceptiuum de omni homine verificat & qua homo,

erit hominis propriū animal disciplinæ susceptiuum. Est aūt locus hic destruenti quidē, si non de quo nomen & oratio verificatur, & si nō de quo oratio & nomen verificat. Construenti autem, si de quo nomen, & oratio, & si de quo oratio, & nomē prędicatur. Deinde destruenti quidem, si non de quo oratio, & nomen verificat: & si non de quo nomen, & oratio verificat. non enim erit proprium, quod positū est esse propriū: vt quia animal quidem disciplinę susceptiuum verificat de Deo: homo aūt non prędicat, non erit hominis proprium, animal disciplinæ susceptiuum. Construenti autē si de quo oratio, & nomen prędicat: & si de quo nomē, & oratio prędicat. erit enim proprium quod positū est esse proprium, vt quia de quo animal habere verificat animal, & de quo animal asam habere: erit animam habere animalis proprium. Deinde destructi quidē, si subiectum, proprium assignauit ei, quod in subiecto esse dicitur. Nō enim erit proprium, quod positū est esse proprium, vt quia qui posuit propriū subtilissimi corporis, igne, subiectū assignauit prædicati proprium, non erit ignis corporis subtilissimi proprium: pp hoc autem nō erit subiectū eius, quod in subiecto esse dr proprium, eo q idem eilet plurium & differentiū specie proprium: nam eidem plura quædam discrepantia specie insunt,

16. Locus Declaratio.

1.

17. Locus Declaratio.

18. Locus Declaratio. M

19. Locus Declaratio.

A sunt, de solo dicta: quorum erit omnium proprium quod subiectum est, si quis hunc in modum ponat proprium. Construenti vero, si quod in subiecto e, assignauit proprium subiecti. erit enim proprium quod positum est, non esse proprium: si quidem de solo praedicat (vt dictum est) proprium. vt quia qui dixit terrae proprium corpus grauissimum specie, subiecti assignauit proprium, quod de sola dr re, & vt proprium praedicatur, erit terre proprium recte positum. Deinde destruenti quidem, si fm participationem assignauit proprium. Non enim erit proprium, quod positum est esse proprium: nam quod fm participatione inest, ad quod quid est esse conducit: erit aut huiusmodi dria quaedam de aliqua specie dicta: vt quia qui dixit hominis proprium gressibile bipes, fm participationem assignauit proprium: non erit vtiqz proprium hominis gressibile bipes. Construenti aut, si non fm participationem assignauit proprium, nec quod quid est esse indicans, conuersim praedicata re. Erit enim proprium, quod positum est ee proprium, vt quia qui posuit animalis proprium quod natum est sentire, neqz fm participatione assignauit proprium, neqz quod quid esse indicans, conuersim re praedicata, erit vtiqz quod sentire natum est, animalis, pprium. Deinde destruenti quidem, si non contingit simul inesse proprium, sed

vel posterius, vel prius qz id ipsum nomen. Non enim erit proprium, aut nunquam, aut nõ semper: vt qm contingit alicui prius fore, & posterius ambulare p forum qz qz homo, non erit ambulare per forum hominis proprium, aut nunquam, aut non semp. Construenti aut, si simul ex necessitate semper inest, cum neqz terminus, neque dria sit. Erit enim proprium, quod positum est forsitan nõ esse proprium vt quia animal disciplinae susceptiuum: simul ex necessitate semp est, & id qd est homo, cum neqz dria sit, nec terminus, erit animal disciplinae susceptiuum hominis proprium.

Deinde destruenti quidem, si eorundem quae eadem sunt, non est idem proprium. Non enim erit proprium, quod positum est esse proprium, vt quia nõ est proprium prosequendi, apparere quibusdã bonum, neqz eligendi fuerit vtiqz proprium apparere quibusdã bonum. idem enim est prosequendum & eligendum. Construeti, si eiusdem quatenus idem proprium. Erit enim proprium quod positum est, non esse proprium. Vt qm hominis, qua homo dicitur proprium tripartitam animã habere, & terrigena quatenus terrigena est, erit proprium tripartitam animã habere. Vtilis aute locus hic & in accidente: nã nõ idê in eo qz eadem sunt eadê oportet inesse, vel nõ inesse. Deinde destruenti quidem, si eorum quae sunt eadem

eadem specie: non idem semper specie propriū est. Neq́ enim eius quod dictū erit propriū, quod positū est esse propriū ; vt quia idē est specie hō & equus non semper aūt equi est propriū stare à se, nec hominis erit propriū moueri à se. Idem enim est specie moueri, & stare à se, quare nus vtriq́ eorum vt animal est, accidit. Construenti vero, si eorum quæ sunt eadē specie, idem semper specie sit proprium. Erit enim propriū quod positum est non esse propriū: vt quia hominis est propriū, esse gressibile bi pes, & auis erit propriū, esse volatile bipes: vtrumq́ enim horū est idem quatenus illa quidē sub eodē sunt genere spēs, cùm sint sub animali, hæc autē vt generis dria animalis. Hic autē locus falsus est: qñ alterum quidem eorū quæ dicunt vni alicui soli inest speciei, alterum vero inest pluribus, queadmodū gressibile quadrupes. Qm autem idem & diuersum multipliciter dicitur, labor est sophistice assumeti vni assignare, & solius alicuius proprium: nā quod inest alicui cui accidit aliqd, & accidenti inerit sumpto cū eo cui accidit: vt qd inest homini, & albo homini in erit, si fuerit alb° homo, & quod albo homini inest, inerit & hoi. Calumniabitur aūt aliquis multa propriorum, cp subiectum id aliud est quod fm se facit, aliud aūt cum accidente: vt aliud quidem hominē esse dicet, aliud ye ro album hominē. Amplius aū tem diuersum faciens habitū, & quod fm habitum dicitur: nam quod habitui inest, & ei quod fm habitum dr inerit, & quod ei (quod fm habitū dicitur) in est, & habitui inerit: vt qm sciē fm scientiam dr affici, nō inerit scientiæ propriū indissuassibile à rōne: nam & sciens indissuassibilis erit à ratione. Cōstruenti au tem dicēdum qm non est diuersum simplr id cui accidit, & accidens cū eo cui accidit sumptū, sed aliud dicit, eo cp diuersum sit ipsum, esse: non enim idē est homini esse, cp sit homo, & alba homini esse, cp sit albus homo. Præ terea aūt considerandum est ad casus dicēti, quod neq́ sciens est indissuassibile à ratione, sed indissuassibilis à ratione, neq́ scientia indissuassibile, sed indissuassibilis à ratione: nam ei qui omnino in stat, omnino est aduersandum.

Deinde destruenti quidem, si quod natura inest volēs assignare: hoc modo ponit fm locutionem, vt quod semper inest significet. Videbit enim moueri posse quod positū est propriū esse. vt quia qui dixit hominis propriū bipes, vult quidē quod natura inest, assignare: significat autem locutionē quod semper inest, non erit hominis proprium bipes: nō enim omnis homo est duos pedes habens. Construēti autem, si vult quod natura inest propriū assignare, & locutione hoc modo significat. Non enim mouebit

A mouebitur ſm hoc propriū: vt quia qui hominis propriū aſsignauit, animal diſciplinæ ſuſceptiuum, & vult, & dictione ſigni ficat ϙ natura ineſt propriū, nõ mouebitur, ſm hoc ϙ nõ ſit proprium hominis, alal diſciplinæ ſuſceptiuū. Amplius, quæcūϙ dicuntur ſm aliud aliquod primū, aut vt primum ipſum, labor eſt aſsignare taliū propriū. Nam, ſi cõ* quod eſt ſm aliud aliquid proprium aſsignauit, & de primo verificabit: ſi autē primi poſuerit, & de eo quod eſt ſecundū aliud prædicabit: vt ſi quis aſsignet ſuperficiei propriū coloratū eſse: & de corpore verificat coloratum eſse: ſi autē corporis, & de ſuperficie prædicabit: quare non de quo oratio, & nomen verificabit. Accidit autē in quibuſdam proprijs plerõϙ fieri aliquod peccatum, pp hoc ϙ non determinet qũo, & quorum ponit quis proprium: oēs enim conant aſsignare propriū, aut quod natura ineſt, vt hominis bipes, aut quod nũc ineſt, vt hominis alicuius quatuor digitos habere, aut ſpecie, vt ignis ſubtiliſsimum, aut ſimplr, ut animalis viuere, aut ſm aliud, vt animæ prudens: aut vt primum, quemadmodum rationalis prudens, aut in eo quod hēt, vt ſcien tia indiſsuaſibile à ratione (nihil enim aliud ϙ habendo aliquid erit indiſsuaſibile à ratione) aut in eo ϙ habeat, vt ſcientiæ indiſ ſuaſibile à rõne, aut in eo quod

participatur, vt animalis ſentire (ſentit enim et aliud quid vt hõ, ſed participas iã hoc, ſentit) aut in eo quod participat, vt alicui* animalis viuere: qui non addit igif natura, peccat, eo ϙ contin git quod naturæ ineſt, nõ ineſse illi cui natura ineſt, vt homini duos pedes habere: qui vero nõ determinat qm quod ineſt aſsi gnat, ϙ non erit tale quale nunc ineſt id, ceu quatuor digitos habere hominē, non indicãs quoϙ quod vt primū, aut vt ſecūdum aliud, ponit, ϙ nõ de quo oratio & nomen verificabit, vt colora tum eſse ſiue ſuperficiei, ſiue corporis aſsignauerit propriū, non prædicens etiam quod aut in eo quod eſt habere, aut in eo quod haberi propriū aſsignauit, ideo non erit propriū quod aſsignatum eſt: nã inerit (ſi in eo quod habet aſsignauit propriũ) etiam habenti: ſi aũt habēti, & in quod habet, vt indiſsuaſibile à rõne, ſcientiæ vel ſcientis poſitū proprium, non præſignificans etiã in eo quod participat, vel parti cipat, eo ϙ et in alijs quibuſdam inerit propriū. Si enim in eo qui dem quod participatur, aſsigna uit, participantibus inerit, ſi ve ro in eo quod participat, ñs quæ participant, vt ſi alicuius anima lis poſuerit viuere propriū, non diuidens et ſpecie quod vni ſoll, inerit eorū, quæ ſub eo ſunt, cui* propriū ponit: nam quod eſt ſe cundhm ſuperabundantia, vel ſoli ineſt: vt igni leuiſsimum.

Aliquotie

¶ Aliquoties aūt & ſpēs addens peccat. Nam oportebit vnā ſpeciem eſſe eorum quæ dicuntur, qñ ſpecie addiderit: hoc autē in quibuſdam non accidit, vt nec in igne, nō enim eſt vna ſpecies ignis, nā diuerſum eſt carbo & flamma, & lux ſpecie, cum vniuſquodæ horum ſit ignis: propter hoc aūt non oportet quãdo ſpecie additur, diuerſam eſſe ſpeciē eius quod dicitur, qm his quidē magis, illis autem minus inerit quod dictū eſt proprium, vt in igne ſubtiliſſimū: ſubtilior enim eſt lux carbone, & flamma. Hoc autem non oportet fieri quando non, & nomen magis prædicaí, de quo oratio magis verificaí. Si autē non, non erit de quo oratio magis, & nomē magis. Am plius autē ad hæc idem eſſe accidit proprium eius quod ſimpliciter, & eiº quod maxime in ſimpliciter tali: vt in igne ſe hēt ſubtiliſſimū: nam & ſimpliciter & ignis, & lucis erit hoc ipſum proprium, ſubtiliſſima enim lux: cū igitur alius ſic aſſignat propriū, argumentandum: ſibi autem nō danda hæc inſtantia, ſed ſtatim cūm ponit proprium, determinandū eſt, quomodo ponit proprium. Deinde deſtruenti quidem, ſi idem eiuſdem proprium poſuit. Nō enim erit proprium, quod poſitum eſt eſſe propriū: nam idem eidem omne, quid eſt eſſe indicat: quod autem eſſe indicat, non proprium, ſed terminus eſt, vt quia qui dixit hone

ſti propriū decēs eſſe, idem eiuſ dem proprium aſſignauit (idem enim eſt honeſtū & decēs): non vtiæ erit decēs honeſtī propriū. Conſtruenti autem, ſi non eiuſ dem proprium aſſignauit, cūm conuerſim prædicatum poſuit. Nam erit proprium quod poſitū eſt non eſſe propriū: vt quia qui poſuit aīalis proprium id quod ſubſtantia animata, non idē quidem eiuſdem proprium poſuit, & conuerſim prædicatum aſſignauit, erit animalis proprium ſubſtantia animata. Deinde & in ħs, quæ ſimilium partiū ſunt, conſiderandū eſt: deſtruēti quidem ſi quod totius eſt proprium, non verificatur de parte: aut qđ partis, non dicitur de toto. Non enim erit proprium, quod poſitum eſt eſſe propriū: accidit aūt in aliquibus hoc fieri. aſſignabit enim aliquis in ħs, quæ ſimiliū partium ſunt proprium aliquoties quidem in toto reſpiciēs, aliquoties autē in eo quod ſm partem dicitur ipſe ſeipſum intelligens: at erit neutrū recte aſſigna tum, vt in toto quidē, quia qui dixit maris proprium, plurima aqua ſalſa, alicuius ſimilium partium poſuit proprium, & tale aſſignauit quod nō verificatur de parte (non enim erit quiddã maris plurima aqua ſalſa) non vtiæ erit maris ⱶppriū, plurima aqua ſalſa. In parte autē, vt quia qui poſuit aeris proprium, reſpirabile, ſimilium quidem partium alicuius dixit proprium, tale aūt aſſignauit

gnault quod de quoaere verum est, de toto aūt non dicitur (non enim erit vniuersus aer respira-bilis (nõ erit vtiqæ aeris proprium respirabile. Astruenti aūt, si ve-rificat de vnaquaqæ similiũ par-tium quod est proprium earum fm totum. Erit enim propriũ, quod positũ est nõ esse propriũ: vt quia verificatur de omni ter-ra deorsum ferri fm naturã: est autē & non proprium alicuius terræ fm totum (nam secũdum terram, & id quod est terrã esse) erit terræ propriũ deorsum fer-ri secundum naturam.

Sermo de locis, quibus constituemus an bene positum sit proprium. Cap. 2.

Loca autem, quibus constitui-muran bene positum sit pro-prium, sunt hæc.

Quorum prim' est, si proprium fuerit noniuste, cui positum est pro-priũ, iam bene positum ipsum, si autē non fuerit notius non sit bene po-situ ipsum. hoc aūt sit duobus mo-dis, quoæ vnus est, æ proprium fm se non sit notius æ res cuius est pro-prium. v.g. qui posuit æ animæ pro-prium ignis, eo æ similimus sit om-nium rerum, iam vsus est vt digno-sceret animã igne, eo quod fm se est quid latēti us igne, maiorē enim no-nnis habemus de igne æ de anima: secundus aūt est, æ nõ sit maior co-gnitio essendi rem cuius, é propriũ æ cognitio inessendi proprium: ha-benti proprium: qm vt propriũ co-gnoscae indiget duabus rebus, qua-rom vna est, æ fm se sit noniusesse æ habens propriũ, secunda est æ sit totius inesse habenti propriũ, æ ha-

bens proprium. exempli gratia, qui posuit ignis proprium, æ sit res, qua anima primo sit, iam vsus est in di-gnoscendo ignis proprium re, quæ est é latenti us igne. Destruēs itaqæ destrueret, quia proprium careret al-rem horū duorum modorū priori-tatis cognitionis. Construens vero construeret æ bene positum sit pro-prium, qn eius sunt hæ duæ species prioritatis cognitionis. v.g. qui de-nominauerit animal, æ ei sit sensus, illud denominauit per id, quod est duobus modis notius.

Locus secundus est, æ proprium dixerit oratione equiuoca. v.g. quan-do dicimus, sentit, significamus duo significata, quorũ vnum æ, deno-minet per sensum, & si dormiat: alte-rum aūt est, æ vtatur sensu: propriũ enim, qn hoc modo profertur, latet, siue proprium sit de his, quæ signifi-cantur simplici dictione, aut oratio ne: expedit itaqæ, in locis, quibus de-serit, æ fugiat æquiuocatione hui' ēditionis. Et sicut destruēs destrue-ret propriũ, qn positũ fuerit huius conditionis, sic cõstruens ipsum cõ-strueret e hoc eodē loco, qn enim expressum sit proprium simplici di-ctione, aut oratione non æquiuoca, iam positum est positione bona: exē-plum huius de proprio, quod signi-ficat per orationem, est, prout quis dixerit, ignis est corpus, cuius cõdi-tionis est moueri ad supremũ locũ velocius, æ possit esse, quia nulla di-ctionum occurrentium in hac ora-tione est equiuoca, neæ in composi-tione, æ sit ex illis dictionibus, é equi uocatio penitus. Et prope hunc est, qui poneret propriũ æquiuocum, æ res, quæ p propriũ denominatur, significetur per orationē equiuocã: hoc

G hoc enim modo nō esset proprium
positū, prout expedit illi, qui dicit, ꝙ
animæ proprium sit ipsam ēe immor-
talem, & non explicas quæ suarum
partium sit huius denominationis.
Construens aūt argumétatur, ꝙ positum sit proprium bona positione,
qñ eloquuntur de habente propriū
oratione non æquiuoca. Vt qui diceret, ꝙ homo sit alal, iam positum esset propriū, prout expedit, quia hominis nomen non est æquiuocum.

Locus. 3.
qui est. 14
& 15.

Tertius locus est, ꝙ aliqua rerū,
quæ sumunt in proprium repetitū,
H qñ proprium repetitio conturbaret
audiente, & poueret oratione laten-
tem: oratonis aūt repetitio sit duobus modis, quorū vnus est, ꝙ vnum
ipsum idē nomen siat bis, prout est
sermo dicentis, ꝙ terra sit substantia
de corporibus, quæ nāē feratur in
intimū locū, substantia enim intrat
in corp’: & hoc vñ quidem apparet qñ
loco corporis vtatur substantia talis
denominationis. Et destruens destrueret proprium, qñ ipsum termi
naret per alterā duarum denomina
tionum, & qui verisicaret proprium
ipsum, confirmaret ꝙ eo non siat
I vnum nomen bis repetitum . verbi
gratia qui diceret ꝙ hominis ꝓpriū
sit esse disciplinabile, iā poneret pro
prium prout expedit, & non vteret
hic nomine repetito.

Locus. 4.
qui est. 16.
& 17.

Quartus locus est, ꝙ nō insit proprio res cōis omnibus rebus. v g. qui
diceret ꝙ scientiæ propriū sit, ꝙ sit
opinio, in qua non mutas asserio a
syllo, et quo est vna forma, quæ nō
aufertur: vnum enim inest oibus re
bus: & destruens destrueret, ꝙ proprium positū sit aliter, ꝗ expediat.
Et eu hoc loco verisicaret, qui assereret ipsum ꝙ potiūs sit prout expe-

dit, qñ non suerit in eo posita res cōmunis, sicut qui posuit ꝙ animalis
propriū sit habere animā: in anima
enim non est res communior aïali.

K

Quintus locus est, si quis ponat tei
plura propria, preter ꝙ hoc explicet,
ille non bene ponet ipsum propriū.
v. g. qui poneret de ignis proprio ꝙ
sit tenuissimū corporum, & leuissi-
mum ipsorū iam poneret illi plus ꝗ
vnū proprium: nam inter diuulgata estimat, ꝙ sicut expedit definitionem esse vnā, cui nō additur aliqua
res, præter ꝙ significat essentiam, sie
proprijū expedit esse vnum: hoc aūt
est diuulgatum, non verū, quia non
est ꝗpossibile rei esse multa propria:
asserens a. item asserere, ꝙ positum
erat, vt expedit, qñ nō suerint plura
propria. v. g. vt qui dixit ꝙ humoris
proprium sit oēm figurā suscipere.

Locus. 5.
lib.8. ca.

L

Sextus aūt locus est, ꝙ non sit po
situm propriū, quod ē tes posterior
in essendo, ꝙ res, cui est propriū, &
præcipue, qñ suerit pars illius, & nō
id quod est, & res cuius est propriū
sit simul in essendo, sicut duo opposita: hæc enim ola non ponerēt rem
sonoré, hoc autem est ēm diuulga-
tionem: sin aūt, non euadit, quin posterius est essendo sit notius, & ꝙ pro
priū sit notius, ꝗ sit aliqua pars rei,
cuius est proprium : tanto sortius ꝙ
duarū rerum, quæ sunt simul natura, vna sit notior altera. Exemplum
illius est, qui secerit rem posterioré
in essendo, ac si esset propriū, prout
est ille, qui dixit, ꝙ animalis sit propriū ꝙ sit substantia, cuius spēs est
homo, hic aūt vtitur quodam proprio, quod est pars rei. Et exemplū
illius, qui sacit propriū ab ipso oppo
sito, est, prout ille qui dixit, quod
proprium boni sit oppositum mali.

Locus. 6
lib.8. ca.
21. 22. 23.
24. 25. 26.
27.

M

Destruēs

A Destruens aūt destrueret, quia posi
tum esset propriū aliter q̄ expediat.
Asserens aūt assereret, q̄ positū sit,
prout expedit, q̄n nōn sit ab oppo-
sitoq̄ posterior. Expedit autem te-
scire, ẽp q̄ proprium sumitur fm
modū priuationis, & habitus, q̄ habitus sit notior priuatione, siteq̄ &
affirmatiuum notius est negatiuo.

Hæc itaq̄ sunt loca, quibus possi-
mus nobis cōstare, q̄ proprium positum sit,prout expedit,q̄ nō sit
ita positū. Reliqua aūt loca, quæ
Aristo. narrauit in hoc capitulo (ait
Themistius) q̄ subintrent loca, qui-
B bus nobis cōstat, q̄ id,quod positū
est proprium, nōn sit proprium : &
argumentatur ad hoc, quia Aristo.
illa repetit & dinumerat in suum
illorū locorum. Verisimile aūt est,
q̄ illis sit aditus ad ambo capitula simul, sed duobus differentibus mo-
dis:id enim, quod nōn est propriū,
dicit duobus modis, quorū vnus est
q̄ caret aliqua dispositione, qua diceretur de illo propriū, quouis modo
dicetur propriū, secundus aūt est,
q̄ priuatio illius, de qua dicetur propriū sit in præmissa, & huiusce pæ-
C dicata differant fm magis & minus:
prædicatum enim de re ipsius proprij est quædam res nimis imperfecta,
quæ posse enumerari in duobus capitulis, q̄n autem non consideratet
hæc res, esset in capitulo, quo id, q̄
positum est proprium, nōn sit proprium, & q̄n consideratus fm illud,
potest numerari capitulo illius, q̄
id,quod positū est proprium, sit positum aliter q̄ expediat. Tu aūt ex-
prime & distingue loca, quæ retulit
Aristo. in duobus capitulis, q̄ sūt
huius cōnditionis. Et incipiemus in
eo, quibus cōstituemus q̄ id, quod

D dicitur proprium ; nōn sit propriū.
Expedit autem, vt scias (prout ait
Themistius) q̄ bases horum locorū
sunt tres,quarum vna est, q̄ propriū
insit rei semper, secunda q̄ sit prædicatione cōuertibile, & tertia est, q̄
non significet rei quidditatē. Et cōn-
uenit etiam scire, q̄ destruitur proprium, q̄ deest ei vna harū triū ba-
sium, & q̄ non cōstituitur, nisi q̄n
simul congregatæ fuerint. Et exemplum illius, quod nō inest semp, est,
qui poneret q̄ proprium sit animali
quiescere, aut moueri, quies enim
aut motus insunt illi aliqn. Et exem-
E plum illius, qui poneret propriū nō
cōuertibile est, vt qui diceret, q̄ homini propriū sit esse animal rōnale
meditatiuum & negociatiuum. Et
expedit q̄ postea incipiamus loqui
de locis, quæ reducunt ad bas bases.

Huius itaq̄ initiū est locus,q̄ nō
ponatur proprium fm rei naturam,
sed fm sensum, prout diceret, q̄ Sol
sit astrum lucidissimum, quod mouetur supra terrā, nam verum est de
illo hoc proprium toto tpe, quo Sol
perseuerauerit sentiri : notum aūt
est, q̄ hoc proprium non inest semper, & similiter quando diceretur, q̄
F colori proprium sit visu esse com-
prehensum, quando enim non videtur, iam ablatum est proprium.

Secundus locus est, q̄ non ponat
gen' in proprium, vt qui diceret, q̄
pati propriū sit, q̄ sit in duas æquas
partes diuisibilis: ponens enim hoc,
poneret proprium, quod non est, &
notum est, q̄ huic proprio deest cō-
uertibilitas, diuisibile enim in duas
equas partes prædicatur de quantita
te cōntinua, & discreta, quando autem meminerit de nomine numeri
cōuertetur prædicatione.

Log.cū cō. Auer. M Tertiᵘ

Locus.1.q̄
est 16. &
17.

Locus. L
qui est.10

C Tertius locus est, q̄ ponatur proprium prædicatum pꝛeter naturalꝭ, & hoc fit q̄ ponatur habens propriū proprij propriū : id autē, quod hoc modo positum est, non est propriū: eius exemplum est, vt qui posuerit igni q̄ est subtilissimarum partiū inter corpora, & q̄ est propriū ipsi euenit et illi, qui ponet et proprium hac positione, q̄ sit vnū propriū plurium rerum, & hoc quando vni rei inessent plura propria, sicq̄ quando poneret ipsammet rem propriū, poneret vnum proprium multarū rerum : hoc autem est falsum.

Quartus locus est, q̄ nō ponatur ipsa d̄na proprium, vt dicatur q̄ hoīi proprium sit rōnale, huic enim deest, q̄ nō notificat rei essentiam, hoc est, notificationis priuatio, d̄ria enim notificat rei essentiam. Expeditautem scire, q̄ quiuis horum locorum verax est, si fiat in construendo, qñ duæ reliquæ bases fuerint inesse rei, quæ postꝛea est esse proprium. verbi gratia, quia dum dicimus de homine, q̄ sit animal scientiæ susceptiuum, quando s̄m hanc positionē communistratum fuerit, illud non esse d̄riam, & cū hoc q̄ pateat de eius re, q̄ sit cōuertibile & necessariæ prædicationis, verificatum est, q̄ hoc sit ilh proprium.

Quintus locus est, q̄ id, quod potium est alicui rei propriū, non sit propriū ex parte qua significat illā s̄m vnum suorum nominum synonymorum. v. g. quia ex quo non est proprium rei quæ sit pateꝫ fieri quibusdam viri ipsam esse bonam, nō sit hoc propriū eligibilis. Si enim esset propriū eligibilis, esset proprium quæsiō. Construens aūt construeret p huius contradictorioꝭ, s. q̄ ipsum-

met proprium insit vni eidem rei, & si illius sint nomina synonyma. verbi gratia, si hominis proprium sit ipsius animæ esse tres partes, cogitario, irascens, & concupiscens, & viri proprium sic est: homo enim & vir sunt nomina synonyma.

Sextus locus est, q̄ alicui speciei, quæ subsunt vni generi, positum sit proprium, cui est contrarium, non oportet contrarium esse propriam speciei, quæ cū illa sumpta fuit in genere. v. g. qua ex quo homo & equus sunt duæ spēs, quæ subsunt animali. Et si hominis propriū esset morꝰ eꝛsse, nō esset equi propriū quies ex se. Construens aūt construeret per cōtradictorium illius, quo destruit destruens: hic aūt locus sit verax, si numerus propriorum contrariorum, quibus diuidif genus, esset numerus specierū: res verꝯ contra se habet, & ille est locus mendax, & eū hoc modiez persuasionis.

Septimus locus est, quo sophista destruant quod politū est propriū, nō esse proprium. Et hic quidē septimus locus est ex parte æquiuocationis noīs vnius, & alterius, qñ enim aliquis poneret aliquod propriū alicui rei, vt risibilitatē hoī, gratia exēpli, & homini acciderent multæ res, vt q̄ ille sit arabs, & q̄ sit balbutiēs & sophista sumeret, q̄ homo & hō albus sint vna res numero, sequeret hinc, q̄ risibilis esset propriū hominis albi, & niger nō esset risibilis. Quando aūt diceretur q̄ homo absolute, & homo albus essent duæ res, destrueret sophisma. Locus aurē sophismatis fuerat, quia positæ erunt duo vnam. Et fortasse fallerechuius contraria ponendo vnū duoꝛ, prout quis poneret sex propriū immutabilem

Liber Quintus

& bilem opinionem, & destruet eam: hoc
est, quo hoc proprium est scientiæ, & nó
est moris ipsi? proprij inesse dub?
rebus. Huius aut sophismatis solu
lutio est, quia scia & scientia sunt duo
sin rationem & vnum subiectu: vel
dicemus, q̃ proprium vnius non sit
proprium alterius, scia enim in vno
significat, quod non est in subiecto,
& in scie te signi fient quod est in sub
iecto, scientia eni m est immutabilis
opinio, sciens aute non esset homo,
nisi eius scientia mutaretur.

Locus 8. qui a 10. & 51.

Octauus locus est, in quo potest
falli, ex quo enim moris ipsius proprij est, q̃ illi cuius est proprium natu
raliter inest, ponens aut omittat apponere conditione ad ipsum, q̃ indit
illi, cuius est proprium, hic modus. So
phista enim falleret ponendo proprium aliqd separari ab eo, cuius est
proprium: exempli gratia, vt qui di
ceret, q̃ homo sit bipes, erraret. Destruens aut diceret, q̃ pedibus exci-
sus nõ haberet hoc proprium, quando vero superaderetur naturaliter,
auferretur hoc sophisma.

Locus 9. qui a 52. & 53.

Nonus locus etiã est, in quo potest falli, qñ enim moris ipsius proprij
est, esse proprium, quatenus est prædi
catum in prima prædicatione, ponens
aut omittat adijcere illi hanc condi-
tionë, posset illud destrui. Id enim
quod pot inesse illi, cuius est proprium,
& alij ab eo, non est illi proprium.
Vt, verbi gratia qui diceret, q̃ super
sciei proprium sit colorë suscipere:
Sophista autem destrueret illud, qa
de corpore verum est dicere, q̃ su sci
piat colorem. Quando aut ponens
distinxerit, dicendo q̃ superficies su
scipiat colore primo, & corpus illë
recipiat mediante superficie, auferet
sophisma. Et sit semper, qñ alicuius

rei est aliqua conditio, & illam ponens omiserit, & illã posuerit absolute, eueniet et tale sophisma. Præd i
catio enim multorum prædicatorum est
vera: consituens, prout dicendo, q̃
sit iustus, vel acquisituus, aut potest a
prima vel secunda. Et ideo expedit
illi, qui proponit bene ponere proprium, q̃ caueat ponere absolute id, cu
ius moris sit ponere conditionaliter.

Locus 10. qui est 54.

Decimus locus est totalis, q̃ suma
tur res, quæ inest sin magis & minus
de quibusdã rebus, quæ differãt sin
hanc rem sin magis & minus, & ponat proprium toti, prout qui dicit,
igné esse tenuissimã rerü, hoc enim
verü est de vna specierü ipsius ignis,
q̃ est ipsius lampa, qñ (vt ait Plato)
ignis sunt tres partes, flama, lampa,
& carbo. Huius aute causa est, quia
excessiuæ res non possent videri in
multis rebus, siue aliæ res sint vt spe
in genere, siue vt partes in toto.

Locus 11. qui est 55.

Vndecimus locus est, q̃ ponatur
propriu eximio sin comparationem,
accidit enim hinc, q̃ nomen non sit
verum de eo, de quo est vera oratio
significãs proprium. Exempli gra, qui
dixerit, q̃ ignis proprium sit esse corpore leuissimu, & equi proprium esse
q̃ sit animalia velocissimu: posset
enim auferri ignis, & esset leuissimu
ipse aer gratia exëpli, sicq̃; posset au
ferri equus, & aliud esse omniu animalium velocissimu, quod esset ani
mali illi succedens sin velocitatë, hoc
vero esset proprium apud illum qui
sciret, q̃ impossibile sit vnquam auferri ignem, aut equi speciem.

Locus 12. qui a 56. & 57.

Duodecimus locus est, q̃ ponamus sui ipsius proprium, hoc autem contingit, dum rei fuerint duo
nomina synonyma, quia quod posi
tum est proprium, non est proprium,

M ij Et

℃ Et notū est de re huius loci, ꝙ qui il
lum ponit, errat circa propriū. v.g.
vt qui diceret ꝙ pulchri propriū sit
esse formosum, pulchrum enim &
formosū sunt duo nola synonyma.

Locus 13. Tertiusdecim' locus est, quia pro
que. 15. 16 prium, ꝗ positum fuerit corporib'
& 18 homogeneis, expedit ꝙ insit orbus
partib' illorum corporum, ꝗ vero
inesset maiori parti, & nõ inesset mi
nori, aut inesset minori, & non ines
set maiori, quod positũ est propriũ,
non est proprium. Et exemplum illius quod inest maiori parti suarũ
partium, & non inest toti , sit, vt qui
H dixerit, ꝙ maris proprium sit ipsius
aquā esse salsam. Exemplum aũt illius, ꝙ positũ est de parte, & non de
toto est, vt oratio illius qui dixerit,
ꝙ aer inspiret, inspiratum enim est
pars illius. Construens vero ꝗ construxerit, ꝙ proprium sit de omnib'
partibus, & ꝙ reliquæ aliæ bases insint, iam constructũ est ipsum proprium. Exempli gratia, vt qui diceret ꝙ proprium sit terræ ferri deorsum naturaliter, hoc enim inest om
nibus partibus, sicut inest toti.

Locus 14. Quartusdecimus locus est, ꝙ pro
prium sit positũ in potẽtia illi, cuius
est propriũ, & vltra ꝙ applicet illum
I esse potentia per rem, quæ possit es
& auferri. gratia exempli, vt qui dixit, ꝙ coloũ proprium sit, ꝙ sint vi-
sibiles in potẽtia, ꝗ si imaginetur
ablatio & priuatio animalis, auferretur hoc propriũ, nisi apud illum,
qui coniectatur, ꝙ imposs sit priua
ri animal, ꝑ hoc enim posset destrui
ipsam propriũ. Construens aũt est
cõtra hoc, nõ enim sit applicatio po
tentiæ rei, cuius positũ est propriũ
ꝑ rem, quæ primo affatu imaginet
priuari, vt gratia exẽpli, qui dixerit,
:

ꝙ entis proprium sit agere & pati. **K**

Hęc sunt omnia loca propriũ ipsi
proprio, reliqua autem residua loca
sunt cõia omnibus quæsitis, & sunt
vniuersaliter quæ sumuntur ab oppositis, aut à simili, aut ab eo quod è
magis & minus & æquale, aut à casibus & coniugatis, aut à generatione
& corruptione. Et incipiem' hoc secundum Arist. doctrinam, sit enim
in hoc exercitium quoddam.

De locis communibus omnibus quæstis,
quæ sumuntur ab Oppositis, aut à Si-
: mili, aut ab eo, quod est Magis, & mi-
nus & æquale, aut à casibus, &
coniugatis, aut à generatione,
& corruptione. Cap. j. **L**

DEinde ex oppositis consi **66.Locus**
derandũ est, primũ qui- **Declario.**
dem ex cõtrariis:destrue
ti quidẽ, si contrariũ non est contrariũ. Neꝗ enim contrariũ erit
contrariũ proprium: vt quia cõ
trarium est iustitiæ quidẽ iniustitia, optimo aũt pessimum:nõ
est auté iustitiæ proprium optimum, nõ erit iniustitiæ proprium
pessimũ. Construenti aũt, si cõ **67.Locus**
trariũ contrariũ proprium est, & **Declario.**
cõtrariũ contrarii proprium erit. **M**
Vt quia contrariũ est bono quidem malũ, eligendo aũt fugien-
dum:est aũt boni proprium elige
dum:erit mali proprium fugiẽdũ.

Secundum autẽ, ex ijs quæ ad **68.Locus**
aliquid sunt: destruenti quidẽ,si **Declario.**
hoc quod ad aliquid est,eius quõ
est ad aliquid nõ est proprium.
Neꝗ enim hoc quod ad aliquid
est,eius quod ad aliquid est, erit
propriũ: vt quia dicitur duplũ
quidem ad dimidium, superans
auté

d 3. Locus Declarac.

& autē ad superatũm: non est autē dupli proprium superans, non erit dimidiñ propriũ superatũ. Construenti autē, si eius quod est ad aliquid, hoc quod ad aliquid est proprium:& eius quod est aliquid, id quod est ad aliqd erit proprium. Vt quia dicitur duplum quidē ad dimidium id esse,quod duo ad vnum : est aũt dupli proprium vt duo ad vnũ: erit dimidiñ proprium, vt vnũ ad duo. Tertium aũt, destructi quidem, si habitus, id quod sm habitum dicis non est propriũ, neq profecto priuationis, id qd sm priuatione dicitur, erit proprium:& si priuationis,id quod sm priuationem dicitur non est proprium, neq habit*,id quod secundum habitum dicitur erit proprium. Vt quia nō dicitur surditatis proprium insensibilitatem esse,neq auditus erit proprium sensum esse. Construeti vero , si quod secundum habitũ dicitur,est habitus proprium:et quod secundum priuatione dicitur erit propriũ & si priuationis, id quod secundum priuationē dicitur,est proprium , & habitus quod secundum habitum dicitur, erit propriũ. Vt quia visus est propriũ videre,secundũ quod habemus visum: erit cæcitatis proprium non videre, secundum quod nō habemus visum , nati habere .

e 4. Locus destructio.

e 5. Locus destructio.

e 6. Locus destructio.

B

C

Deinde ex affirmationibus, & negationibus: primum quidem ex ipsis quæ prædicãtur.Est au-

tem locus hic vtilis destructi ratiō tum:vt si affirmatio, vel quod secundum affirmationē dicitur, eius est proprium,non erit profecto ei* negatio , neq quod sm negationem dicitur proprium: si autem sit negatio,aut quod secundum negationē dicitur proprium, eiusdem non erit affirmatio , neq quod sm affirmationē dicitur proprium : vt quia proprium animalis est animatum, non erit animalis proprium, nō animatum. Secundum autē ex prædicatis, vel etiam non prædicatis, & de quibus prædicatur, vel non prædicatur : destruenti quidē , si affirmationis affirmatio non est proprium,neq enim negatio negationis erit propriũ: & si negatio negationis non est propriũ,neq affirmationis affirmatio erit proprium:vt quia nō est proprium hominis animal, neq non hominis non animal: si autem non hominis non videtur proprium non animal , neq hominis erit proprium animal. Construenti aũt , si affirmationis affirmatio est proprium. Nã & negatio negationis erit proprium:si aũt negationis negatio est proprium, & affirmatio affirmationis erit proprium : vt quia non animalis est propriũ non viuere, erit animalis propriũ viuere:& si animalis propriũ videt viuere,& non animalis propriũ videbit non viuere. Tertiũ autem ex ipsis subiectis.destruenti quidē ,si quod assignatũ est pro-

D

e 7. Locus destructio.

E

F

e 8. Locus destructio.

e 9. Locus destructio.

D

M   iij   priũ,

priũ, affirmationis est propriũ.
Non erit enim idem & negationis proprium: si autẽ negationis
est propriũ quod assignatũ est,
non erit affirmationis propriũ:
vt quia animalis propriũ est ani
matũ, non animalis non erit pro
prium animatum. Constituenti
vero, si assignatum propriũ nõ
est affirmationis proprium, erit
negationis. At hic locus deficit
nam affirmatio negationis, & ne
gatio affirmationis non est pro
prium, quãdoquidẽ affirmatio
negationi omnino non inest ne
gatio aũt affirmationi inest qui
dem, at non vt proprium inest.

Deinde ex iis quæ ex opposito
diuiduntur: destruenti quidem
si eorum quæ ex opposito diui
duntur, nullum ollius reliquorũ
ex opposito diuersorum est pro
prium. Neqp enim quod oppo
situm est, erit propriũ ei? cuius
positũ est proprium: vt quia ani
mal sensibile nullius aliorũ mor
talium animaliũ est proprium,
nõ erit animal intelligibile Dei
proprium. Constituenti autẽ, si
cæterorũ quæ ex opposito diui
duntur quoduis est proprium ta
lium quorumcunqp eorum quæ
ex opposito diuiduntur. Nã re
liquum erit eius proprium, cuius
positũ est non esse proprium: vt
quia prudentiæ est proprium, p
se natum esse rationalis, virtutẽ
esse, & aliarũ virtutum sic vnius
cuiusque sumptæ: erit temperan
tiæ proprium per se natum esse
concupiscibilis virtutem esse.

70. Locus
Dectruo.

Annota
tio.

71. Locus.

I
71. Locus.
Dectruo.

Deinde ex casibus: destruenti
quidẽ, si casus non est casus pro
prium. Neqp enim casus erit pro
prium casus: vt quia nõ est eius
quod est iuste propriũ id quod
bene, neqp iusti propriũ erit bo
num. Constituenti autem, si ca
sus est proprium casus. Nam et
casus erit casus propriũ, vt quia
hominis est proprium gressibile
bipes, & homini erit proprium
gressibili bipedi dici. Non solũ
autem id eo quod dictum est se
cundum casus est cõsiderandũ,
sed & in oppositis, quemadmo
dum & in prioribus locis dictũ
est. destruenti quidem, si oppo
siti casus non est proprium op
positi casus. Neqp enim oppositi
casus erit proprium oppositi ca
sus: vt quia non est eius quod est
iuste proprium quod bene, neqp
iniuste erit proprium quod male.

Cõstruenti vero, si oppositi ca
sus est proprium oppositi casus.
Nam & oppositi casus, erit pro
priũ oppositi casus: vt quia ho
nesti est proprium optimum, &
inhonesti erit propriũ pessimũ.

Deide ex iis quæ similiter se ha
bent, destruẽ quidem, si quod
similiter se habet, ei? quod simi
liter se habet, non est proprium.

Neqp enim quod similiter se ha
bet, eius quod similiter se habet
erit proprium, vt quia similiter
se habet ad extruendum ædifi
cium ædificator, & medicus ad
efficiendum sanitatem: non est
autem proprium medici effice
re sanitatẽ, neqp ædificatoris erit
propriũ,

K
71. Locus
Dectruo.

74. Locus
Dectruo.

71. Locus
Dectruo.

L

76. Locus
Dectruo.

M
77. Locus
Dectruo.

78. Locus
Dectruo.

& proprium extrueré ædificium. Construenti autem, si quod si-militer se habet erit propriū ei² quod similiter se habet. Nam & quod similiter se hēt, eius quod similiter se habet erit propriū: vt qm̄ similiter se habet medi-cus ad id quod est esse effectiuū sanitatis, & ludi magister ad id quod est eē effectiuum bonæ ha bitudinis: est autem proprium magistri ludi, esse effectiuum bo næ habitudinis, erit propriū & medici effectiuum esse sanitatis.

Deinde ex his quæ sic se habét deftruenti quidem, si quod sic se habet, eius quod sic se habet non est proprium. Neq̃ enim quod sic se habet, eius quod sic se ha-bet, erit proprium. Si autem ei² quod sic se habet, id quod sic se habet est proprium, eius nō erit proprium, cuius positum est eē proprium. Vt quia sic se habet prudentia ad honestū & turpe, eo q̃ disciplina virtuscz eorum est: non est autem prudentiæ pro prium disciplina esse honesti, nō vncz erit proprium prudentiæ disciplinā esse turpis: si vero est proprium prudentiæ disciplinā esse honesti, non erit proprium eiusdem disciplinam esse turpis: impose est enim eiusdem plura esse propria. Construenti vero nihil locus iste vtili: nā quod sic ise hēt, vnū ad plura cōparatur.

Deinde destruenti quidem, si quod fm esse dicit, non est eius quod fm esse dicitur proprium. Nam neq̃ corrumpi ei² quod

est fm corrumpi, neq̃ generári eius quod fm generari dicitur, erit proprium. Vt quia est homi nis proprium esse animal, neq̃ eius quod est hominé generari, erit proprium generari animal, neq̃ eius quod est hominē cor-rumpi erit propriū corrupi aial. Eodem aūt modo accipiendum est & ex generari ad esse & cor-rumpi, & ex corrumpi ad esse et generari, quemadmodum dictū est nūc ex esse ad generari, & cor rumpi. Construenti aūt, si eius quod est secundum esse ordina-tum est. Est autem per se, ordi-natum proprium: nam & eius, quod fm generari dicit, erit hoc quod secūdum generari dicitur proprium, & eius quod secun-dum corrūpi, hoc quod fm cor-rumpi est assignatum: vt quia hominis est proprium esse mor-talem, & eius quod est generari hominem, erit proprium gene-rari mortalem, & eius, quod est corrumpi hominem, corrumpi mortalem. Eodem autem modo accipiendum est & ex generari, & corrumpi, & ad esse, et ad ipsa ex ipsis fieri: quemadmodum & in destruéti dictum est. Deinde inspiciendum ad idē supposito: destruenti quidem, si idæ nō in est, aut si non quà id dicitur, cu-ius est proprium assignatum. Ido enim erit proprium quod posi tum est esse proprium: vt quo-niam ipsi homini non inest quie scere qua homo est, sed qua idea, non erit hois propriū quiescere.

M iiij Con-

G Construenti autem, si idea inest, & srm hoc inest quæ dicitur
de illo ipso, cuius positum est nõ
esse proprium. Erit enim proprium quod positum est non in
esse proprium: vt quoniam inest ipsi animali ex anima & corpore compositũ esse, & qua animal est, ipsi inest id, erit propriũ
animalis ex corpore et anima cõ
positum esse. Deinde ex magis
& minus. Primum quidem destruenti, si quod magis est, eius
quod magis non est proprium.

H Neqꝫ enim quod minus est, eius
quod minus erit proprium: neqꝫ
quod minime eius quod minime: neqꝫ quod maxime eius qd̃
maxime: neqꝫ quod simpliciter
ei⁹ quod simpliciter: vt quia nõ
est magis colorari magis corporis proprium: neqꝫ minus colorari minus corporis proprium
erit, neqꝫ colorari corporis ol no.

Construenti autē, si quod magis est, eius quod magis est, est
propriũ. Nam quod minus est,
eius quod min⁹ est erit propriũ:
& quod minime, eius quod minime, & quod maxime, eius qd̃
maxime: & quod simpliciter, ei⁹
quod simpliciter: vt quia magis
viuentis, magis sentire est proprium: & minus viuentis min⁹
sentire, erit proprium: & eius
quod maxime, id qd̃ maxime,
& eius quod minime, id quod
minime, & ei⁹ quod simpliciter,
id quoqꝫ qd̃ simpliciter. Et ex
eo autem quod simpliciter, ad
eadem cõsiderandum: destructi

quidem, si quod simpliciter non
est proprium. Neqꝫ enim quod
magis est, eius quod magis, neqꝫ
quod minus, eius quod minus,
neqꝫ quod maxime, eius quod
maxime, neqꝫ quod minime ei⁹
quod mini me erit proprium: vt
quia non est hominis proprium
studiosum, neque magis hominis, magis studiosum erit proprium. Construenti autem, si
quod simpliciter est, eius quod
simpliciter est proprium. Nam
& hoc quod magis ei⁹ quod ma
gis, & quod min⁹ eius quod mi
nus, & quod minime, eius quod
minime, & quod maxime eius
quod maxime erit proprium: vt
quia est ignis proprium sursum
ferri secundum naturam, & magis ignis erit magis propriũ sursum ferri secundum naturam eo
dem modo considerãdum est &
ex alijs huiusmodi. Secundum
aũt, destruenti quidem, si quod
magis est, non est eius quod magis est proprium. Neqꝫ enim qd̃
minus est eius quod minus erit
proprium: vt quonia magis est
propriũ animalis sentire quàm
hominis scire, non est autem ani
malis propriũ sentire, quare nõ
erit hominis propriũ scire. Construenti autem, si quod minus,
eius quod minus est proprium.
Nam & quod magis, ei⁹ quod
magis erit proprium: vt qua mi
nus est proprium hominis man
suetum natura ꝗ animalis viue
re est autem hominis proprium
mãsuetum natura, erit propriũ
aĩalis

Animalia viuere. Tertiū vero, destruēti quidem,si cuius magis est,propriū nō est. Neq̃.n. cuius est minus propriū,erit ci̊ propriū:si aūt illius est propriū, non erit huius propriū: vt quia colorari magis superficiei q̃ co[r] poris est proprium,non est autē superficiei propriū,non erit cor poris propriū colorari:si vero ē superficiei propriū,non erit cor poris propriū. Cōstruēti autē hic locus nō est vtilis: nā impos sibile est idem pluriū proprium esse. Quartū destruēti quidē, si quod maius est eius propriū, non est propriū, neq̃ profecto quod minus est eius proprium, erit propriū. Vt quia magis est ,ppriū animalis sensibile q̃ parti bile,non est autem animalis sen sibile propriū:quare nō erit ani malis partibile proprium. Con struēti autē, si quod minus est eius propriū,est propriū. Nam & quod magis est eius propriū. erit proprium, vt q̃m minus est propriū animalis sentire q̃ vi uere:est aūt animalis proprium sentire,erit animalis proprium viuere. Deinde ex his,quæ sibt insunt,primū quidem destruen ti,si quod sibt est proprium,non est propriū eius,cuius sibt est ,p prium.Neq̃ enim quod sibt est propriū,erit proprium eius cu ius similiter est proprium:vt qa similiter est propriū concupisci bilis concupiscere, & rationalis ratiocinari : non est autem pro prium concupiscibilis concupi

scere,non erit rationalis ,ppriū ratiocinari. Construēti vero, si quod similiter est proprium , eius est proprium,cuius ē sibt,p prium.Nam & quod sibt est pro prium,erit eius proprium cui° sibt est,ppriū:vt quia similiter rationalis proprium primū pru dens,&concupiscibilis propriū primū temperans:est autem ra tionalis primū prudens:erit igi tur concupiscibilis propriū pri mum tēperans. Secundū autē, destruēti quidem,si quod simi liter est proprium non est pro prium eius.Nam neq̃ quod si militer est proprium,erit,ppriū eius:vt quia sibt est propriū ho minis videre,& audire, non est hominis proprium videre,nō vti que hominis proprium audire. Construēti vero, si quod simi liter est eius proprium , est pro prium. Nam quod similiter est eius proprium, proprium erit : vt quia sibt est proprium animę aliquid partium eius primo es se cōcupiscibile,& rationale pri mo:est autem proprium animæ, quid partium eius esse concupi scibile primo,erit vtiq̃ proprium animæ,quippiam partiū eius es se rationale primo . Tertiū ve ro,destruēti quidem,si cuius si militer est proprium,non est,p prium. Neq̃ enim cuius simili ter proprium erit propriū:si au tem illius est proprium,non erit alterius proprium : vt quia vrere similiter est proprium flāmę,& carbonis, non est autem flammæ

95.locus. Declaratio.
96.locus. Declaratio.
97.locus. declaratio.
98.locus declaratio.

90.Locus Declaratio.
91.Locus Declaratio.
92.Locus Declaratio.
93.Locus Declaratio.

ſmæ propriũ vrere, non erit car
bonis proprium vrere ſi autem
eſt flammæ propriũ, nõ erit car
bonis proprium vrere . Con-
ſtruendi autem hic locus non eſt
vtilis:differt autem quod eſt ex
ſimiliter ſe habentibus, ab eo qᵈ
ex ħs eſt, quæ ſimiliter inſunt:
quoniã illud quidem ſecundũ
proportionẽ ſumitur, non in eo
quod ineſt aliquid comparatũ,
hoc autem ex eo quod ineſt, alicui comparatur. Deinde deſtruenti quidem , ſi potẽtia propriũ
aſſignans, & non ad ens aſſigna
uit proprium potentia, cũ non
contingat ei potẽtia ineſſe cum
ens non eſt. Non enim erit proprium quod poſitum eſt eſſe p-
prium: vt quia qui dixit aeris, p
prium reſpirabile, potentia qui
dem aſſignauit propriũ (nam ta
le propriï vt reſpirari poſſit, re
ſpirabile eſt:)aſſignauit autẽ &
ad non eſſe proprium : nam &
cũ non eſt animal quod ſpirare
natum ex aere, contingit aerem
eſſe,non m̃ cum non eſt animal,
.poſſibile eſt ſpirare : quare neqʒ
aeris erit proprium huiuſmodi
poſſibile reſpirari tũc,quia ani
mal non erit quod tale eſt vt re
ſpirare poſſit : nõ ergo erit aeris
proprium reſpirabile. Conſtruẽ
ti autẽ, ſi potentia aſſignãs pro
prium, tã ad ens aſſignauit pro
prium, ɋ ad non ens, cum con
tingat potentia non enti ineſſe.
Erit enim proprium quod poſi
tum eſt,non eſſe proprium : vt
quia qui aſſignauit proprium ,

entis poſſibile pati , aũt facere &
potentia aſſignans proprium ,
ad ens aſſignauit proprium (nã
cum ens eſt, & poſſibile pati qᵈ,
aut facere erit) quare proprium
erit entis poſſibile pati qᵈ , aut
facere . Deinde deſtruenti quidem , ſi per ſuperabundantiam
poſuit proprium . Nõ erit enim
proprium quod poſitum eſt eſſe proprium : accidit enim ſic aſ
ſignantibus proprium, non de
quo orationem, & nomen veri-
ficari:nam corrupta re, nihil mi
nus erit oratio:nam eorum, quæ
ſunt, alicui maxime ineſt: vt ſi
quis aſſignet ignis proprium,
corpus leuiſſimum : corrupto
enim igne, erit aliquod corporũ
quod leuiſſimum erit:quare nõ
erit ignis proprium, corpus leuiſſimum. Conſtruenti autem,
ſi non per ſuperabundantiam
poſuit proprium . Erit enim ſe
cundum hoc bene poſitum pro
prium:vt quia qui poſuit homi
nis proprium animal manſue-
tum natura, non ſuperabundan
tia aſſignauit propriũ:erit vtſ cʒ
ſm hoc bene poſitũ proprium .

Sermo de Locis ſumptis ab Oppoſitis , Si-
mili, ab eo quod eſt Magis , & Mi-
nus, & Aequale, a Caſibus ,
& Coniugatis, & a Gene
ratione, & Corruptio
ne.   Cap. 3.

PRimus itaqʒ illorum ſumit a
contrario. Deſtruens quidẽ cõ
ſiderat, ɋ ſi propriï contrarium nõ
eſt proprium contrariæ rei , cui° eſt
illud proprium quod poſitũ eſt pro
prium

prium, non esset proprium. v.g. qa
nisi iustitiæ propriū fit esse laudabi
lissimā, non esset proprium iniusti
tiæ esse turpissimam. Construés aūt
est, si contrarium proprij sit ppriū
contrario, rei, cuius est illud ppriū,
id quod positū est propriū, est proprium. v.g. si boni proprium sit esse
appetibile, mali proprium est esse
abhorribile.

Locus. 1.
qui est.
&. 61. Secundus locus est a relatiuo. De
strués quidem considerat, si relatiua
proprij non sint propria relatiuis il
lius, cuius est proprium, illud propriū non est proprium. v.g. nisi superans sit dupli propriū, superatum
non est medij propriū. Construens
vero cōsiderat, si pprij relatiua sint
propria relatiuorum illius, cui est
illud proprium, sic illud proprium
est propriū.gra exempli, si dupli proprium sit, qd sit proportione duorū
ad vnum, medij proprium est, qd sit
proportione vnius ad duo.

Locus 3.
qui est.
&. 64. Tertius locus est ab habitu, & pri
uatione. Destruens quidē est, si proprium, qd dr fm habitum, non sit p
prium illius: quod dr fm habitu. hoc
est, quod significat habitum nolle, id
quod significat priuationis nolle, nō
est proprium illius, quod dr priuati
ue, i. quod significat priuationis no
mine. Et si quod dr priuatiue nō sit
proprium priuationis, quod dr fm
habitum non est proprium illius, qd
dr fm habitum. v.g. si quæ priuatio
sensus non est proprium surditatis,
nec sensus est proprium auditus. Cō
struens autem est, si quod positiue
dr sit proprium illius, quod positi
ue dr, quod priuatiue dr est ppriū
illius quod priuatiue dr, & si quod
priuatiue dicat sit proprium illius,
quod priuatiue dicitur, id quod po-

sitiue dicitur est proprium illius, qd
positiue dicitur. v.g. si videntis proprium sit videre, cæci proprium est
non videre.

Quartus locus est, ab affirmatiua
& negatiua: & huic loco subsūt trin
loci. Primo quidem, q consideratur
illorum illationes fm modū cō
uersionis, qn. n. affirmatiua fuerit
proprium alicuius rei, negatiua nō
est proprium illius v.g. si hois proprium sit esse risibile, non fit eius p
prium non esse risibile: & verisimile est hunc non esse locum. Secundus aūt locus ab illatione recte. Destruens quidem consideret, si enuntiatio, quæ affirmat prædicatum, nō
sit proprium enunciationis, quæ af
firmat subiectū: nam quod negat
prædicatum, non est proprium illi
quod negat subiectum. Et contra
hoc etiam. v.g. ex quo dicere, q id,
quod est aial, non est proprium illius, quod est homo, dicere id, q
non est animal non est proprium il
lius, quod non est homo. Et sit, ex
quo dicere, q id, quod non est animal, non sit proprium illius, quod
non est homo, illud, quod est aial,
nō est proprium illius, quod est homo. Tertius aūt locus est. Destruēs
quidem cōsideret, si quod affirmat
prædicatum sit proprium illius, qd
affirmat subiectum, nam non sit, qd
affirmat prædicatum, proprium illius, quod negat subiectum. verbi g.
si animali proprium sit trāspirare,
non animalis non sit proprium trā
spirare. dicere. n. trāspirare, qn est
proprium illius, quod est dicere, q
sit animal, non sit proprium negatiō
ais, q est dicere, q nō sit aial. Con-
struēs vero cōsideret, si affirmatiua
nō sit ppriū affirmatiuæ, illud p
prium

Locꝰ. 4.q
L 66.67.
68.69. &
70.

G prium negatiuæ. v.gr. si vegetabile
non sit proprium mineralis, nõ vegetabile sit proprium mineralis: hic
autem locus est mendax: affirmatiua enim non est proprium negatiuæ, immo non inest affirmatiua ne
gatiuæ, nisi inquantum negatio nõ
e absolutæ negatio, sed significat ali
quam specierum priuationis, sed ne
gatiua aliquã inest affirmatiuæ, sed
inquantum negatio non est absolu
te negatio, ipsa tñ nõ est ei propriũ
ex parte, qua est absolute negatio.

Locus. 5.
qui est. 71
Quintus locus affinis est, qp numeretur in contrarijs: & est sumpt* ex
speciebus, in quas diuiditur genº secundum simile oppositionis. qñ. n.
diuiserimus genus in duas spés oppositas, & diuiserimus et illud I duo
euenta opposita, aut plura fuerint
euenta, & nulla partiũ m euentorũ
fuerit proprium alterius partis illarum specierũ, nec alterum euentũ
est, p priũ alterius spés. v.g. quia nõ
e propriũ mortalis moueri, et quo
orbeś cœleśtes mouent, & sunt im-
mortales: quare non sit proprium
animalis immortalis. Construćtio
autem sit contra hoc.

Locus. 6.
qui sit 72
Sextus locus numeratur etiã hic,
& est qñ fuerint duæ res in duobus
differentibus subiectis: & de illis præ
dicatur vna res communis, & per in
de hac res vniuersalis sit proprium
vnius harum duarum rerum, quan
do adijcitur conditio, illa inesse sub
iecto huius rei: sicq, illa sit propriũ
illius alterius rei, qñ iterum adiicie
cõditio, illam inesse illius subiecto.
v.g. ex quo prudentia & continen
tia sunt duæ partes animæ, in duobus differentibus subiectis, pruden
tia enim est in parte rationali, & cõtinentia in parte concupiscibili, &

virt* est res vniuersalis, q̃ inest virtũ
quæ, & per inde prudẽtia proprium
est esse virtutem iñ parte rationali,
ac continentiæ proprium est eē vir
tutē in parte concupiscibili. Et Aui
ait cp hic locus est scientificus.

Locus 7.
74. 75 in
7 6.I Arist.
Locus autem sumpt̃ a casibus
& coniugatis est, qñ consideramus
si exemplare primitiuũ non sit pro
prium exemplaris primitiui, nec de
nominatiuum sit proprium deno-
minatiui. exempli gratia, nisi iuśti
tiæ proprium sit esse sũ institutio-
nem, non est iuśti proprium esse in
śtituentem. & sic consideretur in casi
bus, sed non inueniuntur in idioma
te Arabico. Et aliquã etiam conside
randum est a coniugatis oppositorum. v.g. quia nisi iuśti propriũ sit,
cp ipse inśtituat id iustitiæ, quo denominatur, & ex eius animo est sibi
coaptatum, non esset iniustitiæ pro
prium cp id iniustitiæ, quo denomi
natur, inśit illi præter naturam, hoc
est ex institutione. Construens aũt
considerate hæc huius loci cõtrariũ.

Locus 77
7 8. & 79
in Arist.
Locus autem a simili proportio
nabiliter. Destruens quidem conside
rat si vnum duorum propriorũ similium non sit propriũ vnius duarum rerum similium, nec alterum
est proprium alterius. Gratia exem
pli, quia proportio ædificãtis ad do
mificationē est sicut proportio me
dici ad sanationem, & qñ sicantis nõ
est proprium ipsa domificatio, sic
nec in medico proprium est ipsa sana
tio. Construens autem considerat,
si vnum duorum propriorum simi
lium sit proprium vnius duarũ rerum similium, alterum est propriũ
alterius. vt v.g. quia ex quo propor
tio medici ad sanationem, est sicut
proportio exercitij ad corporis trã
quil-

/

& quifitatem, & proprie exercitij est corporis tranquillitas, sic & medici proprium est ipsa situatio.

Locus 82. 83. & 84. in Arist.

Locus autem sumptus a generatione & corruptione est, ep id, quod dicitur iam genitum & completum esse, non sit proprium illius, quod iã genitum & completũ est, nec illud, quod est in generationis via, est proprium illius, quod est in generationis via. v. g. quia non est proprium hominis, ep sit animal, non est proprium hominis qui generatur, ep generetur animal. Et sm hoc exemplum consideret, quid sit sicut quod corruptum est, & quod est in via ad corruptionem. Et sm iterum consideret corruptum cum genito hoc modo: gratia exempli, quia non est proprium hominis geniti ep sit animal, nec est proprium hominis corrupti corruptio animalitatis ab eo. Construens autem consideret his locis contrarium huius. Gratia exempli, quia ex quo proprium hominis geniti est esse loquentem, sic & hominis corrupti proprium est, ab eo corrumpi elocutionem, & hic locus est scientificus.

Ex loca sumpta ab eo quod est maius, & minus & æquale, primo quidem destruens consyderet, si quod

Locus, q re stant f Ari sto. ex li. 5

magis, hoc est, id, quo prædicatũ denominatur per excessum, nõ sit proprium illius, quo subiectum denotatur per excessum. Sic nec quod dicitur sm minus, est proprium illius qd dr sm minus, nec quod dicitur simpliciter, est proprium illius qd dicit simplr. Exempli gratia, quia ex quo non est quod dicimus magis generari proprium illius, quod est magis corporari: nec dicimus quod est

minus generari proprium illius, qd

D

est minus corporari, nec quod est genitum simplr proprium illius, qd est corpus simplr. Construens vero consideret. qs, si quod fm magis dr sit proprium illius, quod dr fm magis, sic quod fm minus dr, est proprium illius, quod dr fm minus, & quod dr simplr, est proprium illius, quod dr simplr. v. gr. quia si diceremus ep id, quod est magis sensus, sit proprium illius, quod est magis corpus, sic illud quod est minus sensus est proprium illius quod est minus corpus, & sic quod est sensus simpliciter, est proprium illius quod è corpus simplr. Et sicut consideravimus ab eo quod dicitur sm magis, ad id quod dr sm minus, aut ad simplr, sic posse esset cõsiderare ab eo quod est simplr, ad id, quod est sm magis aut sm minus. Destruens quidem, si quod dr simplr, non sit proprium illius, quod dr simplr, nec quod dicitur sm magis, est proprium illius, quod dr sm magis, neq; quod dicit sm minus, est proprium illius quod dicit sm minus. Exempli gratia, qa ex quo non est homini proprium est zelotipum, nec est proprium illius, quod est magis homo, ep sit magis zelotipus, neq; illius quod est min° homo, ep sit minus zelotipus. Construens autem consideret huius cõtrarium, si quod simplr dr sit proprium illius quod dicitur simpliciter, quod dr sm magis, est proprium illius, quod dr sm magis, & illud qd dicitur sm minus, est proprium illius, quod dicitur sm minus. v. v. gr. quia ignis simpliciter proprium est ipsum ferri sursum simpliciter, sic proprium illius, qd est magis igneũ est ferri magis sursum, & illius qd est

est minus ignotum, ferri minus sur-
fum. Aut secüdo cõsiderat destruës
si fuerit res, quæ dicatur esse .ppriü
alicuius rei magis q̃ dicatur de alia
re, ꝙ sit propriü alicui° rei, & perinde quæ dicitur magis et proprium
non sit proprium, nec quod dicitur
minus, est proprium. v. gr. si sensus
fuerit proprium animalis magis q̃
sit disciplina proprium hominis.
Destruens autem incipit a loco minoris. Si illud sit proprium sic, &
quod dr̄ magis est proprium. Et hic
quidem loc° proportionat duas res
duabus rebus, & est qui præhabitur
H est in locis accidentis. Tertio vero
destruens cõsiderat, si aliqua res sit
magis proprium, q̃ sit alteri rei, &
illius cuius prius fuisset propriü nõ
sit proprium, nec est proprium illi°
cuius minus: gratia exempli, ex quo
color dignior est esse proprium superficiei, q̃ corporis proprium, sic si
nõ est proprium superficiei, nec est
proprium corpori. Cõstruens vero non recipit iuuamē de hoc loco,
quia non inuenitur vna res, quæ sit
proprium duarum rerum: hic autē
comparat vnam rem duabus rebus.
Et quarto destruens cõsiderat, si
J quod est dignius esse proprium, nõ
tamen sit proprium, nec quod non
est dignius esse proprium, est proprium. v. g. ex quo animal esse sensitiuum, dignius est esse ipsi propriü,
q̃ esse diuisibile, perinde esse sensiti
uum non est sibi proprium, nec esse
diuisibile est sibi proprium. Construens vero cõsiderat, si quod nõ
est dignius esse proprium sit .ppriü
sic qd dignius est esse illi proprium
est illi proprium. Vt v. g. ex quo non
est dignius, animal esse diuisibile, es
se sibi proprium, q̃ esse sensitiuum,

& perinde est sibi proprium: scrñ sñt
uum itaq; est illi proprium. & hra
pparat duas res vni rei. Rursus post
hæc cõsideremus de æqualitate, hoc
est de rebus, quæ vno simili modo
prædicantur. Primo quidem, quan
do duæ res fuerint propria duarum
rerum vno simili modo, & proinde
illarum vna non sit proprium vni
illarū, nec altera, est proprium alteri. Gratia exempli, ex quo propriü
est ipsius concupiscibilis concupisci,
sicut rationabilis ratiocinari; & .p
inde non est proprium concupiscibilis concupisci, nec itaque est pro-
pri ü ratiocinabilis ratiocinari. Si
afit vnum esset proprium, & alterü
esset propriü, hoc fieret ex compara
tione duarum rerum ad duas res. Et
secundus locus sit ex comparatione
duarū rerū ad vnam: qñ .n. duæ res
fuerint propria vnius rei vno simili modo, & proinde vna non sit illi
proprium, nec aliud est propriü. vo
v. g. quia nostra esse ponere et hominis proprium ipsum videre, sicut
ipsum audire, & perinde ipsum vide
re non sit proprium, sic etiam nec
ipsum audire est illi proprium. Et in
constructione, si vnum sit proprium,
& alterum est proprium. Gratia exē M
pli, quia ex quo nostra esse ponere
aiã proprium eius esse partem concupiscibilem, prima intentione, sicut
nostra esse ponere ipsius proprium
esse eius rex. partem ratiocinabile
prima intentione. Et perinde, si dicamus, ꝙ ipsius esse partem concupiscibilem prima intentione sit sibi
proprium, sic est dicendū, ꝙ ipsius
esse partē rõcinabile prima intentione sit sibi propriü Tertius aūt locus
est, ꝙ destruens cõsideret, si vna res
cõparet duabus reb° vna cõparatione,

Liber Sextus 96

& non fuerit propriū vni, nec eſt
proprium alteri, vt grana exempli,
quia combuſtio eſt carbonis, ſicut
eſt flammæ, ſi non ſit proprium flā
mæ, nec eſt proprium carboni. Con
ſtituens vero non ſuſcipit ſuuamen
de hoc loco ex quo non eſt vnū pro
prium duarum rerum. Differentia
aūt inter locum ſimilitudinis proportionaliter, & ſimilitudinis ſim in
hærentia an accidentis eſt, quia l hoc
loco comparatio, & ſimilitudo, quę
inter illa ponitur, eſt cauſa, qua inte
ligimus, & iudicium de proportiona
libus in vnum iudicium ille autem
locus ſit, quatenus illis ineſt, & negct
ab illis, & non eſt proportio in eſſen
di illis cauſa, qua de illis enuntiem
ſin comparationem. Et hic explet
eſt ſermo de proprij locis proprijs,
& communibus.

ARISTOTELIS
TOPICORVM
LIBER SEXTVS.

SVMMA LIBRI.

De locis definitionis, ac locis ex diſtinctis
definitiuis ac locis definitionum rerum, quæ exponi ſunt. Poſtre
mo de locis definitionum,
quæ ribus prædicamē-
tis obeūt ſunt.

De locis Definitionis, & primum
Generis. Cap. I.

[decorated initial E] Ius autē, quod eſt
circa terminum ne-
goci, partes ſunt
quinq. Nā, aut qd
oīno non veri eſt
dicere, de quo nomen & ōfoné
oportet, n. vere deſfinitioné de of

hoc verificari: aut quod, cū ſit
genus, non poſuit in genere, vel
nō in accommodato gñe poſuit.
(oportet. n. eum qui deſinit i genere ponentem dñas adiungere: nam maxime eorum, quæ
ſunt in definitione, genus videſ.
definiti ſubſtantiā ſignificare:)
aut quod non propria eſt defini
tio (oportet enim definitionem
propriam eſſe, quemadmodum
prius dictum eſt:) aut ſi oīa quæ
dicta ſunt is qui fecit, non defini
uit, neq dixit quid eſt eſſe rei de
finitæ. Reliquum aūt præter ea,
quæ dicta ſunt, ſi definiuit quidem, at nō bene definiuit. Si igit
non verificatur, de quo nomen
& oratio, ex ñs q̄ dicta ſunt i accidente locis, conſiderandū. Nā
& illic vtrum verum, vel nō ve
rum, omnis conſideratio fit: qñ
enim quod ineſt accidens diſpu
tamus, quod verum eſt dicim?,
qñ autem quod non eſt, qð non
verum. ſi vero non in accomo
dato genere poſuit, aut ſi non,p
pria eſt aſsignata oratio, ex ñs q̄
ſunt ad genus, & proprium dictis locis, proſpiciendum. Reliquum vero ſi non definiuit, aut
ſi non bene definiuit, aliquo mo
do aggrediendum dicere. Pri
mum igit inſpiciendū ſi non be
ne definiuit. Nā facilius eſt qðli
bet feciſſe, q̄ bene feciſſe: mani
feſtum igit, qm peccatum circa
hoc pluſculū, eoq̄ laborioſius,
quare argumentatio facilior q̄
circa hoc, q̄ quæ circa illud ſit.
Sunt alii eius qð non eſt bene,

par-

partes date. vna quidem, obſcu
ra interpretatione vti . Oportet
enim definiente, vt cõtingit, qñ
clariſſima interpretatione vti :
eo cp cognoſcẽdi gratia aſſignat
definitio.ſecunda aũt , ſi ampli⁹
dixit l definitione, q̃ par ſit : nã
omne quod ſuperadiectum eſt
in definitione, ſuperfluum eſt.

6. Locus
Declinatio.
Rurſum autem vtrunq̃ quod
dictũ eſt, in plures partes diuidi
tur:vnus autem locus ei⁹, quod
obſcure eſt, ſi ſit æquivocum ali
cui, quod dictũ eſt. Vt cp genera
tio eſt ductio ad ſubſtantiam, &
cp ſunitas cõmenſuratio calido
rum & frigidorũ:nam æquivo
ca eſt ductio , & cõmenſuratio :
immanifeſtũ igitur , vtrũ vult
dicere eorum, quæ ſignificant ab
eo,quod multipliciter dr̃.Simi
liter autem, & ſi cum definitum
multipliciter dicitur , diuidens
nõ dixit : nã immanifeſtũ vtri⁹
definitionem aſſignauit, contin
gitq̃ calumniari, velut non con
uenicẽte oratione ad omnia, quo
rum definitionem aſſignauit :
maxime aũt contingit tale qp
piam facere, cum latet æquivo
catio. Contingit etiam , & eũ, q
diuidit, quoties dicitur id, q
in definitione aſſignatũ eſt, ſyl
logiſmũ facere:nam, ſi ſm nullũ
modorum ſufficiẽter dictũ eſt,
manifeſtum cp non definierit il
lo modo. Alius ſi ſm metapho
7. Locus
Declinatio.
ram dixit . Vt ſcientiam ſndeci
duam, terrã autem nutricẽ , aut
temperan rã conſonantiã : nam
oẽ obſcur ũ, quod ſm metapho

rã dicitur, contingit, & etiã me
taphora loquentẽ calumniari,
tanq̃ non proprie dicentẽ : non
enim congruet dicta definitio,
vt in temperantia, nam omnis
conſonantia in ſonis. Amplius,
ſi eſt genus conſonantia tempe
rantiæ,in duob⁹ generibus erit
idem,non continentibus ſcinui
cẽnã neq̃ conſonãtia virtutem
neq̃ virtus continet conſonan
tiã. Amplius,ſi non poſſcis no
minibus vtitur. Vt Plato ciſiſi
brg oculũ, aut araneũ putrimor
dax,aut medullã oſſigenium di
xit:nam omne obſcurũ,quod ſ
ſuetum eſt. Quædam autẽ ne
que ſecundũ æquivocationẽ, ne
que ſm metaphoram, neq̃ pro
prie dicuntur.Vt lex, menſura,
vel imago eorũ,quæ natura iu
ſta ſunt:ſunt autẽ huiuſmodi de
teriora,metaphora:nã metapho
ra facit quodammodo notũ qd̄
deſignatum eſt per ſimilitudinẽ
(omnes enim metaphora vtẽ
tẽr,ſecundũ aliquam ſimilitudi
nem ea vtuntur:) at quod tale ẽ
non facit notum:nam neq̃ ſimi
litudo eſt ſecundum quam men
ſura,vel imago lex eſt, neq̃ dici
ſolet proprie:quapropter,ſi pro
prie menſuram, vel imaginẽ le
gem dicit eſſe , veritatis eſt ex
pers.nam imago id eſt, cuius ge
neratio per imitationẽ eſt : hoc
autem non ineſt legi:ſi autẽ non
proprie,manifeſtum quod ob
ſcure dixit,atq̃ deterius quoli
bet eorum,quæ ſecundum me
taphoram dicuntur. Amplius,
ſi non

6. Locus
Declinatio.

7. Locus
Declinatio.

8. Locus
Declinatio.
L

9. Locus
Declinatio.

M

10. locus
Declinatio.

I

Si n̄o manifesta est contrariꝗ oratio est hoc quod dr̄. Nam, q̄ bene assignantur, contrarias com-
manifestant. Aut si p se dicta nō
sit manifestū cuius est definitio,
sed q̄ueadmodū ea, q̄ sunt anti-
quorū scriptorū, nisi quis super
scripsisset, nō cognoscebat quid
vnūq̄dq̄:si igit non clare, ex huiusmodi est inspiciendū. Si igit
superfluum in termino dixit, primum q̄ dem considerandū, si aliquo vsus est, quod ōibus insit,
vel simplr̄ ꝗ̄s q̄ sunt, vel ꝯs q̄ sunt
sub eodem genere sunt definito-
rum. Nā superfluum dici neces-
sariō: oportet.n. genus ab aliꝗ
separare, dr̄iam ar ab aliquo eorum, q̄ sunt in eodem genere: at
qui quod ōibus quidē inest sim-
plicter, a nullo separat, quod autem ōibus, q̄ sub eodem sunt genere inest, non separat ab ꝯs quę
sunt in eodem genere: quare su-
puanea cum hmōi appositum.

14. locus
Declaro.

Aut si ē quidem propriū quod
appositum est, ablato aute illo,
& reliqua definitio propria est,
& indicat subtantiā. Vt in hois
oratione scientiæ susceptiuū appositum, superfluum : nam & eo
ablato, reliqua oratio propria ē,
& indicat substantiam : simplr̄
autem dicendo, oē superfluum,
quo ablato, reliquū manifestū
facit id quod definitur. Talis autem est & animę terminus, si est
numerus ipse seipsum mouens:
nam quod seipsum mouet est
anima, ceu Plato definiuit, an p-
prium quidē quod dicitur non

D

indicat autem substantiam interempto numero, vtrouis igitur modo se habeat, difficile est
vt explicet. Vtrudum ergo in
omnibus talibus ad id quod ex
pedit: v est phlegmatis terminus, humidum primum a cibo
indigestum: vnum enim primū
non multa : quare superfluum,
indigestum appositum : nā hoc
ablato, reliqua erit propria definitio non enim contingit a cibo
& aliud quiddam primū ē. An
non simplr̄ a cibo phlegma, sed
indigestorum primum ē quare
addendum est indigestum: nam
illo quidem modo dicta nō vera erit definitio, siquidē nō omnium primum est. Amplius, si
quippiam eorum, quæ sunt in
oratione, non omnibus inest, q̄
sunt sub eadem specie. Nam talis peius definiuit, q̄ qui vsi sūt
eo quod inest ōibus q̄ sunt nam
illic, si reliqua propria definitio,
& tota propria erit simplr̄:ad
proprum quolibet addito vero
tota oratio propria sit:at vero si
aliquid eorū quę sunt in oratione, non omnibus insit, quæ sunt
sub eadem specie, impole est totam orationem propriam ē nō
enim conuersim prædicabit de
re, vt animal gressibile bipes q̄
dricubitale: nā huiusmodi oratio non conuersim prædicabitur
de re, eo q̄ non ōibus inest (quæ
sub eadem specie sunt) quadri-
cubitale. Rursum si idē sæqpe-
ter dixit. Vt qui concupiscentiā
appenū dolectationis dixit: nā

14. locus
Declaro.

K

F

15. locus
Declaro-

Log.cū cō. Auer.   N   om-

omnis concupiscentia , delectationis est:quare & eidem cōcu-
piscentiæ delectationis erit : sit
igitur terminus concupiscentię
appetitus delectationis(nihil.n.
differt concupiscentiam dicere,
aut appetitū delectationis) qua
re vtrunq̃ eorum delectationis
erit.An hoc quidem nihil absur
dum:nam & homo bipes est.

Quare & idem homini, bipes
erit.est aūt idē homini , animal
gressibile bipes:quare a̅sal gressibile bipes,bipes est:sed non,p-
pter hoc absurdum aliquid acci
pit.non enim de animali solum
gressibile bis bipes prædicatur,
sic enim de eodem bis bipes prę
dicatur,si de a̅sali bipede gressibile bipes dr̄ , quare semel ūm bi
pes prædicatur. Sisr aūt & in cō
cupiscentia:non enim de appeti
tu id quod est delectationis esse
prædicatur,sed de toto:quare se
mel & hic prædicatio fit. Non
est aūt bis dicere idem nomen,
aliquid absurdum: sed frequenter de aliquo idem prædicari,si-
cut Xenocrates prudentiam de-
finitiuam,& contemplatiuā eorum quæ sunt,dicit essemam de
finitiua , contemplatiua quædā
est,quare bis idem dicit,addens
rursum & contemplatiuā. Sisr
autem & quicunq̃ refrigeratio
nem,priuationem eius quidem
caloris,qui sm naturam est, dicunt esse:nā ois priuatio eiꝰ est,
qd̄ sm naturā est:quare supsluū
est addere sm naturā, sed sufficit
sortasse dicere, priuationē calo-

ris,eo ꝙ ipsa priuatio notū facit
ꝙ eius sit,qd̄ sm naturam dicit.
Rursum si vniuersali dicto addi
dit & particulare. Vt si clemētiā
imminutionem, expedientiā &
iustorum:nam iustū expediens
quippiam est, quare continetur
in expediente : superfluum igit
iustum,nam qui dixit vst, addi
dit & particulare , & si medicinam disciplinā sanatiuorū a̅sali
& homini:aut legem imaginem
eorum q̃ natura sunt bona & iu
sta:nam iustum bonū quippiā ꝛ
quare frequenter idē dicit.vtrū
igitur bene an non bene definiuit,per hæc & hmōi perspicien
dum. Vtrum vero definiuit,&
dixit quid est esse,an nō, ex his.
Primum ergo si non, per priora
& notiora confecit definitionē .
Nam terminus assignatur eius
cognoscendi gratia quod df. co
gnoscimus aūt non ex quibusli
bet,sed ex prioribus, notioribuꝭ
que,quemadmodum in demon
strationibus:sic enim ois doctri
na & ois disciplina se hēc manifestum igit, ꝙ qui non p̃ hmōi
definiuit,non definiuit : si enim
definiuit, plures erunt eiusdem
definitiones.Nam manifestū,ꝙ
& qui per priora, ac notiora, ite
rū melius definiuit:quare vtrq̃
que erunt definitiones eiusdem:
tale aūt non vr̄:nam vnicuique
eorū q̃ sunt,vnū est esse idipsū
qd̄ est:quare si plures erunt eius
dē definitiōes, idē erit definitio,
esse qd̄ quidem sm vtranq̃ defi
nitionē significat: hæc aūt non

us. Lat.
Declara.

17. Lat.
Declara.

eadem funt, eo quod definitiones diuerſæ: manifeſtum igitur
quoniam non definiut, qui
non per priora, atque notiora
definiut. Igitur per non notiora quidem terminum di-
ci, dupliciter eſt accipere, aut
enim fi fimpliciter ex ignotiori
bus, aut fi nobis ignotioribus,
contingit enim vtroq; modo:
fimpl' igitur notius quod pri'
eſt poſterius: vt punctũ lineæ,
& linea ſuperficie, & ſuperficies
ſolido, quemadmodum & vnitas numero prius enim & principium omnis numeri: fit autẽ
& elemẽtum ſyllaba. Nobis autem conuerſo qῦ accidit: nã
maxime ſolidum magis ſub ſen
ſu cadit, ῷ ſuperficies: ſuperficies
autem magis ῷ linea, linea aũt
ſigno magis: quare multitudo
magis huiuſmodi cognoſit, nõ
illa quidem quomodolibet, hæc
ſit ſubſtii, & ſecundo intellectu comprehẽdere oportet: fim
pliciter igitur melius per priora,
poſteriora tentare cognoſcere, nam magis ſcientificum tale
eſt. Verum ad eos, qui impotentes ſunt cognoſcere per talia, neceſſarium forte per ea, ῷ illis cognita ſunt, facere orationes: ſunt
autem talium definitiones quæ
& puncti, & lineæ, & ſuperficiei:
omnes enim p poſteriora, priora indicant: nam illud quidem
lineæ, iſtam autem ſuperficiei,
hanc vero ſolidi fines dicunt eſſe.
Nõ oportet aũt latere qῦ ſic de-
finientes nõ contingit ῷ quid

ct eſſe definidο, indicare ni ſi cõ
tingat idẽ nobis notius eſſe, &
ſimpliciter notius: ſi quidẽ opor
tet per genus & dſias definire
eum, qui bene definit, hæc autẽ
ſimpl' notiora, & priora ſunt
ſpecie: interimit enim genus &
differentia ſpeciem, quare priora hæc ſpecie. Sunt autem notio
ra, nam ſpecie quidem nota neceſſe eſt genus & differentias co
gnoſci: qui hominẽ enim cogno
ſcit, & animal greſſibile cogno-
ſcit: ac genere & differentia notis, non neceſſe eſt & ſpeciem co
gnoſci: quare ignotior ſpecies.
Amplius, illis (qui ſm veritatẽ
huiuſmodi definitiones dicunt
eſſe quæ ſunt ex iis, quæ vnicuique ſunt nota) plures: eiuſdẽ accidit dicere definitiones eſſe, nam
alia aliis, & non oíbus eadẽ con
tingit notiora eẽ: quare ad vnũ-
quenq; erit definitio aſſignãda,
ſi quidẽ ex iis, ῷ ſingulis ῷ buſ-
ſit notiora, definitionẽ oportet
facere. Amplius, eiſdẽ alia interdum alia magis nota: nã a principio quidem ſenſibilia, inſtru-
ctioribus aũt factis, contra: qua
re neq; ad eundẽ ſp ad eadẽ defi
nitio aſſignanda, ſi e q eα, ῷ ſin
gulis quibuſῷ ſunt notiora deſi
nitionẽ fatent aſſignãdam eſſe:
manifeſtum igit, ῷ non definiẽ-
dum per ea, quæ huiuſmõi, ſed
p ſimpliciter notiora: nam ſolo
mõ ſic vna & eadẽ definitio ſem
per fiet. Fortaſſe autem & quod
ſimpliciter notum, nõ eſt id quod
omnibus notum, ſed quod bene

N ij dispo-

dispositis intellectu, quemadmodum & simplr salubre iis, q bene affectu habent corpus: oportet ergo vnumquodq taliu dili-
genter peruestigare, vti autê disputantes ad id quod expedit.
Maxime autê sine dissensione interimere contingit definitionê,
si neq ex simpliciter notiorib,
neq ex iis quæ nobis, contingit
definitionem fieri. Vnus igit locus est eius quod non per notiora, quod per posteriora, priora
indicat: quemadmodu prius diximus. Alius autê, si eius, qd est
inquiere, & definitione, per se definitum, & quod in motu est assignata est oratio nobis. Prius
enim est & notius quod manês
est, & definitum, eo quod indefi-
nitum & in motu est. Eius autê,
quod est non ex prioribus, tres
sunt loci. Primus quidem, si per
oppositum, oppositi definitur,
vr si per malum, bonu, simul. n.
natura opposita, & nonnullis rê
eadê disciplina vtrorumq vide-
rur esse: quare non satis alteru
altero. Oportet autê non latere
quædam fortasse aliter definiri
non posse, vt duplum sine dimidio, & quæcunq per se ad aliqd
dntr, nam oibus hmôi est idê eê,
ei quod est ad aliquid quodam
modo se habere: quare non est
possibile sine altero alterum cognoscere, eo q necessariu est alte-
riꝰ oratione coassumi & alteri.
Ergo cognoscere quidem oportet huiusmodi omnia, vel autê
eis in his vt videbatur expedit.

19. locus
Declatio.

20. locus
Declatio.

Alius, si eodem vsus est et quod
definitur. Latet autem, cum non
eodem definiti nomine vtitur:
vt si Solem stellam in die apparentem definiuit: êa qui die vtitur, Sole vtitur: & par est ad de-
prehendenda talia sumere pro
nomine orationê: vt q dies est,
solis latio super terram: nã tunc
manifestum, q qui Solis lationê
super terram dixit, solem dixit,
quare vtitur sole, qui die vtit.
Rursum, si eo quod e diuerso diuiditur, id quod e diuerso diuiditur definiuit. Vt impar est, q
vnitate maior est pare: simul. n.
natura, quæ ex eodem genere e
diuerso diuiduntur: impar autê
& par e diuerso diuiduntur: nã
ambo, numeri differentiæ. Similiter autem, & si per inferiora, superiora definiuit. Vt parem numerum, qui bipartite secatur:
aut bonum, habitum virtutis:
nam & bipartite sumptum est a
duobus, quæ paria sunt: & virtus, bonum quoddam est: quare inferiora hæc q illa sunt: est
autem necesse cum, qui inferioribus vtitur, & illis vti: nam, q
qui virtute vtitur, bono vtitur,
eo q bonum quoddam virtus:
similiter autem, & qui bipartite vtitur, & pare vtitur, eo q in
duo secari significat bipartite secari: duo aut paria sunt. Vniuersaliter igitur dicêdo, vnus est locus non per priora, & notiora fa-
cisse orationem, partes autê eius
ea quæ dicta sunt. Secundus autem, si res cum sit, non ponit in
genere

21. Locus
Declatio.

22. locus
Declatio.

23. locus
Declatio.

24. locus
Declatio.

à genere. Nam in omnibus hmõi peccatum est, in quibus nõ priˀ ponitur in oratione, quid est: vt corporis definitio, quod habet tres dimensiones: aut si quis hominem definiuit, quod est sciē numerare: nõ enim dictum est, quid est, habere tres dimensiones, vel quid est, scit numerare: genus autem vult quid est signi ficare, & primum apponit eorũ, quæ in definitione dicuntur.

15. locus declaratio. Amplius, si ad plura cum dicat id quod definit, non ad oïa assi gnauit. Vt si Grammaticè, scien tiam scribendi quod profert: nã indiget, & quod legendi: nihilo enim magis scribendi, ꝗ legen di assignat qui definit: quare nõ alius, sed qui vtraꝗ hæc dicit, eo ꝗ plures non contingit eiuſ dem definitiones esse. In quibuſ dam profecto sui veritatem se habet, vt dictum est, in quibuſ dam aūt non, vt in quibuscũꝗ non per se dr̃ ad vtrunꝗ. vt me dicinam, scientiam sanitatem, et ægritudinem efficiendi: nam de illa quidē per se dicitur, de hac autem per accidens: simpliciter enim alienum a medicina, ægri tudinē efficere. Quare nihil ma gis definiuit, qui ad vtrunꝗ assi gnauit, ꝗ qui ad alterum, verũ forsasse & deterius, eo ꝗ & reli quorum quilibet potest ægritu dinem efficere. Amplius, si nõ ad melius, sed ad peius assigna uit, cum sint plura, ad quæ dicit quod definitur. Nã oĩs discipli na, & potestas optimi videt esse.

26. locus Declaratio.

Rursum, si non postrum est in.p prio genere quod dictum est, cõ siderandum ex ijs, quæ ad gene ra sunt, elementis: quemadmo dũ est dictum prius. Rursum, si trĩstĩtiens dicit genera. Vt qui iustitiam æqualitatis habitum effectiuum, vel distributiuum æqui: nam transilit, qui sic deffi nit virtutem: relinquens igit iu stitiæ genus, non dicit quid est esse (nam substãtia vnicuiꝗ est in genere) est autem hoc idē ei, quod est non in proximo gene re ponere. Nam qui in proximo posuit, omnia superiora dixit, eo ꝗ omnia superiora genera de inferioribus prædicantur. Qua re, aut in proximo genere ponē dum, aut oēs differentias supe riori generi addendum, ꝗ quæ definitur proximum genus: sic enim erit nihil prætermissum: sed pro nomine, in oratione di ctum erit inferius genus: qui ve ro ipsum superius genus dicit: non dicit & inferius genus: nã qui plãta dicit, nõ dicit arbore.

17. locus Declaratio.

Sermo de Locis definitionum narratio in Sexto Libro, & in primis de Locis Generis. Cap. 1.

Iˀ scimus, ꝗ conditionum quæ considerandæ sunt in constitutione defini tionum, Vna est, ꝗ definitio insit definito, hoc est, ꝗ sit vera de toto, alioqui non esset definitio, prout est definitio illius, qui definiuit hominē, ꝗ esset animal im mortale æternum. Secunda aūt, ꝗ sumat in definitione genus conne xum diæ, ꝗ n. non ponet (si in do cum

N iij fini-

finitione ipſum genus, non definiret,prout fecit,qui hoſem definiuit,
ꝗ̃ ſit,qui valet ſerere & metere. Ter
tia aũt eſt, ꝙ definitio ſit æqualis de
finito:qñ.n. definitio nõ eſt equalis
non eſt definitio:hoc autem eſt,aut
ꝙ ſit cõior illo,prout ſecit,qui definiuit hoſem , ꝙ ſit alal bipes,aut ſit
particulariot,prout ſecit qui illum
definiuit,ꝙ ſit,qui ſal vendit. Quæ
ta autem eſt,ꝙ proferat fm has tres
res ipſam definitioné ,ſed cum hoc
illa nõ dicit,neꝗ profert de ipſa re
quid res ſit.Quinta,ꝙ proferat definitionem,ſed eam nõ proferat apte
H & perfecte ,ſed quod profert deficit
ab ipſa perfectione.

Loca vero,quibus prima cõditio
conſtruit,aut deſtruit , ſunt loca eſſendi ſimplr̄,hoc eſt,loca accidéis :
loca aũt,quibꝰ cõſtituit,aut deſtruit
ſecunda conditio,ſunt loca ipſiꝰ ſim
plr̄,hoc eſt,loca ipſiꝰ generis fm ſe :
tertia autem conditionis loca ſunt
loca ipſius proprij. Ea autem, de qui
bus habetur ſermo in hoc libro,ſũt
loca dearum in reliquarum,ſ an bene
poſuerit,vel non bene ſecerit, & an
quod profert ſit definitio, aut nõ ſit
definitio. Incipiamus itaꝙ primo
I loca,ex quibus cõſter,an conuenie-
ter bene ſecerit definitioné, nec ne ?
facilius enim eſt conſtirnere hæc , ꝗ̃
illa. Expedit autem ſcire, ꝙ non bene conſtituere definitionem ſit duo
bus modis,aut ex rarte noſtrum, &
hoc qñ oratio de illa fuerit obſcura
non patent:aut ob ipſam definitionem fm ſe, & hoc ſit ob ſuperadditionem in definitione,in qua ſit ſuperfluum, & repetitum, & æſtimat,
ꝙ hoc etiam contingat ob imms-
nutionem,ſed Artſt. primo diuidit
hæc loca his duabus partitionibus,

diſpoſitio autem definitionis, quo **K**
ad hoc,eſt ſicut diſpoſitio retũ ſen-
ſtarum:ſicut enim rerum ſenſtaꝙ
turpitudo vẽ aut ob noſtri viſus de-
bilitaté,aut quia ſm ſe ipſæ ſint turpes,ſic eſt diſpoſitio hic.

Initium autem locorum,quæ ſu- Locus 1
qui eſt
in Ani.
inſtitur ex orationis obſcuritate eſt;
ꝙ definitionum partes, aut vna illa
rum ſumat ſignificare nomine æq-
uoco:vt qui definiuit ſanitatem , ꝙ
ſit æqualitas caloris & ſtigoris,ꝙ qua
litæ enim dr̄ fm multa ſignificari,
ſicꝗ qñ profert in definitione hoc **L**
modo,poſſibile eſt, ꝙ non denotet
rem,quam definire intendit. Et poſ
ſibile eſſet,ꝙ denominarer ꝑ illud,
audiens autem putaret, ꝙ non verificetur nomen de illo, de quo veriſi
catur definitio. Si autẽ explicuiſſet
quod definit ipſam rẽ,& illam expo
neret,iam bene feciſſet.

Secundus locus eſt , ꝙ definitio Locus 2.
que e 7. l.
& 9.
aut aliqua eius pars ſignificetur nomine accommodato,ſicut qui definiret ipſam nutricem, & poneret ge
nus conſonantiæ & concinentiam.
Nutrix enim eſt mulier educans, & **M**
conſonantiæ origo eſt in ſoni melo
dia:& ſir eſt qñ vice nominis ſim-
plicis ſit oratio compoſita ex tei accidentibus non vſitatis,vt qui vtitur
vice oculi vmbtialio:quod enim I-
uſitatum eſt,nõ eſt manifeſtũ. Nomina autem accommodata, quædã
ſunt ſumptæ ex rebꝰ ſimilibus rebꝰ,
quibus accommodata ſunt, & quædã ſunt ſumpta ex rebus non ſimilibus,niſi remota ſimilitudine, & hęc
ſunt obſcurioris ſignificationis. Et
definitiones,quibus incidit hęc no
mina, ſunt definitiones malæ & latentes,ſicut qui poſuit genus legis eſ
metrum & menſuram.

Tertius

Locus .3.
qui d.10.
& 11.

A Tertius locus e, q̃ si definitio fuerit contrarium, expedit sui cõtrarij
definitionem explicare p ei' definitionem. Sm aũt, iam posita est definitio obscura positione, exẽpli gra-
tiaq̃ qui definiebat scientiam, q̃ sit habitus extrahens res utiles & noxias,
insatiæ enim definitio iam intelligitur, & concipitur ex hac definitione, & vt vniuersalius inquam, q̃ ex
definitione non explicatur res, q̃ definiri intenditur, non sit bona definitio. Actio enim illi', quod profertur in definitione obscurum, q̃ nõ
significet patente significatione rẽ,
quæ definiri intenditur, est actio il-
B lius, qui format imagines malarum
formarum & lineationum, adeo q̃
nesciant per illas imagines & descriptiones res, quas repræsentant, nisi
scribat sup qualibet illarum imagi-
num nomen rei, super quæ est descripta, & sicut hoc est turpe operi picto-
ris, sic res se habet i illo, qui poneret
huiusmodi definitiones, & has, & sibi cõsimiles, quare oõ sit obscura.

Loc' alter
primus, q̃
est. 12.

Quæ vero sumuntur ex superad-
ditione in definitione, ipsa etia par-
tiuit in quatuor locos: quorum vn'
est, q̃ superaddatur definitioni, q̃
est cõiut definito, quod fit duobus
C modis, quorum vnus est q̃ superaddatur, quod sit tribus entibus cõe, vt
qui definiut hoiem, q̃ sit aial tõna-
le habens tres dimensiones: diceret n̄.
tres dimensiones est vium corpeũ,
secundus autem est, q̃ superaddatur
quod est commune omnibus speciebus sibi conuenientibus in genere,
vt ille qui definiut hominem, q̃ sit
animal rationale mortale, ratio aũ-
tem huius loci est per se nota, genus
enim profertur in definitione, vt distinguat definitum ab eo quod est

D vniuersalius genere, differentia aũt
profert I definitione, vt distinguat
definitum a genere, q̃ aũt definiẽs
superadderet aliquod horum super-
fluorum p primum ipsor ũ, destrueret adiumentum generis, & per sm
adiumentum differentiæ.

Secundus locus est, q̃ I definitione superaddatur quod sit æquale definito, sed sit superfluum, quia non
indigeatur illo, vt qui definierit hominem, q̃ sit animal rationale scientiæ susceptiuum: dicere enim scientiæ susceptiuum, est superfluũ, quo
non indigemus, & eo magis hoc apparet, quia superadditum non verificatur cum ipsa differẽtia accepta,
q̃ genus denominat per illud, vt
E denominatur genus per differentia,
hoc est, sm modum vnionis, sed q̃
sumeret proprium per se, esset suffi-
ciês, vt qui definiuit pituitam, q̃ sit
humor indigest os primus, qui ex cibo indigest', q̃ enim denolatur indigest' nõ verificatur de illo, q̃ sit
primus, quia non est in corpore indigest', nisi vnus, & est ipsa pituita,
si vero excideret ex hac definitione
indigest', post esset q̃ primus esset
illius diã: in corpore nãq; sunt mul-
F ti humores q̃ genit i sunt ex ipso cibo, quorum inijum est ipsa pituita.
Et si cecidisset primus, proferendo
indigestum sufficiens, esset in hac
definitione.

Locus .2. q̃
est. 13.

Tertius aũt locus, & quia supad-
ditum poneret definitum magis p
pñu, vt qui definierit hoiem, q̃ sit
animal rationale album.

Locus. 3. q̃
est. 14.

Quartus locus est, q̃ in definitione repetat res, & hoc est dupl': aut q̃
illa repetat p dictionem notã, quia
ipsius repetitio p vnã eandẽ dictionem nõ inducit ei errorẽ, si ponere-

Locus. 4.
qui est. 15.

N iiij tur

tur. v. g qui definiret appetitū ꝙ sit desiderium ad voluptatē, aut ꝙ res sit inclusa ī re cōī, & proferat in particulari. Hoc.n. continet de corruptione duas res, quarum vna est, ꝙ repetat vna res bis, & altera, ꝙ ponat definitionem ꝓpriorem ipso definito. cuius exemplum est, qui definierit politiam, ꝙ sit habitus ponēs res naturaliter honestas & iustas: honeste enim continet iustas & alias.

Hęitaꝗ, sunt res, quas dinumerauit Atift. in constitutione superadditionis definitionum. Et notum est, ꝙ res ita se habeat in ipsis: similis enim est superadditio in definitione texto digito in manu, & sicut per illum sit manus turpis, sic & definitio.

Loca † Arifto.17. & 18. vf'q' ad 18.

Etiam possibile est dinumerare superadditionem, quae definitionē poneret terminatiorem & cōiorem in locis, ex quibus constituit, ꝙ nō sit bene facta. Themistius autem numerat ipsum in locis male definitionis, & posset ferre ambas res simul. Et hic locꝰ est, ꝙ expediat, ꝙ fiat definitio ex rebus, quae definito sint simplr. illæ autē sunt res priores definito quę sunt notiores apud naturam, & notiores apud nos. Notius enim dr dupliciter, aut notius simpliciter, aut notius apud nos, notius autem simplr pro maiori parte est ignotum apud nos, prout res gerit de elementis, & compositis, quæ ex ipsis componuntur, composita. n. notiora sunt vulgo, ꝙ simplicia, ex quibus composita sunt, apud naturam aūt res est contraria huic. Et iō ait Arift. ꝙ notius simplr verisimile est, ꝙ sit hominum, qui sunt homines simplr, & illi sunt eximij, vt sanus simplr inest bonæ cōstructioni simplr. Oportet aūt definitiones

fieri ex rebꝰ, ꝙ sunt notiores simplr, & illæ sunt res, ꝙ contineat ambas res simul, quarū vna est, ꝙ sint res priores definito in essendo, & altera ꝙ sint notiores apud nos, ꝑ definitiones enim intēdit nono rei in eo, ꝙ quid sit, & non per quamuis rem, quæ contigerit, sed ꝑ res, quibus est illius constitutio, & quidditas, sicut est dispositio demōnum simplr, demōstrationes enim simplr sunt definitiones in potentia, prout in lib. Posteriorū Analyticorum dictum est. Componunt autem definitiones ex generibus, & differentijs, quia differentia & genꝰ sunt duæ res priores specie definita, & illis est ipsīꝰ cōstitutio, res aūt, quibus est rei constitutio sīt vna sm se, ex quo illi est essentia rei vna. Si autem definitiones componerent ex rebus notionibus apud nos sīt, quæ sunt res posteriores, possibile esset, ꝙ rei essent multæ definitiones, ac etiam post esset, ꝙ definitio rei apud aliquos viros esset alia, ꝗ sit illius definitio apud alios: res enim, quæ sunt apud nos notiores, nō sunt notiores apd alios immo posse esset ꝙ definitio vnius eiusdem rei apud eundē virū quibusdam animis sit alia a seipsa animis alijs: res enim notæ ætate in uentutis sunt aliæ a notis ætate senectutis, exēpli gra, quia sensata sīt notiora apud pueros, sensata ā cōiora sīt notiora apud senes. Nec dēt nos la rere hic, qd dictū est in lib. Posterio. Analyticorū, ꝙ hęc spēs definitionū quæraf de rebus cōpositis, de simplicibus vero, quæ sunt causæ rerū cōpositarum, hoc est impossibile. Sic ergo hæc depravatio definitionum contingit definitionibus rerum cōpositarum.

Et

A Et hic quidé locus partitur in tria
loca, sicut partiunt res, quæ nõ sunt
priores re. Quoꝝ vnus est, ꝗ sumatur in definitione rerõ res posteriores illis, vt qui definierit hominé, ꝗ
sit qui adipiscit facultates & artes, cõ-
nectédo fm ipsius artes adinuicem.

· Secundus aũt est, ꝗ definiat rem p-
res, quæ & ipsæ & ipsa sunt simul natura, vt qui definierit oppositũ per
oppositũ ipsius, vt qui definiret malum, ꝗ sit res, quæ non est bona. Et
expedit, ꝗ in hoc loco excipiant ab
oppositis ipsa relatiua, qrõ inter opposita imposé est ꝗ ipsa definiatur,
B nisi capiatur alterutra in alterutris.
Et de hoc loco est, ꝗ sumam° in dis-
iunctione speciei parté diuidentem
ipsam, vt qui definiret parem per ipsam superaddere vltra imparé vni-
tem, & de hoc est, ꝗ in illa definitione sumam res seipsam, qui notus é
in positione principij, & hic quidem
fit, qõ vtimur rebus, quarum vis est
vna, vti enim vna eadem re repetita
ꝑ vnam eandem dictionem nõ præ-
sumeret sophista, hæc aũt nomina,
quædam continent significata quorũ-
dam ipsorum, aut sicut res continet
suas causas, & totum suas partes, aut
C eo modo, quo pars cõtinet ipsius totum. Exemplum itaꝗ, vt cũ ï rebus,
quarũ vis est vna, ex parte qua vna
res continet suas causas, est oratio illius qui definierat Solé, ꝗ sit astrũ
lucens de die: qui enim nescit ee Solem nesciret dié, est enim dies ortus
Solis supra terrã: sicꝗ diei nomé includit Solé, qui est ipsi° causa notior
ipso, qui itaꝗ sciret Solem ꝑ diem,
est ac si sciret rem ꝑ seipsam, quare-
nue die: scitur ꝑ Solem. Exemplum
aũt continendi totum in nole ꝑar-
tis est, vt qui definierat parem ꝑ esse

numerum, qui ꝑartitur in duꝊ, quia D
duo sunt quædã spés paris, & includit significata paritatis, & est ac si definiret paritatem ꝑ esse numerum,
qui partitur ꝑ parem. Et sit qui definiuit vnum ꝑ esse principiũ numeri, numerus enim nõ est aliqua res,
nisi vnitatum congregatio, & est ac
si dixisset, ꝗ vnũ sit principiũ multitudinis congregatæ ex vnitatibus.
Et hæc quidem loca contingunt, qñ
id, quod non est prius in essendo, est
prius fm cognitioé. Et hæc tria loca sunt sumpta, ex quo definitio nõ E
fiat ex rebus, quæ sunt notiores & pe-
iores, & iam diximus, ꝗ aliquo modo subintrant prauitatem definitionum, & subintrant ꝗ definitiõ nõ definiatur, & non pronulit per quid res
sit: qui enim definiuit ex rebus posterioribus, protulit per propriũ:
quando autem res prædicatur fm ꝗ
sit proprium, non est definitio.

Et expedit scire, ꝗ loca, quæ ca-
piunt qua definitio nõ sit definitio,
quædã sunt loca sumpta ex quo genus non sit genus, non ex parte qua
sit genus simplr, quia loca generis iã
præposita sũt, sed ex parte qua sit genus sumptũ in definitione, & quædam sunt loca sumpta ex differétijs, F
& quædã sunt loca sumpta ex definitionibus fm se totas, & hæc quidem
sunt loca sumpta in definitionibus
alicuius decé Prædicamentorum, &
quædã sunt loca sumpta in singulis
decé prædicamentis, & quædam sunt
loca sumpta in priuationis definitione, & quædam sunt loca sumpta fm
circunstantiã definitionis rerũ com-
positarũ, & quædam sunt loca cõa
fm circunstantiam omniũ prædicamentorũ, & quædã sunt loca sumpta fm circunstantiam definitionẽ
                                                    rerũ

rerum, quæ significant nominibus compositis. Et nos dinumerabimus hæc loca ſm hunc ordiné & hâc partitionem:hoc enim fecit Themiſt° & ante ipſum fecerat Theophraſt°, & ſi ſm hoc differat doctrina Ariſt. iuxta eiuſetiem:hoc enim putatur artificialior & magis conſtans com memoratione & adeptione, & incipiemus à locis ſumptis ex genere.

Primus locus eſt, ꝙ nõ enuntiem° genus in definitione, & nõ ponam° ipſum primo, vt ꝗ definiret corpus, ꝙ ſit,cuius ſunt tres diméſiones, aut hominem,qui bene ratiocinatur,in vtriſꝗ;enim definitionib° deeſt primo genus,& hoc eſt, quod ſumit in definitione corporis ſubiecti ũ trium dimenſionũ, ſicut in hominis definiſione,qui denominatur ꝙ ſit,qui bene ratiocinatur: patet aũt, ꝙ fallacia,quæ ſit ſm circunſtantiã ordinis generis,ſit alia à fallacia,quæ ſit ſm circunſtantiã generis in ſe. Secundus aũt locus eſt, ꝙ nõ proferat proximum genus in definitione, ſed genus rei remotũ, vt qui definiuit iuſtitiã ꝙ ſit habitus faciens cognitione,aut largiens veritatem, in hac enim definitione complet genus remotum,quod eſt ipſe habit°, qui eſt ſꝑes quædam de ſpecieb° qualitatis, non genus proximũ, quod eſt ipſa virtus:notum aũt eſt, ꝙ definitio, ꝗ eſt hmõi, eſt imperfecta, qñ enim non profert ꝓximũ genus, non dirigit ad quidditatem rei, quæ eſt ipſum genus proximũ, ſed qñ profert genus proximũ, iam prolatum ẽ genus remotum, immo & ofa genera, quæ ſunt ſuper illo, ſicꝗ ex pedit illi, qui definiturus eſt, primo ꝓferre genus proximum, aut ſerat dſiam remotã generis, ſeu dſias remotorum

generũ, ſi inter genus remotũ,quod protulerit in definitione,& gen°proximum,ſuerint plura ꝗ vnũ genus. exempli gratia, qui ſumit in hominis definitione ipſum corpus, oportet eum dicere corpus nutribile ſenſitiuum,nã iſtæ duæ dñæ ſtarēt vice ipſius animalis,quod eſt genus proximum. Notum aũt eſt, ꝙ fallacia,quæ ſit ob generis remotionem,aut ipſius propinquitaté,aut ordiné,eſt alia à fallacia, quæ ſit ob genus ſimpliciter:& ideo hæc fallacia non ſub initratloca generis ſimpliciter, vt ait Theophraſtus, & contradicit Ariſt. de repetitione locorũ hic. Tertius locus eſt, ꝙ non proferatur in definitione genus rei proportionalis eſſentialis:& de hac re ſcrutaʒ hic quo ad generis diſpoſitioné in locis, quo rũ ſcrutiniũ præmiſſum eſt de ipſo genere:hæc vero perſcrutatio eſt,ac ſi ſit ꝓpria huic loco: fallacia enim, ꝙ illud ſit nõ ꝓportionale,eſt alia à fallacia,ꝙ non ſit genus.

De locis,quæ ſumuntur à differentiis definitionem conſtituentibus. Cap. L.

RVrſum in differentiis ſiſt conſiderandum,ſi & diſſerentias dixit generis.
Nam,ſi rei nõ ſpecialibus definiuit differentiis, aut ſi etiã oíno aliꝗd hmõi dixit, quod nullius contingit dñiam eſſe(vt animal, aut ſubſtantiam)manifeſtũ qm nõ definiuit:nullius enim dñæ, quæ dicta ſunt. Videndum autẽ & ſi ẽ aliquid quod ẽ diuerſo diuiditur dictæ differētiæ. Nam,ſi non eſt, perſpicuum qm no erit quæ dicta eſt generis dñia : nam oẽ genus ꞇꞁs, quæ ecdiuerſo diuiduntur,

1 2. Locus Declaʒao

1 3. Locus Declaʒao.

A duntur, differentijs diuiditur. vt
animal gressibili, & volatili, &
aquatili, & bipedi. Aut si è qui
dem ediuerso diuisa dria, nõ ve
rificatur aũt de genere. Nam si
nõ, manifestum qm neutra erit
generis dria: omnes enim quæ è
diuerso diuiduntur driæ, verifi
cantur de proprio genere. Sitr
aũt, & si verificatur quidem, at
non facit apposita generi, spẽm.
Nam manifestũ, q non erit hæc
specifica dria generis, nam omnis specifica dria cũ genere speciem facit: si autem hæc non est
dria, nec quæ dicta est: quia hæc
è diuerso diuiditur. Amplius, si
negatione diuidat genus. Vt qui
lineã definiunt, longitudinẽ sine
latitudine esse: nã nihil aliud significat, sine latitudine, q q nõ
habet latitudinẽ: accidet igitur
genus participare speciem. nam
omnis lõgitudo sine latitudine,
aut latitudinẽ habens est: quia
de omni affirmatio, vel negatio
vera si: quare genus lineæ, cũm
longitudo si, sine latitudine, aut
latitudinẽ habens erit: at longitudo sine latitudine speciei è ra-
tior: illã autem & longitudo latitudinẽ habens: nam sine latitudine, & latitudinẽ habens, driæ
sunt: driæ autem & genere est
speciei oratio: quare genus suscipit speciei orationem, similiter
autem & driæ, eo q altera diarum driarum ex necessitate prædicat de genere. sit aũt dictus locus vtilis ad eos, q ponunt ideas
asserant. si nõ est ipsa longitu-

do, quodam modo prædicabit
de genere quod latitudinẽ hêt,
aut sine latitudine est: oportet
enim de omni longitudine alterum eorũ verificari, si quidẽ de
genere verificari debeat: hoc au
tem non accidit. sunt aũt & sine
latitudine, & latitudinẽ habêtes
lõgitudines, quare ad illos solos
vtilis hic locus, qui cunq genus
vnũ numero dicunt esse: hoc au
tem faciunt qui ideas ponunt.
nã ipsam longitudinẽ, & ipsum
alal genus dicunt esse. Fortasse
autẽ in quibusdam etiam necessariũ est negatione vti definien-
tem, vt in priuationibus: nam cę
cum est, quod non habet visum,
qñ natum est habere. Differt au
tem nihil negatione diuidere ge
nus, aut hmõi affirmatione, quã
negationem necesse est è diuerso
diuidi, vt si longitudinẽ, habens
latitudinẽ definiuit, eam habête
latitudinẽ è diuerso diuidit, non
habens latitudinem, neq aliud
qcquã: quare negatione rursum
diuidi è genus. Rursum, si speciem, vt driam assignauit. Vt q
cõuicium, iniuriã cum irrisione
definiuit: nã irrisio iniuria quæ
dam est, quare non driã, sed spẽa
est irrisio. Amplius, si genus vt
driam dixit. Vt virtutẽ habitũ
bonum, vel studiosum: nam bonum est genus virtutis. An non
genus est bonũ, sed dria r si qui
dem verum est, q non cõtingat
idẽ in duobus generibus esse nõ
continentibus seinuicê (nã neq
bonum continet habitum, neq
                              habitus

G habitus bonū : non enim omnis
habitus bonus, neqʒ oē bonum
habitus) non erunt profecto genera ambo.si igif habitus genus
est virtutis,perspicuum bonum
nō genus, sed magis dīiam ee.
Amplius, habitus quidem quid
est virtus significat : bonum aūt
non quid est, sed quale quid est:
videtur autem dīia quale quid
significare. Videndum aūt, &

31.Locus
Dec ano.
siꝰ nō qnale quid,sed ipsum quid
significat assignata dīia.nam vi
detur quale quid ois dīia signi-

H

36.Locut
Declaro.
ficare. Considerandum autē,&
si sm accidens inest definito dis
ferentia. Nam nulla dīia est eorum,quæ sm accidens insunt,si-
cut neqʒ genus:non enim cōtingit dīiam inesse alicui, & nō in-

37.Locus.
Declaro.
esse. Amplius,si prædicaf de ge
nere dīia,vel spēs, aut inferiorū
aliquid speciei, nō erit definiēs.
Nam nullum eorum, quæ dicta
sunt,contingit de genere prædicari, eo ꝗ genus de ꝗ plurimis

38.Locus.
Declaro.
omnium dicit. Kursum,si præ-

L

dicatur genus de dīia.nam non
de dīia,sed de quibus dīia,genꝰ
videtur prædicari:vt animal de
hoīe,& boue,& de aliīs gresibi-
libus aialibus, non autem de ea
dīia,quæ de specie dicitur: nam
si de vnaquaqʒ differentiarū ani
mal prædicabif,multa animalia
de specie prædicabūt:nam dīiæ
de specie prædicanf . Amplius,
dīiæ omnes,aut species,aut indi
uidua erunt,siquidem sunt animalia : nam vnūquodqʒ animalium aut spēs,aut indiuiduū est.

Similiter aūt inspiciēdū, & si
species, aut inferiorū speciei aliquod,de dīia prædicatur.Impos
sibile enim eo ꝗ de pluribus dis
serentia,ꝗ species dicit. Itē accidet dīiam speciem ee, siquidē
prædicabif de ea aliqua specierum : nam,si de dīia prædicatur
homo, manifestum ꝗm dīia est
homo. Kursum,si non prior est
dīia specie. nam genere quidem
posterior est, specie autē priorē
dīiam esse oportet.Considera n-
dum autē, & si alterius generis
est dicta dīia,neqʒ contenti,neqʒ
continentis. Nam non videtur
eadem dīia duorum generū ee
non continentiū seinuicem:si au
rem non,accidet & speciem eandem in duobꝰ generibus esse nō
continentibus seinuicē.inferē.ū,
vnaquæqʒ dīiarum propriū ge
nus, vt gresibile, & bipes aial
cōinferunt:quare,si de quo dīig
& generū vtrunqʒ, manifestum
vtroqʒ ꝗm spēs in duobus erat ge
neribus non continentibus sein
uicem. An nō impos eandem
dīiam duorum generū ee non
cōtinentiū seinuicem,sed adden
dum neqʒ vtroqʒ sub eodem exi
stente.'nam gresibile animal,&
volatile animal,genera sunt non
continentia seinuicē,& vtriusqʒ
eorū est bipes dīia:quare adden
dum est,neqʒ sub eodem,vtroqʒ
existēte: nam hæc ambo sub ani
mali sunt. manifestū etiam ꝗm
non necesse est dīiam omnem,
propriū genus inferre, eo ꝗ cō
tingit eandem duorū generum
esse

19.Locꝰ
Declaro.

K

40.Locꝰ
Declaro.

41.Locꝰ
Declaro.

K

esse nō continentiā sei nuicem: sed aliorum tm̄ necesse est inferre,& superiora omnia: vt bipes, gresibile, vel volatile inferr ani mal. Videndum aūt & si in aliquo ēriam assignauit substātig. Nam videt differre substantia à substātia in eo quod alicubi est, quare & eos, qui gresibili,& aquatili diuidunt ãtal increpant, tanq̃ gresibile & aquatile alicui significet. Attin n̄e quidē nō rectē increpant? nonenim in aliquo nē q̃ alicubi significat aqua tile,& terrestre, sed quale quid: nā & si in sicco sit, sit̄ aquatile, similiter aūt & terrestre, & si in humido sit, sit̄ terrestre, sed non aquatile erit: attamen si q̃ sig̃ significat in aliquo d̄ria, manifestum q̄m peccabit. Rursum, si affectum, differētiam assignauit. Nam of affectus cũm magis sit, detrahit à substātia: d̄ria autem non hm̄oi est: nam magis videt saluare d̄ria id, cuius est d̄ria:& simpliciter impost est singulum quodq̃ cē sine propria d̄ria: nā, cum non est gresibile, non erit homo:&(vt simplr̄ dicamus) secundum quæcunq̃ alteratur habens, nihil eorum d̄ria illius est. nam of huiusmodi cum magis fiunt, detrahunt à substātia: qua re si aliquā huiusmodi differentiam quispiam assignauit, peccauit: simplr̄ enim non alteramur fm̄ d̄rias. Et si alicuius eorum, quæ sunt ad aliquid, non aliud quid d̄riam assignauit. Nā eorum, quæ sunt ad aliquid, & dif

ferentiæ ad aliquid: vt & in disciplina, contemplatiua enim, & actiua, & effectiua dicit: vnumquodq̃ autē horum ad aliquid significat: contemplatiua enim alicuius,& actiua alicuius, & effectiua alicuius. Considerandū aūt & si ad quod natum est vnū quodq̃ eorū quæ sunt ad aliqd, assignauit definiēs. Nam in quibusdam quidē ad quod, natum est singulum, quodq̃ eorū, quæ sunt ad aliquid, solum est vrī, ad aliud aūt nihil, vt visu ad viden dum solū: quibusdam aūt & ad aliquid aliud, vt dolio sanē hau riat aliquis, attamen si quis defi niuit dolium, instrm̄ ad haurien dum, peccauit, non enim ad hoc narū est: terminus autem est, ad quod narū est,ad quod sanē vtū prudens qua prudēs, & q̃ circa singulum quodq̃ propria est disciplina. Amplius, si nō primū assignauit, qn̄ cōtingit ad plura dicū esse. Vt prudentiam virtutem hominis, aut animæ: & non rationalis: primū enim rationalis virtus prudētia: nam sm̄ hoc & anima & homo dicit prudēs. Amplius, si non susceptiuum ē eius cuius d̄ affectus, vel dispositio, vel quoduis aliud, peccauit. Nam omnis dispō, vel affectus in illo nat est fieri, cuius est dispō, vel affectus: vt & scientia in anima, dispofitio existens afg̃. Aliq̃n autem peccāt in talibus, vt quicunq̃ dicunt q̃ somnus ē impotentia sensus, & dubitatio æqualitas cōtrarium ratiocinationū,

tionum, & dolor separatio natu
ralium partium cum violentia:
nam neque somnus inest sensui,
oporteret autē inesse, si impoten
tia sensus est. Similiter aūt neqʒ
dubitatio cōtrariæ ratiocinatio
nibus inest, neqʒ dolor naturali
bus partibus: dolebunt enim in
animata, si dolor eis inest. Talis
autē & sanitatis definitio. siqui
dem cōmensuratio calidorum,
& frigidorū est, necesse est enim
sana esse, calida & frigida: nam
cuiusqʒ cōmensuratio illis inest,
quorū est commensuratio:qua
re sanitas inerit vtiqʒ ipsis. Item
id quod sit, in effectiuum, aut e
conuerso,accidit ponere, sic defi
nientibus:non enim est dolor se
paratio naturalium partiū, sed
effectiuum doloris, nec somnus
impotentia sensus, sed effectiuū
alterū alterius:aut enim propter
impotentiā dormimus, aut pro
pter somnū impotentes sumus.
Similiter aūt & dubitationis vi
debitur effectiuum esse, contra
riarum æqualitas ratiocinatio
nū:quandocūqʒ enim ad vtraqʒ
ratiocinantibus nobis sīt viden
tur omnia fm vtrunqʒ fieri, du
bitabimus vtrū agamus. Am
plius, secundum tēpora omnia,
considerandū sicubi dissonet vt
si immortale definiuit, aīal nunc
incorruptibile esse. Nam nunc
incorruptibile animal, nunc im
mortale erit. An in hoc quidē
non accidit? nam anceps secun
dum amphiboliam est nunc in
corruptibile esse: aut enim qm

non corrumpitur nunc, signifi
cat,aut qm non possibile corru
pi nunc, aut qm huiusmodi est
nunc, vt nunquā possit corrum
priqn igitur dicimus, cp incorru
ptibile nunc est animal, non hoc
dicimus, cp nunc tale est animal,
sed vt nunquā possit corrumpi:
hoc autē immortali idem erat,
quare nō accidit, nunc idem im
mortale esse. Sed tñ sicubi acci
dit quod fm definitionem qui
dem assignatum est inesse nunc
vel prius, quod vero fm nomen
non inest,non erit idem:vtendū
ergo hoc loco, quemadmodū di
ctum est. Inspiciendum autem
& si fm aliud quippiā magis di
citur quod definitur, qñ fm assi
gnatam orationem.Vt si iustitia
potestas æqui distributiua est:iu
stus enī magis est q eligit æquū
distribuere, eo, qui potest:quare
nō erit iustitia potestas æqui di
stributiua: nā & iustus esset ma
xime, q posset æquū distribuere.
Amplius, si rei quidem suscipit
magis, quod aūt fm orationem
assignatur non suscipit, aut con
tra, quod fm orationem ei assi
gnatur suscipit, res autem non.

Oportet enim, aut vtraqʒ susci
pere, aut neutrū:si quidē est rei
quod fm orationem assignatur.

Amplius, si suscipiunt vtraqʒ
qdē magis,non simul aūt vtraqʒ
augmentū sumūt.Vt si amor cō
cupiscentia conuentionis est: nā
magis concupiscit cōuentionē:
quare nō simul vtraqʒ suscipiūt
magis:at oporteret, si idē essent.

Amplius,

A

Amplius, ſi duobus quibuſdã propoſitis, de quo res magis diǀcitur, id quod eſt ſm orationem minus dicitur. Vt ſi ignis eſt corpus ſubtiliſſimũ, ignis enim magis flamma q̃ lux, corpus autẽ ſubtiliſſimum mĩnⁿ flamma q̃ lux:oportet aũt vtraq̃ magis in eſſe eidem, ſi quidẽ eadem ſint.

Rurſum, ſi hoc quidẽ ſimiłr vtriſq̃ ineſt propoſitis, aliud autem nõ ſiłr vtriſq̃, ſed alteri magis. Amplius, ſi ad duo definiǀtionem aſſignauerit ſm vtriſq̃.

B

Vt bonũ, quod per viſum, aut per auditum delectabile, & ens, quod poſſibile eſt pati, aut faceǀret ſimul enim idem & bonũ, & non bonũ eſt: ſłt autem & ens, & non enⁿ:nam per auditum deǀlectabile, idem bono erit:quare quod non delectabile eſt per auǀditum, non bono idem: nam eiſdem & oppoſita eadẽ erunt: opponitur autẽ bono quidem non bonũ, per auditum autem deleǀctabili,per auditum non delectaǀ

C

bile. manifeſtum igitur, q̃m idẽ non delectabile per auditũ, non bono:ſi igitur aliquid eſt per viǀſum quidem delectabile, per auditum autem non, & bonum, & non bonum erit:ſimiliter autem oſtendemus q̃m idem ens, & nõ ens eſt. Amplius, & generibus, & differentijs, & aliis omnibus, quæ in definitionibus ſunt aſſignata,eis,qui orationes pro noǀminibus faciunt,conſiderandũ, ſi quicquam diſſonet. Si autem ſit ad aliquid quod deſinit, aut

D

per ſe, aut ſm genⁿ:conſideranǀdum ſi non dictũ eſt in definitioǀne ad quod dicit, aut ſm ipſum, aut ſm genus. Vt ſi ſcientiã defiǀniuit opinionẽ indiſſuaſibilem, aut etiã voluntatẽ,appetitũ ſine triſtitia: omnis enim eius, quod eſt ad aliquid, ſubſtantia ad alterum, eo q̃ idẽ ſit vnicuiq̃ eorũ quæ ſunt ad aliquid eẽ,idip ſum quod ẽ ad aliquid quodãmodo ſe habere:oportebat igiſ ſcientiã dicere opinionẽ ſcibilis, & volũ tatem appetitũ boni. Similiter

E

aũt & ſi grammaticẽ definiuit ſcientiam literarum : oportebat enim aut ad quod ipſum dicit, aut ad quod forte genus dicitur, in definitione aſſignari. Aut ſi cũm quippiam ad aliquid dicit, non aſſignauit ad finẽ.Finis aũt in vnoquoq̃ eſt quod optimũ eſt,aut cuius gratia alia ſunt: diǀcendũ igitur. aut optimum aut vltimũ, vt concupiſcentiam nõ delectabilis,ſed delectationis:nã propter hanc, & delectabile eliǀgimus. Conſiderãdum & ſi geǀneratio eſt ad quod aſſignauit, vel actus. Nihil enim talium ſiǀnis : nã magis quod eſt egiſſe,& generaſſe finis, q̃ fieri & agere.

An nõ in oibus verum hmõiʃ pene enim plurimi delectari maǀgis volunt,q̃ deſtituiſſe delectari: quare agere magis finem quis ſtatuat,q̃ egiſſe. Rurſum,ſi quiǀbuſdã ſi non determinauit quanǀti,vel qualis, vel vbi, vel ſecunǀdum alias dñias. Vt ambitioſus, & qualis:& quanti appetens eſt honoris:

G honoris: nam oēs appetūt hono
rem: quare non sufficit ambitio
sam dicere, qui appetit honorē,
sed addere oportet dictas dīīas.
sifr autem & auarus quantas ap
petit pecunias, aut intemperās,
circa quales voluptates: non.n.
qui à qualibet voluptate tenef,
intemperans dicif, sed qui ab ali
qua. Aut rursum qui definiuit
noctē, vmbram terrę, aut succuf
fionē, motum terrę, aut nubem,
densitatē aeris, aut ventū, motū
aeris: addendum enim quāti, &
qualis, vbi, & à quo. Sifr autem
& in cęteris huiufmodi nā omit
tens dīam quālibet, non dicit
quid est esse: oportet aūt semper
ad id quo indiget, argumentari:
non enim quolibet modo terra
mota, neq̓ quantacunq̓ succes-
sio erit: sifr autem neq̓ aere quo
libet modo, neq̓ quantocunq̓

40.Locus Declatio modo, ventus erit. Amplius, in
appetibus, si nō apponif quod
apparet, & in quibuslibet aliis
congruit. Vt qm voluntas appe
titus boni, eōcupiscentia autem
appetitus delectationis, sed non
apparentis boni, vel delectatio
nis: plerunq̓ enim latet appeten
tes, qm bonū, aut delectabile est,
quare non necessariū bonū, vel
delectabile esse, sed apparens so
lum: oportebat ergo sic & assi
gnationem facere. Si aūt & assi
41.Locus Declatio gnauit quod dictum est, in ipsas
spēs ducendum eum, qui ponit
ideas esse. Non enim ē idea illius
apparentis, ipsa autem spēs ad
ipsam specie videf dici, vt ipsa

concupiscentia ipsius delectatio
nis, & ipsa volūtas ipsius boni.
Apparentis igitur boni non erit
ipsa voluntas, neq̓ apparētis de
lectationis ipsa concupiscentiæ
absurdū enim est esse ipsum ap
parens bonum, vel delectabile.
Amplius, si sit quidem habitus *42.Locus Declatio*
definitio, cōsiderandū in haben
te, si quidē habentis, in habitu:
similiter aūt, & in cęteris talibᵒ,
Vt si delectatio est iuuātia, & de
lectabile iuuabile. Vniuersaliter *43.Locus Declatio*
aūt dicendo in hmōi definitio
nibus quodammodo, vno plura
accidit eū qui definit definire.
Nam qui scientiā definiuit, quo
dammodo & ignorantiā defini
uit: sifr aūt, & scium & inscium,
& scire & ignorare: nā, primo di
lucido facto, & reliqua quodam
modo dilucida fiunt. Inspicien
dum igitur in oibus talibus, ne
quicquā dissonet, vt endo elemē
tis ex contrarñs, & coniugatis.
Amplius, in his, quę ad aliquid
sunt, cōsiderandū li ad quod ge
nus assignatur, & spēs ad illud
quoddā assignat. Vt si opinio *44.Locus Declatio*
ad opinarū, & quædam opinio
ad quoddam opinarū: & si mul
tiplex ad submultiplex, & quod
dam multiplex ad quoddā sub
multiplex: si aūt non sic assigna
tur, manifestum qm peccatur.
Videndum aūt, & si oppositio *45.Locus Declatio*
opposita definitio. Vt si dimidiū
ea sit, quæ opposita est ei, quę est
duplicis: nā, si duplex est quod
in æquali superat dimidiū, & di
midiū, quod in æquali superaf.

Ia

In contrariis autem sit. Nam contraria e cōtrariū oratio erit, frm vna quandam complexione cō trariorum: vt si adiutiuum quidem effectiuū boni est, nociuū effectiuum mali, aut corruptiuū boni: alterū enim horum neccessarium est cōtrariū esse ei, quod ex principio dictum est: si igitur neutrū contrariū est ei, quod ex principio dictū est, manifestum qm neutra erit earum (quæ posterius assignate) cōtrarij oratio, quare neq quæ ex principio assignata e definitio recte assignata est. Qm autem quædam contrariorū priuatione alterius dicuntur, vt inæqualitas priuatio æqualitatis vr esse, inæqualia enim quæ non æqualia sunt dicunt perspicuum, qm quod fm priuationem quidem dicitur cō trarium, necessarium est definire per alterū reliquum vero non iam oportet, per id quod fm priuationem dicitur, non enim accidit alterutrum per alterum cognosci considerandum igitur in cōtrarijs hmōi peccatum. Vt si quis definiuit æqualitatē, contrarium inæqualitati: tā p hoc, quod fm priuationem dr, definiuit. Amplius sic definit autem necesse est eo, quod definit vti. Patet aūt hoc, si accipiatur propriose oratio: nam, quia nil refert dicere inæqualitatē priuatione æqualitatis, erit æqualitas cōtrarii priuationi æqualitatis, quare eodem erit vsus. Si autē neutrum contrariorū fm priuatio

nem dicatur, assignetur aūt oratio sit, vt bonum contrariū malo, manifestum, qm malum contrarium bono erit, nam sic contrariorum sit oratio assignāda: quare rursum eo quod definitur accidit vti: inest enim i mali oratione bonū, quocirca qm bonū est malo contrariū: malum autē nihil differt, vel quod est bono contrariū, erit bonum cōtrariū, boni contrario: perspicuum igit qm eodem vsus est. Amplius, si quod fm priuationem dr assignans, non assignauit cuius est priuatio. Vt habitus, aut contrarij, aut cuiuscunqp est priuatio. Et si non in quo natum est fieri addidit, vel simplr, vel in quo primo natum est fieri. Vt si ignorantiam dicens priuationē, non scīæ priuationē dixit, aut si non addidit in quo natū est fieri, aut audens non in quo primo assignauit, vt quod nō in rōnali, sed in hoc, vel in alia: nam, si quodlibet horū omittat, peccauit. Silr autē, & si cæcitatem non visus priuationē in oculo dixit: oportet aūt bene assignantē quid est, & cuius e priuatio assignare, & quid nā est quod priuatum est. Videndum aūt, & si nō fm priuatione dictum, priuatione definiuit. Vt & in ignorātia videbit esse hmōi peccatum fn, qui non fm negationem ignorantiam dicunt: nam quod non habet scientiam, non videtur ignorare, sed magis quod deceptū est, ppter qd neqp inanimata, neqp pueros

Log. cū eō. Auct. O dicim'

G dicimus ignorare: quare non secundũ priuationẽ scientiæ ignorantia dicitur. 72. Locus. Declaratio. Amplius, si similibus nominis casib⁹ similes orationis casus captantur. Vt si adiutiuum est effectiuũ sanitatis, adiutiua est sanitatis effectiua, & adiuuans efficiens sanitatem.

Considerandum & in idea, si aptabitur dictus termin⁹. Nam in quibusdã non accidit: vt quẽadmodum Plato definiuit, mortale addens in animaliũ defini- H tionibus. idea enim nõ erit mortalis, vt ipsohõ: quare non aptabitur ad ideã definitio. Simpliciter autẽ in quibus apponitur effectiuum, aut passiuum, necesse est dissonare in idea terminũ: nam impassiles, & immobiles videntẽ esse ideæ ĳs, qui dicunt ideas esse: aduersum hos autem, & tales orationes vtiles sunt.

73. Locus. Declaratio. Amplius, si eorũ, quæ sm æquiuocationem dicuntur, vnam definitionem omnium cõem assignauit. Vniuoca enim, quorum vna est sm nomen oratio: quare I nullius eorum, quę sub nomine sunt, assignatus est terminus, eo φ similiter ad omne æquiuocũ adaptatur. Passus aũt hoc est & Dionysii vitæ terminus: siquidem ea mot⁹ est generi nutriendi naturaliter inseruiens: nihil enim hoc magis animalibus φ̃ plantis inest: vita autem nõ sm vnam speciem videtur dici, sed altera quidem animalibus, altera plantis inest: contingit igitur & sm electionem sic assignare terminum, ac si vniuoca & sm K vnã speciem omnis uita diceret. Nihil aũt prohibet & eum, qui conspicit æquiuocationẽ, & alterius vult definitionẽ assignare: latere non propriã, sed cõem vtrisq; orationem assignare. sed nihilminus si vtrouis modo fecerit, peccauit. Postq̃ aũt quædam latent æquiuocorũ, interroganti quidem vt vniuocis vtendum. 74. Locus. Declaratio. Nam non adaptabitur alterius terminus ad alterum: quare videbitur non distinguendũ L hoc pacto, oportet enim in oẽ vniuocũ adaptari: eidem aũt respondenti, distinguendum est.

75. Locus. Declaratio. Quoniam aũt quidam respondentium vniuocum quidem dicunt esse æquiuocum, quando non accommodatur ad omne assignata oratio: æquiuocũ autem vniuocũ, etiã si ad vtrunq; accõmodetur: præ confessione vtendum pro talibus, aut præcolligẽdum, φ æquiuocum, vel vniuocum, aut vtrunq; fuerit. Magis enim concedunt non præuidentes, quod futurũ est vt accidat. M

76. Locus. Declaratio. Si aũt non facta confessione dixerit aliquis vniuocũ æquiuocum esse, eo φ non accommodatur, & in hoc assignata oratio: considerandũ si huius oratio accommodaẽ et ad reliqua. Nam manifestum, qm̃ vniuocum erit reliquis: si aũt non, plures erunt definitiones reliquis: nam quæ sm nomen orationes accommodabũtur ad eandem, quæ prior assignata est, & quæ posterior.

Rursum,

A
77. Locus
Declaro.

Rursum, si quis definiens aliquid eorum quæ multipliciter dicuntur, & oratio non accommodatur ad oía, & quia æquiuocũ esse non concedat, nomen etiam dicat non ad oía accommodari, qm̃ nec oratio, dicendũ ad eiusmodi, cp nominatione quidem oportet vti, quę tradita est, & cp sequit, & cp non dimouere quæ talia sunt, tametsi nonnulla dicenda non sint sistr multitudini.

De locis sumptis ex Differentijs.

Cap. 2.

B
Loca sumpta
ex Dia.fo.16.17
30. 31. &
32

Locorum vero sumptorũ ex differentijs habent quatuor bases. Quarũ vna est, cp dia prædicet in eo cp qualis res sit. Secunda, cp diæ sit vnum aut plusquã vnum oppositum, quibus genus diuidas prima diuisione, prout diuiditur aíal in progressiuum, volatile, & natils, & vnũ quodq; illorum qñ connectitur generi, constituit specie. de conditionibus aũt oppositi ipsius diæ est, cp non sit oppositũ negatiue(sensibiliter)sn enim negatio connectit generi non cõstituit specie: nisi negatio sit virtutis priuationis. Tertia aũt

C

est, cp dia non sit his,quæ sunt accidens, prout est qui definiret equũ, cp sit aíal currens: qñ itaq; considerant significata horum trium locorum comperiunt reliqua loca drīe, quæ retulit, reducibilia ad hæc illa.

Locus pri
mus, q in
Ari.ell.33

Quorum primus locus est, cp sumant species pro differentia, vt qui definiret contentum, cp sit maledictio eũ spretu: spretus enim est quædam species maledictionis.

Locus 2.
qui ell.34.

Et secundus ipsorum locus est, cp sumatur genus pro dria, vt qui definiret sonum, cp sit aer cum percus-

D

sione: percussio enim est soni genus: sophisma autem huius loci & præcedentis est, quia in illud dia non prædicaretur in eo cp qualis res sit.

Et ipsorum est tertius locus, cp dria prædicetur vt genus. Et huius loci sophisma est, quia genus prædicatur de pluribus cp prædicetur differentia: dia itaq; iterum non prædicaretur in eo cp qualis res sit.

Locus 3.
qui ell. 36

Et ipsorum est quartus locus, cp obsideramus, si genus prædicetur de differentia, nõ est dria: genus enim præ dicatur de quibus prædicantur differentiæ, & nõ est dria: quare ipsum & diria suæ ipsi species. v.g. quia ani mal prædicatur de homine & boue. & reliquis animalibus, & non prædicatur de illorum differentijs, ex quo illæ significaret nole non denominatio: non enim est verũ dicere, cp rationalitas sit animal, quia si alia prædicaret de singulis differentijs, ipsæ eædem spes prædicarentur de ipsismet speciebus, aut essent alia animalia cp illa animalia, in quæ diuidis ipsum animal, quæ prædicarentur de speciebus animalis, ex quo gen' prædicatur de ipsis speciebus.

Locus 4.
q ell. 37.
& 38.

B

Et de illis est quint' locus, cp spe cies, aut aliqua res, quæ subest speciei prædicetur de differentia: dria enim aut prædicatur de pluribus cp prædicetur species, aut illi æqualis: si autem sit vniuersalior non prædicatur de illa, & si sit æqualis, oportet, cp differentia sit species. Et huius loci corruptela est, quia differentia sumeret ab eo quod est accidentaliter.

Locus 5.
qui E. 39.

Et de illis est sextus locus, cp dria nõ sit extensa genere. Et huiusque dem significatũ est, cp sit vna generis dria nota in cõitate generis, cui sumpta est differentia: hoc autẽ sit,

Locus 6.
q ell. 41.

O ij   qñ

G quando duo genera, in quibus inue
nitur ipfa dfia, non afcēdunt in vnū
idem prædicamentum, qm non eſ
ſet impoſſibile eſſe vnam differētiā
duorum generum, quorum vnum
ambiat alterum, ſed aſcēdunt in vnū
genus, vt bipes, quæ eſt differentia
pgreſſiui, & volatilis, quæ ſunt duo
genera, quorum vnū non continet
alterum, ſed ambo ſunt ſub vno ge
nere, quod eſt ipſum animal.

Locus. 7.
qui eſt. 42

Et de illis eſt ſeptimus locus, ſ. qͦ
complementum dfiæ ſubſtantiæ ſit
de illis, quæ dicuntur in ſubiecto qd
eſt ipſum accidēs, vt qui ſumeret diſ
ferentias ſpecierum animalis & ſpe
ciem temporis & loci, & ſi verum ſit
de quibuſdam ſpeciebus ſubſtantia
rum qͦ in ſua definitione ſumantur
dfiæ accidentales: hoc autē fit quan
do fuerint nimis propinquæ ſuis ve
ris differentijs, & ſignificent illas, &
ſiant vice illarum, qn veræ dfiæ non
patēt de illis, vt qui in diuiſione ani
malis vtitur, qͦ quoddā ſit terreſtre,
& quoddam æquaticum: talia enim
accidentia conſtituuntur p ſuas ve
ras dfiæs. de hoc autem iam dictū
eſt in lib. Poſteriorū analyticorum.

Locus. 8.
qui eſt. 41

Et de illis è octauus locus, ſ. qͦ paſ
ſio ſumatur pro dfia, vt qui defini
ret hominē qͦ ſit animal erubeſcēs:
affectus enim quido intenditur edu
cit rem ab eius eſſentia: differentiæ
autē conditionis eſt conſeruare ſpe
ciem, non qͦ per ipſam reddatur va
ria & transferatur eius natura, prout
accidit de ipſo ſenſu.

Locus. 9.
8 eſt. 40.

Nonus locus eſt, quòd differētia
nō ſit prior ſpecie, expedit enim diſ
ferentiam eſſe poſteriorem genere,
& priorem ſpecie.

locus 10.
q eſt. 44.

Decimus locus eſt, qͦ dfia relatio
nis nō eſſet relationis. expedit enim

---

relationis dfiam eſſe relationis, vt q̄
diuidit ſcientiam, qn quædam ſit
theorica & quædam practica. Et ola
hæc tria loca, ſ. octauus, nonus, & de
cimus reducunͤ ad ſextum locū, ſ. qͦ
in ipſis dfia ſit poſita extra ipſum ge
nus. Et ideo videtur qͦ hic locus ſit
quartus locus baſium trium quas re
tulimus: hæc itaq; eſt ſumma loco
rum, quæ ſiunt de ipſis differentijs,
& omnia ſunt demonſtratiua.

K

Poſt hæc autem expedit nobis lo
qui de errore cadēte in definitiones
fōs ſe totas: & oēs ſpecies huius erro
ris, vt Themiſtius ait, aſcenduntaut
ad ſuperadditionem, aut ad ipſum
defectū, & hinc incipiamus de locis
erroris cadēntis in definitiones, q̄
ſunt ſingulorum prædicamentorū.

L

Loca itaq; propria prædicamento
ſubſtantiæ ſunt duo loca: quorū vnus
eſt, qui præpoſitus eſt in locis differē
tiarum, ſ. qͦ dfiæ complementum eſ
ſet de his, quæ dicuntur in ſubiecto:
ſubſtantiæ enim dfia eſt ſubſtanna:
ſecundus locus eſt, ſi fuerit dfia defi
niti quoduis duorum contrariorū,
quæ recipiat ipſum genus eſſentiali
vno ſimili modo, illa non eſt conue
niēter definitio: neutrū enim duo
rum contrariorum prius eſt ineſſe
ſubiecto, q̄ alterum cōntrarium. v. g.
qui definiret animam, qͦ ſit ſubſtan
tia recipiens ſcientiam, nō eſt prior
illo, qui eam definiret per receptio
nem inſciēs: & fm hoc rei eſſent plu
res definitiones, q̄ vna: perfecta autē
definitio eſt definitio vna.

M

Et relationis ſunt tria loca, quorū
vnus eſt, qͦ ſumatur in relatiuæ rei
definitione id, ad quod hæc rei dicit
comparatiue eſſentialiter, non acci
dentaliter. non eſt enim modus cō
plemēti definitionis relatiui, niſi in

Loca I Ari
ſto. 45. 46
& 47.

ca

A ea contineantur res, in cōparatione quarū ipsa res dicitur. vt v.g. qui definierit scientiā ꝗ sit opinio inuariabilis assertionis de rebus, quæ sunt semꝑ vno simili modo, iam compleuit sc̄ꝯ definitionem, si aūt deuersisset inde id, quod dixit de rebus, quæ sunt semꝑ vno simili modo, esset imperfecta, qñ itaꝗ; non sit in relatiui definitione id, cui refert, non compleẗ illius definitio, & sic̄ꝗ si facere it, quod illi refertur accidentaliter. exẽpli gratia, qui definierit medicinam, ꝙ sit sc̄ia illius, quod est in corpore: nā in corpore sunt multæ res,

B quas Medicus consideraret accidentaliter, sicut est nigredo & albedo, & cætera: si aūt definiuisset, ꝙ sit scientia sanimus & ægritudinis, iam compleuisset definitionem, prout expedienterat. Secūdus aūt locus est, ꝙ prout sit in definitione, quod refert secundo, non primo: expedit n. in relatiui definitione contineri, ꝙ ei refertur ꝑ se primo. Exemplū illiꝰ est, qui definierit ꝑ relatione illius, quod illi, quod refert secundo, non primo, vt qui definierit appetitū ꝙ sit desiderid voluptatis: est enim voluptatis desideriū, quia est desiderio

C suauitatis, & est suauitatis desideriū, quia sit desideriū ipsiꝰ suauis secūdo, & ipsum esse desideriū suauitatis est primo. Tertius aūt locus est, ꝙ expedias considerare, ꝙ, si genus relatiuum oporteat ꝑ sua definitione perficiua (genus sibi oppositū), species, quæ huic generi relatiuo subest, dicat in comparatione speciei, quæ subest generi correlatiuo, v.g. si opinionis definitio complectitur ꝑ rem opinabilem, oportet scientiæ definitionem compleri per rem scibilem, sin autem, non esset definitio. vt g̃a

D exempli, qui definierit sensum, ꝙ sit vis, quæ comprehendantur corpora, non compleuit sensus definitionē: nam sm hoc, oporteret auditum cō prehendere aliquod corpus.

Loca vero, quæ sunt sm qualitatis circunstantiam, quædam sunt sm circumstantiū habituum & virtutē: omnis enim habitus & vis, quæ non euadit, quia sit habitus plurium, quā vnius actus. Et qui est plurium, ꝗ vniꝯ actus, nō euadit, quin sit aptus versus illos actus æqualiter, aut quorundam sit ꝑ se, & quorūdam per accidens, vel quorundam prima intentione ex parte præstantioris, &

E quorundam secunda intentione. At ille etiam, qui est aptus versus vnum actum, non euadit, quin possit fieri sine hoc actu, aut impossibile sit qñ vnē quis compleuerit definitionē aliciꝯ habitus aut artis, ꝙ sit apta versus actus plures, ꝗ vnum æqualiter, & occuluerit vnū illorum actuum, illa itaꝗ; non est definitio. vt verbi gr̄a, qui definierit, ꝙ grāmatica sit scientia scribendi tāi, abiecit ab illiꝰ definitione quandam dictione, i.ipsum dicere: est enim ita scientia dicendi, sicut est scientia scribendi. Illi vero,

F qui sunt apti versus plures, ꝗ vnum, quidam sunt ꝑ se, & quidam ꝑ accidens: sicꝗ, si quis compleuerit definitiones ꝑ id, quod est ꝑ accidens, loco illius, quod est ꝑ se, aut protulerit quod est per accidens cum illo, quod est ꝑ se: illa itaꝗ, quā protulit, non est definitio: vt verbi gratia, qui definierit medicinā, ꝙ sit ars faciens morbū & salutem: facit enim salutē ꝑ se, & facit morbum ꝑ accidens: licet enim ars medica sit cui cō tingit facere accidentia, non est apta versus hanc actum. Sicꝗ est ille, qui

O iij dinu-

G dinumeratur versus plures actus q̃ vnũ, nisi ꝙ quidam sit aliquib' alijs præstãtior, q̃n qui completurus est, compleuerit definitionẽ per actum viliorẽ præter nobiliorem, aut eos protulerit non simili modo, non sit definitio:hec aũt est, sicut est dispo= sitio variatũ naturalium animæ,q̃a decꝫ ipsarũ definitiones fieri ex vo= biliori,& non ex viliori actu vt ꝙ il= las capiat à virtutibus, non à vitijs. Illi vero, q̃ dinumeranꝫ versus vnũ actum, & pótesse ꝙ fiant per alium, sunt q̃n sumit'vice huius actus,q̃ est p ſe, alter actus qui eo pót fieri ꝑ ac=

H cidens.Sicꝙ; nõ sit definitio:hoc au tem notũ est de instrumentis senſa= tis,vt qui definierit cultellum, ꝙ sit ĩaltiã,quo fiat actus carpentarij: ãs enĩ in carpentaria sit ascia, nõ cul zello. Si aũt vis dinumerareꝫ versus ,vnũ actum, sine quo sit illi impose esse,& protulerit hunc actũ in defi= nitioneꝫsi illam protulisset vt ex= pedit, vt qui visum definiret, quod sit vis qua colores comprehendanꝫ.

Secũdus aũt locus est,ꝙ scrutemur etiam de complemento virtutis, an sit actus, aut factum aliquod actiõ= rum. Vt verbi gratia, artis saltandi complemẽtum est actus quidam, & complemẽtum artis carpentarij est factũum quoddam per artem. Si aũt quis complcuerit definitionem rei, cuius complementũ est res facta per artem agentem. vt qui definiret car= pentariam ꝙ sit habitus fm ꝙ fiat ꝑ carpentariam, non fm ꝙ per eã sint res factæ per carpentariam,non face ret definitionem.In definitione ve= ro rerum, quarum perfectio est ipse actus,expedit ꝙ ponatur actus in ip= sarum definitione:multarum autẽ serum perfectio non est,quia ipſæ iã

K sint, sed in ipsũmet generatione:dele ctationis enim perfectio est tempo= re factionh, non tempore comple= menti, & magis illam eligimus tem pore factionis: & similiter eligimus ſpeculationẽ tempore factionis,non tempore complementi, & magis ip= ſum eligimus tempore factionis, q̃ ipſam eligamus, postꝙ iam expleue rimus ſpeculationem.

Loca aũt sumpta à casibus & con iugatis & oppositis nimis iuuãt acce ptionem definitionũ habituum & potentiarum,& affectuum,qui sunt ꝑdicamẽtui qualitatis. q̃u , si fuerit definitio ipsius habit', expedit, ꝙ sit pid,cuius est habitus, & si fuerit il= lius cuius est habitus,expedit,ꝙ sit ꝑ ipsum habitum, sicautem, nõ fieret definitio. Exẽpli gratia, si suaue sit, quod est vtile, suauitas est id, quod est vtilitas: & similiter de oppositis.

L Hoc autẽ ita sit,quia qui aliquo mo do definit rem iã definit multas res in hoc exemplo, & simili.

Tertius aũt locus est ob circũstan tiam habituum, & potentiarũ, & af= fectuum:nã, quia fm se totos insunt subiectis,& q̃ insunt subiectis, qux= dam insunt primo, & quædã insunt secundo, q̃n non apparet in defini=

M tione subiectũ cui inest habitus, aut potentia,aut electio primo,non defi niretur,& similiter q̃n illum nõ po= nerer in suo subiecto. v.g. quia pru= dentia inest parti ratiocinatiuæ:pri= mo,& aiæ secundo, quia inest parti ratiocinatiuæ,& homini, quia inest aiæ,quæ vero apparent in definitio= ne que absꝙ subiecto, sunt,prout qui definiret somnum ꝙ sit sensus i imbe cillitas, & dubiũ,ꝙ sit coequatio syl= logiſmo,x oppositorum,& salutem; ꝙ sit coequatio caloris, & frigoris, & dolore,

A dolorem, ꝙ ſit ſolutio partiū vnitarum: quia neq; ſomnus eſt ſenſus imbecillitas,ſed eſt ob ſenſus imbecillitatem,nec ſalus eſt coæquatio,ſed ob
coæquationé, nec dolor eſt continui
ſolutio, ſed eſt ob continui ſolutionem,& vt vniuerſalius inquam, qui
hoc modo definiret, accideret ei ꝙ
ponat faſsū in faciente, aut faciētem
in faſto, ſ. ꝙ aut cauſa ſomni debilitetur, vel eā imbecillitatis dormiat:
& vt hæc definiunt per ſubieſta,&
aſtus, & ſm hoc ſunt tripartita, aut
ſunt res naturales, aut ſunt virtutes
aſales, aut ſunt res artificiales. Rerū

B adū naturalium aſtus ſunt nobis nori, & ſubieſta latent. v.g. quia aſtus
ſomni patet, qui eſt vacatio ſenſuū,
& ipſius ſubieſtū eſt dubiū, quod in
digeſt demōne, quod Ariſt. gfa exē
pli opinaſ ꝙ ſit ipſum cor , & Galenus opinaſ, ꝙ ſit cerebrum. In artib'
vero ſubieſta ſunt nobis nota, quæ
ſunt ipſa anima, quæ quæruntur au
tem ſunt perfeſtiones & aſtus. Virtu
tum vero quæſita ſunt ambæ res ſimul:hoc eſt, notio aſtuum, & notio
ſubieſtorū: vt. v g. fortitudo nō eſt
nobis nota,cui parti alæ inſit, neque
quis ſit eius aſtus,qui virtus dicitur.

C Expediens aut hoc ſuit de illa , quia
ipſa nō eſt ob ipſam naturā perfe
ſte,neq; ob voluntarium arbitrium
perfeſte, ſed eſt ac ſi eſſet miſta ex
vtriſq;rebus. Quartus aut locus é,
quia definitiones quarundam rerū,
& præcipue virtutū, oportet ꝙ perfi
ciantur p quantitatem, & qualitaté,
& qñ,& vbi,& per cauſas agétes, aut
finales, aut conſeruatiuas,& qñ dete
ſta fuerit ex talium rerum definitio
nū aliqua harum differentiarum
non fieret definitio. v.g. ſi quis ſorti
tudinem definiret, ꝙ ſit prior timo

re,qui contigerit quadā quantitate,
non quantauis contigerit, & quodā
tpe,non quouis tpe contigerit : cau
ſa autem definiendi per has dñas eſt
finis,quo é ipſa prioritas , & ſm hoc
res ſe habet de iuſtitia, & gloria, &
reliqis virtutib', & oportet ꝙ tales
res perficiantur p res naturales. v.g.
quia non ſatis eſt noſtis definitioni,
ꝙ ſit terræ vmbra,donec dicatur totius aut partis vmbra ob Solis occul
tationem, non ob aliam rem: & ſiſt
non ſufficit pluulæ definitioni, ꝙ ſit
aqua deſcendens,donec dicatur quo
modo deſcendat, & vnde, & quæ ſit
cauſa ipſius deſcenſus, & qua quanti
tate fiat, & propter quid, & quando
deſcendat. Hæc itaq; loca ſunt ob cir
cunſtantiam rrium ſpecierum quali
tatum,hoc eſt ex habitibus,& poten
tijs,i. quæ dicuntur ſecundum natu
ralem potentiam,aut naturalem im
potentiā,& ex affeſtibus, hoc eſt paſ
ſionibus & paſſibilibus qualitatib'.
Prædicamenti vero vbi, & quando,
non eſt locus proprius. Prædicamen
to autem aſtionis & paſſionis ſufficiunt hæc loca , quæ ſunt ſecundum
qualitatis circunſtantiam.

Loca autem priuationis quædam
ſunt,ꝙ non ſumamus in habitus definitione ipſam priuationé. vt ſi qs
ſumeret in definitione viſus, ꝙ ſit cę
citatis cōtrarius hic enim definiret
prius per poſterius: & cum hoc etiā
vtitur ipſo met definito in ipſa definitione: ex quo enim cęcitas eſt priuatio viſus,eſt ac ſi dixiſſet quòd vi
ſus ſit contrarium priuationis viſus.

Secundus autem locus eſt , ſi quis
proferret priuationis definitioné, &
in ipſius definitione nō proferret ip
ſum habitum, qui ſit priuationis cō
trariū,ille non definiret. exēpli gfa,

O iiij ſi defi

Loca priuationis.

G ſi definitio ignorātiç eſſet, ꝙ ſit pri
uatio, & non diceret cuius rei priua
tio ſit. Tertius locus eſt, ſi eſſet pri
uationis definitio, & in eius definiti
one proferretur habitus, illi oppo
ſitus, & non proferretur ſubiectum
propriū priuationi, prout ſi quis de
finiret cęcitaté, ꝙ ſit priuatio viſus,
& nõ diceretur oculi videntis, quia
viſus priuatio in talpa nõ eſt cęcitas,
in definitione itaꝙ huius ſpeciei pri
uationis perfectæ, oportet connecti
has duas cõditiones, quarũ vna eſt,
ꝙ in ea explicetur habitus oppoſit°,
& altera ꝙ ſit in ſubiecto proprio.

H Quartus aūt locus eſt, ſi priuatio
fuerit de ſpeciebus illius, quæ eſſe eſt
ſm modū habitus imperfecti, & eſt
illa, in cuius definitione dictum eſt,
ꝙ ſit illa, quæ non eſt in ſubiecto il
lud, cuius moris ē eſſe in illo, modo
quo cõſueuit eſſe in illo, vt inęquale
dᶠ de maiori & minori, & ſilt igno
rantia, ex quo eſt duarum ſpecierū,
quarum vna eſt ignorantia ſm mo
dum priuationis, & altera eſt igno
rantia ſm modum erroris. expedit
itaꝙ definienti quãdo perficeret de
finitiones harum priuationum, ꝙ
explicet de priuatione id, quod eſt ſe
I cundum modū habitus imperfecti.
prout dicæretur ꝙ ignorãtia ſit opi
nio de re aliter q̃ res ſit extra ani
mam, non ꝙ dicatur ꝙ ignorantia
ſit priuatio ſcientiæ illius, cuius mo
ris eſt ꝙ ei inſit ſcientia.

De locis definitionem i pſorum compo-
ſitorum.   Cap. 3.

7a. Locus
Declauo.

S I autē alicuius complexorū
aſſignet̃ terminus, conſide
randū eſt auferēdo alterius
eorum quõ complectuntur ora
tionem, ſi eſt & reliqua reliqui.

Nam ſi non, manifeſtum, qm̃ K
neꝙ tota totius: vt ſi quiſpiã de
finiuit lineam finalem rectam, ſi
nem plani habentis fines, cuius
medium ſuperadditur finibus: ſi
finalis lineę oratio eſt, finis plani
habētis fines, rectæ oportet eſſe
reliquum, cuius medium ſuper
addit finibus: ſed infinita neꝙ
mediū, neꝙ fines habet, recta au
tem eſt, quare non eſt reliqua re
liqui oratio. Amplius, ſi cũ ſit **7a. Loc**
compoſitū quod definitur, ꝙ qui **Declauo**
membris oratio aſſignetur defi
nitio. Æquimembris autem dicitur oratio eſſe, qñ quot fuerint **L**
compoſita, tot & in oratione no
mina, & verba fuerint: neceſſe ē
enim in talibus ipſorū nominū
commutatione fieri aut omniū,
aut aliquorum, eo ꝙ nihil plura
nūc, ꝙ prius nomina dicta ſunt:
verum oportet eum, qui definit,
orationem pro nominibus aſſi
gnare, maxime quidem oſbus:
ꝙ ſi non, at ſaltem in plurimis:
ſic enim & in ſimplicib° qui no
men commutat, nõ definiturus **M**
eſt. Vt pro tunica, veſtem. Am- **8o. Loc**
plius aūt maius peccatum, ſi & **Declauo**
per ignotiora nomina commu
tatione fecerit. Vt pro homine
albo, terrigenam candentē: neꝙ
enim definiuit, cùm min° ſit cla
rum quod ſic dicitur. Cõſideran
dum autem & ſi per commuta- **81. Loc**
tionem nominum, non idem iã **Declauo**
ſignificat. Vt qui cõtemplatiuã
ſcientiam, opinioné contempla
tiuam dixit: nam opinio, ſciētiæ
non idem: at oportet, ſi debet,
& totũ

& totum idem esse: nam contẽplatiuum quidem cõe in vtriuf que orationibus est, reliquum vero differens. Amplius, si alterius nominũ commutationem faciens, non differentiæ, sed generis commutationem fecit. Vt in eo quod nuper dictum est: ignotius.n.cõtemplatiua ꝙ sciẽ tia: nam hoc quidem genº, illud autem differentia, omnibus aũt notius genus, nam cõis: quare non generis, sed differẽtiæ oportebat commutationem fieri, eo ꝙ ignotior est. An hæc quidẽ ridicula reprehensio: nihil.n.p. hibet differentiam quidem notissimo noie dici, genus autem non: sic aũt rebus se habẽtibus, manifestum ꝙm generis, & non differentiæ sm nomen commutario facienda: si autem non nomen pro nomine, sed orationẽ pro nomine commutat, manifestum ꝙm differẽtiæ magis ꝙ generis definitio assignãda est, eo ꝙ cognoscendi gratia definitio assignatur: nam minus differentia ꝙ genus nota. Si autem dffiæ terminum assignauit, considerã dũ si & alicuius alius cõis est assignatus terminus. Vt cum imparem numerum, numerũ medium habentem dixerit, determinandũ est quo pa ło mediũ habentem: nã numerus quidem cõis in vtrisꝗ orationibus est. Imparis autẽ consumpta est oratio: habent aũt, & linea, & corpus mediũ, cũ non sint imparia: quare nõ vtiꝗ erit definitio bge

impariꞵ: si aũt multipliciter dř mediũ habens, determinãdum quomodo mediũ habens, alioꝗ reprehensio erit, aut syllogismº, ꝗ non definiuit. Rursum, si id, cuius quidem oratione assignar uit est eorum quæ sunt, quod au tẽ sub oratione, nõ eorũ ꝗ sunt. Vt si album, quispiã definiuit co lorem igni permixtum. imposſt enim incorporeum corpori permisceri, quare nõ erit color igni permixtus, attamen album est, Amplius, quicunꝗ non diui dunt in ꬐꬐, quæ sunt ad aliquid ad quod dicitur, sed in pluribus comprehendentes dicunt: aut oſno, aut l aliquo falsum dicũt. Vt si quis medicinã disciplinam entis dixit: nam si nullius entiũ medicina est disciplina, manife stum ꝙm tota oratio mendax ꬐ si aũt alicuius quidem, alicuius aũt non, in aliquo mendax: nam oportet de omni, siquidem p se, & non ſm accidens entis esse dř, quemadmodũ in aliꝗ se habent ea quæ ad aliquid sunt: nam oẽ disciplinarum ad disciplinã dici tur. Similiter autem & in aliꝗ, eo ꝗ conuertũtur omnia ad ali quid: omne.n. disciplinarum ad aliquid. Cæterum si is, qui non per se, sed ſm accidens assigna tionem fecit, recte assignauit, nõ ad vnũ, sed ad plura vnũquod que eorumquæ ad aliquid dñr, assignaui: nihil.n. prohibet idẽ, & ens & album, & bonum esse: quare qui ad quodlibet horũ af signauit, recte assignauit, siqui dem

G dem is, qui 𝔣m accidens assigna
uit, recte assignauit. Præterea au
tem importe est humōi oratione
propriam assignati esse: nam nō
solū medicina, sed plures aliarū
disciplinarū ad ens dñr, quare
vnaquæ𝔮 entis disciplina erit :
manifestum igitur, qm talis nul
lius est disciplinæ definitio, pro
priam enim & non cōem oportet definitionem esse. Qñ𝔮 autem definiunt non rem, sed rem
bene se habentem, aut perfectā.

Talis aūt & rhethoris & furis
terminus, si sit rhetor quidē, qui
potest quod in vnoquo𝔮 est ve
risimile considerare, & nihil 𝔭-
termittere: fur aūt, qui clam sumit: perspicuum. n. qm, cum ta
lis vtere𝔮, hic quidem bon⁹ rhe
tor, ille autem bonus fur erit nō
enim qui clam sumit, sed q vult
clam sumere, fur est. Rursum ,
si quod pp se eligendum est, vt
acñuum vel effectiuū, vel quoti
bet modo propter aliud eligendum assignauit. Vt qui iustitiā,
I legum conseruatiuam dicit: aut
sapientiam, effectiuā felicitatis:
nam conseruatiuū & effectiuū
eorum sunt, quæ propter aliud
eliguntur. An nihil quidem pro
hibet quod propter se eligendū
est, & propter aliud esse eligendum (attamen nihil minus peccauit, qui sic definiuit quod pro
pter se est eligendum: nam vni-
cui𝔮 optimum, in subistātia ma
xime: melius autem quod propter se eligendum, q̄ quod propter aliud: quare id & definitio

nem oportebit magis significare. Considerandum aūt est & si
is, qui alicui us definitionem assi
gnauit, aut hæc, aut quod est ex
his, aut hoc cum illo definiuit .
Nam si hæc quidē, accidet vtrisque & neutri iesse: vt si iustitiā,
temperantiā, & fortitudinē deñ
niuerit: nam si sint duo, vterque
autem alterum habeat, vtrique
iusti erunt, & neuter, eo 𝔮 vtrique quidē habet iustitiā, vtre𝔮
aūt non habet. Si aūt nondū qd
dictum est admodū absurdū vi
deī, eo 𝔮 & in aliis accidat hmōi
(nihil enim prohibet vtros𝔮 ha
bere vnam, cum neuter habeat)
attamen cōtraria inesse eidem,
omnino absurdum videbit esse
accidet aūt hoc, si hic quidē ipsorum tēperantiam & timidira
tem habet, ille autē fortitudinē,
& prodigalitatem : nā vtri𝔮 &
iustitiam, & iniustitiam habet :
nam si iustitia tēperantia & fortitudo est, & iniustitia timiditas
& prodigalitas erit & oīno quæ
cun𝔮 ad argumētandū idonea
𝔮 non idem sunt & partes & to
tum, omnia vtilia ad id quod di
ctum est . videtur autem qui sic
definit partes, toti easdem dicere esse. Maxime autem accōmo-
datæ fiunt orationes, in quibus
cun𝔮 manifesta partium est cōpositio, quemadmodū I domo,
& in cæteris talibus : manifestū
enim qñ cum sint partes, nihil
prohibet totum non esse : quare
non idem partes toti. Si autem
non hæc, sed quod ex his est dj-
xit

A zit id esse quod definit, primũ quidem considerandũ, si non natum est quippiam vnũ fieri ex ijs quæ dicta sunt. Quædam. n. sic se habet adinuicem, vt nihil ex eis vnum quippiam fiat:vt linea & numerus. Amplius, si definitum quidem in vno aliquo natum est primo fieri, ex quibꝰ autem dixit ipsum esse, non in vno prio nata sũt fieri, sed vtrũque in vtroꝗ. Nam manifestũ ꝗm non erit ex ijs illud: in ꝗbus enim partes, & totũ necesse est inesse, quare non in vno totum primo tẽ, sed in pluribus. Si aũt & partes, & totũ in vno aliquo primo, considerandũ si non ꝭ eodẽ, sed in altero totum, & in altero partes.nam in quo totũ, in illo & partes esse videntur. Rursum, si cum toto corrumpuntur partes. Econuerso enim oportet accidere, partibus corruptis totũ corrumpi, toto vero corrupto,non necesse est & partes corrumpi. Aut si totum quidẽ bonum, vel malum, partes aũt neutræ, aut econuerso, partes quidẽ bonæ, vel malæ, totum aũt neutrum. Nam neqꝫ neutris possibile bonum quippiam, vel malum fieri, neꝗ ex bonis vel malis neutrum. Aut si magis quidẽ alterum bonũ ꝗ alterum maliꝰ quod autem ex his, non magis bonum ꝗ malum. Vt si imprudẽtia ex fortitudine & falsa opinione, magis enim bonum fortitudo, ꝗ malũ falsa opinio:oportet ergo & quod ex his est, sequi

B illud, ꝗᵈ magis est, & ex vel sim plꝰ bonũ, vel magis bonũ ꝗ maliꝰ. An hoc quidẽ non necessarium:nisi vtrunꝗ sit per se bonum vel malũ ? multa. n. affectiuorũ per se quidẽ nõ sunt bona, mixta aũt quibusdã, fiũt bona:aut ecõuerso vtrunꝗ quidẽ bonũ, mixta aũt, malũ, vel neutrum: maxime aũt manifestum quod nunc dictum est in salubribus & morbificis. nã quædam medicamentorũ sic se habent, vt vtrunque quidem sit bonũ: si autẽ vtraꝗ dentur mixta, malum. Rursum, si quod ex meliore & peiore est, nõ est totũ peiore quidẽ meliꝰ meliore aũt peius. An neꝗ hoc necessarium, nisi per se sint ex quibus componitur, bona: nam in ijs, quæ non per se sunt bona, nihil prohibet totũ non fieri bonum:vt in ijs, quæ modo dicta sunt. Amplius, si cognomine est totũ alteri:non oportet enim, vt neꝗ in syllabis: nulli enim elitorum ex quibus componitur, syllaba cognominis est. Ampliꝰ si nõ dixit modũ cõpositionis . Non enim sufficiẽs est ad cognoscendum, ꝗ dicat, ex his:nã non quod ex his, sed quod sic ex his, est cuiusꝗ compositorũ substantia, vt in domo: non. n. sic quolibet modo componantur hæc, domus est. Si autem hoc cũ illo assignauit, primum quidem dicendũ ꝗ hoc cum illo, aut hoc & illud dicit, aut quod ex illis, Nam qui dicit mel cũ aqua, vel mel & aquã dicit, vel ꝗᵈ ex mel le &

(marginal notes left column:)
89.Locus Declaratio.
90.Locus declaratio.
91.locus declaratio.
92.Locus Declaratio.
93.Locus declaratio.

(marginal notes right column:)
D
Dubitatio
E
94.Locus Declaratio.
95.locus Declaratio.
96.locus Declaratio.
F
97.locus declaratio.

le & aqua:quare si cuilibet eorû quæ dicta sunt idem confitebit esse hoc cum illo, eadem conueniet dicere, q quidem ad vtrunque horum priꝰ dicta sunt. Amplius, diuidenti quotiens dr alterum cum altero, considerandû si nullo modo hoc cum illo. Vt si dicitur alterum cum altero, aut vt in aliquo eodem susceptiuo, vt iustitia & fortitudo î anima, aut in loco eodem, aut in tempore eodem:nullo autem modo verum sit quod dictum est in his, manifestum est, qm nullius erit assignata definitio, eo cp nullo modo, hoc cum illo est. Si autem diuisio quoties dicitur alterum cum altero, verum erit îq eodê tempore vtrunqꝫ esse, considerâdum si contingit non ad eundê vtrunqꝫ dici finem. Vt si fortitudinem definiuit audaciam cum recta intelligentia: contingit.n. audaciam quidem habere spoliandi, rectam autê intelligentiâ circa salubria, sed nondû sortis qui in eodem tempore cum illo hoc habet. Amplius, si & ad idê ambo dicuntur:vt ad medicatiua. Nihil.n.prohibet & audaciâ quandam, & rectam intelligentiam habere ad medicatiua, attamen nec si fortis, qui hoc cum illo habet:neqꝫ enim ad alterû eorum vtrunqꝫ oportet dici, neqꝫ ad idê quodcunqꝫ sit, sed ad sortitudinis finem, vt ad prælioru pericula:aut si quid magis est illius finis. Quædam autem sic assignatorum, nullo modo sub di-

ctam cadunt diuisionê: vt si îra tristitia est cum opinione parui pêdendi:nam quod propter huiusmodi opinionem tristitia fit, hoc vult indicare: propter hoc autem fieri aliquid, nõ est idem ei quod est hoc quidem cum illo esse ſm vllum dictorû modorum. Rur um, si horum compositionem dixit eorum:vt animę & corporis compositionem animal. Primum quidem considerandum, si non dixit qualis côpositio:vt si carnem definiens, aut os, ignis,& aeris,& terræ dixit compositionem:non. n. sufficit compositionem dicere, sed q & qualis determinandû:non.n. quolibet modo compositis his caro fit, sed sic quidem composstis,caro, sic vero os. Videtur autem neqꝫ esse omnino composstioni idem neutrum eorum, quę dicta sunt:nam compositioni os dissolutio contraria, dictorum autem neutri, nihil. Amplius, si sût est verisimile omne côpositum compositione eê, vel nullum : animalium autem vnumquodꝙ cû sit compositum, non est côpolitio, neqꝫ profecto aliorum compositorum vllum côpositio erit. Rursum, si similiter in aliquo nata sunt esse côtraria definiuit autem per alterû, manifestum qm non definiuit . Si autem nõ ita est, plures accidet eiusdem definitiones esse:qd.n. magis qui per hoc, q̃ qui per alterum definiens dixit ꞇ eo cp sît vtraqꝫ nata sunt fieri in eodem .

Talis

A Talis autem animæ ē definitio, siquidem est substantia discipli næ susceptiua: nam similiter & ignorantiæ est susceptiua. Opor tet autem si non ad totã habeat aliquis argumētari definitione, eo cp non nota sit tota, ad aliquã partium argumentari si sit nota & non bene assignata appareat: nam parte interempta, & tota definitio interimitur. Quæcun que autem obscuræ sunt defini tionum emendãti, & confirmã ti ad manifestandum aliquid, et habendum argumentum, sic cõ siderandum. Necesse est enim re spondentem aut suscipere quod sumptum est ab interrogante, aut eundem declarare, quid te mere est ostēsum a definitione. Amplius, quemadmodum I cõ gregationibus solent legem in ducere, & si sit melior quæ Idu citur, interimit anteriorē, sic & in definitionibus faciendũ, & de finitio alia serēda. Nam, si appa ret melior, & magis manifestũ quod definitur, perspicuum qm interrempta erit q̃ posita est, eo cp non sunt eiusdem plures defi nitiones. Ad oēs autem defini tiones non minimũ elementum ad seipsum, solerter definire pro positũ, aut apte dictũ terminũ assumere. Necesse est enim velu ti ad exēplar cõsiderante, & qd minus ē q̃s q̃ oportet hre defini tione, & qd apposituũ est supflue inspicere, vt magis argumētis abundemus. Q̃ igit circa defini tiones sunt intantũ dicta sint,

Sermo de Locis definitionum ipsorum cõ positorum. Cap. j.

IN definitionibus autem rerũ cõ positarum ex partibus accidit er ror, qñ complexæ ponuntur suę par tes in ipsarum definitionib' aliquo modo, aut qñ definiretur totum, cp sit tale & tale, hoc est, suæ partes abs que additione alicui' rei vltra hoc, aut cp definiatur totum, cp sit ex tali & tale, hoc ē ex parte tali & tali, aut cp sit pars talis cum parte tali. Exem plum primi est, vt qui definiret do mum, cp sit lateres & lapides, & cp na uis sit lignum & claui & tabulæ & cordæ ille. n. qui domus definitionē complret, hoc modo omitteret re siduam dignam rerum, quæ debent ferri in definitione, si ipsam compo sitionem, qua domus est domus, & nauis est nauis: & quicq̃d ponse dici de errore illius, qui posuit cp partes ipsæ eædem sint, sicut est ipsum totũ sibi absq̃ additione alicuius rei vl tra illas, conferret ad destructionem talium definitionum. Et sit sit, quã do non sit conditionis totius, cp hæ ex compositione partium, sed ex cõ gregatione ipsarum: qñ enim quis in illius definitionem omitteretex plicare dictionem congregationis, hinc eueniret cp duo contraria ines sent vni subiecto. v. gr. qui diceret cp septem sint tria & quatuor, quia ni si dicat aggregatum ex tribus & qua tuor, posset putari cp ipse met idem septenarius eset par & impar. Verũ tamen non est vis huius loci in his rebus, sicut est eius visin rebus com positis: qñ enim intelligeretur sen sus illius, qui definiret septenarium, cp sit trinarius & quaternarius, iam definiret.

. Qui vero definiret totum, cp sit tale

G tale & tale,coͤtingeret illi error mul
tifariam:ptimo, quia illæ partes es
sent ex illis,quæ componunt , aut ꝗ
complicuɫ,adeo ꝗ ex illis fiat ipm̄
totum.prout fieret si quis definiret
superficiem,ꝙ sit ex linea & nume
rotum,nam ex linea & numero n5
componitur supͤfices: aut sicut qui
definiret corpus, ꝙ sit compositum
ex partibus indiuisibilibus, & ex in
diuisibilibus nequeat componi diui
sibile.Secundus autem modus est,
ꝙ illæ partes insint vni subiecto , &
si hæ partibus sͤfes sint, tn̄ non sunt
partes: exempli gratia,vt qui defini

H ret iram,ꝙ sit composita ex cogita
tu & desiderio vindictæ:subiectum
enim cogitatus non est subiectum
iræ in ipsa anima. Et tertius modus
est, ꝙ illæ partes corrumpant ad to
tius corruptionem:res enim, qua ex
pedit esse partes,est contra hoc,hoc
est, ꝙ totum corrumpatur ad ipsaꝗ
corruptionem,non ꝙ ipsæ corrum
pantur ad ipsius totius corruptione,
qn̄ enim corrumpitur domus, non
corrumpuntur lapides,neꝗ; lateres:
qn̄ autem corrumpuntur lapides &
lateres,corrumpitur ipsa domus ne
cessario. Quartus autē modus est ,

I ꝙ totum sit bonum aut malum , &
partes non sint ita,aut res sic ē con
tra:hoc est, ꝙ partes sint bonæ , aut
malæ;& totum non sit huic conne
xum:impossi est enim , ꝙ totum sit
bonum aut malū, & partes non sint
ita,aut ꝗ partes sint bonæ aut malæ,
& totum non sit ita. Et iterum , si
vna partium fuerit altera melior, &
altera minus bona, totum composi
tum ex illis est melius minus bona,
& minus bonū meliori. Et ait Arist
ꝙ hic locus verax est , qn̄ bonum &
malum sumiꝰ de toto & partibus ꝑ

se,qn̄ vero sumeretͤ ꝑ accidens,ni- K
hil prohiberet totum esse bonum ,
& partes esse malas,prout est dispo
sitio compositorū in medicina, aut
dispositio est contra hoc, ꝙ simplicia iuuet,& aggregatum sit noxiū :
& sisͤ est dispositio ciborum,vt ferͤ
de congregatioue piscis & lactis . Et
sisͤ non est remotum ꝗ totū sit com̄-
positum ex quadam re meliori alte
ra,& reliqua re minus bona, & totū
sit melius meliori,& minus malum
malo. Quintus autem hocusest, ꝙ
nomen totius non conueniat nomi
ni partis,& huic qͦrdem propriuus est L
toti ætherogenea, prout est dom̄ ,
cuius nomen non absoluiͭ de eius
partibus,tonͦ vero, quod est homo
geneum,nomē ipsius conuenit par
ti:nomen enim partium aquæ est
aqua, & nomen partium carnis est
caro,& partiū sanguinis ē sanguis.

Tertia vero acceptio, qua totum
definiret,est, ꝙ totum sit tale cū ta
li,vt diceret,ꝙ ensis sit calibs cū lam̄
pade , aut qui diceret, ꝙ oxymel sit
mel cum aceto:huic enim acceptio
ni coͤtingeret error ex modis , quos
narrauimus in prima & secunda ac
ceptione,& huic superaddit ꝗd nūc M
dicemus:dicite enim ꝙ ipsum sit ta
le cum tali,est verax in rebus,quarū
subiectum est vnum, prout sunt di
uitiæ & iustitia,& fortitudo,ꝗ sunt
in vno loco,aut ꝗ eueniunt ex vno:
qn̄ itaꝗ; dicimus, ꝙ hoc sit cū hoc ,
aut non sit vllo horum triū modorum,non sit hic vera definitio.v. g.
qui definiret iram ꝙ sit coͤtristatio
cum cogitatu, quia contristatio &
cogitatus non sunt in vno suscepti
uo de partibus ipsius animæ,neꝗ; si
militer vno tempore:ex quo cogita
tus præcedit contristationem.

Si

A Si autem acceptio fuerit vno horum trium modorum, aut omnib’,
expedit ꝙ cōsideremus, an duæ partes non dicant in comparatione ad
aliam rem, & si res ita sit, ꝙ ex hoc
positum non sit verum. v.g. qui definiret fortitudinem ꝙ sit solertia cū
cogitatu. Si nos cōcederemus, ꝙ fortitudo & cogitatus sint in vno subiectiuo, & vno tempore, & vno loco,
contingit huic controuersia & fallacia, ꝙ dn̄t l comparatione ad vnā
eādem rem: posset enim aliquis vir,
qui esset solertia ad luxuriam, & verus cogitatus circa res agentes sani
B tatem, non sufficere ei etiam hoc, ꝙ
concedamus et controuersia, ꝙ Cū
manē duæ partes in comparatione
vnius eiusdem rei, nisi hæc res sit finis ipsius definiti. v.g. qui definiret
fortitudinem, ꝙ sit solertia, cum cogitatu vero circa vnam eandem rē,
prout sunt res medicinales, non definiret fortitudinem, sed diceret, ꝙ sit
solertia cum cogitatu circa bellum,
quod est finis fortitudinis. Et aliꝗ.
erratur circa orationem, quæ ꝓser
tur in definitione, ꝙ sit tale cum tali, & intelligitur per id , quod dr̄ cū
tali, ipsa causa, expediret autem di
C cere in illi’ definitione ꝙ sit tale ꝓpter tale. gratia exempli, qui definiret iram, ꝙ sit contristatio cū imagi
natione, quia imaginatio est causa
contristationis, non ꝙ sit cum contristatione. In his itaꝗ, occurrit error ex duabus partibus, aut ꝙ nō ꝓ
ferant partes prout conuenit, aut ꝙ
omittatur modus compositionis illarum. Et aliꝗ errat qui profert cō
positionem, ꝙ non sumeret in defi
nitione quæ compositio est ꝓpria
huic rei definitæ, vt qui dixerit, ꝙ
aīal sit compositū e corpore, & ani

D ma, & ꝙ carō & ossa sint cōpositæ
ex aqua & aere & igne & terra, & nō
dixit, ꝗ cōpositio sit compositio ani
mæ & corporis in animali, neꝗ; dixit, ꝙ compositio sit cōpositio quatuor elementorum in carne & ossibus: compositio enim vnius istorū
non est cōpositio alterius : aliud
autem est vnum secundū se, ꝙ cōponitur differentibus compositioni
bus, & fiunt differentia entia, vt ꝗn
lapides componunt vna specie cōm
positionis, & sit domus, & ꝗn cōponunt alia specie compositionis, & sit
aceruus: & vr̄ sic compleuimus defi
E nitionem rerū, ꝗ est compositio talis, aut talis, sm ꝙ dicere compositio
nem ponatur vice generis & persecte aut corrupte, quia cōpositio nō
verificat, quod sit genus vllius compositionis: compositioni enim est
contrarium illi’ quæ est dissolutio.
Hæc autem composita, quæ descripsimus, non habent contrariū : hæc
itaꝗ, est summa locorum, quæ referuntur in definitionibus compositorum, & iam expedit nobis ꝙ hinc
procedam’ ad tractatum locorū de
finitionū cōium ōlbus ꝑdicamētis.

F Nitium autem horum locorum
est consideratio ex parte tēporis,
ꝗn tempus in definitione & definito nō significaret vnā rem : notum
enim est, ꝙ qui completę definitio
nem hoc modo, non faceret conuenire illi ipsum definitum, & hoc ꝗdem primo sit duobus modis, quorum vnus est, ꝙ definitum sit æternum, & definitio significet quoddā
tempus. vt qui definiret animal im
mortale, ꝙ esset animal, quod non
corrumpitur nunc, non est illius inditium pro eo quod erit in futuru,
neꝗ; pro eo quod fuit in præterito,
aut

Sermo de locis definitionum
ꝑdicamē
tis.

G ꝙ definitum significet aliquod
tempus, & definitio significet aliud
temp°, vt qui definiret amore ꝙ sit
cogitatus de bono & malo : timor
enim significat de tempore futuro
& cogitat° boni & mali aliꝗ fit de
eo quod est tribus temporibus, s. ꝓ-
senti, præterito & futuro : & sit qui
definiret possibile , ꝙ sit, quod pōt
esse & potest non esse: possie enim significat futurū, & dicere ꝙ pōt esse,
& potest non esse, verificat ꝙ ꝓdice-
tur pro tempore præsenti.

Secundus autē locus est, ꝙ sit aliqua res, in qua magis sit dispositio ,
H quæ definiri intenditur, ꝗ sit in defi
ninone. vt qui definiret iustitiā , ꝙ
sit potestas, qua vir queat æqualiter
distribuere , aut eligat distribuere
æqualiter: hic enim est maioris iustitiæ, ꝗ ille, cuius est potestas absꝗ
electione: excessus. n. sunt sm volun
tatem & electionem.

Tertius autem locus est, ꝙ defini
tum suscipiat magis & minus, & definitio non suscipiat illa , & contra
hoc. Seꝙ definitū non suscipiat magis & minus, & definitio illud suscipiat. v ꝗ. qui definiret fruitioné , ꝙ
sit maxime laudabilis: fruitio
I enim suscipit magis & minus, & dispositio maxime laudabilis non suscipit hoc. Et iterum, si vtraꝗ, 1. defi
nitio & definitum suscipiant magis
& minus, sed non simul, illa non est
definitio. v. gt. qui definiret amore
ꝙ sit desiderium coitus, ex eo quod
amor & desiderium coitus suscipiāt
magis & minus, sed non suscipiunt
hoc simul: cuius enim amor intēditur, remittitur eius desiderium coitus, & e contra, cuius desiderii coit°
intenditur, illi° amor remittit, sicꝗ
non suscipiunt magis & minus sit.

Quartus autem locus est, ꝗ quis K
poneret duas res, quæ conuenirent
in vna dispositione & different sm
magis & minus, & definitio cōplens
hanc dispositionem conueniret rei,
cui sm minus est hæc dispositio, illa
non sufficit. prout qui definiret igné,
ꝙ sit subtilissima pars omnium cor
porum, illa non compleret illius de
finitionem, quia flāma dignior est
nominis ignis, ꝗ lampa, & ignitas
est magis in illa: dicere autem subtilissima pars corporum, e contra ma
gis proprium est definitioni lampa
dis, ꝗ definitioni flammæ.

Et quintus loc° est, si fuerint duæ L
res, quæ conueniant in aliqua dispo
sitione sm vnam proportionem, de
finitio huius dispositionis non inest
illis vno simili modo, prout qui definiret colorem ꝙ sit primum sensi
bile visus, nō proferret definitioné ,
vt conueniret: color enim prædicat
de albo, sicut prædicatur de nigro, &
illa sunt duarum specierum: definitio autem, quæ illam compleuit, est
magis propria albo ꝗ quæ nigro ip
sum compleuerit.

Sextus autem locus est, ꝙ proferat in definitione duas res oppositas
aut quarum vis sit vie contrariorū, M
& in illa vtatur dictione, aut v. gr. ꝗ
definiret bonū, quod suaue ē apud
visum, aut apud auditum, & ens, qd
sit, cuius cōsuetudinis sit agere , aut
pati, id enim quod intelligit per dictionem aut, sequitur error & corruptio in definitione: nam, si illius
intellectus esset separati vnam rem
ab altera, non coincidentia, cui ipsi-
ta est hæc dictio in arabico idioma
te, contingeret huic, ꝙ vna res esset
bona & non bona, & ens & non ens,
ꝗ bonum apud auditum est non
bonum

bonum apud visum:& si fuerit vna eadem res, quod bonum est apud auditum, est non bonum apud visum,& ex quo vtroque vtitur in definitione, cõtingeret hinc, quòd res sit bona, & non bona, quanquam maiori parte commonstratur hæc res in rebus oppositis, prout qui definiret præmissam, ꝙ sit significarũ affirmatum aut negatum : si autem intelligeremus ex dictione, aut ipsam copulationem, & ille est intelle ctus voci copulationis in idiomate arabico, euenit huic ꝙ non verificetur definitio de rebus, quibus inest altera duarum dispositionum, prout dicimus, ꝙ sit, quod agit aut patitur, qm̃ hæc definitio non verificat de materia prima: illa enim patitur, & non agit, & similiter non est verax de corporibus cœlestibus, quia agunt,& non patiuntur.

Septimus autem locus est, ꝙ in definitione prolatæ sint res æquiuo cæ,& putetur, ꝙ hoc nomen sit vniuocum, & ꝙ id, quod significat nomen & definitio, sit vnum idem, res autem nõ est sic. & hic error aggreditur definitionem altero duorum modorum, quorum vnus est, ꝙ illis duabus rebus nomine æquiuocis parum desit, ne inueniatur quoddam accidens commune. verbi gratia, quia nomẽ canis absoluitur de animali noto , & de quadam secta arabum nominis æquiuocatione, & si illi posita sit hæc definitio, ꝙ sit corpus nutribile sensitiuum, iam prolatum esset quid commune cani , quod est animal, & cani, quod est secta Arabum, sed non est prolata definitio canis veri, neque definitio speciei hominum, qui canes vocant aut secũdus autem modus est,ꝙ par

tes definitionis sint nomine æquiuo ce, sicut est dispositio nominis ipsi° definiti,& putetur propterea ꝙ protulerit de illo veram definitionem , & ꝙ id, quod significat nomen & definitio sit vnum. verbi gratia, qui definiuit rem sanitatis, ꝙ sit dispositio ad sanitatem, sicut dispositio iusti: dicere enim dispositionem iusti, est nomen æquiuocum, prout dicere sanitatem etiam est nomen æquiuocum , & similiter qui definiret lucem, quòd sit res qua inuenitur rei veritas.

Octauus locus est, ꝙ definitio posuerit ipsum definitum vnum nocum, & ipsa definitio sit dubia, an sit, aut non sit ens. verbi gratia, vt qui definierit ꝙ albedo sit color igni mistus: albedo enim est nota esse, definitio autem, quæ est color igni mistus, aut est dubia, aut impossibilis, quoniam non permiscetur accidẽs substantiæ: & similiter qui definierit locum ꝙ sit vacuum pleni: locus enim est nota esse, vacuum autem est dubium, aut impossibile: & similiter qui definiret ꝑle, ꝙ sit corp° nõ habens qualitatem: corpus enim ha iusmodi est impossibile esse.

Nonus autem locus est, ꝙ definitio conueniat rebus maxime æstimationis huius rei,& non omnibus rebus, quæ sunt in illa, vt qui definierit hominem, ꝙ esset animal philosophicum : hoc enim est verax de optima specie hominum : & similiter qui definiret rem publicã ꝙ sit ꝗ sua statua facit maxime commendãda: definiuit equidem optimam rem publicam, non omnem rẽ publicam: & similiter est qui definiret Medicum ꝙ sit quem non lateat de medicamine , quo ipsum medetur

Log.cũ cõ. Auer. P ali-

G aliqua res, quum deceruit ars Medica: hæc enim definitio quasi nõ est
verax de Hippocrate & Galeno, tan
to forcior de aliis. Hæc itaq; sunt lo
ca communia ob ver prædicamēus.

P Rimus autem horum locorum
est, ⱷ considere mus partes definitionis sumptas in composiel definitione, & si abstulerimus vnã partem ab altera duatum partium definitionis ipsius compositi, non re-
manet residua oratio definitio con
ueniens alteri rei; & illa non est de
finitio. verbi gratia, qui definiret li
neam rectam, ⱷ sit vltimum superficiei, cuius medium non occulit duo
extrema : quando nãq; ansferret ab
hac oratione vltimum superficiei ,
quæ erat pars definitionis lineæ rectæ, & dici cuius medium non occu
lit duo extrema, non est definitio
omnium linearum rectarum, ex quo
lineæ infinitæ non est medium, neque extrema.

Secundus locus est, ⱷ proferant
oratio composita vice nominis sim
plicis illi æqualis : qui enim sic age-
ret, non definiret, sed commutaret
nomen pro nomine, vt qui proferret nomen simplex pro nomine sim
plici, non definiret. verbi gratia , vt
qui definiret in lingua Arabica leo-
nem surientem, ⱷ sit leo prau⁹, siue
latine tunicam nigram, ⱷ sit colo-
bium atrum, & eo magis, quando
non proferret nomen notius, ⱷ sit
oratio illa, vt qui definiret lapidem
album, ⱷ sit lapis niueus : album. ơ.
notius est ij niueum.

Tertius locus est, ⱷ cū cōmuta
tione orationis cum oratione non
seruaret vnam eandem rationem,
vt qui diceret vice scienæ specula-
tiuæ, ⱷ sit opinio scientifica: opinio

enim non significat id, quod signifi
cat ipsa scientia, nec ipsarum signifi
catio est vna, & cum hoc significat
differentiam, quæ est, dum dicimus
in genere, speculatiuum, & ille dice
bat scientificum.

Quartus locus est ⱷ relinquant
quædā nomina, quæ sunt vt dictiones in definitione, & aliqua alia per
mutentur, & quod omittitur sit no
tius, quæ est dictio significans gen⁹,
& quod commutatur sit ignotius,
quæ est dictio significatis differentiam, quia ille non proferret oratio
nem illius vice, quæ largiatur naturam differentiæ, nisi dictionem sim
plicem, vt qui definiret numerum
parem, ⱷ sit habens medium: dicere enim medium verax est de quan
titate continua, & discreta; si autem
adderet in definitione medium nu-
merale, esset definitio perfecta, & vi
ce dictionis simplicis proferret oratione : & huic simile fecit Euclides
in definitione anguli plani, quādo
dixit, ⱷ sit agon⁹, qui sit ex cōtur-
su duarum linearum nõ recte se in
cidetiun in æqua superficie. Et hoc
fortior est ⱷ obseruetur dictio significans differentiam, & permute
tur dictio significas genus: sieq; ob-
seruaretur latentius, & commutare
tur manifestius.

Hęc sunt loca definitionum, quæ
inseruimus ordine quo ea inscrue-
runt Theophrastus & Themi
sti⁹, ex quo hic magis subintrat ordinem ar-
tificiosum &
sit faci-
lio-
ris commemora-
tionis.

Arist.

Sermo de
locis defi-
nitionū re
rū, quas si
gnant per
vronē cō-
posita vi-
ce nois sī-
plicis, hoc
ē, ⱷ ā eeī
illis nomē
simplex ,

H
prout dici
mus, angu
lum: plani
& lineā re
ctam, &
corp⁹ ga-
tum.

ARISTOTELIS
TOPICORVM

LIBER SEPTIMVS,

SVMMA LIBRI.

De locis Eiusdem, & Diuersi, deq́; locis
constructionis, & destructionis
prædicatorum.

De Eodem & Diuerso loci. Cap. I.

TRum autem idem
an diuersum secun
dū proprijsimum
eorū, qui dicti sunt
de eodē, modo rsi,
dicedū iudicebatur autē proprijs
sime idē, quod numero vnum
considerādū autē ex casibus, &
coniugatis,& oppositis. Nā si iu
stitia idē ē fortitudini, etiustus
forti, & iuste fortiter. Similiter
autē & in oppositis. Nam si hæc
eadem,& opposita his,eadem se
cundum quālibet dictarū oppo
sitionū . Nihil enim differt hoc
vel hoc modo oppositū sumere,
eo q̇ idē est.Rursum, ex effecti
uis,& corruptiuis, & generatio
nibus,& corruptionibus,& om
nino ex ijs quę similiter se habēt
alterū ad alterū.Nā quæcunque
simpliciter eadē, etiā generatio
nes eorū & corruptiones eædē,
& effectiua,& corruptiua. Con
siderandū autē & quorū alterū,
maxime dicitur quoduis esse, si
& alterum ipsorum secundum
idem maxime dicitur.Sicut Xe
nocrates beatam vitam , & stu
diosam assignauit eandem, eo

quod omnium vitarum , maxime eligenda studiosa,& beata:
vnum enim maxime eligēdum,
& maximū . Similiter & in alijs
huiusmodi.Oportet autē vtrun
que vnū numero esse, quod dicitur maximum, & maxime eli
gendum: si autem non, non eriō
ostensum quod idem . Non necessariū enim si fortissimi Græcorum sunt Peloponnesij, & La
cedæmonij, eosdē esse Pelopon
nesios Lacedæmonijs, eo quod
non vnus numero Peloponne-
sius,& Lacedæmonius,sed contineri quidem alterum ab altero
necessarium, vt Lacedæmonij a
Peloponnesijs: si autē non, acci
det seipsa inuicē esse meliores,si
non continentur alteri ab alteris:
necesse est enim Peloponnesios
meliores esse quam Lacedæmo-
nios, si nō cōtinētur alteri ab alteris, nā omnibus reliquis sunt
meliores. Similiter autē & Lace
dæmonios necesse est meliores
esse Pelopōnnesijs, nō & isti om
nibus cæteris sunt meliores,qua
re seinuicē meliores fiunt.Mani-
festū ergo, quoniā vnū numero
esse oportet quod optimū et ma
ximū dicitur, si debeat q̇ idem
sint ostēdi. propter quod Xenocrates non idem assignauit:non
enim vna numero beata,& studiosa vita: quapropter nō necef
sariū eandē esse,eo q̇ ambæ ma
xime eligendæ,sed altera sub al-
tera.Rursum,considerandum si
cui alterū idē, & alterum. nam
si non sunt ambo eidem eadem

P ij   mani-

3 locus
Declaratio.

2.locus.
Declaratio.

3.locus
declaratio.

4.locus
Declaratio.

99.locus.
Declaratio.

G manifestum qm nec sibiq nuicé.

6.Locus Declaratio. Amplius auté, ex ñs quæ his accidunt,& quibus hæc accidit, considerandū. Nam quæcunqp alteri accidunt, & alteri oportet accidere, & quibus alterū eorū accidit,& alterum eorū oportet accidere: si autem aliquid horū dissonet, dilucidum quoniam non eadem. Videndū auté & si non in vno genere prædicamenti vtraqp,sed hoc quidé quale, illud auté quantū, vel ad aliquid indicet.

7.Locus Declaratio. Rursum,si genus vtrisque non idé,sed hoc quidem bonū,illud autem malum: aut hoc quidem virtus,illud auté scientia.

8.Locus Declaratio. Aut si genus quidem idem, differentiæ autem non eædé de vtroqp prædicantur: sed de hac quidem qm contemplatiua scietia,de illo autem qm actiua: similiter auté & in alñs.

9.Locus Declaratio. Ampli° autem ex magis, si hoc quidem suscipit magis,illud autem non: aut si ambo suscipiunt quidem, nõ simul aūt. vt qp magis amar, non magis concupiscit venere: quare non idem amor,& concupiscentia veneris.

Amplius, ex appositione:si idem vtrunqp appositum,non facit idem totum.

10.Locus Declaratio. Aut si eodem ab vtroqp sublato, quod relinquitur est alterū.

11.Locus Declaratio. Vt si duplum dimidñ, & multiplū dimidñ idem dixerit esse: sublato enim ab vtroqp dimidio,reliqua idem oporteret idicare:nõ indicant auté, nam duplum & multiplum non eadé significat.

12.Locus Declaratio. Considerandum autem non solum si iã aliquid accidit impossibile per positionem, sed &si possibile sit ex suppositione existere.Quéadmodū ñs, qui vacuū, & plenū aere, idem dicunt esse: nã manifestū,qm si excat aer vacuū quidem non minus,sed magis erit,plenū auté aere non ampli° erit,quare suppositio aliquo siue vero, siue falso (nihil. n. resert)si alterum interimitur,alterū autem non, profecto non idé sunt.

13.Locus Declaratio. Vniuersaliter autem dicendo ex ñs, quæ quouis modo de vtroqp prædicantur,&de quib° hæc prædicantur, cõsiderandū si alicubi dissonent. Nam, quæcunqp de altero prædicantur, & de altero prædicari oportet, & de quibus alterum prædicatur, & alterum prædicari oportet.

14.Locus Declaratio. Amplius,quia multipliciter idé dicitur, considerandū,si secūdū alium aliqué modū eadé sunt.

15.Locus Declaratio. Nã specie,vel genere eadé, non necesse est numero eadé esse.Cõsideramus auté vtrū sic eadem, an non sic.

16.Locus Declaratio. Amplius, si potest alterū sine altero esse. non erit,n. idem ad idem:igitur loci tot dicuntur. Palam auté ex ñs, quæ dicta sunt,qm omnes qui ad idé sunt destructiui loci,& ad terminū vtiles sunt: quemadmodum prius dictum est.Nam,si nõ idé indicet & nomen,& oratio,manifestum, qm non erit definitio assignata oratio.

17.Locus Declaratio. Constructiuorum autem locorum nullus vtilis ad terminum.Non enim sufficit ostendere idem quod sub

ora-

A oratione,& nomine est ad construendũ quoniã definitio , sed & alia oportet omnia habere, q̃ præcepta sunt, definitionẽ, interimere igitur definitionem sic, & per hæc semper tentandum.

18. locus. definitio. Si autem construere volumus, primum quidem scire oportet, qm̃ nullus, vel pauci disputantium, terminum syllogismo colligunt, sed omnes principium, quod tale est accipiunt. Vt qui *19. locus. definitio.* circa geometriam, & numeros, & alias huiusmodi disciplinas.

B Deinde quoniam exacte quidẽ alterius est negocĩ assignare, & quid est terminus, & quomodo definire oportet, nunc autẽ quã tum sufficit ad præsentem vtilitatem, tantum solum dicẽdum, quoniam possibile fieri definitionis,& eius quod quid est, esse syllogismum. Nam si terminus est oratio, quę quid est esse rei indicat : & oportet ea quæ in termino ponuntur , in eo quod quid est de re sola prædicari:præ dicantur autem sola in eo quod C quid est, genera, & differentiæ, manifestum , quoniã si quis sumat ea,quę solum de re in eo qd̃ quid est p̃dicari oportet, quod hęc habens oratio, terminus ex necessitate erit:non enim cõtingit aliud eē terminum, eo quòd nihil aliud in eo quod quid est de re p̃dicatur, quod igitur possibile est ex termino syllogismũ *20. Genus. Declaratio.* fieri,manifestum.Ex quibus autem oportet construere, determinatum est quidem in alĳs di

ligentius,ad propositam autem D methodum ĩdem loci vtiles.In spiciendum enim in contrarĳs, & in alĳs oppositis, & totas orationes,& secundũ partem consi derati.Nam si opposita opposi te,& eam,quę dicta est, proposi ti necesse est esse. Quoniã autẽ *21.Locus Declatio.* contrariorũ plures complexiones,sumendum est ex cõtrarĳs qualiscunque maxime apparebit contraria definitio:totas igitur definitiones, quemadmodũ dictum est,considerandum . Se E cundum partem autem hoc pacto,primum quidem quoniam assignatum genus recte assigna tum est. Nam si contrarium in *22.Locus declatio.* contrario, propositum autẽ nõ est in eodem,manifestum, quoniam in contrario est, eo q̃ necesse est contraria in eodem genere,vel in contrarĳs generibus esse.Et differentias quidem con *23. locus declatio.* trarias de cõtrarĳs arbitramur prædicari.Vt de albo & nigro, nam ille quidem disgregatiuũ , hoc autem congregatiuum vi F sus:quare,si de contrario contra rie prædicantur, de proposito q̃ assignatę sunt prædicabuntur : quapropter,quia & genus, & differentiæ recte assignatę sunt, manifestum, qm̃ definitio erit, quę assignata est. An non ne *Dubicado* cessarium est de contrarĳs differentias prędicari, nisi in eodem genere sint contraria? quorum autem genera sunt contraria, nihil prohibet eandem differentiam de vtrisque dici,vt de iusti tia & de iusti

P iii

G tia, & iniuftitia : nã illa quidem
virtus, hæc autem virtum animæ. quare id , quod eft animæ,
differentia de vtrifque dicitur,
eo quòd & corporis eft virtus
&;vitium:fed hoc verum,quod
contrariorum,aut cõtrariæ, aut
eædem differentiæ funt : fi ergo
de contrario cõtraria prædicantur,de hoc autem non , manifeftum,quoniam quæ dicta eft, de
hoc prædicabitur.Vniuerfaliter
autem dicédo, fi definitio eft ex
genere,& differentijs , fi fit contrarij definitio manifefta,& quæ
propofiti definitio , manifefta
erit.Nam,quoniam cõtrarium
ineodem genere , vel in contrario , fimiliter autem & differentiæ, aut contrariæ de contrarijs,
aut eædé prædicatur, dilucidũ,
quoniã de propofito, aut idem
genus prædicabiturqd' de contrario , differentiæ autê contrariæ,vel omnes, vel aliquæ , reliquæ autê eædé,aut cõtra, differentiæ quidé eædé, genera vero
cõtraria,aut ambo contraria,&
genera & differêtia, nã eadê effe
ambo non cõtingit, fi aũt fecus,
definitio eadé cõtrariorum erit.
Amplius,ex cafibus, & cõiugatis . Necefle eft enim cõíequi genera generibus,& terminos terminis : vt fi obliuio eft fcientiæ
amiffio, & obliuifci , amittere
fcientiã erit,et oblitũ efle,amiffie
fcientiã,vno igitur quolibet eorum quæ dicta funt confeflo, ne
cefle eft & reliquia confiteri. Similiter autem & fi corruptio,

diffolutio fubftãtiæ, & corrũpe-
re,diffoluere fubftãtiã,& corru-
ptiue,diffoluutiue: fi corruptiuũ
diffolutiuum fubftãciæ,& corru
ptio,fubftãtiæ diffolutio. fimiliter autem & in alñs.Quare vno
quouis fempto , & reliqua omnia confiteat oportet.Et ex fimi
liter fe habentibus adinuicé.Nã
fi falubre eft effectiuũ fanitatis,
& habile effectiuũ bonæ habitu
dinis erit , & adiutiuũ effectiuũ
boni : nã fimiliter vnũquodque
eorum,quæ dicta funt,ad fuum
finem fe habet:quare fi vnius eo
rũ definitio eft effectiuũ efle finis , & reliquorum cuiufque fic
erit definitio. Amplius,ex eo qd'
eft magis & fimiliter , quod eft
fimiliter,quoties contingit con-
ftruere duas ad duo comparan-
tem. Vt fi magis hæc huius quã
ifta iftius definitio , ifta autem,
quæ minus definitio eft , & hæc
quæ magis:& fimiliter hæc hui-
ius . & ifta iftius: fi altera alterius,& reliqua reliquæ. Vna aũt
definitio ad duo comparata,aut
duabus definitionibus ad vnũ ,
neuniquã vtilis ea,quæ ex magis
eft cõfideratio.Nã neque vnam
duorum,neq̃ duas eiufdem defi
nitiones poffibile eft effe . Sunt
autem oportunifsimi locorũ;&
qui nũc dicti funt, & qui ex cafi
bus,& qui ex cõiugatis,quocir-
ca & oportet maxime detinere
& propcos habere hos : vtilifsi-
mi enim ad plurima.Aliorũ aũt
ñ qui maxime funt communes.
Nã illi maxime reliquorũ effe
cacifuni:

14. locus
Declaro.

N

I

21. locus
De claro.

K

15. locus
Dec'aro.

27. locus
Declaro.

L

M

28. locus
Declaro.

19. locus
Declaro.

A cacissimi: vt inspicere in singula ribus, & in speciebus considera re, si coueniat definitio, eo quod vniuoca species est: est autê vti lis hic locus ad eos, qui ponunt ideas esse, quemadmodû prius dictû est. Amplius, si per meta phoram dixit nomen, vel idem de eodem prędicauit vt diuer sum: & si quis alium cômunius & efficax locorû, illo vtendum.

Sermo de locis Eiusdem & Alius, quæ referuntur in Septimo. Cap. I.

AE quidem loca, vt di ximus, vtilia sunt defini tionibus: construentes enim construunt aliquâ conditionem. expedit náque quod definitio, & id, quod nomen signifi cat, sint vnum. Destruens autê suffi cit ei, quod destruat definitionem.

Vnum autem dicitur modis præ dictis in præcedêtibus: quotum pri mus est vnius nomine secundum se, loca autem vtilia ad hoc quæsitum sunt fortiora locorum cômunium omnibus quæsitis, prout sunt loca coniugatorum, & casuum, & oppo sitorum, & generationis, & corruptio nis, & caularum gignentium, & cor rumpentium, & prioris, & dignio ris. verbi gratia in coniugatis, si iusti tia & fortitudo sint vnę secundum se, iustus & fortis est vnus secûdum se. Oppositorum autem exemplum est, si iustitia & virtus sint vnum se cundum sê, iniustitia & vitium sunt vnum secûdum se. Et exemplum in generatione & corruptione est, si pa ries & palatium sunt vna res secun dum se, ædificans parietê & palatiû

est vnus fm se. Et exemplum prioris & dignioris est, si nominatio sit di gnior ǫ sit nomê ǫ quod nomina tur, et nominatio non sit nomen: di gnius itaǫ est ǫ nominatû non sit nomê. Et horû locus est proprius, si fuerit duæ res, quarum vtraque sit maior, & magis diligenda, quâ vna eadem res, illæ sunt vna eadem res. Cuius exêplum est, quod explicue runt quidam vetustiores, quod vita studiosi sit eligibilior, quod vita. Et in hunc locû est paralogismus, quia homo & animal sunt præstâtillima generabiliû & corruptibiliû, & non sunt vnû fm se, sed oportet ǫ illarû vna nô ambiat alterâ: sin autê, vna esset præstâtior altera: hic autem lo cus, quem Aristo. dicit veracem in eo ǫ dicitur maius & præstantius, sit quando fuerint vnum numero.

Secûdus autê locus est, si fuerint duæ res, quarû vtraque vni rei sunt vnû tm, se, ambæ illę sunt vna secun dum se. verbi gratia, si vinum & me rum secundû se vna res essent cum ceruisia, & vtraque essent vna res se cundû se, & ceruisia & vinum sunt vnum secundum se, sicque merû & ceruisia sunt vnum secundum se.

Tertius locus est, si duæ res infe rant vnam rem secundum se, aut in ferantur ex vna re secundum se, illæ sunt vna, si autem non inferant, non sunt vna. gratia exempli, si ob merû & vinum sit vna res secundum se: vtpote ipsa ebrietas, illę sunt vna. Et exemplum illorum, quę inferuntur ex vna re, est, vt ex ea succo vuarum, quod mustum dicitur, sint merum & vinum, merum itaque & vinum sunt vna res.

Quartus aût locus est, si vtraǫ nô sint in vno genere prędicamêtorû,

P iiij   non

nõ sunt vnũ: & si genus sit vnum, & illorum non sint vnæ differentiæ secundum se, illa non sunt vnum, vt differentiæ nominum non sunt nominatorum.

Quintus locus est, si vnũ suscipiat magis & minus, & alterũ non suscipiat, illa non sunt vnum: & si ambo suscipiant magis & minus, sed non suscipiunt ipsum sił, vt amor & appetitus coitus, illa non sunt vnum.

Sextus locus est ex appositione, qi cõsideret, quia si fuerint duæ res, quarũ qñ vtraq, apponitur vni rei, non sit collectum vna res, illæ non sunt vna res: & siłł, si imminuatur ab vtra illarum vna res fin se, & residua differant, illæ non sunt vna. exẽpli gratia, qui dixerit, ợ medij duplum & medij dupla sint vna res secundum se, si ita esset, sequeret, qñ ab vtrisq, imminueretur medium, ợ residua essent vnum.

Septimus locus est, ợ consideremus duas res, quas posueramus esse vnam: & si possit vna auferri, & altera remaneat, non sunt vna. v.gr. qui posuit aerem & vacuum esse vnam rem fin se, quia si nos imaginemur ablationem aeris, poset esse vacuũ, immo fortitan dignus esset ipm esse cum aeris ablatione.

De constructione, & destructione prædicatorum loci. Cap. 2.

st. Locus. Doctrina.

QVoniam autem difficilius est construere, ợ destruere terminũ, ex hs, quæ postea dicentur, manifestum. Nam nosse ipsum, & sumere ab interrogantibus huiusmodi propositiones non facile, vt quod eorũ, quæ sunt in assigna-

ra oratione hoc quidem genus, illud autem differentia, & quod in eo quod quid est, genus & differentiæ prædicantur. Sine his vero impossibile est definitiõis syllogismum fieri nam, si quædam, & alia in eo quod quid est de re prædicantur, incertũ vtrũ ne quę dicta est, an alia eius definitio est, eo quod definitio est oratio quod est indicans. Manifestum autem & etiam ex his, nam facilius vnum concludere, ợ multa. interimenti quidem sufficit ad vnum disserere: vnũ enim quocunq, sit, destruentes, interempturi sumb terminum: at construenti omnia necesse est construere ợ insint, quę in termino sunt. Amplius, construẽti quidem vniuersaliter statuendum syllogismum, (nam oportet de omni, de quo nomen prædicari, & terminum, & etiã adhuc cõuerti, de quo orationem, & nomen, si debeat proprius eẽ assignatus terminus:) destruenti vero non necesse ostendere vniuersaliter: sufficit enim ostedere, ợ de quopiam eorum, quę sub nomine sunt oratio non verificatur, & tametsi vłe oporteat destruere, non tamen conuerti necessarium, & in destruendo. nam, sufficit destruenti vniuersale, ostendere, quod de aliquo eorũ, de quibus nomen prædicatur, oĩo non prædicatur: at e conuerso non necessarium, vt ostendatur, ợ de quibus oratio non prædicatur, neq, nomẽ ợdiceť.

st. Locus. Doctrina.

Am-

A Amplius etiā, ſi omni ei ineſt, quod ſub noſe eſt, at non ſoli, in terempta eſt definitio. Siſt autē & circa propriū, & genus ſe ha bet. In vtriſcp enim deſtruere q̄ conſtruere facilius eſt: de pro prio quidē manifeſtū, ex ħs quæ dicta ſunt: nam, vt plurimū in complexione propriū aſsignat, quare deſtruere quidē eſt, vnū interimenti, coſtruenti autem, omnia ratiocinatione colligere neceſſe eſt: penè autē, & reliqua oſa quæcunqp ad definitionem, **B** & ad proprium conueniet dici: nam, & omni oportet quod ſub noſe eſt, conſtruenti monſtrare, q̄m ineſt: deſtruenti aūt ſufficit oſtendere vni non ineſſe: ſi vero & omni ineſt, at non ſoli, etiā ſi deſtructū ſit: perinde, ac & in de finitione dicebat. De genere au tem, q̄m conſtruere quidem ne ceſſe eſt vno modo, q̄ omni oſte dit ineſſe, deſtruenti aūt dupl̄r: nam ſiue nulli, ſiue alicui oſten ſum ſit non ineſſe, interempum eſt quod in principio. Item con **C** ſtruenti quidē non ſufficit, q̄m ineſt oſtendere, ſed, & q̄m, vt ge nus ineſt oſtendendū : deſtructi aūt ſufficit oſtendere non ineſſe, vel alicui, vel nulli: videtur aūt, quēadmodum in aliħs, corrūpe re q̄ facere facilius, ſic & in his, deſtruere q̄ conſtruere. In acci dente vero vlt̄ quidē facilius de ſtruere, q̄ conſtruere. Nam con ſtruenti quidē oſtendendū, q̄m omni, deſtructi aūt ſufficit oſte dere vni non ineſſe. Particulare

11. Locus. Deſtruo.

vero è conuerſo, nam facilius cō **D** ſtruere, q̄ deſtruere. Cōſtruē ti enim ſat eſt oſtendere alicui in eſſe: deſtruenti aūt oſtendendū, q̄m nulli ineſt. Manifeſtum aūt, qua de cauſa omniū facillimum eſt terminum deſtruere. Plura enim ſunt in ipſo data multorū dictorū, ex pluribus aūt citius ſit ſyllm: nam veriſimile in mul tis, magis q̄ in paucis peccanī fieri. Amplius, ad terminū qui dem contingit, & per alia argu mentari, ſiue enim non propria **E** ſit definitio, ſiue nō genus quod aſsignat, ſiue non ineſt aliquod eorū quæ ſunt in definitione, in terempta ſit definitio: ad alia au tem neque ea, quæ ex terminis, neqp alia contingit oſa argumen tari. ſola enim ea quæ ad accīs, cōia ſunt omnibus prædictis: in eſſe enim oportet vnumquodqp eorū, quæ dicta ſunt: ſi aūt non, vt propriū ineſt genus, nōdum interemptum eſt genus: ſiſt autē & propriū non neceſſariū, vt ge nus ineſſe, neqp accidens, vt ge **F** nus, aut propriū, ſed ineſſe em, quare non poſsibile ex aliħs ad alia argumentari, niſi in defini tione ſolū. Manifeſtū igitur, q̄m facillimum omniū eſt, terminū interimere, conſtruere aūt diffi cillimū : nam, & illa oportet oſa ratiocinatione colligere, & q̄ū inſunt quæ dicta ſunt, & q̄ ge nus, quod aſsignatū eſt, quodqp propria definitio: & adhuc præ ter hæc qp indicat qd eſt eſſe ora tio: & hæc probe oportet feciſſe.

Aliorū

14. Locus. Deſtruo.
11. Locus. Deſtruo.

G
16. Locus
Declaratio.

Aliorum aūt propriū maxime hmōi. Nam interimere quidē sa cilius, eo q̄ ex pluribus plerūq̄ sit. Construere aūt difficillimū, qm multa oportet astruere, & adhuc qm soli inest, & qm conuersim prædicat de re. Facillimum aūt omniū construere ac-

17. Locus
Declaratio.

cidens. Nā in alijs quidē nō solū inesse, sed, & qm sic inest osten-dendū:in accidente vero, qm in est duntaxat, sufficit ostendere.

18. Locus
Declaratio.
H

Destruere aūt difficillimum est accidens: quia, q̄ paucissima in eo data sunt: nō enim consignifi cat in accidēte qua modo inest: Quare in alijs quidē dupliciter interimere cōtingit, vel ostēden do q̄ nō inest, vel q̄ nō sic inest: in accidente vero non contingit interimere nisi ostēdendo q̄ nō inest. Loci, per quos copiosi eri mus ad singula quæq̄ proble-matum argumentari, sere suffi-cienter annumerati sunt.

Sermo de locis prædicatorum vnius,
& Alterius. Cap. 2.

I

ET vlt, vt ait Arillo. expedit de-struere loca eiusdem, & alius ex rebus sdicatis de vnoquoq̄; illorū quouis modo fuerit sdicatio, & res, q̄ de illis prædicant, si fuerint diffe-rentes sm aliquē locorum, nō sunt vnū. terum enim q̄ sunt vnæ, quic-quid prædicat de vnaillarū, oportet q̄ prædicet de altera, & de rebus, de quibus sdicat vna illaū, expedit, q̄ prædicet taltera: hoc aūt sic existēte, vtilia sunt huic loca sdicta de quæs tis absolutis, q̄ sunt q̄ æsit accident tis, prout est locus partitionis, & lo-cus cō positionis, & lo, us dictionis, &

loc' illationū. Et ex quo vnū dē va rijs modis, si cōmonstrates de re, q̄ sit vna numero, cōmonstratū est, q̄ sit vna specie, & genere, & si cōmon strares, q̄ esset vna specie, aut gene-re, nō esset cōmonstratū ipsam esse vnā numero. hæc itaq̄, est summa locorū, quæ retulit Arist.in hac par ritione. Et dicit Arist. q̄ nō sibi con stant sdece flores Dialectici in eo, q̄ definitio cōmonstretur syllo, sed il-lam supponebant subiectione qua-dam, put Geometræ faciūt de mul-ris definitionibus. Nos aūt videmur ostēdisse ex nostra oratione, q̄ defi nitionis sit syllx, & cū hoc apparēt regulæ, quibus hæc cōmon strec.Præ stantissima autē loca, ex quibus su-mun̄t definitiones in hac arte, sunt loca coniugatorū, & casuum, & vt vniuersaliusinquā, loca cōia, sicut sunt loca oppositorū, &c. Et hæc sūt quæ expedit nobis prompta esse cir ca hanc operationē pro maiori pte. Deide expedit dinumerare loca par ticularia, sicut est locus, vbi dictu m est, q̄, q̄ definitio in suo cōplemen to decernit definito su, additione, aut defectū, non est definitio, prout definitio rerū sensatarū non conue nit definitioni idearum intelligibi-lium, quas ponit Plato. mot' enim, qui vt in illarum definitionibus, est impossibilis abstractis, & alia loca particularia. Scire vero persecte spē definitionum, & scire res, ex quibus componuntur, iam dictū est in lib. Posteriorum Analyticorum. Sicq̄, qn cōnecterentur hæc locis demon stratiuis prædictis hic in inuenien-do syllogismum de definitione, iam completa esset nobis sciēnia artis de-finiēdi simpliciter. & hic explicit se-cunda pars huius libri.

K

L

M

Arist.

ARISTOTELIs

TOPICORVM
LIBER VIII.

SVMMA LIBRI.

De Locis aptis ad instruendum in Interrogatione. & de locis pro Respondente, ac deniq, de Locis communibus in terrogatus, & respodenti.

Loci ad instruendum Interrogationem. Cap. I.

t. Locus Declinio.
P Ost hæc autem de ordine, & quonam pacto oportet interrogare, dicendum. Oportet autê primum quidem, eum, qui interrogare debet, locũ inuenire, vnde sit argumentandum: secundum aut interrogare, & ordinare singula apud seipsum: reliquũ vero & tertiũ dicere iam eadê ad alterũ. Quòd autê inueniat locum, siue Philosophi, & Dialectici consideratio: subinde vero illa ordinare, & interrogare, proprium Dialectici, ad alterum. n. omne quod tale est, Philosopho autem, & quærêti per seipsum, nihil curæ est si vera quidê sint, & nota, per quæ syllogismus, & non ponat ea qui respondet, eo q propinqua sint illis, quæ sunt ex principio, & præuideat quod subsecutum est, sed fortasse & studiose aget, quoniã maxime notæ, & propinquæ sunt dignitates: ex illis enim scientifici syllogismi, loci igit vnde oporteat

s. Locus Declino.

C Dfia Dialectici & Philosophi.

sumere, dicti sunt prius, de ordine aũt, & interrogatione dicendum. diuidendæ propositiones quæcunq sumendæ sunt ad necessarias, necessariæ autê dicuntur. per quas syllogismus fit.

Quæ autem ad has sumuntur, quatuor sunt. Aut enim gratia inductionis, vt def vniuersale, aut ad magnitudinê orationis, aut ad occultationem conclusionis, aut, vt dilucidior sit oratio: præter has autem nulla est assumenda propositio, sed p has augere, & interrogare tentãdum. (Sunt autem quæ ad occultationem, certaminis gratia, sed quia omne, quod huiusmodi est, negocium ad alterũ est, necesse est, & illis vti.) Necessarias igitur, quas sit syllogismus, non statim præordinãdum, sed abeundum ad suprema. Vt non postulet quæ contrariorum eandem disciplinam, si hoc voluerit sumere, sed oppositorum: posito enim hoc & quoniam contrariorum eadê disciplina syllogismo colliget, eo q ex oppositis, sunt cõtraria.

Si vero illam non ponat, per inductionem sumendum proponenti in particularibus contrarijs. Nam aut per syllogismum, aut per inductionê necessarias sumendum, aut has quidem inductione, illas autê syllogismo.

Quæcunq autê valde manifestæ sunt, illas quoq oportet præponere: nam immanifestius est semp in abcessu, & inductione, quod secuturũ est, et simul ipsas necessa-

D

g

4. Locus Declinio.

F

5. Locus Declino.

6. Locus Declino.

G neceſſarias proponere,et qui nõ
poteſt illo modo, ſumere eſſe pa
ratum,quæ vero ad has ſumptę
ſunt,accipiendæ quidē illarum
gratia. Vnuaquæ aũt earũ hoc
modo vtendum inducentè quidem à ſingularibus ad vña,& à
notis ad ignota: nota aũt magis
quæ ſm ſenſum,vel ſimpliciter,
vel multiplr, vel multitudini.

7. locus
declatio.
Occultantem vero , ratiocinatione præcolligere oportet ea, p
quæ ſylⁱs eiꝰ quod ex principio
ē debet fieri:& hęc,vt plurimũ.

H
Erit aũt hoc,ſi quis non ſolũ neceſſarias, ſed & earũ, quæ ad illas ſunt vtiles,aliquã ſyllogiza-
uerit. Amplius,cõcluſiones nõ

8. locus
declatio.
dicere,ſed poſtea ratiocinatione
colligere,ſubitarias. Sic eñ lon-
giſsime abſcedet ab ea, quæ ex
principio, poſitione:vlt aũt di
cendo,ſic oportet enim interrogare qui occulte interrogat, vt
iterrogata omni oratione,& eo
dicente concluſione, quæratur
propter quid : id aũt erit maxi-

I
me per antedictũ modum:nam
ſola vltima dicta cõcluſione,im
maniſeſtum qũo accidit, eo ꝙ
non præuidit reſpõdens ex quibus accidit, non per membra di
geſtia prioribus ſyllogiſmis:mi
nime aũt per membra digeritur
ſylⁱs concluſione, cùm non eius
ſumptiones ponuntur, ſed cùm
illa ſumuntur,ã quibus ſylⁱs ſit.

9. locus
declatio.
Vtile aũt & non continua poſtu
lata ſumere, ex quibus ſylⁱ,ſed
viciſsim ad aliam,& ad alia con
cluſionē.Nam poſitis cõuenien

tibꝰ iuxta ſeinuicē,magis quod
accidit ex ipſis maniſeſtum .

10.locus
Dec ẽa tio.
Oportet aũt & deſinitione ſumere,in quibꝰ poſsibile eſt, vni
uerſalē propoſitionem, nõ in ip
ſis,ſed in coniugatis. Nam deci
piũt falſa ratiocinatione ſeipſos,
qñ in coniugato ſumitur deſi-
nitio,ſi non vlt concedunt. vt ſi
oportet ſumere , ꝙ qui iraſcitur
appetit pœnam , ſumat autē,ira
appetitus eſſe pœnę propter ap
parentē paruipenſionem: mani
feſtum aũt,qm hoc ſumpto,ha

L
bebimus vlt quod prædlegimꝰ:
at eis, qui in ipſis proponunt,ſe
pe accidit, vt abnuat reſpõdens
eo ꝙ magis ſe habeat in ea re in
ſtantia. vt ꝙ non omnis qui ira
ſcitur appetit pœnã: nam paren
tibus iraſcimur quidem, nõ autem pœnã appetimus . Fortaſſe
aũt non vera inſtãtia eſt : nam ã
quibuſdã ſufficiens pœna eſt,trï
ſtari ſolum , & facere pœnitere:
verũtamen habet aliquid veriſimile, vt non videat irrationa-
biliter negare propoſitũ : in iræ

M
aũt deſinitione,non ſimiliter ſa
cile eſt inſtantiã inuenire. Prg-

11.locus
Declatio.
terea proponere par eſt : non vt
ꝓpter idipſum, ſed alteriusgra-
ria eum qui proponit:nam deui
tant ea,quæ ad poſitionem ſunt
vtilia. Simpliciter aũt dicēdo,

12. locus
Declatio.
ꝙ maxime facere dubit,vtrum
quod proponitur, an oppoſitũ
ſumere vult. Nã dubio exiſten-
te quidnam ad poſicionē eſt vti
le, magis quod ſibi vr ponunt.

13. locus
Declatio
Amplius, per ſimilitudinē in
terrogare.

terrogare. Nam & verisimile, & later magis vtt, vt queadmodū scientia & ignorantia contrario rum eadem, sic & sensus contra rioru̅ idēaut ē conuerso, postquā sensus idem contrariorū, & scias hoc aut est simile inductioni, non rā idem: nam ille quidem ā singularibus vsf sumit, in simi libus aute non est quod sumitur vse sub quo omnia similia sunt.

Oportet aut & ipsum sibimet qu̅q instantiam ferre. Nam in suspecte se habent respondentes ad eos, qui videntur iuste argu mentari. Vtile aut dicere quod consuetum, & quod dicif tale. Nam pigrescunt quod solitū est dimouere, instantiā non haben res simul aute̅, & quia vruntur & ipsi talibus, cauent ea dimo uere. Amplius non sedule age re, & si o̅ino vtile sit, nam ad uer sus sedule agentes, magis renitun tur. Et vt in similitudine pro ponere, quod propter aliud ali quid proponitur, & non p̅p se ipsum, vtile ponēt magis. Am plius, n̅o id proponere qd̅ opor tet sumere, sed cui consequens, id est ex necessitate. Nam, & ma gis concedunt, eo quod non sit ex hoc manifestum sit, quod co secuturū est, et sumpto hoc, sum ptum est & illud. Et id vltimo interrogare, quod maxime vult sumere. Nam maxime prima re nunt, eo q̅ plurimi interrogan tiū prima interrogāt, circa quæ vel maxime student. Ad quos dam aut prima quæ vtilia sunt

proponere. Nam proterui ma xime prima admittunt, nisi om nino manifestum sit quod secu turum est, in fine autem proter uiunt: sint autem & quicunq̅ ar bitrantur acuti esse in respon den do, ponētes enim prima, in fine recantāt, tanquā nihil acciderit ex ijs quæ posita sunt: ponūt au tem prompte, confidentes habi tui, & arbitrātes nihil se esse pas suros. Amplius, prolongare, & interponere quæ nihil sunt vsui ad orationem, quemadmodum pseudographia vtētes. Nam cū sint plura, immanifestū in quo falsū sit, quare & occultāt q̅s q̅ interrogātes, in absconso propo nentes ea quæ p se proposita, no̅ ponerentur: ad occultationem igitur, dictis est vtendum.

Sermo de quatuor intentionibus ipsius. Cap. I.

Ecce post hæc loqui de ordine interrogationis & responsionis: & hinc exordiemur ordinē in terrogationis, & quo conueniat illi facere. Primum quidē quod expedit interroganti est, & quærat locū topi cum, vnde faciundus sit sylli. Et se cundo, q̅ coaptet interrogationē, & ordine ponat omnē rem, prout in terest. Tertio, q̅ de hoc loquaf cum alio, & Philosophus & Dialecticus conueniunt in hoc. Ordo vero & in terrogatio sunt propria Dialectico: huius aūt causa est, quia syllis diale cticus sit inter interrogantē & respo dentem, sylls autem demōstratiuus sit infra seipsum: & ideo demonstra tor, q̅n eius p̅missæ fuerint veraces,

non

14.Locus
Declaratio.

15.Locus
declaratio.

16.Locus
Declaratio.

17.Locus
Declaratio.

18.Locus
declaratio.

19.Locus
declaratio.

20.Locus
Declaratio.

G nõ curat an admittat eas ali⁹, necne.
Iam aũt in præcedentibus descripsi
mus loca dialectica, ex quibus fiunt
syllõ, quibus vtit̃ hęc ars, & ante hoc
descripsim⁹ syllogismos dialecticos,
& suas spẽs, & suas partes, & illorum
coaptationẽ, nunc aũt exordiamur
hinc, & dicamus, ꝙ ꝓmissæ, quæ fiũt
in hac arte primo sunt duarũ specie
rum, aut sunt præmissæ necessariæ,
& sunt ex quibus fit syllõs primo, &
infertur inde conclusio illatione ne
cessaria, aut præmissæ, quæ dum cõ
nectunt̃ his præmissis necessarijs in
hac arte, fiunt magis amplificantes
H intentionẽ, quæ intendit̃ per illas &
vehemẽtioris actionis, s. destructionis positionis, quã respondens procurat obseruare. Et hę quidẽ fiũt ob
quatuor intentiones, quarũ Vna est
certioratio de respondente in admis
sionẽ præmissarum necessariarum,
quarũ priuatio admittẽdi à respondente non creditur, qñ non fuerint
maxime diuulgationis. Secũda intentio est occultatio cõclusionis in-
feribilis ex præmissis necessarijs ipsi
respondenti, vt interrogãti facilius
sit admittere, quod admitti ab illo
procurat. Tertia intentio est rei or-
I namentũ, & decoratio, & amplifica
tio. Et quarta intentio est illius declaratio & manifestatio. Hæc itaq;
sunt quæ pollicent̃. Duæ aũt primæ
intẽtiones sunt huic arti propriæ, in
tertia vero & quarta cõuenit, qui ha
bet hanc artẽ, cum illo qui habet artem demõstratiuã, & præcipue orationis declaratio & manifestatio ẽ,
quod propriũ est huic arti de vtẽdo
præmissis extraneis, quæ præmissæ
sunt speciei propriarũ arti oratoriæ
& arti sophisticæ, & ostenduntur in
singulis artib⁹. Pręmissæ vero, quę

fiunt ad certiorandũ de respõdente K
circa id, de quo nõ confidit interro
gans de illo, vt ei admittat ipm, sunt
duarũ specierũ. Quarũ vna est præmissarũ vniuersalium ambientium
necessarias: & hoc quidem fit, qñ interrogans nõ interrogaret ipsasmet
præmissas necessarias, sed interroga
ret vles illas ambientes, & procuraret hoc quantũ ei possibile fuerit, ꝙ
sumat vniuersalissimũ, quod inuenerit illis præmissis, quas admitten-
das procurat. qñ enim respondens
admiserit præmissam vlem, impossi
est ei negare particularem, quæ illi
subest. vt verbigratia, qñ vellemus L
admitti, ꝙ cõtrariorum scientia sit
vna, expedit ꝙ nõ quæramus, an cõ
trariorum scientia sit vna, sed quęra
mus, an oppositorum sciã sit vna.
Differentia aũt inter has pręmissas,
quæ proferuntur ad certioratione,
& vles, quæ proferuntur, vt eis com
monstrent particulares, quæ ei subsunt, est hæc, nã fiunt fm modũ pa-
tefaciendi quęrendo locũ, vbi sunt
particulares, quas procurat admitti
per se notas in hac arte, s. ꝙ sint vulgares: & ideo numerabantur inter
necessarias, hæ autem fiunt per id,
quod desoris est, quę solum differũt M
ex parte vsus nũ. Secundæ autẽ spe
ciei sunt præmissæ inquisitiuæ, quæ
sumuntur ad certiorandum de præ
missis vniuersalibus, per loca, quib⁹
inquisitio non est de necessitate, cõ-
monstrandi præmissam vlem, qñ
enim essent de necessitate numera-
rentur inter necessarias, prout est,
ꝙ ab illo admittat̃ vice illius ꝙ oppositorum sit vna scientia, & ꝙ con
trariorum sit vna scientia, & relatiuorum sit vna scientia, & habitus &
priuationis sit vna scientia.

Hæ

A Hæ itaqꝫ sunt duæ species præmissarum, quæ sunt ad cernotationé.
Modi vero, quibus euenit cóclusio-
nis occultatio, prout Ariflo. hic numerat, sunt tresdecim modi, quorũ
quidã est præmissarũ extranearum,
& quidã est illarũ quæ fiunt p præmissas necessarias. Sicꝫ vnus eorũ
est, ꝙ non interroget de præmissis
necessarijs, quæ concluderent quæsitum interrogãtis, sed interroget de
ꝓmissis, quæ concluderent pmissas
necessarias, & attendat in hoc remo
tiere, quantũ distantius possibile sit
ab interrogãdo ꝓmissas necessarias,
B qõ interrogat de præmissis syllî inferétibus ꝓmissas necessarias, & hoc
quidé quantum sibi possibile est in
remouendo in ipsa interrogatione
de singulis quæsitis à præmissis ne-
cessarijs:hoc eni opus includit duos
modos,quorũ vnus est occultatio illationis ab ipso respondente ob di-
stantiã, quæ est inter primũ quæsitũ
& ꝓmissas, de quibus interrogat:no
tum enim est,ꝙ, ꝗ distantia fuerit
maior,illatio est latentior, & secundus modus est obliuio, quæ accidit
ob multas ꝓmissas, quia respondés
obliuisceretur quarundam illarum,&
C nõ cerneret meminisse in hoc loci
illationis ipsius conclusionis ex illis,
& admitteret illas.v.g. ꝙ est primũ
quæsitũ,an voluptas sit bona, & præ
missa necessariæ,quę inferrent hoc
quæsitũ,sunt dicere, voluptas est iu-
cunda, & oẽ iucundum est bonum,
omnis itaꝙ voluptas é bona. Et præ
missę,quæ concluderent minorem
huius syllî,quę est, ꝙ voluptas sit iu
cunda,sunt, voluptaté omnia alialia
cupiunt: & quicquid cupiũt omnia
animalia est iucundum:quæ aũt cõcluderent ipsam maiorem, f. dicere,

D omne iucundum est bonũ, est dicere,omne iucundum est naturale, &
oẽ naturale est bonũ . hæ itaꝙ quatuor præmissæ concludunt duas præ
missas necessarias, & aliquo possibi le
est,ꝙ sumamus vice harũ quatuor,
ipsas octo præmissas,quæ eas cõcludant, aut vice harũ octo sexdecim
ꝓmissas,quæ ipsæ cõcludunt, & eue
niret in hoc occultatio, quã narrauimus. Et inuenít etiã alius modus,
qui occultat inferre tales ꝓmissas ip
sasmet ꝓmissas necessarias. Et vice
illarũ præmissarum,quæ sunt necef
sariæ, interrogetur de duabus præmissis syllî, quæ illas inferũt,& hoc
ét,ꝙ interrogetur de vna illarũ fin
se, & vice secũdæ interroget de duabus syllî præmissis, quæ illam cõclu
derent,& hoc prout possibile fuerit,
distantius remouett. Et interrogabi
mus respõdentem de alio syllo, qui
est magisdistans à conclusione,aut
de duab' præmissis illius simul, aut
de reliquis syllogismis,& de vna præ
missa solum, & vice conclusionis su
memus de omni syllo tres præmissas, vna præmissam syllogismi, quã
infert & duas præmissas syllogismi,
quæ concludunt alteram præmissam huius syllogismi, & hoc t sgu
lis syllogismis excepto vltimo. Vt
verbi gratia est quæsitum, an sanitas non sit coæquatio:& syllî necef-
sarius,qui illud concludit, sunt duæ
præmissæ: quarũ vna est,ꝙ sanitas
non sit ad aliquid : & secunda est,ꝙ
coæquatio sit ad aliquid,& hoc ꝙd
in secunda figura, & interroget ad
ipsum quod dicimus, ꝙ coæquatio
sit ad aliquid , & vice illius quod dicimus,ꝙ sanitas nõ sit ad aliquid,in
terrogemus de duabus ꝓmiſis necessarijs,quę illã inferrent,quæ sunt
dicere,

G dicere, ⁊ ſanitas ſit qualitas, & quali
tas non ſit ad aliquid: & interrogabimus de altera harum præmiſſatũ
ſm ſe, ſ. de ea, qua dicimus, ⊕ ſanitas
ſit qualitas, & vice alterius, quæ eſt,
⊕ qualitas non ſit ad aliquid, interrogabimus de duabᵇ præmiſſis, quę
hanc concluderent, quæ ſunt, ⊕ qua
litas dicitur ſm ſe, & quod dicit ſm
ſe, non eſt ad aliquid, & de vna præmiſſarũ, quæ eſt, quod dicimus, qua
litas dicitur ſm ſe, interrogabimus
ſm ſe, & vice alterius, ſ. quæ dicit, ⊕
id, quod dicitur ſm ſe, non ſit ad aliquid, interrogabimᵘ de duabus præ-

H miſſis, quæ illam concludunt, videlicet dicere ad aliquid dĩ reſpectu al
terius rei, & quod eſt ſm ſe non dici
tur reſpectu alterius rei. Et hic ē vlti
mus ſyl̄s, de cuius ambabus præmiſ
ſis interrogabimᵘ ſimul: ſicꝗ inter-
rogarem ĩn hoc exemplo de qnꝗ
præmiſſis ſolũ, videlicet de duabus
præmiſſis vltimi ſyl̄s cum vna præmiſſarum ſyllogiſmorũ reliquorũ,
donec finiatur ad ſyl̄m, qui conclu
dat ipſum quæſitũ. v. g. ⊕ dicamus,
an ad aliqd dicaꝓ reſpectu alterius
rei, & quod eſt ſm ſe non dicatur re
ſpectu alterius rei. Deinde his duabᵇ

I præmiſſis componemus ſecundam
ꝑmiſſam huius ſyllogiſmi, quæ eſt,
⊕ qualitas dicitur ſm ſe, & conecte-
mus huic alĩ præmiſſam tertij ſyllogiſmi, quæ eſt dicere, ⊕ ſanitas ſit
qualitas, deinde his connectemᵘ pri
mam præmiſſam, quæ concludit ip
ſum quæſitũ, quæ eſt, ⊕ coæquatio
ſit ad aliquid : & ex his quinꝗ præmiſſis concluditur nobis quæſitum,
quod eſt, ⊕ ſanitas non eſt coæquatio, & ſit ſemper numerus præmiſſa
rum, de quibus interroga: ſuperad-
dendo vnũ numero ſyllogiſmorũ:

nos enim ſumimᵘ de ſingulis ſyllogiſmis vnã præmiſſam, & ex vltimo
duas præmiſſas eius ſimul. Sed huic
modo non cõtingit ipſa occultatio,
quæ ſit ob multitudiné præmiſſas̄.
Et ideo oportet interrogantē procu
rare vilioré duorum modorum
pro ſingulis quæſitis, & notum eſt,
quod in tali opere qō ſit interrogatio, non exprimit aliquas res de con-
cluſionibus. Si vero exprimit, & in
cõcluſionibᵘ quæſtho ſubiecti, opor
tet, vt ait Ariſt. ⊕ ſimul poſt interro
gationem de ſuis præmiſſis interroget, & non interroget de ſingulis cõ
cluſionibus poſt interrogationē de

L præmiſſis, quæ illas concludunt, in
hoc enim ſit quædam ſpēs occultationis ob occultationem ordinis in
ter concluſiones & præmiſſas.

Secundus aũt modus occultatio
nis concluſionis eſt, quia, qñ non in
tendimus deſtructioné alicuius poſitionis, quæ profertur ſm aliquod ca
ſum, expedit ponere interrogationé
de præmiſſis valibus ad illius deſtru
ctionem ſm caſum aliũ à caſu ipſ̄
poſiti, immo illud capiemus alio ca
ſu, & proprij iuuaminis eſt hoc præ
ceptũ in poſitis, pro quorum deſtru
ctionibᵘ vtimur locis definitionis,

M & ſunt poſita, quorũ deſtructio inté
ditur per præmiſſas vſis: deſtructio
enim in hac arte ſit ſm totum, & ſecundum parté. Verũtamen hoc præ
ceptum fuit magis propriũ in definitionibus, ex quo impoſe eſt præmiſſis, quæ ſunt in via definitionis,
⊕ in ipſis remoueaꝛ diſtantia à que
ſito, ſicut ſit in alijs præmiſſis, defini
tiones enim ſunt prima principia, vt
ꝗ proponeret cõmonſtrare, ⊕ Deᵘ
non denominaꝛ per irã definiue;
& proſ.tatꝫ interrogatio de definiu
tione

A tione irascétis, & dita t, nunquid ira sērns sit, qui appetit vindictā, & interroget de definitione irae, & diceret, nunquid ita sit appetitus vindiciæ, ponens interrogationé hoc modo lucratéduo iuuamina, quorū vnū est, quia respōdés putaret, q̄ sit dr̄ia inter definitioné iræ, & definitione irascentis, & q̄ nō quod admittitur in definitione iræ, oporteat esse in definitione irascentis, & hoc est occultatio quædam : fin autem iuuamen est, q̄, q̄ definitio sumitur de nudata à materia, sit difficilioris de structionis. v.g. quia q̄ nos dicim’,

B q̄ irascens sit qui appetit vindictā, contradicitur nobis de ira patris in filium, & de ira iu amicos, q̄ autē sumeremus definitionem denuda tam à materia, non esset facilis hæc cōtradictio. Huius autem causa est, quia, q̄ prædicatum prædicatur de subiecto, quod é in materia, in ipsa materia euenit illi accidentia, qui bus dubitat ipsum inesse subiecto, sed hoc iuuamen nō est huius capituli, quod est conclusionis occultatio, sed per illud facilior sit admissio præmissæ ab ipso respondente.

Tertius autē modus occultationis est, q̄ interrogetur de similibus præmissis, quæ intedit admitti à respondente vice ipsarum præmissarum fin se, aut interrogetur de præmissis, quæ concludant quid simile conclusioni quæsitæ, nō de his, quæ concludant conclusionem quæsitā, hæc enim colligit cum occultatione persuasionem, & bonam distinctionem ab ipsa re. v.g. quia, quãdo nos proponimus concludere, q̄ vna sit contrariorum disciplina, non caperemus præmissas, quæ concluderét hoc quæsitum, sed caperemus præ

missas, quæ concluderent conclusio

D nem simile huic conclusioni, s. præmissas, quæ concluderent q̄ contrariorum sensus sit vnus, Et similiter, q̄ proponimus interrogare, nunquid contrariorum sit vna scientia, interrogaremus à simili, & dicere tur, nunquid cōtrariorum sit vnū iudicium, & euidens est, q̄, quando respondens admiserit rem inesse simili alicui rei, q̄ iam illam admiserit illi inesse rei. diuulgatum enim est in hac arte, q̄ similium idem est iu dicium ex parte suæ similitudinis.

E Quartus aūt modus occultatio nis conclusionis est, q̄ non interrogetur de ipsa præmissa vtili in se, sed interroget de consequente ipsam. v.g. quia, quando nos proponimus interrogare, an nox non sit, vice et’ interrogamus, an dies non sit.

Quint’ modus occultationis est, q̄ in oratione proponamus causas, & res, quarum non est quid vtile ad quæsitum oīno, quod super fluum est : causas quidé q̄ eloquiat de vna te p dictiones synonymas, & q̄ vice dictionis simplicis eloquatur de illa per orationem, aut orationes cōpositas, adeo q̄ vna præmissa fit secundum formam multarū præmissar.

F Superfluum vero est, q̄ introducat in repetitione præmissarū vilium cōclusioni præmissas in utiles. Iuua men quidé causarum est, quia occu bitur à respondente intentio interro gantis, q̄ proponat admitti ab illo, cum eo q̄ illis est persuasio quædā. Superflui vero iuuamen est, quia se spondens putabit, q̄ de quocunque ipse interrogetur, sit superfluum, & permittetur illi vtile cum inutili, & in orationis progressu connectem omnia illa, s. causas, & superfluum,

G & hoc est de illis, q̄ꝫ accidere facile
respondenti, passione, & iuuant interrogantem ex obliuione respondentis, ex qua nescies quid, & euanc
scet, & non seruabit aliquid.

Sextus modus est, q̄ argumentes
ad præmissas apud interrogatioē
de illis præponendo affectus, q̄ dica
tur q̄ bæ sint de rebus, quas intellectus admittit, & quas intelliges non
negaret, & q̄ his filis orationes morales & afficientes, sunt narratæ in li
bro Rhetoricorū hoc enim occule
ret ab ipso respondente locū ambi-
H guitatis & apparendæ dubij de præ
missa, qū difficile est dubitare & re
pellere, quod consueuit admitti. &
hic quidē locꝰ facit adipisci respondendi persuasione, & cum hoc sit oc
cultatio loci dubij, affect? enim im-
pressio, quæ sit respondenti, ex hoc
excæcat ipsum à cōprehēdendo cau
sas dubij in p̄missam. Septimus modus est, q̄ nō interroget sīilā de præ
missa velli, sed secū vtatur aliquid,
quod ipsam occultat,& vt vniuersalius inquit, sit p̄suus interrogatio de
illa fm̄ formā dubiam, p̄ hoc enim
latet respondentē mens interrogan
I tis, & condonaret illi id, quo vince-
ret fm̄ eius opinionē & asseueratio-
nem. Et aliq̄n sit hic modus occulta
tionis ei nō vtendo p̄missis extraneis, sed qn̄ interrogat de p̄missis vti
lib' interrogatione ambigua. Et totius huius causa est, quia puraret respondens, q̄ qui interrogat attente
procuret oēs illas spēs, & q̄ non du-
bitet, licet lateat eum, quam partem
contradictionis intendat admitti.

Octauus modus est, q̄ ponat inter
rogationē de præmissis, quæ putant
admitti ob diuersum ab ipso q̄sito,
nō de præmissis, de quarū re appa-

ret q̄ capiant? ob quæsitum. v.g. q̄ R
quæsitū sit, q̄ diuitiæ sint bonæ, qa
si huic concesserimus q̄ diuitiæ sint
eligibiles, mox respondens coniecta
retur, q̄ de illa interroget ob ipsum
quæsitum. Si aūt vice illius concesse
rimus, q̄ id, quo fiunt opera virtutum, sit bonū, prout est indigū na-
trire, putaretur, q̄ hoius propositum
esset hinc concludere, q̄ indigū nu-
trire sit bonū, & adminteretur hæc
præmissa, qua admissa non remane
ret nisi q̄ interrogaret de præmissa,
quam impossibile esset negare, scilicet q̄ diuitijs nutriatur indigus.

Nonus modus est, q̄ proferantur L
præmissæ de quibus interrogat fm̄
exemplum, & narrationē, dico narrationē, q̄ illas ponat, prout est eius
elocutio, & ipsas intelligat fm̄ hanc
dispositionē. per exemplum aūt intelligo q̄ illas ꝑferat, ac si esset metaphora & exemplum alterius rei.
Hi itaq̄ sunt oēs modi, quibus sit oc
cultatio per præmissas, quæ sunt de
foris, reliqui aūt, quorū hic sit men
tio, sunt, quæ fiunt p̄ necessarias p̄
missas, quorū est, q̄ non interroget
de præmissis fm̄ ordinem cōclude
tem, sed interrogetur fm̄ aliam dispositionem, & aliq̄ inserantur or- M
dine simili alicui conclusioni, quæ
non sit conclusio quæsita. verbi gfa,
q̄ primū quæsitum sit, an voluptas
sit bona, qn̄ inferremus præmissas
ot dine, quæ cōcluderent nobis hoc
quǣtum conclusione prima, diceremus an voluptas nō sit perfectio,
& an perfectio non sit appetitus, &
au appetitus non sit naturalis, & an
naturalis nō sit bonus, & hinc cōcla
deret, q̄ voluptas sit bonū. Et hanc
obcām in tali quæsito nō insereret
talis ordo, sed insereret ordine hoc,
quo

enim potest, q̃ intendat cōcludere aliam conclusionem, præter ipsum questitum, vga̅ his præmissis q̃ ducit, an voluptas nō sit perfectio, & appetit sit perfectio, & naturale sit perfectio appetitus, & naturale sit bonum enim hoc q̃ respicit conclusionem, quā concluetur primus ordo, respicit etiam alias cōclusiones. Si puto q̃ hoc decet, qñ affirmatiuæ fuerint conuertibiles, & maiores præmissæ singulorum horum syllo g̃imorum fuerint negatiuæ. Et ipso, q̃ ponat interrogationem sub modum, quo nesciat respōdem, an proposuerit sumere ipsam rem, siue eius contradictoriū, & hoc sit in interrogatione ambigua, non interrogatione indicante, prout esset quæsitū, an voluptas nō sit bona, & vel tenus admittit præmissam velle, ad hoc, s̃ q̃ bonū si, quo homo est bonus, & nō interrogaretur de præmissa interrogatione indicanse, vtscilicet, si proposit̃ & dictiō nam quid, sed interrogaret de illa interrogatione ambigua, cuius destructio sit p̃ dictiōne an, vt dicatur, an bonū sit, quo hō est bonus, aut bonū nō sit, quo homo sit bonus. Et quādam illorum est, q̃ caput interrogatio de præmissis verbis quæstio, respōdentis enim consuetudinis est festinare ad colluctandum ad primū, quod ipsum interrogat quærens, qñ notum est, q̃ procedens in interrogatione est magis æstimatū apud ipsum, nisi sint duæ spes in tertio ordine, quarum vna est spes illorū, cui contingit heberudo & mala complexio frigida obstinatione exercet, & omnistione sin ipsius secunda aūt spes est illorum, qui reputat se ob ipsos esse præclaræ cogitationis & intellect̃.

Pro Indū (hinc sit respondent,
lui ad f.   Cap. 2.

A Dornatū vero, inductione, & cōclusione eorum q̃ affinia sunt. Inductio igit quale quid est, manifestū diudere aūt hmõi, vt scientiam scimus esse meliorem, aut eo q̃ exactior est, aut q̃ meliorū est q̃ scientiarū aliæ quidē sunt contemplatiuæ, aliæ autem actiuæ, aliæ porro effectiuæ: nam vnū quodq̃ talii coornat quidē cora donē,

Cum illis qui sē qui sint prim̃ æ ciei, illius est interrogati, q̃ satistiet per vtilius, qñ enim prolongatur illius disceptatio, calefit, & instammatur eius appetitus, & obiectatur, quæ non suetat præmeditatus. Illiū vero, qui est bonæ æstimationis de se, potestas est repellere contradictionē, quæ facilis est in rei initio, & admittit id, quod interrogatur, qñ aūt facta fuerit consideratio, & cō rectabitur quid sequetur, negat eō tra id, quod accidit illi, qui dubiu est de se non confidens constituere eius contradictionem. Et de illis est, q̃ non ostendat diligentiā solere de præmissis, quā proponit admitti, interroget enim de duab̃ partibus cō tradictionis simul, & interroget de opposito præmissæ, quam proponit admitti. hic enim colligit duas spes occultationis, quarū vna est, q̃ respondens putet, q̃ id, quod explicet sit, sit intentione. & secunda est, quia hic putat, q̃ forsan hic admittet alterā præmissam facilius, & hinc sit, q̃ illā transfert ad primū, habet propositū, hec itaq̃ est sum̃ma omni si rerum, quas Aristoteles narrauit de abstensione conclusionis.

tiones, & co̅clusione eorum q̃ affinia sunt. Inductio igit quale quid est, manifestū diudere aūt hmõi, vt scientiam scimus esse meliorem, aut eo q̃ exactior est, aut q̃ meliorū et q̃ scientiarū aliæ quidē sunt contemplatiuæ, aliæ autem actiuæ, aliæ porro effectiuæ: nam vnū quodq̃ talii coornat quidē cora
                                    Q ij   donē,

tionem, at nõn neceſſariũ eſt, vt
dicaſ ad concluſionẽ. Ad dilu-
ciditatẽ autem exẽpla, & ſimili
tudines aſſerendũ. Exẽpla autẽ
accõmodata,& ex quib⁹ſcimus
qualia Homerus,nõ qualia Che
rilus: ſic enim clarius erit quod
proponit. Vtendũ aũt in diſſe-
rendo, ſyllo quidem ad dialectũ
cos magis,q̃ ad multitudinẽ:in
ductione vero cõtra,ad multitu
dinẽ magis. dictum eſt aũt & de
his & prius. Eſt autẽ in aliquibus quidem inducẽti poſsibile
interrogare vſt̃,in aliquibus ve
ro non facile, eo q̃ non poſitum
ſit ſimilitudinibus nomen omnibus cõc, ſed qñ oportet vniuerſale ſumere,ſic in omnib⁹ ta
libus eſſe dicunt.Id autẽ deter
minare difficillimum eſt,qualia
ſunt ea,quæ proſeruntur huiuſ
modi, & qualia non,& propter
hoc ſæpenumero diſsidẽt in diſ
ſputationibus, alij quidẽ dicentes,ſimilia eſſe quæ non ſunt ſimilia: alij vero dubitantes quæ
ſunt ſimilia,nõ eſſe ſimilia. Qua
re tentandũ in omnibus talib⁹,
ipſum homina eſſingere,ut neꝙ
reſpondenti liceat dubitare, ꝙ
non ſimiliter quod inſeruriur di
citur, neꝙ interroganti calumniari,vt ſiſt dicto, eo q̃ plura eo
rum,quæ non ſiſt dicitur,ſimi-
liter videntur dici. Quãdo autem inducenti in pluribus non
dederit vſt̃,tunc iuſtum eſt efla
gitare inſtantiam,non dicẽte au
tem ipſo in aliquibus ſic, non iu
ſtum eſt eſflagitare, in aliquib⁹

12.Locus
Declaratio.
13.Locus
Declaratio.
14.Locus
Declaratio.
15.Locus
Declaratio.

non ſic.Oportet enim inducen-
tem prius ſic inſtantiam eſflagi
tare. Eſflagitandum aũt inſtan
tias non in eo quod proponitur
ferre, niſi vnũ tantum ſit huiuſ
modi, vt dualitas partiũ numerorum ſolus primus.Nam opor
tet,& eũ, qui inſtat in altero inſtantiam ferre, aut dicere quod
hoc ſolum tale eſt. Ad eos aũt,
qui inſtant vniuerſali,non in eo
dem autẽ inſtantiam ferunt,ſed
I æquiuoco,) vt quod habeat ali
quis non ſuum colorẽ,vel pedẽ,
vel manũ, habebit enim pictor
non ſuum colorẽ, & cocus pedẽ
non ſuum,)diuidendo reuera in
talibus interrogandũ eſt. Nam
latente æquiuocatione, bene vi
derentur inſtare propoſitioni.
Si autẽ non in æquiuoco, ſed in
eodem inſtans præpediat interrogationẽ, oportet auferentẽ ꝙ
id,in quo inſtantia eſt, propone
re reliquum, vſt̃ faciẽdo, donec
ſumat quod vtile eſt.Vt in obli
uione, & inoblitũ eſſe,nõ enim
concedunt eum qui amiſit diſci
plinam, oblitum eſſe,eo q̃ tran-
ſeunte re, amiſit qui tẽ diſciplinam,oblitus autẽ non eſt. dicen
dum autem auferenti id,in quo
inſtantia eſt,reliquum, vt ſi per-
manente re amiſit diſciplinam,
iccirco oblitũ eſſe. Similiter au
tem,& contra inſtantes,q̃m ma
iori bono,maius opponit mali:
proſerunt enim q̃m ſanitati mi
nori bono, q̃ bona habitudo,
maius mali opponit: nam ægri
tudinẽ maius eſſe malum maiõ
habitu-

16.Locus
Declaratio
17.Locus
Declaratio
18.Locus
Declaratio

habitudine, auferendum igit, & in hoc, in quo instantia est, nam ablato, magis ponet, vt qui maiori bono maius malu opponit, nisi coferat alteru ad alteruque admodu bona habitudo ad sanitate. Non solum aut eo instante hoc faciendu sed & si sine instantia negat, eo quod praeuideat aliquid rabii. Ni ablato eo, in quo instantia est, compellet ponere, eo q non praeuideat in reliquo, in aliquo non sic esse. Si aut non ponat, efflagitatus instantia, no habebit assignare. Sunt autem hmoi propositionu, quae in aliquo falsae sunt, in aliquo aut verae, in his enim par est auferre, reliquum aut veru relinquere.

Si aut in multis proponeti no ferat instantia, postulandum est ponere. Nam dialectica est propositio, ad qua sic in pluribus se habente, no est instantia. Qn autem contingit ide, & sine impof sibili, & per impofe syllogizare, demonstranti quide & non differenti, nihil refert vel sic, vel illo modo syllo colligere: differenti aut non est vtendum q impossibile syllo, nam, si sine impossibili quidem syllo colligat, minime fiet, vt dubitetur at, qn per impofe syllogizant, (nisi val de manifeste sit falsum esse,) no impossibile dicut esse, quare no fit interrogantibus quod volut.

Oportet aut proponere quae cunq in pluribus quidem sic se habet. Instantia autem, aut omnino non est, aut non in superficie est conspicere: nam qui non possunt cospicere in quibus no sic, tanqua veru quidem sit, ponunt. Non oportet aut conclusionem interrogationem facere. Alioqui n aut, eo renuente no videtur fieri syllisnam, & saepe cu non interrogat, sed, vt sequens infert, negaut: & hoc facientes no videntur redargui iit, qui no cospiciunt quod accidit ex his quae posita sunt quando igitur no dicens quide accidere, interrogabit, ille autem negabit, omnino non videtur fieri syllis. Non videtur aut omne vt dialectica propositio esse, vt qd est homo aut quot modis dicitur bonu est enim dialectica propositio, ad quam est respondere, sic, vel non ad dictas autem no est, qua re non sunt dialecticae huiusmodi interrogationes, nisi ipse determinas, vel diuidens dicat vt putans bonum sic, vel no sic dicitur nam ad talia facilis respo sio, vel affirmando, vel negado quapropter tentandum sic proponere huiusmodi i propones.

Simul aute, & iustum fortasse ab illo interrogare, quot modis dicitur bonum, qn hoc diuiden te, & proponere, nullo modo co cesserit. Quisquis autem vnam oratione multo tempore in ter rogat, male interrogat. Nam, si respodeat quidem ei interrogatus, quod interrogatur, manifestum quod multa interrogationes interrogat, aut frequenter ea dem, quare aut nugatur, aut no

Q iij habet

G habet fyllm̄, nam ex paucis ols
fyllm̄ vero nō refpōdeat quid,
aut non increpat, aut diſcedit.

17. Locus
diſtin̄. Eſt aūt argumentari, difficile,
& ſuſtinere facile ipſas ſuppoſitiones. Sunt aūt talia,& quæ na
tura ſunt prima, & q̃ poſtrema.
Nā prima quidē termino egēt,
poſtrema vero per multa termi
nantur volenti cōtinuum ſume
re ā primis, aut ſophiſticę viden
tur argumentationes: impoſſibile enim demonſtrare quippiā
est eū,qui non incipit ā propriis
H principiis, & connectit vſq̃ ad
vltima: definire aūt nihil ducūt
reſpondentes, neq̃ ſi interrogā ā
definierit, aduertunt,atqui non
facto manifeſto quidnam eſt q̃
propoſitum eſt, non facile eſt ar
gumentari: maxime autē quod
tale eſt, circa principia accidit,
nā alia quidē per hæc monſtran
tur,ipſa vero non contingit per
alia, ſed neceſſe eſt definitione ta
lium, vnumquodq̃ cognoſcere.

18.Locus
Declaūo. Sunt aūt difficile argumētabi
lia,& quę valde propinqua ſunt
I principio. Non enim contingit
plures ad hæc rationes ſuenire,
cum ſint pauca media, horumq̃
& principiorum, per quæ neceſ
ſe eſt monſtrare ea quæ poſt illa
19.Locus
Declaūo. ſunt. Terminorum autē difficile argumentabiles n̄ omnium
maxime ſunt, quicūq̃ vtuntur
talibus nominibus, quæ primū
quidē immanifeſta ſunt ſimpli-
citerne dicanf, an multipliciterı
adhuc autē quæ neq̃ nota vtrū
proprie, an ſm metaphoram de

definito dicā̄tur. Nam, quia K.
obſcura ſunt, non habent argumenta, quia vero ignorantur ſi
abſq̃ metaphora dicitur quod-
tale eſt, non hēt quod increpet.
40.Locus
Declaūo Omnino aūt omne problema
q̃ difficile argumentabile, vel
termino indigere arbitrandum
eſt, vel eſt eorū quæ multipliciter,vel eorū quæ ſm metaphoı
ram de definito eſſe dicātur, vel
non longe à principiis, vel quia
non manifeſtum eſt primū no-
bie hoc idem, Fın qutem dictorū L
modorum eſt, quod dubitatio
nem præſtat. Nam,cōm eſt ma
nifeſtus modus,manifeſtū, q̃,
aut definire oportebit, aut diui
dere, aut medias propoſitiones
inuenire. Nam per hæc mon-
ſtrantur vltima. In multis aūt 41.Locus
Declaūo.
poſitionibus(non bene aſſigna
ta definitione) non facile diſpu
tare,ac argumentari. Vt vtrum
vni cōtrariū, an plura:definitis
aūt contrariis aliquo modo, facile eſt oſtendere vtrum contin
git plura eidem eſſe cōtraria, an
nō,eodem aūt modo, & in aliis M
definitione indigentibus viden
tur aūt, & in diſciplinis quædā
ob definitionis defectū non faci
le deſcribi, vt & q̃ quæ ad latus ſecat planum linea, ſimiliter
diuidit & lineam,& locū:defini
tione autem dicta ſtatim mani
feſtum eſt quod dicitur. Nā eā
dem ablatione habent loca,& li
nea, eſt autem definitio eius ora
tionis hæc. Simpliciter autem 4.L.Locus
Declaūo.
prima elemētorū, poſitis quidē
deſinı-

A definitionib*, ve quid linea, vel quid circulus, facillimu ostédere, verú non multis ad vnumquodq; eorú est argumétari, eo q non sunt multa media: si auté nó ponant principiorum definitiones, difficile: fortasse aut omnino impost. Sist aut his, & in ijs q sunt circa orationes se hét, non igit latere oportet, qñ difficile argumétabilis est positio, q passa est aliquid eorum q dicta sunt, qñ auté erit ad dignitaté, & propositione, maior labor di sputare q ad positioné. Dubita re ast posit quispiá, vtrú ponenda sint alia an nó:ná, si non ponat, sed poscat, & ad illa disputare, maius scipiet, q quod in principio positú est: si vero ponat, credet ex min* credibilib*: si igit oportet nó difficilius pro blema facere ponendú, si aút p potiora syllogizare, nó ponendum. An disenti quidé non ponendú, nisi notius sit: exercitato vero ponendú, si verum solú videatur: quare quare manifestum, qñ non sist, & interroganti, & docenti existimandum esse ponendum. Quo pacto igitur interrogare, & ordinare oportet, pene sufficiunt quæ dicta sunt.

Serm de Oratione decoratione, et de alijs præceptis interrogantis. Cap. 2.

TErtia aut initio est orationis decoratio & exornatio, & amplificatio hoc inq; sit duabus reb*, quatum vna est ipsa inquisitio, & altera é partitio in res proportionales. Inquisitio quidem, quæ sit ad hanc

intentioné, sit duabus dispositionib* D bus, quarum vna est, qñ nobis esset præmissa vsis per se patens non indigens inquisitione, & proponim* in terrogare de illa, vt vice eius siant similes particulares, quas hæc præmissa ambit, v.g. qñ proponimus in terrogare, an pericé in omni arte sit præstantior: & proponim us exor nare orationem, & ipsam exemplifi care, an miles peritus in sua militia sit præstantior: & sic nauta peritus in suo nauigatio: sicq; etiam medicus peritus in sua medicina, & vt idem est singulis, quæ sublunt præmissæ vniuersali: secunda dispositio est, qñ præmissa sit per se nota, & proponi mus interrogare de ipsa, & huius præmissæ sit præmissa ambiens ipsam, & aliæ præmissæ, quæ secum subintrát ipsam præmissam vniuersalem, non enim interrogaremus præmissam cum præmissis particularibus, quæ secum subintrant præmissam vniuersalem, qtum ad exemplú q proponamus interrogare, an medicus peritus sit præstantior, prout est miles peritus, & nauta peritus. Hat nanq; omnes subintrant vnam pre missam, q scilicet peritus in omni arte est præstantior. Partitionis au tem vsus in his sit duob* modis, quo rum vnus est, quando sit in prædicato præmissa, quam volumus admitti, & alter qñdo sit in subiecto. Exemplum vtius illius in partitione prædicati est, q interrogemus nun quid scientia de anima sit honora bilior, quam scientia eleuationem ponderis & subdimus huic, quia scien tiarum honorabilior dicitur aut ex parte nobilitatis subiecti, aut ex par te limitatis demonstrationum. Si autem taciscemus hanc partitioné

Q iiij   eset

G esset præmissa patēs per se. Et huius
exemplū in partitione subiecti est,
ǫ interrogemus vice dicendi, an op
positorum sit vna scientia, an oppo
sita quædam sint contraria, & quæ
dam relatina , & quædã priuatio &
habitus, & quędam assirmatio & ne
gatio, & omnium horum est vna
scientia, est autem hoc vtile, quia na
turaliter homo est admissurus orationem, quæ exprimitur hac expres-
sione, quia hoc opere contingeret
ostentatio, & decorum, & mentis sa-
tisfactio cum auditore. Et vt vniuer
salius inquam, proportio huius ope
H ris ad præmissas necessarias est pro
portio pulchrium colorum & pictu
rarum ad res necessarias illis ex ac-
commodatis, & vestibus, & cæteris,
& sicut homo gaudet his, & delecta
tur eis, sic é res in oratione, & inquisitio, quæ hic sit, est alia ab inquisitione, quæ sit ad certiorationem, aut
ad commonstrandū præmissam ne
cessariam in se. Hæc autem exornatio, sicut sit in præmissis necessarijs,
sic sit in non necessarijs, prout sunt
præmissæ occultationis & certiora-
tionis, quæ prænarratæ sunt.

Quarta aūt intentio, & est ora
I tionis manifestatio, & explicatio, sit
duobus modis: quorum vnus sunt
exempla, alterius aūt sunt effictio,
& assimilatio. Exempla quidē sunt
particulares res ipsius vsis, quæ su
muntur ad ipsius intellectionem, &
explicationem. Exemplo aūt vtitur
ars oratoria ad occurrendum in as-
sertionem. Hæc vero ars vtitur solū
ad intellectionē, prout est dispositio inquisitiōis, quæ vtit̄ hæc ars ad
assertionē, & commonstrationē, &
exemplificationē. Confictio vero &
assimilatio, quæ sunt ad rei intelli-

gentiam, non sunt res particulares, K
neǫ, res rei, quæ sumantur ad ipsi
intelligentiā, sed sunt res, quæ ipsam
tingunt & assimulant, prout est id,
quod dicit Aristoteles, ǫ error in
principio, & si sit paruus, qui nō per
cipiacin conducit ad plures errores,
sicut qui deuiat itineris initium, &
aberrat ab eo trigona figura, nō cel
sat distare ab itinere, donec quasi de
uitinsinita distātia ab eo. Et assimi-
lationes, quibus vtitur hęc ars, sunt
pxime proportionales, q bus, vt ait
Aristoteles, vsus é Homerus. Et his
eisdem modis sunt in arte demon- L
strationis. Vsus aūt ipsarum in his
dicab' artibus est diuersus ab vsu ip
sarum in arte Poetica, sunt enim in
illa arte ad occurrendum in assertio
nem poeticam, in his autem duab'
artibus ad solam intelligentiam.

Hæc itaǫ, est summa eorū, quæ di
xerat de præmissis quæ sunt deforis,

Deinde trãsfert se Aristoteles ad
alia præcepta interrogantis, & dicit
Quia orationes Dialecticę sunt duã
rum specierum, syllogismus, & in
quisitio, conuenit interrogati vel
inquisitione cum plebe Dialecticorum, & syllogismo, cū ipsorum peri
tis: plebs enim inqisitione magis cō M
prehendit, quia ipsius particularia,
sunt sensata, sensatum autem est no
tius apud plebē. Sed apud istos, qui
exercitati sunt in Dialectica, syllo
gismi sunt magis diuulgati, adeo ǫ
illi repellunt sensatum, prout com
perimus multos antiquos repulisse
morum, & multitudinem. Illo sunt
aūt error circa hæc fuit ob syllogismos, qui apud eos cōstituti erant si
per præmissis diuulgatis, quæ sunt
apud hanc specie notiores sensatis,
sensu.n. subordinat̄ apud eos huic
                                    speciei

A ſpectet præmiſſatum, putant enim quod præmiſſæ ſint intelligibiles. Ex quo autem inquiſitio profertur ad cōmonſtrationem præmiſſæ vniuerſalis, notum eſt, q̃ quando fuerit nomen, quod includit omnes res conſimiles, quæ ſubſunt huic vniuerſali, in quo ſunt ſimiles, facilis ſit translatio ab admiſſione illarū, ad admiſſionē vniuerſalis cum reſpondente. Si vero huic vniuerſali, quæ ſunt inquiſitæ, & ſubiiciat ſimilitudinē vniuerſalem rebus, quæ inquiſitæ ſunt, & quod illis euenerit prædicatum ratione huius aſsimilationis, & quādo huic aſsimilationi vniuerſali nō fuerit nomē, difficilis ſit illius ablatio apud interrogantem ſæpè ob illud ab illis, immo forſaſſe priuatio nominis erit cauſa, quā reſpondens nō imaginetur illud admittere, & difficilis ſit illius intelligētia, & graue ſit ei illud admittere, cui nō ſit nomē, quod includat rem

C intentã ab ipſo reſpondente admitti, & vt vniuerſalius inquam, priuatio nominationis vniuerſaliter eſt, quæ per inquiſitionē apponit errorē duabus ſectis, & aliquando interrogans quærit à reſpondēte, quod ei admittat, quod nō eſt ſimile, vt quod eſſet ſimile, & interdū reſpondens cauet admittere, quod eſt ſimile, & aliquādo cadit dubiū de rebus ſimilibus. Ex ideo Ariſtoteles præcepit interrogantibus in hoc loco, quod inſtituat nomē vniuerſali, quod includit particularia, quæ educta ſunt in inquiſitio-

D ne, aut illud ſignificet per ōrationē, vt facilius & tutius reſpōdens admittat id, quod interrogans propoſuerit, & remotius fuerit aduenite repugnans illi, de quo interrogauit, & cōſidet ei ſi interrogator, quod purabit de eo, quod nō eſt ſimile, q̃ ſit ſimile. Quando autē interrogans fecerit hoc vniuerſaliter, ſcilicet q̃ inſtituerit illi nomē, vt eſſet in primo poſito illi nomē, & reſpōdens admitteret ei particularia inquiſitionis, & nō admitteret ipſum vniuerſale. Expedit autē illi, quod proponat argumētari deſtructionē huius vniuerſali, & ſi eum interrogaret,

E quod cōmonſtret de qua rerum nō ſe habeat, prout inquiſitū eſt. Quando vero reſpōdens nō admitteret ei inquiſitione, nō expedit ei interrogare eum deſtructionem præmiſſæ vniuerſalis. Et quādo reſpondens protulerit deſtructionē vniuerſalis, cuius particulares præmiſſas admiſerat in inquiſitione, nō euadit, quia deſtruat alias particulares de particulatibus, quæ nō ſunt expreſſæ in ipſa inquiſitione, quoniã ad deſtructionē particularis, quã concludere intendit, nō expedit interrogati ad-

F mittere ipſius deſtructionē, quia eſt ipſa eadē res, quā interrogator propoſuit cōmonſtrare, niſi quæſito, q̃ interrogator propoſuerat cōcludere, ſoli proprii ſit inter reliqua particularia, quæ ſubſunt illi vniuerſali, quod illi nō inſit illa res, quā quærens procurat cōmonſtrare inſeſſe per inquiſitionē ; admitteret enim ei hoc, quia illi præmiſſæ nō eſſet inſtantia, niſi in illo particulari ſolam, & eſt ac ſi illa in uentionē eſſe neceſſaria reſpondens, vt gratia exempli, ſi quærens propōeret cōcludere, q̃

binarius

binarius sit numerus par, qui nõ sit
primus, inquirendo de, reliquis speciebus numeri paribus, qui non
sunt primi, prout sunt octonarius,
& senarius, & cæteri : quando in-
que illos inquisiuerimus & interrogans proponeret, quod respondés admittæ ei ipsam vniuersalem,
qua hinc concludat, quod binarius
sit numerus par, non primus, hic
esset respondeatis instare ei per ipsummet, quæsitum. Quando vero
instantia respondentis fuerit per par
uicularem huius particularis quæsiti, interrogantes est ap ponere condi
tionem in præmissa vniuersali, qua
ab illa excipiat hoc particulare, qd
destruxerat ipse respondens, & re-
manebit sub hoc quæsito. Et si inter
rogans apponeret hanc conditionem
primo in præmissa, priusquã interrogaret de illa præstantis esset,
quia ipse respondens non inueniret
aditum ad instandum. verbi gratia,
quod interrogans poneret, quod ille, à quo separatur scientia de re, ob-
liuiscitur illius. Et respondens insta
bit, quod scientia aliquando separa
tur a scientia in corruptione ipsius
scii. hæc autẽ non vocatur obliuio.
Quando autem interrogans appo-
suisset cõditionem, quod ille, à quo
separatur sciétia de re ipsa re per ma
nente obliuiscatur, non inuenisset
respondens aditum ad negandum
hanc præmissam, & oportuisset eũ
admittere illam, definiens enim præ
missam Dialecticam, quæ inquisitione construitur in hac arte, est, q
inueniatur prædicatum iu maiori
parte sui subiecti, & quod nõ sit ipsius ali qua instantia, aut quia nõ sit
aliqua instantia in ipsam, aut quod
sit illius aliqua instantia, sed illam

non æstimemus in hac arte. Quãdo
vero instaret respondens, quod sit
æquiuocum nomine prædicati, aut
subiecti præmissæ vniuersali, expediret interroganti vri diuisione, nominis æquiuoci secundũ omnia ipsius significata, quæ significaret, deinde explicare illi significati, quod
intendebat cõmonstrare in ipsa inquisitione. verbi gratia, quando interrogans proposuisset concludere
q nõ sit homini aliquod membrũ,
quin sit ei proprium, vt in poematib',
sertur de cẽtauro & minotauro, q
suis superioribus mẽbris sit homini
similis, & inferioribus mẽbris similis sit alij animali. Respondens autẽ
instaret dicens, quod picto non est
caput, & ipsius est caput imaginii,
quã formauerat. huius autẽ erroris
causa est æquiuocatio illius dictionis ipsius, aliquãdo enim sit pro eo,
quod res nõ sit pars species, cui attri
buitur per hanc dictionẽ. Et similiter dicitur, q ipsius hominis sint mẽ
bra organica, & membra similaria.
Et aliquãdo sit secundum modum
attributionis ipsius, scilicet, aut attri
butionis affectus, aut attributionis
habitus, aut alius attributionis: &
huc modo dicitur, q hæc vestis sit
ipsius talis, sine fuerit ipsius acquisi-
titio, siue quod arte illã fecerit. Hæc
itaque est summa eorũ, quæ expedit interrogatiuem facere tẽpore inquisitionis singularum rerũ. Quan
do vero vteretur syllogismo siue in
quisitione, expedit, q de duabus syl
logismi specieb' vtatur syllogismo
recto, nõ syllogismo impossibilis, re
ctus enim expeditior est ad hoc, &
vtilior, quando possibilis fuerit: huius autẽ causa est, quoniã dispositio
huius artis quo ad hanc rem differt
à disposi-

A à difpofitione artis demõftrationis, quicquid enim cõmonftratum fuerit in arte demõftrationis vtriſque ſyllogiſmis ipſius eſt demõftrationis firmitas vna, veruntamen ſecundi haec arte rerũ nõ ita eſt. Impoſſibile vero in ſyllogiſmo cõcludit ducere ad falſum, q̃ eſt contradictoriũ illius, q̃ concludere propoſuerat. Id aut̃, quod in hac arte gerit vicem falſi, eſt abſurdum fictum. Et aliqua do contingit, quod inueniantur ambo cõtradictoria diuulgata, & non cõcludant abſonũ fictum, & interdum cõcludant abſonũ fictum: ſed

B non eſt maxime fictum abſonum. Dicta aut̃ abſona, quae in hac arte gerunt vicem falſi in demõſtratione, ſunt illa ficta abſona, quae reſpõdens tenere nequit, & hoc eſt fictũ abſonum, quod eſt notæ neſandũ. Quo vero modo vnum, idem quæſtum cõmõſtretur per impoſſibile q̃ recte, iam cõmõſtratũ eſt in libro Primorũ Analyticorum. Iam itaque docuiſſe ſumus, cũ quo fiat ſyllogiſmus, & eũ quo fiat inquiſitio, & cum hoc diximus, quid expediat interroganti facere in diſpoſitione inquiſitionis, & ordine inferre in-

C ſtantiũ reſpondentibus, & enarrauimus etiam quæ ſpecies ſyllogiſmi fit et vtilior in hac arte. Nefandas vero præmiſſas in hac arte expedicauere illas, quæ fuerint maxime diuulgatæ, & hæc quidem ſunt duæ ſpecies quædã ſpecies eſt illorũ, quarum inſtãtia eſt neſanda, prout eſt illa, Deus omnia poteſt: & aliqua ſpecies eſt, cuius inſtãtia eſt diſſicilis, ob modicam mutationem ſuæ inſtantiæ, aut quia illius nõ ſit inſtantia aliqua. Et hæ quidem ſunt præmiſſæ, quæ pro maiori parte ſuo

D rũ ſubiectorũ ſunt ſub ſenſu, propter q̃ obſtat nobis aliqua res illis repugnãs. Et quãdo reſpõdes in interrogatur de talibus præmiſſis, & eas negaret, interrogãtis eſt ipſum capere & caſtigare, & hæ ſunt præmiſſæ, quæ ſunt maxime diuulgatæ in hac arte. Cõcluſio vero nõ profertur ſecundũ modũ interrogationis, ſed poneatus eſt cõſequens ex admiſſione præmiſſarũ. Quãdo enim protuliſſet eã, ſm q̃ fit conſequens, poſſet reſpõd: ſ tenuere ipſum, ex quo vires eſt hoc ſm hanc artem, tanto ſortius

E quãdo eã protulerit ſm modum in interrogatione, quia putandũ eſt q̃ reſpõdens nõ admitteret eam, & nõ obiiceret illi in hoc, q̃ inde ſuctaretur. Expedit aut̃ ſcire, q̃ nõ quælibet interrogatio eſt Topica, prout eſt interrogatio quid ſit homo, aut interrogatio quot modis res dicaturſed Topica interrogatio eſt, ad quam reſpondens eſt reſpondere, b, aut nõ, prout dicimus, aũ quid modus ſit vnui rei factus, aut nõ, ad quod reſpondentinõ eſt niſi vna reſpõſio, prout eſt reſpõſio ad quid ſit homo, q̃ ſit animal rationale, aut quot modis dicatur bonũ? quia dicitur de honeſto, vtil, & pulchro.

F Et autem hic modus interrogationis Topicus, quãdo illum protulerit interrogans modo quo reſpõdens poſſet ad illam reſpondere per alterum duorũ contradictoriorum, vt dicat, an homo ſit a tali rationale, nec ne, & an bonũ dicatur de tali & tali, nec ne, & quãdo reſpõdens nõ admitteret hoc illud, admittereture q̃ eũ interroget quot modis dicatur bonum apud illum, aut q̃ ſit hominis definitio apud illum? Quod aut̃ interrogatio proturbat

moram,

moram, vlusquàm decerneretur ex præmissi faciundis pro quæsito, hoc est, dicere necessarias, & eas, quæ deforis sunt, est vtique vilis actusin in terrogatione: quando enim hoc tieret, putaretur fieri ob alteram duarū rerū, aut quia nimium amplificet orationē, & multiplicētur interrogationes de vna eadē re, aut quia interroget, quod inutile sit ad conclusionē, & confidet obiicere ei, & lucrari, aut videbitur ei quòd receder.

Et expedit interrogantem scire, q inueniantur quædam positiones, quas difficile est destruere ob difficultatē argumētationum, quæ illis instent, & modicā illarum instantiam. Et ideo harum earundem ob seruano facilis sit respōdēti. Et positiones quidē, quarū destructio difficilis sit ob difficultatem argumētationū, quæ illis repugnent, sunt quatuor specierum. Quarū vnius sunt principia nota prima artium, prout est cōstructio vnitatin in Arithmetica, & puncti in Geometria, & sicut dicere, quòd de quauis re veras sit affirmatio, aut negatio. Secūdæ autē sunt res postremæ semotæ a principijs, prout est dicere, an anima sit immortalis, nec ne? Et tertiæ sunt res proximæ principio. Et quartæ, res, quarū elocutio sit nomine æquiuoco, aut nomine accommodato. Causæ vero difficultatis inueniendi syllogismos de principijs sunt, quia, quādo interrogans procuraret commonstrare aliquā rem, quæ fiat de illis, priusindigeret admitti illorum definitio. prout sit, quando nos proponimus commonstrare, quòd de qualibet re veras sit affirmatio, aut negatio, priusindigemus explicare affirmationē, & negationē. Et hoc

idem euenit de ōmni, cuius definitionem sumere indigemus primo, quando scrutatur de illo. prout dicim⁹, an De⁹ sit, & an natura sit? & an vacuum sit, nec ne? & magis accidūt obscuritates in talibus, quando contemnantur, & quæritur de illis esse. aliquā rem, aut impossibilem esse præter quòd definierint. Vt qui quæreret, an vacuū sit, præter quòd sciat quid vacuum nomē significet. Causa autē difficultatis admittendi definitionē est multitudo illorum, quorum interrogans indiget, quòd ei admittat respōdens de essendo conditiones requisitas ad illam, vt quòd insit definito, & quòd sit prædicatū de illo, in eo q quid sit, & reliquæ cōditiones præpositæ de definitione. Et hæc erit causa, qua ex illis respōdens offendat plures instātias: & ideo illius destructio sit facilior contra ipsius cōstructionē. Et hæc eadē est causa difficultatis inueniendi argumētationes de rebus postremis, quoniam commonstrantur pluribus præmissis, quas interrogantem difficile est capere, & respōdenti nō deest id, quo facile seratur instātia. Causa vero difficultatis syllogizandi res proximas principio est paucitas præmillarū. quæ fiunt ad illas, & in his decet interrogātū vti occultatione, vt decet ei in rebus, quæ sunt a principijs distātes. Verum tamen causa difficultatis syllogizandi ad illud, ile quo elocutio fuerit æquiuoca, aut accommodata, est, quia, quando dictio æquiuoca non traderet vnū idem significatū, fieret forma cuius rei, quæ cōtingeret de modis constructionis, & destructionis. Si autem interrogans caperet de illis significatum vtile, nō est respondenus dicere

A tis dicere, nolo hoc significatum, ǫ
intelligebas. vt si interrogetur, an or
bis sit æternus, nec ne? quia nomē or
bis est æquiuocum, quod dicitur de
toto, & dicitur de aliqua suarū par
tium. Et exēplum huius in accom
modatis est oratio illius, qui dicit,
quód maré sit terræ sudor, qui in ip
sius fundo collectus est, quia si de
struxerit significatū accommoda
tum, diceret, nolo nisi significatum
verū, & si destruxerit verū, diceret,
nolo, nisi ipsum significatū accom
modatū, & nō est illius propositū, et
lucraretur. Et hanc quidem ob cau
B sam definitiones, quæ æquiuocę aut
accommodatę dicuntur, difficile est
destruere, licet illarū destructio se
cundā præcedentia sit facilis, quan
do autē hoc ita est, quod hæ sint cau
sæ difficultatis destructionis positio
nū, præter quód coniectetur, vnde
sit difficultas illarum, quas interro
gans intendat destruere. Expedit ita
que, quādo difficiles fuerit destru
ctio alicuius positi, præter quód cō
sideret, vnde sit illius difficultas, ǫ
innuitur his modis, quia nōe uade
ret vnum eorum, aut plures, quàm
vnum. Et si illius causa fuerit, quia
C indigeat definitione, exordiemur
prius definitionem. Si autem illius
causa fuerit nominis æquiuocatio,
prout est dicere, an orbis sit æter
nus, nec ne? incipiemus a diuisione
illius, quod significat ipsum nome.
Si autē illius, difficultatis causa fue
rit multitudo præmissarum, quæ in
medio sunt, prout est dicere, an cœ
lum sit graue, aut nec graue, neque
leue? expedit illas proferre, adeo ǫ
nullam rē illarū omittamus. Con
tingit autē aliquādo dubitare quid
expediat interrogantem facere, quā

do nō inueniret per quid procuret D
illud cōmonstrare nisi per præmis
sas modicæ diuulgationis, & si inter
rogaret de illis, nō confidit, quia il
las neget ipse respōdens, si nō inter
toget de illis primo, & proponat in
terrogare de præmissis, quarum con
clusio sit difficilis ad quæsitum ob
multitudinem illatū cōclusionum,
quæ intercidunt ei & primis princi
pijs. Doctrina vero est, quód primo
proferat præmissas, quæ sunt notio
res, donec per illas cōmonstret præ
missas, quæ fuerint quæsito pxime.

Hæc itaque est summa eorum,
quæ dicta sunt pro interrogante, & E
quo modo debeat esse interroga
tio, & ordinis series.

Loci pro respondente. Cap. III.

DE responsione autē pri
mum quidem determi
nandum, quod nam est
opus bene respondētis, quemad
modum bene interrogantis. Est
autē interrogātis quod sic dedu
cere orationē, vt faciat respondē
tem dicere inopinabiliora, quā
ea, quæ ppter positionē sunt ne F
cessaria: respondentis vero non
propter se apparere, accidere im
possibile, aut quod præter opi
nionē est, sed propter positionē:
nā alteri fortasse peccatum, po
nere primum quod nō oportet,
& positum non seruare aliquo
modo. Quia autem sunt indeter
minata ħs, qui propter exercita
tionem, & experientiam oratio
nes faciunt (nam non eædem cō
siderationes, & discentibus, &
docenti-

4 4. locus,
Doctrina.

4 5. locus,
declaratio.

G docentibus, & concertantibus,
neque his, & ijs qui exercent se
inuicem inspectionis gratia: nā
discenti quidem ponenda sunt
semper ea, quæ videntur, neque
enim conatur salsum vllus doce
re, concertantium vero interro
gantem quidem videri aliquid
facere oportet omnino, respon
dētem autem nihil videri pati)
& in Dialecticis congressioni-
qus, quæ nō concertationis gra
tia, sed experimēti, & inspectio
nis orationes faciunt, nondum

H enucleatum est quo pacto opor
teat cōiectare respondentem, &
qualia dare, & qualia non, ad be
ne, aut non, seruandam positio
nē: quoniā (inquam) nihil habe
mus tradirū ab alijs, ipsi aliquid
dicere tentemus. Necesse est au
tem respondentem sustinere ora
tionem, ponēdo aut probabilē,
aut improbabilem positionem,
aut neutram, & aut simpliciter
probabilem, aut improbabilē,
aut indeterminate, vt huic ali

I cui, vel alij. Nihil autē refert quo
modocunque dū ea probabilis,
aut improbabilis sit: nam idem
modus erit bene respondendi,
vel dādi, vel non dandi quod in
terrogatū est: nam, cū impro̅ba
bilis est positio, necesse est, & cō
clusionem probabilem fieri, cū
vero probabilis, improbabilis,
nam oppositum semper per positio
nis interrogans concludet: si au
tem neq̕ probabile, neque im
probile quod positū est, & con
clusio erit catis. Quoniā autem

bene syllogizātur, ex probabilio̅
ribus, & notioribus propositi
demonstrat manifestū est, quòd
quādo simpliciter est improba
bile q̕ proponitur, nō dādunt
est respondenti, nec quod nō vi
detur simpliciter, nec quod vi
detur quidē, minus aut cōclusio
ne videtur. Nā, cū improbabilis
est positio, probabilis est cōclu
sio, quare oportet quę sumūtur,
probabilia esse omnia, & magis
probabilia quàm q̕d proponit̕,
si debet per maiora quod min̕
notum est concludi, quare si ne
que tale est quippiam eorū, quę
interrogātur, nō ponendum est
respondenti. Simpliciter autem
si est probabilis positio, dilucī
dū est, quoniam conclusio sim
pliciter improbabilis: ponendū
igitur, & quę videntur omnia,
& eorum quę non videtur, quę
cunq̕ minus sunt improbabilia
cōclusione: nā sufficiēter sic vi
debitur disceptatum esse. Simili
ter autem erit, & si neq̕ impro
babilis, neq̕ probabilis est posi
tio. Nā, sic & quę vident omnia
dādū, & eorū quę nō videntur,
quęcūque minus sunt improba
bilia cōclusione: sic enim proba
biliores accidit orationes fieri.
Si igitur simpliciter quidē pro
babile, vel improbabile q̕d po
nitur, ad ea quę videntur simpli
citer, cōparatio facienda. Si autē
non simpliciter probabile, vel
improbabile sit, quod ponitur,
sed respōdenti, ad seipsum quod
videtur, & quod nō videtur iu
dicando,

46.locus
declaratio.

47.locus
declaratio.

48.locus
declaratio.

49.locus
declaratio.

50.locus
declaratio.

dicando, ponendum, vel nõ po-
nédum. Si vero alterius opinionem tuetur respondens, manife
stum, quoniam ad illius intelligentiam aspiciendo, ponere singula debet, & negare, quàre &
qui curãt extraneas opiniones,
(vt bonũ & malũ esse idé, qué
admodum Heraclitus inquit,)
nõ dant nõ adesse simul contraria eidem, nõ vnia nõ videntur
eis hæc, sed quia secundũ Heraclitum sic dicendũ. Faciunt hoc
autẽ & qui suscipiunt ab inuice
positiones, coniectant enim ac si
is dicat, qui ponit, manifestũ igi
tur, quæ coniectandũ rũdenti, si
ue simplr probabile, siue alicui
positũ est. Qm autem est necesse
omne qd̃ interrogatur, aut probabile, aut improbabile esse, aut
neutrũ, & ad orationem, aut nõ
ad orationẽ attinere qd̃ interrogat, si sit quidé qd̃ videt̃, & non
ad orationem, dũdum est dicendo, quod videtur. Nõ enim inte
rimitur, posito eo, quod in principio si vero nõ videtur, & non
ad orationem, dãdum quidem,
& consignificandũ cp non videtur, ad deuitationem absurdita-
tis. Si vero sit ad orationem, &
videatur. dicendũ, quoniam videtur quidem. sed valde propin
qui ei quod in principio est, &
interimit eo positio qd̃ propositũ est. Si autẽ ad orationem quidé, valde autẽ probabile postulatum, dicendũ qd̃ accidit hoc
posito, at valde absurdũ esse qd̃
proponitur. Si vero neque pro-

babile, neque improbabile, si ni
hil quidé ad rationem, dandum
nihil determinando. Si autẽ ad
orationem, consignificandum
quod interimitur (posito eo) cp
in principio est. Nam, sic & qui
respõdet nihil videbit propter
hoc patisl quidé præuidẽs singula posuerit, & qui interrogat,
assequetur syllogismum positis
ab eo omnibus probabilioribꝰ
cõclusione. Quicunꝗ vero non
ex probabilioribus conclusione
conãtur syllogizare, perspicuũ,
quoniam nõ bene syllogizant,
quare cũm sic interrogant, non
ponendum. Similiter autem &
in ꝗs, quæ obscure, & multipliciter dicuntur, occurrẽdum est.
Nã, quia datũ est respõdenti nõ
discenti, dicere nũ disco, & multipliciter dictum non est necessi
tate confiteri, vel negare, manife
stum, quonia primũ quidé nisi
planum sit quod dicitur, non
cuncsãdum vt dicat haud intel
ligo: nã sæpe ex eo quod nõ clare
interrogãtibus dãt, occurrit aliquid difficile. Si autẽ notum
quidem sit, multipliciter autem
dictum, si in omnibus quidé ve
rũ vel falsum sit quod dicitur,
dãdũ simpliciter quod dicit̃, vel
negandũ: si vero in aliquo quidé sit verum, in aliquo autẽ falsum, significandum est qd̃ multipliciter dicit̃, & quia hoc quidem falsum, illud autem verũ.
Nam, cũm posterius distinguitur, immanifestũ si & in principio ãbiguũ animaduerterit. Si

autem

57.Locus
Declatio.

58.

59.Locus
Declatio.

60.Locus
Declatio.

61.Locus
Declatio.

70.Locus
Declatio.

71.Locus
Declatio.

72.Locus
Declatio.

51.Locus
Declatio.

52.Locus
Declatio.

53.Locus
Declatio.

54.Locus
Declatio.

55.Locus
Declatio.

56.Locus
Declatio.

G autem non præuiderit dubium, sed in alterii aspiciens posuerit, dicendū ad eum, qui in alterum ducit, quoniam non ad id aspiciens dedi, sed ad alterum eorū. Nam pluribus existentibus, quæ sub eodem nomine, vel eadē oratione sunt, facilius est ambiguitas. Si vero & dilucidum sit, & simplex quod interrogatur, aut sic, aut non, respōdendum. Quo niam autē omnis propositio syllogistica, aut earum aliqua est, ex quibus syllogismus, aut propter aliquam illarum, manifestum, cp quandoc alterius gratia sumetur, ex eo cp plura similia interrogant. Nā, aut per inductionē, aut per similitudinem, plerunc vniuersale sumunt: sin gularia igitur ōsa ponendum, si sint vera & probabilia. Ad vni uersale autē tentandū instātiam ferre. Nā sine instantia vel quæ sit, vel quæ videatur, prohibere orationem, proteruire est: si igitur multis apparentibus, nō derit vĭk qui non habet instantiam, manifestum est, quoniam proteruit. Amplius, si neqȝ contra argumētari habeat quòd nō verum, multo magis videbitur proteruire, quanuis nec hoc sufficiat: nam cōplures orationes opinionibus contrarias habemus, quas difficile est soluere, ve lut Zenonis, cp non cōtingit mo ueri, neque stadium pertrāsire: sed non propter id, quæ sunt opposita his, nō ponendum, si igitȝ qui neque contra argumentari

habet . neque instare nō ponit: dilucidum, quoniam proteruit: est enim in disputationibus pro teruia, responsio præter dictos modos, syllogismi destructiua. Sustinere autem & positionem, & definitionem, ipsum sibiipsi oportet præargumentando. Nā ex quibus interimūt interrogā tes quod proponitur, manise stū, quoniam ñs aduersandum. Inopinabilem vero suppositio nem cauendū sustinere. Erit aūt inopinabilis multipliciter: nā, & ea ex qua absona contingit di cere: vt si omnia dicat aliquis moueri, aut nihil, & quæcūcȝ pe ioris moris esse eligenda, & quæ contraria cōsilĭa, vt cp voluptas bonum, & iniuriam facere meli us quàm iniuriam pati: nam nō vt orationis gratia sustinentem, sed, vt ea quæ videantur dicen tem oderunt. Quæcunque vero orationum falsum syllogizant, soluēdū interimēdo id propter quod sit falsum. Nam non is qui quoduis interimit soluit, ne qui dem si falsum est quod interimi tur: habere enim potest plura sal sa oratio, vt si quis sumat seden tem scribere, Socratem vero se dere: accidit enim ex hiis, Socra tem scribere, interempto igitur Socratem sedere, nihil magis so luta est oratio, quanuis falsum sit postulatum, sed non propter id oratio falsa: nam si quis sit se dens, non scribēs autem, nō am plius in tali, apte accommodabi tur eadem solutio, quare non id interimendum

61.locus declatio.

63.Locus Declatio.

64.Locus destatio.

K

61.locus declano.

66.Locus Declatio.

L

67.Locus Declatio.

M

A interimēdū, sed sedēre scribere: non enim omnis qui sedet, scribit. Soluit igitur omnino, qui in terimit id, propter ꝙ sit falsum: nouit autē solutionē, qui scit ꝙ propter id falsa oratio: quemadmodū in ijs quæ falso describuntur. non enim sufficit instare, ne quidē si falsum sit quod interimitur, sed & idpropter quod falsum assignandum: sic enim erit manifestum vtrū præuidēs aliquid, an non, facit instantiam.

Sermo de præceptis respondenti.

Cap. 3

Vomodo autem fiat respōsio expedit, ꝙ eloquamur posteꝗ seuerimus, ꝙ vltra conditiones interrogationū, & respōsionum sint illæ,quæ sunt quærētū, & respōdentiū, bene interrogantiū, & bene respōdentium, & sunt illi, quorū propositū est exerceri in hac arte, & ponere quæsitū de quo eloquantur Fm modum scientiæ demōstratiuæ, non illis, quorum intēsio est agonistice vincere. Bene interrogantis.n. est cogere respondentē, vt ei admittat,ꝗ illi cōcludit, aut neget diuulgata,quæ admiserat. Et bene respōdētis est, quādo cauerit positionem, quā obseruare est impossibile, præponat interloqui interrogando diuulgata,que illam destruerēt, & que illa destructurus est, priusꝗ ea admittaterrōt.n. positionis nequit esse sine errore ponēdi aliquā rē,præter ꝙ caueat,quod decear. illius vero, cuius intentio est vociferare, & agonistice vincere, interrogatis intētio est destruere positum. Si autē visum fuerit de eius negocio, ꝙ iam illud destruxerit, quomodocunque

cōigerit, & respōdens proposuerit D huius cōtrariū, ob hoc itaꝗ sit his, ꝙ interlocutores aliquādo respōdēs negabit diuulgata, & difficile sit ei admittere,qd expedirer ei admittere, & interrogās etiam aliquando in interrogationes,que nō essent Fm modū beneficādi interrogationē, sicut respōdens aliquādo responderet aliquā responsionem, quæ nō esset Fm modū beneficandi respōsionē. Illorū vero, quorū intentio est scientia & disciplina, docens quidē proponit producere sciam in ipsum discipulū,& hæc eadē est intētio addiscentis. Hoc autem sit per res veraces, E propterea nō ponerent, quod nō sit verax,ex quo neuter illorum (vt ait Arist.)intendit disciplinā falsi. Hoc autē cōstituto dicamus, ꝙ positiones,quas respōdens procurat sustinere,nō euadūt tres species, aut ꝙ positū sit diuulgatū,aut sit non diuulgatum,aut neque sit diuulgatū, neque nō diuulgatū,& est illud,de quo nō est vulgo aliqua opinio de illo, vt an latro moueatur,aut non moueatur. Diuulgatum autem,a ut est diuulgatū simpliciter, vt ꝙ Deus sit, aut diuulgatū apud aliquā sectam, prout apud Peripateticos est,ꝙ cœlū nō sit leue, neꝗ graue. Et sit nefandū partitur hū duabus partibus: quoddam itaꝗ est nefandum apud omnes, vt ꝙ Deus nō sit, aut sit impotens, & quoddā est nefandū relatione cuiusdā gentis,prout est Ideas esse apud Peripateticos. Quando autem positum fuerit non diuulgatū, necessario expedit esse id , quod interrogās procurat cōcludere diuulgatū. Et quādo fuerit positū diuulgatum , illius intentio est ipsum concludere non diuulgatū, ia-

G terrogãris. n. intentio est cõcludere
pofiti oppofitũ. Et fimiliter quãdo
pofitũ nõ fuerit diuulgatũ, neq; nõ
diuulgatũ, expedit conclufionẽ effe
frn hanc pofitionẽ. Ex quo autẽ qui
interrogatione beneficat, conftruit
fyllogifmũ ex præmiffis notiorib',
& magis diuulgatis q̃; fit ipfa cõclu
fio, notũ est, φ, quãdo pofitũ fuerit
fimpliciter nefandũ, expedit refpon
dẽti, φ non admittat, φ est fimpliciter diuulgatũ, quia illud cõcluderet
cõtrariũ illius, qd pofuerat. Et fimiliter nõ expedit ei admittere, qd est
improbabile, quãdo enim admittie-
H rerex aliqua præmiffa, quod nõ est
fimpliciter improbabile, fit ibi aliquod probabile & diuulgatũ, & illa
cõcluderent, quæ effent aliqualiter
probabilia, quæ autẽ aliqualiter pro
babilia funt, opponuntur fimpliciter improbabili, vt fi parẽtũ interfe-
ctio fit fimpliciter improbabilis, ab-
ftinẽtia ab ipforũ interfectione nõ
est maxime laudãda probabilis. Sed
expedit refpõdẽti infpicere tales præ
miffas, & fuerint minus improbabi
les cõclufione, nõ debet eas admitte
re, quia effent laudabiliores, & pro-
babiliores cõclufione: & fi ex con-
I ditio laudãdi fyllogifmi, φ interrogãti non eueniat de eo increpatio à
refpõdẽte, fi autẽ fuerint magis improbabiles cõclufione, est ibi minus
laus, & nõ est eius aliquid, quo id ad
mittat, quoniã fi ex illis interrogãs
cõcluderet cõclufione, effet ibi laus
quædã, quæ opponeretur eius pofi-
tioni, & nõ φ ipfum increpet ob effe
cõclufionẽ magis diuulgatã præmif
fis. Illæ vero, pro quarũ admiffione
nõ est eius aliquid, funt præmiffæ
fimpliciter improbabiles, quoniam
quando profferet fyllogifmum, nõ

concluderet nifi improbabile, & fi k
concluderet aliud ab hoc, effet eius
increpatio interrogante: hoc enim
nõ est impoffibile, fed hoc est per ac
cidẽs, prout ex premiffis falfis cõclu
ditur cõclufio vera. Si autẽ pofitio
fuerit fimpliciter diuulgata, manife
stũ est, φ id qd interrogans intendit
cõcludere, est destructio diuulgati
improbabilis: fiẽq; expedit, φ admit
tat præmiffas diuulgatas, quia diuul
gatũ nõ concludit improbabile per
fe, fed cõcluderet ipfum per accidẽs,
& effet refpõdẽtis ipfum increpare,
& nõ admittere improbabile, φ nõ
est maxime, nifi quãdo illæ fuerint L
minus improbabiles, q̃; conclufio,
quia fi cõcluderet ex eis improbabi
le quoddam oppofitũ alteri pofito,
φ fit fimpliciter diuulgatũ, cui iam
opponitur, φ nõ fuerat fimpliciter
improbabile, illius est ipfum increpare, ex quo id, φ cõcludit improba
bile oporteat effe notius in impro-
babilitate. Si vero pofitio fuerit diuulgata apud aliquam fectã præter
alias fectas, aut apud aliquẽ vnum
eundẽ hominẽ, expedit refpõdẽti, φ
nõ recipiat, φ nõ est laudabile apud
hanc illã fectã, aut apud illũ hominẽ, fiue fuerit laudãdũ apud omnes, M
aut nõ, quoniã expedit, quõd fit ipfius pofitio, aut ipfius ablatio cuilibet, qui illud ponat frn hanc opinio
nem. exẽpli gratia, quia Heraclitus
opinabatur φ bonum & malum effent vnum & idem, & homines q af
feuerabant eius opinione effe laudã
dã, apud eos est hæc pofitio, φ non
admittatur cõtraria nõ concurrere
in vno fubiecto, hoc enim licet fit
diuulgatum apud omnes, est tamen
improbabile apud illum, qui est hu
ius opinionis. Si autem pofitio non
fuerit

A fuerit laudabilis, neque non laudabilis, manifestū est, ꝙ cōclusio, quā
interrogās procurat cōcludere, est
huiusmodi,& expedit ei admittere,
quod est laudabile, aut improbabile,& nō admittunt id, quod non sit
laudabile, neque id ꝙ est laudabile,
quia si id ei cōcluserit, quod nec sit
laudādum neqꝫ improbabile, ex eo
quod est laudandum, aut improbabile, respondemus esset ipsum ioere
parestsicque iam videtur, quas res ex
pediat respondentē inuādere in omnibus speciebꝰ positionū,& quæ sint
res, quas fugere ei expediat. Ex quo

B omne quod ab eo interrogat, aut est
probabile, aut improbabile, aut nec
probabile, nec improbabile,& vna-
quæqꝫ harum trium specierū, aut sit
ex rebus, quibus indigemus ad cōclu
sionem, aut ex his, quibꝰ nō indigemus ad conclusionem, sicque expedit respōdenti, si velit bene respōde-
re de singulis his sex speciebus, & ꝙ
non sequatur ei redargutio in oratione, cuius putetur ipse fuisse causa,
aut quādo interrogatur de eo, ꝙ est
probabile, sed est inutile conclusioni, eius esset ꝙ daretur,& ostendat se
nosse illud. Si autē fuerit improbabi

C le, & inutile, & iterū eius est dare illud, sed cōsignificandum est illi, ꝙ
sit improbabile, per hoc enim euade
ret, ꝙ de eo putet, ꝙ admiserit, qd
latuerit ei esse verum & diuulgatū,
aut fuerit probabile, & de rebus vti-
libus conclusioni,& hoc expedit, ꝙ
nō negetur, negare enim diuulgata
nō est operis bene respōdētis, sed ipsum admittit postꝗ; eduxerit, quod
ex illius admissione sequatur destru
ctio posin,& per hoc euaderet, ꝙ nō
putetur de eo, ꝙ defectus prouene-
rit eius causa, nō occasione quæsiti,

prout facit medicus in praua ægritu D
dine, in qua præfert & prædicit, qd
nō sanet,& ꝙ defectus nō sit occasio
ne eius medicinæ. Si autē id, de quo
interrogat sit de rebus, quarū indigemus ad cōclusionē, sed est improbabile, expedit ꝙ nō admittat illud
ob syllogismi defectū, qui ex illo sequitur, ē dicēdo, ꝙ si illud admitteret, ex inde sequeretur conclusio. Si
vero fuerit nec probabile, neqꝫ improbabile, nec vtile cōclusioni, expe
dit ipsum non admittere, nec de eo
aliquā rem dicere. Si vero huiusmodi fuerit, & eo indigemus ad cōclusionē, expedit itaqꝫ cōsignificare, ꝙ B
indigemus eo ad cōclusionem, excepto quōd nō admittat, & neget ipsum, hoc itaque opere respōdens bē
ne respondisset,& euaderetqꝫ nō pu
tetur de eo, quōd defectus interlocu
tionis euenerit eius causa.

Interrogans autem bene interrogaret, quando syllogismum com De præce-
pti inter-
rogantis.
poneret ex præmissis, quæ fuerint
magis diuulgatæ, quàm sit diuulgata conclusio, quando vero non fuerint magis diuulgatæ, quàm sit diuulgata ipsa conclusio, non conuenit interrogare de illis, vt ex eis fiat
syllꝫ, neqꝫ rēdēt cōuentū illas admit ꝙ
tere. Qñ autē interrogās interrogaret
respondentē, non euaderet, quin dictiones, quibus interrogaret, sint
notæ significationis apud respondentem, aut sint extraneæ ignotæ
conclusionis. Et vtroque modo
non euaderet, quin sint de his, quæ
dicuntur vniuocæ, aut æquiuocæ.
Quando vero fuerint ignotæ conclusionis, respondentis est ipsum interrogare de illarū significatione,
& hoc non est ei vitium in hac arte.
Si enim admisisset ei, quod interro

R ij gasset,

G gasset, præter qd scríuerit illius signi
ficationem, & perinde cōclusisset ei
cōtradictoriũ ipsius pfitionis. & vo
luerit obstare, quòd nõ intellexisset
illas dictiones, quas ad miserat, suspi
caretur de eo, quòd hoc esset eius
crimẽ cauillationis, & nõ iustifica
ret de eo, cp ratiocinat' esset postea
de hoc, ex quo putatec' cp ideo esset
excusat', quia esset destructa eo'posi
tio. Si vero dictiones fuerint notæ
significationis, sed sint de his, quæ
multipliciter dicit', expedit inspice
re an omnes res, de quib' dicit præ
dicatum, sint veræ de subiecto. Si au
H rem subiectum dicatur fm vnũ sig
nificatũ, aut de omnibus significa
ris, quibus dicitur subiectum, si vera
que dicitur multipliciter, nõ euade
ret enuntiatio reliquã harũ triũ par
ticionam, & quando res in illis esset
vno horũ modorũ, iespõderet de il
lis sic, aut nõ. Si autẽ fuerit in illis
aliquod significatũ mendax, quãdo
alterũ esset verax, expedit distingue
re nomẽ æquiuocum secũdum om
nia eius significata, & explicare ve
rax ipsorũ à mẽdaci, prius quàm in
terrogans cõcludat cõclusionẽ, hoc
I est ei melius, quoniã si postponeret
partitionẽ cognitioni cõcludenti ip
sam conclusionẽ, putaretur de eo, cp
non intellexisset, quòd nomen sit
æquiuocũ, cp defectus huius, aut ig
norãtia, cp nomen sit æquiuocum,
euenisset ab eo, quoniam nõ vide
tur Aristoteli, cp respondentis sit no
tificare interrogãti, postquam con
cluserit conclusionẽ, quòd nõ posit
esse significatum, pro quo interro
gans intellexisset ipsam conclusio
nem, & non esset interrogantis su
spectum ipsum habere hic diuersi
mode à dispositione nominis igno

ræ significationis, nõ enim suspica K
retur de eo hic, sicut suspicaretur
ibi. Quãdo enim dictiones significa
cent vnum significatum, & admise
rit eas, deinde post hæc excusatos es
set, quòd eas nõ intellexisset, nõ ad
mitteretur eius dictum de hoc, &
haberetur suspectus. De dictioni
bus vero notis significatione, quæ
vniuocæ dicuntur, expedit respon
sionem fieri per sic, aut per non. Ex
quo præmissæ, ex quibus cõponun
tur orationes Topicæ, aut sint di
uulgatæ, quas non oportet commõ
strari per alias, aut præmisse, quæ
inquisitione sunt commũstratæ. Ex
hoc præfatum præceptum sit in præ
missis, quarum esse diuulgarũ non
indiget inquisitione. Expedit itaq;
cp dicatur etiã de beneficatione re
sponsionis huius speciei præmissa
rũ, & hoc quidẽ sit, quod admittat ei
has premissas, quas inquisitione ca
peret, & nõ fugiat eas, renuere enim
eas est temeritesensatũ, & procurat
destruere vniuersale, quod interro
gans procuratcõmonstrare, & hoc
vt nõ neget ipsum, & abstineat ip
sum admittere solam sine oratione,
qua illud destruat, sed cp ostẽdat ip
sum per orationem, qua illud destrue
ret, quãdo enim se abstineret ipsum M
admittere, præter cp proferat oratio
nẽ, quæ illi cõtradicat, hoc esset ma
xima fraus & actus exiens ab hac ar
te. Si autẽ impossibile est sit destrue
re premistam, q̃; inciperet interro
gãs inquisitione cõmõstrare, saltem
proferret orationẽ, qua destruat cõ
clusionẽ. Quando vero respondens
nõ proferret alterum horũ duorũ, f.
destructione premissæ vniuersalis,
aut destructione cõclusionis, quam
interrogãs procuratet cõcludere ei,
neque

A neque admitteret qd eu interrogaret de præmissis, esset maxime mitiú
du, & maxime profuerit. Et expedit quádo proferret orationem de-
struentem præmissam vsem cóstitu-
zam inquisitione, q̃ non proferat
orationé, quæ illam vniuersaliter destruit, quæ est destructio per cótra-
rij, sed proferat orationé, quæ illam
destruat particulari destructione,
quæ est destructio per contradictorium, q̃m destructio præmissarū tu-
lium vniuersaliter est remota, ex
quo ipsam sequeretur renuere sensatum. vt ver.g. quando vellemus in
B quisitione cómostrare, q̃ omne animal sit mobile, inquiréret animalia,
de quorū dispositione videatur, q̃
sint mobilia, respódére oporteret sic
habere, vt ad argumentum Zenonis:
vnde sequitur q̃ nulla res moueat,
& est illud, quod dixit, omne mobi-
le prius trásit mediū spatium, q̃; totū, & medii mediū prius q̃ mediū,
& prius medij mediū q̃; mediū me-
dij medij, & sic in infinitū, & trāsit
totū spatium tempore finito, si eo q̃
tépore finito trāsiret spatium infinitū, hoc autē est falsum: sic igitur nulla res mouetur: tales enim syllogis-
C mi redargunnt sensata, & ideo cum
hoc difficile est destruere tales syllogismos, & nisi hoc fiat, impossibile
esset illis cótradicere sensata, sed ar-
tifici huius artis expedit cauere illos, & illi primo sunt sophistici: hoc
itaq̃, est præceptū, q̃ expedit respon-
déri cóstruere in talibus præmissis.
Et expedit procurare, q̃ susteret positiones, quibus diu exercitatus fuerit, & nouerit oēs præmissas destru-
er & cóstruere ipsas, q̃m, quando
huiusmodi fuerit, sciet quam illarū præmissarū admissā, & quā earū non-

D admittat, & si opus sit ei ipsas destruere, sciet quo illas destruat. Et ex
pedit q̃ caueat suscipere sibi sustēta-
re aliquod positū nō diuulgatum, &
hoc in rebus speculatiuis, prout est
oratio dictis, ea est vnū, & quod
nō moueat. In rebus vero factibili-
bus, prout sunt positiones, quas eligit cœlestis cósuetudo, vt q̃ opinet
q̃ iniustius sit præeligēda, & q̃ voluptas sit bona, q̃m sustétatio harū
positionū redditur noxia duab' rebus simul, rebus quidē speculatiuis,
quia facit acquirere illū, qui illis vtitur, habitū deceptoriū, qui eū remo-
E ueat ab electione veritatis, & amore
iustitiæ, & rebus factilibus faceret ipsarū vilipēsioné, & modicam incli-
nationé ad illas, cū eo, q̃ qui bis posi-
tionibus vtitur, nō estimatur, q̃ ea
sustentet sui modum exercitij, sed,
quia illas opinet, & eis credat. Et expedit, q̃ scias q̃ huius artis interrogatio fit duobus modis, aut interrogatio de singulis præmissis, & quando datæ fuerint à respódére, à qualibet illarū cócluderetur conclusio
proposita, aut est interrogatio de
præmissis simul & de cóclusione. Et
opera respóderis, quibus obuiet interrogari, quædā sunt opera postq̃;
cóclusioné cócluserit, & quædā sunt
res, quibus respódens obuiat illi, pri-
usquā cócludatur cóclusio. Et hæc
quidem sunt præcepta præmissarū,
quoniam præmissæ, ex quibus syllogismi cóponuntur in hac arte, aut
sunt præmissæ admissæ ob earū di-
uulgationé, aut præmissæ, quæ inquisitione sint cómostratæ. Et præmissæ diuulgatæ sunt duarū specierū, præmissæ quas respódens nō pot
penitus negare in cótrouersia, neq;
sine cótrouersia, & hoc propter illarū

R iij   diuulga-

G diuulgatione, & præmissa, quas põt
negare, quando proferret syllogismũ ad alias destruendũ, ex quo sunt
mediocris diuulgationis. Iam autē
prælubitus est sermo quid faciendũ
sit in duabus speciebus orationis in
talibus præmissis, priusquam cõclu-
sionē cõcludat, hoc est, in mediocri-
bus diuulgatione, deinde post hæc
redibimus ad id,q̃ expediat facere,
postquam cõcluserit ipsam cõclusionem, & per hoc explebitur quid
expediat facere respõdentem in dua
bus interrogationibus simul, & dica
mus quod prohibere interrogatiõ

H a cõclusione, & destructio talium præ
missarũ prouenit quatuor modis.
Quorũ vnus est, ũ respõdēs attēdat
ad præmissam, ex qualicunq̃ cõdi-
tiõe, & aggrediat̃ & illam destruat, &
hoc quidē fit, aut quãdo ambæ præ
missæ syllogismi fuerint falsæ, & q̃
de illis attendat in destructione ad
præmissam, in qua est res dict̃ di de
omni: in prima quidem figura illa
est maior, in aliis,ꝗ est illa,quæ in
potētia est maior, ex quo subordina
tur primæ figuræ. Si enim fuerit de
structio syllogismi, qui cõponit̃ est
ex duabus præmissis falsis in destru

I ctione minoris nõ est causa illatio
nis falsi, quæ est cõclusio ipsa minor:
qui autē fert instantiã ferre,non est,
vt aut Aristqui destruit rem, ex qua
sequitur ipsum falsum,vtcunq̃ con
tingeret, sed est qui destruit rē, ob qua
est falsum, & est illius causa. Nota
autē est, ũ hæc destructio est possibilis in duobus locis, quorum vnus
est, quãdo ipsum interrogasset inter
rogas de præmissis & conclusionib
simul, aut ũ præmissæ, quas ille in
terrogat, fuerint de illis, quibus eue
ctis in hac arte cõtradicere, & sunt, q̃

nõ sunt maxime diuulgat̃bis. Sec̃
dusaũt modus est, ũ destruat simi
sas, de quibus interrogat nõ tm ipsam rem in se,sed tm interrogatem,
& nequeat remouere totum destructionis gratia exempli, ũ qui interro
garet, an fortitudo sit vtilis, & diceret respõdēs nõ, quia fortitudo est
causa perditionis ipsius fortis, quan
do autē interrogat̃ nõ distingueret,
ũ est per se ab eo ũ est per accidēs,
nequiret soluere hanc instãtiã: forti
tudo n. est causa perditionis ipsius
fortis per accidēs,non per se. Tertius
autē modus est, ũ iã interrogasset
interrogans de præmissa vtili ad cõ
clusionē,sed ũ ille eã accepisset mu-
tatã varietate, qua ꝗ eo modo sum
præfuerit,nõ sequeret ab ea ipsa cõ
clusio proposita, & respõdens instã-
ret ei hoc modo, & interrogant nequiret illã mutare in formã, qua ex
ea sequeret ipsa cõclusio,ipsa autē,
ꝗ de eo interrogauerat, erat in potētia tm illã forar̃, prout quæreret
interrogãs,ip̃ id,ꝗ non est substantia,nõ destruens substãtiã ipsius de
structione, & partes substãtix suarũ
partiũ destructione, prout hinc con
cludere, ũ partes substãtix sint sub
stãtix. Et respõdenti esse hic locus
dubij,ꝗ nõ sequitur hæc cõclusio,
ex eo ꝗ diximus, ũ nõ substãtia nõ
destruat substantiam ipsius destructione. Si autē intellexit ille hoc per fe
cte, sciret ꝗ hæc cõclusio sequatur,
& hoc,ꝗ permutaret ut dicat, ꝗ nõ
est substãtia nõ destruit substãtiam
ipsius destructione in præmissam,
quæ sit hoc in potētia, & est qd dicit
tm cõuersione cõtradicto rio,qd de
struit substãtiã ipsius destructione,
est substãtia, & præuide cõcludit pro
positõ, scilicet ũ partes substãtiæ sint
substantiæ.

A substantiæ. Quartus ad modum substantiæ, quæ cogit interroganté, & est minimus & infimus horum modorum, est in substantia, quæ cogit interrogantē cū respōdēre ad prolongationē orationis, & reducere ipsum per id, quo ei instat, adeo ꝙ protrahatur tēporis mora, & euenat lassitudo, & cesset disputatio, & recedāt absꝗ aliqua re, hoc autē nō esset opus bene respōdēti: hoc autē sit, quādo in syllogismi præmissas fuerint multa dubia, pro quibus dubiis opus esset multarū præmissarū, cū respōdēre quidē in verificādo illas res quibus obstaret, cū interrogāte vero in illar̄ side structione. Et similiter, qñ interrogās velet cōmōstrare, ꝙ præligēda sit extius bonæ fortunæ & bono casui, & diceret, nūquid bona fortuna sit interminata opulētia & instabilis, sed sit per accidens & siue arbitrio, & multa quæ indebite eueniūt, & diceret respōdens, res nō est ita, immo bona fortuna est creatoris decretū, atꝗ iudicium, & nulla res est, quæ ordin̄ie & magis cōuenienter eueniat ꝗ ipsa, quæ est Dei iudicij meritū atꝗ decretū, & tales, præmissæ sunt, ad quar̄ū verificationē opus esset multi temporis, & longioris, ꝗ opus esset ad verificationem ipsius, quæ isti lucre itaꝗ, sunt præcepta, quæ præcepit respōdenti vti cū interrogātē, priusꝗ conclusionē concludat. Expedit autē ꝙ dicatur quid secum faciat, postꝗ cōcluserit ipsam conclusionē de redargutione, & in crepatione, & traditione debilitas, & vitij syllogismo, quē cōstruxerat ex præmissis, quæ ei admiserat, sit aūt quā do orationis vitiū & corruptio euenerit ob interrogantem, nō propter respōdētē. Commune nanꝗ opus ad

iauensī maxime perfectionis, nisi sociorū occasione, sit autē illis res cōmunis, quādo ipsorū propositū fuerit eligere veritū, & ipsum adipisci, & solum attingere exercitiū: & expedite respōdenti ꝙ bonificet respōdendi, quādo eius propositū fuerit hæc intentio. Sociorū enim debitū est coadunuare se mutuo communi opere. Quando vero illorū propositū fuerit gymnasticē & agonisticē victoriæ, tunc est ibi aliqua res cōmunis, & vterꝗ ostendat alterum omni eo, quod ei possibile sit illū vincere de speciebus orationū sophisticarū, & ceteris, aut propter litem, quæ ipsum cogat ad hoc, aut ob victoriā, quæ ipsum ad hoc oīs ducat. non est aut his mos disputationis. & aliquādo euenit syllogismo defectus ob cōclusionem, quā cōmonstrare intendit, vt ꝙ nō inueniat interrogās diuulgatiō, ex quibus procuret cōmōstrare hoc quæsitum, nisi diuulgatas falsas. exēpli gratia, qñ proponimus cōmōstrare, ꝙ voluptas nō ponit bona, & dicimus, voluptas nō ponit cōmunicates in ea bono omnine aut bonum ponat acquirente ipsum bonū: hinc cōcludiꝗ voluptas nō sit bona: dū aūt dicimus, omne bonū ponit acquirentē ipsum bonū, est fallam, sed est diuulgatum, conclusio vero est falsa, ꝗñ polino, quā respōndēs procurat sustentare, sueris vera, & cogit admittere præmissas falsas, falsum enim nō cōcludiꝗ bā ex falso. Quā do autē hoc ita fuerit, syllogismi corruptio euenit tribus modis, quorū vnus est ex parte interrogātis, & alter ex parte respōdentis, & tertius ex parte quæsiti: & ideo interrogans eloquitur probabilius, ꝙ ei admittitur, oratio aūt in hoc sit vitij. Et

R iiij syllogismo

G syllogismo euenit corruptio aut ob eius formam, aut ob eius materia. Corruptio quidé euenies ob ipsam formá, partim tribus partibus: quaru vna est, q̃ eius forma nõ sit peni tim, sed siat ex duabus negatiuis, & secũda q̃ sit siue qꝛstiõ, prout mi nor sit vniuersalis negatiua in pri ma figura, & tertia q̃ cõcludat per accidés: prout concluderet cõclusiõ nõ verá ex præmissis falsis: aut simul gatas ex improbabili. Corruptio ve ro euenit ꝓpter materiá, quatenus cõponitur ex præmissis, quib' desi nua cõditiõ, aut plures de cõditio

H bus datis præmissis syllogismi, in illa arte. Quãdo autê hoc ita fuerit, cor ruptio hinc ei euenit ex parte verita ris, aut quãdo eius præmissæ fuerint nefandæ, & forte eã hoc erunt falsę, & essent corruptæ dupliciter, aut q̃ cõclusio sit magis diuulgata q̃ ipsi, aut q̃ præmissę magis indigeãt cõ mõstratione q̃ indigeat conclusio, aut q̃ quæstiõ sit de illis, quasi cõ mõstratio possibile sit sieri ex pau cis præmissis, & hic siat ex multis præmissis. Exempli gratia, q̃ cõmon

I stremus, q̃ aliqua opinio sit præstã tior aliqua opinione, & illius cõmõ stratio contingat sieri ex præmissis paucis, & præmissis multis. Ex præ missis quidé paucis, vt q̃ dicã, quæ dã opinio est vera, & est opinio de possibili frequẽti, & quedam est fal sã, & est opinio de possibili raro, ve rũ aũt est præstãtius falsõ: sic ergo aliqua opinio est præstãtior aliqua alia opinione. Illius aũt cõmõstra tio ꝓ plures præmissas est, vt q̃ dira tur q̃ quedã entia dicuntur præstãtiora quibusdã in essendo, ex quo ipsorũ quedam sunt sempiterna esse & ne cessaria esse, & quedã quæ nõ sunt

K sempiterna: & præstãtia quedã sunt sempiterna esse, & quædam nõ sunt sempiterna esse, & quæ sunt sempi terna esse sunt præstãtiora illis, quæ nõ sunt penitus, opinio autê de eo, q̃ est sempiternũ esse, sit vera, & de eo, q̃ nõ est sempiternũ esse, sit fal sa, sicq̃ sit opinio vera & opinio fal sa. Vera autê est firmiorix veritatis & permãetioris: & q̃ est vehemen tioris & permãetioris veritatis, est præstãtior, sic ergo iam sit quedam opinio præstãtior aliqua opinione. Et iterũ aliquãdo euenit corruptio ipsi syllogismo, quatenus sumũtur cum pmisse, tãq̃ sit causa cõclusio L nis, & nõ sunt causa: & hoc euenit in syllogismo impossibili, & recti, qui distinct' ut in libro Elenchor. Et si militer accidit illis corruptio, q̃ di cis petino. Et aliquãdo accidit cor ruptio ex parte varietatis interroga tionis à præmissis, quas admittit, vt q̃ superaddat illis, aut imminuat ab illis, aut eis erat in alia casti ab eo casu, quo eas admiserat. In itaque sunt modi corruptionis, qui eue niunt syllogismo tã modũ vniuer salitatis ipsorũ & sermquantum. Et M Aristoteli videt q̃ increpatio eur niat interrogari quinq̃ modũ. Quo rũ vn' est q̃ oratio nõ cõcludat ꝑe nit', aut ei' ꝓmissę sint remotæ, vel falsę & remotæ simul. exempli gratia, oratio Melissi, si eus gignat, eius est principiũ, sed non gignit, sic nec est ei' aliq̃ principiũ, ergo ens est vnũ, totũ enim hoc cũ sormę corruptio ne, eius præmissę sunt falsę. Secũdus est, q̃ oratio nõ cõcludat quæsitũ, sed cõcludat aliud, & ipsius præmis sę sint remotæ, aut falsæ & remotæ, sicut est oratio, quicquid est præ tet ens est nõ ens: & quicquid est non

A nō ens, nulla res est: ergo ens ē vnū,
hæc enim concludit, q quicquid est
præter ens, nulla res sit, non q ens sit
vnum. Tertia aūt est, q sylli constructio compleatur per præmissas,
quas ex seipso addiderit, aut immi-
nuerit, & cum hoc sint nefandæ, aut
falsæ & nefandæ. Quarta est, q pre
missæ sint minus diuulgatæ q̄ conclusio, & cum hoc sint nefandæ. Et
quinta est, q pmissæ, ex quibus con
struitur sylli, sint veræ, & parū probabiles, imo indigeant longiori tpe
pro ipsarum cōmonstratione, q̄ sit
tempus cōmonstrationis ipsius quę
B sit, hoc autē est qn huius sylli sint
præmissæ notoreco. Hi aūt q eqi
modi repulsus euenit interroganti, qn ipse fuerit illorū causa. Veræ
aūt orationes in hac arte, put dicit, est
triū specierum: quarū prima & præ
stantissima est, q sit cōposita ex pre
missis maxime diuulgatis, quas respondens iā admiserit, & eius figura
sit, quæ p se primo concludat propo
situm concludendum: secunda aūt
est, q sit cōposita ex pmissis medijs
sm diuulgationē & probabilitatē,
quas respondens admittat, & coclu-
dat quæsitū primū per se: & tertia
C est, q sit cōposita ex præmissis, qua
rum quasdā receperit ab ipso respō
dente, & aliquas ptulerit ex seipso,
sed illæ quas ex seipso ptulerit, sint ma
xime laudandæ. Falsas aūt orationes
in hac arte dico nefandas, & eas dici
mus esse quatuor specierum. Quaꝝ
prima est, q oratio cōcludat sm opi
nionem, non q ita vere sit, prout esset ex duabus affirmatiuis in secūda
figura: prout dicebat Plato, sapiens
est robustus, & fortis est robustus, sa
piens itaq est fortis. Secunda est q
concludat, sed non ipsum quæsitū.
Et discrimen harū duarum specie- D
rum, & illarū, quæ dinumeratæ sūt,
in increpatione est, quia in illis adie
ctaest conditio cū hoc q sint nefan
dæ & falsæ simul. Tertia est q cōclu
dat ipsum quæsitum p se primo, sed
ipsius præmissæ non sint sm conditionem, quā expostulat illa ars, prout
esset cōmonstratio de re agraria p
præmissas, quæ non sint agrariæ, sed
alterius artis, vt qui cōmonstraret q
vulnera circularia sint difficilis sana
tionis, quia circulus ē latissima omnium figurarum rectilinearū equa
lis ambitus ei. Quarta est q concludat quæsitum per se primo, sed eius E
præmissæ sint falsæ scilicet oēs, aut
quædam ipsarū. Et hęc quidem spēs
nō est de syllis qui sint corrupti sem
per, & omnino nde sm hanc artem,
quia aliqñ res cogeret hic vti pmissis falsis, qn contigisset, q ad hanc
rem quæsitā, non essent præmissę di
uulgatæ nisi falsæ. Et aliqñ in ipsa
demōne sit sylls, cuius vna præmis
sarum sit falsa, & hoc quidem sit in
syllo impossibilis, prout cōmonstra
tum est. Sicuti hoc ita fuerit, cōside
rationes, quibus considerantur sylli
in topica, & in scientijs sunt trium
specierū. Prima quidē consideratio F
est an concludat, aut nō concludat,
& hæc consideratio differt ab alia di
uisione, an concludat vel non cōclu
dat, illa enim est an cōcludat vel nō
concludat quæsitum p se aut p accidens, hæc aūt, an primo, aut secūdo.
Et notū est q in singulis his speciebus veras ē aliquo modo dicere, q
non concludat, sed non concludens
quæsitū hic est concludere perfecte
concludendo. In qua consideratione
sunt tres conditiones. s. q concludat
quæsitū, & q ipsum concludat p se,
& q

G & cp concludat ipsam pse, & iam di
ctum est de hoc in libro Priorum ana
liticorum. Hoc inq scrutinium inclu
dit tres spes ipsorum corruptionum.
Secunda consideratio est, cp conside
retur cóclusio, & inspiciamus eam,
si fuerit falsa, quia tunc scimus cp in
syllo præmissis necessario est men
dacium. Si aut fuerit vera, iam possi
bile est syllo præmissas esse falsas, aut
veras, verú enim aliqñ concluditur
ex falso, prout in libro Priorum anali
ticorum est commonstratum, & tunc
expedit nobis inspicere syllo præmis
sas, quæ si fuerint falsæ, destruet syl-

H logismº, si autem fuerint veræ, vten
dum est illo. Tertia cósideratio est,
an factæ sint sin artis conditiones,
tales cp sint in topica topicæ, & per
ipsum repellantur, quæ repellenda
sunt, & sisi de reliquis, quorú condi
tionis est, cp adjiciantur códitiones
præmissarú illius artis. Et notú est,
cp hæc consideratio includit oés spe
cies corruptionis, quas narrauimus.
Et interdú euenit hic quædam spe
vinj syllogismorú, quæ repræsentcor
ruptio, cú non sit corruptio, & forsi
tan respondens p illam repelleret in
terrogante: hæc autē, autest error,

I aut sophisma, & illa est corruptio,
quæ petitio principij vocat, hæc autē
duplr sit, aut vere, aut diuulga
te, & ambæ spes petitionis fugiútur
in hac arte. In arte vero demóstris
solum est species vera. Et iam docu
tum est de petitione vera ipsiusmet
quæsiti, & eiº oppositis in libro Prio
rum analiticorum, hic autem dicer
de petitione, quæ sit secundum opi
nionem laudandam.

De petitio
ne & an opi
nionē lau
dandam.

Petitio vlr sit sic ipsorum quæsito
sin quinq modos. Prima species, &
manifestior est, cp vice suoróci, aut

prædicati quæsiti poni é nomé addi
tum toti, aut vice nominis ponitur
oratio gerens vice nominis, nemi
nem enim possibile é errare in hac
specie, neq, decipi, cp poni ipsum
met quæsitum sine permutatione.
Secunda aut est, cp vice rei particu
laris ponitur vse ambiens ipsam, vt
cp velit cómonstrare, cp contrario
scientia sit vna, & ponat cp opposi
tum scientia sit vna. Tertia aut est,
cp vice rei, quæ cómonstrari inten
ditur, ponat illius partiú commóstrationé.
Et quarta, cp vice totiº po
nat ipsius partes, vt cp velit cp medi
cinæ scia sit scientia sanitatis & ægri

L tudinis, & de per se commonstret, cp
sit scia ægritudinis, & de per se cp sit
scia sanitatis. Quinta aut est, cp cum
monstret rem a p ipsam consequens,
vt cp velit cómonstrare, cp diametrú
sit incommensurabilis costæ, & cómonstret
cóuersam. cp costa sit in
cómensurabilis diametro. Et modi
petitionis de oppolito quæsiti sunt
in idem: ex quo opposita sunt tria,
affirmatiua, & negatiua, contraria,
& priuatio, & habitº, & hi sunt quoq
modi qui inueniuntur singulis ba
trib. Species inq, petitionis de quæ
sui opposito sunt quindecim. Díta

M autē inter petere de opposito ipsius
quæsiti, & petere de ipso met quæsito
est, quia, qñ petitur de ipsomet quæ
sito, apparet nobis error, qñ inspici
mus ipsam met conclusionē, qñ in
uenitur ipsam et in altera duarú præ
missarum ipsius syllo. Quando ve
ro petimus de opposito ipsius quæsiti,
error nobis apparet in altera duarú
præmissarum, ex quibus inferebar,
& est illa, quæ connexa est cótradi
ctorio ipsius quæsiti. Prima aut spe
cies est vere petitio de quæsito, qñ
oratio

oratio quæ cõmutata est vice nomi
nis, non fuerit definitio, reliquæ autem quatuor sunt petitio sm opinio
nem, & non vere, & tertia est in quisitio, reliquis dictionibus vt intelliga-
tur, immo non constituuntur scien
tiarum syllogismi sine illis. Hæc qui
dem sunt præcepta, quæ proprie cõ-
cernunt respondentem, & iam cõ-
cutum est de illis, quæ proprie concernunt interrogantem.

Lociproprij, pro interrogante, & re-
spondente. Cap. 4

Est autem oratione prohi-
bere concludi, quadrupla.
Nam aut interimendo id
propter quod sit falsum, aut ad
interrogantem instantiam dicendo:
sæpe enim non soluit quidê qui
tam interrogat, nõ potest longius
producere. Tertiõ aut ad interrogata accidit enim ex interrogatis quidem non fieri quod volumus, eo qp non bene interrogata sint, addito aut aliquo, fieri
conclusione. Si igitnõ amplius
potest producere interrogans, ad
interrogantê erit instãtia, si aut
potest, ad interrogata. Quartã
aut, pessima est instantiarum quæ
est ad tempus: nam quidã talibus
instans ad quæ disputare pluris
est opus, qp præsentis exercitatio
sit instantia igit, vt dictum est
prius, quatuor modis fiunt. Solutio aut est earum quæ dictæ
sunt, prima tm: reliquæ aut pro
hibitiones quædam & impedi-
menta cõclusionu. Inculpatio
vero orationis, & sm ipsam oratione, & qñ interrogat nõ eadé.

Plerunqp enim qp nõ bene disputatur oratio, is, qui interrogat,
est causa, eo qp non concedat ex
quibus probe erat disputare ad
positionê: nam non est in altero
solo bene absoluere cõc opus.

Necessarium igitur qñcp ad dicere, & non ad positionê urgu-
mentari, qit is qui respondet, &
contraria interroganti obseruet
corroborãs: prout utentes igit,
alter cazonias, & non dialecticas
faciunt exercitationê. Amplius
aut, quia exercitationis & expe
rimenti gratia, & non doctrinæ
huiusmodi sunt orationes, qñspi
cuum qñ non solum verû syllo
gizãdum, verû etiã falsum, nec
per vera semper, sed qñcp & per
falsa sæpe enim vero posito, inte
rimere necesse est disputantem,
quare proponêda falsa: qñcp au
tem & falso posito, interimendũ
per falsa, nihil enim prohibet ali
cui videri quæ non sunt, magis
qp vera: quapropter ex ijs, quæ
illi vident, oratione facta magis
erit suasus qp adiutus. Oportet
aut eum, qui bene transfert, dia
lectice, & non contentiose trans
ferre. Vt geometrã geometrice,
siue falsum, siue verum sit quod
concludendũ est: quales aut dia
lectici sylli, dictum est prius.

Quoniã aut malus particeps,
qui impedit cõe opus, patet qp
& in orationibus: nam cõe quip
piam quod proponit & in illis
est, præterea in concertantibus:
his autê non est eundem vtrisqp
finem assequi: nam plures vno
impose

7.b.Locus
Decl.ue.

CC.Locus
solutio.

7 Locus.

7 1.Locus.

CC.Locus
solutio.

G impossibile est vincere. Differt
autem nihil siue in respondendo,
siue id interrogado fiat: nam &
qui cotentiose interrogat, praue
disputat, & qui in respondendo
no dat quod videt neq; suscipit,
quicquam quod vult interrogans
interrogare. Manifestu igitur
ex hñ que dicta, qz non sit incul
pandum & sm ipsam oratio-
nem, & interrogante. Nã nihil
prohibet oratione quidem pra-
uam ee, interrogante vero vt
possibile est optime cotrare respo-

H dentem disceptare: nam contra
proteruos non post fortasse statim sumere quales quis vult, sed
quales fieri post faciendi syllí.
Quoniam aut est indetermina-
tum qñ contraria, & qñ ea, quæ
sunt in principio sumunt hoes
(nam plerunq; per seipsos dicen
tes contrarta dicunt)& abnuen-
ter prius, dant posterius, eo qz in
terrogant contraria, & que in
principio, plerunq; obediunt)ne-
cesse est prauas fieri disputationes: causa aut est qui respondet
hæc quide non dans, illa aut talia dans: manifestum igitur, qñ
non sit inculpandum & inter-

Incipit parti- rogantes, & orationes. Oratio-
ones ora- nis autem sm seipsas quinq; sunt
tius gigi inculpationes. Prima quidem
qñ ex interrogatis non concluditur neq; quod propositu est,
neq; oíno quicquid, plurí sint vel
falsa, vel inopinabilia, aut oía,
aut plurima, in quibus cosistere
debet conclusio: & neq; ablatis
quibusda, neq; additis, neq; his

quidē ablatis, illis vero additis, **K**
fit coclusio. Secudo aut, si ad po
sitionē non fiat syllb, & ex talibus,& ex modo quo dictum est
prius. Tertia vero si additis qui
busdam fiat syllb: hæc autē sint
deteriora tis, quæ interrogatur,
& min° probabilia coclusione,
etiā si ablatis quibusdã, nā qñq;
sumunt plura necessariis quare
non eo q̃ hæc sunt, sit syllb. Amplius, si ex inopinabilioribus, &
minus credibilibus coclusione,
aut si ex veris, sed maiore opera

indigētibus demostrari, si pro- **L**
blema : non oportet aut ex eisb9
problematis syllos existimare
sm probabiles ee, ex suasibiles
natura enim statim sunt aliqua
quidē faciliora, alia vero diffici
liora eoru, que interrogant que
re si ex aliquib° vt fieri pōt ma
xime probabilibus, coniecturã
fecerit, disputatu bene est. Manifestū igitur, qñ orationis non 74.Locus
rade inculpatio, & ad pblema, Declara.
& sm se. Nam nihil sm se quidē
oratione prohibet ee vituperа-
bilem, ad problema aut laudabi **M**
lem : & rursus ediuerso sm se
quidē laudabile, ad problema
aut vituperabilem: qñ ex pluri
bus est facile cū probabilibus,
tum veris concludere. Erit autē 71.Locus
qñp oratio et concludens si nō Declara.
concludens deterior, qñ illa qui
dem ex absurdis concludaí, cū
non sit tale problema: hæc autē
indigeat talibus quę sunt proba
bilia & vera, & nondum ex as- 75.Locus
sumptis sit oratio. Eos aut, qui Declara.
per

per falsa verum concludunt, non
iusti est inculpare. Nam falsum
quidē semper necesse est per falsa syllogizare: verum autem est
q̃ñ̃q̃ per falsa syllogizare, manifestum autem id ex analiticis.
Cum aut demonstratio sit alicuius dicta ðrõ: si aliquid est aliud
quod ad conclusionē nullo modo se habet, nõ erit ex illo syllo-
sium̃ū̃ appareat, sophisma erit,
non demrõ. Est autem philoso-
phema quidem, syllm̃ demõstratiuus: epichirema autem, syllus
dialecticus: sophisma vero, syllm̃
contentiosus: aporema autē syllogismus dialecticus contradictionis. Si vero ex vtrisq̃ quæ
videant, aliquid ostendat, non
aut similiter videant: nihil prohibet quod ostenditur magis al
vero videri. Sed si hoc quidem
videatur, illud aut neutra parte:
aut si hoc quidem videat, illud
autē non videatur: sit quidem
sillm̃ vno erit, & non si autē magis alterū, sequetur quod est ma
gis. Est aut quoddam & idem
ad syllogismos peccari, quãdo
ostendit: per longiora quod con
tingit per breuiora, & quæ orationi assent. Vt q̃ est opinio ma
gis altera q̃ altera: si quis petat
ipsum quodā maxime esse, esse
aut opinabile, ipsum quod vere
est: quare quorundā magis esse
ipsum: ad quod aut magis, magis dicitur esse, esse aut & ipsum
opinionem verā: nõ erit accura-
tius, q̃ par sit exigens quædam
petrum estatis & ipsum opinio

nem verā esse, & ipsum quodq̃
maximè esse, ac si ipsa opinio ve
ra certior sit: sed quæ nequitia
maior, q̃ quæ facit circa id cur?
est oratio, latere causam è oratio
aut est manifesta vno quidē mo
do, & publicis imo, si sit conclu
dens sic, vt nihil oporteat interrogare vnō aut & qui maxime-
dicitur: cū sumpta quidem sint,
ex quibus necessariū est conclusionē esse, quæ quidem sint per-
conclusiones conclusa, etiā si id
omittit quod valdè probabile est.

Falsa aut oratio vocatur quadrupliciter. Vno quidem modo,
q̃ apparet concludere: quæ nõ
concludit vocatur aut apparēs,
litigiosus syllus. Alio modo, q̃
concludit quidē, non tñ ad propositum: quod accidit maxime
in ijs quæ ad imposse ducunt.
Aut ad propositū quidem concludit, non tñ ñm propriam disciplinam: hoc aut est, si ea, quæ
non est medicinalis, videt esse
medicinalis, aut geometrica, q̃
non est geometrica, aut dialecti
ca, quæ nõ est dialectica, siue ve
rū, siue falsum sit quod accidit.
Alio aut modo, si per falsa non
concludit: huius autē erit q̃ñq̃
quidem conclusio falsa, q̃ñq̃ au
tem vera: nam falsum quidem
semper per falsa concludit, verū
autem possibile est & nõ per ve
ra: vt dictum est prius. Quod au
tem falsa sit oratio, dicentis pec
catum potius est, q̃ orationis: sut
ne quidem dicentis semper, sed
cū lateat ipsum quod lation ora

G tionem dixit aliquam : eo q̄ ab
ipso suscipimus cum pluribᵘ ve
ris quippiam amplius : si ex ḡs
quæ maxime videtur interimit
aliquid verorum (talis enim exi
stens, verorū demonstratio est)
oportet sanè positorum aliquid
non esse oīo, quare erit huius
demonstratio . Si autem verum
concludat per falsa, & valde ab-
surda, compluribᵘ deterior erit
quæ falsum syllogizant: erit aūt
talis, & quæ falsum concludit.
Quare manifestū q̄ prima qui-
H dem consideratio orationis s̄m
seipsam est, si concludit : sec̄sda
autem, vtrum verū an falsum:
tertia vero, ex qualibus quibus
dam. Nam si ex falsis quidē, opi
nabilibᵘ autē, rationabilis: si au
tem existentibus quidem, sed in
opinabilibus, praua : si vero &
falsa & valde inopinabilia sint
dilucidum quod praua, aut sim
pliciter, aut ad rem. Id aūt, quod
in principio & cōtraria quonā
pacto peteret interrogans, secun
dum veritatem quidem in ana-
I liticis dictum est, sec̄dum opi
nionem vero nunc dicendū est.
Petere autem videtur id quod
est in principio quinq̄ modis.
Manifestissimo quidē & p̄io,
si quis id ipsum quod monstrari
oporteat, petat : hoc autem in eo
ipso quidè non facile latere pōt,
in synonymis autem, & in qui-
buscunq̄ nomen & oratio idem
significat, magis. Secundo autē,
q̄n quod particulariter oporteat demōstrare vlt quis petat:

vt qui argumentatur q̄ contra- K
riorum una disciplina, omnium
oppositorum postulauerit vnā
esse: nam videtur id quod oportebat s̄m se ostendere, cum alia
petere pluribus. Tertio, si quis
quid vniuersaliter est ostendere
propositi, particulariter petat:
vt si de omnibus contrarijs propositum est, de aliquibus postu
let: videtur enim hic quod cum
pluribus oportebat ostendere se
cundum se, extra petere. Rursus,
si quis diuidēs petat problema: L
vt si oportet ostendere medicinam sani & ægri, extra vtrunq̄
postulet: aut si quis eorum, quæ
sequuntur seinuicem ex necessi
tate, alterum petat: vt latus inc̄
mēsurabile eē diametro, si opor
teat ostēdere q̄ diameter lateri.
Æqualiter autem & cōtraria pe
tunt ei, quod ex principio est.
Nam primo quidem si quis opposita petat s̄m affirmationem
& negationem: Secundo autem
contraria secundum oppositionem: vt bonum & malum idē
Tertio vero, si q̄s vniuersaliter M
postulans, particulariter petie-
rit contradictionem. Vt si quis
sumens contrariorum vnam di
sciplinam, sani & ægri alteram
esse petat: aut si hoc petē, in vnā
uersali oppositionem tentet sumere. Rursum, si quis petat con
trarium ei, quod ex necessitate
accidit per ea quæ posita sunt: et
si quis ea quidē non sumat quæ
opposita, at alia petat duo, ex q̄-
bus erit opposita contradictio,
Differt

* - Locus
Declaratio .

K. Loc
Declaa

A Differe autem contraria fumere rantillü ab eo quod ē in principio: qm huius quidem est pec
catum ad cōclusionem (nam ad
illam aspicientes, quod in principio est dicimus petere) cōtraria aūt sunt in propositionibus,
eo ꝙ ipsæ aliquo modo se habēt
adinuicem. Ad gymnasiam autem & exercitationē ralium ora
tionum primü quidem conuer
tere assuescere oportet oroneſ.
Sic enim & ad id, quod dicitur,
B copiosius nos habebimus, & in
paucis,plures sciem⁹ orationes
nam conuertere est transsumen
rem conclusionem cum reliquis
Iterrogationib⁹ interimere vnü
quippiam eorū quæ dicta sunt:
necesse est enim, si conclusio nō
est,vnam aliquā interimere pro
positionum , siquidem omnib⁹
positis necesse erat conclusionē
esse. Ad omnem autem positionem & quod sic, & quod nō sic
argumentum considerandum,
& cùm inueneris, solutionē sta-
C tim quærēdum. Sic enim simul
accidet & ad interrogādum , &
ad respondendum exercen:& si
ad nullum aliū habemus,apud
nosipsos sensim cōparanda sunt
quæ attinent ad ipsam positionem argumenta: nam id ad co-
gendum multam copiam præ-
bet,& ad redarguēdum magnü
habet adiumentü, quando quis
piam promptus est argumenta
ri, & ꝗ sic & ꝗ non sic: nam ad
contraria accidit facere obserua
tionem , & ad cognitionē, & ea

D (quæ secundum philosophiam
est)peritiam posse conspicere,et
conspexisse quæ ab vtraꝗ accidunt suppositione , nō paruum
instrumentum: reliquum enim
horü,recte eligere alterü : oportet autem ad id, quod tale est,eē
bono ingenio: & hoc est secundum veritatē bonum ingeniū,
posse bene eligere verum, & dif
fugere falsum : quod ꝗ nati sunt
bene,possunt probe facere:nam
qui amant,& qui odiunt, quod
profertur facile discernunt opti
mum. Et ad ea, quæ sæpissime
incidunt problemata,scire opor
tet orationes , & id maxime de
primis positionib⁹. Nam in his
fastidiunt sæpe qui respondent.

E Amplius, terminorum copio-
sos esse oportet, & probabiliū,
& primorū se habere prōpros:
nam per hæc fiunt syllogismi.

Tentandum autē & ea,in quæ
sæpissime incidunt disputationes,tenere.Nam quemadmodū
in Geometria ante opus est circa elementa exercitatum esse, &
ſ numeris circa capitales prompte se habere, & multum refert
ad hoc, & alium numerum co-
F gnoscere multiplicatum.simili-
ter quoꝗ & in orationib⁹ prom
ptum esse ad principia, & propositiones memoria scire opor-
tet:nam perinde ac in memoriæ
sensorio solum loci positi statim
faciunt ipsas res memorare : &
hæc faciunt ad ratiocinandum
promptiorē,eo ꝗ ad determina
tas illas inspiciat ſm numerum.

Propo-

§ 1.Locus
Declatio.

§ 4.Locus
Declatio.

§ 5.Locus
Declatio.

§ 6.Locus
Declatio.

G Propoſitionemꝗ eōem magis
ꝗ poſitione in memoria ponen
dum. Nam principiorū & ſup-
poſitionū copioſum eſſe medio-
criter, difficile. Amplius, orationem vnā plures facere aſſue-
ſcendū, uelut ꝗ, qui occultiſſime
abſcondunt. Tale aūt erit ſi quiſ
quàm plurimū abſcedat ab affi-
nitate eorum, de quibus eſt ora-
tio:erunt aūt potiores orationū
vniuerſales maxime, quæ id pa
ti potſint, ut qm̄ non eſt vna plu
riū diſciplina : ſic enim & in ꝶs,

H quæ ſunt ad aliquid, & in con-
trarꝶs, & coniugatiseſt. Oportet aūt & reminiſci vniuerſales
facere orationes, tametſi fuerit
diſputans particulariter. Sic enī
& plures licebit vnam facere:ſi-
militer autem et apud Rethores
in enthymematibus. Eundem
aūt ꝗ maxime ſugere,cōtra vni
uerſale ſerre ſyllogiſmos. Et ſem
per oportet conſiderare orationes, ſi in pluribus communibus
diſputantur. Nam omnes particulares in vniuerſali diſputaꝶ
ſunt, & ineſt in particularibus
eiˀ,quod eſt vniuerſale,demon-
ſtratio, eo ꝗ non eſt ſyllogizare
quicquā ſine vniuerſali. Exercitatio autem facienda, inducti-
uārum quidem ad rudem, ſyllo
giſticarum autem ad experirī.
Et tentandum accipere ab ꝶs
quidem, qui in ſyllogiſmis triti
ſunt,ꝓpōnes , ab ꝶs vero, qui in
inductionibus, ſimilitudines:in
hoc enim vtriꝗ exercitati ſunt.
Omnino autem exercitationis

gratia diſceptantibus tentandū
aſſerre aut ſylllm de aliquo , aut
propoſitionem, aut ſolutionem,
aut inſtantiā, ſiue recte quis dicat, ſiue perperam , vel ipſe, vel
alter, & ad quippiā vterꝗ. Ex
his enim facultas, exercitatio au
tem facultatis gratia. Et maxime circa ꝓpōnes, & inſtantias:
e.l enim , vt ſimpliciter dicam,
dialecticus, propoſitiuus, & in-
ſtantiuus : eſt autem proponere
quidem, vnum facere quæ ſunt
plura. Oportet enim vnum omnino ſumere ad quod eſt oratio:
inſtare autem quod vnum eſt,
facere plura :nā aut diuidit,aut
interimit:hoc quidē dans, illud
aūt non dans, eorum quæ pro-
poſita ſunt. Non eſt aūt cum
omni diſputandum , neꝗ cōtra
quemlibet exercitādum. Nam
neceſſe ad aliquos, prauas fieri
orationes :ab eo enim qui oſno
tentat apparere, diffugiendum:
iuſtum autem omnino tentare
ſyllib cōcludere , verūtamen nō
pulchrum,eo ꝗ non oportet ad
uerſus quoslibet facile conſule-
re,quandoquidē neceſſe eſt par
uiloquium inde emergere: nam
qui exercitati ſunt, non poſſunt
abſtinere à diſputatione, ſine al-
tercatione . Oportet autem &
factas habere orationes ad huiuſ
modi problemata,in quibus cū
paucilſimorum copia eas ad ꝗ
plurima valeas habeam̄, ille ve
ro ſunt vniuerſales, & ad quas
in promptu quippiam adinue-
nire difficile eſt.

Sermo

ꝗ7.Locus Declatio.
81.Locus Declauo.

8ꝶ.Locus na Laeio.

90.Locus Declauo.

91.Locus Declatio.

9ꝶ.Locus DecLauo.

91.Locus Declauo.

ꞏ4.Locus vec.auo.

K

L

9ꝶ.Locus Declauo.

M

96.Locus

A Sermo de præceptis comparandis interrogante & respondente. Cap. 4.

R Eliquum nobis est orationē
ferre de iis, quæ ambos, f. &
interrogantē & respondentē inclu-
dunt. Et hæc quidem præcepta tria
sunt vni trib terum: quorū vna est,
ne remaneat vis faciendi vehementem orationē de vna eadem positione, aliqñ secundum modum interrogationis, & aliqñ fm modum responsionis. secunda aūt est, vt æqui-
tatur vti æstimandi circa sylli arte,
aut cū interrogatione, aut cū obuia-
tione. & tertia est vis, cuius conditio
nis est agere has duas operaciones, &
hæc quidē vis est viri habilitatem in
dialectic-â. Et de iis est, vt vir assue-
scat reductionē syllogismorum, de
qua elocurū est in 2 Priorū Analiticorum, f. p. sumamus oppositū cōclusionis, & connectamus eā alterā
duarū præmissarum sylli, & concludatur p hoc contradictionū alterius
similiæ. Et hoc quidem vtile sit respondenti, quia p ipsum cōstruetur
sylli præmissas, quas interrogauerat
ipse interrogans: hoc est contingit,
qñ experitur interrogatione præmissas & conclusionē simul. Et aliquando hoc opus vtile sit interroganti, qñ destruist positionem fm
modum impositū, & per hoc opus q
posset proferre de vna eadem re plu
res syllos: aliqñ enim caperem us cō
tradictionum conclusionis, & aliqñ
ipsius cōtrarii, & trunqͥ, ipsum cō-
nectemus ipsi minori, & aliqñ maio
ri, & constituem us hoc quatuor
syllogismos. Oportet aūt, qñ sumi-
mus oppositū conclusionis, & cō-
nectimus alterā duarum præmissarum, q eā sitisit nobis altera præmissa: quia, qñ sunt præmissæ, est cō

clusio, & qñ aufertur conclusio, au-
feruntur ambæ præmissæ, aut altera
earū, & hoc est notum p id quod dicitur de antecedente & consequente
in syllo conditionali. Et de iis est,
quia p hoc præuenit quiuis omnī
positioni cū syllo qui illā destruat,
& dum id inuenerit destrueret suarum præmissarū destructionem, qñ
enim quis præuenerit singulis quæsitis, & ea considerauerit, aut ipsam
fm se, aut cū alio, sit ei vis discernen-
di elocutionē de illis fm modum interrogationis, aut fm modū responsionis. Interrogando quidē cognitione sylli, & respōdendo cognitione obuiationis suā ē premissarum.
Et de illis est, q̄ in vna eadē positione querat syllm, qui eam construat,
& syllm, qui eam destruat. Deinde
ratiocinabit de præmissis duorum
syllogismorū, quæ illarum sit falsæ,
& quæ illarum sit vera, & quæ illarum sit satis vulgata, & quæ sit parum vulgata. Et si fuerit interrogans, iam nouisset syllogismū, qui
destrueret hoc positum, & fortasse
illū permisisset similiis, quæ ipsum
construere, aut quæ ipsum destruerent cum ipsa interrogatione, & ab-
sconder p hanc rem ab ipso respondente. Si aūt fuerit respondeas, sciret
præmissas, quæ illud destruerent, &
cauerет eas. Ait Arist. Et hæc quidē
vis non est minima, faciens in dialectica alicui potestatem ad interrogationem, & ad responsionē, & vt o
demonstrauit vir, satis multū modis. Quorū vnus est, quia qñ apud il
lum fuerint duo sylli de aliquo posi
to, quorū vnus illud construeret, &
alter ipsum destrueret, non euadit
quin dicet duorum syllogismorū
alter sit ver', & alter saltis, aut ambo

Log. cōtōt. Auer. S sint

sunt simul veri, aut sint falsi, sed duobus diversis modis. Si enim fuerit in-
dax & alter verax, immittetur verax, si aut fuerint ambo simul veraces, aut simul mendaces duobus modis, facile erit in intelligere modum,
quo verq, istorum sit verax, & modum, quo sit mendax. Et hic modus
procedendi est viri boni ingenij, &
praestantium potentiarū. Et hi sunt,
quorū moris est diligere praestantio-
rem rem alterius duorum oppositorum. Hoc aut circa hoc sunt tria
specierum, quidam eorum sunt qui
semp praeeligunt praestantius duo-
H oppositorū, & hi quidē sunt sapientes,
Et quidam sunt, apud quos aequales
sunt res bonae & malae, & hi sunt naturaliter dialectici, & ipsoy, quidam
sunt qui diligunt duorum opposito
rum deterius, & hi sunt aut sophi-
stae, & quidā ipsorum sunt, qui amāt
eiselse secundum hanc artē syllos idoneos
interrogationibus vulgarib', de qui
bus difficile est eloqui in constructione aut destructione: & hae sunt triū
specierum: quarū una est, q̃ hae de
his, de quibus vulgus gloriatur considerare, & difficile sua mutuo de illis inter eloqui, praeter q̃ maiori parti
I ipsius vulgi, sit maior indinatio ad
alterū duorum oppositorum, prout est
dicere, an speculari cū tolerātia sit
praestantior divinj, cū voluptate: secunda aut speciest q̃ sit maior i parti
ipsius vulgi maior inclinatio ad alte
rum duorū oppositorū, prout est di
cere, an divitiae cum virtutis priuatione praeligendae sunt paupertate
cum virtute: tertia species est rerū,
quibus adipisceretur vir quispiā ne-
sas apud vulgus de utroius duorum
oppositorum respondet, prout dicimus, cui dignius est credere magi-

stro, an patri: praecepit aut de talibus K
interrogationibus, q̃ ad illas sunt dialectico sylli idonei: ob difficultatem
syllogismi ad illas. Difficile ūsq̃ est
ostendere mentem de re, de qua vulgus nullam habeas opinione, & sic
ad cuius oppositum magis inclina
vulgus, & hoc magis ad de quo eue
nit controuersia per utrumuis duorum oppositorū respondens respon-
derit, prout dicim', deceat ne pari-
tibus an legi credere: Et de illa est, q̃
reminiscatur definitionum rerum,
quarum habitudo ad artes est habitudo principiorū & subiectionum, L
prout est definitio materiae & formae
in scia Naturali, & definitio boni &
mali in scia Morali, & puncti & lineae
& superficiei & corpis in Geometria,
Et q̃ expediret q̃ sint apud illum de
definitionibus natū terū, sunt definitiones indiuulgae. Et de illa est, q̃
sint apud eū promptu loca praedicta
in praedictis orationibus, & sicipue
loca quae rem cōstruāt aut destruāt
simpr, & ut vniuersalius in qua res,
quae in actib' sunt ut subiectiones &
elementa & principia ad reliqua, ex
quib' singulae artes adipiscuntūr. Sicut
enim Arithmeticus adipiscitur potesta M
tem mutuo ducēd numeros, qui pre
posueri, & sciuerit ducere primū numeros, quod nonficat in capso du-
ctus, sic res est in Dialectico: euenit
enim ei intellocutio de quorūq̃ va-
luerit, qui fuerint apud eū praemisae
& reg die, quarum consuetudinis est
fieri in singulis positis, q̃ ed posita
fuerit idoneus curare res vniuersales, quibus utatur in acquirendo re-
ues proximas rebus seuens particu
laribus, vniuersalis' namq, maxime
vniuersalitatis non opinatetur aliquam rem, neq, ex illis adipisceret
aliqui

â aliquâ rem festinanter, immo si ex illis opinio procederet ad ipsum particulare, esset seu quandam speciem accidentis, & quasi ad illud procederet, non artificialiter, sed quouis modo contigerit. Exempli gratia, quia non debet sustinere hanc positionê, scilicet omnium duarum rerû duæ sunt Leones, vna ipsarû inest rei differêtiâ prima, sed sustêtaret vice illi' léæ, quâ alia fuerit eni duorum opposito itum a quâ dispositio, alteri oppositô inest oppositû primæ dispôis, p oppositû enim conuinceret contraria, & sunt species, & poterit ex illis cô- sinurere quædam particularia, quæ illis inferat facilê & ciro. Et de illis est, quia confuescere faciunt ponere multas orationes vnâ oratione aliê dendo ad vfe, quod illa includeret, & ponere vnâ orationem plures ora uonet illi partede ad particulares, quæ ei subiunt. Qñ enim interroga remus iuuaremur ponendo multas res vnâ orationem, & recepissemus per hoc, quod vellemus admitti ab alio. Quando aût respondissemus, iu uaremur qñ interrogaremus vnam oratione multas orationes, & si in uenuremur continere destructionê C illius, quod possumus sustenandû, non admitteremus illud, sin autem, illud admitteremus'. Et expedit hoc q̃ cô sideremus vniuersalissimû quod possumus, hoc est, qñ multas orationes ponimus vnam orationem, hoc enim opere sit res vehementissimê occul rationis ab ipso respondente. Et hoc est contra dispositionem vniuersalium, quæ sint apud eû prompte ad faciendum syllogismos, Sunt enim quædam vniuersales orationes, de quibus difficile sit respondentî intelligere, quæ conclusio ex illis sequatur.

Exempli gratia, admittere q̃ scietia D rerum, quæ sunt magis inter multitudinis, nô sit vna, qñ enim hoc admisisset, iâ admisisset illud in relatiuis, & ôbtrariis, & in multis reb'. Et ideo expedit respondenti agere sôrta id, quod agere interrogans, & aufugeret admittere res vfes, quantū ei pos sibik fuerit. Ex de illis, q̃ vtitur cū eo qui sit modicâ exercitatus in hac arte, aut qui passus fuerit defectû ingenii, ipsa inquisitione, & cû nimiû exercitatus orationib' vniuersalib'. Exerceatus enim vehementius articulat bas orationes; adeo q̃ forsan deducunt illû ad repellendû sensata, E prout sit de oratione Zenonis, quæ contradicit motui, & orationê Melisti, quæ contradicit multitudini, sicut spês priuata exercitio magis articulat inquisitioni. Expedit itaque dialectico sumere similas inquisituas a dignis inquisitione, & præmis sas vniuersales a viris huius speciei.

Harum aût rerum exercitium est, q̃ idoneum sit nobis operationes actus huius artis perficiendae, ad aut enim huius artis sunt syll, aut sophi stica litigatio, aut argumentum, aut contradictio, aut sicta inuêtio interrogationis, an sit recta, aut nô recta? & si fuerit alterius harum duarû dispositionû, quæ sit huius causa, & sê eliciti sumus de conditionibus, quibus fiunt hi actus perfectissimê. Syllogismus enim est operatio inserto gantis ad destruêdum positionem. Et sophistica est operatio respondentis, & syllô repulsus. Contradictio vero est actus respondentis, q̃ procurat constituere positiones, quia aliubi respondens procurat hoc. Aristoteli vero videt, q̃ illius operatio prima inuêtione sit sustêtate positionê solû,

S ij

G solem, non ipfam coftituere. Sich,
qñ refpondens argumentum profer
ret ad conftitutioné pofitionis, in
terrogaretis actu: effet contradictio
per fyllm, & contradictio fit de acti
bus integro gratis, fit actu & argumen
tum de actibus refpondentis. Inuer
rogationem actu & refpofitionem be
neficam, iam dictu eft quo hoc fiat,
affuefcere actu intenditur ob has ope
rationes, & per has operationes tene
ritur confuefcendo, videlicet fyllm, &
argumentum, qui inueniuntur per
poteftatem tradédi multas res vná.
Et cötradictio & litigatio inuenitur
in ponendo vnam rem multas,
fyllogifmi enim & argumenti ope
ratio contingit et in inueniendo pre
miffam vfem, ambienté ipfum que
fitum, hoc autem non fit idoneum
nifi fm modum compofitionis, & p
particulares tradendo vnum. Exem
pli gratia, qñ proponimus cömon-
ftrare, cp cuiuruflibet duorum con
trariorum fcientia fit vná in poten
tia, fm modum compofitionis eft in
oppofitorum fcientiam effe vnam,
operatio vero litis & cötradictionis
fit in cognofcendo præmiffam, que
veritati repugnat ob eius particula
ritatem, adeo cp conftitutalilius de
ftructionem, & hoceft manifeftú,
ex quo eft repugnans operationi cö
ftitui per fyllm. Ait Arift. Non expe
dit p omnem rem vincere: & id pre
miffum eft, cur hoc nö oporteat, &

largit' eft huius caufam, & dixit
non eft difputandum cum quouis
hoie contigerit, neceffitas enim con
duceret volente contradicere, cuius
homini contigerit, vt orationes qui
buscum illo vteretur fint viles, & ea
rum compofitione adueniret ma
lus habit', & mala difpofitio ipfi dia
lectico. Si autem cötingeret, cp eius
controuerfia fuerit cum illo, qui in
niteretur præualere & extorquere,
vt funt fophiftæ, iuftum eft in illum
vti quibuffuis fpeciebus orationum,
quæ cötigerint. Potius enim eft hoc
patefaciendo imbecillitatem fuaru
orationum, & illorum verfutias, nifi
quia vir dialecticus eft, cuius inten
tio eft confuefcere exercitium, & de
bet fupere hanc fpecie, quantum ei
poffibile fuerit, & debet effe parata
apud eum, qñ cogeretur interloqui
hac fpecie præmiffarum, quæ funt
maxime vniuerfalitatis, talibus eni
locis fuperare hanc fpeciem ob mo
dicam ipfius fenfibilitatem in illa,
quæ ei fubfunt hoc modo, præftan
tius, quam fuperare hominis qui
uocatione, per hanc illam vel aliam
regulam fophifticam.

Hæc itaq, eft oratio de omnibus
rebus, quas cötinet hic tractatus bre
uiori & manifeftiori modo, qui pof
fibilis fuit, & eft vltima tractatuum
huius Libri, ad Dei gloriam fempi
ternam. Amen.

*Librorum Octo Topicorum cum Auerrois
media Expofitione Finis.*

ARISTOTELIS

ELENCHORVM

LIBER PRIMVS,

Cum Auerrois Cordubensis media expositione,
Abramo de Balmes interprete.

SVMMA LIBRI.

De intentione libri, & generibus disputationum. De Locis Sophisticarum in Dictione, & extra Dictionem redarguentium. De Causis deceptionum, captiuante sophistarum. De veris, & falsis redargutionibus. De interrogatione mendaci, & quid intra Contentiofum, Sophista, atq; insertu: Demum de capite quibus Nugatores, & Solipsismi, qui vitiosum ex Sophistica contra molesta respondentem.

Quid intendit, & aliquem syllogismum sophisticum esse. Cap. 1.

DE Sophisticis autem redargutionibus & de his quæ vident redargutiones (sunt autē exceptiosæ ratiocinationes, at non redargutiones) dicamus oportet, incipiētes fm naturā à primis, & igitur li quidem syllo, illi aūt, cum non sint, videntur, manifestum est. Nam quēadmodum & in aliis id sæp quandam similitudinē, sic & in orationibus se habet : etenim hi quidem habitū probe habent, illi vero vident, ex tribu tumen tes, &cōponentes seipsos, & pul chri si quidem ob pulchritudinem, illi aūt videntur seipsos fucantes. Et in inanimatis quoq; sit, nam & illorum hęc quidem argentum, ista vero aurū reuera

sunt, illa non sunt quidem, appa rent autem fm sensum vt lithargyrina, & stannea, argentea, & bellē tincta, aurea : eodē aūt modo & syllis, & redargutio : hæc quidē est, illa vero non est, appa ret aliis propter imperitiam : ut imperiti velut distantes, à longe speculant. Nam syllis quidem ex istis quibusdā est positis, vt colligamus aliquid aliud ex necessitate ab iis, quæ posita sunt p ea, quæ posita sunt. Redargutio au tem syllis est, cum cōtradictione cōclusionis: illi vero id quidem non faciunt. Videntur autē ob multas causas, quarum vnus lo cus aptissimus, & publicissim° per nomina. Nam, quia fieri nō potest vt res ipsas secum disputemus, sed nominibus pro reb° vtimur signis: & quod accidit i nominibus, hęc rhus quoq; arbi

S iij   tramur

G tra mí accidere:quemadmodú
h̄,qui calculos supputant, id autē
non est simile:nam nomina quidem finita sunt,& orationú multitudo, res vero numero infinite.
sunt:necesse est igitur plura a can-
dem orationem, & nomen vnú
significare quemadmodúm igit
& illi,qui non sunt prompti calculos sustinere, a scientibus deci-
piuntur, eodem quoq̃ modo &
in orationibus, qui nominú virtutis sunt ignari, p̃facile captio-
nibus,& ipsi di- **H** sputantes,& alios audientes:ob
hanc igitur causam, & eae, quæ
dictæ sunt,est sylla, & redargutio apparens, at q̃ non existens.

Primus de sophistica liber. Cap. I.

Ntentio huius est libri est
nqui de sophistica elen-
chis,qui putantur esse elenchi veri, sed sint paralogismi. Nos autem incipiemus speculatione huius,& principijs notis secundum naturam in hoc genere. Et
dicimus, q̃ per se eorum est, q̃ syllogismorum,quidam est vere syllogifmus,quidam vero paralogismus, &
putatur de eo q̃ sit syllogism̃ absq̃
hoc, q̃ sit in s̃u veritatem. Id autē,
quod accidit syllogismo ex hoc, simile est,quod accidit reliquis reb-
animatis & inanimatis. & hoc, quia
sicut hominum quidam est vere religiosus,& eorú quidam est, qui putatur esse religiosus, ipse autem est
hypocota : & eorú quidam est vere
pulcher, & eorum quidam est, qui
putatur esse pulcher propter fucum
& ornatum indumenti, vere autem
non est pulcher, ac etiam sicut ex ar-

gēto & auro quoddam est argentū **K**
aut aurum vere, & ex eis quod dam
est, quod putatur esse aurum,vtita
q̃rit,sic ex se habet in syllogismis.
Latet vero ista sp̃es syllogismi, hoc
est, qui putatur esse syllogismus, &
non est syllogismus, eum, qui imp̃-
ritus est nominum, & assimilat ei,
qui speculatur rem à remotis. Si autē
verificauerint syllogismum simpliciter, q̃ sit oratio,in qua quibusdam
rebus pluribus q̃ vna positis,necesse
sit vt doceat quid diuersum ab his
quæ posita sunt. Elenchus autem est **L**
syllogismus, ex quo sequitur conclusio,quæ est contradictoria conclusionis, quam posuerat aduersarius:&
hoc est, quia, quando sequitur ex præmissis quas concedere aduersarius,
sequeretur ex hoc q̃ eadē remaneāt,
& non sit rica. Sophisticos autē elenchus est syllogismus, qui putat esse talem denominatione à no: hoc q̃ ita fa-
lam accidit autem talis syllogismus
propter causas, quarum postea me-
minerim̃. Famosissima autem illa- **M**
rum causarum est, quæ accidit reb-
propter dictiones, & hoc, quæ q̃ quoniam est disceptatio n̄ p dictiones,
continere nt dictiones too torum,
& similimum est, quod accidit in dictionibus ex quo accidit rebus sicut
quod accidit eo in posito & errore secundum numerum, quando constituit circa articulum,qui est in digito,loco numeri, & putat q̃ id,quod
accidit articulo digiti,sit res ipsa quā
dixerit numerū. Accidit autem istud
rebus cum dictionibus, quia impossibile est, q̃ dictiones attribuantur
æquales rebus, & numeri eorum ad e-
rum numerationē, ex quo res sunt
quasi in finitæ, dictiones aūtem sunt
finitæ. Si autem impossibile esset de-

A ctionem significatus, rei similitudinet, loquutio autem de iis, aut reminiscentia eorũ vel impossibilia: & ideo coactus fuit impositae, quin imponeret vnam dictionem significãtem multas res,& siue cõputatori, apud quã non est industria, quae vocatur proiectio numerorum, impossibile est quin constet ei conuenienter error interrogationum numeralium, sic ille, apud quem non est notitia naturarum dictionum, dignus est errare, si loqueretur de aliqua re, aut audiret tamen etiam, & propter hanc causam & propter alias causas etiam addit, quin syllogismus, & sophisticus eliciuntur in rei inuenta naturalem ex.

Q Voniam autem quibusdam magis operae precium est videri esse sapientes, quin esse & non videri (est enim sophisticae, apparens sapientia,non existens autem: & Sophista pecuniariũ aucupator ab apparẽte sapientia; & non existente.) manifestum profecto est, quoniam necessarium est illis & sapientia opus videri facere magis, quàm facere, & nõ videri. Est autem (vt vnum ad vnum dicamus) in vnoquoque opus sapientis, non mentiri quidẽ ipsum de quibus nouit, mentientem autem manifestare posse. Haec autem sunt, hoc quidem in eo quin potest dare orationem, illud autem in eo quin sumere. Necesse est igitur illos, qui volunt sophistice agere, dictarũ orationũ genus quaerere. Operae enim precium est eis in

huiusmodi potestas faciet videri sapientes, cuius sunt desideriũ habentes. Quod autem tale orationum genus est,&quod talem appetitus potestarẽ illi, quos vocamus sophistas, manifestũ est. Quot autem sunt species sophisticarum orationum, & ex quot numero potestas ea constat, & quot partes contingit esse negocĩ, & de alĩs, quae suffragantur ad hanc artem, nunc dicamus.

Sunt igitur ad disputandũ, orationum genera quatuor: doctrinales, dialecticae, tentatiuae, contentiosae. Et doctrinales quidem sunt, quae ex proprĩs principĩs cuiusq; disciplinae, & non ex ĩs, quae videntur respondenti colligunt,nam oportet credere eum, qui docet. Dialecticae autem, quae ex probabilibus collectiuae sunt contradictionum. Tentatiuae vero,quae ex ĩs colligunt, quae videntur respondenti, & quae necessarium est eum scire qui simulat se habere scientiam, quomodo determinandum est in alĩs. Porro contentiosae, quae sunt ex ĩs,quae apparent probabilia, apparentes sylogisticae. De demonstratiua autem in Analiticis dictum est: de dialecticis vero, & tentatiuis, & in alĩs: de alteretorĩs autem & contentiosis mõx dicendum.

E T ex quo quamplures hominẽ enim volũt denominari ĩ scientiam & exaltari & gloriari gloria

S iiĳ magna

magna siue labore & fastidio, aut
absq; hoc q̃ sint dignitatedeo, qñ fuerint ex his, quibus possibile est addiscere scientia, sunt hac causa, q̃ cõsti
tuerentur hoc genus sermonis in multis
hominibus, & obstementse eo, & putant esse sapientes absq; q̃ ita sint in
veritate, & ideo nuncupantur nole
scientiæ corruptæ, & est, quod insedi-
mus nole falsæ, & sophisticæ sm
idioma grecorũ. Manifestum autê
est, q̃ suieruia istorũ est, q̃ putet de
eis q̃ ipsa facit opus sapientia, absq;
q̃ fantur, sicut sunt opera eorũ. Veꝛ
sapientis aut opus est, q̃ qñ loquit,
dicat verum, & qñ audiuerit verbũ
ab alio, ab eo discernat falsum a vero, & concordat ipsum, & istæ duæ cõ
disones sunt, quæ inueniuntur in sa-
pienti: quarũ vna est inquantum loquit, & altera inquantum auditue necessariæ. Et procuratꝰ uñtcᷝ philte
in quitione illiꝰ generis locutionis, quia p istam scientiã possunt videri, q̃ sint sapiêtes absq; q̃ ita sint,
nisi sm suum appetitu. Quod autê
hoc genus verborũ sit res quæ inue
nitur, & p se nouum. Id aut, de quo
perseruatur de eo, & q̃ omplex sit
iste sermo sophisticus, & quot reb
pꝛo venitꝰ hic habetur, & ist quot
sunt pꝛtes istius artis, & de illis reb,
quꝰ est ista ars, & hoc est, quod in
tendetur perseruari hic. Declarauꝰ
est, q̃ genera orationum amicabi-
lium, quas possunt sermone doceri,
sunt quatuor genera, quaꝛ vna est
oratio demonstratiua, secunda est
oratio topica, tertia est oratio recto-
rica, quarta est oratio sophistica. Ista
aut oratio, qñ extentur, assimilat sa-
pienibus, appropriatꝰ huic nomine,
qñ aut assimilatur topicæ, vocatᷝ
topicã. Oratio aut demonstratiua

est illa, quæ sit ex principiis pꝛiois
pꝛopriis cuiq; doctrinæ, quæ sunt
inter doctorê, & disceptam, cui uᷓ
sermoꝰ est q̃ recipiat, quod legit ex
doctore, nisi cogitat id, quæ declarat
sermoꝰ doctoris, sicut faciunt sophistæ. Topica aut oratio est, quæ con-
getur ex principiis famosis probabilibus apud os aut plures, collectõꝰ
uæ cõtradictionum. Oratio aut rethorica est, quæ sunt ex principiis co-
gitatis, quæ sunt sm intentionum cogitationis. Oratio aut litigiosa est, quæ
putat q̃ sit vera ex principiis probabilibus absq; q̃ sint sm ordinem
dũ veritas. De oratione vero demonstratiua, & dictũ est in libro
Postꝰ. sicq; de topica dictũ est in libro Topicorũ, & de rethorica in libro Rethoricoꝛ. Illa aut, de qua sit
sermo, quæ oratio litigiosa est, vocatur sophistica: loquemur aut pꝛimo
de intentionibus istarorationum.

Finit Sophistica, & hic Sophisticus.

De Soph. Cap. I.

Primum igitur intendum
est quot coniectanea qui in
orationibus decerrant, &
coalterentꝰ. sunt aut hæ quinq;
numero: redargutio, falsum, inopinabile, solecismus, & quin-
tum, quod est facere nugari est
qui condisputat: hoc aut est frequenter cogere idem dicere, aut
quod non est, sed quod apparet
quodq; esse horum. Nam maxime voluit apparere redargueret
sm autem, falsum aliquid monstrare: tertio vero, ad hoc quod
est inopinabile ducere: quarti
solecismo vti facere: hoc aut est
facere sm locutionê barbarisme

De locis
ab Ami-
phibolia.

ex oratione respondentem. Vlti
mum autem, idem frequenter
dicere. Modi sunt redarguendi
sunt duo: nã alij quidem sunt pro
pter dictionem, alij vero extra
dictionem. Sunt autem ea qui
dem, quæ propter dictionem fa
ciunt phantasiam, sex numero:
hæc quidem sunt, æquiuocatio,
amphibolia, cõpositio, diuisio,
accētus, & figura dictionis. Hu
ius autē fides, & ea quæ est per
inductionem, & syllogismus. Et
si qua sumatur alia, & quod tou
dem modis, ii ñdē nominibus,
& eisdem orationibus, nõ idem
significamus. Sunt autem pro
pter æquiuocationem huiusmo
di orationes, vt qd discunt scien
tes: nam ea, quæ memoriæ pro
dita sunt, discunt grammatici.
Discere enim æquiuoci est ad
intelligere eum, qui vtitur disci
plina: & ad accipere disciplinã.
Ea rursus, qd mala bona sunt,
mala autem expediunt. Duplex
enim expediens est, & necessari
um, quod accidit plerunque in
malis (est enim quoddam mali,
necessarij) & bona cunque expe
dientia dicimus esse. Amplius
autem, eundem sedere, & stare,
& ægrotare, & sanũ esse: ñ qui
surgebat stat, & qui sanabatur,
sanus est surgebat autē sedens, et
sanabatur ægrotans: ægrotantē
enim quãlibet facere, aut pati
nõ vni significat, sed quandoq;
quidē qui nunc ægrotat, aut se
det, quandoque autē qui ægro
tabat prius: verumtamen sana

batur quidem ægrotans, cũm
ægrotans: sanus est autem non
cum ægrotans: sed ægrotans nõ
nunc, sed prius. Propter autem
amphiboliam sunt orationes tã
les: velle capere me pugnantes,
Et putas qd quis cognoscit,
id cognoscit: nam & cognoscen
tem significare hac oratione. Et
putas qd quis videt, id videt?
videt autem columnam: quare
columna videt. Et putas q̃ tu di
cis esse, id tu dicis esse: dicis autē
lapidem esse: quare tu lapis, di
cis esse. Et putas est silentia dice
re? duplex enim est & id, silentia
dicere: hoc quidem eos, qui di
cunt silere, illud autem ea, quæ
dicuntur. Sunt autem tres modi
sm æquiuocationem, & ampli
boliam: vnus quidem, quando
nomen, vel oratio plura significa
cat principaliter: vt aquila, vel
canis. Alius autem, quando soli
ti sumª sic dicere. Tertius vero,
quando compositum plura sig
nificat, separatum vero simpli
citer, vt scire literas: nam vtrun
que fortasse vnum quidē signifi
cat, & scire, & literas: ambo aut
plura, aut literas ipsas scientiam
habere, aut literarũ, alium. Am
phibolia igitur, & æquiuocatio
ppter hos modos sunt. Propter
cõpositionem vero huiusmodi
sunt, vt possibile est sedentē am
bulare, & nõ scribentem, scribe
re: non enim idem significat, si
diuidens quis dicit, & compo
nens, quod possibile est sedentē
ambulare, & nõ scribētem scri
bere:

G bere, & hoc identidem, si quis componat non scribentem scribere, significabit profecto, quod habet potestatem, vt non scribens scribat: si quis autem non componat, quoniam habet potestatem quando non scribit, vt scribat. Et dicit nunc literas, si
quis didicit quas scit. Amplius, quod vnum solum potest ferre,
plura potest ferre. Propter vero diuisionem quod quinque sunt
duo, & tria, paria, & imparia. Et quæ maius, æquale: tantidem

H enim est maius & adhuc amplius: nã eadem oratio diuisa, & cõ
posita non idem semper videbi
tur significare. Vt ego posui re
seruum existentem liberum. Et
hoc, quinquaginta virû, centum
heros liquit Achilles. Propter
accetum alit in ijs, quæ sunt sine
scriptura, nõ facile dialecticis fa
cere orationê: in scripturis autem
& poematis magis. Vt & Poe-
tam defendût nõnulli aduersus
redarguentes quasi hic absurde
locuti. Nec genere aeria cessa-
bit turtur ab vlmo, & penteme-
neri vsus sit, & turture fœmini-
no. Soluunt enim id accentu: dicentes q̃ aeria accetum sinalem
longum habet, & nõ ad turtur,
sed ad vlmo, vt epitheti debet
referri, & id de Niso, & Burtaló
cum Rutulos vino, somnoque
sepultos intellexissent.

> Cætera per terras, omnis
> animali somno
> Laxabant curas, & corda ob-
> lita laborum.

K Talia igitur propter accetû sunt.
Quæ aũt propter figuram dictionis
sunt, accidunt, quando nõ idem
vt idem interpretatur, vt mascu
linû, fœmininum: vel fœmininum, masculinû: vel quod inter
hæc est, alterum horum: vel rur
sus quale, quãtû: vel quantum,
quale, vel faciens, patiens: vel di
spositum, facere: & alia, ceu diui
sum est prius. Nam est aliquid,
q̃ nõ est eorum quæ sunt face
re, vt eorum quæ sunt facere, ali
quid dictione significare, vt va
lere. Similiter figura dictionis **L**
dicitur ei, quod est secare, vel
ædificare, quamuis illud quidẽ
quale quid, & affectum quodã
modo significet, hæc vero face
re aliquid: eodem autẽ modo &
in cæteris, propter igitur dictio
ne redargutiones ex his existût.

*Sermo de quatuor generibus orationum, et
de quinque intestantibus orationum
Sophisticarum, & de fallacia renuntibus propter
dictionis. Cap. 3.*

D icamus itaq; q̃ intellû huius **M**
generis locutionis est vna qu
que intêtionum aut ad redarguen
dû loquens, aut ad inferedû falsum,
& et quæ est falsi fin famosum: aut
ad largiêdû ei dubio, q̃ inopinabi
le dicuat: aut ad ponendû ipsum fin
modû, quo fæet in locutione falsû
intellectû ab eo quæ solertiâ ad ap
pellat: aut ad ponendû ipsum nug̃,
& excessionis rebus, ex quibus se
quitur falsæas intellecti ab eo fin
imaginatione: loqui ista sunt atq;
quæ mentiones, quæ intendant So
phista. Famosissima autê istiarum
quinque

A quinque intentionū & maxime litera apud eos est redargutio: rursus sequitur et falsum in loquūt ppter rem largiro dubij, seu inopiabile: deinde est accusatio sermonis, & ferre ipsum ad falsum .i. ipse fallacissimus, vt erit est illatio ad nugatū & locuno sm exactum. Redargutio nō autē & fallaciarū quædā est pro pter dictiones ab extra, & quæ dam est propter rem. Illa aūt, q est ppter dictiones est ier specterum. Qua rū vna est æquiuocatio dictionis separata, seclūda aūt æquiuocatio cōpositionis, seu amphibologia. Ter tia aūt est, q est sm cōpositionem. Quarta quæ est ppter diuisionem. Quinta aūt est æquiuocatio siguræ dictionū. Sexta adr pp accētum. Ista aūt diuisio notificatur per syllm & inductionē. Exempla itaque æquiuocationū nominū separan est sermo dictus addiscens est sciens, quia addiscens scit, qui aūt scit est sciens, itaque addiscens est sciens. Modus aūt fallaciæ huius est, quia dictio scit, dicit pro tempore futuro & pro tempore præsenti, verificat aūt de sciente pro præsenti, de addiscente in tē pre futuro: sicque etiā est sermo dicentis aliquod malū expedit, expedies aūt est bonū, sicque quoddā malū est bonū. Fallacia aūt boni est, quia nomen expedientis, qñ dicimus aliquod malū expedit, signifi cat id, quod significat nomē necessario, qñ aūt dicimus, & expedies est bonū, significat id, q significat eligendi, & res cōvenies. Exemplum aūt æquiuocationis compositionis est quartū specierū, & hoc, quia iam sit prior & posterius, sicut qui dixit, nobilis est sciens, qñ intendit per hoc, q sciens sit nobilis, & puta q pro

etsi nobilis, & posteriorī at scientis, qnia pdicarū illi sermonis est sciens, & nobilis est subiectū, tā aūt sit æquiuocatio cōpositionis seu amphibologia pp reditū siguī sit er res pluriq ī vna, sicut est dictū dictus, q est hō, est hō, homo aūt sciet lapidē, lapis itaque scit. Accidit aūt ista fallacia, quia dictio scit, accidit de sciēte & de scito, et sicut est sermo dicētis, q dicit hō p sit, ita est, si aūt hō dicens sit, et est igitur hō silex. Causa aūt huius est, quia dictio est aliquado reddit ad hominē, & aliquado reddit ad sermonē. Iā aūt sit æquiuocatio pp habitudinē, ac si dicerem, g audeo ver berationē Socratis, quia sciē q Socrates sit verberās, aut verberatus. Et aliquando sit per ablationē, & defectū, repli gratia, vt sermo dicentis, qui nō ambulabit, poterit ambula re, & qui nō scribet poterit scribere, & hoc est verū: quādo aūt auferret dictio, poterit, & dicit, qui nō ambu labit ambulabit, & q nō scribet scri bet, putaret q qui non ambulat, sit ambulās, & ignarus sermprūq sit scit bene: puta sāutq hoc sit in expresiū diuisionis & compositionis, & hoc, quia defectus est positio cōpositi di uisi. Exemplū vero locorū, quib fit æquiuocatio pp diuisione dictionis cōpositæ, est, sicut quādo dicetur, So crates est sciens medicinā, Socrates itaque est sciens, & hoc, quia ā veri ficat de Socrate q sit sciens medici nam, & non verificatur de eo q sit sciēs simpliciter, hoc autem ita sit, quia nō sequit, q quādo verificatur sermo compositus de aliqua re, q eius partes verificentur diuisæ de ista re. Exempli vero loci, qui est er di uisione, est, quādo res, quæ prædican tur diuidē de partib’ rei verificātur, & de

G x de tota re secundum sui totalitaté
verificantur, quando autem in componitur sibi inuicem falsificantur. Putaret autem in sophista, q̃, quando re-
rificatur diuisa, sequatur, q̃ verificetur in composite. Illud autem est
contrarium primi hoc. Exemplum
autem eorum, quæ verificantur de
partibus rei diuisæ, & non verifican
tur de toto coniuncta, est sermo dicentis, ipsorum quinq; est par, &
ipsorum quinq; est impar, quon̄
itaq; sunt par & impar simul: hoc
autem est falsum, quia paritas & im
paritas vtraque errorē. verificatur
de parte ipsorum quinq; sine parte, de qua verificatur altera, quando
autem prædicatur de toto est falsum. Exemplum autem prædicatorum, quæ verificantur diuisa de tota re, & non verificantur de ea coniuncta, est, sicut sermo dicentis, tu es
seruus, & tu es meus: ergo tu es fe-
ruus meus: hoc autem est eorū, quæ
iam falsificantur. Locus autem, qui
est propter accentum, est hic, si variaretur substantia dictionis, & variaretur sensus illius, aut variaretur
ex grauitate in senuitatem, aut
ex continuatione in pausam aut la-
nei ex eius substantia, vel permutare-
tur eiusdictio: hoc autem possibile
est in scriptura sine prolatione. Exé-
pla autem istorum sunt, quæ dicuntur in idiomate arabico. Locus vero, qui est ex figura dictionum, est
sicut si fiat modus dictionū masculi
nus modo dictionis fœminulus, aut
modus dictionis passiuus modus di
ctionis actiuus, & putaretur quod
masculinum sit fœmininum, & fœ-
minineum masculinu, & passiuum:
actiuum: sicut est dictum arabum

H

I

passiuum exemplatur, loco eatom
mariris, & passiu̇a loco passiuæ: Hi
autem sunt elenchi, qui sunt propter
dictiones. Iam autem apparet q̃ sint
sex per viā dictionū, & hoc, quia dictio fallit quādo non cōgruat; rei,
quādo aūt non cōæquat rei, manife
stū est, q̃ significat re plures, vnam,
quia nō est impossibile q̃ significet
hæc rē & rē additū ei vltra hac rē, &
rē subtractū ab ea, quādo aūt hoc ita
fuerit, ita significat rē plures vnam,
aut per eius additionē ad eā, vel aut
aut per subtractū ab ea, q̃ aut hoc
ita fuerit, nō euaderetur signū hoc ip
rei plures vnam, aut q̃ accipiatur re
uisa, aut q̃ accipiatur coniuncta re
Rursus, quando fuerit in parte, quæ
est diuisa, nō cadit ex æquo aut ist
diuisionis: aut q̃ sit ei propter su
primum modū impositi, & hoc est
nomē æquiuocū aut sit hoc propter
additionē aut subtractionē eius lite
rarum, aut variationē ordinis earū
& illa est fallacia, quæ accidit propter
substantiā dictionis, & grauitatem
& tenuitatem, & cæteras res, de quibus protrahitur vsus idiomatis quā
do autem hoc accidit est, est, quia ipsa anueclat alteri, nō quia hoc accidat ipsemet cōpositionis, licet accidat
ei ex varietate illata á diuisione in
cōpositionem, qui est locus diuisionis, aut ex cōpositione in diuisione,
qui est locus cōpositionis: quādo aū
tē per se notū fuerit, q̃ nō sit hic diuisio cōsequens dictionē, qua signifi
cat plures, tē viá, ex parte qua est fal
sis per se, nō ex parte qua est fallen
per accidēs, sicut est fallacia, quæ acci
dit ex eâ cū permutatione, hoc est,
permutatione dictionis loco dictio
nis, est manifestum, q̃ loca fallendi
ex dictionibus sunt ista sex.

K

L

M

De locis

EArum vero, quæ extra dictionē sunt captionū, species sunt septē. Vnā quidē propter accidens: secūda autem propter id, quod simpliciter, vel non simpliciter, sed aliquo modo, aut vbi, aut quando, aut aliquid dici: tertia autē pp redargutionis ignorātiā: quarta vero propter cōsequens: quinta autē propter id, qđ est in principio sumere: sexta propter id qđ non est causa, vt cūm ponere i sequꝰ ma vero propter plures interrogationes vnā facere. Propter igitur accidens captiones sunt, qñ similiter quodcūq, existimabiꝰ rei & accidenti inesse: nam, quia multa eide accidunt, non est necesse omnibus prædicatis & ei de quo prædicantur, illa omnia inesse: nā omnia sic erūt eadem, quemadmodū sophistæ dicunt: vt si Coriscus est alter ab homine, ipse est alter à se, est enim homo: aut si à Socrate alter, Socrates autē homo, ab homine alterū dicunt esse cōfessum, eo q accidit (à quo dixit alterū esse) hūc esse hominē. Propter id autem q hoc quidem simpliciter, illud autē aliquo modo, & nō præcipue, quādo quod in parte dicit, vt simpliciter dici fuitur: vt si nō ens est opinabile, quod nō ens est, nō.n. est idē esse quiduis, & esse simpliciter. Aut rursum, quoniam q est nō est, si eorum quæ sunt quippiam nō est, vt si

non est homo: nam nō idē est, nō D esse quiduis, & nō esse simpliciter: apparet aūt, ab quod perquā propinquum est dictione, & parū differat eē quiduis, ab eo qđ est esse, & nō esse quiduis: ab eo quod est non esse. Similiter autē pp id, quod est aliquo modo, & simpliciter: vt si Indus, est sit totus niger, albus est dentibus, albus igitur & nō albus est. Aut si ambo aliquo modo, quod simul cōtraria inerunt: tale autē in quibusdam quidē, cuilibet facile est cōsiderare. Vt si sumens Aethio- E pem nigrum esse, dētibus dicat q albus: si ergo ibi albus, q niger, & nō niger, putabit disputasse syllogistice, cūm perfecerit interrogationē. In quibusdam vero latet frequenter, in quibuscunq cūm aliquo modo dicat, simpliciter videtur sequi: & in quibuscūq nō facile est considerare, vtrum eorum præcipue sit assignandum. Fit aūt tale in quibuscūq similiter sunt opposita: nā videnꝰ vt ambo, aut neutrum dandū esse simpliciter præ F dicari: vt si dimidium quidē albū, dimidiū vero nigrū, vtrū album, an nigrum? Quæ autem sunt propter id, quod non determinat quid est syllogismus, aut quid redargutio, siunt propter omissionē orationis. Nā redar- gutio est contradictio vnius & eiusdē, nō nominis, sed rei, & nominis nō synonymi, sed eiusdē ex ħs, quæ data sunt ex necessitate, non connumerato eo quod erat

erat in principio, secundú idem, & ad idem, & similiter, & in eodé tempore. Hoc autem modo fieri potest, vt qui falsum dicat de aliquo: quidam auté omnentes aliquid corú, quæ dicta sunt, apparent redarguere: vt quod idem duplú & nó duplum: nam duo vnius quidem dupla, tria autem nó dupla. Aut si eiusdem idem duplú, & nó duplú, sed nó sm idem: vt sm longitudinem dupli, sm latitudinem non dupli. Aut si eiusdem, & sm idem, & similiter, sed nó simul: quare est apparens redarguetio. Trahat auté aliquis hanc & in eas, quæ sunt pp dictioné. Quæ auté propter id, quod in principio erat sumuntur, fiunt quidem sic & tot modis, quot modis cótingit quod in principio est petere: videntur autem redargui, eo quod nó posse quis inspicere idem, et diuersum. Quæ vero propter có sequens est redarguito, ideo est q putent cóuerti consequentiá nam, si cum hoc est, est ex necessitate, illud sit, & cóm illud est, putant & alterum esse ex necessitate: vnde & quæ ob opinionem ex sensu sunt, deceptiones fiunt: nam sæpe esse mel, sed suspicari sunt, eo quód sequitur sanus color mel. Et quia accidit terram, pluuia madida fieri, etiam si sit madida, opinantur pluisse: id autem non necessarium est. In rethoricis quidé quæ sm signum fiunt demóstrationes, ex consequentibus sunt: nam volentes

ostendere quód adulter, quod consequens est, accipiunt, quod comptus, aut quod videtur noctu errabundus: pluribus autem hæc quidem insunt, prædicatú tamen non inest. Similiter auté & in ratiocinatiuis: vt est Melissi oratio, quod infinitú est vniuersum: sumens aut vniuersum ingenuú (nam ex nihilo nihil sieri) quod aut factum est ex pricipio fieri: si igitur nó factum est, principium non habet. vniuersum, quare infinitum: non accesse est autem hoc accidere, non enim sl omne quod factum est, principium habet, etiam quicquid principium habet, factum est: quemadmodum neque febricis calidus, etiá colidum necesse est febrire. Quæ vero propter nó causá, vt causam: cum est sumitur q nó causa est, tanquam propter illud fiat redarguitio accidit autem tale: ad imposibile syllogismus: necessarium nam est in his aliquid interimere ex iis, quæ posita sint: si ergo connumeretur in necessarijs interrogationibus ad id, ad qd accidit impossibile, videbitur propter id sæpe fieri redarguitio, vt q non est anima, & vita idem: nam si generatio corruptioni est cótrarium, & alicui corruptioni erit quædá generatio cótrari: si mors aut corruptio quædá, & contrarii vitæ, quare vita generatio, & viuere generari: hoc aut impossibile: non ergo idem anima & vita. Nequaquam collectum
est

A est, nam accidit (tametsi quispiā nō idem dicat vitā & animam) impossibile: sed soli cōtrarium vitā quidē morti, cum sit corruptio, corruptioni autē generationem. Incollectiles igitur simpliciter nō sunt huiusmodi orationes, sed ad propositū incollectiles: & latet plerunq; nō minus ipsos interrogātes quod tale est. Propter igitur consequens, & pp non causam orationes huiusmodi sunt. Quæ aūt propter id, quod est duas interrogationes vnam facere, quando latet plures esse, & perinde ac vna sit, assignatur responsio vna. In aliquibus autē facile est videre q plures, et quod nō danda vna responsio: vt vtrum terra mare est an cœlum: in aliquibus vero minus, & quasi vna sit, aut cōfitētur (eo q nequeunt respondere ad interrogatū) aut redargui videntur: vt putas hic & hic est homo: quare, cū aliquis percusserit hūc & hunc, percutiet hominem & non homines. Aut rursum quorum hæc sunt quidem bona, illa

Plures interrogationes vt vna.

C aūt non bona: omnia hæc bona, an nō bona? nam vtrumuis dixerit, est quidē vt aut redargutionē, aut falsum apparens videat facere: nam dicere eorum, quæ nō sunt bona aliquid esse bonū, aut eorū, quæ bona sunt non bonū, falsum. Quinq; autem assumptis quibusdam, redargutio et fiet vera: vt si quis cōcedat similiter & vnū & plura dici albo, & nuda, & cęca: nam, si cæcū est q non habet visum, natum tū habere, & cæca erunt quæ non habent visum, nata autē habere: quando igitur hoc quidem habet visum, illud autē nō habet, ambo erunt vel videntia, vel cæca: quod est impossibile. D

Sermo de fallacijs ex rebus. Cap. 4.

LOca aūt fallentia sunt septē loca, quorū Vnus est, q curtat id, q ē accidēs, cursu eius q est per se. Secundus aūt est acceptio connexi, vt absoluti, seu sm quid vt simplr, quādo acciperetur id, cuius sententia est q accipiatur connexum solum, ac si esset verū simpliciter, hoc est, id quod est connexum attributo. s. alicui attributo, aut quo ad tempus, aut quo ad locū, aut quo ad aliam speciē connexionum. Tertius autē est, qui accidit ex pauca notitia conditionum elenchi, & illatione oppositi eius, de cuius notitia & esse gloriatur aduersarius. Quartus autem est locus consequētis. Quint' est prologus ad quęsitū, seu petitio principij. Sextum est acceptio nō causæ, vt causæ. Septim' est acceptio interrogationū plurū, ac si esset interrogatio vna. Elenchi itaq;, qui fiunt ex eo q est per accidēs, sunt, qn̄ cōtingerit q prædicetur aliqua res de re aliqua per se, & contigerit alteri illarū duarum rerū, aliquā dispositionem per accidēs, quia putaretur ip: d. quod est per accidens, inueniatur alteri illarū duarum rerū per se. exempli gra, sermo dicentis; Socrates demōstratus est nō homo, & Socrates demōstratus est hō, neq; hō non est homo, & hoc, quia prædicatio humanitatis de Socrate est p se accidit ad huic ex parte, qua est singularis, q fuerit nō hō, quod est

G est species & vie:& putatur propter hoc, q̄ sequatur ex illo, q̄ hō sit non hō. exēplum huius etiā est, Socrates est nō Plato: Plato aūt est homo, ergo Socrates est non homo. Fallacia autem, quæ accidit ex acceptione cōnexi absolutè, i. fm quid, simpliciter est, sicut si diceret quispiam, si quod est nō ens, esset opinabile, opinabile aūt est ens, id itaque quod est non ens, est ens. Aut diceremus, si quod est ens est opinabile, opinabile autē est non ens, id itaque, quod est ens, est non ens. Hoc autē verificaretur, qñ cōnectitur, non qñ absoluit̄, &

H hoc, quia quod nō est ens extra cogitationem, est itaque ens fm cogitationē, non simpliciter. Sic etiā quod est ens fm cogitationē, est nō ens extra cogitationem, non simpliciter, hoc est, q̄ verificetur res de illo simpliciter, & sequat ex eo q̄ verificetur nō simpliciter, accidit autem fallacia in hoc loco, qñ accidit q̄ sit paucea & latens differētia inter absolutū & connexū: quanto aūt dña fuerit magis latēs, magis erit fallacia per illam, & difficilius constabit modus fallaciæ in ea, quāto vero euidēnior fuerit, minus erit fallacia, & facilius

I constabit. Hoc autē variabitur fm materias, & in quibusdam locis pōt esse, q̄ cadat fallacia, cuius solutio nō sit facilis, in aliquibus aūt locis accidit fallacia, cuius solutio sit facilis. Exēpli gratia, sermo dicētis, æthiops est niger, & æthiops est albus fm dentes, æthiops itaque est albus & niger simul. Possibile ení est quod accideret talibus fallacia in hoc, ex quo est latens varietas inter nigredinem æthiopis & albedinem eius dentiū, & ideo possibile est, q̄ homo admittat, q̄ æthiops sit niger, & admittat

quod sit albus pp albedinē eiū dentiū: hic aūt nō est valde latens, ideo iam facilis est eius solutio plūribus hominibus. In aliquibus vero locis nō cadit per hoc fallacia propter cognationē varietatis inter illa, sicut est sermo dicentis, æthiops est hō niger, homo aūt est albus, quia non accidit ex hoc, quod homo niger sit albus, ex quo albus, & niger sunt duæ species hominis notæ differentia tē inter eos est nota valde, & manifesta omnibus, & ideo possibile est vni, q̄ admittat q̄ homo æthiops sit niger, & q̄ homo sit albus, & possibi-

L le est q̄ admittat, q̄ æthiops sit niger, & albus fm eius dentes. Locus vero est, non accidit fallacia propter ignorantiā vnius cōditiōnis ēlenchi. Hoc itaque accidit ex privatione notitiæ cōditionum syllogismōrū cōcludentis ēlenchum: testimoniāl aūt est notitia cōditionum cōtradictōriī, & hoc, quia cōtradictoriū nō est q̄ cōtradicat fm dictionē solū, sed fm rē, hoc est, q̄ ipsa eadem sit in enunciatione affirmatiua, quæ ipsamet est res in enūciatione negatiua, quæ opponit illi omnibus modis. Fit aūt hoc, qñ res prædicta in illis fuerit vna, aut subiectum, vel

M aut reliquæ cōditiones eædem, quæ largiuntur in vna duarum enūtiationum oppositarum, sint ipsæmet, quæ largiuntur in alteraque rēpōte, & loco, & modo, & cæteris, quæ dicta sunt in lib. Periherimenias. Iste aūt locus est fallens, quia quidam hūies vistsunt sibi, q̄ cōtradixerint enūtiationem. Iā argumētat est adversi̇orius, quod dimittat cū absque cōtradicant ei fm cōditiōnes, quæ terminatæ sunt in eo, quod præmissum est, sicut patēt ex superioribus.

A ponens ꝙ hoc sit duplum huius, & declarat declarare, ꝙ non sit duplū, dicere alī a nostrū de eo, ꝙ non sit duplum verificatur de eo modo alio à modo, quo verificaretur de eo, ꝙ sit dupla, & agens hoc opinaretur, ꝙ tū demonstraret, sicut verificaret, ꝙ linea sit dupla in ea parte longitudinis, & non dupla ex parte latitudinis, postꝙ linea est longitudo, cui nō est latitudo. Fallacia aūt, quia sit accidit propter prolongū ad que sitū primum seu petitionem principij. Accidit itaque tot modis, quot

B possibile est, ꝙ accipiatur oppositū rei cū interrogatione, ac si esset nō sippositū. Intendo aūt per oppositū illorum, cuius intēditur destructio, & accidit in hoc elenchus, & hoc ꝙ annecteretur ipsimet rei, sicut declarū est de syllogismis, qui cōpondēt ex oppositis. Ille autem est duarum specierum, prologus ad oppositum quæsiti, & ille est cuius meminit Aristo. ꝙ sit ille, quo replurimū accidit elenchus, & prologus ad ipsummet quæsiti. Iam aūt dictū est in libro Priorum de modis, qui ut possibile est ut accidat hic accidens vere. De modis aūt, quibus putatur, ꝙ tam ac-

C cidat hoc, & non accidat, dictum est in lib. Topicorum. Causa vero loci, quo accidit fallacia elenchi propter cōsequens, est putare cōversam assit manue vniuersalis esse vsem. exem pli era, ꝙ apud aliquem bolem sue erit, ꝙ ois pregnātis venter sit tumes, & oriat in eius mente ꝙ omnis tumens venter sit pregnās. Ex hoc aūt loco multoties accidit fallacia sensū, adeo ꝙ putat de felle. v.g. ꝙ sit mel ꝙ petit initatem, quæ sentitur in vtroꝙ, & putate de terra humecta, ꝙ pluerit in ea, quia sentitur fuerat,

D ꝙ terra, in qua pluerat, sit humecta, hoc aūt nō est verū. Et ideo dicimus, ꝙ nō cōcludit syllogismus ex duabus affirmatiuis in secūda figura. Syllismi aūt signa, qui sit in Rhetorica, iam sit ex duabus affirmatiuis in figura secūda, quia tales syllogismi iam fiunt in Rhetorica ex rebus, quæ consequuntur duabus ex premissis, sicut ꝙ intendit Rhetor declarare, ꝙ iste sit adulter, & acceperit consequens adulterū, gratia exempli, qui est sucus aut error incessus n nocturni, & diceret iste fuerat, & aduiter sucatur, er-

E go iste est adulter. Hoc autem nō est verū : sucus enim inuenitur adultero, & nō adultero : sicꝙ etiam & error incessus nocturni. Et ex hoc loco errauit Melissus, qū dixit, ꝙ totū nō habet principium, & hoc, quia inuenit verum, ꝙ od generabile habet principiū, opinatus est, ꝙ quicquid habet principium sit generabile, & ex quo opinatus est istud, verificatū est ei contrarium eius cōtradictorij, quod est, ꝙ quicquid nō est generabile, nō habet principium, mundus aūt nō est generabilis, ergo illud nō habet principium, & ꝙ ipsum etiam sit infinitum, & nō qū omne gene-

F rabile habet principiū, sequitur ꝙ omne habens principiū sit generabile, sicut ꝙ si omnis febricitans sit calidus corpore, nō sequitur, ꝙ omnis calidō corpore sit febricitans. Locus aūt, quo accidit elenchus fallentex acceptione eius, quod non est causa conclusionis, ꝙ sit causa, sit, quando in syllogismo accipitur præmissa cū præmissis, ex quibus sequitur cōclusio falsa : aliter aūt putaret, ꝙ cōclusio sequeret ex illa premissa, hoc autem accidit in syllogismo ducēte ad impossibile, hoc est, syllogismo

Log.cū cō. Auer.   T   con.

G contradictionis, quia auferret partē præmissarum posticarū in eo, inquā tū inferret falsum, accidit aūt valde in eo ꝗ ingrediat præmissa, quam sophistica intēderet destruere cū summa præmissarū falsarum, ex quibus accidit ipsum falsum. Qñ aūt acciderit, putas ꝙ acciderit ex illa præmissa, in cuius destructione errauerūt, ipsum aūt falsum sequitur nõ ex illa præmissa, sed ex alia præmissarū falsarū, quas posuerat. Exēpli gratia, diceret quispiam, ꝙ anima & vita nõ sint vna res, quia si esset vna res, omnes species generationis essent cõ

H trariæ omnibus speciebus corruptionis, & singulis speciebus corruptionis essent singulæ species generationis, quæ eas appropriarēt, quæ essent eis cõtrariæ, mors autem est corruptio quædam, sicque vita est generatio quædam, qñ aūt vita erit generatio, vita est ei, quod fuit & perfectum est, generatio autē est eius qđ generatur. Illud itaque, quod generatiā fuit, hoc aūt est diuersum impossit, ergo alia & vita non sunt vna res, qñ hoc falsum sequitur ex hoc sermone, licet nulla suarum præmissarū supponat, ꝙ alia & vita sint vna

I res: & ideo nõ dicimus, ꝙ nõ sit illatiuus simpliciter, sed dicimus, ꝙ nõ sit illatiuus in comparatione ad id, quod intenderat cõcludere. In essentia aūt istius exempli est fallacia quædam, sed non curamus de ea hic, & ideo hoc exemplū facit errare multos. Fallacia autem, quæ accidit in eo ex loco cõsequentis, & ex acceptione eius, ꝙ non est causa conclusionis, ac si sit causa sic. Fallacia vero, quæ accidit ex acceptione duarū interrogationū in vna interrogatione, accidit ex parte, quia ferret duo se

spõsa diuersa, quibus respõderet vni co respõso. Accidit a sit hæc fallacia, qñ accipit loco vnius prædicati in enunciatione plusꝙ vnū prædicatū, & loco vnius subiecti in enunciatione plusꝗ vnum subiectū. Exēplum itaꝗ eius, quo accipiuntur loco vni prædicati duo pdicata est sermo dicētis, terra est ex aliquare & aquat iste. n. est duæ enuntiationes & duæ interrogationes, nõ vna. Exemplū aūt acceptionis duorum subiectorū est sermo dicentis, hic & hic est b õ: hic. u. sunt duæ enuntiationes, non vna enūtiatio. Quidam aūt hutum

K est, qui qñ interrogatus fuerit talibus interrogationibus pluribus, ac si esset vna interrogatio, forte cogitabit multiplicitatē, quæ est in interrogatione, & stabit, & pausabit. Forsitan autē respondebit vnico respõso, & pueniet ei elenchus & falsum, si cut si dicerem, hic & hic est b õ. Ille itaꝗ, ꝗ percusserit hunc & hūc, percussit itaꝗ, vnum bolem non duos boles. Plurimū aūt ꝙ accidit fallacia sm hūc locū est, qñ cõtigeritꝗꝑ prædicata rerū, de quibus interrogatur interrogatio, sint contraria, sicut in aggregato quarundam rerum sit

L bonum, & earum sit aliquid, quod nõ sit bonū, & interrogaret de oib ipsis vna interrogatione, an sit bonū, vel nõ bonū: quæcunꝗ aūt duarū respõsionū respõderet esset fallacia, nisi diuideret aliquā rē in eas, & ferret respõsum de eis sm numerū interrogationū, quæ sunt in eis, sicut si interrogaret â fruitio sēsibiliū & fruitio intelligibiliū si bona, an nõ bona: ga si diceret bona, erraretur, quia fruitiones sensuū nõ sunt bonæ. Si aūt diceret malæ, erraretur, quia fruitiones intellectiuæ sunt bo-

M

N

æ,

A ... & lockabilis. Qñ aũt illa ũ plu- / ra ũ eri iudici ũ fiierĩt vnũ iudici, / ille locus nõ fit folũ graphus, & hoc, / qa iudiciũ vnũ ex illis fuerit idẽ, / ꝙ iudiciũ vnũ, qa ñc interrogatio / de offẽ eſt, ſicut interrogatio de vna / erũ, ſicut diceret an hoc & hoc ſit / ſi ecũ, poteſt excuti ſit priuatio vi- / ſus, videũ aũt nõ differt a videre, et / parte qua eſt vides, & in tali loco ſit / ex vna eadẽ enũtiatione reſpõſem / enũtiationũ plurimũ aũt vnũ eo- / rũ fuerit rectẽ, & alterũ vides, impoſ- / ſibile eſt, ꝙ reſponſem ſit vnum.

Omnis ſophiſticus redargutiones in ſepa- / rantium redargutionis enuerantur

B ... ур. Cap. 5.

AVt igit ſic diuiſẽ illi appa- / rentes ſyllos, & redargu- / tiones: aut oẽs reducedũ / ad redargutionis ignorãtiã, his, / qui hanc principiũ faciunt: fieri / enim poteſt, vt omnes reſoluamus / dictos modos ad redargutionis / definitione. Primũ quidẽ ſi in- / colleᵭibiles fuerint, oportet enim / exiis, quæ poſita ſunt, accidere / concluſionẽ, & vt ita dicam, ex / neceſſitate, atꝗ nõ apparere. De

C inde & ſmˢ partes definitionis: / pẽ earũ, quæ ſunt in dictione, he / quidẽ ſunt ꝓp duplex, vt æqui- / uocatio, & oratio, & ſimilis figu- / raˢ&vetũ, n. id oſa, vt & illud / quippiã ſignificare. Compoſitio / aũt, & diuiſio, & accentus, eo ꝙ / nõ eadẽ eſt oratio. aut nomẽ ꝙ / differ̃s: oportebat aũt & id eſ- / ſe, quemadmodũ & rẽ eandẽ, ſi / debebat redargutio, vel ſyllus / eſſe vll tunica, nõ veſtis ſylло- / gizeretur, ſed tunicanam verum

D eſt & illud, ſed nõ ſyllogizatum / eſtſed adhuc interrogatione in- / diget, ꝙ idem ſignificat ad eum / qui quærit propter quid. Quæ / vero ſmˢ accidens, definito ſyllo / giſmo manifeſta ſiunt: nã eandẽ / definitionem oportet ſyllogiſmi / & redargutionis fieri, attamẽ et / & adiungere contradictionẽ: nã / redargutio ſyllus eſt contradi- / ctionis, ſi igit nõ eſt ſyllus acci- / dẽtus, nõ fit redargutionẽ: enim / ſi cũ hæc ſint, neceſſe eſt illud eſ- / ſe, id aũt eſt album eſſe propter

E ſyllogiſmũ: neꝗ ſi triãgulus duo / bus rectis tresˢ angulos habet / æquales & accidit ei figuralẽeſſe, / vel primũ, vel principium, ꝗ ſi- / gura, vel primũ, vel principiũ / tale eſt: nã nõ quatenus figura, / vel primũ, vel principium, ſed / quatenus triãgulus demõſtra- / tio ſimiliter & in aliis. Quare, ſi / redargutio ſyllus quidã, nõ erit / quæ ſmˢ accidẽs redargutio. Ve / rũ propter hoc & artifices et om- / nino ſcietes ab inſciis redarguũ-

F tur: nã ſmˢ accidens ſyllogimos / faciunt contra ſapientes: qui ve- / ro nõ poſſunt diuidere, aut inter / rogãt concedunt, aut cum non / dant, arbitrantur dediſſe. Quam / vero propter id ꝙ aliquo mo- / do, & ſimpliciter, quoniam non / de eodem affirmatio & negatio / eſtnũ aliquo modo albi, aliquo / modo nõ albũ: & ſimpliciter al- / bi, ſimpliciter non albũ, negatio / eſt illˢ igitur cũ datur aliquo mo / do eſſe albũ, quis ve ſimpliciter / dictũ accipit, non facit redargu-

T ij nonem:

G tionem : apparet autem propter
ignorantiam ipsius, quid est redargutio. Manifestissimæ aute
osum quæ prius dictæ sunt pro
pter redargutionis definitione,
quare & sic nuncupatæ sunt: nã
propter rationis omissione phã
tasia sit,& diuisis hoc pacto, cõmune in oĩbus his ponendũ est
orationis omissio. Quæ vero p-
pter id quod sumitur, quod erat
in principio,& non causa vt cau
sa ponitur, manifestæ sunt per
definitionem: nam oportet con-

H clusione accidere, eo quod hæc
sunt, quod nõ erat in non causis:
& rursum non connumerato eo
quod erat in principio, quod nõ
habent eæ quæ sunt propter petitione eius quod in principio.
Quæ vero propter consequens
particula sunt accidentis : nam
consequens accidit: differt aute
ab accidenti, quoniam accidens
quidem est in vno solo sumere,
vt idem esse flauum,& mel,& al
bum, & cygnum: quod autem
propter consequens, semper in

I pluribus: nam quæ vni & eidẽ
sunt eadem, & sibi inuicem po-
stulãtur esse eadem : propter qd
sit ea quæ propter cõsequens re
dargutio: est autem nõ omnino
verum, vt si sit album m̃ accidens: nam & nix & cygnus albo idẽ: aut rursum in Melisso ora
tione idem esse accipit factũ esse, & principiũ habere, aut æqua
lia fieri, & eandem magnitudinem accipere. Quoniam enim
principium habet quod factum

est,& quod habet principiũ, fa- K
ctum esse postulat, tanquã am
bo eadẽ sint, eo cp principiũ ha
bent factũ esse & finitũ. Simili
ter aũt & in ijs,quæ æqualia fa
cta sunt, si eandem magnitudinem, & vnã sumentia æqualia
fiunt: & quæ æqualia facta sunt,
eandem & vnã magnitudinem
sumunt: quare consequens sumit, cp igitur propter accidens re
dargutio, in ignorãtia redargutionis est: manifestũ, & cp ea, quę
est, pp cõsequens: inspiciẽdũ
aũt est id & alias. Quæ vero pro L
pter id, quod est plures interrogatione vt vnã facere, in eo sunt
cp nõ enucleamus, siue nõ diuidimus propositionis orationẽ
nam propositio vnũ de vno est:
nã idẽ terminus vniʾ solius rei,
& simplʳ rei: vt hoĩs: similʳ aũt
& in alijs. Si igĩt vna propositio
est, quæ vnũ de vno postular, &
simplʳ erit propositio talis, inter
rogatio. Atqui quoniam syllʳ ex
propositionibus est, redargutio
aũt syllogismus, & redargutio
erit ex propositionibus:si igĩt pro M
positio vnũ de vno, manifestũ
quonia & hæc in redargutionis
ignorãtia: nã apparet esse propo
sitio, quę nõ est propositio. si ita
que dedit respõsione vt ad vnã
interrogationem, erit redargutio, si autem non dederit, sed apparet, appares redargutio. Quare, omnes loci cadũt in redargutionis ignorãtia: qui quidem
dictij sunt propter dictionem,
quia est apparens contradictio,
quod

A quod erat proprium redargutionis, alñ au rem propter syllogismi terminum.

Sermo de reductione omnium specierum
fallaciarum ad fallaciam elenchi.
Cap. 3.

Ista aût loca, quæ narrauimus, licet numerus suorum modorû sit
iste, cuius meminimus, omnia tamê
reducuntur ad paucam notitiam
elenchi, hoc est, latentiam alicuius
rei conditionû elenchi, & hoc, quia
ex quo elenchus verus est syllogismus inferens contradictorium con-
B clusionē, quod notû est in ea, manifestû est, ꝗ omniû istorû locorum
fallacia apparet ex parte syllogismi
simplr, & ex partibus eius definitionis, & definitione cōtradictorij. ex
definitione quidem syllogismi, quia
iam dictum est de eo, ꝗ sit sermo, in
quo, quādo posita fuerit res plures
ꝗ vna, sequitẽ ex illis aliquid aliud,
quādo aût hoc ita nō fuerit, manifestum est, ꝗ quando cōsequentia est,
nō est necessaria, sed est ex eis de qui
bus putatur ꝗ sint necessariæ, absꝗ
ꝗ ita sit ipse itaꝗ; non est verus elen
chus. Ex partibus aût eius definitio-
C nis est, quia iam res, quæ ponuntur
in eo, sunt duæ præmissæ & tres termini, quæ conueniunt in vno termi
no, qui vocatur medius, sicꝗ quādo terminus medius non fuerit vn°
in eis, aut altera extremitatû nō fuerit in conclusione, est manifestû ꝗ
nō est syllogismus vere: sic etiam,
quando altera extremitatum fuerit
accepta fm aliquam conditionem,
quæ non fuerit acceptain cōclusio
ne: quādo autem hoc ita fuerit, omnes fallaciæ, quæ fuerint propter
æquiuocationem nominis dictio-

num simpliciû, & æquiuocatonē D
cōpositionis, & figurā dictionû, reducuntur ad esse terminû medii non
vnum, m sylm adiacēt esse vnam ex
treminatum In præmissis aliam ab
ea, quæ est in conclusione. Ille aute,
qui sit ex diuisione & cōpositione,
reducitur in acceptionem præmissatû
sm modû alium a modo, quo accipiuntur in conclusione, & nō siunt
vnū numero, neꝗ in syllogismo, neque in conclusione. Fallacia autem,
quæ sit ex eo, quod est per accidens,
reducitur ad latentiam alicuius cōditionum syllogismi demonstrati-
uû, & hoc, quia eius conditionis est, E
ꝗ eius præmissæ sint necessariæ &
vniuersales. Id aût, quod est per accidens, non est necessariû, neque
vniuersale, sed particulare, quia quā
do inuenit aliqua resalba per accidens, non sequit, ꝗ aut cūtid sit huius rei, sit albū, neꝗ fm modû, quo
fuit, neꝗ quādo fuit, & vniuersaliter quādo cōnecteret aliqua res cū
aliqua re, ꝗ sequitur ꝗ illa res sit cō
nexa illi rei, exempli gratia, qa ea ꝗ
quo cōnectit ipse esse triangulu, ꝗ
sit figura, & ꝗ sit habens lineas, & ꝗ
sit habens angulos æquales duobus
rectis, nō sequitur, ꝗ quando inue- F
niunt figura, ꝗ sit habens lineas rectas, & ꝗ ei° anguli sint æquales duo
bus rectis: sic quādo obseruauerit ꝗ
præmissæ sint per se, & ꝗ sint præmissæ quæ sunt in syllogismo simpli
citer sola secundum rem, quæ repo-
nuntur in termino medio secundû
nō secundum dictionem est manifestum, quōd non accidit obserua-
tori neꝗ cognoscit in illo illud hui
modus fallaciæ, hoc est, ꝗ sit ꝗ cōclusionem, aut propter id quod est se
cundû accidens: & idcirco non posfi

T iij bre

G bile fuit, q sciens aliquã rem fallaciam, qui nescit syllogismũ: sicut sciens elenchũ distinguens ista loca, quę narrauimus, dignior est, q non erret quam sciens ea non distinguens ipsa, neque sciens eorũ distinctionem in illas partes. Fallacia aũt, quæ accidit propter acceptionem rei cõnexæ vt absolutæ, idest sm quid vt simpliciter, reducitur ad paucã notitiam conditionum contradictorij, quia quod est album sm partem, nõ est eius contradictorium quod nõ est albũ simpliciter, sed putatur tale q sit cõtradictoriũ propter paucã no-
H titiam elenchi, & propter affinitatẽ differẽtiæ, quæ est inter ea: plurimũ autem, quod aduenit ex latentia cõditionũ cõtradictorij, est q appropriatur nomine elenchi, & est q accipiatur destruens oppositum conclusionis, id aũt, quod nõ est oppositũ, & locus absoluti & connexi seu simpliciter, & sm quid ex ista parte est pars istius loci, sed ex parte qua accidit ex eo q præmissa sit accepta sm aliquem modũ, qui nõ est modus, quo accipitur in conclusione, est locus separatus per se. Et fallacia, quæ ingreditur hanc partẽ, quæ reducit
I in latentiam elenchi, est, q termini accepti in præmissis sint aliter, qui accepti sunt in conclusione. Fallacia autem, quæ est propter petitionem principij, & propter acceptionẽ non causæ conclusionis vt causæ, manifestum est, q accidit ex latentia eius, quod est acceptum in definitione syllogismi. Petitio quidẽ principij accidit, quando latuerit, q consequens sit alia ipsa conclusione, & hoc, quia consequens in petitione est ipsamet præmissa: & sic etiam acceptio vt causa eius, quod non est causa, sit illi, quem latuerit, q consequens ex syl-
K logismo sit necessario. Locus vero consequentis reducitur ad eũ qui est sm accidens, & aliquo modo ingreditur sub eo, sed differentia inter ea est, quia hic est putare de vno q sint plura. Exẽpli gratia, quia ex quo accidit circinitati demõstratæ q sit mel, putatur q omne citrinum sit mel, hic aũt est putare de pluribus, q sint vnũ, & hoc, quia ex quo accidit cerbero, q sit albus, putauerunt q scribens sit albus, & ex hoc loco, hoc est, loco consequentis, putauit Melissus, q omne habens principium ha-
L beat generationem, quia ipse putauit, q id, quod accidit illi, quod est generabile, accidit omni habenti principiũ, hoc est, q sit generabile. Causa aũt fallaciæ, quæ accidit propter acceptionẽ pluriũ interrogationũ, vt vnã interrogationem, est latentia illius, quod dictum est in definitione contradictionis: ex quo oportet q prædicatũ in illis præmissis sit vnũ, & subiectum vnũ, & q vni affirmationi nõ sit nisi vna negatio, nec vni negationi nisi vna affirmatio, quia quando fuerit vnũ, contradictio sit vera, quãdo aũt putatur de
M eo q sit vnũ, & nõ est vnũ, eius elenchus est falsigraphus. Omnes itaque isti modi reducuntur ad paucitatem notitiæ elenchi: hic aũt est syllogismus verus sm figurã concludens contradictoriũ rei, cuius destructio intenditur, & eo, quãdo latebit aliqua res ex conditionibus syllogismi veri sm figuram, aut ex conditionibus contradictorij, accidunt ista loca fallentia. Sic itaq; iam declaratũ est ex hoc, q ista 13. loca dictionalia & septem extra dictionem reducuntur ad latentiã definitionis elenchi veri, aut partiũ eius

definitio-

A definitionis, hoc est ad latetiā definitionis ſyllogiſmi, aut latetiā definitionis cōtradictorij, & q̄ quedam eorum ſunt, quæ reducuntad latentiā definitionis cōtradictorij, & quę dā reducūtur ad latētiam definitionis ſyllogiſmi, & quedā eorū reducuntad ambas res ſimul. Loca autē fallentia ex dictionibus cōueniunt, quia ipſa faciunt putare illū, qui nō eſt ſyllogiſmus, q̄ ſit ſyllogiſmus.

Cauſæ deceptionum, captionum ſophiſticarum. Cap. 6.

DEceptio autem fit in ĩs quidem, quæ propter æquiuocationē, & orationem, eo q̄ nō pōt quis diuidere id, q̄ multipliciter dicitur: nā quædam non eſt promptum diuidere, vt vnū, & ens, et idem. In ĩs aūt, quæ ſunt propter compoſitionē, & diuiſionē, eo quod nihil putatur differre cōpoſita & diuiſa oratio, ceu euenit in plurimis. Similiter aūt & in ĩs quæ ſunt propter accentū: non enim aliud videtur ſignificare intenſa, & remiſſa oratio in aliquo, aut nō in pluribus. Earum vero, quæ ſunt propter figuram ob ſimilitudinē dictionis:difficile eſt enim diuidere, quæ ſimiliter, & quæ aliter dicuntur: nam ſermē qui hoc pōt facere in procinctu eſt, vt videat verū:maxime aūt ſciet innuere, q̄ omne, q̄ de aliquo prædicaf, arbitramur idipſum aliquid eſſe, & vt vnū intelligimus: nā vnum, & ſubſtantiam maxime videtur ſe qui id, quod eſt aliquid, & ens. Quare in ĩs, quæ ſunt propter

dictionē, hic locus ponēdus: pri mū quidem magis deceptio aggignutur in ĩs, qui cùm alĩs conſiderāt, quàm qui per ſcipſos:nā ea, quæ cum alio eſt, cōſideratio per orationē eſt, quæ aūt per ſcipſos, non minus per ipſam rem. Deinde & per ſcipſos decipi accidit, quādo in oratione facit cōſiderationē: præterea deceptio quidem ex ſimilitudine, ſimilitudo autē ex dictione. In ĩs aūt, quæ ſunt propter accidens, eo q̄ non poteſt dĩudicare idem et diuerſum, & vnum & multa:nē que quibus prædicatorū omnia hæc & rei accidunt.Similiter autem & in ĩs quæ propter conſequens ſunt: pars enim quædam accidentis, eſt conſequens. Amplius & in multis apparet, & poſtulatur hoc pacto, ſi hoc ab illo non ſeparatur, nec ab altero ſeparatur alterū.In ĩs vero quę ſunt propter omiſſionem orationis, & in ĩs quæ ſunt propter id q̄ aliquo modo & ſimpliciter, eo q̄ propter parum deceptio eſt. nā quaſi nihil cōſignificet quid aut aliquo modo, aut ſimpliciter, aut alicubi, aut nunc, vniuerſaliter concedimus.Similiter autem & in ĩs, quæ quod in principio eſt ſumunt, & in nō cauſia, & quæcunq̄ plures interrogationes vt vnam faciunt: in omnibus enim hiis eſt deceptio, ob id quod propter parum: nā nō exacte diſcernimus, neque propoſitionis, neq̄ ſyllogiſmi terminū, propter prædictam enuſam.

T iiij Sermo

G Serum de rebus, quibus elenchi sunt duo-
pini, et de elenchorum speciebus secundum illas. Cap. 6.

CAusa aut fallacia, quæ sit propter æquiuocatione dictionū,
est difficultas separationis rerum
mutari, de quibus dicit dictio vna,
& significater per dictiones disperatas
quod multiplicat esse terū, in quas
cades, & difficilis fit earum cognitio
& separatio, sicut est separatio re rū
in quas cadit nomen vnius & entis.
Causa aut fallacia, quæ accidit propter diuisione dictionis, & eius cum
positioe, est pauca perceptio diuer-
sitatis, quæ accidit significato dicto
nequaque alicunda diuiditur, & de
inde exponitur nonnunqi, & licet it
ipsi dictioni, quæ aduenit propter
æquiuocatione signæ, & diuersita-
tem dispositionis suarū literarū, &
punctorū sin suas significationes. Il
le aut, apud quē est potestas cognoscendi fallacias, quæ siunt propter
dictione, proximus est, qi non retie
ro rebus nisi pauco errore, & inue,
quando significat, & distinguit rem
de qua verificatur attribuum, aut
falsificat, quia putaret omnes illa
res, quas significaret ista dictioe, ac si
essent sentiae apud eū, & demonstra
tur, & festinaret, & determinaret in
dispositione, quæ conuenit re hoc
attributū, determinat inconueniem
o exempli gratia, quando audiuerit
quis, qi res si eus vnum, determinauit qi ista resfit singula subsistance
demonstratū, quia res & ens dicuntur
de substantia demonstrata vna sin
numerum, & ideo quod appatet no
bis primo qi fallaciæ accidat nobis
est propria dictionis, licet appareat
eius causa erroris propter res fallentes, quæ numeratæ sunt & hoc, quia

causa erroris, qui sit propter æquo-
uersiā aduersariū, & vnius eius est
fallacia illorū locorum dictionalis.
Causa aut erroris, qui sit eius ideo
consideratā est in se, sunt illa descripta,
licet accidat iam apud consideratione
fallacia propter dictiones; & huic,
quādo aliquis homo valde media-
tur, qi disputat sed ipse, sicut laceret
eū illo rū quo litigat, & imaginatur
dictiones cū rebus, & vniuersalitate
causa fallaciæ in istis locis sunt per-
missæ cū pauca perceptione differe-
tiæ, quæ sit inter quid sit diuisum, &
quid sit idē. Sicque causa fallaciæ dictionū est difficultas distinctionū in
ter eas & inter res, & acceptio eius qi
est diuisum, ac si esset idem. Et istæ
eadē est causa fallaciæ eius, qi est sin
accidēs, & qi ille homo nō distingue
et id, quod cuisquitur illa in prædi
catorum essentialium à rebus, quæ
sint per accidens. Et hæc eadem cau
sa accidu fallacia loci consequentis
quia hic locus, sicut diximus, ingreditur illā, quæ est accidentis, & est pars
illius. Causa aute fallaciæ, quæ accidit propter absolutum & conuerti,
seu simplificare & suo quid, est qi in-
tetur qi diuersum sit, idem; hoc aut
accidit propter paucitatē diæ, quæ
fuerit inter ea. Sic etiā fallacia eius
cuius causa est petitio principi, &
ea, cuius causa est acceptio eius quod
nō est causa vt causa. Causa aut eius,
quæ est acceptio plurib interroga-
tion li, ac si esset vna, est putatio per
ceptionis differētiæ, quæ est inter ea
fin &. Acceptio aut eius, qi non est
causa, est ppter paucitatem diæ inter illud & ipsū, qi est causa vere.
Causa aut petitionis principij est pau
citas diæ, quæ est ab inter formam
syllogismi, quo positū est ipsū quæsitum.

K

H

I

L

M

A ſiium, & inter verum ſyllm, ex quo
eius forma, eſt forma ſylli. Quando
auit hoc ita fuerit, cuiuſ fallaciæ iſto
rum locorum reducitur vlt in duas
reſ, quarū vna eſt, φ putetur de eo,
qui non eſt ſyllt, φ ſit ſyllt propter
paucam dſam, quæ eſt inter eos, &
φ poretur de eo, quod non eſt con-
tradictoriſ, φ ſit contradictorium
pp pauciratē dſiæ, quæ eſt inter ea:
hoc autem accidit, qñ non perficiun
tur definitiones cuiusφ, eorum per-
fecti, neq; ſubtiliter diſcernunt, hoc
B eſt ſyllt elenchus, quia, ſi declararet
nobis ex quot cauſis ſint ſylli ſophiſtici fallentes, hoc eſt, elenchi ſophiſtici, neq; de omni elencho, qui putatur φ ſit elenchus, eſſet contradictio, neq; elenchus. Elenchi autem
vltes non proportionari, ſuotq́ui nõ
proportionantur alicui arti artium
demonſtratiuarū, & ſunt elenchi, de
quibus putaret φ ſint elenchi, ille q́
non fuerit exercitatus in illis artib',
ſicut elenchus artium demonſtrati-
uarum ſit elenchus verus non pro-
portionatus, qñ non proportionato
vtitur ars Topicæ: fallentur autē in
hoc demonſtratiue qui neſciunt, φ
hoc genus ſit propriū artis Topicæ,
hoc eſt, eo vti nõ proportionato: &
hoc, quia hæc ars vtitur falſis, lqñ ſue
rit famoſum, & eo magis ex non pró
portionato. Sic etiam vtiſ elenchus
falſis vniuerſalibus, ſicut artes demõ
ſtratiuæ vtuntur elenchis proprijs.
Dſia etiam inter hanc artē vti elenchis vniuerſalibus, & inter artē elen
chi topicā vna eſt, quia ars vniueri-
ua vtitur hoc ad augendam intellectionē & diſciplinam, iſtius autē intentio eſt fallere. Sic hæc ars eſt quo
dammodo pars artis topicæ, & ſicut
elenchus, qui ſit in redargutionibus

demõſtraciui ex præmiſſis veris nõ
proportionariſ,ſophiſticus, ſic elen
chi, qui ſiunt in arte topicæ ex ſimilis, de quibus putatur, φ ſint famoſæ,
& non ſunt famoſæ, ſunt ſophiſtici,
licet ſint veri. Elēchi ergo ſophiſtici
ſunt duo, quorū vnus eſt, qui putac
φ ſit verus, & eſt falſus, ſecundus eſt,
qui putatur, φ ſit illius artis, & non
eſt ita, ſiue fuerit falſus, ſiue fuerit ve
rus. Poſtq̃ autem fuerit hoc declara
tum, redeamus & dicam', φ omnes
ſylli ſophiſtici inferuntur ex iſtis lo
cis, ſi hæc loca fuerint oēs res fallentes, aut quidā eorum inferuntur ex
his, ſi iſta, quorum memini, nõ fue
rint oēs res fallentes. Iam aūt appa
ret φ iſtæ ſint oēs res fallentes, ex eo
quod iam declaratum eſt, φ omnes
elenchi & contradictiones fallentes
ſint elenchorū & contradictionū, de
quibus putatur, φ ſint veri elenchi,
& non ſunt veri, quia deficit eis aliqua paruares ex definitionibus elen
chorum verorū. Quando aūt res ita
fuerit, ſequitur φ numerus ſpecieru
elenchorū non veroru̇m ſit numerus ſpecierum defectus ingredientes
elēchos veros, & ſequiſ, φ numerus
defectus ingredientes ſin eorum par
tes, hoc eſt ſm partes elenchorum ve
rorum, ſit ſm numeris particū illov.
Ex quo iam declaratum eſt, φ elenchus verus eſt ſyllt concludens con-
tradictioriū rei, quæ nota fuerit ſm
eſſe, & declaratū eſt, φ ille elenchus
eſt verus, qñ fuerint in eo tres condi
uones, quarū vna eſt, φ ſit verus ſm
figuram, & ſecunda φ ſit verus ſm
præmiſſas, & tertia φ cõtradictoriū
inferentis ſit vere contradictorium
rei notæ p ipſum, hoc eſt concluſionis, cuius deſtructio inrenditur. Manifeſtū itaq; eſt, φ ſequiſ φ loca fallentia

G lentia elenchi ex ꝗb⁹, eæ ſunt ſpter loca dictionis, reducunt̃ in hęc tria, & hoc, vñ videret̃ dem̃one̅ notã, in qua nõ ſit latentia, ſed puta ꝗde eo quod nõ eſt contradict̃is ꝗ ſit cõtradictoriũ. Ariſt. aũt meminit ꝗ nõ accidant ab illo ex locis fallentibus, niſi duo loca, quoꝝ vnus eſt latentia conditionũ, de quib⁹ memini imus in capło cõtradict̃ij, & ſecũdus eſt acceptio duaꝝ interrogationum, vt vnus ſit interrogationis. In iſto vero, qui eſt ꝓp eximatione putare de eo, qui nõ eſt ſylł ꝗ ſit ſylł, iam meminit de eo ꝙ ꝗ nõ accidat
H niſi duo loca ſolũ, quoꝝ vnus eſt ſylł, cui vocat̃ petitio principij, ſecũ dus aũt eſt acceptio eius, quod nõ eſt cauſa, ac ſi eſſet cauſa. In apparentia vero, quæ ſit ꝑ acceptione partium ſyłł, quæ ſunt ꝑmiſſæ, hoc eſt, ꝙ putet de eo quod nõ eſt verũ ꝙ ſit verũ, ipſe meminit, ꝙ ſint tria in ea, quoꝝ vnus eſt locus eius, quod eſt ſm accidens: ſecundus aũt eſt locus abſolutionis, & cõexionis, ſeu ſimpłr & ſm quid: tertius aũt eſt locus cõſequentis, & illa eſt euerſio. Sicꝗ; nõ inueniuntur deceptiones ex iſtis tribus partibus ſermonis elenchi, quæ propriæ ſunt, niſi iſti. Hæc
I itaꝗ; loca ſunt ſepté neceſſaria, ſicut meminit Ariſt. & impoſſe eſt, ꝙ ad dat̃ur eis, nõ ſuberʒhat ab eis. Dici mus aũt eſſe iſtas res deceptionũ ꝑ rétas in iſtis partibus, ex quibus infert, ꝙ elenchus eſt res manifeſta.

Ex quibus locis capiemus falſi. C.ꝗ. 7.

Quoniam aũté habemus propter quæcunꝗ; fiunt apparentes ſyllogiſmi, habem⁹ & propter quæcũꝗ; fiunt ſophiſtici ſylł, & redargu

tiones, dico aũt ſophiſticam redargutionem, & ſylł, nõ ſolũ apparentem ſylł, aut redargutionem nõ exiſtentem quidem, ſed & exiſtentem quidem, at apparenter accommodatã rei. Sũt autem illæ, quæ nõ ſm rem redarguũt, & quæ monſtrãt ignorantes, quod quidé erat propriũ tentatiuæ. Eſt aũt tentatiua, pars dialectica: illa aũt poteſt ſyllogizare falſum propter ignorantiã eius, qui dat orationem. Sophiſticæ aũt redargutiones, tametſi colligant contradictione, nõ faciunt manifeſtũ, ſi ignotat: nam & ſcientē impediunt hiſce orationibus. Quod aũt illas habemus hac via, manifeſtũ eſt. nam propter quæcũꝗ; apparet audié tib⁹ vt interrogata ſyllogizare, propter hęc & reſpõdens vnicꝗ videat̃ur: quare ex erunt ſylł, ſalũ per hęc aut omnia, aut aliquã iã quod nõ interrogatus arbitrat̃ur dediſſe, & interrogatus quoꝗ; poner. Verũ in quibuſdã ſimul accidit & interrogare q́ deeſt, & apparere falſum: vt in his, quæ ſunt ſm dictionem, & ſoloeciſmum. Si ergo ſylł ſũt contra dictionis propter apparenté redargutione ſunt, manifeſtum eſt ꝙ propter tot erunt & falſorum ſylł, propter quot & apparens redargutio apparet: aut propter particulas veri: nã cũ quodcũꝗ; deduceret, apparebit redargutio, vt ꝙ propter non accidit propter orationé, quæ ad impoſ ſibile: & ꝙ duæ interrogationes

A vt vnam facit propter ppõnem: & pro eo quod per se, quod propter accidēs, & huius particula, quod propter confequens. Amplius, nõ in re, fed in oratione accidere: deinde pro vñ contradictione, & fm idem, & ad idē, & fiſt, propter id, quod in aliquo, vel propter vnumquodcp horū peccat. Amplius propter id, qđ eſt nõ cõnumerato eo quod in principio, quod in principio fūmere. Quare habemus fm quot fiſt capiofæ ratiocinationes: nã

B fm plura non erunt, fm autē ea, quæ dicta ſunt, erunt oēs. Eſt autē ſophiſtica redargutio nõ fimpliciter redargutio, fed ad aliquem, & ſyllis fimiliter. Nam, ſi nõ fumat id quidē quod eſt propter æquiuocum vnū fignificare, et quod propter fimilitudinis figurā ſolum hoc quidem, & in alias ſit, neqp ſyllogiſmi, neqp redargutiones erunt; neqp fimplr, neqp ad eum, qui interrogatur ſi autem ſumit, ad eum, qui interrogatur erit, fimpliciter autem

C non erunt: non enim vnū fignificarum fumpferunt, fed apparēt, & apud illum quidem.

Sermo de fufficientia locorum elenchorum. Cap. 7.

Quot vero non ſint es iſtis particulis illæ, quarū meminit Ariſt. eſt rei indigens conſideratione, & curæ cp relinquere ſermonem de illa, & eiʼ dimiſſio fit dimiſſio ad perficiendum illa non ex nobis ipſis: hoc eſt, qui tractauerimus poſt ipſum, cp hic eſt locus per

ſcrutationis & ſpeculationis. Nota au[t] cp tex inuenimus Abumazer Alpharabium in ſuo libro, cp iā addiderit iſtis locis octauum locū, qui eſt locut permutationis & tranſlationis, hoc eſt, cp loco rei accipiatur eius fimile, aut cõſequēs ipſum, aut ei annexum. Dicamus autē, an poſſibile fit, cp latuerit Ariſt. hic locus, aut nõ latuerit. Si latuerit eum, nunquid latuerit in eo cū hoc alia loca, vel qualiter fit huius diſpō, via autem, vt cõftāt hoc, eſt hoc modo, quo Ariſto. incepit declarare numerū locorum deceptiuorū. Et dicimus nos, cp negatiua, quæ putantʼ de eo quod non eſt cõtradictoriū, cp fit cõtradictoriū, ſunt plura quã iſta, quæ narrauit hic Ariſt. Hoc itaq; declarauit eſt in lib. Poſt. cum dixit, ſicut cp accipiat cõtrarium loco contradictorii in materia poſſibili, aut accipiatʼ contraria loco affirmatiuæ & negatiuæ, aut alia ab his, quæ dicuntur in hoc libro. Sic etiā declarauit eſt in libro Prior, cp ſyllis fit corruptæ formæ pluribus ex cauſis præter duas cauſas, quarū meminit hic, ſicut cp ſit ex duabus affirmatiuis, aut ex duabus particularibus, & aliæ ſpcs ſyllogiſmorum nõ concludentium. Et ſic oſtenditur, cp accidit nobis, cp verificemus præmiſſas falſas pp alias res, ſicut ſunt teſtimonia & res, cp ſunt ab extra. Accetiã accidit nobis iſtud pp inductionē, & exemplū, ſed hæc numerata ſunt in aliquartibus, & non numerantʼ in arte Sophiſtica, hoc eſt, quia ille largituseſt inductionē propriæ topicæ, quæ facit acquieſce veritaté topicæ, & exemplum propinquū rethoricæ, quod facit acquirere verificationē in oratoris. Et ſic verificatur, que Rhet. teſtimoniis, & rebus, cp ſunt ab extra,

largie

G largitur propria arti Topicæ, & arti
Rethoricæ ſm conditiones, quæ ibi
dicuntur : totum aūt hoc eſt ex illis,
quæ requirit ſpeculatio. Dicimus au
tem, ⱷ apparet ex Ariſt. in toto hoc,
ex quo ipſe eſt, qui facit nos acquire
re oīa iſta loca, ⱷ ipſe non ſit ſibi viſus, ⱷ loca deceptiua attributa huic
arti, ſunt omnia loca, ex quibus accidit nobis deceptio, qualitercunⱷ, cō
tigerit, niſi duabus conditionibus:
quarū vna eſt, ⱷ eorum deceptio ſit
eſſentialis, hoc eſt, ⱷ deceptio de eis
accidit valde nobis naturaliter, ſicut
ſuppoſitiones, quæ ſm ſuam naturā

H ſequuntur ex deceptione ſenſuum,
qñ acquiruntur hæc loca ex inductione cadente in ſpeculatione ſpecu
lantis res exiſtentes, ſicut eſt diſpō re
liquorum ordinū iſtarum artiū: ſecunda aūt cōditio eſt, ⱷ locus faciat
acquirere falſum ſemⱷ aut vplurimum : qñ autem hoc ita fuerit, non
numeraſ in reb’, quæ putanſ de eo,
quod non eſt contradictoriū, ⱷ ſit
contradictoriū, niſi illa duo loca ſolum, quia ipſa ſunt cauſa deceptibis
cadentis naturaliter ſm totū, aut ſm
plurimum in hac parte elenchi : reli
qua vero loca decipiūt vt in paucio-

I ribus. Id aūt, cuius actio fuerit vt in
paucioribus, nō oportet ⱷ numereſ
pars artis, qñ hæc ars ſuit ars efficiēs
deceptionē, & hoc, quia ſicut ars intendens actionē venenorum nō po
nit aliquā rem ſuæ artis, quæ ſit venenū vt in paucioribus, ſed quod fue
rit venenū vplurimum, aut neceſſa
rio, ſic eſt res in rebus, quæ ponitur
in hac arte gradu elementorū. Loca
itaⱷ, quæ conuenit numerare parte
huius artis, ſunt, quæ valde parū per
cipimus, ea ſm faciunt acquirere fal
ſum aut ſemper, aut vplurimū : &

propter hanc rem dixerunt Antiqui
demonſtratores, ⱷ præmiſſæ falſæ,
quæ ſunt ſemp, aut vplurimū, ſunt
propriæ huic arti, ſicut veræ vplo-
rimum ſunt propriæ Topicæ, & veræ ſemper ſunt propriæ demonſtrationi, veræ aūt & falſæ æqualiter ſunt
propriæ Rethoricæ. Quando autem
hoc ita fuerit, iam inquirunt loca de
ceptiua, quæ continet hæc ars, hoc ē,
ars Sophiſtica, & non inueniunt ta
lis diſpoſitionis niſi hæc ſepte ſoſſ,
& hoc, quia reliquarū rerum, ex qui
bus apparet corruptio formæ ſyllogiſmi vltra duas cauſas, quarum me
minimus in hoc libro, putaret ⱷ nō
ſit noſtra modica ſenſatio de illis vt
plurimum, niſi nos non inuenimus
aliquos ſpeculatores, qui vt raro pro
pter vſum duarū negatiuarum in ſi
guris cathegoricis, acci. pduas parti
culares, niſi parū, & ſic putaſ ⱷ ſint
reliqua loca deceptiua cōtradictorij
præter ea, quorum meminimus hic
ſoliū. Res vero, quæ decipiunt pp
præmiſſas, veriſimile eſt, ⱷ ſint veræ,
quia quæ numeratæ ſunt apſe oīam
ſunt, quarū noſtra perceptio vpluri
mum ſint pauca, & earū actio ſm fal
ſitatem ſuit ſemper & vplurimū.

Id vero, quod efficit deceptionē vt
in paucioribus eſt proprū artis Re
thoricæ, & talis eſt diſpo ex empli, &
ideo non conuenit ⱷ numereſ eius
deceptio pars iſtius artis, ſicut nū nu
meraſ deceptio inductionis. Sed iā
dubitaſ in hoc ſermone, & diceret,
ex quo iam nos inuenimus Ariſt. ⱷ
vlis fuerit locus conſequentis in hoc
libro, & vſus fuerit vſqⱷ ſigni in Re
thorica, quo vā modo eſt diſpoſitio
huiuſmodi. Dicim’, ⱷ ipſe vſus fue
rit loci conſequētis hic ex parte quia
ipſum eſt deceptiuū in ipſa ſm multis,
& pau

A & paucitas perceptionis earū est vt plurimum, & eius actio deceptionis etiam est vt plurimum. Sed, qn accipiuntur ex parte qua componūt et eis secunda figura solū, est narratio Rhetoricorū, quia nō vtū fm illū ipsis conuenibilibus, quæ sunt in secunda figura, & ideo nō numerat hic ea specieb' locorū quæ decipiūt fm formam sylli dum vtitur duab' affirmatiuis in secūda figura: & hāc ob causam Arist. non numerat hic locū permutationis, quia ille est locus poeticus, & fallacia prouenit ex eo est per accidens, nō per se. Inuita **B** vero hic sunt deceptiua per se, locus aūt permutationis accidit essentiæ exēpli. Postquā aūt declaratum est istud, redeamus ad id, in quo sumus de expositione negatiuaa rerū huius libri.

De vera, & falsa redargutione,
        Cap. 8.

Vera redargutio-
nes innu-
merææ.

PRopter quæcunque aute redarguunt, qui redargutionibus vtuns, non oportet tentare sumere, sine omniū quæ sunt scientiā aūt non vnius artis, nā infinitæ fortasse sunt sciæ: quare manifestū, qñ & demon-
C strationes, redargutiones quidē sunt, & vera: nam quæcunque est demonstrare, est & redarguere eum, qui ponet cōtradictionem veri: vt si commēsurabilem diametrū posuerit, redarguet quis demōstrōe, qi incommēsurabilis, quare olim oportebit esse sciti: nam aliæ quidē sequuntur propter ea q̄ in geometria sunt principia, & eorū conclusiones: aliæ aūt propter ea quæ sunt in medicina: aliæ denīq; propter illa, quæ

D sunt aliarū disciplinarum. Sed et falsæ redargutiones sūt infinitæ erunt. Nam fm vnāquamq; artem est falsus syllis: vt fm geometriam geometricus, & fm medicinam medicinalis: dico autem fm artem, fm illius principia.

Manifestum est igitur, q̄ non omnium redargutionum, sed earum, quæ sunt fm dialecticam, sumendi sunt loci. Nam ij communes sunt ad omnem artem et **E** potentiam, & eam quidem, quæ est fm vnamquamq; disciplinā redargutionem: scientis est cōsiderare siue cūm non est, apparet siue cūm est, & quare est, eā autem, quæ ex cōibus est, & sub nulla arte cadēs, dialecticorum. qñ, si habemus ex quibus probabiles syllogismi in quolibet, habebimus ex quibus redargutiones: redargutio nanq; est syllis cōtradictionis, quare aut vnus, aut duo syllogismi contradictionis, redargutio est. Habem' igitur propter quæcunq; oēs huius **F** modi sunt, et autē hæc habemus, & solutiones habemus: nam illarum instantiæ, solutiones sunt. Habemus aūt propter quæcūq; & apparentes fiunt, apparentes autem non cuilibet, sed talibus: infinita enim sunt, si quis consideret illa, fm quæcunq; appareret redargutio, vel dialectica, vel appares dialectica, vel rē tantum.

Sermo

G *Sermo de Elenchorum solutione, & quo-*
modo Arist. scripserit de ea in hoc
libro. Cap. 8

Vando aũt declaratum fuerit
iftud iam declaratũ erit quo-
modus fiãt res deceptiuæ vni-
uerfales, & ⅋ fint ex ipfis,nõ ex alijs,
& ⅋ fit nobis feftinãter notitia in
ofelencho,cadente in omni arte artium demonftratiuarũ : hoc aũt nõ
eft res,quæ fit in potentia iftarũ ne-
gatiuarũ hic traditarũ,neqʒ cõuenit
iactari de cognitione huius feftinãter,fed poffibile eft cognofcere illud
in fingulis artibus illi,qui cõtineret
H notitiã rerum inuentar+ in illa arte,
& ideo vr elenchi prouenientes in
fingulis artibus fint infiniti,ficut ⅋ fi
tæ earum funt infinita, & ⅋ numerus elenchorũ in eis eft,ficut numerus quæfitorũ, & eorum folutio eft
illorũ, & hoc, quia foluit elenchum,
vt qui concludit ⅋ latus quadrati fit
efficabile diametro,eft ille,qui decla
rat demonftratione,⅋ fit incõcabi-
le,quia ifti elệchi(ficut dizim˚)funt
ex rebus effentialibus, res autẽ effen-
tiales,quæ prouer iunt in artes vrplu
rimum huius funt propter particulares : folutio auteũ earum eft eius,
I qui cõnæt notitiam tal:s quæfiti.
Sicʒ notitia iftarum particulariũ,
hoceft propriarum in fingulisarti-
bus,nõ eft vnius artis, imo pluriũ
artiũ. Sicʒ notitia folutionis elecho
rum propria habenti artem Geome
trix eft Geometrx, & Medicinæ eft
Medici:& hinc eft ⅋ appæret de iftis
elenchis,⅋ funt infiniti. Elenchorũ
aũt vniuerfaliũ notitia eft artis vni-
uerfalis, fed quia iftius artis gradus
non eft, ⅋ exponat formã artis So-
phifticæ,eius notitia & folutio eft ar
tis docentis,& vfis, ⅋ eft ars Topicæ,

& ideo vr, ⅋ id, quod dictum eft de K
hoc in hoc libro, eft ex parte quæ eft
parsartis Topicæ. Sicʒ iã declaratũ
eft,⅋ non eft iltbus artis folutio de-
ceptiuorũ particularium, neqʒ vniuer faliũ, nifi ex parte quæ eft pars
artis Topicæ. Sed Arift. inquantum
fpeculatus eft hanc arte ex parte,quæ
eft parsartis Topicæ,largitus eft mo
dos,quibus foluuntur illi deceptiui,
& pofuit eos partem huius libri.

Orationes ad nomen,& ad intellectum
non bene deduci. Cap. 9.

Non eft aũt differẽtia ora- L
tionum quam quidã di-
cunt effe, has quidem ad
nomen, illas vero ad intellectũ.
Inconueniens enim eft opinari
alias quidẽ effe ad nomẽ orationes, diuerfas vero ad intellectũ,
& nõ eafdem. Quid enim eft nõ
ad intellectũ, nifi qñ nõ vdimor
nomine (qui putat interrogare)
eo,ad quod is, qui interrogatus
dedit ? idem aũt id eft & ad nomen. Et ad intellectũ autem, qñ
ad quod dedit intelligens. Si autem aliquis (plura fignificãte no M
mine) vnum putes fignificare,&
interrogans, & interrogatus(vt
forte ens & vnum plura fignificat,fed & refpondens & interro
gans Zeno, vt ũ putans effe inter
rogauit,ẽ eft oratio quod vnũ,
omnia)hæc ad nomen eft,aut ad
intellectum interrogantis difpu
tata. Si vero aliquis multa putes
fignificare, manifeftũ ⅋ oratio
illa nõ eft ad intellectum.Primũ
igitʒ circa huiufmodi orationes,
eft ad nomen, & ad intellectum,
quæcũʒ

quæ eum qi plura significant: deinde circa quamlibet est, nã non
in oratione est ad intellectum esse, sed in eo quod respondens se
hẽr aliquo modo ad ea, quæ dan
tur: deinde ad nomen contingit
omnes eas esse: nam esse ad no-
mẽn, hoc in loco, est esse non ad
intellectũ um: nam, si omnes erũt
quæ dĩ aliæ, quæ neqi ad nomẽ,
neqi ad intellectum: illi vero dicunt oẽs, & diuidunt vel ad nomen, vel ad intellectum esse oẽs,
alias aũt non. Attamen quicũqi
sunt syllogĩni propter id, quod
multipliciter: horũ aliqui sunt
sm̃ nomen: nam absurde dicas
sm̃ nomen esse oẽs, qui sunt ppr̃
dictione: sed sunt quædã captiones, nõ in eo qp respõdens ad eas
se habeat aliquo modo, sed quia
talem interrogationẽ oratio ipsa
habeat, quæ plura significet. Et
olno qiconueniens est de redargutione disserere, & nõ prius de
syllo: nã redargutio syllogismus
est, quare oportet & de syllogismo prius, qp de falsa redargutione: nam talis redargutio, apparens sylli̇ contradictionis. Qua
re aut i syllogismo erit causa, aut
in contradictione (nam adiunge
re oportet contradictionẽ) quan
doq autem in vtroq erit apparens redargutio: est autẽ de eo,
quod est silentia dicere, in cõtradictione: non in syllogismo. De
eo autem, quod est, quod non habet aliquid, dare, in vtrisqi de eo
vero, quod ẽ, qp Homeri poema
est figura, per circulum, in syllo:

quæ autẽm in neutro est, verus D
est syllogismus. Verũ vnde sermo prouenit reuertamur: vtrũ
que in disciplinis sunt orationes
ad intellectum sint, an non? & si
eni videt plura significare trian
gulus, & dedit non vt eam figuram de quacõcludebat, qñ duo
recti, vtrum ad intellectũ illius
disputauit hic, an non am plius,
si plura quidẽ significat nomen,
ille autem non intelligit, neqi pu
tat quomodo is non ad intellc-
ctum disputat? aut quomodo
oportet interrogare eum, qui nõ
dat diuisionem? siue interroget
aliqs si est silentia dicere, an nõ?
an est quidã vt non, au est vt fiet?
si autẽ dat aliquis nullo modo,
ille autem disputat, vtrum non
ad intellectum disputat, quanuis oratio videatur earum esse,
quæ ad nomen sunt. Nõ igitur
est genus aliquod orationum ad
intellectum, sed illæ quidem ad
nomen sunt: & huiusmoĩ, non
omnes, nõ qp redargutiones, sed
neqi apparentes redargutiones:
nam sunt & non propter dictionem apparentes redargutiones,
vt quæ propter accidens, & reli
quæ. Si autẽ postulet diuiden
dum, qp dico quidem silentia dĩ
cere: hæc autem sĩc, illa vero non
sĩc, id profecto primum, absurdum postulare: nam quis nõ vi
d̃tur interrogarũ multipliciter
se habere, atqui impossibile est
diuidere, qui non putat. Deinde
docere, quid aliud erit: manifestum enim faciet quonã pasto se
habet

G habet ei, qui neq̇ cõsiderat, neq̇
scit, neq̇ opinatur q̇ aliter dicitur, quia & in nõ duplicibꝰ qd
philet hoc facere: vt putas q̇ua-
les sunt vnitates binariꝰ, ꝓ qua-
ternariꝰ? sunt aũt hi binarũ qui
dem inexistentes, illi aũt nõ sic:
& putas contrariorũ vna est disciplina, an non? sunt aũt cõtraria hæc quidem nota, illa autem
ignota: quare videtur ignorare,
qui hoc postulat, q̇ aliud est docere q̇ disputare: & q̇ oportet
quidem docentem non interro-
H gare, sed eum manifesta facere,
illum autem interrogare.

Sermo de Elenchis, quorum aliqui sunt
in dictione, & alij extra di-
ctionem. Cap. 9.

M Anifestum aũt est, q̇ sermo di
uiditʃ in duas partes, quia aliquid eiuseʃ, quod significat ſm signum loquentis, & illa est significatio, quæ appropriat loquenté, & aliquid eiuseʃ, quod significat ſm modum nominis, & illa est significatio,
quæ appropriat audientem: fallacia
I aũt est prouenies ꝓꝑ significationé
ipsius auditi, non ꝓꝑ significationé
ſigni, sicut quidam boies putauerũt
hoc, per quod insinuatur Plato. Ipſe
enim errauit, quia putauit, q̇ dictio
diuidatʃ in istas duas partes, in quantum ipsa est dictio, adeo q̇ eius é aliquid, quod significat, sicut signũ loquentis, & ei é aliquid, quod significat, sicut nomen æquiuocum apud
audienté, quia in vna eadé dictione
aliqñ reperitur, q̇ ei' significatio sit
ſm signum loquentis apud audienté,
& aliqñ sit ei' significatio ſm auditum nois, non ſm signũ loquentis.

K Quando aũt quispiam interrogaret
respondens de aliqua propositione
ſm nomen æquiuocum, intelligeret
hic respondens vna intentioné ex intentionibus, quibus significaret, of-
fendet aũt eum interrogans pro alia
intentione præter istam intentioné
& decipiet eum. Eius itaq̇, significatio ſm auditum apud interrogante,
erit aliud ab eius significatione ſm
signũ respõdentis & eius astimatio-
nem, qñ vero neq̇ respondens neq̇
interrogans intenderit de nole vt ſ
significatum, illius significatio cum
L signo loquentis est eius significatio
apud audienté, siue nomen æquiuocum significet plura, siue vnum, qñ
vero neq̇ interrogas, neq̇ respondens intelligeret ex eo, nisi vnam sig-
nificatõ, eius significatio ſm significatũ quod est in aia est eius significatio ſm auditum. Iam aũt dicit ſ
nomen, q̇ dicat ſ plurib' rebus,
& sint duæ significationes eius ita,
hoc est, ei ſ significationé a parte quæ
auditur, & eius significationé a parte
quæ ꝓꝑ sunt ꝓ ipsum intentioné,
quæ est in astima, & hoc, qñ interrogans & respondens ex ista dictione
intelligunt ꝯ duas intentiones, quibus di-
M citur eius hoc nomen, sicut interrogabat
Zeno, putans q̇ ens sit vnum ſm qd
est plura apud ipsam ſm sensum. Ia
interrogans aũt intelligit ex dictione
entis, id quod intelligit Zeno, & ex
intentione vniusia, quod intelligit
Zeno, & respondet, q̇ ens sit vnum,
quia significatio auditi est eadé significationis eius, quod est in signo
significationis loquentis. Propterea,
ſ aduerteremus dictiones, diceremus
q̇ quædam earum ſm nomen, &
quædam ſm signum, quod est significatum, sicut decernit diuisio elenchorum

A tradit ei, adeo q̄ nõ sit aliqd vlteri'. Sicq̄, si diuisiuu' ratione ex dictoõ audiri, quia tõ dictiõis sit sm̄ qd est in atiqã adtablam fuerit eius signi ficatio, q̄ est ei ñ signū, n̄oc nõ denominac dictiõ, q̄ sit deceptiua, neq̄ q̄ sit nõ deceptiua, quia ãbæ istæ denominationes cõsequent ex parte qua significat id, q̄ est in aliã sicq̄ ñta diuisio sit id, q̄ est in signo & l id, q̄ est sm̄ auditõ, sisis̄ diuisioni ex diuisionib' in id, q̄ est signans, & in id, q̄ est auditũ, nõ sig̃nãs solũ. Dictio aũt ex pte, qua audit nõ h̄et ingressum in sophistica, neq̄ in priuatione sophistice, sicq̄ seq̄ fallsum ex diuisione dictionẽ ista diuisioue, & sequit q̄ fallacia ex pte auditi ad ex, q̄ est e pte interrogatiõis differāt: sicq̄ fallacia sm̄ se totã diui dit in res ex ptenois æquiuoci solū, aut ex parte dictiõis auditã, siue dictio fuerit nome æquiuocam, aut aliud ab eo, q̄m sp̄es fallaciæ dictiõum sunt multæ. Et hoc, q̄ isti visi sunt sibi, q̄ fallacia in syllo sit ppter æquiuocationẽ in cõpositione, & sit in reb' separatis, q̄ sunt partes syll. 'Ex pp æquiuocatiõe nominis ãplex visum est sibi, q̄ fallacia æquiuocationis sit pp dictioñ auditã, & ideo q̄ intenderit fallaciã, & posterit eam pp æquiuocatiõe nominis audiri, sicut fecerat Plato, est in vltimo errorii, quia apparet q̄ sint hic multa deceptiua abiq̄ nois æquoco simplici, & ex ipsiumet reb' se absq̄ q̄ sit ibi fallacia propter dictionem.

Q.E. experteat p̄port le syllum, qñ visus est q̄ docere elenchus, & fal & e̅ns āda faciasp̄cedae, quid sirsyll' verus, & st......q̄ addā feat, elen chus.

Plato aũt male fecit in disciplina, qñ visus est q̄ docere elenchus, & fal & e̅ns āda faciasp̄cedae, quid sirsyll' verus, & quid sit cõtradictorio verum, qñ elenchus deceptiuus est syll, de quo putarur, q̄ sit syll & nõ est syll, aut

est contradictorium, quod putarur, q̄ sit contradictorium, & non est cõ tradictorium. Deceptori' aũt sunt pp errorem syll, aut pp errorem cõ tradictorii, aut propter ambas res si mul: sic qñ nesciret aliquis, quid sit syll' verus, & contradictorium ret, imposse est q̄ cõstet ei fallacia talis locorũ, licet fuerit fallacia cadens in eis pp dictiones tm̄., sicut dicunt hic de exemplo fallaciæ cadentis pp dictionem in cõtradictorio sermonis dicentis, tacens loquitur, loquens au tem non tacet, tacens itaq̄ nõ tacet. Illæ itaq̄ duæ non sunt contradicto riæ, quia tacens in actu nõ erit taces in futurũ. Exemplum aũt fallaciæ pp dictionem sm̄ formam syll est sermo dicentis, q̄ poema metricum sit figura sm̄ hanc dispõnem, quia ãbæ premissæ acceptæ in hoc syllo sunt veræ, sed nõ conueniunt in vno termino nisi sm̄ dictionem tantum. Ista aũt, qui nesciret q̄ in syllo conueniant ãbæ præmissæ in vno ter mino sm̄ rem non sm̄ dictionẽ, non cõstaret modus fallaciæ pp dictio nem huius sermonis. Exemplũ aũt illius, in quem cadit fallacia ãbub' modis simul, hoc est, sm̄ cõtradictorium & sm̄ syllm, est sermo dicentis, homo dat rem datam, res aũt data est, quam nõ habet homo, sicq̄ hõ dat rem, quam non habet: & annectit hinc, q̄ vinosum sit dare quod non habet, & ex hoc infertur q̄ hõ det quod vitiosum sit dare. Ille aũt, qui receperat hunc syllm, iam falleretur pp dictiones duob' locis quo rum vnus est, q̄ acceperit id q̄ non verificatur de datione, q̄ sit cõtra dictorium eius, quod verificatur de datione secundus aũt est, q̄ ipse pu tauerit q̄ non habet, acceptum pro

Log. cũ cõ. Auer. V dicarũ

G dictarum in ƥmiſſa minori ſit idē nõ
ſubſis ſubiectū in maiori: res aũt nõ
eſt ita, qa id, quod dederit aliqs hō,
ſiaburt illud, anteʠ dederit ipſum, &
nõ het ipſum, poſtʠ dederit ipſum.
Sic ergo, qui nõ cognoſcar ſylim,
neʠ contradictoriū nõ recipit re-
ſiſtat noticia æquiuocationis nois.
Sic ergo oportet cum, qui ſeruat ſcire hanc artē, aut addiſcere eā, q̃ ſciar
quid ſit ſyllſ, & quid ſit contradictorium, ſiue accidat fallacia ƥp dictionem, ſicut viſus eſt Plato, aut ƥp ambas res ſimul, ſicut declaratū eſt ƥ ꝑ¹.

H Oportet aũt eum, qui dixit, q̃ fallacia accidat ƥp nomen auditum, nõ
ƥp intellectum, vt q̃ fallacia Geometriæ, qñ fallerent q̃ triangulus æquilaterus nõ ſit triangulus, ſit ƥp nomen æquiuocum auditum, nõ ƥp
intellectum. Manifeſtum aũt eſt, q̃
fallacia accidit ſm rem, ſicut ſigno
eſt intellectum, & ſi acciperemus, q̃
triangulus ſit nomen æquiuocū, qa
nõ eſt magis doctoris dictio audita.
Præterea, ſi nomē ſignificaret plura,
uideret aũt nõ intelligeret ſignificatiõe huius nois, neʠ, quoī interrogationes ſignificat, ipſe oī uideret, nõ
reſponderet, q̃ ſit intellectus alicuius
I rei, ſed recipere ſ dictione, quam nõ
ſciret, q̃d ſignificat: Si impoſce eſt ſ
huic reſpondenti, diuidat intentiones, quas ſignificat hæc dictio, & intelligat interrogans, q̃ ſit uacuo iſtarum intentionũ, quã incenderat: et
ƥpria, quia, qñ aliquis interrogat
incenté, ciens loqui hoc adit erit rerum de tacente in futuro, ſal ſi auē
de eo ƥe ſui ſilentiu, quia ſi nõ intelligeret reſponderit iſtas diuas res, & reſponderit, q̃ ſe loquis ſim pſr, deciperet Si aũt reſponderit q̃ nõ loqueretur, illa fallacia nõ eſſet ex eo, q̃

K id, quod ē in ſigno loquētis de hoc,
differt ab intellectu audientis, quia
audiens nõ intelligit res ex rem ab-
ſolet. Dictiones ergo ſunt duæ ſpe-
nerũ, genus quidē ſignificãs, ſicut eſt
in mente interrogãtis, & eſt, de quo
ſit ueritas ƥp ipſum, & genus ſignifi-
cans ſm intellim audientis, & ex illo
ſit fallera ſm p. Nec et oēs deceptiui ſunt ƥp dictiones, qñ iſtæ declaratum eſt, q̃ hic ſint deceptiui ex ipſis
rebus, ſicut eſt fallacia eius, quod eſt
ſm accies, & cætera loca, q̃ æ narraui
mus. Neʠ, vſus diuiſionis ſic tuus reſpondere ab errore eſt interrogãte
in oībus locis deceptiuis, ſicut opina
L bas Plato in oībus iſtis rebus, quia, ſi
aliquis nõ reciperet, q̃ ꝛūderis ſit de
uidere res, quas ſignificat nomen æ-
uocum, intelligeret interrogans ex
rebus, quas inēderat ex illis, adeo q̃
nõ erraret noie æquiuoco: ſicꝗ q̃
dicer de loco, quē nõ putauerat reſpondere, q̃ ſit dictio æquiuoca: neʠ
intelligeretur ex eo aliqua ſignificatio, q̃ a ſi ſaceret eū intelligere q̃d ſignificat dictio, reſtirer diſcipulus nõ
ꝛūdens: ſicꝗ et ſi ui dideret ei interrogãs illas res, reddere doctor nõ interrogãs, ac et ſi permitteret reſpon-
M deret in tali loco, hoc ē, in loco quo
nõ intelligit ſignificatiõe nois æquiuoci, donec oſtēderit ei ipſe incerro-
gãm, quo mõ ſit impoſce q̃ interroget eũ de mõ fallaciæ, quam ſcit ipſe
interrogãs, ex pauca, coƥhēſione re-
ſpondentis conditionē ſyllſ, ſicut ſi
q̃ interrogaret an uarietate, q̃ ſunt ſ
uerro binario, differt ab uo iatub,
q̃ ſunt quaternario: ſi aũt diceret q̃
differt, diceret, quaternarieꝗ itaq̃, diſ-
ſerūt ſ ſeꝗſcꝗ q̃ cõponunt, ex uaie
cibus,

A ubus, q̃ sunt in binatio: si aũt diceret
q̃ nõ differut, diceret, quaternarius
itaq; cõuenit binario, & ei æqualis.
Causa ũ. fallaciæ huius ĉ ignoratia,
q̃ ꝑmiſsa, ex quib' componit syllō,
oportet q̃ cõuenit iũ vno termino
ſm rem, non ſm dictionem: hoc aũt
nõ conſtabit ꝓ notuam ſm ſentiã
diuiſionis: si aũt ꝑmiſſorũ fuerit ei,
q̃ intelligat illud ex noie æquiuoco
ſm locũ, quo ignorat qd ſignificet,
poſt eſtet q̃ faciat ipſum intelligere
interrogator locum, quo errauit, &
ꝑmiſſa eſt ei fallacia, quia ipſe neſcit
condtiones syllō: & ideo putatur de
interrogatore, q̃ oporteat, q̃ ipſe nõ
ſit docens, & de reſpõdente putatur,
q̃ iam oporteat q̃ ipſe non ſit diſcipulus, quia interrogator perſcrutat
id, quod ſciet, docens aũt iam ſciut.
Et vſ̃ connexio ſermonis falſi vſus
non eſt demonſtrationis, ſed ſolutio
connexionis tentiui, ſed ars tentatiua vſis eſt pars artis Topicæ: hæc au
tem ars, quatenus eſt ars, non enidés,
non eſt indentitad ipſam, ꝓ interro
get quid intendat, neq; interrogatus
q̃ ſciat. Sic ergo illa diuiſio, non iuuat ſolutionem ſermonum decepto-
riorum, niſi apud doctores & diſci-
pulos ſolum, & ſi iuuaret nõ eſtet in
omni ſubiecto, quia ſubiecta fallaciæ ſunt multa.

De interrogatione tentatiua: & quid
inter Contentioſum, Sophiſticum;
interſit. Cap. 10.

Ampliús affirmare, vel negare, qui poſtulat, id non
monſtratis eſt, ſed experi
mentũ ſumetis:nã tentatiua, dia
lectica quædã eſt,quapropter de
oibus inſpicit, & explorat non
ſciété, ſi ignorãté, atꝗ ſimulãté,

Qui igitur ſm rem cõſiderat cõia, D
dialecticus eſt:q̃ ãc id apparẽter
facit, ſophiſticus. Et ſyllo contẽ
tioſum, & ſophiſticus, vnus q̃dẽ
eſt apparẽs ſyllō, circa ea de qb'
dialectica tentatiua eſt, quãuis
vera ſit concluſio:nã eius, quod
eſt ꝓ quid, halucinatorius eſt:
& quæcunꝗ, cũ non ſunt, ſm cu
iuſꝗ diſciplinã captioſæ ratioci
nationes videntur eſſe ſm arté.
Nã pſeudographiæ nõ contétio
ſæ (ſm enim ea, q̃ ſub arte ſunt,
captioſæ ſunt rõcinationes)neꝗ
ſi aliqua é pſeudographia circa E
verũ, vt Hippocratis quadratu Iuc 1. Po-
ra quæ ꝑ lunulas, ſed vt Bryſo Ite Le 67
quadrauit circulum: & tametſi
quadratet circulus, quia tñ non
ſm ré, ideo ſophiſticus, quare &
qui de his qdẽ apparẽs ſyllō, cõ
tentioſa eſt orõ, nã apparens eſt
ſm rem, quare fallax & iniuſta.
Quẽadmodũ enim eaꝗuæ í cer
tamine eſt) iniuria, quãda ſpeciem hc̃, & eſt quẽda iniuſta pu F
gna, ſic in cõtradictione, iniuſta
pugna cõtentioſa eſt: nã & illic
qui ꝓ no vincere volunt, ota ten
tant: & hic qui contentioſi ſunt.
Qui igitur victoriæ ipſius grã, ta
les ſunt, cõtentioſi hoíes, & litiũ
amatores vident eſſe:qui autem
gloriæ grã, q̃ in diuitis é, ſophi
ſtici ſunt:nã ſophiſtice eſt(vt di
ximus) pecuniarĩ quædã aucu
patio:ab apparẽte ſapiétia:qua
propter demõſione apparẽtem
appetunt. Et in eiſdem orationibus quidẽ ſunt litiũ amatores
& ſophiſtæ, ſed non ꝓ eadem:
V ij &

¶ Et oratio quidē eadē erit sophistica & contentiosa, sed non pp
idē: sed quatenꝰ quidē est ob victoriā apparētē, cōtentiosa: quatenꝰ vero est ob sapiētiā, sophistica: nā sophistice est quædā apparēs sapiētia, nō autē existens.

Contentiosa vero est quodam
modo sic se habēs ad dialecticā,
vt pseudographa ad geometri-
cam: nā ex eisdē cōtentiosa, disse
rendi mō, capitose decipit, vt &
pseudographa, geometrice: sed
hæc quidē non cōtēriosa, quia
ex principiis et cōclusionibus, q̄
funt sub arte pseudographiā facit: q̄ aūt ex iis est, q̄ sunt sub dia
lectica, circa alia quidē cōtentio
sam esse, manifestum est: vt qua
dratura quidē quę p lunulas, nō
cōtentiosa: Bryssonis aūt cōtentiosa, & illā quidē nō est trāsfer-
re nisi ad geometriā solum, eo q̄
ex ppriis sit principiis: hanc aūt
ad plures quicūqz nesciūt quid
est pote in vnoquoqz, & quid im
pote: nā accōmodabit, aut vt An
tiphon quadrauit. vel si quis nō
dicat melius eē post cœnā deam
bulare per Zenonis rationē, non
medicinalis: cōis enim est. Si ergo oīno similiter se habeat contentiosa ad dialecticam, vt pseu
dographa ad geometriam, non
ex illis vtiqz erit contentio sa.

Sermo de modis interrogandi interro-
gantis, & respondēdi respon-
dentis. Cap. 10.

Q Vidam aūt sylli elenchus est
deceptorius, & litigiosus, & qui
dam est falsigraphus, litigio

sus aūt est syllis, qui putat q̄ sit syllꝰ
topicus, absq; q̄ sit ita sm veritatem,
est ille, quo assimilat habens ipsum
arti Topicæ, & quærit p ipsam finē
habēcis topicā, quę est victoria. Falsi
graphus aūt syllꝰ est, quo assimilat
habens ipsum demsatori, & putat q̄
sit sapiēs, absq; q̄ ita sic. Huius aūt
syllisunt quædam sꝑes, quia quidam
eorū est ex rebꝰ salsis ppriis singu
lis generibus, & est ille, cuius solutio
est habentis illam arte, sicut secerat
quidā et antiquioribus geometris,
qui dr Hippocrates, ex quo secerat
quadratum æquale figuræ lunari, &
putauit q̄ iā secisset quadratū æqua
le circulo: putauerat enim q̄ circulus diuideret in figuras lunares, adeo
q̄ consumeret. Ista itaq; fallacia est
ppria arti Grometriæ, & eius solo
est Geometrarsi: quia qn facilū suis
set quadratū in circulo, deinde diui
deret ille arcus cōtinens duas lineas
sm duo media, & illæ protraherent,
& fieret hoc continuo, donec iā desi
neret hoc opus, ita vt cōtinuaret la
tera figuræ rectilineæ, q̄ sunt intra
circulū ad pꝛ yseriē circuli, iā inueniret figura duarū linearū æqualis
circulo: hic aūt est inuentus principiorum, quibus vtit Geometra, quæ
sunt, q̄ diuisio ꝓcedat in iustiū sit, &
q̄ non continuet linea recta lineā
circulari. Ille itaq; syllꝰ est falsigra-
phꝰ, ex eo q̄ assimilat demstrationi,
& est litigiosus ex parte qua eius pꝛ
missæ sunt falsæ vtes: & ideo est artis
Topicæ solariū raliū syllog. Sꝑ iō
seruandum hoc syllꝰ litigiosus est sed
logisinꝰ falsus, cuius habitudo ad ar
tem Topicæ est, sicut habitudo syllꝰ
qui supponit descriptiones, & figuras falsas in arte Geometriæ, sed dif
ferentia inter eos est, q̄ nō est artis

Topicæ

Marginal letters (right column, top to bottom): X, L, M
Marginal letters (left column): H, I

A Topicę subiectū terminatū vsę, sicut est id, de quo est Prima Philosophia, neq; propriuis sicut sunt eo
artes. Demonstratiue particulares : ut
aut putatur, qn si spes sylli verū, sed
ex quo sit in artibus demonstratiuis,
ac si esset proprium suus generis, at-
tribut aut Sophillicę, & hoc, quia
nō est conditionis demtōuis, qm prę-
missę sunt verę & solū, sed qp sint prę-
portionatęis, & illę sunt propriæ illi
generis: & hoc, sicut illę quod Aryslo
qntuit aut circulum, quia ex quo fecerat figurā rectarum linearū in am-
biente circulum, & minorē omni fi-

B gurę rectarū linearū ambicutiū circulum, dixit qp ista figura ę æqualis
circulo: quia qn fuerint duæ res, quę
attibæ sunt minor es vna eadē re, &
maiores vna eadē re, illę sunt æquales: putaset eum qp ille sit demonstratiuus, & non est demonstratiuus, sed
euidēs est, qp sit decrptotius: sic ergo
non continet seā aliqua spēcyllirū
falso graphiū, nō constiterit nobis
syllis topicus verus, & sy illa demonstratiuus verus, & ille est, cuius prę-
missę cū hoc qp sunt verę, sunt pro-
portionatę. Ars aut demonstratiua,
ex quo est sufficiens ad constantiam

C vniuersori contradictoriori, quod
est verū, & ad destructionē alterius
cōtradictori, quod est falsum, nō ponit eius pmissas ex parte interrogatione, quia respondens si recipit qn
non est verū. Ars aut Topicę, ex quo
viset coastituere vtrunqp duoru
cōtradictoriorū, & destruere illud,
non pmissas accipiuntur sm interrogatione: & non est eius inuentio declarare aliqua rerum, nisi qn vietur
ad declarationem priorum principiorum, illi qui negaret ea, sicut
declaratum est in arte Topicę.

D

N Vnc aut non est dialecticus circa genus aliquod
determinatū, neqp demō-
stratiuus vllius, neqp talis qualia
ylla: nā neqp oīa sunt in vno aliquo genere: neqp si sint, post est
sub eidē principiisesse, ea qp sūt.

Quare & nulla ars earum, q aliquam naturā monstrant, interro-
gatiua est (si aut mōstraret, quid
illud, nisi & omnia:) verū tamen
prima, peculiariaqp principia nō
interrogat: nā si nō daret, non hā
haberet ex quibus amplius dispu-
taret ad instantiā. Talis autē est

E tentatiua: nam tentatiua non talis est, qualis est geometria, sed
qualē vtiqp haberet nō sciens ali
quis: fieri enim pōt vt periculū
sumat, & is qui nescit rem, de eo
qui nescit: siquidē & dat non ex
quibus scit, neqp ex proprys, sed
ex cōsequentibus: quæ oīa talia

F sunt quę sciente quidē nihil pro
hibet nescire artē, nesciente autē
necesse est ignorare: quare mani
festa, qm nullus determinati ten
tatiua disciplina est, eo qp de omnibus est nam oēs artes vtuntur
quibusdā cōibus. Ideoqp oēs illi
terari quodā modo vtuntur dialectica, & tentatiua. Nā omnes
vsqp ad aliquid conantur disiudi
care eos, qui pronunciant: hęc
aut sunt eīa, nam illa nihil mi-

V iij nus

G nunc sciunt ipsi, quamuis videatur longe extra dicere. Redarguit igitur ões: nam sine arte quidē eo participat, cuius artificialiter est dialectica: & arte syllogistica, tentatiuus dialecticus. Quin autē sunt multa quidē hæc, & de omnibus, non talia autē vt naturalia quædã sint, & genus, sed vt negationes, alia aut non talia, sed propria sunt ex illis de oibus experimentum possibile est sumere, & arte esse quædã, & non talē esse quales si demonstrant, eo ꝗ contentiosus non est oīno sic se habens, vt pseudographus nã non erit captiosus ex determinati cuiusꝓ generis principiis, sed circa of gen° erit is, qui côtentiosus.

Epilogus. Loci igitur sophisticarū redargutionā hi sunt, & ꝗ dialectici est côsiderare de his, & res eas posse facere, nō difficile viderem: quæ circa ppones est disciplina, oēm habet hanc speculationem. & de redargutionibus quidem apparentibus dictū est.

Sermo de generibus syllogismorum, quibus vtitur ars tentatiua.

Topica. Cap. 11.

A Rt aut tentatiua topica vtitur **H** ex generibus syllogismorum elenchorū genere, qui est ex præmissis, sibus talia, quæ non sunt propria alicui genetice, quo nō est euidens chem proprio, quia illa est parsatus Topicæ, & non est ars tentatiua Topica, neque in sũma artis Topicæ apud cū, qui gloriatur de arte Geometria, & qui in arte demonstratiuis, quia in arte tentatiua topica, & ipsius met topica, ex quo oīt eius si ben

---

ppriū, & suæ præmissæ fuerũt famosæ **K** ꝗ côis notitia omnibus°, possibile est ꝗ conueniat vulgus, & illi, qui non habet tentatiuā artis topicæ, cũ illo qui habet notitiā istius artis diuersi modē ab arte Geometernæ: hoc est, quia non inuenitur vnus qui conueniat Geometra in eius arte, sed si conueniant homines huius artis, est pauca conuenientia. Ex quo aut ars tentatiua topica facit elenchum vsem falsigraphum ex parte, qua nō habet subiectum terminatum°, & hæc ars, hoc est sophistica, est huius dispositionis, quia non habet genus ꝓptiū, manifestū est, ꝗ notitia elenchorū **L** falsigraphorum conuenit cum arte Topicæ, & arte litigiosa. Et declaratum est ex hoc, ꝗ elenchus, qui est virtutum huius artis, non est qui reddit guit & decipit fallacia propria in singulis generibus generum famosarū demonstratiuarum, sicut præmissū est. Propterea ꝗ ars Topica oporteat cognoscere species elenchorū & falsigraphorum vsium ad cauendū eos, sicut oportet singulos habentes artes singulas arctis propriarum, ꝗ cognoscant species falsigraphorum, qui sunt in illa arte, & in toto hoc oportet, ꝗ conueniant istæ duæ artes, hoc est Topica & Sophistica. Sed **M** quot modis & locis fiat elenchus falsigraphos, iam declaratum est: sed ex quo inuentio istius artis non est elenchus falsigraphus solum, sed reliquæ intentiones, quæ dictæ sunt, quarum intentionum vna, quæ est secunda ad inuentionem, quæ est elenchus, est inductio loquentis ad falsum, aut eius inductio in dubium, & ambiguum, iam conuenit quid loquimur de rebus, quibus operæ hæc ars hoc opus.

b. Locus. DE aliquo est falsum quip piam oftédere, & orone ad inopinabile ducere. Hoc aute fuit fm propofitum fo phifticæ intérionis, primũ qui dem ex eo cp interrogat quoḷã modo, & p interrogatione acci dit maximenã id, ad nullũ deter minatũ interrogare propofitũ, venatiuum ĉ illorũ: temere nãcp dicites peccat magis: temere aut diciit, qñ nihil habét propofitũ.

a. Locus. Et id, interrogare multa (quã uis id determinatũ fit ad quod difputãt) & id, ea ḡ vident, dice re fe poftulare, facit quãdam ido e eiratẽ, ut ad inopinabile ducat,

3. Locus aut falfum. Et fi interrogatus af firmet, aut neget illorũ aliquid, ducere ad ea ad cḡ prompt'eft ar gumẽtari: pōt tñ nũc min' noce re p hęc ḡ prius, nã repetũt ali

4. Locus quid ad id qũ in principio. Ele mentũ aũt deueniẽdi ad falfum, aliqũ, aut inopinabile, nulla fta tim interrogare pofitionẽ, fed af firmare ob id fe interrogare, qã

5. Locus. difcere velit: nã locũ argumenta tionis, confideratio facit. Ad fal fum aut oftendendũ proprius lo cus fophifticus ĉ ducere ad talia, ad ḡ abũdat orationibus: eft aũt

6. Locus bene, & non bene id facere, que admodũ dictũ eft prius. Rurfũ vt ad inopinabilia ducat, cõfide rare ex quo genere eft qui difpu tat, deſde interrogare quod plu ribus illi dicũt inopinabile: eft enim fingulis qbuſcp aliḡd tale.

Elementũ aũt horũ fumere fin **D** gulorũcp quorũcp pofitiones in ,ppónibus. Solutio vero & horũ competens fertur, oftédere cp nõ pp orationem accidit inopinabi le : femper aũt id quocp vult qui contendit. Amplius aũt ex vo- **I. Locus.** luntatibus & manifeftis opinio nibus : nam non eadem uolunt, & dicunt: fed dicunt quidem de coratifsimas orationes: volũt 2t ea, quæ videnf prodeſſe: v't bene mori magis ḡ voluptuofe viue re dicunt oportere: & egere iufte magis ḡ diuitijs affluere praue **E** volunt aũt contraria. Eum igi tur, ḡ dicit fm volũtatẽ, ad has manifeftas opiniones ducendũ eũ vero, qui dicit fm has, ad ab fconfas: veroru̇ enim modo ne ceſſariũ eft inopinabilia dicere: vnã aut manifeftũ, aut immani feftas opiniones dicũt cõtraria.

Plurimus aũt eft locus faciẽdi **R. Locus.** inopinabilia dicere, quẽadmodũ Callicles in Gorgia fcriptũ eft, di cens: & veteres aũt oẽs arbitrati funt accidere pp id quod fm na **y** turam & fm legẽ contraria: con traria enim eſſe naturam & legẽ dicunt, & iuftitiam fm legẽ qui dem eſſe bonum, fm autem na turam non bonum : oportet igif ad eum quidem, qui dicit fecun dum naturam, fm legem obuia re, ad eum vero, qui fm legem, ad naturam ducere: nam v'trocp modo dicere contingit inopina bilia: erit autem fecundum natu ram quidem ipfi verum: fecun dum aũt legẽ, quod multitudini videt:

V iiij

G vide͡t quare manifeſtu͡ q͡ & illi, qu̅admodū & qui nu̅c, aut re=darguere, aut inopinabilia dice=re reſpo̅de̅te, conaba̅t efficere.

1c. Locus. Qued̅a aut interrogationū ha=bent vtrinq͡ inopinabile reſpon=ſione͡: yt vtrū ſapie̅tib°, an patri oporteat obedire: & expedict̅ia facere, an iuſta: & an iniuriã pati

11. Locus. eligibilius q̅ nocere. Oportet aut ducere ad ea, q̅ multitudini, et ſapie̅tib° ſunt co̅traria, nã ſi di cat aliqs vt n̅ qui circa oro̅nes, ad ea quæ multitudini r̅ ſi aut vt multi ad ea q̅ ſu̅ qui in oro̅ne. Dicu̅t enim hi quide ex neceſſi=tate beati iuſtu̅ e̅, multitudini

12. Locus. aut inopinabile eſt reg͡e, infelice eſſe. Eſt aut ad ea, q̅ ſic ſunt, in=opinabilia dicere, ide ei quod e̅ ad ea quæ eſt ſe̅r naturã, & ſe̅m lege contrarietate, ducere: nã lex opinio multitudinis, ſapie̅tes au tem ſe̅m naturã, & veritatem di=cunt: & inopinabilia quidem ex his oportet quærere locis.

Terminus de locis ſophiſticis interrogantium ad falſum, vel inopinabile. Cap. 11.

I̅ Ninum locorų, quo ſe interrogãs ſerre ſermone ad falſum, eſt q̅ u̅o ponat ei° interrogationem loque̅ti ſe̅m poſitione terminatã, efficit aute ei° deſtructione̅, q̅ inferret e ei° poſitione abſurdū, ſicut efficit interro gãs & ro̅dens topica, ſed ponit ei° interrogationes no̅ ſe̅m poſitionem terminatã, ſed qui̅ere, iq͡ contige=rit ſe̅m aliq̅ locū ab eo, q̅ incedire ſponde̅ co̅ſtituere, qa, qu̅ ſe̅m fuerit tali diſpo̅nis, ſe interrogãs amplia=re eſſe p̅miſſarū, ad quaru poſtio̅ne ſeq̅r c̅iuc̅oturui̅ſa aliquod, qa p̅miſſ

ſe, q̅ efficiũt hoc, no̅ ſunt in habitu=dine ad poſitione terminati: hęc a̅t eſt res p̅ ſe nota, qa, q̅ qu̅ perſcrutaret inferre falſum ſe̅m terminatã poſitio nem, difficilis eſſet ei in uctio̅ p̅miſſa=rum, q̅ ducere̅t in ſermo̅ne falſum ſe̅m iſtã poſitio̅ne, & impoſſ e̅e tra̅ſ=latio in alias ſe̅m̅iſſas, quia co̅tradice̅s illis p̅miſſis no̅ poſſet recipere inter eas, & inter illã poſitio̅ne habitudi=nem aliquã, & ideo, qu̅ interrogator interrogaret ro̅de̅te de talib° p̅miſſ ſis, quaſcu̅q͡ co̅tigeriu̅t, ex quibus ſequeret falſum, & ro̅dens recipe̅s eas, ſtatim inferret ei falſum: ſi a̅t re̅nueret recipere eas, ſicut ſi interro garet cu̅ ad affirmatiuã, & ipſe re̅=peret negatiuã, aut co̅tra ſit poſ e̅ ſet, q̅ trãsferret ſiterum in interroga=tione, donec co̅ſtaret et q̅ inferret abſurdū, ex eo q̅ recepit, ſed reſpo̅ dent ſe̅m iſtã diſpoſ̅ eſt manifeſta exce̅ſionis, quia habere̅ dicere, q̅ hoc falſum no̅ ſequat ex eo q̅ in in terrogaueram, ſed ſit re͡ q̅ accidere ex replicatio̅ne ſermo̅ni a. Sed no̅ ab=ſolui̅tur p hoc, qui͡ ipſe ſe recepeir falſum, aut id ex quo ſequit falſum, qa locus, cuius moriſeil, q̅ ſeri̅a i̅ falſuro, eſt, q̅ uo no ſi interrogãno, aut ro̅ſio ſe̅m terminatã poſitio̅e. Si eiq̅, q̅ non cogitaret ro̅dens falſa ciam iſtus loci, neq̅e cauere͡ ab ea, p̅ceret ei p̅ceſſim ad inconueni̅e. licet difficile ſit conſtituere interro gãte̅ in plurimū eius, quod interro gauerat ipſum. Tam a̅t facile ſit co̅ uenie̅utia interrogantis & ro̅dentis, q̅ difficile fuerit illi, q̅ extrahat elue interrogationem ſe̅m extractione̅ interrogationis diſcipuli à magiſtro, & ille eſt hoc abſco̅dit victoria, & ptrualeritudine̅, ſicut dictū eſt l libro Topic. ſed hoc offert vile quibuſda

locis

A ... laus sine alia, sicut ibi dictum est. Igitur consecutio intentionis ad euidentiam falsi, q consequitur hunc locum & cautela ab eo est perceptio eius, hoc est, istius loci.

Locus aut sextus est, q aduertamus rei inconuenientes, quae sunt in singulis generibus generu sessariar, & numeremus eas, aut sint propriae illi. & quando loqueretur cu aliquo eorum, qui sunt veri illius artis, oportet q se quae illi res inconuenientes, quae sunt suae artis: & licet oportere, quando ille numeraret, q est inconueniens apud singulos q plet aut pluribus: &

B inuenieat eas huius ad inconueniens sm controuersia. Totus aut huius ratio est q aduertam inconueniens, q approprietur illi genti, cui est locus, aut homines illius artis, cui est ille locus. Contradictio aut, seu solutio, quae conueniet his locis est, q euidentiat falsiam, q est in eis primo, q est, q respondeat controuersia sciat, q id, q inquiris est falsa, non sequitur eo, q reperiat. Possent aut esse, q respiceret hoc, quia aut inter magis acceptior id, q non est causa conclusionis, ac si esset causa: quando aut possibilis est sic acceptio, vt causa illius, q aut est causa possibilis est rei contradicere,

C sed postea eris respondens aduertere ad hoc inconueniens, an sit ex inconuenientib sm orationem de eis, aut ex inconuenientib sm diam, quia valde recipit bona sm orationem cu bonis sm nam sm vulgus. & valde dicit cu nea sm vsu, q dicitur sm singulos modos conuenientes: eorum vero ut res pulchritas reb visibus, quae non sunt conuenientiores, sicut multi dicit, q mors est bona dispositione sit melior quam vita cum mala, aut q hoc sit cu multitudine egenus, eligibilius est q

D q sit diues cu inquiturae. Illi aut cu hoc praeeligunt contrarium huius, quia praeeligunt sibi vtile: & ideo praeeligunt rei cu malo, & diuitias cu iniquitate: sicq oportet nos, quando inculisem inconueniens, q est sm oratione q recipiamus, q sit bonu sm nam, si aut inuulesem illud inconueniens sm nam, reciperemus sm nam, q sit bonu sm coiecturam, & orationem. Si aut inueniret hic locus laus molte latitudinis magnae vulitatis ad obiiciendu in hoc genus sermonis, q est, q bona sm lege vulpluri mu opponat bonis sm nam: sicq conuenit illi, qui vituperat recipiendo bonum

E sm lege, q recipiat hic, q sit bonu apud nam, & cui destruit recipiendo bonum sm nam, q recipiat hoc tanquam id est bonum sm lege, quia plurimu opponunt praedicta bona cu bonis sm lege, & deficit vnaquaequi eorum a bonitate alterius, sed bona secundu nam sunt bona propria sua veritate, quae aut sunt sm lege, sunt bona, quia eorum vsus est apud multitudine, hoc est, famosus. Sicq tam declaratu est, q sicut istoru est, q contradicant rebus inconuenientibus, quae in serit interrogatas ex illis locis, sic interrogatoru est, q caueat credentem

F a locis, de quib meminit siue ad electio, siue ea coectione inconuenietis. Iam aut sit ex separatis interrogationib, q quibus coatingit q inferat interrogat respondens ipsum inconueniens ad vtriq, duoru contradictoriru: sic est, q caueat rodentem a locis, quibus efficit luce, sunt quae ducit loquente in dubiu & ambigu. Et illa est tertia inuentio intentionu philosoforu, sicut est sermo dicentis, cu conuenientes est credere sapientib, aut parentibus, & si diceret patrib, diuersum itaq, eius q discernere sapientia,

G piétia, esset opportunú, & si diceres, q̄ sapiénibus, rebellare itaq; patribus esset opportunú, & sic an prælegibi lior sit iustitia, aut vtilitas, sicut si hæc quil an eligibilius sit q̄ deprede mus, aut q̄ dinsirramus diuitias, aut disposítio sit ē cótraria, & vniuersa liter ista species litigij cōsequitur om nes res, quibus opponitur opiniones sapiétú opinianibus vulgi & multitu dinis, quia sapiétibus apparet, q̄ re ges facietes sint iusti, vulgo adt ap paret q̄ fauētes sint fortes vincētes. Iam aut possibile est, q̄ cōtrarietas istiusgeneris reducat ad cōtrarieta

H tē, quæ est inter bonú fm̄ nā̄m, & bo nú fm̄ legē: quia q̄ est apud sapiē tes & apud nā̄m est bonum, quia est verú id est, q̄ est apud legē & apud plures, est bonú, quia est famolum, & plues cōuenirūt in illo. Ex his itaq; locis, & eis similibus ēbēcuit quærere de istarum præmissarum inopina bilium, quas vocant Aristotelés de sacientes concessione.

De capitanibus nugatoriis, si solariscimi. Cap. 13.

D E eo quidē, q̄ est sacere nugari, quid iā̄ dicimus nugari, iā̄ mōstrauimus?
I omnes aut tales orationes id vo lūt esficere, si nihil referat nomē & orationē dicere: dupli aūt, & duplū dimidij idē est i si igit du plū est dimidij duplū, erit dimi dij dimidij duplū, & rursum si pro duplo, duplū dimidij ponā tur, erit erit dictū dimidij dimi dij dimidij duplū. Et putas est cōcupiscētia delectationis: hæc aūt ē appetitus delectationis est itē cōcupiscētā appetitus dele ctationis delectationis. Sunt au

K tē omnes huiusmodi orationú in iis, quæ sunt ad aliquid, quæ cū̄q; nō solū genera, sed & ipsa ad aliquid dicitur, & ad idē & vnū assignātur ve appetitus, ali cuius appetitus et cōcupiscētiæ, alicuius cōcupiscentia, & duplú alicuius dupli, & duplū, dimi dij, & in quibuscū̄q; quæ, eū̄ sub stātia nō sint, ad aliquid om ni eorū sunt, quorū sunt habi tus, aut affectus, aut aliquid hu iusmodi, in ore ipsorum de illis prædicatorū declaratur ve im

L par est numerus medij habens est aūt numerus, impar est igit numerus, numerus medium ha bes. Et si simū̄ causa nana est, ē aūt nata sima: erit ergo naris naris cua. Apparēt ₹ facere nō sacientes quū̄, eo q̄ non interro gāt si significet aliquid per se di ctū dupli, an nihil & si aliquid significat, verū idē an diuersam sed cōciulione dicunt statim, &

M apparet pp nomē idē, esse idē, ee significare. Soloecismú aūt quale quid est, dictū est prius: est aūt & hoc facere, & nō facientē vi deri, & facientē nō videri quem admodū Leuinus dixit, si Venus masculinū est, nā̄ qui dicit almū, soloecismū quidē facit fm̄ illum, non apparet aūt aliusqui aūt al mū apparet aūt, sed nō facit so loecismú. Manifestū igitur, quo niā̄ et ars quædā hoc pōt facere, eo q̄ multæ orationes nō colli gētes, soloecismú vide̅t colligere, vt & in redargutionibus. Suut aūt oēs pene apparētes soloecis

A mi ꝗ̃ hoc, & ꝗ̃ casus neꝗ̃ masculinū, neꝗ̃ foeminīū significat, sed neutrīmū hic quidē masculinū significat, hoc aūt foeminīnū, hoc vero neutrū vult significare ſeꝑe autem significat & illa vtraꝗ̃, vt quid est hoc? Callio pe, lignum, Coriscus. Masculini igit & foeminini differunt, casus omnes. neutri hi quidē, illi autē nō cū da ſigit hoc, ſaepe colligit quaſi di ̄cum ſit hanc ſiſt aūt & aliū caſum pro alio ponunt. Caꝑtioſa aūt ratiocinatio fit eo ꝗ̃ hoc commune ſit pluriū caſuum: nā hoc ſignificat ꝗ̃ꝗ̃ hic, ꝗ̃ꝗ̃ aūt hunc oportet autē viciſſim ſignificare, cū eſt quidē hic: cū eſſe aūt, hunc: vt eſt Coriscuſ eſſe Coriſcum: & in terminis nominibus ſiſt, nā in omnibus ſiſt eſt, & eſſe facies differētiā. Et quodammodo in hiis ſimilis eſt ſoloeciſmus hi redarguitionibus, ꝗ̃ꝑ id ꝗ̃ nō ſmilia, aut ꝑꝑ figurā, ſiſt dicuntur ꝗ̃ ea admodū illic in rebus, ſic hic in nominibus accidit ſoloeciſmū facere nā h̄, & albū, & res, & nomē est. manifestū igit, quonia ſoloeciſmū ſēcūdū eſt ex dictis caſibus colligere. Species igit ſunt hae cō rētioſarū orationuū, & partes ſpecierū, & modi, qui dicti ſunt.

Sermo de Facere nugari, & Soloeciſmo. Cap. 13.

VNde autē poſſibile ſit habentī bus iſti arte, ꝗ̃ reducut loquens in elenchū, aut in ſuperfluū, & nugationē, & deſtruat illud ꝑꝑ hoc, ꝗ̃ eſt quarta intētio, hoc accidit illis, apud

quos non eſt differētia neꝗ̃ diverſitas, ſiue ſint aches ex parte, quia ſignificet ipſa ſeparata ſm hoc nomē cū parte n̄ ꝗ̃ ſignificat hoc nomē, aut ſm ſeēuā ctiūeꝗ̃etiae, aut ſm ſemitā cōplexī, adeo ꝗ̃ proueniat iſtud cōpleriū ſm formā orationis cōpoſitū hoc aūt valde accidit relatiuis & definitionibus rerū, quae ſi cōſiſtentia eſt in aliquo ſubiecto, et accipitur hoc ſubiectū pars ſuæ definitionis, & accidit ex hoc, aut ꝗ̃ paralogizat, & facies ipſum ſequi cōfeſſionē orationis falſæ, aut nugetur ſuis verbis. exēpli gratia, de relatiuis, ꝗ̃ dicam de duplo, ꝗ̃ ſit dimidij duplū, quia duplū eſt dimidij duplū, & dimidij duplū eſt duplū: duplū itaꝗ̃ eſt duplū. Sic aūt dicat ꝗ̃ duplū nō ſit dimidij duplū, aut dicamus ꝗ̃ duplū ſit duplū: hoc aūt eſt nugatio, quia res nō enūeratur de ſe. & ſicut dicimus ꝗ̃ voluptas eſt cōcupiſcētia rei delectabilis, & circūſpicētia rei delectabilis eſt voluptas, ſic voluptas eſt voluptas: hoc aūt accidit, quia ambo iſta ſunt relatiuos, quia duplū eſt duplū alterius rei, & voluptas eſt voluptas alicuius rei, & ſic etiā accidet in ſimilibus rebus, quarū eſſe eſt ſm habitudinem. Reſtauté, quæ inducut loquentē ad nugationem & ſuperfluum ſuis verbis, nō ſunt relationes, ſed ſunt habentis qualitatez & hoc, quia ſubſtantia iſtorū aliqū accipiunt cū definito, & aliquando cū definitione. Et accidit ex hoc ꝗ̃ bis expliceri vna res, exēpli grā, quia ſi diceres naſus aquilinus nō eſt curuus, dicere aquilinus naſus eſt na ſus curuus, ſi autē reciperet ꝗ̃ naſus aquilinus ſit naſus curuus: naſus ita ꝗ̃ erit naſus, hoc aūt eſt nugatio: & ſic et aūt impar nō eſt numer'? qui non

G nõ diuiditur in duas partes æquales, aut numerus impar est qui diuidit in duo media: numer° itaque est numerus, & hoc est nugatio. Aduenit vero nomini simplici tale absq; q̃ accipiat cõplexum, sicut est sermo dicēis, an hoc nõ significet dupli rei, si aũt significat, aut significat rẽ que nõ est duplũ, aut significat duplũ: si aũt significat duplũ, ipsum itaq; duplũ est duplũ, hoc aũt est nugatio: si aũt significaret nõ duplũ, ipsum itaque nõ esset duplũ. Inductio aũt loquēris, vt dicat verba, quæ putet esse carẽtia significatione, absq; q̃ ita sit,

H est plurimũ in hoc loco. Sed minimũ est ex dictionibus cõmuniũ formarũ ad masculinũ, & fœmininũ, & neutrum: & hoc forte significat apud eos masculinũ, & fœmininũ, & ista est intẽtio quinta intẽtionũ fallaciæ. Cõuenit aũt, q̃ aduertam° hic loca, quibus accidit esse tale, quia putat, q̃ hoc sit commune omnibus idiomatibus, q̃ illud vocat apud nos inter arabes haya: proijcientes aũt id, q̃ est vere sic, q̃ est sermo carens sensu: quidã aũt eorũ est sic fm extimationẽ, & de locis illius conuenit perscrutari hic. Sieq; iam declarata

I sunt ex hoc sermone genera hm singulas quinq; intẽtiones deceptiuas, & species illorum generum.

De occultatione sophistica, & contra moleste respondentes. Cap. 14.

Differt aũt nõ parũ si ordinet quodã modo ea quæ ad interrogationẽ sunt, vt lateat quemadmodũ in dialecticis: deinceps igif ex ijs, quæ dicta sunt, hæc primũ dicẽda. Est aũt ad redarguendũ, vnũ quidẽ prolixitas: nam difficile simul

multa cõspicere. Ad prolixitatẽ vero quæ adducunt elementa, vtẽdũ. Vnũ quidẽ festinatio, nã tardiores minus præuidēt. Amplius aũt ira & cõtẽtiõnã cõputati minus possunt obseruare oẽs. Elemẽta aũt iræ. Manifestũ quoq; eum facere qui vult iuste agere, & circa omnia impudētē esse. Amplius, permutatiõ interrogatiões ponere, siue ad idem plures habeat aliquis orationes, siue q̃ sic, et q̃ nõ sic: simul enim accidit aut ad plura, aut ad contraria facere obseruatiõe. Om-

L nino aũt omnia, quæ ad occultã dũ dicta sunt prius, vtilia & ad cõtẽtiosas orationes nã occultatio lacēdi gr̃a est, latere aũt deceptionis. Ad eos aũt, qui renuũt quæcũq; opinãt esse ad oratiõne, ex negatione interrogandũ, ceu contrarii velit, aut etiam ex æquo interrogatiõe facere: nã cũ dubiũ est, q̃ vult sumere, minus insolescur. Et quãdo in partibus dederit quispiam singula inducēti, vniuersale sæpe nõ inter-

M rogãdu est, sed vt dato vtendũ nõ quasi putãt & ipsi dedisse, & audiēribus quoq; apparet ppter inductionis memoriã, velut per inde atq; nõ interrogauerit vaue. Et inquib° nõ nomine significat vniuersale, similitudine tamẽ vtendũ est ad id q̃ expedit nã latet similitudo plerũq;. Et ad sumẽdũ propositionẽ contrariũ oportet cõparãdo interrogare: vt si debeat sumere qm oportet per oia patri obedire, vtrum
pet

per oīa oportet obedire parentibus, an per omnia nõ obedire:
& ſæpe id, vtrũ multa cõceden-
dũ, an pauca? magis enim ſi neceſſe, videbunt eſt multa appoſi
tis enim iuxta ſe cõtrarijs, mino
ra & maiora apparent, & peio-
ra & meliora hominibus. Valde
aũt et ſæpe facit videri redargui,
maxime ſophiſtica calumnia in
terrogantiũ, cũ nihil colligentes
nõ interrogatione faciũt id qd
eſt vltimũ, ſed cõcludẽter dicũt
veluti colligentes nõ igitur hoc &
hoc. Sophiſticũ aũt eſt & cũ ponit inopinabile, cp apparet po-
ſtulare reſpõdere, propoſito eo
cp videt ex principio, & interro
gatione taliũ ſic facere vtrũ tibi
videtnã neceſſe eſt ſi ſit interro
gatio ex quibus ſylli, aut redargutionẽ, aut inopinabile fieri, cũ
dat qd̄ redargutionẽ, cũ aũt nõ
dat, neq̃ dare videt, fatet inopi-
nabilecũ vero nõ dat, videri ĩt
fatet, redargutiõis ſitẽ. Amplius,
quẽadmodũ in rhetoricis, & re-
dargutiõib9 ſitẽ cõtrarietates cõ
ſideradũ, aut ad eas, quæ ab eodem ſunt dictæ, aut ad eos, quos
conſtet bene dicere, aut agere.
Amplius, ad eos, qui videtur tales, aut ad ſimiles, aut ad pluri-
mos, aut ad oẽs. Quemadmodũ
aũt reſpondentes ſæpe cũ redarguunt faciunt duplex, ſi debeat
accidere redargutio, & interro-
ganib9 vtedũ qñcp illo, cõtra in-
ſtãtes: ſi ſic quidẽ accidat, ſic aũt
non, qm ſi ſumpſerit, vt facit
Cleophõ in Mãdrobulo: oportet

et abſiſtere ab oẽ, reſiqua argu
mẽtorũ diuidere, & reſpõdenti
(ſi præſenſerit) prius inſtare, &
prædicere. Argumẽtãdõ aũt qñ
cp & ad aliud ab eo cp dictũ eſt
illud ſumẽtib9: ſi nõ ad id quod
propoſitũ eſt habeat aliquis argumẽtari: cp Lycophrõ fecit diũ
propoſitũ eſſet, ex arte lyrã cõ
mẽdare. Ad eos aũt, qui exigunt
ad aliquid argumẽtari, poſtcp
videt oportere aſſignare cauſã,
dictis aũt quibuſdam obſeruabi
lius cp vniuerſaliter accidit in re
dargutionibus, vt dicat cõtradi
ctionẽ, vt cp affirmauit negare,
aut cp negauit affirmare: ſed non
cp cõtrariorũ eſt eadem diſcipli
na, vel nõ eadẽ: nõ oportet autẽ
cõcluſionẽ vt propoſitionẽ interrogare, quædã autẽ neq̃ in
terrogandũ eſt, ſed vt cõceſſis vtẽ
dũ. Ex qb9 igit interrogationes,
& quo interrogandũ in cõcerta
torijs exercitationib9, dictũ eſt.

Sermo de locis Latmũ. Cap. 14

REliquæ aũt ſunt nobis ad per
fectionem iſtiusſcientiæ, quæ
ſunt tres res: quarũ vna eſt, cp dicamus, quomodo ebueniret ei, q̃ intẽdit
hoc op' in hac fallacia, cp reſpõdeat
interrogãti, qm nõ eſt differẽtia inter actionẽ iſtorũ locorũ, qñ benefi-
catũ erit eorũ opus, aut nõ benefica
tũ erit, ſiue erit teoratiuũ, aut ſophiſticũ. Secũda aũt eſt, quo modo con
ueniat etiã beneficare reſpõſum ei,
qui aptus ſit ea vere iſta deceptiua.
Tertia vero eſt, quo modo conueniat narrare vnũquẽcp illorũ. 1 3.lo
corũ. Primo aũt dicimus, cp fallacia
excellẽtior, eſt, qñ intẽdit ſprologa-
tio

G ño verború eú opere illorú locorú,
quia id fallaciæ, q̃ fuerit in eis, est la
etius apud audieté. Secúdo aút, q̃ in
terroget feltinater, non tarde, quia,
qñ feltinat sermo, fallacia quæ est in
eo, est latétior, & dignior q̃ nõ constet. Tertio aút, q̃ irascat respõdens,
quia qñ irascit, permittit eius intellectus, & nõ intelligit aliquã ré. Ira
aút promovet ipsum vt plurimú,
vt exclamet & vociferet summe, &
ad pauca ipsius intellectioné. Quædã aút illorum sunt q̃ interroget de
præmissis, qb' intédit fallacia p mo

H tuo ordine loci earú in syllo permi-
tuarú præmissis famosis, ex quibus
sequit cõtradictorió eius, q̃ inquirit inferre precedétibus in hoc opere,
quæ laterét illos & reciperent eas, &
hoc, quia, si præmissæ quibus inqui
rit decipere, fuerint absurdæ, nõ lau
dabiles sunt in veritate & falsitate in
ipsarú pmissione est famosis, si aút
nõ fuerit absurdæ, id itaq; recipit, ex
quo inquirit recipere absurdã solú,
qñ fuerit separatum, postq; difficile
fuerit, q̃ reciperet. Exéplú aút hui'
ex eius operatioce est illius, qui inté
dit vti venenis petransedo ei alimé
mena ad cælidú: & iterú quia latebit

I respõdemé, de quo inquirat cõclu
sioné, fueret perplexus in notitia ei',
q̃ recipit ex eis & q̃ nõ reciperetur.
Et quædã illorú sunt q̃ interroget
de cõtradictorio rei, quã inquirit re
cipere, quia respõdét nõ recipiente
istud, cavillaret ei, id itaq;, reciperet
ré, quã intéderat recipere. Et quædã
illorú sunt, q̃ interroget manifestú
vtriusq; extremi cõtradictorij, ac si
nõ curaret ad q̃ illorum respõdeat,
qñ si per hoc latret respondét q̃
duorú cõtradictoriorú intéderit re
cipere, forsitã recipit ei' intétú, qñ

nesciret illud. Quædã aút illorú sut, **K**
in qb', qñ fit inductio non diminuit
aliqã eé enúciationis particularib'
rei vbiq, q̃ quæreret verificare fm viã
interrogationis, immo in omnibus
particularib' fm q̃ eé prædicati eé
res manifestaretis, & fm q illa est ex
his, quæ nõ referút ad interrogatio
né estludi illud prædicatú particula
rib' isti' rei, qua Igrim' cõfirmare
illud pdicatú fm suã vltime, nõ fm
inductioné: qñ aút duxerit summa
illorú particulariú, ac si iam recepif
fet ea respõdés, seq; verificatio vltra
sq̃, q̃ eé altius pdicati toti huic su
biecto, absq̃, q̃ interroget cõseqente **L**
vltate pp eé pdicati in particularib'
subiecti, qñ qñ fecerit hoc, fortasse
difficile erit ipsi respõderi hoc, neq;
recipit vtilitaté de inductione eius,
q̃ dimiserat: qñ aút fuerit huic vl
nomé, & timeret qñ explicaret eius
nomé, q̃ aõ recipet eé vltiatis, cõue
niret q̃ aõfferret enúciatio n̄ part
enlariaté in simile, q̃ est vi eis, nõ n̄
nomé rei vniscúiusq; particulariaz
vsus aút exéplorú cõmmuniú eé de
cipit multos, qa trãsfert enúciationé
à qbusdã in aliquas alias res. Quædã
aút illorú sunt, qb' interrogat id, de
quo putat, q̃ sit extremú cõtrario **M**
rú inter q̃ nõ est mediú: res aút non
est ita, qñ fortasse inter res reé respõ
dés absurdú illorú pp laudabile, &
hoc qa apparet absurdicas absurdi il
lorú fm plurimum apud id, q̃ ponit
fm modú alteri' cõtrarij, & sic ét ipsa & laudabilis laudatio appáret ma
gis. Sicut si interrogaret, cõueniat ne
credere patrib' de oib'r b', aut repu
gnare eis Ioib' reb'? qa, qñ diceret q̃
nõ repugnent eis in oib' reb', opor
ret eú cú hoc q̃ respõdeat q̃ creda
m' pattib' in oib' reb', & sic ét si in
terroga-

A interrogaret, an prohibita sit multitudo rum, aut ex paucitas, & ipse respondent ex multitudo sit prohibita, sentiunt ex paucis in his prohibitiu. Plurimu aut ex accidit fallacia in interrogatione, & putat, ex iä annexa sit interrogatio, & ordinata, ex interrogaret de reb, inter quas & cöclusio ne nö est cönexio: qn aut tu recepit secödüceret cöclusione, ac si iä sequeret ex illis reb, & putaret ex iä presecta esset hæc res, & ex iä remota esset & absuerit cönrouersia, ex hoc non posset soluere illud, & suä cötrouersiä, nisi cognosceret nä ibi sit peuceptibilitatis ex sua turbatione, &

B sua vociferatione, & exclamatione eius, ex ipse cöposuisset syllm absex ex cöposuisset eü. Industria vero illa est difficilis in hoc loco, nisi sapientibus: qn multitudo hominü nescit näm syllseae industrias aut seu cautelis interrogatiö est, ex, si interrogas præmissam falsam ad secundum respöderet, cä recipere & ad ducedü ipsä in absurdä, aut reciperet pmissam, aut orationem cöposuri ex præmissis, sicut est disposiuo, qua possibile est ex tenter aliqui, & sequat ex

C illo elenchus, & fortasse iuuaret ei actio pcessus, qui uincit in Rhetorica cä audictibus: hoc est, recipere rä sui modu, quo putet, ex ipsi iä recepissent ex illis ipsi sist, et declinäret illä & ducere ipsä ad elenchü, sicut si reciperet rä simplr, & declinaret ipsam, & poneret ipsam cö cöditione quadä. Et ex industriis respödit est, ex, qn cogeret ipsä elenchs, aut esset præ hoc, putet ex sit interrogas, & ex nö sit respödet: hoc aut valde faciunt ipsm hoies nä in cötrouersia, qua tædit victoria. Et industrijs aut interrogantis est, ex, qn sit

D interrogat plures pmissas, & mdes rei peteret qidä & nö recipet aliqs, & ex illus si nö recipet, sequeret ipse elech, si reci pet eas: tuc fetret oes illa præmissas subito, & faceret succedere eü cöclusione, qn tudetenaderet impedit, quoniä magis accidit ex obfruscät eorü ex recepat, ex ex nö recipiat, Et ex industrijs illorä est, ex pmiscent fin cösuetudine id, ex interæet exchü cü eo, quo nö idigeret ad illano nä elechi: itex, pmiscät falsæ callerét respödente. Sed qn respödes recipet, ex nö parü hui peceptionis haberet, interrogätis esse loluere illud, & disligueret inter id, quo nö indigeret

E ad illatione cöclonis, & iter id, quo indigeret ad hoc, & difficile cöstituerer excusatione ad hoc, sicut si ac cipet res cösequetes illä pmissam, & res antecedétes ad eä, & annea res ei. Interrogätis aut industriæ est, ex, qn lallaret ab inserédo ei fällsum, ex iä téderet inserre, pcedat ad destruendü ei cötradictoriü, & träfferat verba ad illud, si ab initio rei intédisset cöstituere ahä, rä senfatä, aut pcedat ad cöstruedü ex cötradictoriü, si intédisset destruere positione astruaturä. Et ex industria eorü est, ex

F ipsi fortasse relinquät interrogatione pmissarü, & ducit syllm cü cöclone, ac si eät res, qn iä recepisset rñdés, qn tuc mes rñdétis est magis sera, qn tuc cöuéiret ei, ex speculr falsä pmissæ syllb, & ei formä, & reduceret inter id illo plurs te unä ex his, ex ex speculari, & fortis est speditr aut abscederet ei aduersari ibi præ falsä cü præ ex ä, & recipet illä. Si cä sä qt, iä declarauit ex hoc, quot sit bona ex ceptio iunätia, qnq setiö es, & gl putät ex interrogas: interrogäs, & illi ducg, 1, pmistr li, si iäctio nö. At si

ARISTOTELIS
ELENCHORVM
LIBER SECVNDVS,
Cũ Auerrois media expositione.

SVMMA LIBRI.

De utilitate sophistica ruoi orationum, & apparatu ad eas diluendas. De solutione sex uitiorum locorum extra dictioné. Nogationis, & Solœcismi. De oratione facili, dissicili & acuta. Epilogus postremo octo præcedent. um. & duorũ præsentium librorum.

De utilitate cognoscendi sophisticas orationes, & apparatu ad eas diluendas. Cap. 1.

DE respõsione aũt, & quomodo oportet soluere, & qd, & ad quã utilitaté orationes huiusmodi prosunt, post hæc dicédũ. Vtiles ergo sunt ad philosophiã ppter duo. Primũ quidé, quia eæ, quæ ut plurimũ ppter dictioné sũt, melius se habere faciunt ad id, quotupliciter quodq dicitõ, & ea quæ sĩt, & quæ aliter in rebus accidũt, & in nominibus. Secundũ aũt ad eas, quæ per seipsum inquisitiones siũt nã qui ab alio facile capriose sallit, & id nõ sentit, & ipse quoq à se id patis persæpe. Tertiũ vero, & reliquũ ad huc, ad gloriam, eo q circa omnia exercitatus esse videbis, & in nullo se inexperte habere: nã sĩ is, qui in orationibus est cõ socius, orationes vituperat, cũ nihil habeat q determinet de vi tiositate earũ, dat suspitionem q videri velit insolescere, non quia verũ sit, sed pp imperitiã. Respõdetib aũt, quomodo obsistédũ sit aduersum huiusmodi orationes, manifestũ: si quidé recte dicimp prius ex quibus sunt capriosæ ratiocinationes, & si (quæ inquirédæ sunt) superabũdatias sufficiéter diuisimus. Nũ est aũt idé sumenté oratione videre, & soluere vitiositaté, & interrogati posse occurrere celeriter. Nã q scimp, sæpe trãspositũ ignoramus: Amplius aũt quem admodũ in aliis, id q citius & tardius, ex exercitatione sit magis, sic & in orationibp se habet quare si manifestũ quidé sit nobis, immediati aũt simus, primamur opportunitatibus frequenter. Accidit aũt qñ, sicut in linearũ descriptionibp, ita et illic soluentes quandoq componere verum non possumus, sic & in redargutionibus nam scientibp propter quid orationi accidit connectere, soluere tamé orationem impotes sumus.

Sermo de præceptis comprehendendi. Cap. 1.

Vt aũt reliquqrũ suṇṭ duæ res, quarũ si vna est, quomodo respõdeat ex capruomodo côtradicat illis, i i locis, & v trañ, illarũ rerũ vnuar sapiétes per sit & ideo sermo de vtésdibus rebus est, acsi esset præter istam artem, sed artis Topicæ, aut sicut xit Abumazar Alpharabius) est ius mediæ inter Topicam & Sophisticam.

A ſtid. Secūdæ aſit vltimæ pꝰs ſiuāt
ſapiētes p accidēs, ꝙꝶ ſūt ꝓptꝗ huic
ara, & eorū vltimaſ ei ꝶ ex parte,
ꝙ ſit cautio ꝶb ex ſollⁱ ꝗꝶ ꝙ nouerit
cōmunitatē, cōueniēt eſt ꝙ nō cu
dat in eas ꝛ iouacēt vero eos per ſe in
vſu orationis ꝛ tētau ꝛ vſū, ſicut præ
miſſum eſt. Primū aūt ꝓeptoꝛ ꝛ ꝶ
dēis eſt, ꝗ, ꝗ interrogās interroga
ꝛ es ꝑ miliam æqꝶ ock ꝶm nomē, con
tēdat ꝙ diuidaꝶ hoc nomē in oīa ſi
gnificata, de qb̄ dici ꝶ & notificeꝶ ꝙ
illoꝶ ſignificatoⁱ ſit verū ꝶ a nō ve
roꝛ & ideo ſeqꝶ ꝙ ſit ei poteſtas diul
dēi nomē æqꝶ uocū. Id aūt diximus

B regulas qb̄ ſit hoc poſſibile in lib.
Topicoꝛū. Secūdū aūt eſt, ꝙ aduer
taꝶ res ꝶ ſe, eſt ſic rūdēaꝶ et ideo opor
tet ꝙ ſit ei poteſtas cognoſcēdi rē, ꝗꝶ
meditꝛateꝶ illa cū ſeꝛ io, ꝗꝶ plures
hoc decepti ſunt, ꝗꝶ ſꝑeculaꝶ ſunt
cū ſeꝛ ipis, & nō decipiū ꝶ, ꝗꝶ ſꝑeculaꝶ
illa eſt aliⁱs, & hoc ꝑꝑ bonā meditꝛa
tionē eⁱ ꝶ ſeꝛ plurimū aūt ꝗꝶ accidit,
hoc ē ꝙ ꝯꝑ bonitaꝶ. Tertiū aſit ꝶ ſe
poſſ eſt, ꝙ nō ꝓlōꝗeꝶ ſermonē cū in
terrogꝛaꝶ e, ſed ſolerꝶ ſit ad incēdēdū
ipſum cito, abſꝗ ꝙ neglꝗgaꝶ eius ꝶ
ſioneꝶ ꝗꝶ ꝗꝶ negleꝶerit illud, & ꝑ
lōgauerit eloꝗ eū illoꝛ ex ꝗꝶ ꝑa

C tū cōſtiterit ei abſurditas & fallacia,
quæ fuerit in eius ſermone, accidit
ei, ꝗꝶ ipſe interpellauerit interrogꝛa
ꝶ ꝙ putaꝶet vulgas, ꝙ eius interpel
latio nō fuerit, ꝑꝑterea, quia ipſe in
ꝶ dēit declarare, ꝙ id, ꝙ iniꝗ iuerat
cōꝶtamare, ſit falſum, ſed ꝑꝑ eū debi
litatē. Sic itaꝗ, (ſicut puto) cōuenit
intelligere iſta loꝛū, & nō adueniat
hæc diſpoſitio ꝛ rūdēti, hoc eſt, ꝙ ſtti
uer ꝶ hiloni aſſidua ꝗꝶ quid tuliociꝶ
in eo fuerit ꝶm ſeⁱ nⁱ ⁱ locorū ſalien
ꝶiū, quæ ſunt in hoc libro, & ꝶm ſeⁱ
ꝶia ꝓeptoꝛū, quæ appropriātꝶ rūdē

ꝶi, & ꝶm regulas, ꝗ tradiꝶ ſūt hic D
ad cōꝶtradictionē locorū ſophiſticoꝛ
rū, abſꝗ ꝙ cū hoc exercitatus fuerit
in illoꝛū vſu plurimū, adeo ꝙ pueni
ꝶ ei habitus, quo poſſit cito agere,
ꝗꝶ ſicut feſtinatio & mora ſ ſingu
laⁱs artⁱb̄ pueniꝶ ꝑꝑ habitū ꝛ pueniē
ꝶ ex vſu, nō ꝑꝑ ſciētiā partiū illius
artⁱs ſolū, ſic eſt diſpoſitio oꝑationis
iſtaꝶ cū regularū, exēpli gratia, ꝗꝶ de
curꝛ actionis ſcripturæ, & eius adꝑꝛa
tio nō pueniꝶ ex notitia literarū, ſed
pueniꝶ ex vſu ꝑfecto formationis li
ꝶterarū, Sicut aūt in arte Topicæ ia
difficilis eſt interrogaꝶi cōꝶtradictio

B & deſtructio, ſic accidit in elenchis E
ſophiſticisꝛ hoc aūt accidit, ꝗꝶ ſeqꝗ
tur ex ꝑ miſſis falſis, quas poſ uerat tē
tator, cōꝶcluſio vera, & putaret ꝙ ſe
quaꝶ ex eis alia cōꝶcluſio, ꝗ eſt falſa,
ꝛ ſ ia, ꝗꝶ ſermo ſophiſticⁱ fuerit talⁱs
diſpoſitionis, difficile eſſet rūdēti ad
cōꝶtradicēdū ei ꝶm veritatem, & noti
ficare falſum ꝑ miſſarū, quas poſſu
ꝶ et litigator ꝑꝑ duas res, quarū vna
eſt, quia, ſi intⁱ diſſer eꝶ rūdere ꝶ illi
cōꝶcluſioni falſæ ꝑ notificationē falſi
illaꝶ ꝑ miſſarū, hoc eſſet cōꝶtradictio
ſophiſtica aut litigioſa, ꝗꝶ illa cōꝶ
cluſio nō ſequiꝶ ex illⁱs ꝑ miſſisꝛ ſeꝗꝶ

da aūt eſt, quia nū putat de eo ꝙ ipſe F
inꝶedat ꝑ hoc deſtructionē cōꝶcludo
nis veraꝛ & ꝙ ipſe ſit riſus ſibi ꝙ nō
fiat ex ꝑ miſſis falſisꝛ niſi cōꝶcluſio fal
ſa. Et ideo oportet inꝶdēt in hac re,
ꝙ nō amplicꝶ ſermonē in cōꝶtradi
choto ꝗꝶ lⁱ ad notificandū falſitatē,
ꝗ eſt ia luis ꝑ miſſis ꝑꝑ æquiuocatio
nē ꝶ ominis, aut ꝑꝑ plurꝗ tē, aut ꝶ alia
res fallētesꝛ & nō putaꝶ ꝙ ipſe alleuiꝶ
per hæc, immo rūdebit, ꝗꝶ dixerit
ei, ꝙ iſta cōꝶcluſio nō ſit cō̄ſto veraꝛ
ꝗꝶ cōꝶcluſerⁱ cas ex hoc ſyllo, ſed eⁱ ſ
milis ei, aut nō ſeq ꝛ ex illo omnino.

Log. eſt cō̄. Auer.   X   De

G *Tu apparens solutione resoluantis.*
Cap.

Rinoï igit, quemadmodū
syllogizare dicimus, opi-
nabiliter qūq magis q̄
vere, eligere oportet es̄ est s̄ alterū
dū qūq magis opinabiliter q̄
ad veritatē in omnino aduersus
cōtentiosos est reluctandū, non
vt ad eos, qui redarguūt, sed qui
redarguere apparent: nō enim
dicimus eos syllogizare: quare
vt nō videāt, emendandi sunt:
nā si redargutio est cōtradictio
nō æquiuoca, ex quibusdā, nihil
opus est diuidere ad amphibola, & æquiuocationē nō enim fa
cit syllogismū sed nullus alteri9
gratia diuī dēdū est, nisi quia cō
clusio videt redargutioni simi
lis. Nō ergo redargui, sed videri
redargui cauendū est, eo q̄ interrogat amphibola, & quæ pp
æquiuocationē sunt, & quæcun
que aliæ huiusmodi cauillatio-
nes quæ & verā redargutionem
adumbrant, & redarguētē atq
nō redarguentē incertum red-
dunt: nā quia licet in fine eū con
plurium fuerit dicere se, nō id ip
sum q̄ affirmauit negare, sed æq
uoce, aut amphibolice, quamuis
q̄ maxime cōtingit in idem sera: incertū, si redargutus est incertū enim, si vera nunc dicit: si
vero diuidens interrogasset æq
uocē, aut amphibolū, non incer
ta esset redargutio, q̄n requirūt
nunc quidem minus, prius aūt
magis, contentiosi, sic vel nō ni-
dere eum qui interrogat, fieri po

est. Nunc aūt, quia nō bene interrogant inquirētes, necesse est
vt respondeat aliquid is, qui interrogatus est, emendare vtinā
inter rogationis: quia diuiso sufficienter, vel sic, vel non, necesse
est dicere respondentem. Si aūt
aliquis putet s̄n æquiuocationē
redargutionē esse, quodam modo non erit ridentem effugere
quin redarguāt: nam in s̄s, quæ
oculis subiecta sunt, necessariū
q̄ affirmauit negare nomen, &
q̄ negauit affirmare. Enim vero
vt diluunt quidā, nihil prodest:
nā nō Coriscum aiunt esse musi
cū, & non musicū, sed hunc Coriscū musicū, & hunc Coriscū
nō musicum, eadē atq erit oratō
Corisco, ei, quæ est hunc Cori
sci musicum esse, vel non musi-
cūq simul affirmant, & negāt,
sed fortasse nō idem significāt,
nā nec ille nomē, quare in aliquo
differt. Si autem hoc quidē sim
pliciter dicendo Coriscum assignet, illi autem addat aliquē, aut
hunc, absurdum est, nihil enim
magis q̄ alterū: vterlibet enim
nihil differt. Nō sic igitur, sed qa
incertus quidem est qui nō determinauit ambiguitatē, vtrum
redargutus est vel nō redargutus, datum autem est in orationibus diuidere: manifestum, q̄
non determinando dare interrogationem, & quidem simpliciter, peccatum est qui & si nō pos
sit, tamen oratio redarguens simi
lis est. Accidit autem sæpe vide
tes amphiboliam torpescere dī
uidere.

uidere, eo q̃ crebra nãia propo-
nantur, ne ad omne uideantur
molesti esse: deinde non putanti-
bus propter id fieri orationem
sæpe profecto occurrit inopinabile: quapropter quia datũ est,
diuidere haud cũctandum. queadmodũ dictum est prius. Si autem duas interrogationes non
vnam facit quisquam interrogationem, non pp a quiuocatione.
vel amphiboliam fiet captiosa
colleɔio, non ne redargutio an
non ɛ quid enim differt interrogare, si Callias & Themistocles
musici sint, q̃ si ambobus vnũ
nomen esset existẽb? diuersie-
rã si plura significent q̃ vnũ, plura si interrogauit: si igit nõ recta
est ad duas interrogationes vnã
responsione censere sumere simpliciter, manifestũ q̃n nulli corũ, q̃ æquiuoca sunt, conuenit re-
spõdere simpliciter, nec si de omnib? quidẽ verũ sit, veluti cẽsent
quidã nihil est differt hoc, q̃ si
interrogasset, Coriscꝰ & Callias
vtrũ domi sint, aut non sint domi siue adsint ambo, siue nõ adsint: vtriusꝗ enĩ plures p̃positio-
nes. Nõ enim si verũ ɛ dicere, in
terrogatio pp id vna possibile ɛ
enim ad decies millenas interro
gatas q̃stiones, oẽs sic vel nõ, ve
rũ est dicere: attamen non est re-
dendum vna responsione, interimitur enim disputatio: id aũt
simile ac si idẽ nomen imponãt
diuersis. Si igitur nõ oportet ad
duas interrogationes vnã rationem dare, manifestũ q̃n nec in

quiuocis sic vel nõ, dicendum:
neꝗ enim qui dixit ridet, ramet
si dixit: sed id admittunt quodã
modo in disputationibus, eo q̃
lateat q̃ accidit. Quemadmodũ
igitur diximꝰ, q̃ redargutiones
quædam videntur esse cũ non
sunt, eodem quoꝗ modo & solutiones quædam vident esse, quæ
non sunt, quas dicimus q̃nꝗ ue
operæprecium magis afferre, q̃
veras in cõtentiosis orationib?,
& in ea q̃ ad duplex est)eɔetur
sione. Respondendũ auté in sis,
quæ videni, esto, dicendo: nã &
sic minime siet redargutio. Si ve
ro aliquid quod inopinabile sit
engã dicere: sic maxime addẽ-
dũ videntsic enim neꝗ redargutio, neꝗ inopinabile videbit sieri. Quia aũt quo pacto peñ q̃
est in principio, manifestũ putãt
omnino (si sint ppinquæ) inter
mẽdiã, & nõ cõcedẽda ebe vlla,
perinde ac si quod in principio
est petat. Et qñ aliquid tale postulauerit quispiam, q̃ necessariũ quidẽ est accidere ex positio
ne, sit aũt falsum vel inopinabile, dẽ dicẽdũ: nã quæ ex necessitate accidũt, eiusdẽ videtur esse
positionis. Amplius, qñ vniuersale nõ nomine sumitur, sed simi
litudine: dicedũ q̃ nõ sic datum
est, neꝗ vt proposuit, sumit: nã
pp id sit sæpe redargutio: est autem prohibetur his, ad id quod
nõ bene ostensum est rededũ,
obsistendum autem sm dictam
determinationem. In sij igitur,
quæ proprie dicuntur sophni-

X ij   bul

bus, necesse est rñdere, vel siñr,
vel diuidẽdo. Quæ aũt subintel
ligẽte, pponimus, vt quæcũqz
nõ plane, sed truncatim interro
gant, pp id accidit redargutio.
vt pútasne quicqd est Athenien
siũ esse. siñ aũt & in aliꝭ r at qui
homo est animaliũ, sic. possesio
igif animaliũ, hõ. Nã hominem
animaliũ esse dicimus, quia ani
mal est:& Lysandrũ Lacedæmo
niorũ, quia Lacedæmonius est.
Manifestũ igif, qm̃ in quib⁹ ob-
scurũ est, ꝙ pponitur, nõ simpli
citer cõcedẽdũ. Qñ vero duob⁹
existentibus, cũ hoc quidẽ est,
ex necessitate alterũ esse videt:
cũ vero alterũ est, hoc nõ ex necessitate: interrogato vtroque,
oportet ꝙ minus est dare. Nam
difficilius est colligere de pluribus. Si aũt argumetet ꝙ huic qd̃
dẽ est cõtrariũ, illi aũt non est: si
oña vera sit, contrariũ esse est di
cẽdũ, at nomẽ alterius posirũ nõ
esse. Qm̃ aũt quædã quidẽ eorũ
quæ dicunt plures eum qui non
cõcedit falsum dicere aiũt, ꝙdã
aũt nõ: vt quæcũqz ambigũt,
(vtrũ enim corruptibilis. vel im
mortalis sit anima animaliũ, nõ
exploratũ est multis,) in quibus
igif incertũ est vtro modo soleat
dici ꝙ pponit: vtrũ in ꞡs, ꝗ sunt
vt sentẽtiæ: vocant enim senten
tias, & veras opiniones, & totas
negationes, vt diameter incom-
mẽsurabilis est. Ampli⁹, de quo
verũ dubitat, transferens quispiã
nomina maxime latebit in illꝭ:
nã̃, quia incertũ est vtro modo

se habet verũ, nõ videbif sophistice agere: pp id aũt ꝗ dubiõ,
nõ videbit falsum dicerem me
taphora faciet orationẽ siue redargutione videri. Amplius,
quæscũqz interrogationũ per-
senserit aliquis, præinstãdũ est,
& prædicendum: nam sic maxime interrogantem prohibebit.

I Am aũt possibile est rñdet, q̃ in
cipiat pmissas æquinocas sm nomina, adeo ꝗ cõcludat ei interroga
tot cõclusione falsam, & dicat ei, ꝙ
per illas pmissas, quas receperat, vi-
der it sic, nõ significat talis rñ aũt
quã paralogizaverit, nunc est quã
receperat solam. Fuit aũt hoc opus,
quia nõ est notũ, nec꞉ manifestũ, q̃
ille receperit significatã falsum, q̃
est vnũ eorum, quæ significat hæc di
ctio æquinoca pp eius intentionẽ
pp suã receptione dictionis æquino
cæ: forte aũt hoc esset in vtilius pro
pter fallaciam, quã si diuideret ꝙ
significat nomen æquinocũ, atq̃ dictio litigiosa, adhuc errasset, & reciperet rñs eorũ, ac si esset verũ, ipse
aũt est falsum, & nõ est ei conueniẽs,
ꝙ respõdet ad hoc, si ego ille rñde-
tiũ, qui fecit hoc opus, respõdisset
per nomina æquinoca, & dictiones
litigiosas, quæ sunt in eis, aut nõ fece
rit hoc opus, ꝙ fuerat ei possibile.
Sed ex quo iste, q̃ nesciverit hoc qd
diximus ad purat, q̃ qñ receperit nomẽ æquinocũ ꝙ si receperit ei̾ signi
ficata, de q̃b⁹ dicit illud nomẽ: & ui
ræ nõ seq̃t hoc, imperat ꝙ ipsum e
diui-

A diuisione, qui illam fuerat cōctō viſus aūt eſt, q̄ iā redarguerit ipſum, & indiget cū hoc expoſitione, q̄ nō redarguit ipſum. Et ideo id, q̄ cōuenit ei, hoc eſt rādēti, nō ſophiſta interrogauerit nomine æquiuoco, aut dictione litigioſa, diuidit plura ſignificata, q̄b ſignificat hæc dictio, & rūdeat p lingula eorū, ſic, aut nō. Qñ autem argumōtatus fuerit interrogās, & putauerit, q̄ iā ſiat elēchus p̄p hanc dictione æquiuocā, quæ eſt in eo, aut p̄p litigiū habuit eam eſſe æquocā. Induſtria eripiēs ipſum eſt, q̄ imponat nomina huic ſignificato, q̄ putat rūdens, q̄ ſit falſum, & q̄ illud ſit nō ſignificatiſ verū, q̄ deſcripſerat hæc dictio. Ex his aūt quæ apparuerōt qbuſdam hominibus eſt, q̄ induſtria ad hoc, eſt connecte re dictione hoc, cū nomine. Iſta aūt induſtria nō eripit ipſum à fallacia, q̄ dictio hoc, ſi demōſtraret id, q̄ eſt in anima de hoc ſignificato, iam illa demōſtratio eſſet æquoca, quia ola illa ſignificata, q̄ ſignificaret illa dictio, ſunt p̄ſentialiter in imaginatione. niſi dictio hoc annecteret ali cui demōſtrato ſenſato: tñ aūt hoc ita fuerit, illud nō indigeret dictione, & appellatione nominis p̄ demōſtratione. Et ſic, qñ interrogatio fuerit ſimplr, ipſa aūt verificaret ſm diuiſione, nō cōuenit, q̄ rūderet p̄ ſic, aut nō, donec cōpiteret eſenchus, q̄ intelligeret ex eo ſterrogās, q̄ ille recepiſſet illud ſimplr, & tūc euaderet ab elencho, qñ diceret, qñ ego dixi ſic, intꝰdexi illud ſignificatu cōnecte xum, nō abſoluti, quia q̄ cōſequitur hoc, qñ cōſequitur ex nomine æqui uoco p̄ ſic, aut nō, abſq̄ q̄ diuidatur ſignificata, q̄b dicit æquocā, illud idē cōſeqr huic, & ola loca q̄b diui

dit, & poſtq̄ recepeit ipſī ſine diuiſione, nō accidit ei elēch, ſed putaret tur, q̄ iā accidiſſet ei. Sicq̄ ex quo ipſe nouerit per ſe, qñ diſtinxerit rūdēs litigiū, & recⁱperit ex illis, q̄ recoperit, ſiue redarguat, ſiue nō, ſi rū diſſet de abſoluto per ſermonē confuſum ille deciperet, qñ ipſe cōducit ſe ad dubiū de eo, an redarguat, aur nō redarguat vere. Plurimū autē, q̄ accidit hoc rūdenti eſt, q̄ ipſe cōt impeditur ex diuiſione p̄p multitudine ſignificatorū, quæ cōtinentir ille ſermo abſolut. Et ex eo, q̄ accidit ei cū hoc de difficultate in terrogātis, & pauca ei aduertētia ad diuiſionē, q̄ fecerat, facile eſt rūdere ad illa rūtione confuſa: qñ aūt interrogās cōfunderit ei elēchū, & rūdens inciperet diſtinguere ipſum, & noti hcaret ei, q̄ nō ſequatur hoc id, q̄ putauerat, q̄ ſequatquō cōuenit ſerū in hoc interrogās, qñ neſciret, q̄ fallacia ingrederet ex hoc loco, quē notificaſſet rūdēs, & nō cōcordaret ſecū in eo, q̄ loc' ille ſit deceptorie. Sicq̄ accideret rō dēti dubiū, an redarguetur, aut non redarguetur: & ideo dēnō cōuenit, q̄ ſit impedit' p̄ diuiſionem in locis, q̄ ingredit' dece ptio p̄p latitiā diuiſionis, & ſicut nō op̄3, q̄ rūdeat duabus interrogationibus vnica rūtione, ſic nō cōuenit, q̄ rūdeat vni ſm nomē vnica rūtione, qa non eſt differētia, ſiue rūdeat pluribus interrogationibᵘ vnica rūtione, ſiue illæ interrogationes ſignificet vnica dictione, aut pluribus dictionibus, qñ ſm nomē æquiuocā ſiat plures interrogationes vnica dictione. Et ideo qui nō rūdet duabus interrogationibus, aut pluribus vni ca rūtione, & cōſueuerit illud, nō accidit ei fallacia p̄ nomē æquocā ſm

X iij vnam

G vnam rõnem, qñ omnia significata, de quibus dicit illa enunciatio eq̃
vocs, esset vera, quia nõ cõstaret sibi rñdens, cp rñdet ex duabus rñ-
sionibus, aut plorib' vnica rñsione,
qñ omnes cõuenirent in sic, aut nõ.
Sic quoq; oñ' incidit ei, qñ interrogaret de mille, aut duabus missibus
interrogationib', non rñdeat ei. do
nec aduertat in eis ech cõueniant in
sic, aut nõ, rñderet ei vnica rñsione:
si autem nõ cõueniant, distingueret
hoc res, & manifestũ esset, cp nõ inciperet rñdenti. Et ideo nõ oportet
rñdentem, cp rñdet nomini æqui-

H voco vnica rñsione, etiã si oẽs enũ-
tiationes habētes significata, cp am-
plecteret nomé æquiuocũ, esset veræ: Cõueniens. n. esset rñdere ad id,
de quo interrogatur. Ipsum aũt nõ
interrogat nisi de vnica re, quia nõ
est latens apud interrogatē, qñ inter
rogat de nomine æquoco nisi vnū
significatũ. Si aũt esset latens apud
interrogatē omnia significata, quæ
cõtineret nomé æquiuocũ, iã incũ-
beret onus ipñ rñdenti, cp rñdere
vnica rñsione pluribus interroga-
tiõibus. Qñ autem famosum est, &
nõ sit hic redargutio, & cp iã non sit

I hic cõtradictorium, putat autem, cp
sit hic cõtradictorium, id oportet cp
rñdeat sm hanc imaginationem,
sic q, qñ reciperet rñdens quicquid
reciperet interrogans, ac si imagina-
ret illud cogitatione, interest nũ
cp redargueret ipsum, cp rñdeat per
id,cp recepit, & dicat cp verũ est, cp
recepi illas p̃missas, q̃ æstimabam,
cp essent de genere coniecturariũ
verarũ, nũc aũt iã apparet, cp sint de
genere coniecturatarũ falsarum. Et
qñ rñdens fecerit illud, nõ poterit er
ret redarguitio in ipsum, & nõ cõdu

deret suus aduersarius aliquid ei absurdum. & ideo oportet in plurimo
huius, qñ receperit p̃missas cum ecc
laudatione, tunc recipere eas sm mo
dũ æstimationis, quia tũc nõ posset
interrogans redarguere ipsum, qñ
fuisset eius receptio sm modum esti-
mationis, Si autem ibi fuerit, qñ
interrogãs interrogaueret ex parte
petitionis principii, & fuerit hoc ma
nifestũ nõ rñdet, iã cõuenit solã
nare, & notificare ei, cp hoc cp suppo
suerat,ut eius q̃ sũt, licet hoc laue-
ret ipsum, adeo cp obeluerit ipsum
nec q̃ sũt, Interest itaq; ei, cp di-
catei, recepi quidẽ hoc, enim quam

L enim cp nõ esset ipsum q̃ sũt, nunc
aũt apparet, cp sit ipsum q̃ sũt, rū
uuit nõ cõposueras syllogismũ, neq;
feceras aliquã rẽ, & vidit iã cp oer
zauerã, & recepi istud q̃ nunc
est, cp recipias. viliter per illud i eã
quo iã apparet, cp tu nõ cõposueris
lysmũ, neq; seceris aliquã rẽ. Si aũt
petens principiũ visus fuerit locũ subiecti q̃ sũt sm particularibus sm se
mitam inductionis, sed nõ accepeat
vniuersale sibus subiecti ex parte,
qua significaret ipm suũ nomē, adeo
cp dicat, gratia exẽpli, cp omne animal iã dedo, moueat eã mãdibu-

M lã inferiore, quia hõ & lynx & con
simile reliquorũ animaliũ mouet
eius mandibulã inferiorẽ, est omne
rñdens,cp recipiat ab eo hoc, deinde
inde inferat, cp omne aiã mouet eius
mãdibulã inferiorem, qñ diceret ei
nõ intẽdebã, qñ recepi, cp mandibu
eius, cp simile est homini & lyncis
sm hoc, sic in suppositio animalis, qui
si hoc ita esset, iã receptissem ipsum
nõ q̃ sũt, sed intẽderẽ talẽ speciem
similitudinis, & nõ talẽ speciem. Secundũ nomina aũt, quæ diceret q̃
cubi

A cubi sm veritatem, & alibi sm trāslatioē, īta accidit fallacia & hoc, qm veritas significationi nominis in loco veritatis, & ablatio æquocationis ab eo, asimilat eius veritati vel interrogationis, & ablatione æquocationis ab ea. v. g. qui dicerit quid pīa, qd est alicuius rei est habitꝰ eius, qd qꝭ est Socratis, est eius habitꝰ, hō aūt est animalis, hō itaqꝫ esset habitura animalis. Et ideo oportet rīdentem in tali loco, qꝫ nō rīdeat ꝑ hanc enūtiationē absolutā, donec dīuidat orationē dictꝰ, qꝫ id, qꝫ est alicuius rei sit eius habitus. Et nō recipiunt

B utilitatē petētes principiū per oppositū ꝙdū, neqꝫ per sm nū interrogatus dē contradictoriū, & oppositis, quorū pars vera nō fuerit ꝑ se nota, aut nota sm cōditionē, & obmiserāt in interrogatione acceptione huius cōdinonis, qm ignorā tiā oppositorū fuerit æqualiter, nō reciperet rīdens hoc cōtradictoriū, qꝫ tulerat interrogans, qꝫ recipiat ab eo, qm nō putaret veritatē eius magni, ꝙ sui oppositi. Et aliter etiā accidit, qm nō esset vnī duorū oppositorū famositas veritatis, neqꝫ laudatā sine eiꝰ cō-

C tradictorio, sed vtriusqꝫ duorū extremorū fuerit sm famositatem, & tū laudationē æquale, sicut est dictum nostrum, au anima sit mortalis, aut immortalis, qm homines qui dicūt, ꝙ anima sit mortalis, sunt æquales sm famositate illis, qui dicunt, ꝙ ipsi sit immortalis, & ideo non pualet imaginationi audētis alterū istorū duorū cōtradictoriorū sm famositatē, & reciperet illud. Qū aūt cōnigisset, ꝙ vnū duorū cōtradictoriorum sit notæ veritatis per se, aut notæ laudationis sine eius cōtradictorio, aggregaret in illo duæ illæ dispositio-

D nes simul, qm ita recipit vtilitatē ipse interrogās per putationem principij in talibus. Et hoc, qꝫ ita in patet veram ꝙ eiꝰ famositatē in laudatione: aut ꝙ ꝑ ipsam esse veram notæ veritatis sm se reciperet interrogans, & reciperet illā, qm ꝑ immutasset petē ꝑ principiū nomen vnius duarū partiū ꝙ fin est interrogatione, aut vnum nome duarū partiū eius oppositi : hoc est, ꝙdicarū aut subiecti, cū alio nomine, & nō tulerit ipsummet exætitū, aut eiꝰ oppositū, ū petitio principij fuerit sm eiꝰ oppositū. Sed qꝫ qꝫ errasset rīdens in talibus, & recepisset ea, eiꝰ interesset dicere interrogāti, tu non scribi elenchum, neque cōpositū syllogismum, licet recepit hoc ā te, sicut præcessit.

De recta solutionum loci. Cap. 5.

E Quoniam aut recta solutio est manifestatio falsi syllogismi, ob quamcūque interrogationē accidat falsum, (falsus aūt syllē dicit dupliciter : nā, aut ū collectū est falsū, aut sicū nō est syllogismꝰ, vide-

F tur esse syllogismus), erit, & quæ nunc dicta est solutio, & apparētis syllogismi, ob ꝙ videt esse interrogationum correctio, quare cōtingit orationes syllogizaces quidē interimere, apparētes aūt diuidētem soluere. Rursum aūt, qm syllogizantiū orationū, hæ quidem veram, illæ autem fallam habēt cōclusionem, eas quidē, quæ sm conclusionem sunt fallæ, duobus modis contingit soluere : nā, & eo qꝫ interimitur aliquid eorū, quæ interroga a

X iiij sunt

G funt, & eo cp oftédutur cóclufio,
non ftef e habere. Eas vero, quæ
fecundú propofitiones, eo quod
interimitur quiddam fofi, nam
conclufio vera eft. Quare vole-
tibus foluere orationé, primú q-
dem infpiciédú fi fyllogizat, an
nó fyllogizat deinde, vtrú vera
fit cóclufio, an nó uera, quaten9
vel diuidétea, uel interimétes fol
uamus: & iterú interimétes hoc
modo, vel illo, quéadmodú di-
ctú é prius. Differt aút plurimú,
& interrogaté, & nó, foluere ora-

H tioné, nam præuidere quidé difficile eft: per otium auté téporis
videre facile: earú igitur, quæ p-
pter æquiuocationé, & amphibo
liam redargutionem, aliæ quidé
habent aliquam interrogatioem
plura fignificantem, aliæ aút có-
clufionem multipliciter dictam,
vt in ea quidem, q̄ eft filentia dicere, cóclufio eft duplex, in ea ve
ro, quæ eft non confcire fciente,
vna interrogationé amphibola
eft. Et duplex q̄dé q̄fiq, eft ens,
q̄ idoq, non eft ens, & q̄ideoq,

I fignificat duplex, hoc quidé ens,
illud vero non ens. Quibufcúq,
igitur in fine eft multiplex, nifi
prius fumpferit contradictioné,
nó fit redarguio, vt in eo quod
eft cæci videre: ná fine contradictione nó fit redarguio. Quibufcúq, vero in interrogationib9
nó neceffe eft pnegare, q̄ duplex
eft, nam nó adhoc, fed ppter hoc
fit oratio. In principio igitur ad
duplex, & nome, & oratione fic
refpondédú, q̄ eft vt fic, uft auté

vt nó, vt de eo, q̄ eft filétia dice- **K**
re, q̄ eft ut fic, eft aút venó, & q̄
expediunt, agendum funt aút q̄
fic, funt aút quæ nó nó expedio-
ria dicuntur multipliciter. Si au
tem lateat, in fine addédo inter-
rogationi corrigendum, eft ne fi
létia dicere, nó tamen q̄ fiq̄ filétia. Et in his auté, quæ fe habét q̄
dé multipliciter in ppofitioni-
b9, fit nó putas cófciunt, q̄ fci-
unt fic, fed nó fic fciens, nó ent
eft idem, q̄ nó eft confcire, atq̄
fic quidem non effe fcientes. Et
omnino obluctandú eft, tametfi **L**
fimpliciter colligat, q̄ nó ré quã
dixit negauit, fed nomen, quare
id nó eft redarguio. Manifeftú
auté, & eas, quæ funt pp compofitioné, & diuifioné, quomodo
foluédú: nú, fi diuifa, & compofi
ta oratio aliud fignificat, eft con
cluditur, cótrarii dicédú. Sunt
autem huiufmodi omnes oratio
nes fecundum compofitioné, &
diuifionem. Putas ne quo vidifti
tu hunc percuffum, illo percuffus eft hic? & quo percuffus eft,
illo tu vidifti? Habet quidé ali- **M**
quid et dubiorú queftionú, qua
muis fit pp compofitionem: ná
non eft duplex, ob id quod eft fe
cundum diuifionem: non enim
eadem oratio fit diuifa, & cópo-
fita: fiquidé ora, & ora ficut accen
tú, plata fignificauit aliud, fed in
fcriptis q̄dem idem nome, cú ex
eifdem elementis fcriptú fit, &
fimiliter: & illic auté iam figna
faciunt, protata nó eadé, quare
nó duplex q̄ pp diuifionem eft

De cô-
pofitio-
ne, & diui-
fione.

A manifestū aūt, qm nō oēs redargutiones ꝑꝑ duplex, sicut quidā
dicūt. Diuidendū igit, & qui respondet, non idē est eorum dicere
videre oculis, percussum, & dice
re oculis percussum videre. Et Eu
thydem; oratio. Putasne vidisti
tu nūc exisōtes in Pyrꝛo nauē,
cūm in Sicilia sis? Et rursus, putasne malū sutorē bonū esse? sit
aūt quis bonus sutor malusq́ qua
re sutor malus. Putasne, quorū
scīe bonas, bonas eē disciplinas,
mali aūt bona disciplina, igit bona disciplina malū? attamen &
malū, & disciplina malū, quare
mala disciplina malum. Putasne
verū dicere nūc, qm tu facꝰ esꝰ
facꝰ es ergo nūc. An aliud signi
ficat diuisum? verū enim dicere
nūc, q̄ tu factus es, sed nō nūc tu
factus es. Putasne, vt potes, & q̄
potes, sic & ipsa faciē non cy tha
rizas aūt habes potestatēq́ tha
rizandi, cytharizabit igitur nō
cytharizat. An non huius hēc
potestatē, vt nō cytharizans cy
tharizat, sed cūm nō facit hoc,
vt faciat. Soluunt aūt qdā id, &
aliter nam si dedit, vt pōt facere,
nō dicunt accidere non cythari-
zantē cytharizare: nō enim om
nino, vt pōt facere datū est facere, nō idē aūt esse, vt pōt, & omnino, vt pōt facere. Sed manifestum qm nō bene soluūt: nam
orationū omniū, quae ꝑꝑ idem,
eadē solutio: eadē aūt nō accom
modabit ad oēs, nec omo ad interrogatū, sed est ad interrogan
tem, & non ad orationem.

Propter accentū aūt orationes
nō sunt, neqꝰ in his, q̄ scribuntur,
neqꝰ in his, q̄ dicunt, praeterq̄ si
q̄ paucae fiunt, vt hic, putasne est
quod habitas, domus? sic. num
quid, ne est quod habitas, nega
tio es? est quod habitas? sic, dice
bas aūt, ne esse quod habitas do
mum, negas igī te habitare do
mum. Quo aūt soluendū est, pa
lam: nō enim idē significat gra
uiter, & acute prolatū. Manifestum aūt, & in his, q̄ fiunt ꝑꝑ id
quod vt eadē dicunt ea, q̄ nō sūt
eadē, quo pacto obsistendum, eo
q̄ habemus genera ꝑdicamento
rum: nā hic quidē dedit interrogatus nō esse aliqd eorū, q̄ quid
est significātille vero ostēdit quidem esse aliquid eorū, quae sunt
ad aliquid vel quātitatis, vident
aūt quid ē significare ꝑꝑ dictionem, vt I hac oratione. Putasne
cōtingit idē simul facere, & fie-
ritnō, at vero videre simul & vi
deri idē, & scm idem contingit.
Putasne est aliquid eorū, q̄ sunt
pati, facere?non. nōne igit secat,
vritur, operat sūt dicunt, & eōt
quidē pati significāt? rursum au
tem currere, videre sūt sibiq̄ nui
cem dicunt, verumtu videre, ope
rari aliquid est, quare & pati ali
quid, simul et, & facere. Si autē
aliqs illic dans cōtingere simul
idem facere, & pati, videre, & vi
deri dicat posse, nōdū redarguꝰ
est, si nen dicat videre facere ali
qd, & videri pati indiget. n hac
interrogatione, sed ab audiente
opinaꝰ datū esse, cū & secare fa
cere

G cere aliquid, & fecari fieri aliqd
dedit, & quęcunqɿ alia fiɾt dicun
tur : nã reliquum ipfe addit qui
audit, velut fiɾt dictũ, illud aũt
dicitur quidem non fiɾt, videtur
aũt propter dictionem. Idem aũ
rem accidit hic quod in æquiuo
cationibus: putat enim in æqui
uocis infcius orationũ, quam di
xit negare rem, nõ nomẽ: ideoqɿ
adhũc indiget interrogatione, ſi
ad vnũ afpiciens dicat æquiuo
cum: ſic enim dante, erit redar
gutio. Similes aũt, & hæ oratio

H nes illis, ſi quod quis habens, po
ſtea non habet, amiſit: nam vnũ
folũ amittens calculũ, non habe
hic decẽ calculos. Ad quod non
hẽt quidẽ, prius habens, amiſit
quantũ aũt habet vel quot, non
neceſſe eſt tot amittere. Interro
gans igiɿ quod habet, colligit in
eo quot: nã decẽ, aliquot : ſi igit
dixiſſet à principio, ſi quot quis
nõ habet prius habens, putasne
amiſit tot? nullus vtiqɿ dediſſet,
ſed aut tot, aut horum aliquid.

I Et qɿm dabit aliquis, quod non
hẽt, nõ enim habet vnũ folũ cal
culum. An nõ dedit quod nõ ha
buit, ſed vɿ nõ habuit: nam folũ,
non quod ſignificat, neqɿ quale,
neqɿ quantũ, ſed, vɿ ſe habet ad
aliquid, ut quod nõ cũ alio. Quẽ
admodũ ſi dicat, putasne quod
nõ aliquis habet dabit ɾ non an
nuente aũt, interroget ſi dabit
quis aliqd cito, qui nõ hẽt cito?
aſtruentem aũt colligat qɿ dabit
quis qũ nõ hẽt, & manifeſtum,
qũ nõ fyllogizauit: nã cito non

eſt quod dare, ſed hoc ɱ nõ dare, K
quo aũt mõ nõ hẽt, dabit aliqɿ,
vɿ quod delectabiɿt hẽt, mœſte
dabit. Similes aũt, & hmõi ora
tiones. Putasne quã non habet,
manu percutiet quiɿ aut quem
nõ hẽt, oculo videbit ɾ nõ enim
hẽt vnũ folũ oculũ. Soluunt au
rem quidã dicẽtes, & quod hẽt
vnũ folũ oculũ, & aliud quidli
bet qui plura habet: quidã auẽt,
& vɿ quod hẽt accepit, dedit. n.
vnũ folũ hic calculũ, & hic hẽt
(dicunt) vnũ folũ ab hoc calcu
lum : accepit enim ab hoc, ergo
vnũ folũ habet hic calculũ, aıꝝ
aũt ſtatim interrogationẽ interi
mentes, quia cõtingit qɿ nõ acce
pit habere, vɿ vinũ accipien tem
ſuaue, ſi corrumpat in acceptio
ne, habere acre. Sed quod dictũ
eſt prius, hi oẽs nõ ad orationẽ,
ſed ad hominẽ foluunt: nã, ſi cẽt
hęc folutio, dante oppoſitũ non
poſſibile eſſet foluere, quẽadmo
dum, & in aliıs, vɿ ſi eſt quidem
quod eſt, eſt ɿ quod non eſt folu
tio, ſi ſimpliɿ det dici, concludit: M
ſt aut non cõcludit, non erit folu
tio, in prędictis aũt (oɿbus datis)
non dicimus fieri fyllogiſmum.

Amplius autem, & hæ funt ex
hmõi orationibus. Putasne qũ
ſcriptũ eſt, ſcripſit quis ɾ ſcriptũ
eit aũt nunc, qɿ tu ſedes, falſa ora
tio: erat aũt vera cũ ſcribebatur:
igitur ſimul ſcribebatur falſa, &
vera. Nã falſam, vel verã oratio
nem, vel opinionẽ eſſe, nõ qɿ, ſed
tale ſignificat: nõ eadem rõ, & in
opinione . Et putas quod diſcit
diſcẽs,

L

A difces, hæc eft quod difcit: difcit
ftaliquis qd eft tarde, celeriter.
Nõ igit quod difcit, fed vt difcit
dixit. Et putas qd ambulat aliquis peffundatrambulat aũt totam dic. An non quod ambulat,
fed qñ ambulat dixit, neceũ fey
plium qs habat, qñod bibit, fed
ex quo? Et putas quod qs fciuit
inueniés, vel difcés fciuit? quorũ
aũt hoc quidē inuenit, illud aũt
didicit, ambo hæc neutrũ. An
hæc quid còõe, quod aũt non oe?
Et qm eft quis tertius homo ã
fe, & ab vnoquoq. Nam homo,
& oe còe, non hoc aliquid, fed
quale quid, vel ad aliqd, vel aliquod modo, vel hmõi aliquid
fignificat. Similiter autem, & in
hoc, Coriícus & Coriícus in uffi-
cus, vtrũ idem an alterũ? Nam
hoc quidē hoc aliquid, illud aũt
quale quid fignificat, quare non
eft idē exponere. Exponere autem non facit tertium hominē,
fed idipfum quid eft conoclerẽ
nõ enim erit hoc aliquid eſſe id,
quod Calliæ, & id quod hõ eft,
nequ fi quis expofitũ nõ id quidem, quod hoc aliquid eē dicat,
fed idē quod quale, nihil refere
nõ, erit à multis vnũ quiddã, vt
hõ manifeſtũ ergo, qm non dan
dum hoc aliquid eſſe quid quod
còiter prædicatur de omnibus,
fed aut quantum, aut quale, aut
ad aliquid, aut aliquid talium fi
gnificare. Oíno aũt in quæ propter dictionē funt orationibus,
femper per oppofitum erit folutio, q propter quod eft oratio,

(margin) Modı vſu dıluũdı in dıcõne.

ut fi ppter còpofitionẽ oratio, fo
lutio diuidẽdo: fi aũt propter di-
uifionē, componẽdo. Rurfum,
fi propter accentũ acutum, gra
uis, erit folutiofi vero ppter gra
uem, acut*. Si aũt propter p qui
uocationẽ eft, oportet oppofitũ
nomen dicendo, foluere: vt fi ani
matum accidit dicere, negando
non eſſe, manifeſtũ quod eft in-
animatũ: fi vero inanimarũ dixit, hic aũt animatũ colligat, dicendum quod eft inanimatum.
Silt aũt, & in amplibolia. Si aũt
ſm ſimilitudinē dictionis, oppo
fitum erit folutio: putasne quod
nõ habet, dabit aliquis? An nõ
quod nõ habet, fed vt nõ habet:
vt vnũ folũ calculum, putasne
quod fcit difcens, vel inueniens
fcit? attamen non quæ fcit, & fi
quod ambulat peffundat, nõ tñ
quando. Silt autem, & in aliis.

*De Contradictione, ideſt recta ſolutione,
& non ſophiſtica. Cap. 3.*

Conuenit aũt refpõdenti in omnibus inte rrogationibus, & ppe
affumat, & refpõdeat ad fermonem
falfum, & non fecũ eiem* refpõfione
ad eum, ex qua parte accidem ei falfum, qm hæc eft contradictio recta.
Ex quo falfum accidit fyllo, aut ex
parte eius præmiffarũ hoc eſſe, qñ am
bæ fint falſæ, aut altera earũ fi falſa,
aut ex parte eius còpofitionis, & forma: aut ex ambab* ipſis fimul. Sic n,
recta còtradictio contingit refpõdenti qñ diuide ter fermonem fopli
llicum ad vtranq. vfare& partium, &
fpeculatus fuerit, in qua earum acciderit mendacium, & ũ mendacium
fuerit in ambabus, cognouerit illud.
Hæ

G Hæc aūt ſpēs ſyllſ ſophiſtici, cui poſſibile eſt cōtradicere in ambabꝰ rebus, eſt facilior: hoc eſt, ꝙ corrupta fuerit ƀ formā, & ƀ ã, & ſi fuerit in altera ꝗtuī, et cognoſcet illā, ſiue fuerit ƀ ꝓ ƀ nottus, ꝙ nō cōcludat, ſiue ƀ ꝓmiſſas, & ablato eo ꝙd poſuerat in et rogaas. Am̃babus aūt iſtis ſpeciebus ſyllſ poſſe eſt cōtradicere ƀ vnum modum. Qñ aūt hoc ita fuerit, ſã comenit ei, qui intēdit contredicere ſermonibus ſyllogiſticis, ꝙ primo ſpeculet an iſte ſermo ſit ſyllꝰ verus, aut putes, ꝙ ſit ſyllꝰ, & nō ſit ſyllꝰ: & hoc ꝑ ſpeculationē et

H formā, & ex ꝓmiſſatē: & ſi nō declararet ei hoc de il iis, ſpeculet cōcluſiō, an ſit vera, aut falſa: & ſi fuerit falſa, diuidat ipſum ſyllm in eius materiā, & ſuā formam, & ſpeculet falſum et eis: poſtꝗ iã declaratū ſui, ꝙ falſa cōcluſio ſit ſine dubio ex falſitate ſyllſ, aut ꝑ eius ſormā, aut ꝑ et materiam. Dñe aūt magna eſt inter declarationē facilitatis mendacij in ꝓmiſſis ſyllſ in hora interrogationis de eis, & iter eius declaratione in cōcluſione: & hoc, quia eius declaratio in cōcluſione eſt facilis, nō eſt aliqua interrogatio, ꝙ cogat nosad reꝑentinã reſponſione: declaratio aūt

I rei eſt mediātione eſt facilior ꝑ eā declaratione ſubitanea. In redargutionibus aūt, quæ accidunt ꝑꝑ æquiuocationē noſt, & ꝑ plagiū in quibuſcã accidit et tot, aut fallacia ꝑꝑ nomen æquiuocē accepiū in ꝓmiſſis, & in quibuſcã accidit ꝑꝑ nomen æquiuocē accepiū in cōcluſione: & totū hoc, ꝙ non intelligit, ꝙ ſigniſet plura, aut ꝑ gratia, cã qui recepit, ꝙ taces in loquens, loquens nō eſt tacet, & putauit, ꝙ il ſecua ſit ei redar gutiõ, ꝙ eſt, ꝙ tacens non ſit

tacens. Cauſa itaꝗ et redargutionis in hoc aūt eſt et eius ignorãa in equiuocatione, ꝙ eſt in ꝙ aliꝗ dicente ꝙ tacēs loquatur: & hoc, quia nō intelligitxet ꝑ ex ſigniſcatū verū, & et recipiet ipſum, ꝗ eſt, quia tacet, & et poteium ad locutionē negꝗ et cauſa et redargutionis eſt eiꝗ ignorātia, quia eſt cōcluſionis, quod eſt, quia tacens nō eſt tacens, ꝗã ſi prouenit et ex æquiuocatione, que eſt in cōcluſione auferret et, & diceret, ꝙ il verificatur, ꝙ ſi nõ tacens, ex tratte ꝗa hết potentiā, ꝙ nō tacet, & ꝗ poſtẽ lo quæt. Qui aūt interrogauerit, & dixerit, ñ dquid, eſt ſciēs hế meſcius ſ lud: & qui nō ſciuit nō hết ſciam de aliqua re illius? ſicut ergo nõ hết ſciam de aliqua re illius, quod ſciut, ꝓfecta eſt et ademit iſta redargutio ꝗñ receperit ab eo iſtas præmiſſas Accidit aūt ei redargutio ꝑꝑquocationē, que eſt in coꝑoſitione ꝓmiſſæ dicere, ꝙ illud, ꝙ ſuit bõ, ſciuit, & hoc, quia hic ꝑ ſtiam receperit, qui nō extimaret ꝙ intelłus ꝑ dictioné ſciut, aliꝗ reditad ſciret, & aliꝗ redit ad ſorum: ſiue cauſa redargutionis, et equiuocatio, ꝗ eſt in ꝑmiſſa, non æquiuocatio, ꝗ ſit in cōcluſione, hoc autem eſt ſecundum oppoſitū primi poſitionis.

Redargutio aūt eſt in ſtituet interrogationibus et ꝑ multiplicitate, quam ſigniſcat nomen equiuotum, aut dictio ſub litigioſa. An nedit? aūt ſecum redargutio, ꝙ ex ipſomet ſermone ſequiteius contradictiõis. Hoc aūt nō accidit in ſyllo ducēte ad impoſſi in cūctis interrogationibus: & hoc, quia quidã ſyllſ ducēs ad impoſſi ꝗ eiius falſum ſequit ab eo eſt cōtradictiõis eius, ꝗ ſuppoſiti fuerat in eo, ſicut ſequiret ex noſtra ſuppoſitione,

tione, q́ tecū videat, & q́ tecū non
sit cecū. Quữs aũt est, cū s falsum
est contradictoriū premissæ cey-
tæ, sed illa nō fuerit posita pars syll,
sicut q́ sequat ex dicto nostro, q́ eq
cus imaginat, & ipse imaginetur, &
hoc est falsum, sed per ipsum nō auferretur, quod supposueramus.

C Secad́ictio aũt, quæ est p̃ predat
gutiones, & fiunt pp equiuocatione
nois, aut in ṗmissis, sicut dixim*, aut
in cōctone, sit, qñ præponat rūdens
cū interrogatione, & diuidat nomē
equiuoci ĩ eius modos, & notificet
noeš ex eo ab ignoto, qñ aũt appellat
tuerit ipsum acns, & respōdeat p cōdi
tionē, quæ est in illo, fiet ṗm illa veta
fm modū replicatonis, sicut s inter-
rogate ipse ĩter rogas nūquid ta-
ceas loqui sic, dicerē verū est, q́ loquit sic, respō̃debit ei ad interrogan-
dum ipsum, & dicet, ut no bora est
silent, sic q́ s̃ si respōderet, q́ ille
nō loquatur, caperet hoc, & diceret,
immo loquet in futurū. Et sic et, qñ
interrogaret, & diceret, nunǵ quic
quid sct aliq́d non ignorat illud, &
diceret sic est ille aũt rūderet, & sub
deret, & diceret, immo ex ea pte quia
sciuerat ipsum: qñ aũt fecerit hoc,

C non perficeret fallaciã famosa, quia
vt sunt antiqui, q́ recipiebat & di-
rerit, q́quid q́ sciuit aliquā rerū
aut ignoret ōino: ita aũt sciat, q́ est
bma tuit sit nomeꝰ pax, nō facilius
aut istā biuatiū, quæ abscondeㅅam
a noꞇꝰ, et demōstraueret: sic q́
ergo ut sciret aliq́ uã rem, & ignora
ret eã simul. Dicimus aũt, q́ soluat
ex parte q́ sct, quia non sequitur
illa fallacia, quoniā ille diceret satis
illud scientia vniuersali, sed non par
ricula i. Sic q́ ergo ut illud, quod sciuit,
non est illud quod ignorat.

D

Pleruis, qui sciuerit, q́ fallacia sint
ex litigio, q́d est pp diuisionē, & pp
compositionē, si sciuerit et q́ modo
sit cōcto istius fallacia, qū diceret, q́
qñ diui dit significat tale, & qñ cōpo
nit significat alē duo, & dicit oneš sunt
diuersæ, & nō oporteat, qñ diuidit, &
cōponit q́ significet vnā rem. Et tã
alıq́ noti est imposs, q́ agregetur
in quada dictione litigii, q́m pp pte
pp translatõnē a diuisione ad cōpo
tionē, & pp id, q́d accidit ṗm ꝑ cō
positioni et equiuocatione, sicut est
sermo dictis, nunǵquid scias, q́ iste
peuniat, & si dixeri sic, direm ā, & ṗ
hoc peuniat, & dixeri it sic, dicem sic q́
ergo scias, q́ ille peuriat, & ṗ hoc peu
riat, sic q́ ergo itd, q́d scias, q́ eo pecca
tiat, per hoc ṗm q́ peruriat, & q́d scit,
q́ eo peuriat est tua scta, sic q́ ergo ṗ
tuā scientiã pecuniat. Huic aũt ser
monem ingerilia est fallacia duob' mo
dis, q́ ut s̃ vonuerit, q́m id, q́d verifi
cat diuisum, non verificat compossi
tum: & hoc, quia eius scta, q́ per hoc
percuniat, et verū, & ipsum et pecca
rere ṗ hoc et verū, qñ eius dictum,
q́ sci, q́ per hoc peruriat, scit insi
nuatione m institumenti, & scientiæ.

F

Scientia aũt, q́ sit, pp permutatio-
nem a diuisione in cōpositionē, & é ṗ
cōtra, nō est species fallacia, si sit pp
æquiuocationē sicut putauer ũt q́dā
holes, q́ quælibet fallacia dictionais
sit pp æquiuocationē: & hoc quia ac
cidat diuersitas intellect, ṗ æquiuo
cationē ante noℯ existens: nō audeo: hicaut vari at intellm ṗ acce
ptonē nois alicui diuisi, & aliqi cō
positi, sicut ⁊ variat intellem vnius
eiusdē dictionis, qñ coniungit ĩ co-
gnitū et, quod it cōit signū i, aut
⁊ & variat vnum nomen scropuli ex
cisdē litei is cū varietate punctorum
supra

in aceto, ficq; ita dedit, quod nó hét & est nch opinat' fit, cp taler decepto rij fint capituli equiuocationis noti. re nõ nõ eft ita , qñ licet recepiffet hoc, cp ut cõtradictio, ipfa itaq; é con tradictio partis fm mam , cuius hic elenchus eft pars: & ideo q ſciuerit mā huius loci , & contradixerit ei fm eius nā m , impofcefit. cp arguat ipſum. Et huius generis elenchi é fer mo dicés, vidiſtin haue ſcriptutã, ñunqd uerū fit dictū toū, cp fit ſcri ptura hola,& verū eft. cp tu nõ ſcri foris ipſam , & tu ethõ, ficq; ergo eſt ſcriptura hois & non ſcriplit eã hõ, huius aūt cõtradictio eſt, cp dicatur ſcripſiſecam hõ alius a te, non hõ ſim pliciter. Et huius generis, hoc eft, ex dictionib', eſt fermo dicés, vidiſtin quod addiſcit hõ eft id qd addiſcit, ipſe aūt addiſcit graue & leue: itéq; hõ eſt grauis & leuis. Modi aūt con tradiction iē ſunt cp dicat, cp dictio& cp verificat de ſcia , non de homine. Et huius fumaria eft fermo dicentis id qnõ hõ ambulat, ipſe calcat iſtã, hõ aūt ambulat diē, ipſe itaq; calcat diē. Modus aūt contradictionis eius eſt, cp dicat, cp iter quo ambulat ipſe calcat ſed non calcat ips, quo ambu lat, oppoſiño aūt eft cp equiuocatio nem cõſtructionis ſeu amphibolo grã, qm eius ſignificatio loci nõ eſt ſui ſignatio iput. Aliud ſt exempli eſt, qñ eſt ſet mū dicentis, iſte hõ eſt hõ particulare aut vſia, ſi aūt fit par ticularis eft io ne demſratus, quia ea, quia vos duo eſtis particulares , ſed nõ es tu, ſi aūt eſt vniuerſe genus, de monſtratus aūt nõ eſt genus, ſicq; ef fer genus & nõ iſſet genus. Sicq; nõ dus huius cõtradictionis eſtq; dicat, cp demõſtratus ſit, res tertia, & nõ é homo ıſta & particularis, & cp hõ ſit

vlas in habitudine ad ſingulares ho minis,& eſt particularis in habitudi ne ad aliquē homi né demonſtratū, demõſtratus vero eſt , quod nõ eſt vſia neq; particulare . Et ult cõueniũt ei qui cõtradixerūt iſtis elenchis, qui ſunt ex dictionibus, cp eius cõtradi ctio fiat cp oppoſitē loci, ex quo in terrogãs cõcluſerit elenchum, & ſi fallacia fuerit cp diuiſione cõpoſtū, oppugnabit eum per cõpoſitionē. Et ſi eſſet cp eleuatione, cõtradice re ei cp vocis tenuitatem, contrarii aūt e contrario. Iſtæ aūt ſunt omnes cõtradictiones, quibus cõtradiximus elenchis dictionibus.

De diſſoluendis argumentis accidentis. Cap. 4.

AD iſtas vero, quæ cp acci dens, vna quidē ſolutio é ad oēs: nã, quia indetermi natũ eſt qñ dicendū de re , cum quippiã accidit ineſt, & in quibuſdã quidē vr, & dicunt, in ali quibus aūt non dicūt neceſſariū eſſe: dicendũ igit , conformancer fitt ad oēs quod non eſt neceſſa riũ habere aūt oportet quo reſel lat dicédo id , perinde ut vt. Sūt aūt oēs hmõi orationes cp acci dens putatæ id ſcis, quod debeo te ıterrogare. Age cognoſcimne veniente, aut cooperiræ. Statua ne tuũ opus eſt? An tuũ canis pa reret. Sunt ne paucies pauca, paū ea? manifeſtū enim eſt in oibus his, qñ non neceſſe eſt, quod de accidente di , & de re verū eſſe: ſolis enim hıs, quæ fm ſubſtantia ſunt indiſferētia, & q vnū ſunt, oia vident eadē ineſſe bono aūt nõ idē eſt bonū eſſe, & venturũ eſſe

Captiones accidentis

A esse interrogàre, neq; venienti, aut cooperto, & veniente esse, et Coriscú, q̃re nõ si cognosco Coriscú, ignoro autẽ veniente, eundem cognosco& ignoro, neq; si hoc est mei, est aut opus, meũ est op, sed possessio, vel res, vel aliud quippiã: eodẽ aut modo, & in aliis. Soluunt autem quidã interimentes interrogationẽ: dicũt enim contingere eandẽ rem cognoscere, & ignorare, sed non s̃m idem: venientem igitur non noscentes, Coriscum aut noscentes, eũdẽ quidem cognoscere, & ignorare dicunt, sed non s̃m idẽ. Attamẽ primũ quidẽ, quẽadmodum iam diximus, oportet earũ, quæ pp idem sunt orationum eandem esse solutionẽ: id autem non erit si quis non in cognoscere, sed in cp est esse, aut aliquo modo se habere ipsum cp approbant, sumat, (vt si hic est pater, est aut tuus,) nã tametsi in quibusdam id verũ est, & cõtingit idem cognoscere, & ignorare, tamẽ hic nihil cõmune habet cp dictum est. Nihil aurẽ phibet eandẽ orationem plures vitiositates habere, sed nõ omnis peccati manifestatio, solutio est. Nam possibile est ostẽdere quẽpiam, cp falsum quidem syllogizauit, ppter cp aut non ostendere, (vt Zenonis orationẽ cp non est moueri,) quare, & si quis conet colligere, vt ad impossibile, peccat: & si millies syllogizet: nõ enim est hæc solutio, nam erat solutio manifestatio syllogismi falsi, pp

qd̃ falsu: si igit nõ syllogizauit, quãuis aut verũ, aut falsum conet colligere, illius manifestatio, solutio est. Fortasse aũt, & id ĩ qbusdam nihil prohibet accidere, verũ in lis, nec hoc videbit nã & Coriscũ cp Coriscꝰ, cogno scit, & venicte, qd̃ veniens. Cõtingere aut idem cognoscere, & non, vt cp albũ qdẽ cognoscere, cp aut musicum, nõ cognoscere: sic enim idẽ cognoscit & nõ cognoscit, sed nõ s̃m idem, venien tẽ aut & Coriscum, & cp veniẽs, & quod Coriscus, cognoscit. Similiter autem peccant, & qui so luunt, quoniã omnis numerus paucus, vt iis quos diximus: vt pote qui cũ nõ cõclusum est, id omittetes, verũ cõclusum esse dicũt, omnia enim esse, & multiũ, & paucũ dicẽtes, peccant. Qui dã aũt, & duplici soluunt sylло gismos, vt qm tuꝰ est pater, aut filius, aut seruus. Attamen mani festũ, qm si eo quod multiplici ter dicitur, apparet redargutio, oportet nomen vel orationem proprie esse plurium: hunc autẽ esse huius filiũ, nemo dicit proprie, si dominus est filiũ, sed pp accidẽs cõpositũ est, (putas ne est hoc tuũ: sic, est aũt hoc filius: tuus igitur filius,) qa accidẽt esse et tuũ, & filiũ, sed nõ tuum filiũ. Et esse aliquid malorum bonũ, nã prudẽtia est disciplina malo rũ. Hoc aũt horum esse non dici tur multipliciter, sed possessio: si quidem fortasse multipliciter: nã, & hominem animaliũ dicitur Log. cũ cõ. Auer. Y mus

mus esse, sed nõ possessione, & si
quid ad mala dicitur, vt aliquo-
rũ:ppid maloru est, sed nõ hoc
malorum: propter id igitur qd
aliquo modo, etiam simplr apparet, quanq contingit sortasse
bonũ esse aliquid malorum dupliciter, non tamen in oratione
hac, sed magis,si quod mãcipiũ,
sit bonũ mali: sortasse aũt neqs
sic,nõ enim si bonũ est, et huius,
bonũ huius simul: verum neqs
hominé dicere animaliũ esse, di
cié multipliciter:nõ.n.si aliquid
significamus auferentes, id dicí
multipliciter: nam & dimidiũ
dicentes versus da mihi, Ilida significamus vt, iram pande dea.

De fallacia accidentis, falsaeque responsione
ad illam. Cap. 4.

Contradictiones vero, quæ siunt reb° sophisticis, sunt, quia
contradictio cuiusqs, qs est fm accidens, & vna eadé cõtradictio in se,
qs é ex essentia ei°, qs est fm accidés,
hoc est, qs sunt qs hoc nõ sit illis sem
per, neqs omnibus,qn qs est sm accidés inuenit rei aut in minori tem
pore, aut in pauciori subiecto, aut in
pauco vtriusqs. Cõtradictio aũt pro
pria istius loci est, qn dicitur, qs hoc
sit res,qs accidit, & nõ sit necessario,
hoc aũt est manisestũ, qn aduerte-
mus ad elégos, qui sunt sm accidés,
sicut est coru dictũ, tu talis ignoras,
qs intédo te interrogare, qn aũt in-
terrogauero te ipsum, tu noueris illud, ergo tu ignoraueris & noueris
illud simul:& sicut est dictũ nostrũ,
tu talis cognoscis Socraté, & nõ cognoscis qs ipse ingrediat domũ, &
hic ingrediens est Socrates, sicqs tu

cognoscis ingredité, & nõ cognõ-
scis ipsum simul: & sicut est dictum
nostrũ,hic est pater,& est tuus, ergo
est pater tuus. Aliud exéplũ est ex sa
molis, & est, qs omnis numerus est
malius, qa numer° est multitudo qs
dã, & omnis numerus, qs est paucior
alio, é pauc°, sicqs omnis numerus é
muic° & paucus simul. Oé isti elenchi soluunt, qñ dicié, qs hæc disposi-
tiqs acciderit, & qs non sit necessaria,
& qs acciderit huic Socrati, qs inter-
rogaueris de eo, & ignoras ipsum ex
parte qua interrogasti de eo, sed nõ
ignoras ipsũ ex pte qua é Socrates,
neqs eé interrogarũ de eo est sempr,
neqs necessariũ, & sic accidit Socrati si ingrediat domũ, qs ego cognos-
scis ipsum qs sit Socrates,& ignorem
de eo dispositioné, qs accidit ei sicqs
est ipsum ingredi domũ, & sic é est
rãsio laterisqs sciamus & nesciamus
ipsum. Quidã vir aũt(p qué puto in
nuere Platoné)é qs cõtradixit his elé
chis ex eo, qs dixit, qs nõ sit impossibile qs scia vnã ré ex quadã parte, &
ignoré ex aliqs pte. Sed hãc cõtradi-
ctioné impedit breuitas pluribs mo
dis,quorũ vn° est, qa impossibile est
qs fiat é cõtradictionã cui °qs qs é sm
accidés, sicut é sermo dicétis pcedés,
hic é tu°, & hic é pater, ergo é tu° pater, & nõ é tu°, qñ cõtradictio huic
é, qs dixit, qs acciderit tibi, qs iste, qs é
tu°,sit pr, & nõ é ex pté é tu°, cõtra
dictio aũt ops qs sit vlis & conténe
totã falsitaté inuétam in pmissa falsa, & hoc, quia sit inuétiõé in vna ea
dé pmissa diuersi modi falsitatis, &
oportet vt cõtradictio sit contradictio,qs diuidat oés modos, qs sunt cõ
clusionis falsæ. Pręterea qs cõtradicit
syllo ducéti ad impossibile litigiosa,
qñ sciuerit pésoné, qs putauit argués
                                    quod

A q̃ sit impossibilis, esse possibilem, de struxit, q̃ illa sit ars syllogismi elenchi, qñ elenchus, quem intenderat, nõ perficit, & hoc, quia quilibet, qui exposuerit syllogismũ ad declarandũ per ipsum aliquã rem ducendo ad impossibile, & cõcluserit cõclusionem possibilẽ nõ impossibilẽ, nõ declararet aliquam rem, licet cõposuisset mille sỹllos huỹ dispositiõis, sed qñ nõ declararet hõ ex syllo falso, nisi hanc mensurã, nõ declararet rẽ à falso, q̃ est in ea, neq̃ accidens eius, neq̃ cõstruendo, neq̃ destruendo. Fortasse aũt ipsum ponere cõclusionẽ possibile facit putare, q̃ ipse receperit illas p̃missas veras, qñ iam estimat, q̃ illud, ex cuius positione nõ sequit falsum, ipsum è verũ, sed nõ est via ad destruendũ p̃ illas falsas per syllogismos doceres ad impossibile, qui oppugnãt, hoc est, qui cõcludunt cõtradictoriũ eius, q̃ positũ est, nisi recipiendo, q̃ cõclusio sit falsa. Exẽpli gratia, quia qui cõtradixit sermoni Zenonis in dextructiõe motus, q̃ dicit, q̃ si mouit eẽt ens, oporteret, q̃ mobile trãsiret ante cõplementũ p̃cessus eius mediũ, & ante illud mediũ, mediũ illius enã, et

C ex quo media, q̃ sunt in vno p̃cessu sunt infinita, sed rẽ, q̃ mobilia trã-seunt itinera infinita tẽpore infinito, hoc aũt est repugnant impossibile: sicq̃ ergo motũ nõ est ens. Si aũt diceret cõtradices, q̃ istud cõsequẽs nõ sit impossibile omnibus modis, et aũt impossibilitas est, si posuisse mus, q̃ trãsiret ẽ tẽporibus finitis, nõ è aũt impossibile si poneremus, q̃ trãsiret ea tẽporibus infinitis, quia ẽ spositio tẽporis, & progressus è vna tm id, q̃ sequitur ex hoc. Iste itaque cõtradixit huic syllogismo secundũ

t

B hunc modum, licet iam destruxerit D syllogismũ, qui conatus est destruere motũ, tm̃ẽ nõ accidit per declarationẽ falsi, q̃ est ex eius p̃missis, si-licẽ vero cõtradixit huic elencho sophistico ex eo, q̃ dixit, q̃ mobile nõ transeunte cõplementũ spacij spacia multa, sed trãsie vnicũ spaciũ vnica tẽpore: oportuisset aũt, q̃ transiret multa spacia, si vnus motus est cõpositus ex pluribus motib' in actu, & sic vnũ spaciũ ex spacijs, iã itaque cõtradixisset falso p̃missarũ: & ideo diceremus, q̃ illa cõtradictio sit huȳ orationem, hæc aũt sm ipsummet rem. Præterea, quia hæc cõtradictio E iã debilitat etiam sm artem Topicæ, quoniam non est famosum,q̃ dica-tur, quod vna eadem res sit aliquo modo vera, & aliquo modo falsa, aut nota sm qd, & ignota sm quid. Sed cõtradictio famosa in talibus re b' est quod dicatur, q̃ notam sit id, quod nõ est ignoratum, qñ si Socrates esset qui ingressus fuit domũ, aut ille de quo fuit interrogatum, oporteret, q̃ Socrates sit ingressus domũ necessario, quatenus Socrates p̃ seuerauerit esse, & sic quatenus p̃ serauerit ille, de quo est interrogatũ, & sit vnus Socrates, qui est, & in- F gressus est domũ, aut de quo est interrogatio: sicq̃ ergo, q̃ notũ est de Socrate apud vulg' è Socrate, qñ no r' est p̃ se, & ignorus est p̃ accidẽs: qa qui nouerit, q̃ hic sit ali', & ignora-uerit, q̃ ipse sit musicus, iã cognouit sir aliq̃ rẽ, & ignorauit sr alia. De cõtradictione aũt elenchi, quo seq̃ q̃ nomẽ' sit mult', & pauc' simul, qñ receperit falsum, qñ est in cõtradictmus, q̃ iã possibile est, q̃ sit mult' in cõparatione, ad q̃ est vltra ipsum, in sm ipsum, & pauc' in cõparatione, ad

G qd' est vita ipsam. Ia itaq; contigit ex alia breuitas, quã dia tuus, sed est cõtradictio perfecta est, qp dicat ei, qp nõ omnis numerus sit multus, quonã binarius est numerus, & nõ est multus.

Quidam hominũ adit est, qui vi sint est etiam sibi, qp cõtradiceremus dicendo famose, in quo dicat, qp hic sit pater, & est tuus, itaq; est pater meus, & nõ est pater meus est quidem sermo tuus, qp æquiuocatione, quæ est dictionis tuus, qñ significat possessionē, & significat nõ possessionē: & sicut est sermo diuersis, ille est seruus, & est tuus, itaq; est seruus tuus.

Et nõ sicut putas q dã, q nemo putaret de dictione tuus, qñ cõsideretit eã ad filiũ, aut ad patrẽ, qp illa pdicat de possessione, & ideo nõ est hic sta fallacia, nisi qa accidit hoc, qui est tuus, qp sit ita: hoc, enã est dispositio serui, qp nemo cõiungeret in dictione tuus, & putaret res qp nõ sit possessio: itaq; nõ est deceptio huj', nisi qa est ei per accidens, & est qp accidit ret ei, q est filius tuus, qp sit seruus. Et ex hoc est, qp omnis scientia est bona, & qp dã scientiæ malorũ sunt malæ, quã ergo scientiæ sunt itaq; quid bonũ, & non bonũ, qñ ita putat, qp fallacia huius proueniet it ppter æquiuocationē, quæ est genitiuũ, qã tenus attribuim' genitiuũ malis, & ad æquiuocationē, qp est, ac si dixerimus, qp hõ sit albus, nemo intelligeret ex hoc attributo, nisi vna re solũ, sed fallacia accis huic est ppter eas, qp putauerat, q id, qp accidet ei malo, sit malũ simplr, & non est ita. Id aũt est malũ ex parte q accidit ita, qp sit notitia malis, non quod illud sit malum, immo est nocitia.

De vera responsione Quando aũt supposita fuerit res

vera simplr, ex parte qua est in vno pdicamẽto ipsorũ prædicamẽtorũ, aut subtilitãix, aut quãtitatis, aut qualitatis, aut relationis, nõ accidit ei, qp putet de eo, qp iã secutũ sit ab eo suũ cõtradictoriũ, sicut putas, qp sequat hoc ex aliquibus rebus. Res autẽ, ex quarũ positione putas, qp accidat eõ tradictoriũ illius rei, q posita fuerat, sunt q inueniunt cõpositæ ex diuersis pdicamẽtis, & vniuersaliter ex generibus diuersis: verumtamẽ, qñ acciperet res, ex parte qua est cõposita cũ aliquo genere, & sequitur ab illa eius contradictoriũ, ex parte qua est simplex, iã nõ seq' eius cõtradictio. Iariũ ẽ veritatẽ, sed putat, qp iã cõtradictoriũ: & ideo sit hæc cõtradictio, qñ apparet hæc res, q cõponit secũ, adeo, qp putaret, qp ex eius positione sequat eius ablatio, & ex eius affirmatione sequit' eius negatio. Et omnes fallaciæ, q cõstruunt ẽm hunc locũ qñ cõsideramus, apparet, qp hæc sit earũ causa, sicut qñ dicit' vidisti in amicetnõne est impossibile, qp sit ens ex nõ ente: qñ itaq; dixerit, qp sic dicetur ei, nõnne hic equus est ens ex nõ ente qño: sic; ergo est ens ex nõ ente, & ex ẽte simul: & hoc, quia ens in primo sermone accipit simplex, & in secũdo cõplex ũ, & cõclusit cõ tradictoriũ simplex. Et nõ ẽ impossibile enti simplici, qp sit nõ ens cõpositũ: hoc est, qp ens simplr sit nõ ens æqu'. Et sic ẽ fallacia, qua dicit', nõ quid qp hõ iuret verũ, est bonũ, & qp iuret falsum, est turpe. Sicq; ergo qp iuret ẽ bonũ & turpe simul: & hoc, quia iuramẽtũ nõ accipit' in duob' sermonib' simplex, sed accipit cõplexũ cũ attributione rerũ cõtrariarũ, & putat, qp sit cõtrariũ, & si acciperet, qp iuret simplex luẽs in duobus

ad posita fallaciam.

A bus locis, esset falsum, q̇ putes de eo, q̇ accidat ex eius positione eiusabi lano. Et huius generis est, q̇ dicit, vidit in sanitate, nonne bona, mali aut est mala; sicq̇ bona, & mala similiter est; Et sicuq̇ dicit, nonne divitiae eius, qui vis opibus sunt bonae in alterutrum aut sunt malae; sicq̇ divitiae sunt bonae & malae simul. Et alii elenchi, quibus vtit Arist. in hoc cap. omnes ingrediuntur hoc genus. Et huius causa est haec eadem ca, & mod' eorum contradictionis est iste ide modus; hoc est, q̇ consideremus dispositione praemissarum in se, & dispositione earum et conclusione, & cognoscemus dispositione qua differunt, possuq̇ ipsis est, q̇ sequat ex aliqua re est contradictorii, & no putaretur hoc de ea, qn accipeteret simplex, sed qh accipet coplexa, sicut diximus.

De solutione secundum numerum locorum expositi dictorum. Cap. 5.

EAt vero q̇ sunt ppe id, q̇ propter cipue, illud aut, vel qua, vel vbi, vel aliquo modo, vel ad aliquid dicit, & no simpliciter solue dum est, considerado conclusione ad contradictione; si contingit horum aliquid passus esse. Na contraria, & opposita, & affirmatione, & negatione simpliciter q̇ de impossibile inesse eidem, qua aut vtruq̇, vel ad aliquid, vel aliquo modo, vel hoc qd est qua, illo aut simpliciter nihil prohibet, quare si hoc qd est simpliciter, illud aut qua, modum est redargutio. Hoc aut in conclusione considera du, ad contradictione. Sunt autem huiusmodi orationes omnes id habentes putasne contingit q̇ no est esset, attame no est aliquid id, q̇ non

est. Similiter aut, et q̇ est no eius na, no erie aliquid cu suat. Nunquid contingit eunde simul bene iurare, & peierare? Nunquid possibile est simul eide, suadere & dissuadere? An neq̇ esse quid, & esse ideq̇ aut no est, no si est quid, et est simpliciter. Neq̇ si bene iurat id quidem, & qua, necesse est & bene iurare; na qui iurat se peieraturu, bene iurat peiera hoc soli, at non bene iurat. Neq̇ qui dissuadet, suadet, sed in q̇ suadet, Similis aute ratio est, & de eo, q̇ est mentiri; eundem simul, & veru dicere, sed propter id, quo non est facile inspicere, veru quis assignet simpliciter vera cem esse, vel mendace, difficile appareat. Prohibet aute eunde nihil simpliciter quidem esse mendacem, qua aut veracem, vel alicuius est veracem autem non, sed aut, & in ad aliquid, & vbi, & qui omnes enim huiusmodi orationes ppe id accidunt. Putasne sani tas, vel diuitiae bonum, attame inspicienti, & non recte vtenti no bonum; ergo bonum, & non bo num. Est ne sanum esse, vel pote statem habere in ciuitate bonu, verumtame est qñq̇ non bonu, idem igitur eidem bonum, et no bonu. An nihil prohibet q̇ simpliciter est bonum, huic no esse bonum, aut huic quidem bonu, at non nunc, vel non hoc in loco bonum. Putasne, quod no vult sapiens, malum r amittere autem non vult bonum, malum igitur bonum, Non enim idem est dicere

Y iij cere

cere malum est bonū, & amitte
re bonū. Similiter autē, & quæ
de fure est orat io,nō enim si ma
lū est fur,etiā capere est m alū,er
go vult malū , sed potius bonū:
nā capere bonū est. Et ægritudo
malū est, sed nō amittere ægritu
dinē malū. Putasne iustū iniu
sto, & cp iuste eo cp iniuste ma
gis eli gēdū est? sed mori iniuste
magis est eligendum . Putasne
iustū est sua habere quenqꝛquę
aūt aliquis adiuidicabit sm opi
nionem suā & si sit falsa,sua sunt
ex lege,idem igitur iustū & iniu
stum. Et vtrum oportet iudica
re eū,qui iusta dicit,an qui iniu
statat vero eum,qui iniuriā pas
sus est,iustū est abunde dicere,q̄
passus est,ea aūt erāt iniusta.Nō
enim etsi pati aliquid iniustē eli
gēdū,id cp est iniustē eligibiliu,
cp cp iuste, sed simplr quidem cp
iuste:hoc aūt nihil prohibet si in
iuste,an iuste?& habere sua quē
cp iustum , aliena aūt non iustū.
Iudicium vero hoc iustum esse
nihil prohibet, vt sit falsa opi
nionem iudicantis : non enim si
iustum est hoc modo vel huic,
& simplr iustum est . Similiter
autē , & quæ iniusta sunt, nihil
prohibet dicere ea iustū esse: nō
enim si dicere iustū est , necesse
est iusta esse , sicut nec si est vtile
dicere vtilia : similiter aūt & in
iniustis,quare non si quæ dicun
tur iniusta,qui dicit iniusta con
uincitur : dicit enim quæ dicere
est iusta , simpliciter autem & q̄
pati iniusta . Iis autem , quæ pp

Iustitia re
dargutio-
nis.

definitionem fiunt redargutio
nes, quemadmodū dictum est
prius,obsistendum consideran
ribus conclusionem ad contradi
ctionem,vt si idem,& sm idem,
& ad idem,& similiter, & in eo
dem tempore.Si vero in princi
pio interroget, non confitendū,
(quoniam impossibile est idem
esse & duplum, & nō duplum,)
sed dicendum , nō sic vt sorte sit
redarguere cōfitentem. Sunt au
tē omnes hæ orationes propter
hoc.Putas qui nouit, cp cp quod
quamcp cognouit rem : & qui
ignorat similiter cognoscens au
tem quis Coriscū cp Coriscus,
ignorabit cp musicus, quare idē
cognoscit , & ignorat . Putasne
quadricubitū tricubito maius?
fieri enim pōt ex tricubito qua
dricubitū sm lōgitudinem : ma
ius aūt minore maius,idem igi
tur eodem sm idē maius, & mi
nus.Illa vero, quæ fiunt propter
id, quod petunt, atque sumuns
cp in principio, si interrogati q̄
dem manifestum sit, nō dandū,
neque si probabile sit dicentem
esse veracem : si autem lateant ,
ignorantiam ob vitiositatem ea
lium orationū ad interrogantē
retorquendū,tāquam nō redar
gutē:nā, redargutio sine eo est,
cp in principio: deinde datum
est,non vt eo vteretur, sed vt ad
illud colligeret cōtrarium, vt in
nō semotis redargutionibus . Et
eas,quæ propter consequēs sunt
coniectātes,in ipsa oratione mō
strādū:est aūt duplex sequentiū.
con-

⁂ côſequentia, aut enim vt particulare ſequitur vniuerſale, vt ho
minem animal, (poſtulant enim
ſi hoc cum illo, & illud eſſe cum
hoc,) aut ſm oppoſitiones: nã ſi
huic eſt illud côſequés, & oppoſito oppoſitum: ppᵗ q, & Mehuſi
oratio:nã, ſi genitũ ê, habet prin
cipium: ingenitũ poſtulat nõ ha
bere principium, quare ſi ingenitũ eſt cœlum, & infinitum, id
autem non eſt, ê conuerſo enim
côſequentia. Quæcunqᵉ autem
ppᵗ id, quod additur aliquid col-
ⁱ ligunt, conſiderandũ ſi (eo ſubla
to) accidit nihil minus impoſſi-
bile:deinde id manifeſtãdũ, et di
cendũ qᵈ dedit non tanquã vide
retur, ſed vt ad orationê, quo ve
ro vſus eſt, nihil ad orationê. Ad
eas autem, quæ plures interrogationes vnã faciunt, ſtatim in
principio determinandũ eſt. Nã
interrogatio vna eſt, ad quã vna
reſſio eſt, quare neque plura de
vno, neqᵉ vnũ de pluribus, ſed
vnũ de vno affirmandũ vel ne-
gãdã. Sicut aũt in æquiuocis qñ
ⓒ qᵈ quidem ambobus, qñqᵉ neutri ineſt, quare cum nõ ſimplex
eſt interrogatio, ſimplr rñdenti-
bus nihil accidit pati, ſimiliter
et in his, qñ igitur plura vni, vel
vnũ pluribus ineſt, vel nõ ineſt,
ſimplr danti, & hoc peccato pec
canti nihil contrarium accidit.
Qñqᵉ autem huic quidem ineſt,
illi autem non, aut plura de pluribus, & eſt, vt inſint ambobus,
eſt autem, vt nõ inſint rurſum,
quare id cauendum. Vt in his

oratiouibus, ſi hoc quidê eſt bo- ⒟
nũ, illud aũt malum, ↄᵖ verũ eſt
dicere, qñ hęc bonũ, & malum
& rurſum, neque bonum, neqᵉ
malũ, nõ enim ineſt vtriſqᵉ vtri
qᵉ, quare idem bonũ & malũ, &
neqᵉ bonũ, neqᵉ malũ. Et ſi vnũ
quodqᵉ ipſum ſibi idem eſt, &
aliis diuerſum, qñ nõ aliis eadê
ſed ſibi, & diuerſa eiſdê, ipſa ſibi
met diuerſa & eadê. Amplius, ſi
bonũ quidê malũ ſit, malũ aũtê
bonũ, duo vriqᵉ ſient. Et duorũ
& inæqualium vtrũqᵉ ipſum ſi- ⒠
bi eſſe æquale, quare æqualia, et
inæqualia ipſa ſibi. Incidunt au
trea hæ orationes, & in alias ſo-
lutiones, nã ambo, & omnia, plu
ra ſignificant, nõ igitur idem pᵗ-
ter nomen accidit affirmare, &
negareid aũt non erat redargutio, ſed manifeſtum, qñ ſi non
vna interrogatio plures ſiat, ſed
vnum de vno affirmet, aut neget, id non erit impoſſibile.

*Sermo de Cautela ad ſecundum quid, et
ſimpliciter, ſeu ad ſecundum accidens, et neceſſariũ. Cap. ſ.*

Ⓒ Onuenit autem videati, ↄᵖ aduertat ſermonem redarguen-
tis, qui accidit propter omiſſionem
conditionis ipſius côtradictorij. Et
primo quidê, an iſte ſermo inferat
contradictorium poſitionis, necne:
& ſi nõ inferat aduertêdã, an medi⁹
terminus accipiatur in duabus præmiſſis ſecundum vnam diſpoſitionê, aut ſm duas diſpoſitiones diuer
ſas, & an extremitas maior & minor
ſiar eædem in concluſione ſecundum vnã diſpoſitionê, aut differant
        ſecundum
Y iiij

Dictiones vngulatim, vt soluciscui.
Cap. 6.

Ĝ in aliqua dispositionem: quia, qñ obseruarentibus ea, non fiet euelen cbuner hoc capitulo, & qñ interrogaremus de aliqua re his, an sic ita, aut non sit ita, non recipereux illud simplr, sed diceret, est ita ex tali parte, & non est ita ex tali parte. sicut si interrogarex, an binarius sit duplus, aut non duplus, & dicerex qp sit duplus talis, aut nõ duplus talis. Et falla cia, qp sunt huius capituli, sunt, sicut sermones dicemus, nonne qñ addiscit tē nõ ignorat ea? & qui ignorat rē nescit ea? & si respondet sic, tüc diceretur, tu scis Socratem, qp sit Socrates, & nescis, qp sit Socrates, ita itaqp cognosces ipsum, & ignoras eū simul.

Et plurimū cõuenit cauere in interrogationibus, qp cõiungerentur duæ interrogationes in vna interrogatione, qp non rñdeatur ad eas singulas expositiones oppositas, qp est in illis rebus, de quibus interrogaremus, ac si esset vna responsio si interrogarex de duobus hominibus, quorū vn° esset iustus, & alter iniustus, & diceret qp sint iusti, & iniquus, qm hoc etiã verificat de aggregato eorū: qm, qn responsio sit vna, tūc est sophista arb locus plurin fallaciarū: & hoc, qp ipsi diceret, si vterqp esset iustus & iniquus, ipsemet iustus esset iniquus, & iniqu° iustus, aut iniquus nõ iniquus, & iust° nõ iustus.

Et non euaderemus ab hac fallacia, si ferrem° dictionē aggregati si esset vniuersitas, & dictionē duorū. si duo, & ideo nõ cõuenirex sit rñsio in talib° rebus qp oppositis, licet esset vera qp aperirex litigabilibus innuda magna, licet manifesto sit qp nõ accidat tali rñsio scm veritatem, quia qp verificatur de aggregato, non verificatur de vnoquoqp eorum.

IN illis autē, q̃ deducunt ad idem frequenter dicere, manifestū qp non dandū eorū q̃ ad aliquid dicunt, significare ali quid separatas p se pdicationes, vt duplum, sine eo qp est dimidiũ quid inesse apparet: nã & decem in deficientibus vno ad decē, & facere in nõ facere, & omnino in negatione affirmatio, nõ tamē si quis dicat hoc nõ esse albū, dicit ide album esse: duplum autem neqp significat aliquid fort esse, quemadmodū, neqp qp in dimidio, qp si forte significat, attamē non idē, & coniunctū, neqp scietia in specie, vt si est medicina scietia, ipsum qp commune, illud autem erat scientia scibile. In singulari aūt, quæ per se ostendunt prædicatis, id dicedū, qp nõ idem est seorsum, & in oratione qp ostendatur: nã cauum communiter quidē idē significat in simo, & eutio, additū aūt, nihil probibet hoc quidē naso: illud autē cruri si gnificare, & nihil differt dicere, nasus simus, & nasus cauus. Am plius, non danda est dictio secundum rectum, falsum enim est, nam nõ est simum nasus cauus, sed nasi hoc vt passio, quare nihil est absonum, si nasus simus est nasus habes cauitatē ē nasi. De soluusionis aūt pp qp oppatites accidere, dixim° prius, quo modo autem soluendū, in ipsis orationibus erit manifestum. Omnia enī huiusmodi volūt eõstruerē
Putas

A Putas quod dicis quippiã vere
esse, & est illud vere: dicis autem
quippiã lapidē esse, est igit quip
piam lapide. An dicere lapidem
non est dicere quod, sed quē, nõ
hoc, sed hunc? sigitur dicat ali
quis, putas quem vere dicis est
istū: nõ vt Romane loqui, quē
admodũ neq; si dicat, putas quã
dicis esse, est iste? lignum autem
dicere iste, vel quæcũq; neq; ma
sculinum, neq; formininũ signifi
cant, nihil refert: quare & non sit
soloecismus, si quod dicis esse, est
B istud; lignum autē dicis esse, est
igitur lignum istud: lapis aūt &
iste, masculini habent declinatio
nem. Quod si quis dicat, putas
ne iste, ita est? deside rursum, qd
aūt põne iste est Coriscus: ita di
cat, est igit illa, non colligit solœ
cismū, si Coriscus etiã non signi
ficet idem id quod illa: non dat aūt
qui respondet, sed oportet hoc
præinterrogare, si aūt neq; est,
neq; dat, non colligit, neq; in eo
quod est esse aliquid, neq; ad eũ
qui interrogatus est. Similiter
C igit oportet, & ille lapidē signi
ficare iste, si aūt neq; est, neq; da
tur, non dicenda conclusio: appa
ret aūt eo q; dissimilis casos no
minis, similis appareat. Put aūt ne
verum est dicere, qñ ista est id
quod esse ais esse: ic aūt ais aspi
dem, est igitur ista aspidem. An
nõ necesse est, si non ista, aspidē
significat, sed aspis, aspidē autē
istam, neq; si quē dicis esse est ista
est iste: dicis aūt istam, esse Cleo
nem, est igitur iste Cleonem, nõ

D enim est iste Cleonē, dictum est
enim, qñ quē dicis istum esse, est
iste non istu, neq; enim Romane
dicet, quo pacto interrogatio di
cta. Putas, istud scis: istud aũt est
lapis, scis igit lapis. An non idē
significat istud in eo, quod est pu
tas istud scis, & in hoc, istud aũt
lapis: sed in primo quidem hõc,
in posteriore aũt hic. Putasq;
cuius scientiã habes, scis istud?
scientiam aũt habes lapidis, scis
igit lapidis. An huius quidem
E lapidis, dicis, hunc aũt lapidem
datum est aũt cuius scientiã ha
bes illud scis, nõ illius, sed illud,
quare non lapidis, sed lapidem.
Quod igit hmõi orationes non
colligunt soloecismum, sed appa
rent, & propter quid apparent,
& quo eis obsistendũ illis, est ma
nifestum ex his quæ dicta sunt.

Sermo de Nugatione, & eius Solutione,
& Caussis eius. Cap. 6.

Q Vando aũt interrogans inter
rogare de loco, qui conducit
respõdentem in nugatione
est, sicut diximus, sũt duo loca, quo
rum vnus est in notificatione rerũ,
F quæ sunt relationis, & secundus est in
definitione rerũ, in quaq; definitio
nibus accipiunt sua substantia: cõue
nit itaq; respondenti, qñ interrogat
de reb' relatiuis, & coegerit ipsum in
terrogãs in nugatione, ut declaret,
qi impose sit, q; hoc nontiet substã
tiam vnius eorum, nisi qui accipere
in eo substantia alterius, qñ notifica
retur ex parte qua sunt relationes, non
ex parte qua sunt in alio pdicamẽ
to: exempli gratia, quia non scietur
duplum, inquantum est duplũ, nisi

per

G per scientiã medij. Iam aũt, q̃ notiſ ceſ p ſuã ſubſtantiã nõ eſſe ex parte qua eſt relationis, ſed ex parte qua ẽ quãticatis, ſicut q̃ ſciret, q̃ dupla ſit binarius, aut quaternarius, ſed q̃ ſciret, q̃ dupla ſit binarius vel quaternarius, nõ ſciret relatione: & ſic qui ſciret ſcientiã ex parte qua ẽ alicuius artis artiũ, ac ſi diceres ſciam medici nã, ipſe quide ſciret ex parte qua eſt capituli qualitatis, nõ capituli relationis: & ſi ſciret ipm̃ in capło relationis, nõ ſciret ipſum niſi p rem, ad quã eſt, & q̃ declaret vt, q̃ nõ accidat ex nugatione, inquantũ notifica

H retur contradictoriũ nugationis: & hoc, quia qui definiuit denarium, q̃ ſit numerus qui componit ex vni tate, & vnitate, donec cõſumeret vni xates q̃ ſunt in eo, iã nugaret, & non cõduceret falſum mendaciũ: & ſic definitiones affirmatiuæ nugant in re negatiuæ: & nõ puenirent ex hoc Ipoſt: & hoc, quia negatio dicti noſtri facere, eſt nõ facere, & illud ẽ negatio ſui judicamẽti. Et qui rideret de re an ſit alba, q̃ non ſit alba, nõ gauiſt ſed nemo viſus eſt ſibi q̃ ruleſ xit impoſt, q̃n autem coegerit reſpõ dentem interrogationis: & definiue

I nibus accidentiũ, quæ ſunt in ſua definitione in nugatione, ſicut ſi interrogaretur quid eſt naſus aquilinus, eſſet dña inter id, quod interrogaue rit de eo, & inter id, quod reſpõderet, & reſpõderet q̃ ſit naſus, in quo non inuenitur cauitas, quæ eſt in reliquis naribus hominũ. Conuenit itaq̃, q̃ declaremus ei, q̃ eius interrogatio eſt, q̃ cogerret ipſum ĩ nugationem: & hoc, quia ſi interrogaret quid eſt aquilinitas naris, eſſet rñſo, q̃ ſit naris, & hoc eſt ſua dſia, ex quo ſignificaret ipſum nomen, poſtquã

K hæc ſuit ſemita de ſinitioñ. cum no minibus, hoc eſt, q̃ intelligat definitio diſtincte, q̃d dederat intelligere nomen cõfuſum. Et dſ, q̃, ſi interro garet quid ẽ naris aquilina, ſi reſpõderet, q̃ ſit naris curua, nõ eſſet dſia inter id, quod interrogaret de eo, & inter quod reſponſum eſt, & eſſet ſm̃ gradõ eius qui permutauerit no men noſ̃e, & ideo indiguiſſet diſtinguere dictionẽ curuitatis, quæ inuenitur in reliquis naribus hominum, q̃n eius eſt curuitas, quæ eſt cruriſi, cui eſt nomẽ impoſitũ in idiomate Arabico, q̃m in hac interrogatione non relinquere aliqua res ppria ei, niſi id, quod ſignificat curuitas, propterea, quia cũ hoc, q̃ ſit reneceſſaria ſm̃ iſtam interrogationẽ, nõ eſt hic nugatio, poſtq̃ eſſet ei dubiõ ſignificatũ iſtius curuitatis quid ſit, & poſtq̃ ſuit varium ſm̃ mẽbra, in quibus eſt: & non eſt ei impoſſibile. Impoſſibile aũt eſſet ſi intelligeret hic curuitas, quæ eſt in cruribus.

Sermones aũt latentes ſunt, quorum intellectã eſt impoſt, & illa eſt vna reſ̃, in quas ferret ſophiſta: ex quo aũt locus qui attribuit ſuis idiomatibus eſt cõis, nobis & illis ſuit ẽt, quod dixit in quibuſdam iſtorũ locorum propriũ ſuis idiomatibus, aut non cõe nobis & illis. Nobis aũt conuenit, q̃ conſideremus hoc gen̄ in idiomate Arabum, & ſi inueniẽt, conſideremus, an habeat locum, ex quo prpcedant iſta res nec ne, & an ſit ſolertiẽ in ſua cõtradictione. Abu mazar aũt riſus eſt ſibi, q̃ hoc genᵘ eloquij eſt, quod appellatur Arabice haya, & q̃ iã accidat ex defectu orationis, ſicut nugatio accidit ex ſuper fluo orationis. Conuenit autem, q̃ perſcrutet totũ hoc, & ſciamus quid ẽ ſit

De ſoloeciſ mo.

& fit haya ſm veritatem, & quid ſit ſm æſtimationē, & ex quibus locis proueniat talis diſpo in idiomate Arabum, aut in idiomatibus ſingularū nationum, ſi eſſet hic talis fallacia cō munis omnibus nationibus.

De ratione facili, difficili, & media.   Cap. 7.

Oportet autē intelligere, qm omniū orationū aliæ quidē ſunt faciles cōſpi-ci, aliæ aūt difficiliores, ꝓp id, qd & in aliquo ſubdole decipiūt au dientē, cūm frequenter eædē illis exiſtant: nā eandem orationem oportet vocare, q̃ propter idem fit, eadem aūt oratio, aliis quidē propter dictionem, aliis aūt pro pter accidens, aliis vero propter aliud videbitur eſſe quia vnum quodꝗ translatiuum nō ſiſt eſt manifeſtum. Quemadmodū igi tur in fit, quæ ſunt propter equi uocationē, qui modus vr̄ eſſe in eptiſſimus, captioſarū ratiocina tionū: hæc quidē & quibuslibet ſunt manifeſta, (nam & oratio nes pene ridiculoſæ ſunt oēs pro pter dictionē: Vt vir ferebat cur ru l ſcalas, vbi venit ſeruⁱ, apud Cereant: Et Boreas purumecnō certe . perdit enim pat perem, & ementē. Et vtra boum a ite pa riet: neutra ſed retro ambæ. Pu taſne eſt Euarchus? nō certe, ſed Apollonides : eodem aūt modo, & aliæ ſere q̃ plurimæ, illa au tem & peritiſſimos videntur la tere. ſignum autem horum, qm contendunt ſepe de nominibus, vt vnū idem ſignificent de om-

nibus ens & vnū, an aliud talis enim videtur ſignificare ens & vnū : alii aūt Zenonis orationē, & Parmenidis ſoluūt, eo ꝗ mul tipliciter dicāt vnū dici , & ens. Similiter aūt et propter accidēs, & aliorum ſingulum quodꝗ. aliæ quidē orationes erunt faci les videri, aliæ vero difficiliores. & ſumere in quo genere, & vtrū redargutio , an non redargutio, non facile ſimiliter in oibus eſt. Eſt aūt acuta oratio, quæ dubi tare facit maxime, mordet enim hæc maxime: dubitatio aūt eſt duplex, hæc quidē in ſyllogizan tibus , quā eligat quis interroga tionū , illa aūt in cōtentioſe ſuſti nentibus, ꝗ̃o dicat quis propo ſitū. Quapropter in ĥs, quæ ſyl logizant, acutiores orationes in quit ere magis faciūt: eſt aūt ea, quæ ſyllogizat quidē, oratio acu tiſſima, ſi ex ꝗ maxime apparē tibus , ꝗ maxime probabile in terimit: nam, cūm vna oratio ſit tranſpoſita contradictione , oēs ſimiliter habebit ſyllos: ſemper enim ex probabilibus ſimiliter ꝓbabile interimet, aut cōſtruet: quapropter dubitare neceſſariū eſt. Maximeigⁱ talis acuta, quæ ex æquo concluſionē facit inter rogationibus: ſecunda aūt, quæ ex omnibus ſimilibus: hæc enim ſiſt faciet dubitare, quæ interro gationum interimenda eſt, id au tem difficile eſt: nam interimen dum quidē, quid aūt interimen dum, dubium. Contentioſarū autem acutiſſima, quæ primum ſtatim

G statim dubia est vtrum syllogi-
zat, an nõ, vel vtrum propter fal
sum, an diuisione solutio:secũda
aũt aliarum, quæ manifesta qui
dem q̃ pp diuisionem, vel inter
emptione est:non tñ est explora
ta, per cuius interrogationũ in-
teremptione, vel diuisionem, fol
uenda est, s. vtrum propter conclusionem, an propter aliquã interrogationũ id est. Quandoq̃
igitur non syllogizans oratio fa
cilis est, si sint valde inopinabilia, vel falsa quæ sumuntur:q̃sq̃i
H aũt non digna despici : nam, qñ
deest aliqua talium interrogatio
num, de qua oratio, & propter
quã est:& qui nõ sumũ illam,&
colligit : inepta est ratiocinatio,
qñ aũt eorum, quæ extrinsecus
non despicienda vllo modo : sed
oratio quidẽ iusta, interrogans
autem non probe interrogauit.
Et est sane soluendũ qñq̃ quidẽ
ad oratione, q̃sq̃ aũt ad interro
gantẽ,& interrogationem, qñq̃
vero ad neutrũ horum: sili̇ & in
I terrogãdum & syllogizandum
est,& ad positionẽ,& ad respon
dentem, & ad tempus: quando
fuerit pluris temporis egens solutio, q̃ præsentis tẽporis, (quo
disputatur,) ad solutionem.

*Sermo de diuisione sophismatum per Solu
bile, & Insolubile. Cap. 7.*

S Ermonum aũt sophisticorũ qui
dam est, cuius notitia est difficilis,& quidã est,cuius notitia est facilis,difficilis aũt est pp difficultatem
ipsiusmet loci : & hoc, quia quidam
eorum est vehemẽtis fallaciæ, qñ

in eo est reliquũ vnius speciei et spe
ciebus ter ũ sophistarũ, sicut, q̃ sit so
phisticus propter id, quod est secũ
dum accidens,& pp æquiuocatione
nominis,& alias species locorum so
phisticorum. Sermo autem sophisti
cus vehementis fallaciæ est ille, quo
non constaret nobis cito, q̃ falsum
sit in eo. Sed venerit propter sormã
syllogismi, aut ex ambobus simul,
deinde post hæc cum difficultate id,
de quo scimus, q̃ falsum est in eo, est
propter premissas eius,& non scitur
ex qua præmissa, neq̃ scitur in qua
præmissa sit accidens.

Sermo aũt difficilis solutionis:est L
istis est,cuius præmissæ sunt samosio
res conclusione: qm sermo, qui talis
fuerit,multoties destruit famosa, &
pluries est, de quibus latet ipsa dispo
sitio, quando fuerit interrogatio de
duobus extremis cõtradictorij,quo
rum neutrum est famosius altero,
quoniam difficile erit nobis, quod
duorum extremorum reciperetur.

Sermo aut facilis solutionis est,
qui sit ex rebus non famosis, aut absurdis,& est sermo qui non reciperẽ
tur a respondente.

Quando autem interrogares:re- M
spondens de præmissis famosis, non De quã
conuenit q̃ vilipendat interrogan- vsi cautẽ
tem, licet non ordinauerit ei illas, la rėdẗu̇
neq̃ cognoscatur sermo clare,& cogeretur quod largiatur cõtradictio-
nem aliquando secundum orationem,& aliquando secundum profe-
rentem, cum notificet ei, quod non
inueniatur interrogatio . quoniam
interrogatio aliquando sit secundũ
ipsummet interrogantem , & aliquando sit secundum respondentẽ,
& aliquando sit secundum tempus
proprium.

Epilogus

Epilogus actorū præcedentiū, & duorum præsentium librorum. Cap. 8.

EX quot igit, & ex quibus fiūt hæ, q̄ disputāt captiosæ ratiocinationes, & quomodo ostēdemus, falsum & inopinabilia dicere faciem', ampliꝰ aūt ex quibꝰ accidit fylłś, & quo interrogandū, & quis ordo interrogationū, insuper aūt ad quid sunt vtiles hmōi oēs orationes, & de respōsione simplʼ omni, & quo modo soluendū est ōrones, & syłłos, dicta sint de oibꝰ à nobis hæc: reliquū aūt est de eo, q̄ à principio erat, ppositū, ad memoriā reuocātes, quippiā de ea re sub breuitate dicere, & finem imponere dictis. Præmisim' igitur, inueniēdi facultatē quandā ratiocinatiuā de ppositio ex hś, q̄ sunt q̄ probabilissima: id enim opus est dialectices śm se & tentatiua. Quia aūt præinstruif qs ab ea ꝑp sophistices vicinitatē, vt non solū experimentū possit sumere dialectico more, sed etiā quasi scientifico: ppt id nō solum dictā negotiū officiū posuimus orationē posse sumere, sed & vt orationē sustinētes tueremur positionē pquàm probabilissima śm modū: cāá aūt diximꝰ huiꝰ,

In lib. To- picoꝝ prīmo bat, sed nō respōdebat: cōfitebat ſeriē in octauo. q̄ & ppʼ id Socrates interrogabat, sed nō respōdebat: cōfitebat enim se nō scire. Manifestū aūt est in prioribꝰ ex quot, & ad q̄ id erit, & vnde idonei erimus horum: adhuc aūt quo interroganda, vel ordināda q̄ oīa, & de responsionibꝰ, & solutionibꝰ quæ

sunt ad syłłos: patefactū est aūt, & de alńs quæcūᵱ huiusce disciplinæ sunt orationes: ꝓter hæc au rem, & de captiosis ratiocinationibus ꝑtractauimus queadmodum diximꝰ iā prius: cþ igitᵭ nacta sunt finē sufficiēter ea, q̄ proposuimus, manifestū. Opereꝑrecium aūt est nos nō latere quidnā accidit circa hoc negociū: nā eorū, quæ inueniuni omniū, quæ q̄dē ab alńs sumpta sunt prius, elaborata paulatim incrementū sumūt ab illis, q̄ postmodū accipiūt: q̄ aūt ab initio cōperiunt, paruum in primis sumere solent incrementū, at tamē vtilius multo, eo (quod postea ab alńs fit) ac cremēto: maximū enim fortasse principiū omnium, vt dr, quare & difficillimū: quātō enim potestate validissimū, tāto mole minimū, difficillimū est videri: eo aūt comperto, facile est adǐcere, coaptareᵭ reliquū. Quod & circa rhetoricas ōrones accidit, pene aūt, & circa alias artes oēs: nā qui principia inuenere, oīno ad exiguū quid ꝑduxerūt: qui aūt nūc celebriores habent, vᵭdicantes à multis, velut ex successione particulatim colligētes, sic auxerunt. Tisias quidē post priores, Thrasymachus vero post Tisiā. Theodorus aūt post hunc, & multi multas coadunauere ꝑtes, quapropter nihil mirū, si in amplum q̄dē creuerit ars. Huius aūt negotiū nō hoc quidē erat ex olo ratū, illud aūt nō erat, verū nihil ipsius prorsus erat: nā eorū, qui circa

circa litigiofas orones erāt mer-
cenarū, fiſta quidē doctrina, Gor
giæ negotio: orationes enim hi
qdē rhetoricas, illi aūt interroga
tiuas docebāt edifcere, in quas ſę
pius incidere folebāt alternatim
vtrorūq; adiuuicē orones: quapropter velox qdē, vtpote quæ
fiue arte erat doctrina difcētib'
ab illiſmō enim artē, fed quæ ab
arte funt dātes, arbitrati funt lo
qui erudite, perinde, ac fi q̄s di-
fciplinā dicat fe tradere, vt non
doleāt pede:deinde futoriā qdē
nō doceat, neq; vnde poſſint cō
parari talia, det aūt q̃ plurima
genera omnimodorū calceorū,
hic,pfecto profuit ad vfum, artē
aūt nō tradidit. Et de rhetoricis
qdē erāt multa, &antiqua dicta:
de fyllis aūt olno nihil habuim'
prius aliud quicquā quod dicerem', q̃ mora pquirētea, multo
tpe infudauerimus. Si aūt vē ex
cōfiderationib' noſtris(vt ē ūs
q̃ funt ex principio) hæc habere
difciplina fufficienter fupra alia
negocia, q̄ ex traditione inducta
iunt, reliquū erit omniū veſtrū,
vel eorū q̄ audierunt hoc opus,
omiſſa qdē artis, venia dignari:
inuēta aūt, multa profequi grā.

*Sermo, in quo epilogat dicta, & explicat
finem intentum in hoc libro. Cap. II.*

POſtq; aūt iā attigim' hac attin-
gentia ad fermone iſtius artis, iā
declaratū eſt nobis, vnde fint fermo
nes deceptorij addifcentiū, & quot'
fit fuus numerus, & qūo reducantur
quidā eox in elenchū fm fyllm, &
qūo cōueniat q̄ interroget, qui con

tradiceret cōpofitioni fermonū, qui
funt huius generis, & quot funt inte
tiones inētæ in hoc genere retū, &
qūo fit cōtradictio rnfio in eis, hoc
aūt eſt totū id q̄d fuit noſtrū defide-
riū fcire in hac arte, & cōſtare nobis
oēs eius partes. Quod aūt reliquū eſt
nobiseſt, q̄ dicem' cūm quæ tulerie
nos ad loquendū de hoc fm modū
reminifcētiē, & hoc q̄a optarū eſt no
bis, q̄ fint nobis regulæ ex quib' poſ
fum' facere fyllos ex p̄m iſtis famo-
fis fm modū interrogationis & ten-
tationis: & funt fyllfi, quibus vtif art
Topicæ, & regulæ, quib' poſſum' ea
uere ab his, qui cōſtruerēt nobis tales fyllos, & fuerūt hic fyllf falfigraphi, qui putant eſſe huius fpeciei, &
nō funt ipfius: vidim' q̄ fcia rnfionis
nis pficit nobis in arte Topicæ per
fciam iſtius fpeciei fyllos, qui appel
lant falfigraphi, & p̄ notitiā fuæ con
tradictionis, & pfecuti fumus q̃ fē
in arte Topicæ p fpeculatione huius
artis. Et pp hoc q̄d dixim', rnfio artis eſt difficilior interrogatione, & iō
Socrates gloriabat, q̄ bene interrogaret, & nō q̄ bene rnderet, & iō ap-
paruit nobis, q̄ nō fufficiat fcīæ hui'
artis, q̄ addifcam' res fallētes, & q̄ūo
interrogem' de eis folū, fed q̄ūo re-
fponderem' ad eas q̄ūo cōtradica
remuseis: fed iā attigim' fiē.E defide
ratū, q̄n locuti fum' de intētion ib'
huius generis fermonū, hoc eſt fermonū falfigraphorū, & locis ex quibus cōſtruit hoc genus fermonis, &
qūo interrogem' de eis, donec fit ei'
actio perfectior, & quomodo refpō
deremus & cōtradiceremus eu fullis,
& hæc eſt res nota per fe.

Cōuenit aūt q̄ nō ignorem' q̄d
acciderit nobis in hac arte: qm ex ar
tib', q̄dā ſūt, quaq̃ prīcipia dicta ſūt.

Inquirit

De cōpara
tione hui'
artis ad a
lias partes
logicæ.

A Inquiritur aut posterius ad complementum illorum principiorum: & ex eis sunt, de quorum principijs non est dicta aliqua res, & quum inchoastet speculatio de istis, difficile esset, quod speculanti ea ferret in hoc rem multas de partibus huius artis, sed si conduxerit, certe tulistet de hoc re minimum, licet fuerit parum secundum mensura, quasi esset vehementior, quod haec magna res, quae posterius ferret perfectione artis, quam iam specistet prius ex suis principijs: hoc aut fuit ita, quam sermo de principio est difficilis, sed sermo de eo, quod est post principium, est facilis: & ideo sermo de

B principio, licet fuerit paucus secundum mensura, fuit magnus secundum potestate, sermo aut de eo, quod est post principium, licet sit causa, est paruus secundum potestate. Et hoc idem accidit nobis in illa arte in comparatione reliquarum artium sermocinalium secundum genus, quia non inuenitur in hac arte aliqua res, quod ponat ad ipsum secundum gradum principij. Iam aut inuenimus aliqua rem, quod ponit secundum gradum partis, sicut accidit in arte Rhetorice, cuius sermone absoluerunt vetustiores visi, adeo quod inuenies sunt omnes eius partes perfecte, sed secundum materias, quoniam locuti sunt de hoc, super quod loquantur de hoc,

C quod ponunt de ea secundum gradum principiorum: & illae sunt res communes quinque artibus, sicut est sermo de syllo simplici, & de consimilibus rerum communium: sed in hac arte non inuenimus aliqua rem, quod currat cursu principij, & sic et cursu partis. Inuenimus aut in ea plures res, quod currerent cursu singularis, quod sunt in arte apud habentes hanc arte, & sicut illae, apud quem non esset scia artis, nisi causa cuiusdam numeri de suis singularibus, quod facerent haec ars. Sicquod non est apud eum scia artis. exempli gratia illae, apud quem non esset de arte caligaria,

D nisi singulares calcei terminati insequi, non est apud illum de speciebus calceorum aliqua res, super quod gloriet pluri, qui specistet eum, quia quod fuerit in disciplina huius artis, absque quod habeat de illa, nisi sermones determinati numeri, hoc est, sermones sophisticos, et in gradu eius, qui intenderat addiscere calceos, quum daret alicui hominum calceos ex suo, aut diceret eis, quod primo conuenit facere calceos, absque quod sciat eos ex qua re fiat, neque, quo modo: & non est perfectionis artis, quod dicat a pluribus hominibus, sed miraculum esset, quod psiceret ars ab uno solo, quum aut fuerit perfectio artium pluribus hominibus, res valde lauda-

E bilis, mirabilius esset ex arte secundum se totam varius, & extrahere ex principio ad finem. Propterea iam oportet omne, cui constaret iste sermo quod, quod referat nobis magna laude, & ingentes glorias, propter id, quod inuenimus de ista arte, & psecutius sunt ex suis principijs, & ei pstitit. Si aut esset quibusdam suis partibus defecta, esset nobis indulgendum, & nos essemus excusandi, propter res quas diximus. Hoc itaque, est vltimu, quo completur istud sermone hic vir, & hunc suum librum. Iam aut transtulimus de eo, quanta pueni in nostra intelligen-

F tiam, secundum quod intellit in nobis hac hora, sicquod redibimus & amphabimus speculatione de eo: si creator prolongauerit vitam nostra, & parabit nobis causas omni, quia hic liber est valde latens, aut propter trastatione, aut quia Arist. in redderit illud, & non inuenerit alicui exponentiu expono neque, secundum dictione, neque, secundum rem, nisi quod est in libro philosophie Abucali Abencini aliquod huius, liber aut est nobis in vltimo medocritatis, cum hoc quod homine, psundus ofonis, sicquod, ille, cui constauerit hic meus Liber, & appareret quod desereret

in

G in verbis meis aliqua res, q̃ sit suorũ verborũ alio modo q̃ intenderit ordinare, zensaret nos: quia qui gloriaret intelligere ei° verba, absq; q̃ procedat ei alius ab eo, ipse.n. sise ẽ ei, qui inceperit arte, & tale est cũ eius qd possumus in hoc sm̃ modũ cogitationis, & imaginationis. Iã aut declaratũ est tibi hoc, qn̄ cõstiterit tibi forma suorũ verboꝛ. Ego aut spero q̃ nõ defecerit nobis aliqua te ser generibus sermonũ, quas posuerat in hoc libro, neq; ex eius inæctionibus vsibus, licet sine dubio iã defecerint ab eo plures res particulares, sicꝰ q̃ est

H ex parte, qua sit sermo de eis, & disciplinæ earum, sed visi suũ° nobis q̃ hoc, qd cõtigerit nobis in hac hora, q̃ valde bonũ, & quasi esset sicut prin cipiũ, vt cõstaret eius sermo præcte ei, qui successerit nobis, & nobis ipsis, si erit nobis sociũ, & prologauerit Deus vitã nostrã. Tu aut vide qualis sit dispõ eius, qui succedit post hunc virũ in intellectione eius, qd iã psectum est & cõpletũ, q̃ putet de vllo q̃ addat ei, aut pficiat rem, q̃ defecerit ei. Etiã notificauit hoc Auicẽna, & dixit, q̃ hodie sũt mille & tot cẽtena annorũ, quibꝰ nemo inuẽt° est,

qui adderet aliquid in hanc artem. K Ac ẽt iã intendimus nos ipsi ad hoc tpe quod, ꝑtraximus in has res, & in quisiuimus nẽs sermones, & nõ inuenimus aliquod verbũ exiens ab eis neq; subtractũ ab eis, nisi qd ponere tur sm̃ gradum attributi, aut sm̃ gradum simplicis vsis. Nunc aut iã pote est tibi q̃ cõstet ex nostro sermone precedenti hunc librũ vera constantia, q̃ hic nõ sint nisi illa, q̃ narrauim°, hoc est q̃ oporteat numerari parte huius artis. Et q̃ locus qui putatur q̃ Abu mazar acceperit illũ, qui est locus ꝑmutationis, sit rex, quæ non latuerat Arist. & q̃ illius dispõ sit altero duorum modorũ, aut q̃ nõ sit falsigraphus ꝑ se, & veplurimum, quia locus ꝑmumtionis est ꝑ se, sicut notificauit nobis Aristo. siue fuerit rhetoricꝰ, aut poeticꝰ, aut sit numerat° in falsigraphis, qui sũt sm̃ accidens, si nõ fuerit necessariũ, q̃ numerentsin partibus istius artis ea, q̃ adderentur caꝑ° absolutorũ & connexorũ, & caꝑ° acceptionis illius, qd non est cã, ac si esset causa. Et in toto hoc est speculatio, & hoc sit amplificatio & explicatio, & putet q̃ non sit ex ipso caꝑ°, aut sũt in illo ambæ res,

---

Librorum Elenchorum cum Auerrois media
expositione finis.

www.ingramcontent.com/pod-product-compliance
Lightning Source LLC
Chambersburg PA
CBHW030915270326
41929CB00008B/704